CHUMO

ZHONGGUO JICHU JIAOYU DE MAIDONG

——ZHONGGUO TESE JIAOYAN ZHIDU QUYU FAZHAN DE HUIGU YU ZHANWANG

本书系全国教育科学“十一五”规划 2007 年度教育部重点课题“我国基础教育教学研究制度变革及教研员专业发展研究”（课题批准号：DHA070156）的研究成果之一

触摸

中国基础教育的脉动

——中国特色教研制度区域发展的回顾与展望

梁威 主 编
卢立涛 黄冬芳 副主编

教育科学出版社
·北 京·

序

纵观新中国教育六十多年的发展，特别是中小学教育的发展，不论是在数量方面还是质量方面都取得了令人瞩目的成就：作为一个基础薄弱、人口众多、幅员辽阔、经济落后且地区差距较大的发展中国家，却以仅占世界公共教育经费总数1.4%的财力，撑起了占世界学历教育人口22.9%①的庞大教育体系，实现了宏伟而又艰巨的“两基”目标，可以说在世界范围内创造了一个穷国办大教育的“神话”，取得了国际公认的成就，形成了具有中国特色的教育经验。那么作为一个大国、一个穷国，是如何做到这些的？对这个问题的回答，首先必须肯定的是离不开中国共产党的正确领导，离不开社会主义制度，离不开全国各族人民在革命、建设、改革中对中国特色社会主义教育规律的积极探索和创新实践。而其中具有中国特色的中小学教学研究制度的创立和发展，在提高中小学教师队伍素质、保障中小学教育教学质量方面发挥了不可替代的重要作用。

我国的教研制度是为了适应我国中小学教育发展需求，借鉴苏联的经验，在不断深入研究、指导我国中小学教育教学的过程中创立、完善和不断发展起来的，是中国特色社会主义教学管理制度的重要组成部分。经过六十多年的发展，我国逐步建立起了省、地、县、校多级教研网络体系，承担起了系统开展教学指导和管理，提高中小学教育教学质量，为教学行政部门决策提供依据和参考的职责；并培育了一支既具有丰富教学经验，又具有指导教学、从事教育教学科研能力的教研员队伍，形成了具有中国特色的基础教育教学研究制度。

中国教研制度的特色在哪里？就在于它既不是教育行政部门，又在教育行政部门领导下开展学校教育教学的研究，帮助、指导一线教师研究教学策略、改善教学方法、提高课堂教学质量。它不同于各级教师培训机构，不承担教师继续教育的任务，而是直接进入学校课堂，与教师一起研究改进教学。教研员本身绝大部分都是教师出身，有丰富的教育教学经验。

目前，在各级、各地教研部门中，专职承担教研工作的教学研究员（教研员），超过10万人。这支特殊的队伍，承担着研究、指导、服务、管理的职能，是最贴近中小学教育教学实际、最了解中小学教育教学真实情况的教学研究者。他们一方面为教师服务，另一方面沟通教育行政部门与一线教师的联系，为教育行政部门提供信息和参考，教育行政部门的教育教学政策和方针经常通过教研员传达给广大一线教师。同时，教研员通过加强与高等师范院校、教育科研机构、教师培训部门等的交流与合作，将最鲜活的课程改革信息、最先进的教育理论动态及时传递给一线教师，成为构架理论与实践的

---

① 何雪莲．中国民办教育：捐资与投资之辨［J］．教育发展研究，2006（2）：19.

“桥梁”。在我国教师队伍整体水平不高，发展极不平衡的情况下，教研员队伍的存在和建设尤为重要。

然而尽管这样一个特色的制度和这样一支特殊的队伍在中国基础教育的发展中发挥了重要的作用，但是，至今没有一个部门直接领导和研究这支队伍的建设和发展。在众多教育史、教育志等书籍中，关于教研制度（包括教研机构、文件、人员等）的记录甚少，零星的记录也只是泛泛而谈，缺少深入的研究，特别是从教育史角度全面进行研究的还很鲜见。基于对教研制度在我国基础教育中所发挥作用的重要性和对现有相关研究仍较薄弱的分析，北京师范大学梁威研究员——曾是北京市中小学教研部门负责人，领衔开展了全国教育科学“十一五”规划2007年度教育部重点课题“我国基础教育教学研究制度变革及教研员专业发展研究”，这一研究弥补了这方面的空白。同时，课题研究在占有大量文献资料的基础上，积累了丰富的一手资料，尤其是在各省市的大力支持下，收集齐了全国32个省级教研机构（含新疆生产建设兵团教研室），这是十分难能可贵的。这些资料不仅反映各地教研制度及教研员的情况，更重要的是有助于我们更好地认识和了解具有中国特色的教研制度在我国基础教育发展中的地位和作用。

经过四年的艰苦研究，课题研究成果——《撬动中国基础教育的支点——中国特色教研制度发展研究》和《触摸中国基础教育的脉动——中国特色教研制度区域发展的回顾与展望》两书将由教育科学出版社出版，这是中国教育史上值得庆贺的大事。这两本书首次全面收集了我国所有省（自治区、直辖市）教研室发展的历史总结，并在此基础上阐释分析了中国特色社会主义基础教育教学管理制度的生成、发展的历史，特别是结合中国国情分析了教研制度在保障我国基础教育教学质量，维护中小学校正常教学程序，有序推动教学改革等方面的积极作用。同时，在书中，作者尝试把历史研究与政策研究结合起来，把理论研究与实际工作结合起来，不仅对全面认识中国特色社会主义基础教育教学管理体制的特点和推动新一轮课程与教学改革具有重大意义，而且有利于从理论与实践两个层面研究和改进中小学专业教研员队伍建设问题，有利于促进这支专业研究队伍在提升我国基础教育教学质量的工作中更科学更有效地发挥重要作用，从某种意义上说填补了我国教研制度研究领域的空白。

近年来，随着基础教育课程改革的不断推进，教研部门和教研员作为课程改革的支撑力量的作用日益凸显。然而，21世纪新课程改革中不断出现的新问题也对教研体系的职能和教研员的工作方式及专业水平提出了新的要求。教研制度目前面临着机构改革、人员编制限制、职能定位调整等问题和困难，但由于其在基础教育中的特殊地位和不可替代的作用，在很长一段时间内教研制度不会弱化，反而更需要加强，因为在当前重视内涵发展、提高质量的今天，它的作用将更加凸显出来。

我们期待着梁威研究员及其研究团队能够再接再厉，继续与全国教研部门联手，在深入研究和全面掌握中国基础教育教研制度六十多年的发展历程的基础上，对当前的教研工作进行分析，使其在新课程改革全面推进中发挥出更大的活力，并结合我国基础教育改革的走向，作出对教研制度未来发展的科学分析和判断。

2011年6月

目 录
Contents

第二部分　北京市教研工作专题研究报告

首期教研室主任高级研修班
School Activities

前　言
Preface

中国特色教研制度的回顾与展望

一、研究背景与意义

2009 年是中华人民共和国成立 60 周年，也是中国特色的基础教育教学研究制度（以下简称“教研制度”）从萌生、确立到发展壮大的 60 年。60 年的实践证明，具有中国特色的教研制度走过了一条改革发展的风雨历程，“在我国的基础教育事业改革和发展的进程中发挥了独特与巨大的作用”①，成为撬动中国基础教育不断提升的支点。

新中国成立前，各地虽不乏教学研究的开展，但没有独立的教研体系的设立，也没有从事教研工作的专门机构和专职人员。新中国成立后，废除旧的教育体制，建立新的教育秩序，一个重要举措就是在新成立的各级教育行政内部设置具体部署和主持教学工作开展的教学管理部门。② 在学习苏联教育经验的基础上，密切结合我国的中小学教育教学实际，各地陆续成立了省（自治区、直辖市）、地市、区县、学校各级专门的教学管理部门，即教学研究组织。由于教研组织的成立是自下而上，在教学实践中逐步形成的，因而各层次教研组织之间虽有业务指导关系，但组织的形式及其名称不尽相同。经过 60 年的发展，我国逐步建立起了省、地、县、校四级教研网络体系，承担起了系统开展教学业务的指导与管理，以及为教学行政部门的决策提供依据的职责，同时，培育了一支既具有丰富教学经验，又具有指导教学、从事教育科研能力的教研员队伍，形成了具有中国特色的基础教育教学研究制度。这一制度因其特殊的工作机制，既要对基层教师进行深入具体的业务指导与管理，又要发挥上传下达的重要的沟通、调节、反馈作用，因而在全面提高我国基础教育教学质量、促进教学研究的制度化发展、落实适应时代需求的课程理念、满足政府和人民群众对教育的需求等方面，起到了不可替代的重要作用。

近年来，随着基础教育课程改革的不断推进，教研组织和教研员作为课程改革支撑力量的作用日益凸显。同时，21 世纪新课程改革的理念、方向、目标、实施等也对教学研究组织的职能、教研员的工作方式和专业发展提出了新的要求。为此，必须要深入研究和全面掌握中国基础教育教研制度 60 年的发展过程，厘清其成立和发展的背景及每个时期的特点，客观真实地反映历史并结合我国基础教育改革的走向作出对未来发展的科学分析和判断。

---

① 赵才欣．有效教研——基础教育教研工作导论［M］．上海：上海教育出版社，2008：2.

② 同①，第 19 页。

基于对教研制度在我国基础教育中所发挥的重要作用和对现有相关研究仍较薄弱的分析，我们开展了基础教育教学研究制度变革及教研员专业发展的研究。本研究在占有并分析大量文献的基础上，开展了实地调研，并通过问卷调查、电话调查、信函访谈等方式对全国31个省（自治区、直辖市）及新疆生产建设兵团共32个省级教研机构进行了广泛调研，收集了大量的第一手资料，进而从历史回顾、特点评析、发展展望三个方面对中国特色教研制度的发展进行了比较深入的研究，以期全面地认识中国特色教研制度建立的背景、特点、历史的贡献、面临的问题等，能够为丰富和完善中国特色社会主义教育体制的建设提供借鉴和参考。

到目前为止，我国教研员队伍已发展到10万余人，仅北京市就有1000余名教研员。近年来，各省市在教研制度研究和实践中已经取得了一定的成果，力图走上一条教研创新之路。例如，北京市教研部门尝试通过专项工作加强中小学各学科教研室的沟通和合作，深入进行研究；于2004年开展了教研员专项调研工作，调研报告提交到市教委；在北京市教委的大力支持下，于2005年4月开始了“金色种子”教研员培训工作，将提高教研员素质、提升教研员专业水平，作为培训工作的重要目标。

本课题是在基础教育课程改革的背景下，对我国教研制度进行研究，它既是一项理论研究，又是一项应用研究，因此既具有一定的理论意义，也具有很强的实践意义。首先，它是在对现有教研制度进行充分调研的基础上，总结我国基础教育教学研究制度的经验和不足，根据素质教育的要求，构建创新型的教研制度；其次，它也是依据我国基础教育课程改革的发展趋势，探讨新形势下教研实践的改进，同时也对教研员专业发展提出建议，以充分发挥其教学研究、指导和服务的作用。

二、研究中涉及的核心概念界定

“教研”这个词条在《辞海》中未见，其实就是“教学研究”（Teaching Research）的简称。在我国基础教育界，它已经成了一个专有名词，经过60年的发展，专门从事这一领域工作的机构与专业人员形成了一个规模庞大、规范完善的教学研究制度。以下就本课题中涉及的与教研有关的专业术语作一个基本阐述。

1. 基础教育教学研究制度（简称“教研制度”）

本课题研究中所指的“教研制度”是指专门从事基础教育教学研究的机构、人员和相关文件。就机构体系来说，根据所负责区域范围可划分成不同级别的教研部门，上级对下级具有业务管理的关系（如图1所示），这些机构共同组成了规模庞大、职能统一的系统。

需要说明的是，图1所示的我国教研体系不是一蹴而就的，更不是“一纸文件”的行政命令促成的，而是在新中国成立前的基础教育教学基础上，经历了60年不断发展、演变，逐渐形成的。

以上除学校学科教研组外，各级教研部门的单位名称各不相同，机构设置也不相同。在32个省级教研机构中，目前主要有以下4种形式。

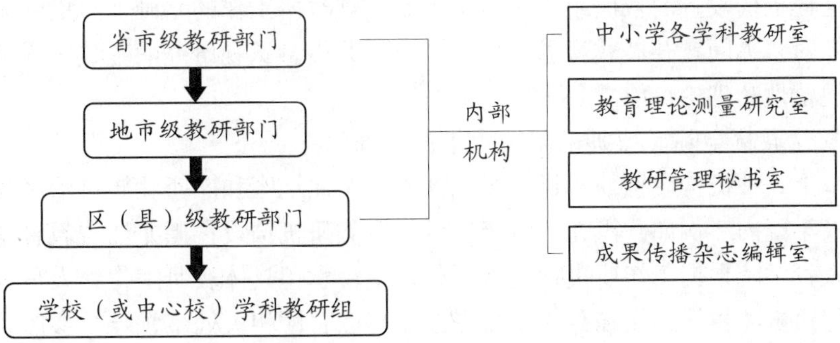

图1　我国现有教研体系内部联系图

（1）教育行政部门直属的教学研究室，简称“教研室”

《辞海》中的教研室是按学科成立的教师基层组织。主要任务是组织教师开展教学研究活动，总结、交流教学经验与问题，提升教师的专业素养，提高课堂教学的质量。教研室是教研机构名称，多是独立单位。例如，江苏省教研室全称是“江苏省中小学教学研究室”。

由于是教育行政部门的直属单位，甚至教研室领导部分由教育行政部门领导兼任，其行政、教学研究管理职能就比较突出，为教育行政部门决策提供服务成为主业之一。

（2）属于教育科学研究院下属的部门

20 世纪末和 21 世纪初，一些省级教育研究机构进行整合，将高等教育、基础教育、职业教育等原来独立的单位合并成教育科学院，基础教育教学研究部门属于其中的一部分。例如，2001 年湖南省教育厅将 3 个相对独立的教育科学研究机构合并，组建湖南省教育科学研究院，原湖南省教育科研所（教研室）纳入其中成为湖南省基础教育研究所。类似这种情况的还有北京市、重庆市和云南省的教研部门。

这类教研组织虽然不是教育行政部门的直属单位，但在教科院内相对独立，职能集中，仍以研究基础教育教学为主。

（3）与教育科学研究所（院）“合二为一”，并直属教育行政部门

20 世纪 90 年代以来，为了进一步加强教研工作的科学性，加强教育教学研究力度，部分教研组织与教育科学研究单位合二为一，新建或更名为教育科学研究所（院）。有些省级教研组织的名称即为教育科学研究所，如“安徽省教育科学研究所”，同时挂有“安徽省教学研究室”的名称，即二者合并办公。再如，海南省于 2003 年 3 月 20 日经省委、省政府批准，海南省机构编制委员会发文（琼编〔2003〕2 号），原海南省教育厅教研室（海南省教育科学研究所）和海南省小学师资培训研究中心合并，组建海南省教育研究培训院，现内设 10 个科级机构，附设省教育科学规划领导小组办公室、基础教育课程改革实验工作领导小组办公室、教育学会秘书处等，以基础教育教学研究为主要工作（2008 年，经省编办批准，新增职业教育与成人教育教研职能）。类似这种情况的还有河北省、四川省、贵州省、陕西省、甘肃省、西藏自治区、新疆维吾尔自治区的教研部门。

类似这样机构设置的教研组织在保持传统常规教研工作的基础上，更强调了在实践中调研，针对实际问题开展教育教学科学研究，并借鉴课题研究的范式，提高了研究的科学性、规范性和理论价值。

（4）属于教育学院（或师范院校）下属的部门

除了以上3种机构设置外，还有黑龙江省等东北地区和广西壮族自治区教研部门设在本省教育学院内。例如，黑龙江省级基础教育教研机构设在黑龙江省教育学院内，由黑龙江省教育学院根据工作职责设立若干处级单位承担具体教研工作，人员和待遇由学院统一管理负责。教研工作在具体安排上接受省教育厅相关处室领导，参照省教育厅阶段和年度工作要求计划本职工作，并随时根据需要予以调整。同时，教研部门还承担基础教育学科专业委员会工作，在省教育学会指导下组织开展群众性的学科学术活动，兼顾省教育科学规划办、省教育学会等与基础教育关系密切的省级科研部门的科研指向，从事相应课题研究工作。地市和县级教研机构采取和省级教研机构相同的设置模式，在当地教研院或教师进修学校内设置具体教研组织从事教研工作，在业务开展上接受省教育学院指导。

教研部门作为教学研究的业务单位与教育行政管理部门具有密不可分的关系（如图2所示），它是教育行政部门了解一线教学情况的“窗口”，更是制定基础教育教学文件和政策的主要“参谋”。60年来，国家教育部并没有专门的部门领导和负责各级教研工作，只是有业务联系的相关部门组织省市教研部门领导定期召开会议等。例如，教育部基础教育司和师范司及课程中心等部门都与省市级教研部门联系密切。

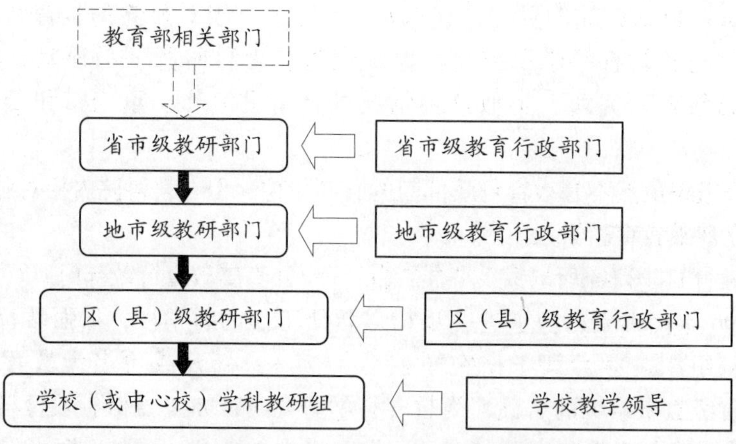

图2　我国现有教研体系与教育行政部门的联系图

当前，除了教研部门外，其他教育研究机构也承担着如教师培训、教学研究和指导等工作，因此广义的教研体系是一个开放的、与众多业务部门联系广泛的动态体系（如图3所示）。

综合以上分析，我国现有教研制度下的管理体系是在教育行政部门的领导下，按所辖地域范围分级设置的专门的教学研究机构，并与其他相关部门保持业务联系（如图4所示）。

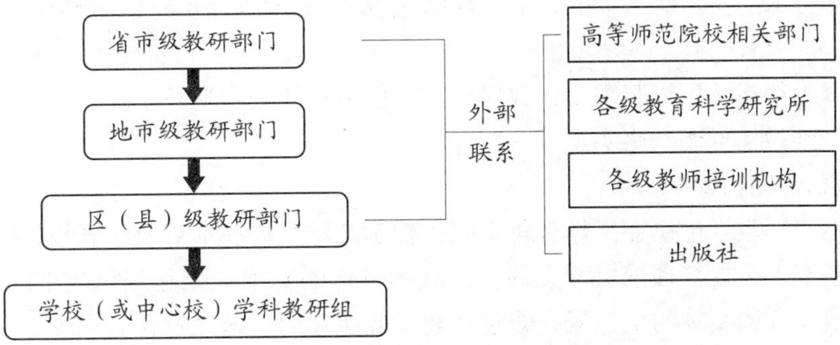

图 3 我国现有教研体系与其他相关业务部门的联系图

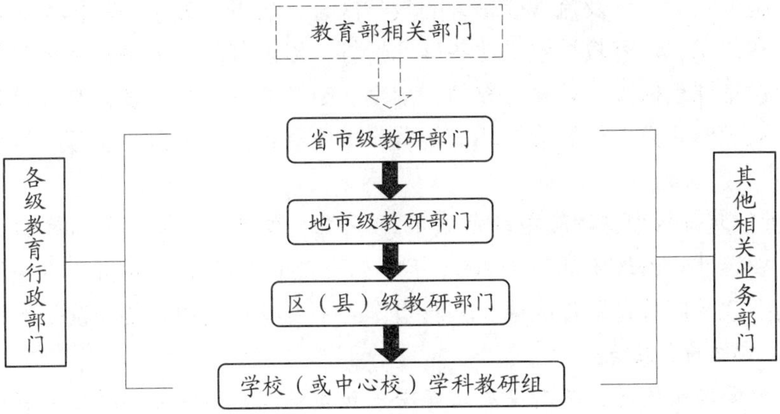

图 4 我国现有教研体系示意图

2. 教研工作

尽管不同时期教研工作的重心有所变化，教研任务的领域也在不断扩展，但其基本任务、研究对象和价值取向基本是在一定范畴之内。1990 年，国家教育委员会下发了《关于改进和加强教学研究室工作的若干意见》，首次明确了教研部门的作用，要求"各中小学教研机构要把基础教育课程改革作为中心工作，充分发挥教学研究、指导和服务等作用"。

（1）教研工作特征

在顾明远先生主编的《教育大辞典》的有关表述中，"教学研究室"条目下有两个注释：一是"高校的系所下设之部门"，另一个是"地方教育行政机构下设之业务部门"。有关业务方面的任务，前者主要是执行教学计划，编选教材，编制教学日历（进度），研究与改进教学工作。后者主要是与师训机构通力合作，通过各种活动提高教师的业务水平，使教育行政部门按教学规律领导和管理教学工作；研究中小学教学理论，指导教学实践，提高教学质量。同样在《教育大辞典》的有关表述中，"教学研究组"的条目下所界定的主要任务是：理解和运用教学大纲和教材，改进教学方法，搜集积累教学资料，总结交流教学经验，组织考试命题、评卷及质量评估分析，督促本教研室教师对学生自习、实验、实习加强指导等；开展教学研究工作，组织教师钻研教学理论，探索提高教学质量的规律；帮助青年教师进修提高，互帮互学；指导学生课外学科活动。

综合以上阐述，可以归纳出：教研工作的任务特质是实现教学政策和教学理论在教学实践中得到最佳贯彻和落实。

（2）教研工作对象

教研工作同教学论研究工作有所不同，教学论研究的基本对象一般是指向全部的教学现象，基本上是处在理论层面上的。而教研工作的基本对象是组织教学的全部过程，或者说是组织课程实施的全过程，即包括教学或课程的实施过程和实施者。

组织课程实施（或教学）的全部过程是指：从系统观的观点看，就是课程实施过程中所有组成要素及其关系；从纵向的教学发生和发展的设计流程上看，它所着眼的首先是教学实施的目标，以及梳理或融合的教学内容，再者是教学的具体实施状况，包括教学的程序和组织，还有教学效果的各种评价等，以及其间的关系；从相对静态的教学要素上看，包括课程标准、教材、教师、学生、教学方法和中介媒体与环境等，以及其间的关系；从教学研究工作的形态环节上看，主要有备课、上课、听课、评课等，以及其间的关系。

在21世纪基础教育课程改革的背景下，各省市教研部门加强了对教研工作的思考和讨论。例如，北京市教研部门于2003年年初开展有关继承与创新为主题的教研专题研究，提出围绕基础教育课程改革，教研工作必须要有新定位，要明确新的职能。

◇ 教研工作的立足点

教研工作要与时俱进，不断满足政府决策和宏观调控的需要，学校和教师适应教育教学改革改进教育教学工作的需要，人民群众享受个性化、终身化的高质量教育的需要。

◇ 教研工作的主要任务和服务对象

教研工作的主要任务是解决基础教育教学面临的实际问题，为政府决策和政策推行服务，为学校和教师适应教育教学改革、改进教育教学工作服务，为全体学生享受高质量教育服务。

◇ 教研工作的重点

教研工作要以基础教育课程与教学改革的研究与实施工作为中心，以基础教育教学质量监控与评价为增长点。

◇ 教研工作的基本方式和着力点

教研工作要把工作与研究结合起来，在行动中研究，在研究中行动；把学习与实践结合起来，边干边学；把多种研究方法结合起来，优势互补，为我所用。教研工作的着力点在于促进先进的教育理念和理论转化为教师的教育教学行为，架起教育理念转化为教育教学行为的桥梁。

3. 教研员

教研员是指从省（市）到区（县）各级专门教研机构中任职的，专门从事中小学各学科教学研究的人员。除了专职教研员外，还有的是聘请学校各学科优秀教师做兼职教研员。本书中的教研员特指前者。

我国教研体系发展60多年来，教研员队伍不断壮大和发展。据不完全统计，全国各省（市）、地市、区（县）有教研员近10万人。教研员主要来自教学一线，即担任过多年学科教师；近年来，也有很多具有高等学历的学科教学论研究生补充到教研员队伍中。教研员虽然不在学校担任长期、固定的教学工作，但其工作与教学实践密切相关。目前，我国仍没有专门针对教研员的专业职称系列，大部分教研员适用中小学教师职称，极个别省市教研员补列入研究员职称系列。

虽然教研员已成为我国基础教育界一支特殊的、必要的队伍，但对其任职条件、职后培训和专业化发展等都缺乏系统的、规范的组织和安排。

三、研究过程

（一）文献综述情况

本课题主要从历史发展的角度，围绕我国教研制度的发展历史进行了详细的文献梳理。查阅的文献资料包括三方面。

第一，与我国基础教育及课程改革相关的背景资料，包括中外（主要是苏联）近现代教育史（如《中华人民共和国教育史》《中国近代教育史》《中华民国教育史》《外国教育史》《苏联教育史》《俄国教育史》等），教育类辞书（如《教育大辞典》《中国教育年鉴》《中国教育事典》《中华人民共和国重要教育文献》），政策法规（如《中华人民共和国基础教育现行法规汇编》《中华人民共和国教育法规选编》）和相关报刊、论著研究（如20世纪五六十年代的《人民教育》《苏中友好》《教育译报》《借鉴与发展——中苏教育关系研究》）。

第二，与我国教研制度相关的文献资料，包括一些专著（如《我国教研组演变的轨迹》《我国中小学教研组研究》《有效教研——基础教育教研工作导论》），部分省市或地区的教研编著（如《上海市教研50年》《山东省教研50年》），硕士、博士论文（如《基础教育教研室制度创新研究——基于山东的案例》《基础教育教研室制度创新研究》《教研室教学研究的现状分析与对策探讨》）。

第三，与教研工作和教研员专业发展相关的文献资料，主要是一些公开发表的论文（如《教研员的职业角色要实现三个转变》《教研工作需创新》《教研员在校本研修中的作用》）。

此外，还查阅了与教研制度相关的国外教师培训、学校督导等方面的文献资料。以上文献经系统整理后形成了《我国教研重要文献集》《我国教研发展大事记》《关于教研的资料目录集》。文献研究是本课题研究的主要方法之一，在本研究报告后面附有比较完整的参考文献目录。通过文献研究，我们对与本课题相关的成果作了简要梳理。

第一，我国教研制度的产生和发展与我国经济、文化、教育的发展密不可分。因此，对每个阶段教研制度发展背景的综述和分析成为本课题研究的基础。有关我国经济、文化、教育的发展的研究文献比较丰富，且连续性强、记录完整。课题组经过筛选，主要参考了《当代中国重大教育改革事件专题研究》《中小学教育史》《共和国教育60年》等编著，综述了每个阶段中国经济、文化和教育的大事和特色。但在众多教育史、教育志等书籍中，关于教研制度（包括教研机构、文件、人员等）的记录甚少，零星的记录也只是泛泛而谈，缺少具体的记录。

第二，随着我国基础教育课程改革的不断推进，尤其是进入21世纪后，“教研”进入了教育研究者的“视线”。同时，教研机构也逐渐加强了对自身工作的总结和反映，陆续有相关著作问世。前面提到了硕士、博士论文和为数不多的有关教研编著等，对教研制度的历史发展、新时期的要求、教研员的工作特点等都作了分析和阐述，但多是区域性发展的简述，缺乏全国性的调查研究，对教研制度发展及教研员的特点研究也很少。

第三，对“教研工作”和“教研员”等的专题研究有一些，但选题比较集中于新课程中存在的问题和如何发挥作用等，缺少全面系统的研究。通过梳理已有的文献，课题组感到对教研工作的定位和教研员所起到的重要作用认识比较模糊，缺少实践基础和实证研究。

（二）研究内容和研究思路

本课题是在基于我国基础教育新课程改革背景下，为充分发挥各级教研部门的教学研究、指导和服务作用，对现有教研部门的组织机构、人员（数量及专业水平）和运行机制进行调查和分析，厘清我国基础教育教学研究制度发展的历史过程，提出有利于不断创新和发展的教研制度的建议。

本课题的具体研究内容包括以下几个方面。

① 从时间和职能定位等多维度，对我国60年的教研制度进行全面的历史回顾，研究其形成的过程、发展的阶段、不同阶段的功能定位、发挥的作用以及存在的问题等。

② 依据我国基础教育课程改革的发展形势，为提出构建适应我国素质教育要求的教研体系的设想打下基础。

③ 分析并探讨新课程改革的创新型教研制度的组织结构模型，对其分类、特点、优势、不足进行分析总结，并在此基础上提出改进建议。

④ 结合研究教研制度，初步探讨教研员专业发展问题，其中包括教研员资格、培训、评价及教研方法等问题的研究。

本课题的研究思路是：从全面、系统的现状调研入手，结合深入的文献研究和历史研究，了解我国基础教育教研制度的发展史，分析当前教研制度的基本状况，尤其是在新课程改革中的积极作用和问题；在此基础上，为提出构建新型的教研制度的设想做准备，包括各类相关制度的建立、相关规范的形成，并从创新、可持续发展的水平重点研究教研员队伍建设问题；此外，结合理论框架，通过实践探索，提出实施策略。

本课题的调研对象包括：第一，教研机构，涵盖我国大陆31个省及自治区、直辖市和新疆生产建设兵团共计32个省级教研机构（以下简称32个省级教研机构）；部分地市、区（县）级教研单位；部分学校教研组。第二，相关领导和教研员代表，包括教育部基教司领导、各级教育行政部门和教研机构领导及教研员。

（三）课题研究步骤

课题研究从2006年12月—2010年12月，具体来说可以划分成以下三个阶段（如图5所示）。

图 5　课题研究的简要过程

第一阶段（2006 年 12 月—2008 年 1 月）：查阅资料，实地调研，课题申报、立项，完成开题工作。

2006 年 12 月—2007 年 3 月，查阅文献，梳理我国教研制度的发展史（1949 年以后），制订研究方案。

2007 年 4—7 月，召开调研会，开展北京、天津在职教研室领导和退休领导的访谈，对课题研究目标、研究内容等进行论证，听取各方面意见进行修改，并制订出更具体的研究方案。

2007 年 8—9 月，申报全国教育科学“十一五”规划教育部重点课题。

2007 年 10 月，课题获得立项。

2007 年 11—12 月，赴黑龙江、上海进行实地调研及召开课题说明会，确定子课题参加人员。

2008 年 1 月，进一步查阅国内外资料，撰写开题报告，完成开题工作。

第二阶段（2008 年 2 月—2009 年 12 月）：深入开展课题研究。

在近两年的课题研究过程中，课题组查阅文献 300 余册；深入 21 个省（市、自治区）进行实地调研；向省级教研部门有关管理者发放问卷 100 余份；召开专家和相关人员研讨会 150 余场。以上这些研究活动都有详细的文字和图片记录，完成了本课题组研究大事记、会议纪要等约 100 万字，收集图片约 800 张。在占据以上大量资料的基础上，课题组开展了以下内容的研究。

（1）梳理我国教研制度发展的历史，完成我国教研制度发展史研究报告。

（2）开展我国各省、自治区、直辖市教研制度建设及教研员专业发展情况调查，完成我国教研制度建设及教研员专业发展问卷调查报告。内容为各省、自治区、直辖市教研室的基本情况，包括隶属关系、人员编制、历史简介、主要工作、成果、问题及创新等。

（3）开展新时期下我国教研制度建设及教研员专业发展的实证研究。

比较研究，将我国的教研制度、教研体系放在国际背景下，参照国外与此相关的制度或体系，比较其异同和特点。

理论研究，在文献梳理、比较研究、实践调研的基础上初步构建适应我国素质教育要求的教研体系。

案例研究，依据我国基础教育课程改革的发展形势，探讨新时期教研制度的创新模式以及教研员专业发展的途径等。

第三阶段（2010 年 1 月—2010 年 12 月）：课题结题阶段。

收集、整理和编辑 32 个省级教研机构的研究报告，总课题组完成课题总结，结束课题研究，现在已完成的研究成果有《我国基础教育教研制度发展研究》（专著）、《我国基础教育教研体系建立的回顾与展望》（报告、论文）、32 个省级教研机构研究报告和北京市 19 个区（县）教研部门的专题报告。

四、研究结论

经过几年的研究和探索，课题组对中国的教研制度从历史发展的纵向和地域分布的横向上进行了系统、全面的梳理，清晰地描述了教研制度在中国产生、发展的各历史阶段；立体地展现了教研制度在中国各省、自治区、直辖市的发展特点；客观地归纳出对教研制度的基本结论、特色分析和发展建议。

（一）中国教研制度发展的历史阶段

参照我国 60 年基础教育发展的历史，本课题将教研制度发展的历程划分为 6 个时期（时间轴）；对每个时期的社会背景、教研机构设置、教研工作特色、教研员发展等（内容轴）作了详细的描述和分析；以 32 个省级教研机构，部分地市、北京市 19 个区（县）和部分学校教研组为地域划分（地域轴）和素材，搭建如图 6 所示的三维结构。

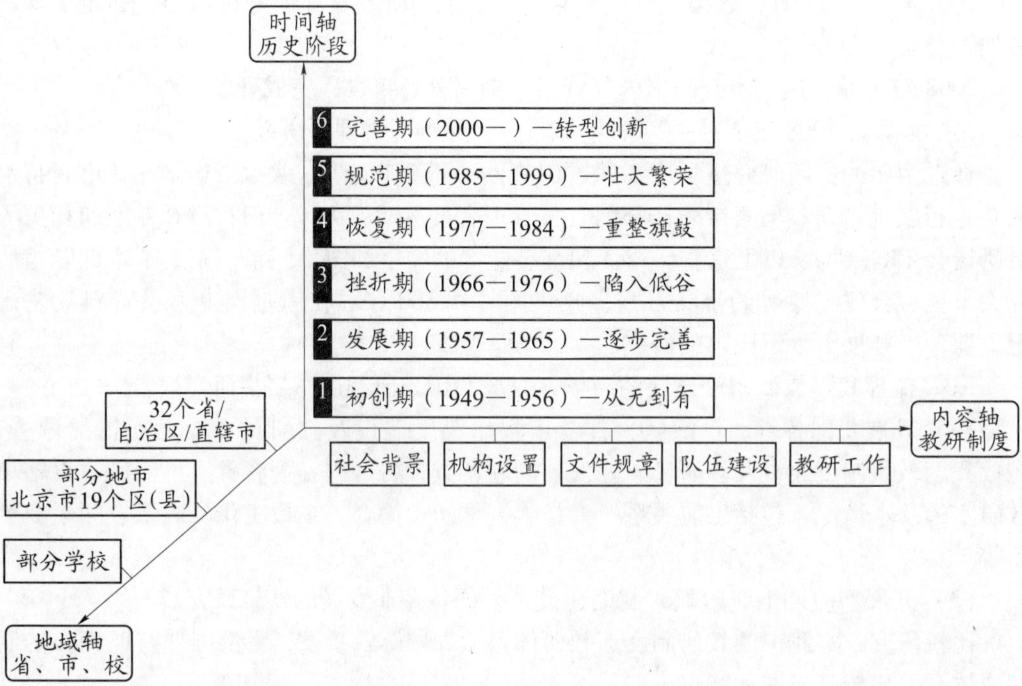

图 6 中国教研制度发展的历史阶段结构示意图

以下是对这6个时期的简要描述，详细内容参见本书的姊妹篇《撬动中国基础教育的支点——中国特色教研制度发展研究》一书。

1. 初创期（1949—1956）——从无到有

新中国成立初期，一些地区虽然有教师进行教学研究，但区域或学校中并无教研组的设置，没有建立独立的教研体系。教研制度的建立与改革旧教育需求、学习苏联教育经验有关，同科同年级教师集体备课制度是教研制度的最早表现形式，而1952年教育部颁发的《中学暂行规程（草案）》和《小学暂行规程（草案）》应该是中国教研制度建立的开始。

1949年12月，也就是新中国成立的最初时期，在教育部召开的第一次全国教育工作会议上，明确提出新中国的教育建设要“以老解放区新教育经验为基础，吸收旧教育的某些有用的经验，特别要借助苏联教育建设的先进经验，建设我们的以提高人民文化水平，培养国家建设人才，肃清封建的、买办的、法西斯主义的思想，发展为人民服务的思想为主要任务的新民主主义教育”①。而这其中的一个重要举措就是先在教育行政系统内部建立教学管理组织，具体部署和主持教学工作的正常开展。

早在新中国成立前一年，作为东北解放区的哈尔滨市的文教科就成立了教研组，以辅导区为单位，开展同科同年级教师集体备课活动，以提高教学质量。1949年10月，上海市教育局增设“教育研究室”，以加强教学研究，改进教学工作。“研究室为研究中小学及工农学校各科教学以及审编教材、教育刊物之机构”，下设文史地组、自然科学组、编辑组、小学各科教学组。也是在1949年10月，为贯彻“加强文化科学的教学方针”，加强教学管理和教学研究工作，大连市教育局抽调有经验的教师组成小学教学研究组，研究多科教案和编写教学参考资料。同一时期，不少省市组团赴苏联学习访问，并带回了很多有关教研室工作的经验。本书引用的各省教研组织资料，若非特殊注明，均来自各省子课题组提交的教研报告。

1952年3月，教育部颁布了新中国第一份涉及教研组的正式文件《中学暂行规程（草案）》和《小学暂行规程（草案）》，对中小学教研组的设置作出了详细的规定。随后，各地中小学校教研组织建立，但在名称上有所不同。

1955年11月，教育部机关刊物《人民教育》发布了题为“各省市教育厅局必须加强教学研究工作”的评论，指出“为了厅、局长便于领导，使它成为厅、局长领导教学的一个有利助手”，要求“独立设置教学研究室”，“这样不仅可以集中人力，也便于培养专业干部”②。

此后，各地省、市、区县教研组织纷纷成立。归纳来看，基层学校教学研究组织首先成立，省级教研组织成立的时间一般又早于地市、区县级。虽然成立的时间不统一，名称也不一致，但各地成立教研组织的背景、主要任务和操作程序基本上都是一致的。这一时期各地成立的教研组织基本上都隶属于教育厅（局），其人员编制、经费预算等也都来自教育行政部门。

---

① 何东昌. 中华人民共和国重要教育文献（1949—1975）[M]. 海口：海南出版社，1998：7-8.

② 人民教育出版社. 各省市教育厅局必须加强教学研究工作 [J]. 人民教育，1955（11）：18.

伴随着新中国的成立和建设，我国的基础教育教研制度从无到有，顺利起步。这一时期，教研组织的工作集中在编写新中国的第一批教材，保障全国中小学恢复教育教学正常秩序；培训教师，帮助教师解决教育教学中的问题，提高师资水平，提升教育教学质量。这些工作对新中国中小学教育建设起到了重要的作用，保证了党的教育方针政策得以顺利落实，是新中国基础教育奠基的一个重要组成部分。

2. 发展期（1957—1965）—— 逐步完善

1957 年 1 月，教育部颁布了新中国历史上第一个以教研组为主题的正式文件《中学教学研究组工作条例（草案）》（以下简称《条例》），进一步规范了教研组的性质、定位和工作内容。《条例》明确“教学研究组是教学研究组织，不是行政组织的一级。它的任务是组织教师进行教学研究工作，以提高教育质量，而不是处理行政事务”，这标志着教研组向专业化迈出了重要的一步，促进了教研组教学研究质量的提升。同时，全国各地教研组织逐渐扩大规模，教研室设置更加完整，工作职能更加全面。

这一时期，各省（自治区、直辖市）的教研组织相继组建完成，同时省以下各级教研组织也组建起来，形成了比较完整的体系。同时，由于“教育革命”和“走自己路”的影响，各地教育行政部门经常进行机构调整，使得教研组织的隶属关系具有地方性、不统一性和变化性。从总的情况看，各地区教研组织的内部建设趋于扩大、规范和完整，并颁布了制度建设、职能分工等内部管理条例。

在这一时期，中小学教研组和专门教研组织都逐渐走出了刚成立时对苏联经验的盲目照搬，开始思考并逐渐形成与中国实际相适应的教研制度，对新中国教育质量的提高作出了重要的贡献。

3. 挫折期（1966—1976）——陷入低谷

1966—1976 年，是我国的一段特殊历史时期，即“文化大革命”时期。“文革”十年使我国中小学教育事业遭到严重破坏，教育质量处于新中国成立以来最低水平。在“停课闹革命”的思潮中，作为业务部门的专职教研组织成为运动冲击的主要对象之一，教学研究室几乎处于瘫痪状态，教研制度的建设陷入低谷，教学研究活动无法开展，更谈不上其职能的发挥。但随着“复课闹革命”需要，编写教材的任务，又促使各地教研工作者通过以教材编辑组（处）的名义继续指导教师教学。例如，1966 年夏，上海市教育研究处被撤销。1967 年，当时的上海市教育局“革命委员会”决定编写 1968 年的中小学教材，并且成立了“教材编写组”。1969 年，山东省“革委会”政治部建立教育组，针对当时的迫切需要，1969—1971 年连续三年，调集教研力量组成临时教材编辑组编写教材。1972 年 2 月 10 日，经山东省“革委会”政治部批准，山东省中小学教材编辑组正式成立。

“文革”后期，各省市级、地市级、县级的教研组织陆续恢复，各地从中小学抽调了有教学经验和研究能力的教师担任教研员，在编写教材、教学材料、帮助教育行政部门整顿教学秩序方面作出了一定的贡献，使在国家内乱情况下的教育事业仍有所推进，在一定程度上弥补了“文革”对教育事业带来的损失。

4. 恢复期（1977—1984）——重整旗鼓

1977 年，随着“文革”的结束，基础教育面临着整顿提高教师队伍、恢复正常教学秩序的艰巨任务。同时，国家实施了教学大纲和教材的重建工程，再度统一各学科教学大纲，继续实行课程教材“国定制”。进入 20 世纪 80 年代，随着改革开放思想的确定和实行，提出了初步探索有中国特色社会主义教育的思路，开始调整修订课程大纲，酝酿课程多样化和教材“审定制”。

另一方面，恢复高考制度后，中小学教育质量问题渐次成为社会关注的重点，组织指导考试成为基础教育教学管理的核心课题。为此，各级教研组织围绕研究考试、命制试题、组织考务等开展工作。组织各种统一考试也成为教研组织的主要业务之一。

在这一时期，全国的省级、地市级、区县级的教研组织陆续恢复，专职教研员人数达到 10 万人，基本形成了深入到各学校的教研网络。省级教研组织的机构设置主要有三种形式：一是单独设置，如天津市、上海市、江苏省、福建省、广东省、山东省、山西省等；二是隶属于教育学院作为专职的研究管理部门，如北京市、东北三省、湖北省等；三是与教育科学研究部门（如教科院、教科所等）合二为一，成为教科院或教科所职能的一部分，如河北省、四川省、安徽省等。虽然各地教研组织机构的设置形式不同，但其工作权威性都较高，是各地教育行政单位依托的主要业务力量。

这一时期，各级教研组织做了大量基础性工作，通过实际调研、对新教师的培训，开展对大纲、教材和教法的研究，有效保证了改革开放初期基础教育的基本秩序和稳步发展。

同时，教研员队伍的选拔和建设成为各级教研组织的重要工作之一。大批具有一线实践经验的优秀教师被补充到教研员队伍中。

5. 规范期（1985—1999）——壮大繁荣

1982 年 9 月，党的十二大召开，标志着我国进入全面开创有中国特色社会主义新局面并沿着建设有中国特色的社会主义道路前进的新时期。在当时的基础教育课程改革大背景下，国家教育委员会提高了对各级教研组织的重视程度，召开各级会议，发布了一系列重要文件。1986 年秋，全国中小学教材审定委员会召开全国教研室主任会议，重点总结了 1985 年以前教研室的工作。时任国家教育委员会副主任的何东昌发表讲话，他用“不容忽视”“不可替代”表达了对教研工作的充分肯定和高度评价。为了加强对教研工作的指导，教育部门实施了三项根本性的举措。第一，抓教研室主任培训，在华东师范大学举办了三期教研室主任培训班。第二，开展对教研工作的评估，分别对天津市、安徽省和黑龙江省三种机构设置形式的教研室进行了工作视察和指导，有效督促了教研室的建设和规划。第三，1990 年，国家教育委员会发布《关于改进和加强教学研究工作的若干意见》，明确了教研组织的作用，规范了教研工作职能，将其工作重点确定为教学研究、教学指导和教学管理三个方面。各省市教研组织也印发了相关文件，明确本省市教学研究室的工作。另外，地区间的教研联系也逐渐形成。例如，直辖市教研组织建立了暑期研讨交流机制；华东地区成立了教研联合会等。

改革开放促进了教研组织的发展，课程管理的多样化和适度开放，理论研究与实践探索的齐头并进是其发展的重要特征。这个时期的教研组织仍保留了不同机构设置形式，但与各级教育行政部门都有着密切的联系。教研组织的主要职能之一就是为教育行政机构提供决策服务，包括教学文件的撰写、考试说明的编制等。同时，教学实验和课题研究也成为教研的重要组成部分。

6. 完善期（2000—）——转型创新

2001年，教育部在《基础教育课程改革纲要（试行）》中将教研组织确定为课程改革的支撑力量，要求“各中小学教研机构要把基础教育课程改革作为中心工作，充分发挥教学研究、指导和服务等作用”。随着基础教育课程改革逐步深入，教研组织的核心作用日益凸显出来，其工作成效直接影响到各级课程改革的进程。

在新课程改革背景下，各省（区、市）教研组织的职能定位逐步“从以教学为中心变为以课程改革为中心”，从原先的教学管理和教学研究两大职能转变为以课程教材改革为中心的教学研究、教学指导、服务等职能，推动全国建立以校为本的教研制度。

随着教育行政部门的体制改革，一些地方教研组织的隶属关系也发生了变化。例如，从1996年起，原北京市教育局教学研究部改为北京教育科学研究院基础教育教学研究中心，隶属北京教育科学研究院。其职能发生了很大变化；原有的教材编写管理工作主要由北京教育科学研究院课程教材发展中心承担；原有的统一考试命题工作逐渐交由北京教育考试院负责。

课程改革初期，尽管社会上对教研组织在课程改革中的作用有不同反响，但教育行政部门、课程教学专家和广大一线教师对教研组织的作用是充分肯定的。我国21世纪的课程改革带来的是从课程理念、课程管理到课程内容全方位的变化，教研部门通过组织课程标准和多版本教材的教师培训、开展教学设计和案例研究、支持以校为本的教研活动等，保证了课程改革的顺利实施，帮助教师尽快适应新课程，并促进教师专业化发展，不断提高当地的教育教学质量。

（二）中国教研制度研究的基本观点和特点分析

1. 课题研究得出的基本观点

本课题组在梳理、描述了中国教研制度60年发展历程的基础上，明确提出了对教研制度的基本观点。

（1）纵观中国基础教育教学研究制度60年的发展历程，在各个历史时期，教研部门和学校教研组在基础教育建设和发展中都发挥了不可替代的作用。在“穷国办大教育”的基本国情下，教研体系起到了管理和组织教学研究、支持和指导课堂教学、适应和推进课程改革、稳定和保障教学秩序的重要作用。同时，教研部门还承担了教材编写、教师培训、考试研究等大量工作，成为支撑我国基础教育的中坚力量。

（2）60年来，我国教研制度和体系经历了从无到有、从局部到完善的过程，现已形成了从学校到地市、区（县），再到省（市）的纵向各级教研体系，遍布全国31个省（自治区、直辖市）。经过60年的曲折发展，这套教研体系已经形成了成熟、有效的工作运行机制和管理机制，具有独特的教研工作范式，并逐步构建了开放、民主、和谐的教研文化。这些经验和成果为我国基础教育的进一步发展打下了坚实的基础。

（3）展望我国社会主义建设和基础教育发展的前景，尽管教研制度可能遇到机构调整、人员编制限制、职能定位不清等问题和困难，但由于其在基础教育中的特殊地位和不可替代的作用，在很长一段时间内教研制度不会弱化，反而更需要加强，并向着专业化、规范化、科学化的方向发展。

2. 中国教研制度的特点评析

纵观60年的发展史，可以初步归纳出我国基础教育教研制度的发展具有以下基本特点。

（1）我国教研制度的创立是当时为了适应我国中小学教育发展需求，并借鉴了苏联的经验，是在解决我国中小学教育教学问题的过程中不断完善和发展起来的，是中国特色社会主义教学管理制度的重要组成部分

在新中国成立前后，东北地区不少省市向苏联学习，着手建设自己的中小学教育课程体系和探索教学管理模式。除了在学校设立教研组外，在市或省级也设立了各种形式的教师进修培训组织或专门的教研组织，负责教材编写和教师培训。之后，随着我国基础教育的改革和发展，教研管理制度得到不断完善，即使在“文革”时期，一些教研组织和学校教研组仍坚持工作，减少了基础教育的损失。进入21世纪，这套具有中国特色的教研管理体系基本完善，既包括学校、地市（或区县）、省各级专门教研组织，也涵盖了小学、初中、高中各学段、各学科，可以说其体系构建的严密以及人员配备的齐全，都是世界上仅有的，其独特性和重要性堪称我国基础教育教学管理体系中的一朵“奇葩”。

（2）我国教研制度是随着我国基础教育变革和中小学课程教材教学改革的不断发展而发展的，成为保证课程教材教学改革、提高教育教学质量和教师专业化发展的核心支撑力量

新中国成立60年来，我国基础教育教研管理制度的完善与发展是与中国特色的基础教育发展密切联系的。我国基础教育以中央统一管理为主要模式，需要专门、专业机构将中央的精神和党的教育方针政策逐级执行和落实下去，逐步形成了上下相通的完整的教研体系。长期以来，由于我国教育发展迅速，教师队伍的现状不能完全满足事业发展的需求，正是由于有着这样一个教研工作系统，才在一定程度上保证了我国中小学教育教学的基本质量，同时又通过对教师进行课程计划、课程标准和教材等方面的培训——在一些关键时期，培训教师曾是教研组织的重点任务，保障了党的教育方针在学校中贯彻落实。

60年来，我国基础教育经历数次规模较大的课程改革。每次课程改革中，教研组织都承担研究和指导课程实施的重要工作。随着基础教育课程改革的推进，教育部将教研组织确定为课程改革的支撑力量，要求“各中小学教研机构要把基础教育课程改革作为中心工作，充分发挥教学研究、指导和服务等作用”。2001年开始的面向21世纪的基础教育课程改革，各级教研组织承担了课程计划和课程标准的宣讲、教师教材培训、教学实践指导和监控的工作。通过一系列形式多样的教研活动，帮助教师尽快熟悉新课程、认同新课程、实践新课程。另一方面，新中国成立以来，中小学教育教学不断改革，一段时期上级的要求也总处在变动的调整中，不论从质量保证或是教学秩序的稳定看，也需要有这样一个教学管理系统，来保持教学管理和质量监控的连续性，并在推进课程改革、提高教育教学质量中发挥重要作用。应该说，在新一轮课程改革深入发展的今天，中小学教研制度正在不断改进和完善，同时也不断面临着新的发展机遇和挑战。

（3）我国教研制度已形成了一套比较成熟、行之有效的省、市、县、校多级教研

体系，具有一支教学经验丰富、学术造诣较深、管理指导能力较强的教研员队伍

新中国成立之初至改革开放，各地教研机构不断建设发展，逐步形成了从学校教研组到地市（或区县）级教研组织再到省、市级教研组织的完整组织机构。虽然各地教研组织名称不一，管理形式不尽相同，但其功能相似，工作形式也大体相同。同时，教研组织内部也不断进行机构调整和完善，在注重基础教育学段、学科的完整性的同时，增加了教科研理论研究室、教育测量评价室等，职能更加全面、分工更加明确。

在教研组织自身不断完善的基础上，开放的教研体系逐渐形成。一方面，各级、各地教研组织之间的联系更加紧密，形成了区域的教研联合体，定期进行教研工作交流和专题合作研究。另一方面，教研组织与其他相关教育研究单位的联系更加密切，加强了与高等院校的基础教育研究单位和学科教法室、教育学院、教育科研部门、教育考试院的联系，全方位、优势互补地为基础教育课程的实施服务。

我国改革开放后，教研工作的内容更加丰富，教研活动形式更加多样，教研工作质量有了很大提高，学校和教师对教研组织的依赖程度越来越大。教研工作的内容从以编写教材为主逐渐转变为以研究、指导、监控课程实施为核心，承担一线教师的新课程培训，调研和指导教学实践。

同时，教研员队伍不断壮大，以北京为例，市区两级专职教研员人数达到千人。教研员队伍的组成也呈多元化发展。改革开放前主要是由有经验的一线教师担任教研员，改革开放之后尤其是教育教学理论大量应用于教学实践中后，一大批教育学、教育测量学和学科教学论研究生补充到教研员队伍中。通过加强对教研员的培训，教研员的素质不断得到提升。

（4）我国教研制度始终是在应对基层学校教学工作需要的过程中建立与发展起来的，为中小学的课堂教学服务是我国教研制度的重要特征

新中国成立之初，学校教研组建立即是为了适应教学需要，其后各级教研组织多由教育行政部门统一管理，为教育行政部门决策服务成为主要教研工作之一。教研组织承担的其他工作也多由教育行政部门指令或布置。进入21世纪以来，教育行政管理工作灵活性和开放性增强，也为教研组织创设了更宽广的发展空间。尤其是21世纪基础教育课程中提出的建立以校为本的教研制度，要求教研组织工作重心下移，要多走进学校和课堂，主动聆听教师的需要，更好地服务于教学一线和实践。

为此，教研组织在规划教研工作时就将加强对一线教学工作的调研、指导作为主要业务之一，常规的教研和教学视导占据了大部分工作时间。在各类课题和专项研究工作中，与学校教学实际需要密切相关的，诸如教学实效性问题、发展性教学评价问题、教学设计问题等都是教研组织的研究重点。作为教师学科教育专业研究和教师的业务指导组织，教研组也处处体现了对教师实际需求的关注。各地教研组织还成立了特级教师和优秀教研员工作站，汇集一线教师参与教研，使教研工作更贴近教师实际需要，也培养了兼职教研员和骨干教师队伍。

（三）对中国教研制度发展的思考与建议

展望我国社会主义建设和基础教育发展的前景，尽管教研制度可能遇到机构调整、人员编制限制、职能定位不清等问题和困难，但由于其在基础教育中的特殊地位和不可

替代的作用，在很长一段时间内教研制度不会弱化，反而更需要加强，并向着专业化、规范化、科学化的方向发展。

1. 从制度上进一步完善中小学教研制度，尽快在国家层面设立专门的领导机构

我国教研发展的历史表明，由于一直没有国家层面的、专门的、固定的教研领导机构，导致各省教研发展不平衡，影响了一些地区特别是农村地区的基础教育教学质量的提升。若在国家层面明确设立专门的机构或部门负责领导和管理全国教研室工作，并赋予明确的责任，明确与省级教研部门的业务领导及指导关系，既可以进一步规范各级教研部门的组织管理形式和工作职责，促进各省教研工作发展的同时还可以加强省际和各地区教研工作的合作与整合，又可以从制度层面上完善中小学教研制度，有助于有效统筹和指导全国基础教育教学研究工作的深入推进，全面提升基础教育教学质量。

2. 从管理上明确教研部门行政隶属关系，提高教研工作的实效性

（1）厘清教研部门的行政隶属关系，以直属行政部门管理为佳

当前，由于历史和地区特点等原因，我国教研机构设置及隶属关系种类繁多、缺乏规范性，据不完全统计仅省级教研部门就有 4 种之多，影响了教研工作的实效性。教研工作发展的经验表明，教研室直属教育行政部门、作为教育学院所属部门、教育科学研究院所属部门等隶属类型，各有利弊，以直属行政部门的管理方式最有利于开展工作。这样，教研室的行政管理相对独立，具有独立的人事、财务等权利，能依据教研工作的特点进行管理和支配；同时，教育行政部门直接管辖，利于业务与行政的合作，能充分发挥教研组织“上传下达”的作用。

（2）明确教研部门的工作职能，加强和改进教研部门工作机制

面对基础教育发展的新形势和新任务，需要进一步明确教研部门的工作职能，将其定位于协助教育行政部门推动课程与教学改革、为基层学校和教师提供专业支持与业务指导的专业机构，把教学研究、指导、服务作为教研部门工作的中心，充分发挥教研部门的专业引领作用，把教研部门建设成为探索课程与教学理论和实践的研究机构；提供课程与教学专业指导，引领教师专业发展的服务机构；评价和改进基础教育教学质量的指导机构。

同时，省、市、区（县）等各级教研部门也要进一步明确各自的工作职责，做到既分工明确又紧密合作，形成合力，使各自的优势得以充分发挥。另外，各级教研部门内部机构也应进一步调整，既要突出学科教研特点，又要注意多元化，要处理好学科室与综合室之间的关系。

3. 从定位上明确教研员的工作职责，加强教研员队伍建设，发挥教研部门的专业引领作用

作为教师的“教师”，教研员需要不断提升自己的专业素养，提升服务于基础教育教学工作的能力，为促进各级教研人员不断加强思想修养和专业学习，吸收优秀教师加入教研员队伍，需要进一步探索符合教研工作特点、有利于提高教研员专业水平的准入、培养、管理和评价制度。

（1）明晰教研员的工作职责

在职能上进一步明确教研员的工作职能，使其将主要精力投入到研究、指导和服务

教育教学上来。鼓励教研人员深入中小学教学一线，加强实践研究，引导课程教学的不断深入改革，成为为一线教师提供专业发展支持的专家、“反思性教学”的研究者和实践者，促进教师的专业发展。

（2）完善教研员任用、管理和评价机制

教研员队伍的质量和水平直接决定了教研工作的功能发挥程度与成效大小，为此要进一步改革和完善教研员准入、流动、退出、评价等机制。制定教研员资质标准，在学历条件、师德表现、研究能力、业务水平等方面对教研员的资质作出明确规定，建立教研员轮岗流动和竞争上岗机制，选拔具有教学实践经验的优秀教师担任教研员，并根据需要外聘兼职教研员，形成一支专兼职相结合、有活力高水平的教研员队伍。同时，在地位、职称、待遇、经费等方面适当给予教研员一定的政策倾斜和保障，或者建立专门的教学研究人员职称评定系列，如果在短期内建立专门的教学研究人员职称评定系列有困难，在职称评定中，要对教研员给予一定的倾斜，特别是在试行正高级教师职称评定时，教研员应占一定比例，这样才能保证教研员在学科教学中的“领头”地位；还可以建立专属教研员的奖励办法，以突出教研工作有别于一线教师，也避免由于名额限制教研员与一线教师“争荣誉”的情况。

（3）加强培训和研修，不断提高教研员的专业素养

为了更好地推进教研工作，要建立和完善教研员研修制度，对教研员加强培训和研修，促进教研员专业成长。在教育部重点师范大学如在北京师范大学等成立国家级教研员培训与研修的专门机构，为教研员职后培训提供稳定、长期、有效的场所和平台，并将教研员职后培训与其职称评定建立联系。一方面，要针对其工作需要制订有针对性的培训方案、设置培训课程；另一方面，要依据教研工作的发展和变化，采用多种形式、丰富的内容提高培训的实效性。

4. 与师范院校加强交流，更好地发挥教研部门的作用

各级教研部门是各地区教学研究的业务部门，对中小学各学科的教学工作发挥着专业引领作用。然而这一作用仅在教师的职后教育中发挥了积极作用。随着基础教育课程改革的不断深入，教研部门在课程改革中的先进经验和教师在课程改革中产生的困惑等，师范院校的学生了解得不多，导致刚毕业的师范生做了新老师就要加入到培训的行列，而不能成为课程改革积极的推进者。为了改变这一现状，建议各师范院校要把教研部门的经验作为优质教育资源，使之成为教师职前培训的重要基地。

综上所述，中小学教研制度在我国60年的基础教育发展中起到了不可替代的作用，并且已经成为具有中国特色的中小学教育体系中重要的组成部分。随着我国基础教育课程改革的不断深入发展，中小学教研制度及教研员队伍建设将得到进一步完善和加强。只有明确了教研工作的职能定位，创新教研工作方式，完善教研员准入、研修制度和工作评价体系，由此提升了教研员的研究能力和指导、服务水平，中小学教研制度才能在提升我国中小学教育教学质量中发挥更大的作用和作出新的贡献。

五、讨论与建议

回顾本课题从立项、研究到形成成果的几年，课题组感觉在收获多多的同时，也为

能承担中国教研制度的研究工作而感到自豪和欣慰。课题组在整理、发表和出版研究成果的同时，也为因时间、精力和条件所限而尚未完成的研究内容感到遗憾和任重道远。

第一，教研制度是具有中国特色的教学研究管理制度，对其研究的重视程度与其发挥的作用相比仍有待加强和深化。

在几年的课题研究中，我们遇到了难以预料的困难和问题。困难一，收集历史资料如“大海捞针”。在丰富的教育史资料中，却“鲜见”关于教研的记录或报道，尤其是21世纪90年代前的史料，感觉到教研被“隐藏”在基础教育成果背后，对其忽视程度可见一斑。由于缺少丰富的文字资料支持，课题组只好更多地通过人物访谈等进行补充，因而影响了历史回顾的准确性。困难二，收集32个省级教研机构材料竟历时两年之久。本课题的首要任务是全面、清晰、准确地了解全国省级教研机构的设置、人员、工作机制等情况，为此通过发放问卷、电话联络、实地调研、征集报告等途径广泛进行材料的收集。本计划一年时间完成，但由于个别省的积极性和主动性不够，一直拖到2010年12月才基本收集完成。即便如此，一些基本信息仍有缺失、不准确的问题，如省级专职教研员的确切人数、机构设置、网址和教研刊物名称等。在收集材料的过程中，主要是通过负责人与各地教研部门的关系，而缺乏行政手段，仅凭各地教研部门的无私帮助和支持。因此，在遇到不按时交稿、联络不通畅、找托词拒绝等情况下，课题组本着为研究奉献的宗旨，仍做到不放弃、不松懈，反复、多次通过各种人际关系进行联络和沟通。困难三，对教研制度关键词的认识和理解不统一。教研制度虽然是具有中国特色的基础教育教学研究制度，但一直处在从无到有、不断规范的过程，正式的国家级专门文件只颁布过3份，各地教研机构设置不统一且处在不断变化中，教研工作定位不清晰，没有教研员的专业职称和评定，因此很多有关教研的名词不统一，更谈不上有明确的界定。因此，本课题组在概念界定方面结合了《教育大辞典》和实践经验进行了初步描述。从1949年至今，教研制度在我国基础教育课程改革中发挥了重要的作用，但仍有很多主管教育的领导、教育行政部门不了解教研工作、不了解教研员，这都说明了教研制度还没有得到足够的重视和关注。

第二，课题基本完成了整体性和历史发展的研究，但个案、专题研究和教研员专业发展还需要继续进行。

基于以上困难和其他原因，尽管我们把课题研究的第一部分我国教研制度历史发展回顾和展望与第二部分教研员专业发展合在一起进行了研究，但仍感到可再深入一些。如可以对一些省市的个案进行研究，或者对当前与课程改革关系密切的一些专题进行研究。因此，课题组准备在“十二五”期间继续进行研究，第一方面在前期研究的基础上，对一些省市进行个案研究，以某个地区为研究对象，剖析发展历史、特色及发展趋势；第二方面选择一些有代表性、可持续发展意义的专题进行深入研究，如教学研究的过程与方法、教研形式的创新与实效等；第三方面是后续研究的重点，即教研员专业发展的专题研究，以教研员作为特殊的研究群体，分析其专业成长过程和特色，构建教研员专业培训的方式和内容，研制教研员任用标准及奖励制度等。

第一部分

全国各省（自治区、直辖市）教研工作回顾与展望

承上启下　开创北京教研新纪元

北京市教研组织自20世纪50年代开始，经历了探索、改革与创新的发展阶段，至今已经走过近60年的历程。在进入21世纪第二个十年之际，面对国家全面推动教育优先发展科学发展、建设人力资源强国的新形势，认真反思教研工作的成绩、经验和教训，对于发挥教研机构在教育改革中引领高端基础教育教学研究、深度服务中小学课堂教学的作用，进一步推进素质教育具有重要意义。

一、北京市教研机构的成立、变迁与发展

北京市教研机构的前身最早可追溯到1954年北京市教育局内设置的中小学教学研究机构，1956年又并入北京教师进修学院。北京教师进修学院同时承担教师进修和教研的双重任务。

1966—1976年，教研工作与其他工作一样，在“文化大革命”中受到重创。北京教师进修学院一度停止工作。1971年，北京市教育局成立了“北京教育局中小学教材编写组”，负责中小学师范各科教材的编写工作。

1978年，在“北京教育局中小学教材编写组”的基础上建立了北京教育学院。为了加强教学研究工作，1981年北京教育学院设立教学研究部（即北京教育学院二部），负责全市的教研工作。

1986年，北京教育学院二部隶属北京市教育局，正式命名为“北京市教育局教学研究部”，包括幼教、职教、师范、中小学各学科教研室。自此，北京市基础教育开始有了独立的教学研究机构，首次形成了中小学全学科和幼教、职教、师范类健全的教研机构，承担着为教育行政部门提供决策服务的工作和对北京市中小学、学前和师范进行教学研究和管理，教学研究工作迅速步入正轨。

1986—1996年，北京市教育局教学研究部集中全市的教研力量深入调查，走进课

堂，起草了“三个教学文件”，指导了北京市的教学及教研工作。同时遵循国家教委《关于改进和加强教学研究室工作的若干意见》（教基〔1990〕013号）文件的精神，教研工作不断走向规范。其间，北京市教育局教学研究部坚持集体视导与学科分散视导相结合，走进学校，走进课堂，在全市严格执行教学计划和教学大纲，组织开展了多层次多形式的教学研究工作，探索改进教学方法，努力提高课堂教学效益，对提高全市中小学教学质量起到了重要作用。教研部还积极开展了多项教学研究，如“马芯兰小学数学教改实验”和“中小学各科教学中的德育研究”等，在全国产生了很大的影响。

1996年，北京市教育机构进行改革，应北京市政府办公厅关于北京市教委“三定”方案（京政办发〔1996〕63号）和北京市编制委关于成立北京教科院文件（京编办〔1996〕176号）的要求，北京市教育局教学研究部更名为“北京教育科学研究院基础教育教学研究中心”（以下简称基教研中心），由此翻开了北京教研史上新的一页。

21世纪初，新一轮课程改革开始。教育部印发的《基础教育课程改革纲要（试行）》中明确提出，“在教育行政部门的领导下，各中小学教研机构要把基础教育课程改革作为中心工作，充分发挥教学研究、指导和服务等作用”，为北京市教研部门在新课程背景下进行教研创新指出了明确的方向。在教育改革、课程改革中，北京市教研部门总结以往经验，跃上了继承与发展的新台阶，引领全市广大教研员和教师积极开展课程与教学改革，进行了九年义务教育阶段及高中阶段课程与教材培训，开展了信息技术与中小学教学整合、教学方式研究、义务教育教学质量监控与评价、校本教研、教学案例研究、德育实效性等一系列项目研究和工作，得到了一线教师的拥护和教育行政部门的肯定。

在近60年的时间里，北京市教研工作经过一代代领导和教研员的努力，以科学扎实、植根于教学实践的研究成果，上为教育行政部门决策提供优质服务，下为全市课程与教学改革提供高质量的实践引领，在基础教育教研史上谱写着新的篇章。

二、教研探索　服务教学（1954—1985）

自1954年北京市教育局设立教研组以来，教研部门便把服务于北京市中小学教育教学质量的提高作为其主要的工作，其间虽经历了曲折，但始终未脱离这一中心。

1954年6月23日，北京市委发布《关于提高北京市中小学教育质量的决定》（即《五四决定》），就如何提高教育质量提出了六项具体措施。其中明确规定：“各级教育行政部门要领导教师深入钻研教材和教学大纲，领会和掌握自己所教学科的教学目的、思想内容、科学内容，改进教学方法，使教师能正确地、系统地改进教学工作。组织有经验的教师和工作人员编辑教学指导和教学参考材料，随编随印，发给各校有关教师及时交流先进经验，减轻教师的负担。”同时，要求市教育局、区文教科和学校的领导干部应切实钻研教育业务，成为名副其实的内行，要把主要精力迅速地、坚持地放到教学研究和教学领导上去。市教育局应设立专门机构或专人负责管理教学研究和教学指导工作，并加强视察工作。于是，1954年市教育局成立教研组，对各科教学进行研究和指导，承担统考和编写教学参考资料等工作。

1956年10月，北京师范学院进修部（原北京教师进修学院）、教育局中小教科的教研组、小学教师进修学校、广播函授学校合并，重新组建北京教师进修学院。学院复建后立即主持编写各科教学参考资料及授课纲要工作，并把它作为学院主要的经常性的工作之一。学院设立数学、语文、外语、政史地、理化生、体音美6个中学教研室和小学教研室。各教研室的主要工作包括：编写北京市中小学教学参考资料；编写北京乡土教材；为提高北京市中小学各学科教师的素质和教学质量开办各种进修班；举办多种形式的教研活动，利用电台、电视台进行教材教法和专题讲座。

1957—1966年是我国全面建设社会主义的时期。这一时期，普通教育发展很快，中小学教师的专业和业务素质难以适应形势的发展。为了尽快提高中小学教师的专业和业务水平，1957年，重新组建的北京教师进修学院承担了北京市中小学教师的进修培训工作。教师进修学院坚持一切从实际出发、实事求是、密切联系中小学实际的宗旨，遵循“教什么、学什么、缺什么、补什么”的培训原则，采取教研与进修紧密联系、普及与提高兼顾的培训形式。在教学的形式上，采取多层次、多形式的培训方式。1959年起，北京市远郊区县陆续建立教师进修学校，主要作为针对本区县小学教师的进修培训机构。

此外，针对中小学教师在备课中不善于把握重点、难点的问题，北京教师进修学院积极组织本院和中小学教师，共同编写教材与教学参考资料，出版教学指导性刊物，为中小学教师备课和教学提供了必要的参考。

1966—1976年，由于“十年动乱”，全国教育遭受重创，北京教师进修学院一度停办。后随着中小学“复课”，北京市酝酿编写中学教材，并于1971年1月，因北京教师进修学院开始筹备成立教材编写组而建立了“北京教育局中小学教材编写组”。1976年粉碎“四人帮”后，编写组在全市组织多次不定期的各学科教师进修讲座，对于解决中小学教学亟须解决的教材教法等问题起到一定作用。

1978年4月，教育部向全国各地发出《关于恢复或建立教育学院或教师进修学院报批手续的通知》。根据教育部的指示，1978年5月，经北京市人民政府批准，恢复、重建在“文化大革命”初停办的北京教师进修学院，并更名为北京教育学院，承担对全市中小学教师进行学科专业和教学业务的培训、进修工作。1978—1979年年底，北京市采取各种措施和形式、方法，组织全市中小学教师进行进修和培训，努力提高教学质量。同时，市、区（县）通过建立各学科教研组，组织本地区的中小学教师开展教学研究活动，帮助教师掌握教材，掌握教法，解决教学中面临的问题。

1981年10月，北京市教育局决定，在北京教育学院内设立教学研究部（即北京教育学院二部）。下设中学9个学科教研室和职业教育研究室。教研部成立后，把教研员深入课堂、掌握教师课堂教学情况作为开展教研工作的前提，规定教研员到校听课时间每学期不少于30节。此外，教研部还组织教研员到各区、县进行集体教学视导，促使区、县教育局把主要精力转到教学工作的研究上来。除专职教研员外，教研部还聘请一些有丰富教学经验的教师作为兼职教研员，建立起专兼职结合的教研队伍。

综上可以看出，在1954—1985年的31年里，尽管北京市教研组织的名称几经变化，其间还经历了“大跃进”与“文革”，但是教研部门始终把进行教学研究和指导、承担统考和编写教学参考资料等作为其主要工作，在保证和提高北京市中小学教育教学质量上发挥了重要作用。

三、教研改革　开创新篇（1986—2001）

北京教研机构正式成立到进入新世纪期间，教育形势发展很快，20世纪80年代中期之后正常稳定的教学秩序已经形成，当时所面临的问题是如何提高教学质量，如何提高教师业务水平。北京市教研机构面对教改形势，厘清工作思路，明确工作职责，调整工作内容和方式，取得了丰硕的教研成果。

（一）发挥学科业务管理职能，为教育行政部门决策提供服务

北京市教研部门为教育部、北京市教委起草了大量的关于学科教学、教研工作、教师队伍建设、教学管理等方面的文件；在完成常规性工作的基础上承担着政策咨询、应答人大代表提案等工作，如有关“减负”、“教学内容调整意见”等文件被教育部采纳。为了将中小学干部和教师的主要精力引导到教学工作上来，引导到课堂教学工作上来，引导到课堂教学改革工作上来，1990—1995年，北京教研部门的领导和教研员走进学校，走进课堂，广泛开展了课堂教学情况调查，并组织优秀教师和教研员编写了《北京市进一步加强和改进中小学学科教学的意见》《北京市中小学学科教学常规（试行）》和《北京市中小学学科课堂教学评价方案（试行）》，统称“三个教学文件”，并在全市进行宣讲、实验、总结和修改。1995年，向全市印发了“三个教学文件”，这对深化教学改革，提高课堂教学质量起到了很大的指导作用。

（二）建立教研工作运转的良性机制，形成了市—区（县）—校三级教研工作网络

北京市加强了教研队伍建设，先后于1988年、1990年、1992年召开了三次教研和教学工作会，并制定了《北京市教研工作条例》，明确了教研工作任务。

与此同时，北京市教研部门以1981年以来成立的北京市各学科教学研究会为基础开展了学科教学研究工作。根据“三走进”，即走进学校、走进课堂、走进教师，指导课程实施的要求，逐步建立并完善了教学视导制度。通过组织各类观摩课、研究课、示范课，交流研讨，学术报告，骨干教师培训等形式多样的教研活动，在研究教学、管理指导教学、提高学科教学质量方面发挥了不可忽视的作用，与区县逐步形成了业务指导和良好的合作关系。

（三）积极开展学科教学改革活动，创造、总结、推广了一批有影响的学科教改经验

依据教育形势的发展和素质教育的要求，各学科开展了有特色的教改实验工作，其中“马芯兰小学数学教改实验”“中学化学实验教学改革”“初中平面几何入门实验”“大面积提高英语课堂教学质量的实验研究”“中小学‘规范码’教学实验研究”等重大教改成果逐步转化为广大一线教师共同的精神财富与实践活动，为提高学科教学质量发挥了重要的作用。

（四）开展基础性、前瞻性、高质量的专题研究和课题研究

北京市教研机构还积极开展课题研究，基教研中心集体或教研员开始逐步承担一些专题和课题的研究工作，其中影响最大的是全国教育科学“八五”规划重点研究课题“中小学各科教学中的德育研究”。这一课题的研究，集中了中小学各科骨干教师和部分区县教研人员400余人，在全市57所实验校开展了历经5年的各科德育的理论探讨和实践开拓。其成果通过了国家级专家组鉴定，1999年获得第二届全国教育科学研究优秀成果二等奖、北京市基础教育首届教学成果二等奖和北京市第二届“胡楚南优秀中学教学成果奖”。

1998—1999年，基教研中心开展了素质教育的研究，其研究报告《构建素质教育课堂教学体系的研究》在北京教科院第二届素质教育研讨会上提交，发表在《教育研究》1999年第5期。

专题和课题研究工作培养和锻炼了教研员队伍，积累了丰富的研究成果，形成了良好的研究氛围，为基教研中心两个国家级“十五”重点规划课题“信息技术与学科教学整合”和“基础教育课程实施中中小学学科教学方式研究”的成功申报，打下了良好的基础。总之，课题研究工作和成果的转化对推动全市中小学课堂教学改革起到了重要作用。

（五）加强课程与教材的建设工作

北京市教研部门不仅参与了国家教学大纲和教材的建设，还承担了北京市21世纪基础教育课程改革的课程标准研制和教材编写工作，同时部分教研室编写了高质量的教材，如《北京市九年义务教育初中地理教材》（实验本）获得北京市首届基础教育教学优秀成果一等奖和北京市第二届“胡楚南优秀中学教学成果奖”；《北京市初中语文实验教材》获得北京市首届基础教育教学优秀成果二等奖；《北京市九年义务教育初中生物教材》获得北京教科院首届优秀教育研究成果一等奖；《北京地方民间音乐》获得北京教科院首届优秀教育研究成果一等奖；《思想政治课计算机辅助教材》《北京市中小学地方民间美术教科书》获得北京市第三届“胡楚南优秀中学教学成果奖”，为北京市课程建设作出了重要贡献。

（六）积极开展考试与评价研究

测量与评价是教学研究中的关键部分，北京市教研部门高度重视，首先组织教研员认真学习国内外教育测量理论，并结合教学实际和北京市的具体情况，精心研制课堂教学评价方案，1990年在全市试行。在新世纪课程改革中按照“以学生发展为中心”的理念又进行修改，体现了“以学促教”、定性与定量相结合的新思路。

北京市教研部门从20世纪80年代中期开始，还先后承担了北京市中考和高中会考的《考试说明》制定、试题命制、阅卷指导及总结工作；在中考改革后承担了对区县抽测与试题的评价工作、市级题库的建设工作，有效地发挥了评价对教学的正导向作用。

（七）加强教师队伍建设

教学改革的关键在于教师。多年来，北京市教研机构始终把教师队伍的建设摆在重要的位置，从20世纪80年代末青年骨干教师教学研究班的建设，到90年代以来通过组织教师评优、骨干教师培训、研究会活动和北京市中小学教师教学基本技能的竞赛，分层次、多方式地为教师业务成长提供平台，提高教师的业务能力与师德修养。

青年骨干教师教学研究班成员，皆从大学毕业生新教师中挑选，经学校及区县推荐，市教研部门批准。培训内容包括教学技能的提高和师德教育；培训形式包括组织研讨教学规律、研制教具和投影并深入山区进行调研。此外，青年骨干教师教学研究班还邀请全国优秀教师前来讲课，开阔了北京市青年教师的视野。在此期间，以1988年以来开展的北京市中小学青年教师基本功大赛对全市影响最大，在全国也产生了重大影响，极大地促进了北京市青年教师的业务成熟，为北京市的教学改革提供了有力的人力资源保障。

应当说，在1986—2001年的15年中，由于北京市教研部门能够认清当时教育教学改革形势、及时把握工作方向、不断调整工作思路，以从实际情况出发、解决真实问题的工作态度开展各项工作，在提高北京市教育教学水平的同时，教研工作也达到了新的水平。最主要的标志为以下三个方面。

一是1995年，为原北京市教育局起草并印发全市、贯彻于中小学的“三个教学文件”，这是北京市教研机构发挥学科业务管理职能，为教育行政部门决策提供服务，全面提高全市中小学课堂教学质量的重要标志。

二是1992—1996年，中小学全学科参与的“八五”期间重点规划课题“中小学各科教学中的德育研究”，全学段、研究型的工作方式增强了教学工作的研究氛围，这是北京市教研部门将研究与工作有机结合，加强研究力度，提高研究成果的转化与利用效果，创建教研工作思路的重要标志。

三是1997—1999年，在北京教科院第二届素质教育研讨会上推出的科学研究成果《构建素质教育课堂教学体系的研究》，整体性的教学模式的理论研究提高了教学研究的水平和成果推广价值，这是北京市教研部门在发挥分科研究优势的基础上，加强学科的整体性研究，实现理论提升的重要标志。

总之，以上所取得的辉煌业绩使北京市教研工作经验日趋成熟，教研工作方式日趋规范化、高效化；为构建教研工作理论奠定了基础；为深入开展教研工作，实现教研工作的创新打下了基础。

四、教研创新　成就斐然（2002年至今）

（一）理念创新，厘清新课程背景下教研工作的新定位

进入21世纪新一轮课程改革以来，随着基础教育课程改革的推进，国家教育部将教研部门确定为课程改革的支撑力量，进一步明确了教研工作的职能和作用。为了使教研工作真正做到适应、服务并推动新一轮基础教育课程改革，教研部门必须认清当前的形势，在继承以往先进经验的基础上，不断进行教研创新。认真分析教研工作面临的形势，可以归纳为三大特点。第一，教研工作研究、指导、服务的主要对象中小学教师发生了很大的变化。教师学历水平有了明显提高，但年龄结构呈现年轻化趋势，教师自身专业发展需求更加迫切。第二，随着课程改革的不断深入，课程改革中所倡导的课程理念对现实中的教学行为产生了冲击，要求教研员既要“上承”，领悟教育行政部门课程改革的新思路，同时又要“下联”，指导实现这些新思路的实践者——教师。第三，教研工作面临着多元化的需求。新课程中需要研究的新课题、新问题层出不穷，因此不论对教学资源、教学方式、考试评价等方方面面的需求都呈现出多样化的特点。

面对以上三个特点，围绕基础教育课程改革，经过多次研讨，北京教研部门对教研工作有了以下新的定位。

第一，明确教研工作的立足点。教研工作要与时俱进，不断满足政府决策和宏观调控的需要，学校和教师适应教育教学改革、改进教育教学工作的需要，人民群众享受个性化、终身化的高质量教育的需要。

第二，明确教研工作的主要任务和服务对象。教研工作的主要任务是解决基础教育教学面临的实际问题，为政府决策和政策推行服务，为学校和教师适应教育教学改革、改进教育教学工作服务，为全体学生享受高质量教育服务。

第三，明确教研工作的重点。教研工作要以基础教育课程与教学改革的研究与实施工作为中心，以基础教育教学质量监控与评价为增长点。

第四，明确教研工作的基本方式和着力点。教研工作要把工作与研究结合起来，在行动中研究，在研究中行动；把学习与实践结合起来，边干边学；把多种研究方法结合起来，优势互补，为我所用。教研工作的着力点在于促进先进的教育理念和理论转化为教育教学行为，架起教育理念转化为教育教学行为的桥梁。

（二）实践创新，有效保障新课程改革的顺利实施

在完成以上理念创新的基础上，实现实践创新是有效保障课程改革顺利实施的关键步骤。为此，以 2002 年年底及 2003 年 3 月主持召开的北京市及全国新时期教研创新研讨会为新的起点，通过“非典”时期“空中课堂”的考验，践行了市教研部门提出的“走教研创新之路”的思想，圆满完成了市教委和广大人民群众交给的艰巨任务，为继续实践教研创新打下了良好的基础。从 2003 年下半年开始，市教研部门通过各项高质量的工作，为教研创新积累了丰富的实践经验，取得了丰硕的实践成果。

1. 加大研究力度，以研究作为服务与指导的基础，促进教研工作的创新

从 2003 年起，北京市尝试开展了对九年义务教育阶段的教学质量进行监控与评价，并将这一开创性工作定为北京市基础教育年度重要工作，其监测与评价结果要以年报的形式向学校和社会公布。在立项初期，项目组进行大量文献研究工作，学习参阅了国际学生评价项目（PISA）和美国教育进展评价（NAEP），与教育学、评价学、学科教学等各方面专家共同研究评价框架，制定评价手册。再通过实地调查研究、问卷调查、学生学业水平测试等多种途径获取尽可能全面、科学的数据和信息。几年来，项目组边研究、边实践、边反思，教研员成为行动研究的实践者，逐步完善监控评价工作方案，提高数据分析和报告撰写的质量，扩大了此项工作在北京市基础教育界的影响。此项目的 2004 年度报告获得北京市第九届哲学社会科学优秀成果二等奖。

2. 从横向和纵向两个方面加强对学科教学的研究，提高新课程研究的理论水平和实践效果

为了适应课程改革的需要，北京市教学研究部门十分注重从横向和纵向两个方面加强教学研究。所谓横向研究，就是打破学科界限，重点从课堂教学的共性出发，研究和解决问题；所谓纵向研究，就是在各自学科内部进行深入的研究。

例如，在横向研究中，2003 年根据课改实验区出现的一线教师改革热情高，在课堂教学中敢于尝试多种教学方式，但有时课堂教学的效果并不令人满意的问题，教研部门没有从一线教师出现的问题入手，而是从对课堂教学方式的研究入手，对教师普遍使用的合作学习、体验学习、探究学习、信息技术与学科教学整合及讲授法这5种教学方式的产生背景、国内外现状、特点及局限性等多个方面进行文献综述，深入研究，然后以一线教师的典型课例进行展示和点评。

在纵向研究中，特别注重研究的深度。例如，为了进一步理解当前课程改革的意义，北京市教研部门组织各学科教研员，对中小学20多个学科进行了新中国成立以来50多年课程教材改革回顾与展望研究。通过对以往课程教材改革的回顾，更加体会到当前课程改革的必要性，同时也更加感到课程改革的艰巨性。各学科教研员从本学科出发，对新课标进行了解读，对在实施新课标中的问题提出了改进意见。这一研究成果受到一线教师的欢迎。

另外，为了深入进行课堂教学改革，提高广大教师学科教学和教研水平，北京市教研部门组织各学科开展了同一教学内容多种教学方式的研究活动。例如，在小学科学的3节课中，虽然讲的都是“摩擦”，但有用“合作学习”教学方式的，有用“探究学习”教学方式的，还有用“信息技术与学科教学整合”教学方式的。通过这一研究，一线教师从以往的单纯模仿转变为学会比较，学会思考，学会从教师本人的特点及所教学生的特点出发，重新进行符合自身实际的新的教学设计。这个过程就是促进教师学习、思考、研究、提高的过程。

总之，横向和纵向的教学研究，不仅使课堂教学研究更加深入，而且在教学实践中取得了显著效果。

3. 实行项目及课题管理的研究范式，加强全程监控，保证项目及课题研究的实效性

为了更高效地解决新课程实施中的问题，提高教研工作效率，市教研部门从2003年下半年开始，尝试用项目及课题管理的方式开展教研工作，加强立项申报、制订方案、实施项目、总结反思、宣传推广等各个环节的监控，加强人员组织管理，加强计划和总结，加强档案整理及汇报，保证了每个项目和课题研究的科学性、实效性。

例如，基教研中心从2003年开始就承担了市教委的基础教育课程教材教师培训及实验专项工作。在以上项目运作过程中，基教研中心指派专人任项目秘书，及时进行相关材料整理，按年度、分类别制作成项目工作档案，并定期向市教委领导、中心全体教研员进行项目进展通报。

总之，项目及课题研究成为市教研部门的主要工作内容和管理方式。以2006年为例，基教研中心承担的课程改革专项工作共有14项（见下表），批复经费超过1000万元。

2006年基教研中心承担的课程改革专项工作

序号	专项工作内容
1	新课程下北京市中小学“校本教研”研究
2	北京市课程改革实验义务教育起始年级教材教师培训
3	新课程下中小学教研员专业发展研究项目

续表

序号	专项工作内容
4	中学政治教师教育教学考察项目
5	新课程下北京市中小学“网上备课”研究项目
6	小学科学“做中学”研究项目
7	北京市中小学教师教学设计征集评选项目
8	北京市课程改革实验义务教育原有滚动年级教材教师培训
9	北京市九年义务教育教学质量监控与评价年报项目
10	课程改革与学科德育实效性研究
11	北京市学科德育研究网络平台建设
12	课程改革过程中中小学生学习分化问题研究
13	北京市中小学外语实验校研究项目
14	北京市初中办学相对困难学校提高教学质量研究

4. 将发现、提升、总结、宣传和推广课程改革中涌现出来的教学改革成果作为教研工作的一个重要组成部分，充分发挥优秀成果的作用

在课程改革实施中，一方面从一线教师和教学中涌现出大量的研究成果，需要及时将其整理和提升成具有推广价值的经验；另一方面教研部门通过专项或课题研究，取得了丰硕的理论和实践成果，也需要及时记录和收集。以上这些研究成果都需要经过反思和研讨，提炼成精华的文本资料或音像资料，或递交给教育行政部门及有关单位，或出版、发行、宣传推广。为此，市教研部门特别加强了工作中的“成果意识”，即在制订工作计划时预期成果；在实施计划时收集资料；在总结反思时形成成果。自 2003 年以来，基教研中心共出版、内部印刷和上交行政部门的研究成果超过 80 件，围绕不同研究主题形成了系列成果，在全国各省市、全市各区县广泛宣传和推广。

5. 加强教研员队伍建设，明确教研员基本素质要求，开展专门的培训工作

随着新课程的不断深入推进和大面积推广，教研部门的工作不断增加。尽管教研员在工作中非常努力，尽心尽力，但仍不能满足教育行政部门和一线教师的要求。面对这一问题，北京市教研部门于 2003 年从教研队伍的现状、教育行政部门和一线教师对教研员的要求两个方面入手进行了调查研究。通过现状调研结果分析：北京市一千多名教研员中绝大多数具有大专以上学历，具有多年的教学经验，具有一定的奉献精神，但也存在着教育理论水平有待提高和缺少学科带头人等问题。通过听取教育行政部门及一线教师的意见，发现面对课程改革中每天出现的新问题，他们确实需要得到教研员的及时指导和帮助，因此，对教研员的要求也越来越高。总结归纳起来，教研员只有具有专家的理论水平、教师的一线经验、领导的管理才能、崇高的人格魅力四个条件，才能成为教育行政部门和一线教师满意的教研员。

为了帮助广大市、区（县）教研员尽快提高业务水平，基本胜任新课程下的教研工作，基教研中心于 2005 年 4 月启动了北京市中小学教研员“金色种子”培训工程，利用3年时间，对北京教科院基教研中心、北京市各区县全体教研员分期分批进行通识培训和专项培训。截至2007年3月，通过三批的培训活动，完成了对北京市全部近千名中小学教研员轮训。北京市“金色种子”教研员培训工程的启动，标志着全市教研员自身发展的培训，以及对北京市教研队伍的建设工程的全面开始，这是一件关系北京市教育事业蓬勃发展，对北京市基础教育课程改革逐步推进具有促进意义的大事。教研员素质的提高，教研队伍的整体提升，对北京市教育教学改革具有重要的作用。

6. 推进高中新课程实验，深入学校，立足课堂，引领课程与教学的有效实施

随着2007年北京高中新课程实验的启动，北京的教研员全面参与到对课程与教学的研究与落实中。

第一，构建高中新课程实施队伍，集结北京市优势力量指导高中课程改革。为了加强对新课程实施的指导，加强教研员及骨干教师队伍建设，基教研中心在北京市教委和北京教科院的大力支持下，于2008年6月15日成立了“北京教育科学研究院基础教育教学指导委员会”。该委员会成员由课程与教学专家指导组、教研工作专家指导组和中小学27个学科指导组构成。指导委员会办公室设在北京教科院基教研中心，负责具体组织及实施工作，基教研中心各学科教研室主任为学科指导组召集人。指导委员会荟萃了全市优质教师资源，对于推动全市高中课程实施起了重要的作用。

第二，制定并颁发《北京市高中新课程各学科教学指导意见》（以下简称《指导意见》）。为积极稳妥地推进高中课程实施，在北京市教委的领导下，基教研中心组织高中各科经过认真研讨，学习其他省市高中课改实验的经验，结合北京市高中教学实际，制定了《指导意见》。《指导意见》包括“课程的性质和基本理念”“课程的结构与内容”“课程实施建议”“课堂教学评价建议”四部分，并附有《各学科模块学习要求》，对课程标准进行了解读，为全市各学科教师准确理解和贯彻课程标准提供了指导。

第三，组织了大规模的高中课程改革教师培训。从2007年开始，基教研中心受北京市课程教材改革领导小组的委托，负责实验教材培训和教学指导工作。每年举行春季和秋季培训，每一位参加课程实施的教研员和学科教师都参加了培训，为北京市新课程的顺利实施奠定了必要的基础。在新教材的培训中，各学科教研员积极探索适应新课程的教材培训模式，将讲座、研讨、课例研究、操作与体验等活动融于一体，使参与新课程的教师积极参与教材的研讨和交流，使教师通过培训对新课程新教材有特殊的感受。同时，各学科在教师培训中不断改变模式，把参与、互动、共同提高作为培训的主要目的，开始尝试网上教研，各学科利用现代信息技术开展了网上教研，使不同区域的教师获得了共同的学习机会，共享研究成果。

第四，稳步推进高中学生学业水平考试工作。基教研中心受北京市教委委托，在2008年开始陆续出台各学科高中会考考试说明。考试说明突出了“内容标准”“等级标准”和题型示例，在多方面规范了高中学生学业水平的考试标准。另外，基教研中心组织了全市的力量，编制了高中语文、数学等九个学科的必修模块样卷和部分选修模块样卷。为全市高中课程改革的稳步推进提供了重要的保障。

7. 不断提高服务水平和服务效率，促进教育均衡发展

服务是教研工作成果付诸实践的重要体现。在推进课程改革的过程中，北京市教研

部门不断加强研究，提高服务教学的专业支持水平和针对性，提高服务的应急能力和效率。根据教育均衡发展的要求，将教研工作服务的重心向农村和薄弱校倾斜，努力实现义务教育均衡发展。如，基教研中心每年都到2—3个远郊区县开展集体教学视导，将每个学科教研室与远郊区县的农村校建立联系，开展“手拉手”一对一服务，开展了初中校的专项研究。同时，一些学科针对农村的师资现状也开展了专项的服务，如化学、生物、历史等开展了对农村非专业教师的培养。为了落实国家和市政府的要求，北京市教研部门还为外省市的教学提供了专业支持，如为澳门地区、西藏地区、海南省海口市、湖北省巴东县、吉林省四平市、四川省什邡市的骨干提供专题讲座和专业培训。以上这些高质量的教研服务，得到了相关地区教师的一致肯定和赞扬。作为首善之区，北京市基教研中心为全国基础教育发展作出了贡献，同时也使北京市的教研工作者开阔了视野，并努力向着更高的目标前进。

回顾北京市60年的教研工作，可以清楚地看到，北京市的教研工作在前进中不断探索，在研究中实践，在实践中反思，在反思中总结，在总结中推广，逐渐摸索形成了一整套教研工作的新思路和新做法。如理念创新，理清了新课程背景下教研工作的新定位；管理创新，建设了和谐开放的新课程教研文化；以研究为先导，结合实际抓项目促教研；加大教研队伍建设力度，既注意在“干”中培养，又强调在“干”后提高等。对下一步继续提高教研工作质量基教研中心提出了以下设想：继续有针对性地深入学习新课程理念和国内外先进教育教学经验，加强学习后的思考与吸纳，做到理论上具有前瞻性；继续探索符合新课程改革需要的教研工作思路和程序，做到工作方式具有开拓性；继续加强对教学实践的研究和指导，结合新的形势研究学生的变化、教师的心理和需求，做到教研更具有针对性和操作性，以求取得的成果更有价值和实效，为北京教育成绩斐然的今天和璀璨的明天作出更大的贡献。

（张静 梁威等 撰稿，王燕春 审阅）

承前启后　努力开创天津教研事业的新局面

时光荏苒，岁月如歌。几十年来，天津市中小学教育教学研究室发扬务实、求是、团结、奉献的精神，历经艰苦奋斗的岁月和开拓创新的探索，结下了累累硕果。

一、在教学改革中诞生、成长与发展

1956 年 9 月 16 日，在天津市委、市政府对基础教育事业的关怀和重视下，天津市教育局教学研究室（以下简称市教研室）宣告成立。市教研室下设中学、小学、职工教育、幼教、编辑、行政等组，主要负责全市中学、小学、幼儿及职工教育的教学管理工作，组织开展教学研究活动。为适应基础教育事业发展的需要，从学校选调年富力强的骨干教师组成一支精干的专职教研员队伍，又从全市各学科教学的“业务尖子”中聘请 90 人作为业余教研员，建立起专兼结合的教研队伍。

20 世纪 50 年代，市教研室响应党中央提出的教育工作要克服“脱离政治、脱离生活、脱离实际”的倾向，引导广大教师开展“如何处理好三者关系”的研究。其中以文科为重点，克服了文科教学单纯传授知识，忽视思想政治教育的现象。1958 年以后，受“大跃进”“教育大革命”的冲击，学校教学工作的随意性日益突出，严重影响了中小学的教育质量。对此，市教研室分期分批召开全市中小学各学科教学专业会议，宣讲教学目的、任务的说明文件，交流典型经验并组织教师讨论，结合实际解决教学思想问题。这些活动逐渐消除了教学中的混乱现象，迅速建立起正常的教学工作秩序，保证了学校的教育质量。

“文化大革命”期间，教研工作受到重创，一度停止活动。随着中小学“复课”，天津市成立了中小学教材编写组，负责组织编写中小学各学科教材。为加强教学研究，又组建了天津市中小学教材教研室，对于恢复并稳定当时的教学秩序，发挥了积极的作用。

1977 年，全国高考制度恢复，此后，中小学校陆续使用全国统编教材。针对当时文化、业务水平都十分薄弱的师资队伍状况，天津市中小学教材教研室将工作重心放在加强两支队伍建设上。第一，加强教师队伍建设，提高教师的课堂教学能力。第二，加强区县教研室建设，开展系列中小学教师教材分析和教法研究活动。第三，积极开展恢复、重建工作，协助各区县成立教研室，组建教研队伍。

1979 年 8 月，天津市教育局正式发文，恢复天津市教育局教学研究室，主要工作范围包括幼教、职教、特教、电教、中小学各学科。自此，教研室进一步明确了方向，教学工作迅速步入正轨。

1982 年，为了更好地总结教研室建设经验，促进市、区（县）教研室建设健康发展，市教研室经过认真的调查与反复研讨，起草了《教研工作条例》和《教研员职责》等规章制度并试行。各学科教研员都按照边工作、边学习提高的要求，通过个人勤学苦练和集体切磋研讨，深入教学第一线向广大教师特别是各学科的骨干教师学习，逐步担当起指导教学工作的任务。

1986 年，为推动天津市中小学教学改革的不断深入发展，正确评价研究成果并表彰奖励成绩突出的单位和个人，市教研室建立了天津市中小学教研教改研究成果（简称“双成果”）交流评奖活动制度，每两年一届。这项全市性的活动，既是对教研教改研究成果的总结与交流，又是对优秀教研教改研究成果的评价。

1987 年 3 月，市教研室组建《天津教研》编辑部，6 月《天津教研》杂志“创刊号”正式出版，为全市中小学教师搭建了教学研究的交流平台。天津市人大常委会副主任杨坚白同志题词：“加强教研是提高教育质量的必要途径　祝《天津教研》成为教师之友。”4 年后，创办《天津教研简报》，及时宣传、报道天津市的教研工作，受到了国家教委有关领导的重视。

1989 年，天津受国家教委委托起草《关于改进和加强教研室工作的若干意见（草稿）》，经广泛征求意见并修订后，国家教委于 1990 年 6 月向全国下发了《关于改进和加强教研室工作的若干意见》，即〔013 号〕文件。这是全国最高教育行政部门关于指导教研室建设与教研工作的第一个，也是截至目前唯一的一个正式指导文件。

20 世纪 90 年代，市教研室按照〔013 号〕文件的要求，不断创新教研工作思路，提出“务实、求是、团结、奉献”的八字室风和“三个致力于”的总体工作思路（坚持致力于构建天津市中小学整体优化的教学体系，致力于创建“网络联系，中心辐射”的教研工作模式，致力于创造教研系统良好的工作环境）。各部门之间相互配合，优势互补，协力攻关，整个教研员队伍以“师德的表率，育人的模范，教学的专家”为终身奋斗目标，在教学研究、教学指导、教学管理、教材建设等方面扎实地开展工作，取得了卓有成效的教研业绩。

1992 年，为了贯彻落实国家教委〔013 号〕文件和天津市教研室工作规程，加快解决教研室工作中若干亟待解决的问题，市教研室在全市开展了优秀教研员的评选活动。1993 年，会同市教育局督导室拟定了教研室检查评估通知和提纲，用两年的时间对全市 18 个区县教研室进行一次检查评估。1994 年上半年，又开始组织全市中小学教改先进校、先进学科教研组的评选表彰活动。这一系列活动，既是为迎接国家教委的检查评估而做的卓有成效的准备工作，同时也有力地促进了全市教研工作的开展。1994 年年底，国家教委对天津市的教研工作进行督导之后，在 1995 年下发了《关于印发〈天津市中小学教研工作检查评估的回复意见〉的通知》，指出："天津市中小学教研工作的成绩是显著的，为提高天津市中小学教学质量和教师的政治、业务水平作出了贡献。"

进入 21 世纪后，国家开始实施第八次基础教育课程改革。这一时期天津市教育教学研究工作遵循国务院《关于基础教育改革与发展的决定》和教育部《基础教育课程改革纲要（试行）》的要求，"把基础教育改革作为中心工作，充分发挥教学研究、指导和服务等作用"，进一步完善了校、区、市三级联动的教研工作机制；完善了专兼群相结合的教研员队伍；创建了以课改专题为龙头的校本教研工作机制，走向基层，走向学校，形成教学与科研一体化的教学支持网络。市教研室集中各方面的专业力量，引领和指导广大教师开展教学方式和学习方式变革的研究、教学质量监控和评价的研究、课程资源开发的研究，大力推进校本教研，将新课改理念转化为教学实践，在提高和发展教师专业化的同时，努力提升基础教育教学质量。教研员广泛开展调研，发现、总结基层经验，推出一大批有成效的学术成果，为一线的教师、教学服务。市教研室在推动全市基础教育走内涵发展之路的过程中，努力将自身打造成为教学研究中心、新理念辐射中心、学术交流中心、教学指导中心、教学服务中心。

2009 年 6 月，为了进一步明确市教研室研究、指导、服务的对象和范围，市教研室再次更名为"天津市中小学教育教学研究室"（以下简称市中小学教研室）。如今，市中小学教研室设有 15 个学科教研室、4 个综合性研究室、4 个行政部门；在岗教职工 68 人中，有特级教师 8 人，具有中学高级职称的教职工占全体人员的 64. 71%；连续十几年被评为市精神文明建设先进单位、先进集体和模范职工之家，其党总支多次被市直属机关工委评为先进党组织。

二、全力开展教学研究与教学指导活动

围绕不同历史时期的教育教学任务，天津市教研室不断推进开展了形式多样、主题鲜明的教学研究工作，对教育思想的不断更新、教育教学质量的逐步提高，都起到了积极的推动作用。

1. 不断加强课堂教学的研究与实践

20 世纪 80 年代中期，为进一步加强对各学科教学的指导，全面完成大纲规定的各项教学任务，市教研室依据教学目标分类理论，开始研究制定中小学各学科的《教学基本要求》。主要原则是面向大多数学校和大多数学生，适当留有余地；全面贯彻教育方针，具体规定知识、能力和德育的教学任务。要有利于提高课堂教学质量，突出重点，减轻学生过重的课业负担；有利于学科教学的整体改革，协调一致，同步进行。这是对教学大纲中的教学任务和教学要求的具体化，是教学大纲和教学的中介，成为各科教学、考试、评价与过程管理的依据。

基于保证教育教学质量的考虑，市教研室先分别研制了小学、初中的教学基本要求和高中会考纲要及高考科目的教学要求，在不断论证、反复试行的基础上，从 1987 年起陆续颁发试行。1991 年，对上述教学基本要求再次进行了较大修订，经市教育局批

准，作为小学和初中各学科教学的指导性文件分科铅印成册，发给每一位任课教师以在教学中使用。

从 1990 年起，市教研室组织有丰富教学经验和研究能力的特级教师、高级教师等开始研究制定“整体优化的单元教学方案”，以教学内容的单元或专题为单位，研究运用教学规律、设计教与学统一的整体优化的教学计划及其展开过程。它是整体优化的教学构思、设计过程的具体展示，是把先进的教学理论应用于实际教学的研究成果。市教研室采取边研究制定、边宣传交流，边教学试用、边修改提高的方式，经过筛选修订，于 1992 年分学科印发了 15 种共 20 个单元教学方案，一边供广大教师参考试用，一边作为范例推动研制工作。在此基础上，还进一步组织编写《九年义务教育教学导引丛书》，以新课程计划和各科新教学大纲为依据，对小学、初中主要学科的教学目标、教学过程和教学测试等方面提出了比较明确的意见。

2. 切实开展学科德育的研究与实践

1989 年 2 月，为了全面贯彻党中央关于加强学校德育工作的指示精神，成立了以教研室主任为组长的“寓德育于分科教学之中”的教研课题组，边调研，边研究，边总结，编写了初中各学科《学科德育纲要》。1990 年 5 月，在天津市中小学学科德育工作会议上，颁发了 10 个学科的“德育纲要”，阐述了学科德育的地位、目的、任务，列举了教学中进行德育应当注意的一些问题，并按照教材章节或单元规定了德育的具体要求；倡导广大中小学教师准确把握、深入挖掘教材中的育人因素，在学科教学过程中将传授知识、培养能力与思想品德教育三者有机统一起来，促进学生全面和谐地发展。

面对国内外形势的新变化以及教育改革与发展的新任务、青少年思想教育工作的新情况，市教研室迅速适应学科德育不断变化的要求，把是否教书育人作为重要指标，制定了天津市《教师课堂教学评估方案》《初中学科德育指导意见》，编写了初中语文等 6 个学科的德育纲要，举办了学科德育经验交流研讨会，组织了学科德育论文征集活动，还在天津教研网开设了“学科德育”专栏，开辟了学科德育研究的新渠道。

3. 努力深化课堂教学评价的研究与实践

研究并实施课堂教学评价，是教学研究与指导工作的重要组成部分，也是深化教学改革的重要内容，对于不断改进课堂教学、提高教学质量具有重要意义。

1990 年，市教研室开始研究制定《中小学课堂教学评价方案》，包括总则和各学科评价细则，经 3 年多的试用修订，于 1994 年正式颁发试行。在研制的过程中，各学科坚持方向性、全面性、独立性和可操作性的原则，在评价总方案中确定了统一的评价项目和评价要点，包括教学要求、教学过程、态度能力、教学效果等内容。在此基础上，各学科结合自身的要求和特点，进一步研制学科评价的实施细则，使之形成较为完整的课堂教学评价体系。这些评价方案注重鼓励教学中的改革与创新，采取定性与定量相结合的方式帮助教师全面地总结教学工作，肯定成绩，了解不足，明确努力方向。

4. 积极开展目标教学与学习水平测试标准的研究与实践

1995 年，天津市实现“普九”，面临着巩固成果、提高教学质量的艰巨任务。市教研室结合教育教学实际，以“目标教学与学习水平测试标准的研究”课题实验为抓手，从目标、内容、模式、方法、评价、管理等方面，探索解决中小学教学中对教学目标不甚明了、教学反馈不够自觉等关键性问题，取得了丰富的实践成果。课题实验初步建立了适合天津市特点的中小学20个学科素质教育目标体系，形成了较为完善的多元化学生学习水平评价体系，建设了包括教学软件、教学模式及学科示例、课堂教学实录等可供教师在教学中参考使用的教学资源。课题实验打造了一支观念得到更新的教师队伍，推动了天津市基础教育教学改革。1995年11月28日，《中国教育报》头版刊出通讯《天津大规模开展教学实验——提高义务教育质量，推进素质教育进程》，报道了市教研室组织的“目标教学与测评研究”实验的有关情况。

5. 深入研究并制定义务教育学科《素质教育指导纲要》

在20世纪90年代，素质教育成为中小学教育改革的目标。为了巩固和发展天津市教育研究的经验和成果，奠定在新世纪实现跨越式发展的坚实基础，市教研室依据“学科教学是学校实施素质教育的主渠道”这个基本理念，确定并组织实施了“天津市九年义务教育学科素质教育指导研究”。该课题从转变教育观念、落实课程计划、优化课堂教学、推广教育技术、提高教学能力、加强教学管理6个方面，确立了学科实施素质教育的总体思路。以“一个观念”“五项原则”“六个关系”“五个优化”为目标，确定了学科实施素质教育的途径和方法，在理论和实践上对中小学的学科素质教育作出方向性、原则性、系统性的对策研究及指导。“一个观念”，是要树立全新的素质教育观念，包括科学的教育观、教学观、学生观、质量观、评价观；“五项原则”，是要全面贯彻素质教育的全面性、主体性、发展性、民主性、实效性原则；“六个关系”，是要正确处理好知识传授和能力培养与思想品德教育的关系、教师主导与学生主体的关系、教法与学法的关系、获得知识结论与获得结论过程的关系、讲解与训练的关系、智力因素与非智力因素的关系；“五个优化”，是要遵循素质教育的观念和原则，大力优化教学目标、教学内容、教学过程、教育教学手段和教学评价。此课题研究既注重解决中小学教育教学中存在的普遍问题，又着眼于时代和教育理念的发展，对培养学生的创新精神和实践能力、课程资源的开发、现代教育技术与学科教学的整合、学科实践活动等内容进行了前沿性的探索，力求做到方向性和科学性相结合、基础性和发展性相结合、理论性和实践性相结合。

课题研究历时3年，研制出了中小学19个学科的《素质教育指导纲要》，形成了学科教学论文38篇及学科教学设计示例70个。研究工作及其成果受到了上级教育行政部门、有关专家的高度重视和积极评价，其中各学科的《素质教育指导纲要》被市教育局作为指导性文件下发给全市中小学贯彻执行，并于1998年、1999年先后发表于《人民教育》和《学科教育》杂志上，引起全国同行的广泛关注。

6. 认真做好培养学生创新精神与实践能力的研究

为了深入贯彻落实《中共中央国务院关于深化教育改革全面推进素质教育的决定》以及《国务院关于基础教育改革与发展的决定》精神，市教研室开始了对培养学生创新精神和实践能力的研究。经过反复论证，决定研究制定《中小学各科培养学生创新精神和实践能力指导意见》，作为天津市学科《素质教育指导纲要》重点内容的具体化，以此引导中小学广大教师深化教学改革，落实对中小学生创新精神和实践能力的培养，全面推进素质教育。

课题研究针对基础教育阶段应承担的主要任务，努力探索在中小学教学中培养学生创新精神和实践能力的基本途径和方法，构建了各科的培养目标体系，研究制定了中小学19个学科培养学生创新精神和实践能力的指导意见。2002年，天津市教委下发了关于试行《天津市中小学学科培养学生创新精神和实践能力指导意见》（以下简称“指导意见”）的通知，要求全市中小学校充分认识学科教学在培养学生创新精神和实践能力方面不可替代的重要作用，通过贯彻“指导意见”，克服教学中不同程度存在的过于强调接受学习、死记硬背、机械训练的现象，为学生创新精神和实践能力的培养创造条件。在教学中，要提倡在教师的指导下，学生积极参与、主动探究、动手实践，在学习与实践中促进学生的全面发展。2003年，人民教育出版社出版发行了该课题的研究成果。

7. 扎实开展小学生学习方式与方法指导的研究

2001年9月，天津市大港区作为国家级课程改革实验区先行启动小学课程改革实验。2002年，和平区、河西区作为省级实验区启动小学课程改革实验。2003年秋季开学，天津市其他区县全部启动小学课程改革实验。在实验的初期，市教研室通过大量调研发现，实验中的教师由于受到传统观念、施教水平以及教育教学资源等因素的影响，教学仍然是以学生被动接受为主要特征。许多“穿新鞋走老路”的现象表明，如果教学方式和学习方式不能从根本上转变，将直接影响课程改革在全市的推行，影响新一代人才的培养。经反复研究论证，决定确立课题“小学生学习方式多样化与学习方法指导的研究”，运用学习心理学和现代教学论的理论与原理，引导广大教师对小学生的学习行为、学习过程、学习方式进行研究与实践，提高课堂教学的质量与水平，促进学生的全面发展。

各学科组织广大教师，积极探索教学结构、教学方法、学习方式的优化，探索提高课堂有效学习的策略，引导学生改变原有的单一、被动的学习方式，建立和形成旨在充分调动、发挥学生主体性的多样化的学习方式，促进学生在教师指导下主动地、富有个性地学习，特别是自主学习、合作学习、探究学习和体验学习，切实提高学生的学习能力，提高教学质量，真正落实了“为了每一个学生的发展”的新课程核心理念。

8. 广泛开展形式多样而富有成效的教研活动

为了有力地推动教学研究工作的开展，全力以赴做好教学指导工作，每当有重大决策和重要工作部署时，市教研室都要召开全市性专业会议。市局领导不仅参加并主持会议，还要参与分组讨论，听取汇报、作工作报告和会议总结。20世纪90年代以来，天津多次召开了全市性的课程教学、学科德育等专题性工作会议。每召开一次这类会议，全市的教研和教学工作就向前推进一步，教育教学改革就深化一步，效果非常显著。

市教研室大力加强对教学的具体指导，广泛开展不同层次和各种形式的教研活动。比如，中小学青年教师“希望杯”创优课、中年教师优秀课评比活动（简称“双优课”），从1991年秋季开始每三年一届，截至2009年已经组织了6届。这一活动极大地调动了广大教师的积极性，培养了一批中青年骨干教师，社会反响很好。又如，每两年一届的教研教改优秀论文评选活动，截至2009年已举办了12届，为广大教师搭建了研究成果在全市交流推广的平台。此外，还经常通过研讨课（实验课）、观摩课，指导帮助教师提高教学能力水平；通过教学竞赛推出优秀的课和教师，树立典型，锻炼骨干；通过各种专业研讨会，进一步统一认识，明确教学方向，推广教学方法；通过不定期的调研分析、专题报告指导教学，促进教学效益的不断提高。

三、积极投身教材与课程建设

1. 以高度的责任心搞好教材建设

市教研室自成立之初，就按照上级要求并根据教学实际，精心编写补充教材、乡土教材（如《天津地理》《天津历史》）及地方教材。

1960 年 2 月，教育部在天津召开普通教育工作座谈会，研究现行中小学教材中的“少慢差费”问题和试行中小学学制由 12 年改为 10 年的问题。会后，华北中小学教材编写协作会议在天津召开，决定协作编写中小学“五三二”学制的各学科教材。市教研室全体教研员参加了教材编写工作，之后，又编写了中小学音乐、美术课教材，小学乡土地理教材《天津市》。

1970 年，中小学恢复正常上课。为解决教材问题，天津市中小学教材编写组编写了全套的小学、初中、普通高中以及职业高中教材，一直用了 8 年才逐步过渡到国家统编教材。1978 年，天津市中小学教材编写组编写幼教教材 6 种，受教育部的委托编写学军教材 3 种。

1980 年起，京、津、沪、浙四省市协作编写的六年制小学语文、数学教材，一直使用到 20 世纪 90 年代。

1992 年开始第七次教改后，又编写了小学语文、数学、英语、思想品德及中小学音乐、美术、体育、劳技等教材，通过国家审定后在全市使用到 21 世纪初。20 世纪 90 年代末编写的计算机教材，沿用到 2001 年第八次课程改革。

从 2001 年开始，天津市调集骨干教研员精心编写地方课程教材。小学编写了《发现与探索》《天津与世界》，初中编写了《生活科学》《科技前沿》。另外，还高质量地编写了高中国家课程实验教材《信息技术》，通过国家审定并在全国许多省市使用。

2. 以崇高的使命感投身课程改革

新中国成立以来，共进行了 8 次课程改革。在基础教育改革的每一个重要关头，市教研室都发挥了极其重要的作用，保证了教育教学质量的稳步提高。

（1）锐意改革，创新实践，做好“两省一市”高中新课程试验

1992 年，第七次课程改革首先从小学和初中开始，执行新课程计划，大力推进素质教育。

1997 年，天津市和山西省、江西省共同承担了国家教委部署的普通高中新课程试验的任务。市教研室紧紧抓住这一中心工作，积极引导广大教师更新观念，积极探索，并围绕教学监控进行了“高中学科课程学习质量监测试验”的课题研究，抓住教学监控（学生学习过程的监控）、监控与优化教学过程的关系、学习策略等三个重要问题进行理论研究与实践探索，提出了优化教学过程的理念和体现学生主体性学习的对策，初步构建起有效监控的理论模式和实践模式，为全面实施素质教育奠定了坚实的基础。

（2）精心策划，周密部署，做好第八次基础教育课程改革实验

2001 年秋季，天津市与全国同步启动第八次基础教育课程改革实验（以下简称课改），市教研室围绕课改培训、校本教研、专题研究、课程资源建设、评价改革等方面开展了大量研究、指导、服务和推进工作。

课改培训利用每年寒暑假集中组织，以培养教师创新能力为重点，以新理念、新课程、新技术、新师德为主要内容。天津市政府拨出专款，录制“新课程培训讲座”30 余讲，在天津有线电视台播放；录制、复制优秀教学课例系列光盘共计 11 万余张，向中小学校免费发放，为广大中小学教师提供了丰富的培训资源。2005—2008 年，培训人数累计 23000 余人次，全市初高中 17 个学科有 2277 名教师参加了教育部基础教育课程教材发展中心的 2007 年网络远程研修。

校本教研着眼制度建设，注重教师发展。市教研室探索总结了四个方面的经验，一是建立校本教研运行机制，二是确立区域教研管理体制，三是探索校本教研组织方式，四是发挥教研人员的引领作用。2003 年，《中国教育报》记者在《教研：如何适应课程改革的需要》一文中介绍了天津市教研室的做法。2005 年年初，市教研室研制起草了市教委文件《关于在中小学开展以校为本教学研究活动的指导意见》，并下发全市贯彻执行。

课改专题研究是市教研室创建的教研形式。市教研室研制下发了《天津市中小学课程改革专题研究管理办法》《天津市基础教育课程改革研究专题成果鉴定结题细则》等文件，推进了此项活动的开展，得到广大教师的认可和教育部的肯定。这类具有“草根”性质的研究，坚持研究的问题必须来自学校和教师的教育教学实践，研究的主体应该是教师，研究的成果能够直接作用于学校的教育教学活动。专题研究采用申报立项、中期推动、总结推广三个阶段开展，构建了市、区县教研室与学校三级管理与研究网络，严格把握自主性、实践性、应用性、群众性、科学性的特点，坚持走教师实践、反思、再实践、再反思的研究之路，彰显中小学“群众性、草根性”教学研究的生命力，形成了天津市教研的特色。

课程资源建设强调优质、共建、共享，充分考虑如何最大限度地帮助教师的课堂教学和满足学生的学习需求。天津市的课程资源本体框架包括教材分析、优秀教学案例、评价监测、相关资料、疑难解答、反思点评等几个部分。其核心是能够面对不同层次学生的教学案例和有效反馈学生学习效果并进行高质量指导的评价监测两大部分。教材分析、反思点评与相关资料主要是为提高教师的教服务，疑难解答则对学生的学提供过程性的个性指导。现已建成网络资源平台，供参加课改的教师和学生免费使用，缓解了目前教学需求与资源短缺的矛盾。

评价改革以教学评价的研究为重点，致力于构建多元的评价体系，促进教师专业发展。市教研室通过开展“一堂好课标准”的讨论凝聚集体智慧，研制出台了《学科教学评价内容及标准》，在细化各学科课程标准的同时，为不同课型、不同教学内容提供了课堂模式和教学案例。此外，定期举办的学生学业质量测试分析报告会以及电子档案袋的开发与使用的研究等，对于认定学生学习效果，指导改进教学，都发挥了积极的导向作用。

市教研室开展的学科教研活动，重视过程指导。在组织高密度的市级集中教研的基础上，坚持送课下乡、送课下校。各学科教研室也紧紧围绕课改这一中心工作，针对课改的具体情况，组织建立了骨干教师联络网，分单元进行教材分析和教法指导，开展研究课、课例分析、个案研究、课后反思与评析，举办专题讲座等大量、多形式的教学研究活动。这种“跟进式”的专题教研活动，将学校的年级备课、学科组备课、区域教研、市级教研联结起来，使以校为本的教研和区域教研形成优势互补，提高了日常培训和过程指导的针对性与实效性。

四、大力加强教研信息化建设

随着信息技术的迅速发展，市教研室充分利用自身优势，创建可持续发展的搜集、加工、发布教育资源的机制，通过天津教研网创设基础教育的信息化环境，为“网络联系，中心辐射”的新型教研模式提供高效的载体，大力推动了基础教育信息化和教学研究现代化的进程。

1995 年，市教研室着手创建天津教研网，通过购置、研发、共建等方式，迅速扩张网络资源，初步建立起天津市基础教育教学资源库。经过多年不懈的努力，天津教研网已成为国内基础教育教学研究科目较为齐全的网站之一。2000 年 11 月，天津市教委组织的专家鉴定会认为，天津教研网在国内处于领先水平。2001 年，天津教研网以贴近中小学课堂教学改革的实际为特色，被教育部的中基网选为第一个地方性的合作伙伴，被全国各大教育网站链接，并成为天津市教委北方教育网站的一级栏目。此后，市教研室又相继创建天津基础教育资源库、天津教研系统内部 OA 自动化办公系统、天津教研叙事群等，成为基础教育的知名网站。

市教研室充分利用网络传递信息，开发教研资源。在“天津教研网”开设了“校本教研”专栏，进行课改热点和难点问题讨论。邀请学科专家、特级教师，利用“天津教研叙事群”的博客平台与教师进行教学研究的互动，还将每年征集的课改优秀教学案例充实到基础教育资源库中，实现了优质教育资源共享。各学科积极开展网上教研，探索基于网络开展教研活动的新模式，不断助推教研事业向更高层次迈进。

五、努力建设一支高素质的教研员队伍

在建立“大教研”思想的指导下，天津市经过多年实践逐步形成了“小机构、大网络、多结合、广辐射”的教研格局，经专家论证，被概括为“网络联系、中心辐射”的教研模式。在纵向联系上，市教研室十分重视各区县教研室的建设，加强联系与协调。同时，强调恢复和健全学校各学科教研组，形成市、区县、学校三级教研网络。在横向联系上，一是与教育行政部门有关处室密切合作；二是与以师范院校为主的大学合作；三是与其他教育科研单位合作；四是与学术性群众团体合作。

上述教研模式，大大提高了教学研究工作的整体效益。市、区（县）教研室在加强与兄弟单位的广泛联系、多方面集中教学科研人才智慧和力量的同时，既分工合理、各有侧重，又密切配合、畅通渠道。市教研室负责宏观指导和管理全市中小学教学研究，组织较大课题的系统研究。区县教研室具体指导和管理辖区中小学教学研究，组织

经常性的教研活动。在实际运作过程中，磨炼了一支具有丰富教研实践经验的教研员队伍。

为进一步加强专职教研队伍建设，让教研人员学习借鉴成功的经验与方法，能站在更高的视点、以更广阔的视角去审视和思考教育，市教研室近年来先后与北京师范大学、华东师范大学等高校合作，对市级教研员进行了全员业务培训。2009 年 7 月，还与英国驻华使馆文化教育处联合举办了全国首届教研员培训，开创了教研员培训的新途径。为进一步加强兼职教研员队伍的建设，市教研室坚持开展了九届咨询委员、兼职教研员的聘任工作。先后聘请高级业务顾问多人，咨询委员近六百人，兼职教研员近两千人。成立了市级学科中心教研组，组织指导群众性教研活动的开展，以市教研室为中心，建立起专、兼、群相结合的强大的教研队伍，并辐射到每一所学校的教师。

回顾天津市教研室 53 年的教研工作可以清晰地看到，教研事业的发展离不开教育行政部门的关心和支持，离不开团结、敬业、充满活力、特别能战斗的高素质的教研员队伍。当前，基础教育课程改革的深化赋予教研部门新的历史责任，也为教研工作提供了广阔的创新舞台。天津市教研室需要不断地创新工作思路，为教研注入新的活力。全体教研人员将一如既往地发扬务实求是的作风，以解决实际问题为出发点，以创新为动力，努力探索教学研究的新途径、新方法，共同构建新的教研工作体系和新的教研文化，开创天津市中小学教学研究工作的新局面，为推进天津教育的现代化再上新水平作出更大贡献。

（高拉庭 曹媛 龙祖胜 撰稿，秦泽明 曹全路 审阅）

雄关漫道真如铁　而今迈步从头越

——河北省基础教育教学研究的发展历程

1954 年，河北省教育厅设立了中小学教研室，从此，河北省基础教育教研工作开启了新的历程。55 年来，一代代教研员在燕赵大地上倾注着自己的心血和汗水，为教研事业的发展创造了辉煌。

一、起步创业阶段（1954—1976）

1. 机构设置及其职责

1954 年，河北省教育厅设立了中学教研室与小学教研室，配备教研人员 10 余人，同时发出《关于加强视导工作总结的通知》，要求：第一，认真总结下半年视导工作的进展情况。第二，指定部分市、专区研究总结当前对教师的思想改造和培养提高情况，检查学校贯彻教育方针、开展劳动教育、开展教研组和班主任工作的情况等。

1955 年 4 月，河北省人民委员会发布关于建立小学教学研究视导室的指示：为加强小学教育工作，各专区、市、县应抽调若干人，组成小学教学视导室。为加强小学教学工作的领导，提高教育质量，河北省各地学区（每个乡镇为一学区）均设教学辅导站。

1956 年，河北省中学教研室与小学教研室合并为河北省教育厅教学研究室。其主要任务是了解各科教学情况和问题，提出改进教学的意见；总结推广各科教学先进经验，指导教师提高业务理论和教学技能。此后，河北省各地市教学研究室（以下简称教研室）也相应建立，一部分县单独设立了教研室，大部分县的教学和教研工作由教育科负责。

1958 年，河北省教育厅教学研究室与河北省教师进修学院合并成河北省教育厅教育研究所，主要任务与原教研室相同。教育研究所定编 45 人，下设办公室、教育研究室、语文教研室、自然科学教研室、史地教研室、图书馆。“人民公社”后，有的学区被撤销，小学教育直属公社文教委员会管理。

“文化大革命”期间，河北省教育厅教育研究所被迫停止工作，教研人员被解散。1969 年，河北省“革命委员会”教育局成立教材编写组，负责组织编写一些适应当时形势的中小学各学科教材。教材组最多时有 36 人，各学科组的工作由办公室统一管理。

2. *主要教研活动*

新中国成立初期，河北省主要是学习苏联的教育经验，在小学推广“五环教学法”，即组织教学、复习旧课、讲授新课、巩固练习、布置作业。在中学主要采取互相听课与示范教学、组织教学业务研究小组集体办公等形式，贯彻首次河北省中学教育工作会会议精神。这些教研活动对改进课堂教学起到了积极作用。

1954 年，河北省教育厅对重点学科教学进行调研时发现，不少学校开始重视语文基础知识教学，规定了具体的教学内容，但全省的语文教学水平极不平衡。次年，连续就改进语文教学、提高学生语文知识质量问题发出指示和通知，要求全省中学以教学内容的改进为中心，开展教学研究工作。

1955 年，为加强中学体育工作，改进体育课教学，河北省教育厅在暑假期间抽调部分中学优秀体育教师，集中编写了初中、高中体育教材大纲。

1956 年，中学教研室重点检查了中学政治、数学和语文教学情况，要求教师认真学习和正确执行各科教学大纲，并进一步明确了各门课程的基本内容。河北省教育厅针对语文课自汉语、文学分科教学后学生负担加重的情况，提出了精简教材的意见。同年，小学语文课实行“讲读教学法”，要求教师课前认真备教材、备学生、备教学重点，课后写“教学后记”，进行总结改进。

1957 年，河北省教育厅批转了省教研室关于数学学科安排“实习作业”课的调查报告，并在省内初中三年级增设了专业基础知识课。不少学校增配了政治教师，建立了政治教学研究组，定期开展教研活动。

1958 年，河北省教育厅发出加强思想政治教育和劳动务农教育的通知。全省各小学增加了周会，向学生进行时事政策教育。还在高年级增加《农村常识》课，实行开门办学，组织师生参加社会活动和校内外生产劳动。

1961 年 12 月，河北省中学教育工作会议召开。会议强调指出，在教学工作上要着重加强语文、数学、外语、政治课（高中包括物理、化学）的管理，集中力量把这些课程的教学质量搞上去。要按照教育部的计划稳定全日制中学的教材，不经批准不得变动。会议根据河北省教育厅对中学语文、数学、化学等学科教学的调查情况，讨论并提出了提高这些学科教学质量的具体意见和《关于拟定全日制中小学教育计划的初步意见》。会后，河北省中学主要学科得到强化，学生轻视语文、外语的情况有所扭转，课堂教学注意了基础知识和基本技能的练习。但是，在没有大纲的情况下，对某一学科应具体加强哪些基础知识和基本训练，还不够明确。

1962 年，河北省各地小学认真学习河北省教育厅关于坚持理论联系实际、贯彻“三结合”、克服“三脱离”、不断提高教学质量的要求，积极进行教学改革。语文课加强了识字、阅读、写作的教学，数学课加强了计算能力和解决应用题能力的培养。教师在课堂教学中注意了突出重点、精讲多练、讲清基础知识，并根据教学目的要求、学生年龄特点，采用讲述、谈话、演示、观察等不同教学方法，改变了教师讲、学生听的“填鸭”式教学方法。

1964 年，河北省中学片面追求升学率的现象比较明显。一些学校不根据教学大纲进行教学，削弱了基础知识的学习和基本功的训练。河北省教育厅及时召开全省中学教育工作会议进行纠正，随后印发了《关于反对片面追求升学率、克服学生负担重现象的意见》，并在全省执行。

1969 年，河北省各中学一般开设政治、语文、外语、物理、化学、农业基础知识、历史、军体和革命文艺课。河北省教育局为适应中学学制初中二年、高中二年的需要，组织成立省教材编写组。次年，省教材编写组整合 8 个地区自编中学教材的优点，编写出了一套供二二制中学使用的教材。

1972 年，河北省新编初中历史、地理和高中英语、俄语等 6 本教材，以及政治、语文、数学、物理、化学、农业基础知识、英语、俄语 8 科 11 种教学大纲。各中学在教学过程中对省编教材提出了意见，认为这些教材存有“空头政治”、形式主义倾向，削弱了基础知识教学和基本技能训练，理科教材不全面、不系统。

1976 年年底，河北省教育局通知各地审查中小学各学科教材，清除“四人帮”的影响。

二、逐步规范阶段（1977—1999）

1. 机构设置及其职责

1978 年 2 月 23 日，河北省教育科学研究所正式成立（以下简称省教科所），地点设在石家庄市第二中学院内，编制 60 人。河北省文教卫生办公室批准，将石家庄市第二中学作为省级重点学校及省教科所的实验学校，业务工作由省教科所进行指导。

省教科所建立初期制定的方向任务是：“以马克思主义毛泽东思想为指导，不断深入实际，调查研究，坚持理论和实际相结合的原则，研究教育的历史、现状及今后教育发展提高中的新情况、新问题，掌握教育规律，分清路线是非，逐步做到自觉地按教育规律领导教育和教学工作，使教育更好地适应四个现代化的需要，不断提高教育质量，培养又多又好的人才。现阶段，围绕提高中小学教学质量这个中心，主要抓教学研究，即教材教法的研究。”

1980 年，河北省制定社会科学事业发展规划时，省教科所定编 65 人，内设教育理论研究室、数理化教材教法研究室、政文史教材教法研究室、生地农教材教法研究室、中小学外语教学研究室、小学教育研究室、资料室和办公室。1984 年 5 月，河北省教育厅对省教科所内部机构设置作了调整，设教育理论、高等教育、中学教育、小学教育、职业技术教育、教育情报和图书资料 6 个研究室，人员增至 70 人。

1981 年，河北省各地、市、县贯彻河北省教育局关于在全省恢复健全教育科研机构的指示精神，经过三年的努力，普遍建立健全了教研室，公社（乡）成立了中心教研组，规模大的学校设立了学科教研组，形成了教育科研系统和网络。

1996 年 3 月，省教科所增设教育心理研究室、艺术教育研究室。1997 年 11 月，这两个研究室分别改为心理教育研究室、艺术体育教育研究室，教育情报研究室和图书资料室改为《河北教研》编辑部和教育信息研究室。增设教育史志研究室，撤销职业技术教育研究室，其他研究室的设置不变。

此阶段，省教科所隶属河北省教育局（教育厅、教育委员会），实行局党组领导下的所长负责制。历任所长有吴中法、崔志民（副所长负责全面工作）、尹子昭、许梦申、杨振享、杨厚迁、傅中和。人员编制和经费由省教育局统一管理、单独核算，对外有一定的独立性。

2. 主要教研活动

1977 年以后，河北省的教育与全国一样，开始拨乱反正，逐步恢复、走向正规阶段。省、市、县开展的教研活动，主要是从交流学科教学经验、举办评优课、评选优秀论文及教学设计开始，到结合教学实际创新教学方法、推广有效的教改经验、建立健全教学管理制度和以先进教育理论指导教学实践，促进了教学质量的提高。

1978 年 11 月，省教科所先后与石家庄市教研室、张家口地区教研室联合，在这两地召开了中学物理、数学教学经验交流会，参加会议的代表有 160 人。同年 12 月，省教科所在邢台市、保定市分别召开了全省中学语文和化学两个学科教学经验交流会，与会人员共 220 余人。

1980 年，沧州地区教研室苏静白等人在长期实验的基础上，创造出“部件识字法”，对提高小学低年级学生的识字率效果显著，受到国家语言文字委员会表彰。河北省各地小学认真学习推广这一经验，取得了较好效果。

1982 年，省教科所先后召开中学政治、化学等学科教学法讲习会、教学讨论会，推动了各科教学方法的改革。石家庄市开展的初中物理教学中的“三一”活动（即学一条原理、写一篇小论文、搞一个小制作），在参加全国物理教学改革经验交流时，受到钱三强等专家的重视，称赞这是“物理教学改革的一个创举”，并被河北省教育委员会（以下简称省教委）誉为“一个很好的范例”，在全省推广。

1987 年，河北省教委在张家口柴沟堡师范学校成立“河北省复式教学研究培训中心”，自 1988 年以来，在国家教委帮助下先后举办 3 期培训班。省教科所受国家教委中小学教材办公室委托，编写了“九年制义务教育复式教材”一套，并于 1990 年开始在河北省部分小学实验。

1988 年 8 月，联合国教科文组织亚太地区与中华人民共和国国家教育委员会联合在张家口召开“中国农村复式教学研讨会”，就复式教学的特点、规律、原则等理论问题进行了研讨。同年 11 月，河北省教委派代表出席了在印度尼西亚雅加达召开的小学教育复式教学研讨会。随着复式教学的发展，河北省涌现出了一批熟悉复式教学的优秀小学教师，阳原县特级教师李彩便是其中的优秀代表之一。李彩老师从事复式教学 30 年，又在阳原县教研室任复式教学专职教研员 10 年，后兼任河北省复式教学研究培训中心副主任。她的复式教学研究成果有《复式教师在静态教学中的主导作用》《复式教学规律的认识和运用》等。其中，《复式教学讲义》被全国 18 个省、市作为复式教学培训教材，《怎样进行复式教学》一书 1989 年由人民教育出版社出版并在全国发行。

1990年，河北省各地中学在制定一套可操作、可检查的教学管理制度和措施的同时，积极寻求治理违反教学规律、影响教学秩序等问题现象的办法，并且逐步建立起教学评价和教学视导制度。

1994年8月，国家语言文字工作委员会办公室和河北省“注·提”实验研究会，在秦皇岛市联合召开了全国暨河北省“注·提”实验先进单位表彰会。来自全国26个省、自治区、直辖市各级教委、语委负责人及教师600多人参加了会议。会上，国家语委表彰了河北省等28个先进集体和44名先进个人，河北省语委也表彰了本省先进学校和个人。

1999年3月，省教科所主持的课题“培养自主意识，促进主动发展的研究”（简称小学“自主学习　自主发展”课题）在石家庄市召开了开题会，并首先在河北省71所实验学校启动。由于课题实验研究抓住了教学改革和实施素质教育的根本，很快得到了基层学校及广大一线教师的认同和各市教育部门的重视。在研究的过程中，课题组采取上下结合，点面结合，教研人员与教师结合的研究与管理方式，除下基层调研、指导外，还分别召开了多次全省范围的专题研讨和阶段性经验交流会。2003年12月，省教科所召开了小学“自主学习　自主发展”课题总结研讨会，对5年来课题实验取得的成果进行了全面的总结、交流和展示。在各级教育部门领导的支持和课题组人员及广大实验教师五年的理论研究和实践探索下，这项改革实验取得了可喜的研究成绩，产生了良好的社会效果。

三、蓬勃发展阶段（2000—2009）

1. 机构设置及其职责

2000年，省教科所将原教育信息研究室改为教育信息与技术研究室，增设了教育法制研究室。为了加强高中教育的研究，将原中学教育研究室分为初中教育研究室和高中教育研究室。2003年，省教科所教育信息与技术研究室改建为综合实践研究室，在编人员达到81人。2004年，省教科所艺术体育教育研究室分为艺术教育研究室和体育健康教育研究室，新设立了教材开发研究室，在编人员为79人。

2009年11月，根据全国教育科研发展的形势，借鉴外省、市先进经验，在认真调查研究的基础上，省教科所提出了《河北省教科所关于调整内设机构及职能配置的方案》，经教育厅党组批准予以实施。该方案与原有机构相比，撤销了以独立学科设置的研究室6个，合并2个，增设带有综合职能的研究室5个，保留6个。调整后的内设机构共12个，包括办公室、教育科学规划办公室、资源部、课程研发部、评价研发部、政策理论研究室、幼儿教育研究室、义务教育研究室、高中教育研究室、高等教育研究室、教育史志研究室、《教育实践与研究》编辑部，在编人员为82人。新机构的设置，一是体现了教研、政研和科研并重的指导思想；二是实现了教科所的职能上移，以便能按照教科所整体的规划和目标组织教育科学研究；三是便于充分组织和利用教科所的整体资源优势，集中力量实施重大项目攻关。省教科所现任所长为宋思洁，党总支书记为窦才。

省教科所为河北省教育厅直属全额拨款事业单位，其主要职责如下。一是承担教育科学研究规划与课题管理。拟订全省中小学教育科学研究课题管理办法，组织研究中小学教育科学研究课题的评审立项和检查、指导、验收等工作；举办教育科学研究学术活动；指导河北省各市教科规划办有关工作；向全国规划办报告河北省教育科研事业发展动态和信息等。二是承担中小学教育教学研究和业务指导。负责幼儿教育、义务教育、高中教育学段的教育研究，组织实施各学段教学指导、教研活动；负责基础教育课程教材建设的研究与实施，拟订学科教学研究活动计划，统一管理教研系统的各类评优工作，编写地方课程教材和教学辅助资料以及校本课程开发的相关资料等；负责区域教育发展评价、教学评价、专题项目评价、教学质量监控和考试评价等研究，收集、整理和分析各级各类学校教育评价信息并向社会和各级教育行政部门提供咨询服务；负责整合全省教育教学研究资源，加强各级教育教学研究机构和队伍建设。三是承担重大或综合性教育政策及应用问题研究，为教育决策和教育实践提供理论依据。组织开展教育工作中的重点、热点、难点问题研究；负责心理健康教育研究及咨询、辅导；统筹所内课题研究管理，指导促进省内教育研究成果的转化。四是承担普及、推广教育科学知识和教育科研成果工作。负责《教育实践与研究》的编辑、出版、发行以及与杂志相关的开发工作。五是承担教育史志编纂任务。负责《中国教育年鉴》河北部分、《中共河北年鉴》《河北年鉴》教育部分、《河北省志》教育志、《河北教育年鉴》《河北教育史》等的编写以及相关课题的研究工作。

2009 年，河北省各设区市、县教研室作为地方教育行政部门设立的教学研究机构，在基础设施、教研力量方面均得到较大发展。市、县两级教研队伍已发展到 4450 人，其中市级 450 人左右，县（市、区）级 4000 人左右。进入 21 世纪后，市、县两级教研机构的主要职责也发生了相应变化。

市级教研机构的主要职责：负责本市教育科学规划和管理，普及、推广教育科学知识和教育科研成果；研究本市教育教学改革与发展的理论、政策及应用问题，为本市教育决策和教育教学实践提供理论依据和科学引领；开展中小学课程建设与实施学科教学业务研究与指导工作；拟订学科教学活动研究计划，组织市内各类评优课、教学观摩、论文评比等活动；视导本市内学校开展教育教学工作；编写本市地方教材和相关教学辅助资料；负责本市内基础教育学科教学的检查、教学质量的检测和教学评估工作以及教师的培训工作；组织教育教学改革实验，总结、推广教育教学经验，探索教育教学规律，推动教育教学质量不断提高。

县级教研机构的主要职责：负责县域内教育科学规划和管理；研究和指导县域内教学改革实验、学科教学业务、教育教学评价、校长教师培训以及学校日常教学管理；组织实施县域基础教育教学改革实验，总结、推广教育教学经验，指导学校落实国家课程方案，执行国家课程标准；建立和完善以校为本的教研制度，组织、指导学校开展多层次、多形式的校本研修活动；负责县域内学校的评价研究，对学校教育教学质量进行检测、指导；开展中小学考试命题技术研究和试卷分析研究，并指导学校开展相关研究工作。

2. 主要教研活动

面对新世纪、新课程改革（以下简称新课改）的挑战，省教科所以现代教育理论为指导，开展了一系列行之有效的教科研活动，并产生了良好效果。

（1）实施义务教育课程改革

2001年新课程实施后，直到2005年寒暑假，河北省、市、县三级教研部门联合各学科新教材编写组、相关出版社，采取培训班、研修班、研讨会、观摩（示范）课活动、交流会、培训者培训等教学研究活动形式，推进全省小学、初中阶段实施新课程。新课程、新课程标准、新教材的省、市、县、乡镇、校各级集中培训，对广大教师认识各学科新课程、理解新教材、把握教学目标、提升实施新课程的能力都具有十分重要的意义，确保了河北省新课程的顺利实施。

2002年，省教科所新教材编写立项工作取得突出成绩。继2001年小学语文、初中生物、初中数学、初中社会4个学科通过教育部立项后，又有初中语文、小学数学、小学美术、初中美术、小学体育、初中体育、小学音乐、初中音乐8个学科教材通过教育部审定立项。

2005年10月，为提高河北省农村和经济欠发达地区教师学科专业化和教育专业化发展水平，省教科所召开“义务支教”活动动员大会，河北省教育厅副厅长杨勇作了动员报告。当晚，第一支小分队的3名成员奔赴承德市兴隆县、承德县，拉开了“义务支教”活动的序幕。在这次“义务支教”活动中，省教科所教科研人员以挂牌形式提供66种支教服务，以便各县根据本地实际自由选择。省教科所支教人员在整个“义务支教”活动中，深入河北省11个市、147个县、182所中小学，上公开课6节，作专题报告188场，现场答疑384个，听课评课810节，受到广大教师的欢迎。

2006年6月，为进一步加强县域义务教育教学管理，增强学校实施新课程的能力，提高学科教学水平，以全面实施素质教育，提高义务教育教学质量，河北省教育厅下发了《关于实施义务教育阶段教学评估的通知》和《河北省义务教育阶段教学评估实施方案（试行）》（以下简称《实施方案》），启动了河北省义务教育阶段教学评估工作。河北省教育厅成立了专门的教学评估领导和组织机构，评估办公室挂靠在省教科所，负责教学评估工作的组织、协调和指导。在全省选拔了336名省级评估视导员，组成了评估工作组。截至2010年4月底，河北省173个县第一轮的教学评估工作已全部完成。通过教学评估，全省达到了三个“督促、规范”：一是督促、规范了县级教育行政部门义务教育教学工作，加强教学管理，指导教学研究，有效实施新课程，合理配置教育资源，促进义务教育均衡发展；二是督促、规范了学校教学工作，促使学校教学管理向科学化、规范化、精细化、人文化方向发展，提高学校教学研究水平，按照课程设置和教学内容完成教学任务，保证教学质量；三是督促、规范了学科教学工作，加强学科教学管理，建立健全学科教学研究机制，鼓励教学创新，形成了学科研究氛围和学科教学文化。

2008年9月，为进一步加快河北省中小学音乐、美术学科课程改革进程，及时总结推广音乐、美术教师在教学中的成功经验和案例，不断提高教学质量，省教科所举办了“第二届河北省中小学音乐、美术学科课堂教学实录暨教学课件评比活动”，共有2000多名教师参与活动，各市选送的音乐、美术课堂实录1400多篇，音乐、美术教学课件800余件。省教科所组织专家对这些课堂实录和课件进行了评选。

2009 年 7 月，省教科所在承德市滦平县召开了河北省“县域基础教育教学改革综合实验项目”启动大会，河北省教育厅副厅长杨勇、承德市副市长张建国出席了会议。实施这一实验项目，旨在促进县域基础教育课程教学改革的深化，探寻县域教育发展的有效方法和途径，使教研更好地为县域教育发展服务。省、市教研部门抽调相关人员组成了项目组，县教育局也成立了由局长任组长的实验项目组。省项目组研究印发了该项目实施方案，通过各市申报和省项目组的考察，确定了滦平县等 11 个县作为河北省县域基础教育教学改革综合实验项目县。随后，省和相关市的项目组分别对滦平县、武安市、北戴河区、宁晋县、大城县 5 个实验区进行了具体指导，就实验区的实验项目进行了研究论证。同年底，省项目组在石家庄市召开了由藁城市等 6 个实验区县参加的项目论证会，进一步听取了实验区工作的进展情况，对存在的问题和下一步的工作进行了研究部署。

（2）推进高中课程改革

2008 年 10—12 月，省教科所在充分分析整理、调查研究大量新课改相关资料的基础上，起草了《关于实施高中课改的意见建议》的报告，完成了新课改高中各学科教学指导意见初稿。高中教育研究室各学科教研员为迎接 2009 年高中课程改革，收集整理了大量有关新课改的资料，包括各种版本教材、教参，课改实验区出台的相关文件等，并通过参加人民教育出版社等出版社组织的高中新教材培训会，实地考察部分课改实验区，与教育厅、教科院、学校的相关人员座谈，参加大型研讨会、听课、查阅资料等方式，获取了大量宝贵的第一手材料。在近三年的教研活动中，教研员利用各种机会，积极宣传新课改精神，引领广大教师早日了解新课改、走近新课改。

2009 年，河北省高中进入新课改，省教科所高度重视，提早谋划，在河北省教育厅课改领导小组的领导下，成立了工作小组和办公室。

课改办公室完成的主要工作有：一是认真研究了河北省进入课改的新形势，向河北省教育厅党组提交了关于河北省高中课程改革的意见建议；二是认真学习和研究了新课程标准，制发了 15 个学科的河北省高中课程改革学科指导意见，借助网络平台完成 3 万多名高一年级教师和教研人员的全员培训；三是对高中课程改革进行全方位跟踪服务，组织考察了山东省高中课程改革情况，印发了《关于加强全省普通高中课程改革教育教学研究工作的通知》，提出加强高中课程改革制度建设等一系列意见建议；四是建立了 43 所省高中课程改革联系校，已深入 25 所学校进行视导，有效提升了这些学校适应新课改的能力；五是编写了《高中课改通讯》6 期，及时指导河北省各市和高中的课程改革工作；六是集中一个月时间，在省教科所实验基地石家庄市九中听课、座谈，全方位了解、跟踪和指导高中课程改革，对课程改革过程中存在的普遍性问题进行会诊，为指导河北省高中课程改革打好了基础。

省教科所强调提出，各高中学校在不断完善学校常规制度建设的基础上，重点建立健全课程改革研究例会制度，校本教研制度，课程改革总结、交流制度，课程改革档案管理制度，学生发展性评价和教学质量监测制度。一要着重学习高中课程改革文本材料，领会精神实质，研究解决高中课程改革进程中出现的新情况和新问题。二要积极探索校本教研制度的运行模式和工作机制，提高校本教研活动的针对性和有效性，帮助教师提高适应新课程的能力。三要帮助教师找准课程改革中存在的问题，注重归纳、总结、交流，逐步形成学校自身的教育教学特色。四要加强课程改革工作档案的收集、整理、归类，使高中课程改革档案有效服务于课程改革工作。五要研究开发切实可行的学生学业成绩与成长记录相结合的综合评价方案和教学质量监测方法，特别是学生成长记录评价的操作与管理，保证学生成长记录的真实性与可信度。

（3）建设校本教研基地

2004 年 3 月，省教育厅下发了《关于“创建以校为本教研制度建设基地”的通知》，公布了《河北省“创建以校为本教研制度建设基地”项目方案》，以及项目领导及组织机构。

2005 年 1 月，召开了全省“创建以校为本教研制度建设基地”项目研讨会，并在保定市徐水县和石家庄市桥西区分别召开了省级“以校为本教研制度建设基地”项目研讨会。会议采取“一会两地”的方式，分别进行农村组、城市组基地的现场研讨和经验交流。

2006 年 10 月，在沧州市运河区召开了河北省“创建以校为本教研制度建设项目”经验交流与工作研讨会，河北省教育厅发布了《关于全面推进以校为本教研制度建设的意见》。

2007 年 4—5 月，省项目组分成五组对 21 个基地单位进行了全面评估验收。

2008 年 2—3 月，河北省教育厅发布了《关于确定以校为本教研制度建设示范基地的通知》，确定 21 个县（市、区）为示范基地，在全省“创建以校为本教研制度建设基地”项目总结交流会上，报告了项目研究进展情况，举办了专题论坛。校本教研制度建设项目的主要成果有：一是新课程的基本理念、意义与价值已成为广大教学管理者、教师的共识；二是创新了学校教研文化，促进了学校、教师发展；三是建立了适应新课程的校本教研制度和制度建设的评价指标；四是项目组和各基地整理编辑了《典型经验汇编》等资料近 80 册，《校本教研行动采真集》，选编教师精彩教学故事、典型主题案例和学校经验，由河北人民出版社出版。

（4）实施“名师工程”

2009 年 12 月，为了建立教师专业化发展的激励机制，建设“河北省中小学学科名师库”，通过“名师”带动，促进河北省中小学教师专业化水平的提高，省教科所在河北省教育厅师教处的具体指导下，起草了《“河北省中小学学科名师工程”实施方案》，研究制定了《河北省中小学学科名师评选操作规程》和《评分表》，聘请河北师范大学、河北经贸大学、河北理工大学 3 所高校的有关专家组成评审组，对首批中小学的语文、数学、外语 3 个学科的名师进行了评选。经过层层选拔，全省共呈报名师候选人 160 名，入选 116 人，入选率为 72.5% 。

“雄关漫道真如铁，而今迈步从头越。”在新课程背景下，基础教育教学改革与研究工作任重而道远。在河北省教育厅党组的正确领导、各级教研机构和学校的共同努力下，省教科所将以求真务实、开拓创新的工作，为教育事业的发展作出更多的贡献。

（王彦怀 撰稿，崔海江 审阅）

山西省基础教育教学研究工作的回顾与展望

经历了50多个春秋的风风雨雨，山西省教研机构的实力在逐步壮大、职能在逐步完善，由当初只限于中小学教学研究的“山西省教育厅教研室”，继而为“山西省教育科学研究所”，再到现在的“山西省教育科学研究院”；教科研人员从最初的几人、十几人发展到了现在的70多人；实行了“一套人员，两块牌子”的建制，教育科学研究、教育教学研究比翼双飞，标志着山西省教育科学研究和基础教育教学研究工作进入了新的发展阶段。

一、机构沿革与人员情况

从历史渊源和发展过程来看，山西省教研室的职能是：以学科教学为基点的、具有强烈管理色彩的、建立在“从上到下、从点到面、从典型到一般”机制上的短周期性的业务指导。教研工作的方式和方法主要是学科教师的各种业务活动。它很好地保证了各级教学指挥系统的通畅、教学改革的顺利进行和教学质量的提高，使教师认清了符合中小学教学周期性、阶段性规律的教学研究工作规律。

1. 初建、停顿时期（1955—1977）

1955年，山西省教育厅教研室（以下简称省教研室）成立。省教研室成立初期仅有3—4名工作人员，到1965年逐步发展到19人，中小学主要学科的教研员基本配齐。

20世纪50—60年代中后期，省教研室的主要工作是：根据国家教育部颁发的中小学教学计划，结合山西省的实际，修订本省的中小学教学计划，提出各主要学科改进教学的意见；开展调查研究，总结优秀教师的教学经验，组织观摩教学，改进教学方法，提高教学质量；组织考试，拟制高中、中师招生考试试卷及评分标准，进行试卷分析；组织编写农业中学语文、数学、生物等学科教材，组织编写小学各年级语文、数学等学科的教学参考书。

1966年“文化大革命”开始后，省教研室的工作全面瘫痪。1970年，山西省教育厅干部大都下放劳动，省教研室随即被撤销。

2. 恢复、重建时期（1978—2000）

1978年，山西省教育委员会教学研究室（以下简称省教委教研室）恢复。之后，人员逐步充实，至1987年与山西省教育科学研究所合并前，已发展到15人，重新配齐了中小学各主要学科的教研员。主要工作是拨乱反正，针对“文化大革命”对教育教学工作的破坏，恢复和建立正常的教学秩序。

1979年6月，山西省编委下发文件，山西省教育科学研究所（以下简称省教科所）正式成立，事业编制15人。1980年10月，经山西省文教委员会批准，省教科所和山西省教材教法研究室合并。内设机构有教育理论研究室、普通教育研究室、教育动态研究室、教育史编纂研究室、文科教材教法研究室、理科教材教法研究室、图书资料室和办公室（兼省教育学会秘书处）。

1987年9月，省教科所、省教委教研室合并（教研室从教育厅院内搬迁至太原市解放路大北门东头道巷9号），实行两块牌子一套班子的建制。内设机构有教育理论研究室、教育心理研究室、教育情报研究室、教育史志编纂研究室、文科教材编研室、理科教材编研室、高等教育研究室和职业技术教育研究室。

1995年，省教科所编制逐步增加到75个。内设机构调整为办公室、总编室、综合研究室、基础教育研究室、教育情报研究室、教育心理研究室、中学文科教学研究室、中学理科教学研究室、小学教学研究室、艺体劳技教研室、职教研究室、图书室和发行部。

1996年6月，省教科所首次召开了“山西省教育科研教研工作会议”，之后下发了一系列文件，如《山西省教学研究工作“九五”规划纲要》《山西省各级教学研究室工作条例》《山西省教育科学研究课题管理暂行办法》《山西省教育科学研究“九五”规划课题指南》《山西省中小学教学改革实验管理暂行条例》《山西省地（市）教研室工作综合评价方案》《山西省关于加强和改进中小学学科教学的意见》等。

20世纪70年代末—90年代末，山西省教研室的主要工作是：从学历教育和专业培训入手，加强干部、教师和教研员队伍的建设；开展教学研究，总结、推广教学经验，组织推动教改实验；检查评估学科教学的质量，组织中考、高中会考、初中毕业考试的命题、制卷与质量分析等。

3. 建设、发展时期（2001—2009）

2002年5月，山西省编办下发文件，将山西省教育科学研究所更名为山西省教育科学研究院（以下简称省教科院）。自此，山西省的教育教学研究工作开始跨入一个新的快速发展阶段。到2006年年底，山西的省、市、县三级教研室专职教研人员已超过2000人。省级教研室重在研究（包括教育思想、课程设置和学科基础理论等），提出使用国家课程计划、标准、教材意见，指导辖区内教学改革的理论导向；县级教研室的职能重在指导，作出区域性教研规划，适时监控教学及教学管理状态，组织和指导各地的教研总结和教育教学经验的推广；校级教研重在管理、实施，就是把先进的教育思想、管理方式和教学方法推广移植到教育教学活动中，以提高教育教学的实际效率和质量。

2007 年 1 月，山西省职业教育研究中心挂靠省教科院。山西省教育厅下发通知，进一步明确了省教科院的工作职能和内设机构。省教科院的工作职能是：开展教育管理、教育决策及发展战略研究，为山西教育发展与改革提供决策咨询；制定全省教育科学研究规划并组织实施，组织全省教育科学规划课题研究成果的鉴定评奖；指导全省教育科学研究和教学研究工作，开展以基础教育为主的理论研究和教学研究；组织全省基础教育教学质量监测，及时向有关部门提供监测数据和分析报告；按照有关规定，指导与教育有关的学会、协会等社团组织工作；承办省教育厅交办的其他工作。省教科院内所设机构有办公室、后勤财务服务中心、教育发展战略研究中心、中小学德育与心理健康教育研究中心、基础教育教学质量监测与评估中心、职业教育与高等教育研究中心、义务教育课程教学研究中心、普通高中课程教学研究中心、期刊编辑中心、教育培训中心、科技开发中心、离退休人员管理中心。

2007 年年底，山西省编办下发文件，将省教委教研室更名为山西省基础教育教学研究室，工作职能不变，仍与省教科院实行“一套人员，两块牌子”。省教科院出台了《山西省中小学教学研究人员管理办法》《山西省教育科学研究院（省教研室）兼职教研员聘用及管理办法（暂行）》《山西省教育科学研究院兼职研究员聘用及管理办法（暂行）》，规范了教科研人员的行为。

二、工作轨迹与主要成绩

1. 加强教学常规管理

1980 年前后，省教研室在调查研究的基础上，制定了改进中小学各科教学的意见，强调抓“双基”教学，强调抓好起始年级的教学。同时，对学校提出了建立教学岗位责任制和建立教师业务档案的要求，从加强教师管理和常规教学管理着手，恢复和提高教学质量。

2. 加强教师队伍培训

1980 年前后，针对中小学教师数量严重不足、学历合格率低，教育工作者不敢抓教学等实际情况，省教研室加强教师培训工作，举办各学科的教师培训班，提高教师的政治业务素质。特别是加强了对高中各学科教师的培训，以保证中学课程开全开足，帮助教师过好“教材关”。随着教改的不断深化，省教研室始终将教师的培训和提高作为主要职责之一。在各个不同时期，培训的内容与方式有所不同，但培训工作始终没有放松，有效地提高了山西省中小学教师队伍的政治业务水平。

3. 选拔推出教学能手

1990 年和 1993 年，为了进一步加强教师队伍的建设，选拔和激励优秀教师，省教研室根据省教委部署，两次组织幼儿、小学、中学“教学能手”的评选活动。经过层层选拔、推荐和考查，1990 年评选出了 205 名“省教学能手”，1993 年评选出了 282 名“省教学能手”。每次评选工作结束后，都要组织教学能手巡回讲课活动。1990 年，省教研室在“省教学能手”中选拔 20 名教师，在省教研室选拔 12 名教研员，组成 3 个讲师团，深入 12 个地市讲课、评课、作教改专题报告。此项活动历时 12 天，教学能手讲课 95 场，听讲教师 1 万余人；教研员作教改专题报告 72 场，听讲人数 1 万余人，受到了广大教师的欢迎，也充分发挥了教学能手和教研员的示范辐射作用。

截至2008年，山西省教研室共举办八届省级教学能手评比活动，有3000余名教师获得“省教学能手”荣誉称号。

4. 普及教育科学知识

山西省教研室与省教育学会合作，先后聘请了国内知名学者张健、段力佩、陈侠、于光远、马奇、厉以贤、黄济、敢峰、顾明远、王通讯、陈桂生等来山西作学术报告，通过普及教育科学知识，提高教研员和科研人员及教师的素质。如编印学习资料《教育学学习辅导讲座》等，发放到全省各地（市）、县（区）教育行政部门和部分学校，供教育系统的干部和教师学习；举办各种研究班、讲习班、讲习会，吸收各级教育部门的领导、校长和教师参加学习，如1983年暑期举办教育统计学与研究方法讲习班，1989年冬举办教育科研方法讲习班等。

5. 介绍国外教育动态

省教科所成立后不久，就设置了国内外教育动态研究室（后改称为教育情报研究室），选配俄、英、法3个语种的专业人员从事教育动态研究。在20世纪80年代，这些专业人员翻译发表了大量的外国教育资料，着重介绍了苏联赞科夫、苏霍姆林斯基的教育思想和教育活动，还介绍了苏联的德育心理研究成果，法国的弗雷内教育思想和教育方法，还有美国和东南亚的教育发展状况。这一工作活跃了研究氛围，开阔了教育教学研究人员和教师们的视野，促进了教育改革。

6. 编写教材教辅资料

为了帮助中小学教师过好“教材关”，根据省教委（教育厅）的部署，相继组织编写了小学的语文、数学教师辅导资料，二级、三级、四级复式教学教案，中学的语文、数学、物理、化学、外语教师辅导资料，中小学各年级、各学科的学生练习册、寒暑假作业和中学毕业年级的各科综合复习题解等教学辅助资料。组织编写了小学劳动课本和中学劳动技术课本，其中有2册在全国小学劳动课、中学劳技课教材工作会议上被评为优秀教材，并获得三等奖。还编写了高中选修教材18种26册，“注音识字，提前读写”实验课本及教学参考书，小学复式教学语文、数学课本及教师用书（与吕梁地区合作），专供山区和老区教师使用的初中、小学教材辅导与例题分析等选修教材，以及乡土教材《山西历史》《山西地理》和结合教材体现山西特色的《小学地理图册》《小学地理填充练习图册》《高中地理图册》等书。

7. 检查评估教学质量

从1982年开始，省教研室连续5年直接抓了5个县的小学生毕业考试。采取统一命题、统一考试、统一评卷的方式，测评分析小学教学质量，制定对策。

1993年，省教研室在每个地市选取1个县（区）作样本，对小学语文、数学、自然、历史4学科进行了教学质量抽查考试，同样统一命题，统一考试，统一评卷。通过抽查考试，掌握了全省小学教学的质量情况。此次考试结果表明，山西省小学毕业生各科成绩与前几年相比有所提高，有的学科成绩提高明显。

8. 主持探索教改实验

从20世纪80年代初至今，省教研室积极组织教改实验，开展教学研究，总结、推广教学经验。由教研员主持的主要教改项目有：

1984 年 9 月，在 9 个地（市）的 54 所学校 107 个教学班开展了“中学数学读、议、练、讲单元教学法”实验，至 1995 年，实验地（市）发展到 11 个，教学班发展到 30 个。

1985 年，小学“注音识字，提前读写”实验，至 1995 年，全省有 11 个地（市）7 万余名学生参加实验。

1989 年，“小学复式教学改革”实验。复式教学是山西省中小学教学的一个重要组成部分，据 1990 年统计，复式校在山西省分布面极广，约占全省小学总数的 41.5%；复式班在山西省小学中所占比重很大，约占全省小学班级总数的 33.9%；在复式班就读的学生约占全省小学生总数的 25.1%。因此，如何搞好复式教学，保证复式教学的质量，是省教研室工作的重点之一。1991 年，在沁水县召开复式教学研究会议；1993 年，在黎城县召开复式教学现场会，《中国教育报》作了报道。此实验项目开展以来，省教研室编写出了一套适合农村复式小学使用的语文、数学教材，总结出了一套比较适合农村复式小学实践需要的教学方法，建立了一套科学评估学业成绩的标准和方法。

1984 年，小学“三算结合”实验，至 1995 年，山西省约有 120 个教学班、5 万余名学生参加实验。

1991 年，“中学 JIP”实验（提高中学生学习质量联合行动计划）。这是由山西、陕西、北京 3 省市联合承担的国家教委“八五”重点课题、联合国教科文组织亚太地区办事处 APEID 计划项目。山西省参加第一轮（1991—1994 年）实验的学校有 61 所，学生达 1.2 万余人；参加第二轮（1995—1998 年）实验的学校有 74 所，学生达 1.4 万余人。该实验提出的“主体参与，分层优化，及时反馈，激励评价”16 字方针，科学地反映了教学过程的优化要求，得到广大师生的认同和专家们的肯定。

1990 年，“九年义务教育教材”实验，主要在榆次市进行。参加实验的班级小学有 170 个，中学有 34 个，学生达 1 万余人。1993 年完成实验时，省教研室向国家教委、人民教育出版社提出了 39 条教材修改意见，受到人民教育出版社的表彰和奖励。

9. 推进课程改革实验

（1）“两省一市”普通高中课程改革试验

1996 年 7 月，在全国普通高中课程改革会议上，山西省被国家教委定为普通高中课程改革实验省份。省教科所先后承担并完成了《山西省关于普通高级中学新课程方案试验的意见》《山西省关于〈全日制普通高级中学新课程计划（试验）安排意见〉》《山西省关于普通高中新课程方案试验科研工作的意见》等 10 多个文件的起草，为山西省高中课程改革工作奠定了基础。

1997 年 7 月，普通高中课程改革试验正式启动，省教科所同时组织全省高中管理者培训和高一试验教师全员培训。暑期分点连续累计办班 30 余期，合计培训教师 6000 余人次。

2000 年，省教科所组织了全省普通高中课程改革试验优秀科研成果暨第三学年优秀论文、优秀教案、优质课评比活动。共评出省级优质课 507 节、优秀教案 1467 篇、优秀论文2817篇。

省教科院承担了教育部关于高考文科综合、理科综合试卷的研制设计，在太原等4个地市2.6万名学生中进行试测，为教育部考试中心提供了试卷及试题的基本模式。

（2）基础教育课程改革实验

2001年，太原市迎泽区和临汾市曲沃县两个国家级实验区启动了基础教育课程改革实验。同年，省教科所组织了地市县区教委主任、教研室主任、示范学校校长课程改革培训会，在太原召开了全省基础教育课程改革教研员通识培训会。

2002年暑期，省教科院对基础教育课程改革省级实验区教研员及实验区教师进行了全员培训，同年7月下发了《山西省推进基础教育课程改革实验科研行动计划》。在省教科院的指导下，山西省国家课程改革实验区曲沃在全国率先独家采用综合素质评定作为高中录取的依据。山西的这一创新之举，《中国教育报》在头版头条予以了报道，并两次被邀请在教育部召开的全国会议上作大会交流。

2003年，省教科院举办了《首届基础教育课程改革“三优”工程评比活动》，共评出优质课269节、优秀教学设计832篇、优秀教学成果（论文）654篇；2007年举办了《第二届基础教育课程改革“三优”工程评比活动》，共评出优质课375节，优秀教学案例350篇，优秀地方课程与校本课程90种；2009年举办了《第三届基础教育课程改革“三优”工程评比活动》，共评出优质课1114节，优秀案例751篇，优秀校本课题481项。

2005—2007年，是山西省基础教育课程改革重点突破阶段。山西省教育厅立足内涵发展，以校本研训机制建设、课堂教学改革、教育教学评价与考试改革、综合实践活动与校本课程开发为这一时期的工作重点。省教科院实施了“四项突破”项目，即以校本研训为突破，建立学习型学校；以研究性学习为突破，建立新的学习方式；以教学设计为突破，优化课堂教学；以学业评价与综合评价为突破，建立新的评价体系，把基础教育课程改革所涉及的难点和重点以专题的形式进行研究，有针对性地解决了课程改革中存在的问题与困惑，加速了学校、老师行为的改变，促进了课程教学改革的顺利推进。

2005年3月，省教科院在收集材料、实地考察的基础之上，编写了《山西省基础教育课程改革实践与反思》（包括教育评价卷、校本研训卷、课堂教学卷、综合实践活动与校本课程卷以及综合管理卷），对前三年山西省基础教育课程改革进行了全面总结。为了进一步突破课程改革中的难点，省教科院围绕基础教育课程改革所涉及的外围问题，有针对性地组织了一些专项调研工作，如“山西省初中教育发展现状及对策研究”，为有关部门更好地调整山西省初中教育课程改革的步骤、措施提供了可靠依据。

2005年6月，由省教科院作为唯一专业支持单位承担的新中国成立以来第一次跨省区（山西、湖南、内蒙古、宁夏四省区的国家级课程改革实验区）中考命题工作顺利完成，先后多次在全国会议上介绍工作情况及经验。

2005年11月，山西省教育厅与省教科院承办的全国第三届校本教研工作暨经验交流会在太原召开，推动了全国区域校本教研机制的建设。与会代表近600人，这是全国关于课程改革的规模最大的会议之一。

2008—2010 年，是山西省基础教育课程改革的第三个阶段，即巩固深化课程改革成果、全面提升教育质量阶段。在山西省教育厅的统一安排部署下，省教科院牵头成立了 5 个专题项目工作组，分别是：“四项突破”成果转化与推广专题项目组、农村地区课程改革推进专题组、农村远程教育教学应用专题项目组、义务教育教学质量监测专题项目组、特色和品牌学校培养与示范专题项目组，明确了各专题项目组的主要职责与任务。

（3）普通高中新课程实验

2008 年秋季开始，山西省普通高中学校全面开始了新课程实验。同年 12 月，省教科院教研和科研人员深入教学一线进行大规模调研，坚持做到了“每旬必下乡，下乡必进校，进校必听课，听课必交流，交流必反馈”的活动程序。

2009 年 3—5 月，省教科院组织召开了山西省普通高中新课程改革实验的 3 个现场会：通用技术教学现场会、研究性学习现场会和校本课程现场会。组织召开了山西省普通高中新课程考试与教学改革研讨会，9 个学科的 1762 名教研员和教师参加了研讨会。

10. 教育教学研究成果

（1）参与完成国家级课题研究任务

在各规划时期，省教科院积极参与国家级课题研究，完成结题任务的课题有以下几项。

“六五”规划时期：国家教育科学重点项目“中国农村教育研究”子项目“山区教育结构及发展研究”和“中国儿童心理发展与教育”子项目“儿童品德的发展与教育”。

“七五”规划时期：国家教育科学重点课题“青春期教育研究”子项目“山西省青少年青春期教育研究”和“提高农村基础教育质量和效益的研究”。全国妇联重点项目“离异家庭子女的心理特点”子项目“离异家庭子女社会性发展特点”，以及“国际 IEA 课题”。

“八五”规划时期：全国教育科学重点项目“中学 JIP 实验（山西组）”和“义务教育学生质量目标研究”。

“九五”规划时期：国家社会哲学重点课题“面向 21 世纪中国基础教育教程教材改革研究”山西子课题，中国教育学会重点课题“百所乡镇初中办学效益的调查与研究”。国家教委重点课题“我国贫困地区义务教育质量标准地方化问题的实验研究”、“中小学生心理档案建立与心理素质研究”、“中学 JIP 实验”、“扫盲后教育”子项目、“普通高中新课程方案试验研究”、“山西教育史研究”。国家考试中心重点课题“开发考试评价功能的研究”。

“十五”和“十一五”规划时期：全国教育科学规划教育部重点课题“新基础教育课程教材开发的研究与实验”子课题“新基础教育课程教材实验推广的行动研究”、“小学生语文能力评价研究与实验”山西实验研究项目、“生本教学体系建构与实践探索”、“面向 21 世纪的小学科学教育”子课题“小学科学教育与学生创新精神培养的研究”。中央教育科学研究所课题“创新教育研究与试验”子课题“山西省中小学创新教育研究与试验”，教育部课程教材研究所课题“人教版义务教育课程标准实验教材研究”，全国学校体育卫生科研规划重点课题“基础教育体育课程标准实施的实证性研究”，全国农村学校艺术教育实验二级课题“农村学校艺术教育师资队伍建设研究”，中国陶行知研究会课题“幼儿创造教育实验研究”，全国教育考试科研规划重点课题“生物高考能力目标体系的构建”子课题。

（2）著书立说呈现教育科研的成果

省教科院成立以来，取得了丰硕的教育教学研究成果。先后出版了《探索之路——山西省教科所教科研论文集》（上、下册）、《走向辉煌——山西教育回顾与展望》、《跨越——山西省普通高中课程改革理论与实践》（三卷）、《JIP——中小学素质教育手册》、《素质教育课堂教学模式》、《素质教育行动策略》、《山西省素质教育综合实践活动研究》、《素质教育探究》、《山西省教育科学“九五”规划立项课题研究成果选编》等论著，计17册、660余万字。组织编写了《小学复式教学教材及教参》《小学思想品德教材及教参》《中、小学综合实践活动案例》以及中小学各学科《教学目标与检测》和《寒暑假作业（生活）》等百余种书籍。

2008年，为了及时指导基层中小学的基础教育课程改革，省教科院编印了《奠基之路——山西省基础教育课程改革成果汇编》。为了更好地实现为教育决策服务、为一线教育教学服务，省教科院从2007年开始编制《山西省基础教育年度发展报告》，2008年增加了《山西省高等教育年度发展报告》，2009年又增加了《山西省职业教育年度发展报告》。在山西省教育厅的支持下，以上三个年度发展报告已作为省教科院的常规研究项目，将每年出版《山西省基础教育年度发展报告》《山西省高等教育年度发展报告》和《山西省职业教育年度发展报告》。

2009年，省教科院出版了《收获》系列丛书《山西省教育科学研究院成果·集锦》《教育理论与实践·精粹》和《教育决策参考·选集》。此外，省教科院主办的《教育理论与实践》面向全国公开发行，系全国中文核心期刊、中国人文社科核心期刊、CSSCI来源期刊，在教育理论界有一定影响。

总结过去，硕果累累；展望未来，信心百倍。省教科院将坚持“以人为本，全面、协调、可持续发展”的科学发展观，树立超前意识、创新意识和科研意识，健全科研机制，加强队伍建设，团结一致，齐心协力，开拓创新，不辱使命，把山西省教育科学研究和基础教育教学研究事业推上一个新台阶。

（李聪英 撰稿，马玉玺 审阅）

内蒙古自治区教学研究工作的回顾与思考

半个多世纪前，内蒙古自治区的教育事业十分落后。新中国成立以后，在党和国家民族政策的光辉照耀下，内蒙古自治区的基础教育从“泥胎”中孕育而生，特别是改革开放以来，教育事业逐渐迅速发展。自治区教研室艰苦创业，开拓进取，为改变教育的落后面貌作出了突出贡献。

一、初创期（1956—1965）

1956 年，内蒙古自治区教育厅教研室（以下简称自治区教研室）成立，有教研员 4 人。

1957—1965 年，自治区教研室与内蒙古自治区教育厅普教处合署办公，教研员最多时曾达 32 人。与此同时，自治区各盟（市）、旗（县）也相继成立教研室。

二、灾难期（1966—1976）

1966—1976 年，受“文化大革命”影响，内蒙古的教研工作被迫中断。其间，曾设立内蒙古自治区中、小学教材编写组。

三、恢复期（1977—1985）

1978 年 4 月，内蒙古自治区教育厅（以下简称自治区教育厅）决定恢复内设单位教研室。恢复初期，教研人员全部来自“文化大革命”期间设立的内蒙古自治区中、小学教材编写组。此后，又逐步调入若干名大学本科毕业生和曾在基层工作多年的学科骨干教师。

1978—1985 年，内蒙古自治区各盟市、各大厂矿在自治区教研室恢复后，也先后开始恢复组建教研室，其编制一般为 10—15 人。在有蒙古语授课学校的盟市和旗县，均设蒙、汉语授课教研员，分别担任中小学各主要学科的教学研究工作。

1982 年，内蒙古各级教研室根据本地区中小学教学中存在的问题，制定了提高教学质量的方案和措施，并努力付诸实施。自治区教研室下达了《关于提高中小学教学质量的意见》，各盟市、厂矿教研室也制订了相应的方案，以促进中小学教学质量的提高。教研室的工作性质侧重于研究与中小学各学科教学实践有关的问题，特别是教材教法中存在的问题。其活动方式：一是室内研究，探讨总结，制订方案，下放文件，撰写文章，编写教材；二是深入基层，调查研究，检查评估，现场指导；三是组织会议，交流经验，表彰先进；四是组织学科竞赛，开展教改活动。

四、发展期（1986—1998）

1. 机构设置与职能

1990 年年底，内蒙古各级教研室组建完毕，形成自上而下的完整的教研网络。自治区教育厅、盟市和厂矿教育处（局）、旗县区教育局设置的教研室多为教育行政部门的直属单位，有的为二级单位。这三级教研室上下之间为业务指导关系。旗县区教研室负责指导学校教研组工作，盟市、厂矿设直属中学的，由盟市、厂矿教研室直接指导直属中学的研究组工作。

例如，乌海市教学研究室是在乌海市教育体育局党委领导下，由乌海市具有丰富教学经验、深厚教学理论基础和一定研究创新能力的中小学骨干教师组成的教学研究机构，编制 18 人。主要职能是全面贯彻党的教育方针，全面提高中小学的教育教学质量；深入全市各基层学校教学第一线，调查教育教学开展情况，指导广大教师解决教学中存在的问题，帮助教师提高教学业务水平，并为乌海市教体局教育决策提供服务；负责对区、矿教研室的业务管理和工作指导；统领全市教育教学科研工作，组织并管理各级教育教学类研究课题；指导教育教学论文（案例）撰写、课件制作的评比与推荐及管理；组织、领导并参与全市中小学各类考试的命题、阅卷及考试分析工作；组织各学科开展有利于教育教学改革和提高教育教学质量的教学活动；组织、领导并指导乌海市中小学师生参加乌海市和自治区、国家级课堂教学比赛和各学科竞赛活动，培养、选拔优秀教师；会同乌海市师资培训中心开展全市中小学教师新课程培训及各学科培训班的学业评估、结业考核等工作；配合师管科、基础教育科、体卫艺科、电教馆等科室，开展业务工作，如骨干教师、学科带头人的评选，教材选订、业务考核、评比等；配合招生办进行高考分析。

1991 年，内蒙古明确自治区教研室为教育厅内设处级事业单位，教研员编制为 20 人。教研员分为汉语授课和蒙语授课两部分，分别担任中小学各主要学科的教学研究工作。依据国家教委《关于改进和加强教学研究室工作的若干意见》和自治区教育厅《中小学教学研究室工作试行条例》规定，自治区教研室是教育行政部门设置的承担中小学教学研究和学科教学管理的事业机构。其主要职责是：第一，结合全自治区各地中小学教学工作实际，提出执行教学计划、教学大纲和选用教材的意见，以及各科教学要求和安排意见；第二，深入教学第一线，督促检查、了解本地区中小学教学状况，制定学科教学管理制度，评价学校教学质量，考核教师教学业务，提出改进教学的措施；第三，研究教学理论、教学内容、教学方法，组织教学实验，传递教学信息，推广教学经验，培养教学骨干，探索教学规律，提高教学质量；第四，组织编写地方教材和必需的辅助材料，参加中学会考命题工作；第五，指导学科课外活动，举办学科竞赛；第六，支持和协助中小学各学科教学研究会开展学术研究活动。

2. 教研活动

1990 年，自治区教研室组织开展了全区教学能手评选活动，采取观摩教学、听课评课的方式，评出第一批全区中小学教学能手。

1991 年后，为加强教研室建设，更好履行教研室职责，在调查研究的基础上，自治区教研室制定了一系列文件，形成了教研室系列工作制度和实施意见：《关于自治区高中各学科教学大纲和教材的修订调整意见》《关于普通高级中学实行会考制度意见》《自治区九年义务教育全日制小学、初级中学课程计划（试行）》《内蒙古自治区中小学教材审查委员会工作条例》《内蒙古自治区加强教材和教辅材料管理、禁止滥编印的意见》等。

1994—1998 年，内蒙古各级教研室开展多种形式的教学研讨、经验交流、教学观摩活动，推广先进教学经验，培养各科教学骨干。

1995 年 3 月 31 日，自治区教育厅下发了内蒙古教研发〔1995〕7 号文件《印发〈关于小学语文教学整体改革的若干意见〉的通知》，从 1995 年秋季开学起，一项宏伟的教育领域的改革工程——小学语文整体改革实验，在全区两个地区、12 所学校进行实验。

1999 年 8 月，在实验取得了宝贵经验的基础上，自治区教育厅又出台了《小学语文教学整体改革实验指导纲要》（以下简称《纲要》），并以自治区教育厅内教基发〔1999〕47 号文件下发到各盟市。《纲要》的出台，使小学语文教学整体改革实验更加规范、更加深入、更加健康地开展起来。小学语文教学整体改革，不仅在内蒙古自治区各地生根开花，在全国小学语文界也是独树一帜。

1999 年，继“小学语文教学整体改革实验”取得成果后，内蒙古自治区“中学语文整体改革”开始启动，历经十年实验，在全区取得了公认的成绩，也为课程改革奠定了坚实的基础。

五、跨越期（1999—2009）

1. 机构设置与职能

内蒙古自治区教学研究室是自治区教育厅直属事业单位，是承担全区中小学、幼儿园、职业中学、师范学校、教师进修学校和特殊教育教学研究、教学指导和学科业务管理的事业机构，编制 24 人，现有专职教学研究人员 9 人，其中特级教师 4 人，中学高级教师 5 人。下设小学教研部、中学教研部、民族教研部、综合教研部 4 个部室。

2. 教研活动

（1）大力推进课程改革工作

21 世纪之初，自治区教研室把课程改革工作摆在各项工作的首要地位，按照国家和自治区的统一部署，积极投身到课程改革的洪流之中，充分发挥了教研室的“研究、指导、管理和服务”功能，做了大量的工作。

2003年年初，在对内蒙古自治区级课程改革实验区进行调研指导的基础上，自治区教研室完成了对内蒙古自治区级课程改革实验区课程改革工作调研报告《东风吹来满眼春》，发表在《内蒙古教育》（课改专刊）2003年第1期，并在内教办函〔2003〕17号转发，对全区课程改革的成绩、问题进行了总结，对课程改革的进一步发展进行了深入的思考。

2003—2009年，自治区教研室参加教育部组织的国家级学科培训，并协助各实验区对教师进行了各种形式的培训指导。分别完成对区级、盟市级实验区教师的全员培训和对各盟市教师进行的课程改革通识培训与学科课程标准的培训工作。

自治区教研室采取集体或分学科形式，赴各地普遍开展调查研究。各盟市、厂矿教研室经常赴旗县区和学校检查教学，对教师进行面对面的指导。同时，针对不同学科不同阶段任务，采取各种形式培训教师。根据教育部基教司的要求，自治区教研室完成了对中小学各学科《课程标准》的问卷调查和修订报告，并上报教育部基教司。

由自治区教研室牵头，协同自治区教育厅有关处室对自治区课程改革实验区进行评估检查工作，并召开了三次全区课程改革经验现场会。自治区教研室和各地教研室紧密配合，先后推广过多种先进的教学方法，如小学语文的“提前识字、注音读写”，中学教学的“自学辅导”，中学外语的“听说领先、读写跟上、阶段侧重”，以及“六课型单元教学法”、“愉快教学法”、物理教学“STS”、化学“微型实验”等，对改进教学方法和提高教学质量发挥了重要作用。

（2）开展课程教材建设工作

2000—2010年，自治区教研室先后编写了《内蒙古小学音乐乡土课本》《内蒙古乡土生物》等地方教材、《趣味数学》等补充教材，中小学各科《学习指导书》、高中三年级和初中三年级《综合练习》等学生辅助用书，以及中小学主要学科的《假期作业》，共计100余种。内蒙古自治区内外出版社出版了自治区教研室教研员的著作《小学语言教学探索》《语音教学》《新编俄汉双解教学辞典》《中学化学实验》《几何解题八法》等。组织审查了自治区中小学用书《民族教育读本》；小学城市版、农村版《劳动》；初中、普通高中城市版和农村版《劳动技术》等。编写出版了地方教材《内蒙古地理》《内蒙古历史与文化》，九年义务教育综合实践活动教材《研究性学习指导》《中（小）学生安全教育》《生命教育》《双语诵读经典》等。

（3）开展教师队伍建设工作

近年来，内蒙古自治区校本教研工作的扎实推进，进一步促进了校本教研机制、制度的形成，为新课程改革的顺利实施、促进教师专业成长和教学质量的提高奠定了坚实的基础。

2005年，自治区教研室制定颁发了《关于加强校本教研制度建设的指导意见》，提出了具体的目标要求和从课例入手、校长负责、抓好典型、扶持农村牧区、明确责任、表彰奖励等主要举措。

各级教研员还撰写了不少见解独到的论文，发表在区内外教学刊物上。

（4）开展教育科学课题研究工作

2007年，自治区教研室组织开展了各学科具有针对性的问题研究，引领教研方向，落实有效的解决实际问题的教学策略。申请了全国教育科学“十一五”规划教育部规划课题“新课程背景下的学科课堂教学改革研究”，奏响全区教学研究工作的主旋律。

（5）开展民族教育教学工作

2003年，内蒙古自治区全面启动蒙语授课中小学新课程改革实验，区内各级教研室对蒙语课程改革实验区教师进行了多种形式的培训指导。为全面加强“双语”“三语”教学工作，教研员认真贯彻执行党和国家的教育方针和民族教育政策，按照自治区教育厅“把学习和掌握母语作为基本要求，把学习运用汉语作为必备素质，把学习使用外语作为一项发展能力”的要求，深入农牧区听课，指导蒙语教学，努力培养适应国家及自治区经济建设和社会发展需要的蒙汉兼通的人才。

2004年，全国八省区蒙语文工作协作小组办公室与内蒙古教育厅在内蒙古锡林郭勒盟举办了“首届八省区蒙古语授课小学中青年教师创新课教学观摩展示活动”。作为此项活动的倡导者、组织者和主要承办单位，内蒙古自治区教研室认真策划和精心组织，确保了活动取得圆满成功，在协作省区产生了非常积极的影响，深受广大蒙古族教师的欢迎。大家一致认为，此项活动为八省区之间教育教学合作与交流增添了新内容，是互相学习、共同提高的好机会，也为奋斗在民族教育一线的广大中青年教师提供了施展才华的平台、学习交流的机会，为教师提供了提高业务素质、促进专业发展的良机，为民族地区教师队伍的建设、教育教学质量的提高都起到了一定的推动作用。此项活动现已基本制度化，到目前为止，分别在内蒙古、辽宁、青海和吉林等协作省区中学、小学各举办了三届活动，每次活动都深受蒙古族中小学教师欢迎。

2007年，分布在内蒙古农村牧区的小学规模由原来的100人左右，扩大到了300人左右；初中规模由300人左右达到了800多人，并且正在向1500—2000人的合理规模进一步发展。寄宿制学校建设、农村牧区中小学危房改造和远程教育网络建设工程成效显著，农村牧区义务教育阶段学生的学杂费全部免除，使将近60万草原孩子走出面临失学、辍学的尴尬处境，提前完成了“两基”达标任务。

（6）开展教研室建设工作

基础教育领域的课程改革给教研室带来了新的机遇和新的挑战。自治区教研室围绕基础教育中心工作，坚持继承、发展、创新、适应方针，以“三个坚持”为核心，以“三个突出”为重点，以“三个落实”为抓手，整体推进全区教研工作的扎实开展。

“三个坚持”，即坚持课程改革实施，坚持学科教学研究，坚持校本教研推进。坚持课程改革实施，就是紧紧抓住新课程改革理念与教学实践操作的有机结合不放，在学科教学实践中充分体现新课程理念，开展丰富多彩的教研活动，引领课程改革实施向操作层次纵深发展。坚持学科教学研究，就是根据中小学学科特点，在课程的教法和学法上探索适合内蒙古自治区实际的教学模式。

“三个突出”，就是突出教研室职能作用的发挥，突出教研团队的教研力建设，突出教研工作机制的建立。突出教研室职能作用的发挥，就是按照自治区出台的《关于进一步加强和改进基础教育教研工作的意见》，充分履行职责并指导盟市、旗县教研室找准工作位置，突出教学研究主旋律，确立教研室为巩固“两基”成果、提高教学质量服务的宗旨，更加扎实推进教学改革和素质教育的深入推进。突出教研团队的教研力建设，就是把教研员的主要精力引导到学科教学研究上，引领三级教研队伍凝聚学科带头人的力量，共同打造一支有较强战斗力的教研团队。突出教研工作机制的建立，就是在教研工作运行的章法上，紧紧围绕教育行政部门制定的教学管理政策，行使教学研究事权，形成上下贯通、左右协调的教研工作机制。

“三个落实”，即以自治区人民政府教育督导团的名义，对盟市、旗县教研室进行督导评估，大幅度地加强教研室的基础建设，明显地改善教研室的办公条件，进一步增强教科研机构在推动素质教育中不可替代的重要作用，真正落实教研室的职能、地位和条件保障。

2000 年，为加强各级教研室的建设，自治区教育厅下发了对全区教学研究部门进行教学研究评估的通知，自治区教研室制定了《评估细则》。

2001 年，自治区教研室依据自治区教育厅的安排，组织各盟市教研部门，严格按照《内蒙古自治区教学研究部门教学研究评估细则》，确定表彰了 38 个先进教研室，有力推进了教研机构的建设。

2006 年，自治区教研室通过旗县自查、盟市复查和自治区教研室抽查，对 2001 年评的教研室和 2005 年新推荐的教研室进行严格检查评估，确定了符合先进的盟市教研室 8 个，旗县教研室 59 个。

进入新的历史时期，随着社会的进步、市场经济体制的确立，以及课程改革的实施，内蒙古自治区的基础教育，尤其是民族基础教育面临许多新的挑战。自治区教研室将抓住西部大开发和建设社会主义新农村新牧区的有利时机，更加注重教育观念的更新，更加注重教师教学实际问题的解决，更加注重有效教学策略的研究，为内蒙古基础教育教师专业素养的提升和教学质量的提高，为基础教育的改革和发展，作出不懈的努力。

（田万隆 撰稿，王利生 审阅）

历经坎坷谋发展　矢志不渝谱新篇

——辽宁省基础教育教研工作的历史与发展

时光荏苒，岁月如梭。在共和国成立60周年之际，辽宁省教研工作也迎来54周年华诞。54年来，无论教育形势如何变化，无论教研机构怎样设置，工作多么坎坷，一代又一代的辽宁教研人矢志不渝，励精图治，构建了“研训一体，管训结合”的工作模式，抒写了教研工作的新篇章。

一、历经坎坷，探索教研发展之路

1. 教研工作的启蒙创建（1949—1976）

新中国成立的前5年，辽宁省没有独立的教研机构，教研工作由教育行政部门负责基础教育的处室代管。1955年，辽宁省教育厅在内部设立教研机构，负责中小学教学的正常化调查研究，教材教法研究和教学指导工作。

1957年10月，辽宁省教师进修学院在辽宁省教育厅中小学教研室和辽宁省速成师范专科学校的基础上正式成立。下设语文、数学、理化、生物、外语、史地、小学、幼儿、朝汉语等12个教研室，1960年增设教材编审室。学院作为辽宁省教育厅的“助手”“参谋部”和教育教学的研究机构，主要负责检查和指导中小学教学工作，总结推广先进教学经验，编写教材和教学参考资料，短期培训在职骨干教师。

“文化大革命”期间，由于教育事业遭受严重干扰和破坏，辽宁省中小学师资质量处于新中国成立以来最低时期，教研工作几乎全部瘫痪。

2. 教研工作的全面恢复（1977—1983）

1977年7月，为了尽快挽回“文化大革命”对教育事业造成的损失，提高学校干部和教师的政治业务水平，中共辽宁省教育局委员会向辽宁省委、省政府呈送《关于成立辽宁教育学院的请示报告》。

1977 年 8 月，辽宁省编制委员会下发《关于成立辽宁教育学院的批复》，指出“为适应学校大治快上，不断提高教育质量，提高学校干部和教师政治业务水平的需要，经省委研究决定成立辽宁教育学院”。学院作为辽宁省教育局所属的事业单位，下设干部培训、函授进修、教学研究和教育科研等 8 个部门，为辽宁省教研工作的全面恢复，创造了条件。

1981 年 10 月，《辽宁教育学院暂行工作条例》明确提出，辽宁教育学院的主要任务是“培训中等学校、师范学校和县（区）教育局的领导干部；对不足大学本科毕业程度的高中教师进行函授教育；研究中小学、幼儿、民族、职业和业余教育的教材和教法，提高教学质量，研究和推广现代化教育手段”，教研工作得到了进一步加强。

3. 教研工作的新发展（1984—2002）

1984 年，辽宁教育学院分别设立小学教研部和中学教研部，扩大了教研队伍，使教研工作全面开展起来。组织多学科的教材编写和实验，开展教学检查、指导和评估，总结推广先进的教改经验，积极推进辽宁省中小学的课程改革、教学方法和考试方法的改革。

1986 年 11 月，经辽宁省政府批准，辽宁教育行政学院同辽宁教育学院合署办公，核定全院总编制 881 人，中层机构增加到 30 个，为学院今后的发展和建设奠定了基础。

1987 年 8 月，辽宁省人民政府转发了辽宁省教育厅《关于加强教育学院建设的意见》，其中明确提出“我省教育学院应成为师训、干训基地和教学、资料、实验、电化教育、教育科学研究中心”，“当前的主要任务是使文化程度没有达到国家要求标准的中学在职教师，通过各种形式培训，取得教师专业合格证书或国家要求的学历标准；有计划地分期分批培训教育行政干部，切实加强中、小学教育、教学研究，提高教育教学质量。长远任务则是负责教师队伍、教育行政干部的终身教育，更新他们的文化科学知识，增强他们的业务能力，不断提高普通教育事业的质量”。

1993 年 3 月，辽宁省教委制定的《关于加强辽宁教育学院建设的几点意见》明确指出，今后一个时期内的主要任务是“集中力量把自己办成全省的师训中心、干训中心、教研中心。同时，还要继续发挥在电化教育、信息资料、教育改革实验、教育科研等方面为普通教育和职业教育服务的多种功能”。

1996 年以来，辽宁教育学院转变观念、深化改革，构建“研训一体、管训结合”的办学模式，对机构进行了调整，设中层部门 36 个，附属机构 3 个。为加强师资队伍建设和教育科研工作，实行了教职工、干部的聘任制，组建了省、市、县（区）和学校的研训工作网络，把工作重心转移到以提高中小学教师和干部的政治素质、教学能力和管理水平上来，积极发挥学院在为基础教育和职业技术教育服务方面的“基地”“龙头”和“指导中心”的作用。辽宁省政府文件（辽政办〔2001〕42 号）中对辽宁教育学院的工作给予了高度肯定，“辽宁教育学院经过多年的办学实践，构建了独具特色的‘研训一体、管训结合’的中小学教师和校长培训模式，建立起由省、市、县三级培训院校和教师任职组成的教研和培训网络，较好地实现了辽政发〔1996〕2 号文件提出的办成全省中小学教师进修提高、教学研究与实验以及在校长培训等方面具有业务指导作用的教育中心的要求”。

1977—2001 年，辽宁教育学院紧紧围绕全省的教育发展战略，结合全省的教育实际，加大应用研究力度。通过多项活动发现典型，总结经验，培养了魏书生、冯振飞、欧阳黛娜、李传成等一批国内外知名的教育家，培养了李兰芬、田冬等 200 名基础教育教学拔尖人才，为基础教育及职业教育的发展作出了应有的贡献。

4. 教研工作的新模式（2002—2009）

2002 年 3 月，教育部下发《关于同意沈阳师范学院、辽宁教育学院合并组建沈阳师范大学的通知》（教发函〔2002〕62 号），正式批准组建沈阳师范大学，同时撤销沈阳师范学院和辽宁教育学院的建制。

根据辽政办〔2001〕42 号文件精神，辽宁教育学院撤销后，在原辽宁教育学院的基础上成立辽宁省基础教育教研培训中心，并仍保留辽宁教育行政学院的牌子。其工作性质和任务是："负责全省中小学（包括学前教育）教学研究、教改实验"；"负责全省中小学（包括学前教育）教材教法的研究与实验"；"承担全省中小学（包括幼儿园）省级骨干教师的培训任务"；"负责全省中小学教师（包括幼儿园）、职业高中教师和教师进修院校教师继续教育的组织和实施及业务指导和管理""负责全省中小学校长培训和教育行政干部培训工作"。

2002 年 4 月，辽宁省基础教育教研培训中心（以下简称省教研培训中心）挂牌成立，隶属于沈阳师范大学，业务工作受沈阳师范大学和辽宁省教育厅的领导，其工作性质和任务相对不变，并增加了教研部门参与学校师范生职前培养的工作职能，构建了沈阳师范大学教师教育"职前培养与职后培训一体化"的办学特色。

二、矢志不渝，谱写教研工作新篇章

2002 年以来，省教研培训中心按照辽宁省教育厅和学校的工作部署，紧密围绕"深化课程改革、推进素质教育、提高教育质量、关注农村教育、促进教育均衡发展"的工作主线；采用"依托行政部门，强化自身建设，创新研训方式，服务基础教育"的工作策略；充分发挥"研训一体、教研科研相融合、培养培训相衔接"的工作优势，坚持开拓、务实、改革、创新的精神，秉承"做好教育厅的参谋和助手"的理念，为辽宁省基础教育的科学发展提供有效的专业支持，取得了丰富的经验和丰硕的成果。

1. 深入研究，科学规划，搞好基础教育课程改革

2001 年秋季起，大连市作为全国 38 个国家级课程改革实验区之一，开始了义务教育课程改革实验。省教研培训中心本着"政府主导、区域推进、分类指导、全面推广"的原则，全过程、全方位地投入到课程改革实验，发挥了研究、指导、引领和服务的作用。

2002 年 9 月，辽宁省第一批 25 个县（市、区）、1439 所学校、7254 名教师、20 多万名学生进入义务教育课程改革实验。到 2004 年秋季开学，全省义务教育阶段的起始年级全部实施课程改革实验，比全国的总体进程提前了一年。

2006 年秋季，辽宁全省 476 所普通高中的起始年级全部实施课程改革，首届毕业生

于2009年6月平稳顺利通过高考，社会反响良好，为深入推进高中课程改革打下了坚实的基础。

8年来，省教研培训中心以教师培训为基础，以项目研究为牵动，以教学研究为推力，以课堂教学为载体，以评价制度为导向，全面推进素质教育，在辽宁省基础教育课程改革中起到了不可替代的作用。

（1）研制政策，推进课程改革

在广泛调研的基础上，省教研培训中心研究制定了全省基础教育课程改革的一系列政策文件，保障课程改革有章可循。如，《关于推进基础教育课程改革的实施意见》《义务教育课程实验方案》《义务教育地方课程实施方案》《义务教育阶段综合素质评价方案》《普通高中课程改革方案》《普通高中选修课开设指导意见》《普通高中校本课程开发与实施工作方案》等。还围绕课程改革的重点，通过教材比较、学科指导、教学管理、学生选课指导、课程资源开发、校本教研、发展性评价、高考改革8个项目组的专项研究工作，保证所制定的配套文件对顺利实施普通高中课程改革起到促进作用。

（2）强化指导，全面落实课程方案

教研人员深入开展教材比较研究，为教育部课程标准修订工作提供相关的建议。在指导学校合理安排课程设置，确保开足开全国家课程的同时，加强对地方课程和学校课程的研究与指导。省教研培训中心先后系统地开发了省情教育《魅力辽宁》、安全教育、生命教育、民族常识教育、环境教育、国际理解教育等专题的地方课程，构建了完善的农村“绿色证书”课程，指导学校开发各具特色的校本课程，实现了国家、地方、学校三级课程协调发展。其间，对蒙古语、朝鲜语教材进行的翻译工作，为少数民族学校课程改革奠定了基础。

（3）加强调研，推动课程改革健康发展

课程改革实施以来，省教研培训中心每年都组成专题调研组，围绕课程改革中遇到的重点、热点、难点等共性问题开展一次专题调研活动。如，教材使用、课堂教学、综合素质评价、地方课程实施、质量监测、教师培训需求等，调查遍及全省各地。

通过这些考察和调研活动，全面掌握了辽宁省课程改革工作的进展情况，总结了各地的经验，发现了一批先进典型。也找出了全省各地在课程改革过程中存在的问题和原因，寻找到了解决问题的对策建议，形成了全面、系统的调研报告，为省教育厅决策提供了思路和参考建议。

为推进课程改革的实施，辽宁省先后召开了课程改革、教师培训的现场会，课堂教学、校本教研的观摩研讨会，以及普通高中综合素质评价工作会和义务教育课程改革总结表彰会等专题会议，及时总结和推广各地的成功经验，及时化解学校遇到的困惑和问题，推动了课程改革的健康发展。为了表彰省教研培训中心在课程改革中所作出的突出贡献，辽宁省教育厅授予省教研培训中心课程改革实验工作突出贡献奖和先进集体称号，有13名同志被评为课程改革实验工作先进个人。

2. 聚焦课堂，改进方式，深入开展教学研究工作

省教研培训中心加强对课堂教学的研究和指导，努力提高教师的教学能力和水平。通过对各种教学方式的比较研究，引导教师逐步走向由形式模仿到主动探究、构建自己的教学，形成自己的风格。通过对提高学生学习能力的策略指导，带领教师把教学变成师生互动的过程，构建民主和谐的课堂，培养教师终身学习的愿望和能力。

制定了《学科课堂教学评价标准》《学科教学指导意见》等指导性文件，开展了课堂教学观摩和青年教师基本功大赛，还指导省内各地教研部门适时推出了适合课程改革的课堂教学模式。如，盘锦市的“三段六步”模式，铁岭市的“以问题为中心的教学设计”模式，凤城六中的“分组联动、和谐高效”模式，沈阳140中学的“讲学篇”模式等，为教学改革提供了生动范例。

协助辽宁省教育厅召开了全省“普通高中课程改革工作经验交流现场会”和“初中课堂教学改革研讨会”，充分发挥了典型学校的示范作用。并将凤城六中、鞍山市第27中学、辽河油田兴隆台一中、大连76中学、营口鲅鱼圈实验中学等学校的典型经验推荐到全国初中新课程课堂教学改革经验研讨会上展示交流，进一步扩大了辽宁省课程改革在全国的影响力。

3. 关注学生，注重质量，完善课程教学评价体系

（1）深入开展“两考”研究

2004年，为积极探索新课程背景下的中考考试评价改革，省教研培训中心研究起草了《关于2004年初中毕业升学考试工作的指导意见》。在辽宁省全省实行初中生学业成绩与综合素质评价相结合的方式，改革高中招生录取办法，实施指标到校、保送生、宏志生等多元录取方式。为稳步推进高考综合改革，省教研培训中心全面参与了辽宁省“3（语文、数学、外语）+小综合（文综合或理综合）+学业水平考试+综合素质评价”的高考综合改革方案的研制工作。这一方案经过2009年高考的检验证明，符合普通高中课程改革的理念与辽宁省的实际。

（2）积极参与考试命题研究

1995—2003年，辽宁教育学院连续9年参加中考命题工作，负责起草中考指导意见、编写各学科考试说明和命制中考试题，出色地完成了各项任务，受到社会的认可和教育厅的好评。每年的中考结束后，各学科都及时进行试卷分析，对下一年的中考命题工作提出意见和建议，并上报有关部门，多次受到各级领导的肯定和表扬。从2004年起，辽宁省教育厅下放中考管理权限，改全省统考为各市自行组织。省教研培训中心起草了《辽宁省初中毕业生学业考试指导意见》《中考命题工作规程》，提交了《关于全省统一编写初中毕业生学业考试说明的建议》《关于建立中考命题人员资格制度的指导意见》，加强了试卷分析评价研究，举办了4期共3000人次的命题研修班，进一步加强了中考改革的管理和考试命题队伍建设，提高了考试命题的科学化和专业化水平。

1990—2007年，省教研培训中心按照辽宁省教育厅的有关要求，多次协助辽宁省招考办成功地组织了高中“反向小综合”会考命题工作，组织召开了形式多样的研讨总结会，完成各学科会考试卷分析报告并提出了改进意见和建议。2006年以来，研究制定了《辽宁省普通高中学业水平测试办法》，起草了测试的实施方案，为全省普通高中学业水平测试工作的开展做了充分的准备。

近几年来，教研中心的语文、数学、外语、蒙古语、朝鲜语等研训部和有关学科参加了高考命题和审题工作，受到了辽宁省教育厅领导的好评。

（3）做好综合素质评价工作

省教研培训中心协助辽宁省教育厅下发了普通高中学生和义务教育阶段学生的《综合素质评价方案（试行）》，组织研究力量开发了《辽宁省学生综合素质评价手册》，为规范普通高中的学分认定与管理，加强教学诊断与反馈，全面落实新课程方案，推进招生考试与评价制度改革奠定了良好的基础。通过全省普通高中校长会议，全面落实综合素质评价工作，保证了评价的真实性、严肃性和公正性。

（4）探索建立学业质量监测工作机制

辽宁省最先与教育部项目组合作探索学业质量监测工作机制，并率先在全省开展了中小学学业质量监测研究。这项工作不仅全面监测了辽宁省义务教育学业的质量情况，形成了《辽宁省义务教育质量分析报告》，也为这个项目在全国推广积累了经验。特别是辽宁省大连市的工作走在了全国的前列，大连市义务教育学生学习质量监测的经验和做法在全国基础教育课程改革经验交流会上作了大会交流。

4. 支援农村，扶持薄弱，促进城乡教育均衡发展

（1）开展支援农村贫困地区教育的专项活动

组织各个学科 300 余人次深入西丰县、义县、清原县、阜蒙县红帽子乡、北票东官营乡、昌图县双庙子镇等地进行教育扶贫活动。教研员以专题报告、示范课等形式宣讲课程改革和校本教研制度等内容，贯彻落实国家和辽宁省教育厅有关课程改革的精神，积极为提高农村义务教育教学质量献计献策，推进农村义务教育的改革和发展，受到当地学校和教师的一致称赞。

（2）开展农村远程教育教学资源建设活动

按照辽宁省教育厅的部署，2006 年组织义务教育阶段 16 个学科开展了“农村中小学现代远程教育工程”教学光盘资源建设工作，各个学科教研组提交了切实可行的课程资源建设意见，为提高农村义务教育课程改革实施的水平提供了重要参考。

（3）开展“空中课堂”“空中家教”活动

为实现优质教育资源的城乡共享，辽宁省教育厅联合辽宁省广播电视媒体启动了“空中课堂”“空中家教”节目录制工作。省教研培训中心组织全省 100 多名杰出教师，历时 3 个多月拍摄了 500 余节课，编写了与课堂同步的文本教材。从各地反馈的情况看，“空中课堂”和“空中家教”工作进展情况和社会反响非常好，受到全省中小学师生的普遍欢迎。

（4）开展义务教育精品课例建设活动

2009 年，省教研培训中心配合省委文化信息资源共享工程，开发精品课例，相继制定了省精品课例建设的《工作方案》《学科指导方案》《教师遴选方案》《教师培训方案》。相关学科教研员全员参与，开展了授课教师的遴选、培训和教学指导活动。仅 3 个月时间，就指导中小学 9 个学科录制精品课 634 节，改编精品课 400 节，形成了完整的课程说明。该项工作得到了辽宁省委、省教育厅的高度评价：精品课例建设是实现优质教育资源城乡共享，缩小城乡差别，惠及农村教育的一项基础工程；是维护教育公平，减轻中小学过重的课业负担，全面实施素质教育的一项重要举措；是树立辽宁名师，打造精品课堂，提升辽宁教育影响力的有效途径。

（5）开展农村学校专项调研活动

省教研培训中心先后派出20多人到本溪市桓仁满族自治县、朝阳市北票区对义务教育阶段农村学校进行专题调研，全面了解九年一贯制（农村寄宿制）学校的办学情况，帮助学校分析解决教学中遇到的问题，向辽宁省教育厅提交了《加强和改进学校教学工作的建议》。

5. 完善机制，创新教研，推动课程改革深入发展

（1）“研训一体、管训结合”，有效地促进教师专业成长

基础教育课程改革中最重要、最基本、最经常的工作是教师培训和教学研究，课程实施中，这两项工作密不可分。辽宁省按照“研训一体、管训结合”的模式组建了各市教师进修院校，实现了教研机构和培训机构一体化。通过教研活动了解中小学教师教育教学水平现状，根据教师的岗位需要确定培训内容、形式和方法；通过培训，达到促进教师专业成长、提高教师群体素质、提高教育教学质量的目的，这种模式被概括为“从教研中取来，用师训方式送去”。也就是研中有训，训中有研，教研中的问题在培训中得到及时解决，培训的成果快捷运用于教研之中，二者成为统一的整体。“研训一体”模式极大地促进了中小学教师培训和教学研究工作的开展。在新课程改革实验中，辽宁省充分利用省、市、县（区）、校四级研训网络，以新课程为载体，顺畅有效地开展了新课程管理者、培训者和实验教师的培训，实施了教研指导，保证了新课程实验的顺利开展。

（2）下移教研重心，引领课程改革不断深化

按照“抓重点、抓综合、抓团队”的工作思路，省教研培训中心把原来按照学科设置部门调整为按学段设置部门，成立了新课程学科专业指导组，构建起新课程实施的省级专业支持体系，保证教研员在教研和培训方面的核心及引领作用。教研部门转变工作方式、增强服务意识，深入学校、教研组和课堂进行研究和指导课程改革工作，不断拓展教研工作内容，着重解决课程改革中带有普遍性、方向性的问题，紧密围绕课程改革中遇到的热点、难点问题开展专项研究。

（3）区域推进，加强以校为本的教学研究制度建设

辽宁省积极发挥4个国家级校本教研基地的引领作用，推进以校为本的教学研究制度建设和基地建设，形成了联片教研、区域协作的教研协作机制，通过送教下乡、专题论坛、教学观摩、课程改革开放周等活动，推动课程改革不断深入。

2003年年底，在“全国基础教育课程改革座谈会”上，辽宁省“发挥教研作用，促进教师专业成长”的经验，得到时任教育部副部长王湛的充分肯定。2004年，时任教育部基础教育司课程处沈白榆处长莅临“辽宁省中小学建立校本教研制度经验交流会”，观摩了沈阳市和平区和沈河区现场，充分肯定了辽宁省的研训工作。

6. 面向全国，立足本省，搞好课程资源开发建设

省教研培训中心开发的国家标准教材有《音乐》《美术》《思想品德》《英语》，研究制定了省情教育和专题教育地方课程纲要，开发了相应的地方课程教材、学前教育的

教材和学具、与新课程配套的教学辅助用书（练习册、实验报告册、地理历史图册）等。还利用基础教育教研网，开发出了一系列的学科课程资源，满足了全省中小学（幼儿园）课堂教学的需要。

7. 统筹规划，注重实效，提高教师专业培训水平

作为省级培训基地，省教研培训中心以中小学教师继续教育制度化建设为保障，以课程改革管理者、骨干教师、培训者、研训教师、农村骨干教师等培训为切入点，全面完成了以课程改革为核心的中小学教师继续教育工作，为辽宁省稳步推进课程改革奠定了扎实的师资基础。

（1）加强教师继续教育制度化建设

“十五”初期，省教研培训中心起草了辽宁省《贯彻〈中小学教师继续教育规定〉实施办法》和“十五”期间中小学教师继续教育的《岗位培训纲要》《学分管理和课程考核办法》等相关的制度性文件，统一规划、部署、指导和检查，规范了管理。为保障全省中小学教师各项培训工作的顺利实施，又相继起草出台了与农村中小学教师素质提高工程和“十一五”教师培训工作相配套的一系列计划方案及指导意见等规范性文件，为全面启动、实施辽宁省各级各类培训工作提供了必要的政策依据。

（2）开展系列化的教师培训工作

根据辽宁省教育厅制订的“1123”园丁计划，“十五”期间培训中小学骨干教师3500人，培训农村骨干教师2300人。2008年年底，培训“十一五”省级骨干教师3300人。分两批组织实施了中小学骨干教师拔尖人才培训，首批55人面向全省教师，第二批105人面向农村教师。通过培训，省级骨干教师在培训、科研、教研、教学工作中凸显出理论与实践优势，发挥出示范带动作用。

辽宁省采取逐年推进的策略，完成对英语、信息技术、民族教育、特殊教育及班主任等3000余人的专项培训。随着义务教育和高中课程改革的相继启动，为全省各市培训管理者850余人、骨干培训者1.24万人、高中学科骨干教师1.7万余人，在课程改革启动阶段发挥了重要作用。

2003年以来，辽宁省相继启动了“一所村小一名大学生计划”“万名乡镇初中骨干教师本科学历提高计划”，有1.1万农村中小学教师进入学历教育行列，3万多农村、贫困、民族地区教师参加了多种形式的课程改革后续培训，加快了提升辽宁省农村、薄弱地区中小学教师素质的步伐。

省教研培训中心坚持逐年推进“骨干研训教师高级研修计划”，两次对辽宁省6500余名研训教师开展全员培训，陆续在上海、北京、延边、内蒙古、海南、江苏等地组织910人参加高级研修活动，为建设一支精干、稳定的培训、科研、指导队伍打下良好的基础。同时，逐年推进“对口支援青海省骨干教师培训计划”，累计培训青海省中小学骨干教师600余人，为支援西部地区加强中小学教师队伍建设发挥了积极作用。

三、继往开来，谋求科学和谐发展

辽宁省“研训一体、管训结合”的研训工作模式，增强了中小学（幼儿园）教师

培训和教学研究工作的针对性，有效地促进了教师的专业成长。面对当前基础教育改革与发展的新形势，满足高水平、高质量教育内涵发展的新需要，实现辽宁建设教育强省的宏伟目标，迫切需要对研训工作进行梳理和思考。

1. 励精图治，加强队伍建设

省教研培训中心目前设置在沈阳师范大学内，是相对独立的专门业务机构，人、财、物等归学校统一管理，业务工作受辽宁省教育厅的直接领导，工作上具有相对的独立性，这种模式为全国独有。如何做好自身的职能定位，处理好全省研训工作和师范大学改革发展以及全省基础教育改革发展的关系，是省教研培训中心面临的一个新的课题。

由于教研工作对促进基础教育内涵发展和教学质量的提高具有不可替代的作用，因此，教研队伍应该是一支独立的、不可替代的专业力量。教研机构的设置应该有利于教研工作的实际需要，必须与地方教育行政部门密切配合，才能更好地履行工作职责。因此，不管机构如何设置，不管面临多大困难，教研工作者都要高举中小学（幼儿园）教学研究的旗帜，秉承“大力推进制度创新，积极营造研训文化，充分发挥专业引领，全面服务基础教育”的工作思路，进一步加强教研机构和教研员队伍的建设，做到有为有位，实现新的发展。

2. 放眼全局，服务基础教育

随着素质教育的全面推进，基础教育课程改革的不断深化，社会各界和教育内部对教研工作提出了更高的要求。教研部门必须解放思想、转变观念，摒弃学科局限，放眼基础教育的大局，紧密围绕深化课程改革、促进教育均衡发展、提高教育教学质量、促进教师队伍素质整体提升、促进学生全面和谐发展等方面开展深入研究。

一要围绕深化课程改革，开展课程和教材的分析与研究，加强对地方课程、学校课程的指导与研究，促进三级课程的规范发展。

二要围绕提升教师专业素质，开展新一轮专题培训，加大对农村教师的培训力度，进一步转变教师的思想观念，不断提高教师实施新课程的能力和水平。

三要围绕促进学生全面和谐发展，完善综合素质评价的科学方法和基本程序，使综合素质评价成为学校常规管理制度的基本内容和教师的岗位职责。加强对中考改革方案的评估和指导。深入开展高考改革研究，探索分类考试、自主招生、多元录取的新机制，积极引导学校重视学生全面素质的培养。

四要围绕深化人才培养模式改革，深入研究教学规律和学生认知规律，着力培养学生的创新精神和实践能力。以“轻负担、高质量”为目标，推进学校的内涵建设，推进高中选修课的多样化，促进学生个性的充分发展和优秀学生的脱颖而出。

五要围绕促进均衡发展，提高农村基础教育质量。加大对农村课程改革和农村九年一贯制学校工作的指导支持力度，运用信息化的手段和方式引入优质教育资源，实现农村教育的跨越式发展。

六要围绕学业质量监测工作，逐步形成制度化的中小学教学水平评估机制，引导各地和学校将工作重点转移到关注内涵式发展和提高教育质量上来。逐步在全省建立健全中小学生学业质量分析和反馈指导系统。

展望未来，省教研培训中心要进一步履行教研机构的基本职责，充分发挥“研训一体、管训结合”工作机制的优势，改进和加强教研工作，努力探索教研工作的新途径，为实现辽宁教育强省的奋斗目标，为辽宁教育的科学发展作出新的贡献。

（刘天成 撰稿，关松林 审阅）

殚精竭虑潜心教学研究　继往开来躬身课改实践

——吉林省基础教育教学研究的发展历程

走过了55年的风雨历程，几代吉林教研人奋力拼搏，扎根在白山松水这片热土，潜心教育教学研究，充分发挥研究、指导、服务等职能，努力为提高全省基础教育质量服务，谱写出了吉林教研事业的辉煌篇章。

一、抚今追昔，回眸教研沧桑历程

在半个多世纪的发展历程中，吉林教研创造过辉煌，经历过挫折，走过了艰苦创业、十年浩劫、恢复发展、深化改革、持续发展等几个跌宕起伏的发展阶段。

1. 教研工作的初创（1949—1965）

新中国成立后，在3年经济恢复时期和第一个五年计划期间，吉林省各级政府十分重视教育工作，中小学在校生数量激增，如何提高教育质量是基础教育面临的主要问题。

1954年8月，吉林省教育厅按东北区各省、市教育厅、局人员组成机构及编制表（草案）的规定增设教学研究室，下设政策理论研究组、教学研究组、编辑组，编制20人。主要任务是进行教育教学工作研究，总结推广先进经验，给学校工作以具体指导。以此为标志，吉林省的教研工作逐渐发展起来。

1956年，为适应吉林省教育事业发展的需要，把群众性的教学研究活动在各市、县有效地开展起来，教学研究室以教育厅名义发出《增设市、县教研室工作机构方案的通知》，在全省各市、县先后增设了教研室。

1958年2月，吉林省教师进修学院（吉林省教育学院前身）设教学研究部，与原吉林省教育厅教学研究室进行整合。下设语文教研组、数学教研组、政史地教研组、理化生教研组、外语教研组、小学教研组。这一时期，教学研究部围绕“提高中小学教育质量”这一中心，在教育教学研究以及学制改革试验、教改实验等方面，开展了大量工作。

2. 教研工作的受挫（1966—1979）

1966 年，受“文化大革命”的影响，吉林省教师进修学院教职工按照上级命令带领家属全部下放农村劳动，学院被迫解散，全省的教研工作一度停滞。

1972 年 11 月，为适应“复课闹革命”的需要，吉林省“革命委员会”批转吉林省教育局的报告，重建吉林省教育学院。从农村调回部分教学和教研人员，主要从事中小学各科教材的编写工作，教研工作得到恢复。由于业务人员流失严重，致使教研工作也蒙受巨大损失。

粉碎“四人帮”以后，教学研究工作得到恢复和发展。吉林省教育学院对教研机构进行重新调整，分别设立中学教研室（简称中学部）和小学教研室（简称小学部）。

3. 教研工作的整顿恢复（1980—1989）

1980 年，吉林省教育学院创设民族教研室（简称民族教研部）。1981 年，成立了《教学研究》编辑室。1983 年，吉林省教育学院增设职教部。1988 年，增设综合教研部。

这一时期，教研机构有了较大变化。教研工作的主要任务是拨乱反正，正本清源，恢复和建立正常教学秩序，端正中小学各科教学方向，以课堂教学为中心，狠抓“双基”教学，大力提高中小学教学质量。

4. 教研工作的深化改革（1990—1999）

1992 年，吉林省教委决定以吉林省教育学院教研部门为主体正式成立吉林省教育委员会教学研究室。从此，吉林省教育学院的教研部门又称为教育厅教学研究室。

1996 年，中学部拆分成初中部和高中部。教研的工作重点是以全面提高教育教学质量为中心，狠抓调研和教改工作；提高教学研究的能力和水平，贯彻德育为首、教学为主的原则，深化中小学德育课的改革；着力研究中小学学科教学，提高课堂教学效率；编写多种在全国有特色有影响的教材和教学参考书；开展教改实验，总结推广实验成果和教改典型；提高报刊质量，为全省基础教育教学研究服务。

5. 教研工作的持续发展（2000—2009）

2000 年以来，伴随新一轮课程改革的推进，吉林省教研工作也进入了一个重要的发展阶段。教研部门配合省教育厅积极实施义务教育阶段的课程改革，启动了高中阶段的新课程实验。省级教研工作将重心下移，改革教研方式，增加工作效能，全力支持农村教育发展。省、市、县、片、校多层级立体教研网络构建成型，创造性地发展了以教研教改基地为连接的县域三级教研培训网络。教研制度体系得到不断完善，校本教研制度得以建立，网络教研等新型模式出现，教研工作更加科学、规范，涌现出了一大批以“竭诚奉献农村教育事业的好教师”李元昌为代表的教研先进典型。

2004 年，吉林省教育学院相继成立幼儿教育和特殊教育教研室。到 2009 年，吉林省教育厅教学研究室扩大到 14 个部门，由近百名专任教研员组成的教研队伍中，有博士 11 人，教授 16 人。此外，吉林省教育学会的 24 个专业委员会也设在这里。

55 年来，省教育厅教学研究室坚持为基础教育服务的宗旨，作为重要的业务支撑力量，在全省各级教研部门的大力支持下，不断推进全省教学改革与实验，培养了一批教育教学改革的先进典型，出版了一批优秀的国家教材和地方教材，承担并完成了多项省部级、联合国教科文组织的重大科研项目，为吉林省基础教育的发展作出了贡献。

二、立足省情，加强教材建设与管理

教材在整个课程体系中占有重要的地位，是课程资源的重要组成部分。新教材的研制开发是教研部门的重要职责之一，是课程改革的重要任务，也是课程改革成果的重要表现形式。多年来，吉林省教研部门凭借丰富的编写经验，积极参与教材的开发和编写工作，并积极组织实施面向中小学教师的教材培训。

1. 编写学科教材和用书

进入课程改革以来，小学幼儿教研部积极开发小学各学科和幼儿园教材。先后编写了《九年义务教育活动课程教材》12 册，小学《英语》两套教材 16 册，《语文》国标教材 12 册，已通过国家教育部审定。与北京师范大学出版社合作编写了《数学》实验教材 12 册，《综合实践・生活》课程教材 4 册，《社会》教材 6 册和《幼儿园主题活动》教材 40 册。这些教材的编写，在全省倡导了素质教育思想和新课程理念，培养和锻炼了教材研究和编写队伍，使吉林省小学幼儿教材的研究与开发水平走在了全国先进行列，为今后的教材建设积累了宝贵的经验。

初中部开发的省编国标语文教材，于 2006 年顺利通过教育部专家组的检查验收，获准在全国选用。

综合部先后完成省编《思想品德》《思想政治》《劳动》《劳动技术》《体育》《音乐》和《美术》教材的编写和修订工作。与人民美术出版社和人民音乐出版社合作，编写出版了《美术》《音乐》新课标教材。还修订和编写了小学、初中、高中的《信息技术》教材，《小学体育》1—6 册教材，以及《小学心理健康教育》《初中心理健康教育》《高中心理健康教育》《综合实践活动》《三项专题教育》等系列中小学课堂教学用书。

2. 完善课程结构，开发地方课程

为落实国家三级课程管理，教育厅教学研究室制订、省教育厅下发了《吉林省中小学校本课程开发和实施的指导意见》和《吉林省基础教育地方课程开发和实施的指导意见》等文件。

从 2002 年开始，吉林省教研部门本着以学生发展为本，完善课程结构，注重课程对地方经济和社会发展的适应性，促进学生全面发展等基本指导思想，以“注重体验学习，把学生引向社会生活实际”的理念，开发了独具吉林省特色的地方课程教材《家乡》和《成功训练》，这两套教材已在全省课改实验区试用，取得了成功经验。

3. 加强教材的审定与管理

为加强对教材审定工作的领导，吉林省教育学院重新成立了吉林省中小学教材审定委员会，制定了《吉林省中小学教材审定委员会工作章程》和《吉林省中小学教材审定暂行管理办法》等法规文件，使教材审定有章可循，有法可依。

为建立规范有序、公正透明、民主科学的教材选用机制，促进基础教育教材的高质量和多样化，确保基础教育新课程实验推广工作的顺利开展，多年来，教材办不断加强对教材的审定与管理。2004 年和 2006 年，通过自查和他查等方式，组织了两次全省教学用书大检查，加强了监督，规范了管理，使教学用书质量明显提高。同时，全面清理教材用书目录，经过两轮审定淘汰，2005 年春季中小学教学推荐选用书仅剩 464 种，保证了教学用书的质量。

2005 年，为进一步加强制度建设，实现教材编、审、发各环节的程序化管理，教材办起草出台了《吉林省中小学教材编写审定管理暂行办法》《吉林省中小学必备教学用书开发管理办法》和《吉林省中小学幼儿园教学用书征订发送管理工作暂行办法》等一系列教材管理的配套文件，使各级管理部门明确了教材各管理环节的规则和程序，教材管理进入了科学、合理、有序的状态。

4. 实施新课程教材培训

吉林省教研部门不但积极参与吉林省教育学院干训、师训部门的骨干校长、培训者和教师新课程培训，各部门自身还积极组织参与新课程教材的师资培训工作。

2004 年以来，小学部共进行了 5 个学科 3000 人的教材培训，初中部完成了 9 个学科 7200 人的教材培训，高中部完成了 8 个学科 34000 人的教材培训，综合部完成了 5 个学科 7000 人的教材培训，民教部完成了 5 个学科 2300 人的教材培训。

三、更新理念，构建多元教研模式

几年来，学院教研部门逐步确立了要深入一线、为基层做好服务的教研理念，倡导新的教研文化，创新教研模式。

1. 实施教研网络建设工程

推广以“教研教改基地校”为中心的县域三级网络教研模式，构建和完善省、市、县、基地、学校互联互通的五级立体教研网络，把最偏远的农村中小学都纳入到教研网络之中。

2. 开展网络教研活动

加强网络建设，大力构建新型教研模式，提高服务基层学校和教师的效率和质量。从 2003 年开始，吉林省教育学院先后投资 160 多万元建设的网络视频培训中心，可与全省 60 个县（市、区）的 100 个视讯点实现视频连接，召开视频会议，为网上送课、培训、研讨、交流等网络教研活动提供了技术平台，基本实现了全省教研指导网络化和教师培训远程化。吉林省教育学院相继建成了“吉林省教育学院网”和“吉林基础教育课程教材教研网”，为基层教师提供丰富的课程资源和有力的专业发展平台，网络远程教育初显成效。如今，教研员可通过视频对话、网上论坛、聊天室、QQ 群、博客等方式，与基层教师进行多元对话，实现有效的专业引领。

2005 年以来，吉林省教育学院教研部门通过远程网络与视频方式，共进行网上送课和网络教研 15 余次，受益面达 60000 人次。

3. 加强校本教研制度的研究与建设

新课改以来，吉林省教育学院各教研部门积极推进全省校本教研制度的建设，总结全省城乡中小学校本教研的经验。

2004 年，小学部认真研究了校本教研的理论，与小学综合课程研究所合作出版了《校本研究与师本研究》一书。在实践上，总结和指导了长春市南关区开展校本教研的经验，并组织召开了“全省小学校本教研现场研讨会”。全省 9 个市（州）、县（区）的教研员和学校代表 300 余人参加了会议。

4. 开展主题教研实验

2007 年 7 月，为使教研工作有载体，增强教研工作的针对性和实效性，促成校本教研、培训、科研的完美整合，吉林省教育学院以县域三级网络为依托，启动了主题教研实验工作。2008 年 7 月，在德惠市召开了首次实验工作现场研讨会。2009 年 7 月，在白山市召开了第二次实验工作现场研讨会，在省内外产生了良好的反响。

5. 启动导师制教研试点工作

2008 年 9 月，吉林省教育学院把导师制引入教研领域，启动导师制教研试点工作。选择桦甸市和抚松县作为试点，试行“导师制教研”制度。这是吉林省为提升教师专业素质的现实需要而创造的一种新型教研模式。

四、重心下移，服务农村基础教育

几年来，吉林省教育学院发挥“研培结合”的优势，将教研工作的重点和关注点下放到基层学校，特别是农村学校。本着促进教育均衡发展、建设和谐教育的原则，切实履行研究、指导、服务职能，为基础教育改革与发展服务。

1. 增强为农村基础教育服务的意识

2004 年和 2005 年，吉林省教育学院都把教研工作的主题确立为“为农村教育服务年”，号召全省教研员深入实际，研究解决农村学校面临的困难和问题。举办了全省“农村课改工作经验交流会”，总结各地在课程改革中取得的典型经验，为全省农村基础教育课程改革的进一步发展打开了思路。

2004 年 8 月，初中部与中国教育学会中学语文教学专业委员会联合，在农安县青山中学召开“全国农村中学语文暨吉林省农村中学语文教育研讨会”。会议分析了全国农村语文教学形势，制定了下一步为农村教育服务的具体措施。这些措施符合吉林省农村教育和教研实际，从整体上提升了农村教师的素质。在这次会议上，吉林省的经验对全国起到了一定的引领作用。

2. 建立教研教改基地

吉林省教育学院教研员李元昌老师针对农村学校教研、师培工作薄弱的现状，积极探索校本教研与校本培训一体化的途径，目前，已在全省 9 个市（州）的 20 多个县，创建了 100 多个“教研教改基地”，涵盖了 350 多所基地校和 25000 名农村教师，形成了县教研部门—教研教改基地—学校的三级教研网络，把农村中小学纳入到教研体系中。目前，以“教研教改基地”为基础构建的县域三级教研网络在全省得到推广。

3. 网上送课

吉林省教育学院各教研部门以远程教育网和互联网为基础，在农村学校的远程教育网络建设条件大大增强的背景下，通过网络视频会议、网络值班、网上送课、网上培训、网上交流研讨等形式，努力实现优质教育资源的共享，提高教研效率和普及程度，让最偏远的农村中小学教师也能“近距离”地接受教研服务。

4. 送教下乡

吉林省教育学院各教研部门还采取“送课下乡”等形式，利用城市优质教育资源培训农村师资，实现城乡教育“手拉手”交流。2003—2009 年，高中部 8 个学科送教下乡 9 次，5600 名教师受益；初中部 8 个学科送教下乡 18 次，12000 名教师受益；小学部 5 个学科送教下乡 15 次，9000 名教师受益；综合部 9 个学科送教下乡 22 次，11000 名教师受益；民教部 8 个学科送教下乡 15 次，5600 名教师受益。《光明日报》《中国教育》和《校长阅刊》等媒体对吉林省教育学院的送教下乡活动进行了报道。

五、强化研究，引领课程改革发展方向

新课改实施以来，教研员主动深入基层，了解和研究课程改革和素质教育发展中的实际问题，强化教育科研，为素质教育发展和基础教育课程改革提供有力的专业引领和理论保障。

1. 开展调查研究，掌握课程改革动态

调研是教研工作的重要方式，是了解课程改革进程，推进课程改革发展的基础和前提。吉林省教育学院各教研部门根据吉林省教育厅的要求，每年都要通过调研和教学质量万里行活动，加强对全省中小学教育教学质量的监测、管理与评估。教研部门紧密围绕省教育厅工作重点，抓住基础教育改革发展的重大问题，通过问卷调查、专题座谈、个别访谈、实际考察等多种方式开展专题调研，为省教育厅提供决策依据。

进入课程改革以来，吉林省教育学院教研部门更加强化研究、指导、服务职能，提高研究质量，要求每位教研员每年完成一篇调研报告，每个学科形成一篇学科年度教学情况发展报告。2008 年和 2009 年，以深入了解学科教学情况为主题，吉林省教育学院教研部门完成了所有学科的年度教学情况报告和学段、类别的教学分析报告。

全体教研员与一线教师走到一起，共同通过调查研究及时发现教研、培训、课程资源开发、课堂教学、教师队伍建设和教材选用等方面存在的问题，为教育决策提供了可靠的依据，也为进一步改进教研工作奠定了基础。2005 年以来，教研室已完成高质量的调研报告 150 余篇。

2. 强化科研意识，营造科研氛围

吉林省教育学院强化教研部门科研意识，鼓励教研员积极探索，不断创新。仅 2006 年一年，获准“十一五”规划国家级重点课题 1 项，省级重点课题 20 项，省高等教育教学改革课题 2 项，省高校科技与社科规划课题 1 项；在重要核心期刊公开发表学术论文 29 篇。2007 年以后，每年都有新突破。

2002 年以来，为提高全省的科研水平，创设优良的科研氛围，鼓励全省一线广大教师对课程改革中的难点、重点问题进行科研攻关，课改办先后组织了两批基础教育课程改革实验研究规划课题的申报与立项工作，资助和管理课题 132 项。2005 年 11 月，吉林省教育厅和省人事厅组织举办全省第二届基础教育教学成果奖评选，活动由教研室

具体承办，对各市（州）和有关单位申报的123项基础教育教学成果进行了综合评审，最终评选出了65项基础教育教学获奖成果。这些成果也为素质教育发展和基础教育课程改革提供了有力的专业支撑和理论保障。

六、发挥专长，做好教育行政部门的参谋助手

教研室从成立之日起，一直是教育行政部门的助手和参谋。长期以来，教研室认真履行“吉林省基础教育政策咨询中心”的职能，紧密围绕全省基础教育工作重点，开展各种调研，撰写调研报告，为教育行政部门有关决策提供参考依据，并直接参与各种政策的制定。

1. 认真履行政策咨询职能

从吉林省进行课程改革实验以来，教研员先后到全省各个实验区进行调研，每到一地都与实验区的领导、师生代表、家长代表进行座谈，收集大量的一手资料，为《吉林省基础教育课程改革规划》的制定和修改提供了许多宝贵意见。

2005年，初中部赴白城市洮北区、扶余县、东丰县、辉南县等课程改革实验区，就初中新课程实施三年来的总体情况和中考评价改革的相关问题进行了专项调研，为全省中考制度改革提供政策建议。同年8月，为全面了解各类中小学素质教育实施的基本情况、主要成绩和存在的突出问题，征求基层对进一步推进素质教育发展的意见和建议，吉林省教育学院教研部门组成了三个调研组，深入到全省7个市（县）进行调查，撰写了《吉林省素质教育发展情况的调研报告》上报教育部。

2006年，高中部分成三个组，分别到全省9个地区进行广泛的调查，为吉林省高中课程改革的启动提供了重要保障。

2007年，学院组织四个调研组，对吉林省基础教育课程改革发展与教师教育状况进行了深入调研。

2. 参与制定各种政策

吉林省基础教育许多政策的起草出台，都有教研室和教研员的直接参与。实施新课改以来，教研员均为课程改革专家组成员，直接参与课程改革相关文件的起草制定，如，《吉林省基础教育课程改革规划》《吉林省九年义务教育课程计划》《吉林省中小学校本课程开发和实施的指导意见》《吉林省基础教育地方课程开发和实施的指导意见》《吉林省普通高中新课程实验方案》《吉林省普通高中新课程学科教学指导意见》《吉林省新课程高考改革方案》《吉林省义务教育教学常规》等。

此外，吉林省教育学院教研部门还常年参与吉林省中考、高中学业水平考试命题和考试评价制度的研究等重要工作，并积极协助省教育厅完成了全省的教育督导、评估和检查等工作。

七、积极运筹，谋划教研未来发展

当前，我国正处于社会经济加快发展的关键时期。优先发展教育，努力促进基础教育均衡发展，已经成为全社会的共识。正在进行的新课改在给教研工作注入新活力的同时，也为教研工作的发展带来了新的挑战。它要求我们继续坚持党和国家的教育方针，

贯彻落实科学发展观，弘扬传统，继往开来，抓住机遇，本着促进教育均衡发展、建设和谐教育的原则，切实履行研究、指导、服务等职能，认真运筹教研工作的未来发展，进一步增强为基础教育服务的能力。

1. 促进基础教育均衡发展

今后一个时期，吉林省的教研工作将以服务农村教育为重心，以深化课程改革为突破口，开拓教研工作的新思路，研究新问题，促进新发展，增强教研工作的实效性。探索推动农村教育发展的新途径，促进基础教育均衡发展。建立支援农村教育教师志愿者协会和农村教师成长发展引领协会，继续开展送教下乡和对口帮扶活动，有效促进农村教师的专业成长，切实提高农村学校的教学质量。继续总结推广李元昌同志农村教研成功经验，优化县域三级教研网络活动方式，加强在农村学校开展主题教研的实验探索。

2. 提升师资队伍整体水平

以实施《吉林省促进中小学教师专业发展行动计划》为契机，高度关注全省18万农村中小学教师的专业发展，切实提高农村学校教学质量。组织农村教师的省市级培训、短缺与薄弱学科培训，建立农村教师义务培训基地校，使农村中小学教师享受优质的教研和培训资源，提高农村教师的综合素质和实际教学能力。加大工作力度，狠抓名师工程，跟踪培养中小学骨干教师和学科带头人，使其尽快成长为在全省乃至全国有影响的教学名师，通过发挥典型教师的示范和引领作用，提升吉林省师资队伍的整体水平。

3. 做好考试评价和教学质量监测工作

开展高质量、有实效的教研活动，改革教学内容和方式。建立和完善对全省教学质量的监控和指导机制，及时了解中小学各学科教学工作现状，有针对性地提出深化各学科教学改革的措施与办法，不断提高中小学教学质量。立足课程改革，开展考试评价制度研究。继续推进小学生学习发展性评价的研究与实验，加强初中生学业水平考试命题研究，推进初中课堂教学评价体系改革。继续推进高中新课程学业水平考试改革，积极研究高考改革趋势，为师生提供专业指导。加强对综合素质评价的研究，研制符合吉林省实际的综合素质评价标准和工作细则，切实减轻学生过重的课业负担，提高学生的综合素质。

4. 开发网络资源，丰富教研内容

加强与国家、省教育厅和市县教育局、进修院校、中小学的联系，建设上连国家基础教育和教师教育核心网站、下接中小学的全方位立体网络，构建反映基础教育与教师教育理论研究和改革发展动态的、丰富的教育资源中心。加强各级教研部门和基层学校的教研系统网络协作，大力开展网络教研，启动吉林省基础教育信息资源库建设。通过广泛的交流与合作，积累优质教育教学资源，用网络把分散的资源组织起来，形成规模效应，共同开发省、市（州）、县（市、区）、校共享的课程资源库。

5. 深化课程改革，促使改革成果化

总结、巩固、扩大义务教育阶段的课程改革阶段性成果，加强经验的总结和理论的提升。继续推进高中新课程实验，做好教材培训等工作，切实解决课程教学问题。以科研、教改项目为依托，及时总结与提升优秀教师、先进学校、先进区域的典型经验和方法，探索提高教学质量的有效途径。

抚今追昔，55 年来，吉林省教育厅教研室在教学研究、教学指导、教学评价、教改实验、课程与教材建设以及教学质量的监测等方面发挥着不可或缺的作用。特别是进入新一轮课程改革以来，教研室在协助教育行政部门制定实验规划、实验过程调研及评估、协助课程管理、开展新课程师资培训及课堂教学指导等方面承担了大量细致的业务工作，为保证新课程实验能在全省顺利推开和健康、稳定地发展作出了巨大贡献。这其中凝聚着几代教研人的心血和汗水，汇聚了政府和人民的支持与厚爱。但面向未来，仍然存在着诸多制约教研事业发展的问题。如教研经费短缺问题，教研员的选拔、培养和发展机制如何创新问题；教研室如何更好地发挥研究、指导、服务等职能；如何做好教育质量监测与考试评价，保证教学质量的稳步提高问题等。这些问题都值得大家认真思考，并运用集体智慧，通过努力拼搏去研究解决。

（党书坡 撰稿，秦磊 张笑庸 张德利 审阅）

黑龙江省基础教育教学研究制度发展60年回顾与展望

黑龙江是新中国较早设立省级基础教育教学研究机构的省份，在近60年的发展中，机构设置和职责确定屡经变化。近20年来，开始步入稳定发展时期，职责不断明晰，机构不断完善，队伍日益壮大，教研理念日趋成熟，成为黑龙江省基础教育发展不可或缺的业务支撑力量，在全国基础教育教研战线的影响力也不断增强。

一、初创期（1949—1956）

新中国成立初期，黑龙江省继承东北解放区的教育传统，学习苏联以教学为主的教育经验，开始了社会主义教育事业的建设历程。全省中小学一律采用凯洛夫的五大教学原则、五大课堂教学环节和五级分制测试标准，积极推广苏联专家指导的“红领巾教学法”，改变旧的教学模式，提高学生的知识技能与熟练技巧的质量。

1. 机构设置与职能

1949年5月，合江省与松江省合并成立新的松江省，嫩江省与黑龙江省合并成立新的黑龙江省。

1951年6月，黑龙江省文教厅内增设教学研究室，设主任、副主任和3名研究员，主要负责指导、改进和提高学校教学工作。1952年9月，松江省文教厅内设教学研究室，以研究中等学校教材、教学思想、教学方法以及指导教师在职学习为主要任务。

1954年8月，黑龙江省与松江省合并为新的黑龙江省。省教育厅设置了教学研究室（处级），有副主任3人，教研员10人，编辑3人，负责中小学和师范学校的教学研究工作，并不定期编辑出版《黑龙江教育》。

2. 教研活动

教学研究室学习苏联教育经验，开展了以研究教材、大纲为主要内容，以个人备课、集体研究为主要形式的教研活动。

1955—1956年，教学研究室举办首次省级小学语文教师训练班，采用对应练习方式对100多名学员进行语音规范训练，积极推广普通话。分批组织中学和中师的语文教师训练班，采用省编《文言文译著》培训150名教师，组织教师学习古典文学，提高语文教学水平。

1956年，为贯彻教育部《关于普通学校实施生产技术教育的指示（草案）》等文件精神，教学研究室组建以理科教研员为核心的教研团队，对省内18所中等学校实验园地进行了基本生产技术教育的指导。其中，佳木斯一中教师王海廷的“番茄育种”，获得了省级重大科研成果。

二、本土化期（1957—1965）

进入20世纪60年代，在贯彻中央关于“调整、巩固、充实、提高”方针的过程中，教研工作随着全省教育事业的发展，逐步得到加强和完善。

1. 机构设置与职能

1959年12月，省教育厅教学研究室与省教育行政干部学校合并，组成黑龙江省教育学院，下设教学研究部和轮训部，有教研人员21名。

1962年，教学研究部几经调整回归省教育学院，与培训部和函授部组成业务机构。教学研究部内设9个学科教研室，共有工作人员35名。

1965年，教学研究部改设普教、半农半读、业余、小学、综合、电化等教研室，并在齐齐哈尔、绥化、佳木斯、牡丹江等地组建省级教研派出机构，使教研工作出现了新局面。

2. 教研活动

教研工作改变盲目学习苏联的方式，从国情实际出发开展教改活动，贯彻党的教育方针，试行教育制度和劳动制度。

1958年，全省半工（农）半读学校发展到100多所，学生达10万多人，政治、技术、文化三结合的业余学校学员达90多万人。为在教学领域开辟贯彻教育与生产劳动相结合的新途径，1960年，在齐齐哈尔市实验中学召开了全省数学教学现场会，各地、市、县200余代表参加了会议，听课、评议教学成果。

1963年后，为适应耕读小学、业余学校及其他试行学制改革校的需要，语文、数学、物理、化学、政治、俄语等学科完成教材的编写任务并出版试用。教研员深入牡丹江一中，通过一个多月的蹲点调研，了解教学中的经验和问题，摸清了教师队伍的基本状况。在此基础上举办了初中语文骨干教师新教材培训班，并分期分批逐步培训全省各学科教师。教学研究部不仅总结形成了提高教师政治和业务水平的有效经验，草拟了教学文件，也在业务上发挥出了省教育厅的参谋部作用。

三、灾难期（1966—1976）

“文化大革命”期间，黑龙江省的教研机构遭受严重的干扰和破坏，除编写急需教材外，其他业务活动基本停止。

1. 机构设置与职能

1966 年后，黑龙江省教育学院名存实亡。1968 年，为适应“复课闹革命”的需要，成立了黑龙江省“教育革命服务站”，后改为文教局教材组，开始编写中小学教材。

1973 年年初，黑龙江省教材编审教学研究室成立（俗称教材组），为省教育局的直属单位，下设 8 个学科组和总务、政工组，共有教职工 20 余人，承担省内中小学教材编审和教学研究与指导任务。

2. 教研活动

黑龙江省教材组学习“朝农经验”，采取“开门编书”方式，编出一些中小学“复课闹革命”急需的教材。

1968 年 9 月，黑龙江省教材组抽调各地近百名教师和教研员，历时半年为中小学编写了主要教材。其中，文科以“战斗任务”组织教学，理科以生产实践和“三机一泵”为主要内容。几何、代数、三角等合编为《数学》，物理、化学合编为《工业基础知识》，动物、植物合编为《农业基础知识》。

1972 年 10 月，人民教育出版社同黑龙江省协作编写了中学各主要学科的教材。黑龙江省近 20 人参加了天津主编的中学数学、物理、化学、俄语、语文教材的编写工作。这批教材编写质量较高，但在“反回潮”中，遭到批判。

1974 年 9 月，黑龙江省开始重新编写中小学教材。编写工作由各地市分担包干，并聘请工人师傅参与领导把关。黑龙江省教材组除承担编写任务外还参与各地、市教材编写领导小组工作。全套教材于 1976 年暑期基本编审完毕。粉碎“四人帮”后，这套教材停止使用。

四、恢复期（1977—1985）

党的十一届三中全会以后，全国的各项工作进入了恢复、调整及整顿阶段。教研机构在拨乱反正中摸索前行，开始步入正轨。

1. 机构设置与职能

1978 年 10 月，黑龙江省恢复教育学院，内设教研部，承担中小学教学研究工作。到 1985 年 6 月，学院调整内部机构，设立了中等教育、初等教育、民族教育、工农教育、职业教育等教研部和语言文字委员会办公室及电化教育馆，成为指导中小学教学改革的实验中心、教师业务的培训中心。随之，各地市相继恢复重建教研机构，初步形成了职能分工更加明确的教研网络。

2. 教研活动

各教研部严格执行教学大纲，建立教学常规，开展教学改革实验，帮助教师提高业务水平，对全省教育的重新振兴起到重要的作用。

1977 年，黑龙江省 30 万名中小学教师中，不合格的占 78% 。教研工作从培训各级各学科教研员理解、掌握新大纲、新教材入手，通过层层办班和深入学校听课、检查、评课，着力帮助教师过好教材教法关，恢复教学常规。

1979 年，教研部调入一批大学毕业生充实队伍，教研员在大量调查研究的基础上，指导教学改革。如，新教材使用情况调查、各学科师资素质和学生能力培养摸底调查、

50万名初二学生外语学习状况普查等。

1980年，黑龙江省教育学院提出教研工作的“四个转变”：由只抓高中转变为也抓初中；由只抓毕业班转变为也抓起始年级；由只抓尖子生转变为面向全体；由只抓高考研究转变为全面研究教学。为适应当时教学改革和提高教学质量的需要，在资源极度匮乏的情况下，教研部开始着手编写各类补充教材、乡土教材、教学参考书、作业册、练习册及其他教学资料，弥补了教学的不足。

1983年，黑龙江省首次实行初高中毕业生统一考试。黑龙江省教育学院组织实施的统一命题考试与结果分析工作，对指导教学研究起到了导向作用。根据提高中小学教学质量和教师达标率的新任务，黑龙江省教育学院确定了中小学衔接、初高中衔接和“初二塌腰”等教研课题，对全省教师进行了教材教法过关考试命题和专业合格证书辅导，开展交流观摩学习活动50余次。

1984年，黑龙江省教研工作会议在鹤岗市召开。会议讨论了教研工作的性质、任务、地位和作用，交流了各地的教研管理经验，提出了加强教研队伍建设和开展教学改革的意见。黑龙江省教育学院组织启动了一批教改实验，如六年制重点中学初中“阅读与写作分科教材”改革、朝语文“文型教学”实验等。其中的小学“三算”结合教学实验和“注音识字，提前读写”教改实验，是黑龙江省单科教学改革中时间最长、规模最大的项目，成果较突出，影响较广泛。

五、发展期（1986—1998）

黑龙江省教研工作进入发展期的首要标志，是机构的健全和队伍的壮大。教研方式逐渐由“单打独斗”，向有组织、有计划的整体推进转变。各学段、学科都设点开展了课堂教学方法与模式的探索研究。

1. 机构设置与职能

自从黑龙江省教育学院设立初等与中等教育教研部后，省内各市（地、企、局）、县（市、企、局）也陆续设立了相对应的教研机构，配备了学科教研员。但受条件所限，一些地区学科教研员缺失和兼任状况还比较普遍。各级教研部门充分发挥职能作用，在大规模调查研究的基础上，担负起全省基础教育教学质量的检查指导任务。

2. 教研活动

（1）深入调查研究

1986年，中教部分组对佳木斯、伊春等7市以及大兴安岭等3个地区所属的25个县市99所中学进行了教育教学工作调研。深入课堂听课847节，召开师生座谈会124次，听取各级教育教学工作汇报89次，涉及一线任课教师2406人，在校学生2240人。调研获得了丰富的一手材料，为制定“教师岗位合格标准”与“黑龙江省师资培训规划”提供了依据，也为在齐齐哈尔召开全省中学教改研讨会创造了有利条件。这种调研方式为各教研部发现、归纳教育教学的普遍性问题，提出整改建议和措施奠定了制度基础。

（2）注重教学改革

各科教研员潜心研究国内外基础教育的发展动态，借鉴国内启发式教学的精髓，引进国际目标教学的理论，积极倡导教学方式与教学方法的改革，为推进全省的教研和教改工作树立了一批典型，总结了先进经验。如，快速作文、珠心算与三算结合活动、物理学科教与学综合改革等教学实验，地理读解式教学、化学目标教学等教学方法研究，都在省内外产生了深远影响。其中，朝鲜族语的“注·提”教改实验和“文型教学”实验、“蒙古语授课，加授汉语文”教学改革实验，走在全国民族教育的前列。小学语文“注音识字，提前读写”的成果，曾在《人民日报》《光明日报》《中国教育报》《人民教育》等多家媒体作推广报道。

（3）落实教学大纲

各科教研员充分发挥组织指导教学研究的作用，积极深入教学第一线听课调研，指导教师钻研教学大纲和学科教材，开展学习、宣讲、培训活动，检查大纲教材的落实情况。对于教育教学过程中的共性问题，采取组织教师观摩有代表性和典型性的课，或利用寒暑假集中学习、培训等方式，帮助教师在吃透教学大纲的基础上研讨解决教学问题的对策与方法，使课堂教学的难度和深度更加符合教学大纲的要求。这项工作的开展，从教研员个体的个别指导，逐渐发展形成群体的联合教研，拓宽了教研工作的思路。

（4）促进岗位练兵

说课、上课、评课活动源于教学，服务教学，能促进教师不仅懂得教什么，怎么教，还能懂得这样教的道理。各科教研员通过组织大量的说课与评课活动，引导教师既从中获得更多自评他评、反思改进的机会，又加深理解教学的基本理论，增长教学技能。这种促进教师提高专业能力水平的岗位练兵，调动了教师的积极性，规范了课堂教学行为，在20世纪90年代得到快速发展。其中，1997年11月举行的黑龙江省“普通中学教师教学研究暨首届说课决赛大会”最具标志性意义。经过各县市的初赛，各市、地复赛，各学科的精英教师站在了同一竞技会场切磋教学技艺，展示教学风采。

（5）培养教学骨干

教研部门积极组织教育教学研究活动，研究改进教学方法，探索教学改革途径，总结推广教改经验，努力帮助中小学教师提高教育教学质量。教研员热心指导教师提高教育教学能力，并在教学观摩中发现典型，重点培养，为广大教师开展教学改革树立了学习的榜样。自1989年开始，黑龙江省教育学院每四年组织一届教学能手的评选活动，已经形成一系列培养、表彰、使用的制度和机制。每一届所评出的教学能手虽然不多，但其示范引领作用很强。黑龙江省教研部门充分发挥教学能手的作用，组织了讲师团送教下乡活动。1991年11月，中教部主任谷风池带领的省教学能手讲师团，通过送教下乡，服务农村教学，在全省产生了轰动性效应。

（6）补充教学资源

在黑龙江省教学改革的进程中，几乎所有的教师教学参考资料及学生补充性学习资料，都是由教研部门组织编写出版的，教研员为此付出了大量的智慧和劳动。1991年秋季开始，黑龙江省对教辅资料进行了大规模的清理整顿，成立了教材编审小组。先后编写了乡土教材、实验教材、教学参考书和学习指导、假期作业等教辅资料。仅初教部就编写专著12本、编著23本、教材26套、教参5套、电视教材4套、工具书3本。民族部编写教材34册，教学参考书27种。弥补了当时教学资料的不足，遏制了乱编滥印的现象。

六、跨越期（1999—2009）

随着1998年中央教育科学研究所“面向21世纪中国基础教育课程教材改革区域性实验研究”黑龙江试验区课程教材改革课题的立项与规模化研究的开始，黑龙江省基础教育教学研究工作逐渐触及了课程的内涵，教育教学研究工作者第一次站在课程的高度审视和研究教研问题，标志着黑龙江省的教研工作进入到了一个崭新的跨越式发展阶段。

1. 机构设置与职能

2000—2005年，为适应素质教育和课程改革的需要，黑龙江省教育学院进行了机构调整，内设学前、初等、初中、高中、艺体、民族、综合教研、EEC学院、卫星电视教育、电化教育等11个教研部。各地市、县采取与省级教研机构相同的设置模式，在当地教研院或教师进修学校内设教研机构，接受省教育学院的业务指导。

目前，黑龙江省级专职教研人员有150人，市（地）级专职教研人员有500人，县区级专职教研人员有8000人，是全国专职教研人员人数较多的省份。黑龙江省教育学院以教研工作为突破口，实施“研培结合”的办院模式。内设教研中心，负责协调管理各教研部、各学段的跨学科综合性教研活动；协助黑龙江省教育厅起草、制定教研工作的政策和规划，参与教学检查、评估；对市县级教研部门实施业务指导和省级培训；组织研发、实验、推广课程资源；协调评价改革与命题研究；组织跨部门综合教研项目推进和相对独立的新增教研立项的设计实施等。省级基础教育教研任务以单一学科或若干相近学科为单位，设有语文、数学、外语、文科、理科、学前、艺术体育、综合、民族、信息化10个教研部。负责学科课程、教材、教法、评价的研究、指导和服务，开展学科教研和教学专业委员会的学术活动，对市县级学科教研进行业务指导和省级培训，参与跨学科教研、校本教研基地校指导、课程资源研发、考试命题研究分析等综合性教研工作。

2. 教研活动

（1）教研管理机制建设

1999年，黑龙江省中小学教研工作会议出台《关于加强和改进中小学教研工作的意见》《黑龙江省中小学教研工作评估标准》等文件。为保障教研工作的有效开展，黑龙江省教育学院建立了一系列科学、人本的教研管理制度和激励机制，制发了黑龙江省《地市级教研机构评估标准》，并通过多种途径促进教研员专业发展，提升教研员能力素质。各教研部先后制定了“教研部门工作职责”“教研员岗位职责”“教研活动规范”等几十个工作规程和制度。

2006年，黑龙江省教育学院举办了中小学省级教学能手评选活动，制定了评选条件和标准。评选表彰省级教学能手2700多人，优秀教研员613人，优秀教研单位121个，极大地激发了广大教研员工作的积极性和主动性。

2007年，黑龙江省教育学院提出“省级教研员五项修炼”的内容和标准，开展了教研员岗位大练兵、“团队教研论坛”和“名师工程”、省级教研员发展学校、省级兼职教研员队伍建设活动等，激发了专兼职教研员自我发展和自主创新的意识，提高了各级教研机构和队伍的整体建设水平。齐齐哈尔教研院制定了《教研工作目标规划管理制度》《教研员行动准则》《课改样板校建设制度》等近30项规章制度，开展了“新时期如何促进教研工作发展”“展示教研工作叙事”等系列活动；牡丹江教育学院制订了中青年教研员培养计划，实行“双挂职”锻炼、“双导师制”等制度；鸡西教育学院提出了以“人本管理为基础、能本管理为导向、自我管理为升华”的和谐研修管理新机制。

（2）教师培训模式创新

新课程实施以来，教师的新课程培训成为教研工作的延伸。各级教研机构从促进教师专业发展的角度设计培训，通过以研代培、以会代培、网上培训、校本培训等，为一线教师理解新课程、把握课程标准、使用新教材提供专业支持。据不完全统计，近10年黑龙江省教育学院培训了省级培训者5000人次、各类教师近30万人次，组织了省级骨干教师培训200期。同时，省级教研员以及国家级实验区的教师，有多人受邀承担了省外的新课程课标与新教材的培训、建三江农管局系统骨干教师和校长的订单式培训、西藏日喀则地区校长和教师的培训等，展示了黑龙江省教研员和教师对新课程的研究水平和自身的专业发展水平。

2004年以来，省级教研部门下移教研重心，深入基层学校，大部分教研员坚持每年到学校听课100节，指导教师开展以专业引领、教学反思、同伴互助为主要内容的校本教研活动。同时，建立校本教研基地，培养典型，举办了优秀课例展评、学段目标交流研讨会，名优教师教学研讨会，同课异构、新教材教学研讨会等各类教研活动400多次，开阔了教师教学研究的视野，促进了教师的专业发展，凸显了省级教研的专业引领能力。

“十一五”期间，各教研部承担了黑龙江省教育学院97%的省级课题研究任务。数以百计的实验学校，在课题的牵动下，教师的研究能力，教研员的研究、引领、指导水平都得到长足发展，提高了教研工作的科研含量。黑龙江省教育学院充分利用黑龙江省教育学会的40个专业分会开展教学比赛、科研成果评比、示范课观摩活动，研讨交流教学经验和教学方法。据不完全估计，10年来共召开学科研讨会400多次，教学赛课400多次，观摩研讨课2000多节，交流教学论文2万多篇，提高了新课程的实施水平。

2006年，黑龙江省教育学院编辑了《聚集校本，追求卓越》的经验文集，在黑龙江省“基础教育校本教研工作推进会”交流了课例研究、小主题研究和区域联合式、点校辐射式等比较成功的典型经验，有力地推动了全省校本教研工作的深入发展。

（3）课程教学资源开发

2001年，黑龙江省新一代“注·提”素质教育教材通过国家审定后面世。黑龙江省语言文字报刊社在此基础上，依据《全日制义务教育语文课程标准（实验稿）》重新编写了一套义务教育语文课程标准实验教科书，于2003年通过国家审查，列入义务教育课程改革教材选用书目，由教育科学出版社出版，供全国课改实验区选用。

黑龙江省积极开发教材教辅资源，为新课程目标和方案的有效落实提供重要载体。相继研制了小学数学、语文、英语、科学等学科和初中各科的《资源与评价》，2003年以来由黑龙江教育出版社陆续出版发行。完成小学语文乡土教材及作文教学参考书、

《思想品德》义务教育五四制教材和初中《信息技术》新教材（6—9年级）的编写任务，制作了小学信息技术教材、教师用书及配套光盘。为加强地方课程资源建设，研制了地方课程《黑龙江人文与社会》《生命教育》课程标准，编写了义务教育阶段《黑龙江人文与社会》《技术》《生命教育》地方课程教材、教师用书共50册，为部分课程配备了课例光盘。目前，全省中小学初步形成了各具区域特色、彰显学校办学特色和文化、适应地域发展需要、适应学生成长的校本课程体系，并成为三级课程体系的重要组成部分，有力地促进着基础教育课程改革的深入发展。

为适应课程改革实践对多载体资源的发展性需求，黑龙江省还研发了EEC小学和初中英语教材，经教育部审定通过成为全国通用教材之一，在黑龙江省内及河北、江西、青海等地使用，赢得国家英语专家的高度评价；研发了高中、初中、小学《心理健康教育读本》《青春期教育读本》和《中小学教师心理健康教育教程》；参与和主持了全国音乐课程标准和教材的编写工作；参编民族教育的教材、教辅等8种，编写出版了《朝鲜族民族礼仪读本》《朝语文高考话题作文指导》《新课程汉语作文指导》，研发了鄂伦春语校本课程；建立了“黑龙江民族教育网”，已上传教学反思、教案等文本与课件400多份，共计500多万字。还为黑龙江省农村中小学现代远程教育工程编写了《实用手册》《管理信息系统使用手册》，制作了项目学校前期准备指导光盘。

（4）教学质量监测研究

为适应课程改革的要求，黑龙江省以发展性新课程评价理念为指导，实现评价由以教师为主转向以学生为主；由注重学生知识掌握程度的评价转向注重学生全面发展、综合素质的评价；由注重结果的评价转向注重过程的评价，树立新的教育评价观，初步建立了义务教育阶段学生综合素质和学业水平监测评价体系。

2005年，黑龙江省教育学院承担了“中小学生综合素质和学业水平评估”的课题研究，经过两年试点探索，总结形成了《全省中小学生综合素质与学业水平评价方案（征求意见稿）》及各学科评价方案，建立了“黑龙江省义务教育评价网”和全省初中学生电子学籍管理系统。

2006年，创建了普通高中考试评价网与学业水平考试管理系统，取得了初步成效。黑龙江省高中考评办先后研发了黑龙江省普通高中《学生综合素质评价方案》《学业水平考试实施方案》《学业水平考试工作管理规定》，并针对评价实施中的问题，组织了万余人次的专门培训。

2008年，开发学生综合素质评价管理系统、学业水平考试管理系统和网上阅卷平台、信息技术考试系统，保证了信息的有效传递和反馈。制定了普通高中学业水平考试的说明和学业水平考试暂行规定，使考试更加规范化。为缓解黑龙江省各实验区选用不同教材给中考命题带来的困难，黑龙江省教育学院建立了以服务为核心，安全、准确、和谐、高效的中考联合命题工作新机制，与全省12个市（地、区）教育局签署了联合命题协议书，为他们命制了符合课标要求、适合当地教材的试题，已连续三年圆满地完成中考命题工作任务，赢得了各市（地、区）教育行政部门的充分信任和好评。

（5）网络教研全面启动

2005年，黑龙江省教育学院各教研部在探索建立网络教研制度的进程中，分别建立了教研网站，围绕服务课程改革、服务校本教研，开展了网上说课、评课、赛课、教学技能展示、专题研讨，撰写教学反思、教育随笔等多种形式的网络教研活动。目前，黑龙江省已形成了以省级教研部门为核心覆盖全省的教研网络，丰富的网上资源，使网络成为文字、音频、视频等强大交互功能的教研平台、培训平台和资源库。小学教研网有注册会员3万多人，累计发帖量近24万，全省受益教师达12万人次，成为黑龙江省教育学院的一张特色名片。

2008年7月，黑龙江省召开了小学网络教研经验交流会，500多名教师和教研员出席现场会，300多名教师通过网络现场直播，观看并聆听了会议盛况。会议首次采用网络视频现场直播的形式，让更多的教师在第一时间了解到了会议的精彩。

2009年，地方课程利用网络视频会议举办了三科新教材培训，全省13000多人接受了培训，400多名教师参与了专家在线答疑辅导，惠及人数达面授教师的50多倍。

网络教研拓展了研究、指导与服务的时空，搭建了教师与专家直接对话交流的平台，满足了广大教师，尤其是农村、边远地区教师专业发展的需求。几年来，网络教研惠及的教师约占全省教师总数的40%左右。鹤岗市教师进修学院2002年开始网上教研活动，受省教研部门委托先后承办了8次不同学科的网络教研活动。目前，网上的资源已有60G之多，论坛上有实名注册会员1830名，有主题11123个。鸡西市教育学院2008年承办了省级现场会，完成了从“建网”“看网”到“用网”的发展历程，取得了可喜的成绩。

（6）服务农村加大力度

近年来，黑龙江省教育学院把服务农村、边远贫困地区、民族地区的课程改革工作作为重点，统筹规划。张晓明副院长在第十四届全国省级教育学院院长协作会上作的“省级教育学院如何为农村教育发展服务”的专题报告，受到与会领导的赞誉。各教研部分别深入宾县、抚远、萝北、大兴安岭地区等10个县市，为农民和学生送去2000多册图书，为农村培训教师6600名，为农牧地区培训蒙古族、朝鲜族、鄂伦春族教师480人。省农村中小学现代远程教育工程办组织10个讲师团，下乡两个月，培训了127个县6694所项目学校技术人员和管理人员10121人。

各学科还联合组建了名师、名教研员团队，深入农村和边远地区薄弱学校“送教下乡”“送研下乡”“送信息技术下乡”，创建了“学科整建制”服务品牌。教研人员改变了以往只重视考试学科教研活动，忽视其他学科教研活动的做法，开展了多人同上一节课和一课多论，名师现场做课、说课和评析，网络专题经验交流，教学设计与说课比赛，小学教育论坛10元捐助，绿色行动义务下乡宣讲等教研活动，建立了基地县、基地校带动周边，形成区域联片教研、蹲点包校等农村校本教研新模式，增强了“送教下乡”活动的针对性和实效性，扩大了省级教研引领的影响力。2008年，哈尔滨市教研院在“阳光助教”中，建立了“乡村教师进名校”基地和“对口校”支援制度，该市创建的“请上来，送下去，网起来”的农村教师培训模式，获市政府颁发的“年度最佳创意奖”，并在教育部农村工作会议上作交流。

七、教研工作展望

黑龙江未来的省级教研工作，将在一个更理性审视、更高位策划、更严谨实施、更全面调控、更科学评价的状态下进行。

第一，教研工作将向内涵不断精细、外延不断延展的方向发展，成为职能更饱满、定位更科学的基础教育公共服务平台。通过强化对教学研究本身的研究，以丰硕的研究成果提高对课程研发与管理、教学评价与管理等环节的指导服务职能。进一步解放思想，放宽视野，以省级教研工作的独特占位为依托，实现教研职能向领域内部和外部的科学延展。

第二，教研机制将向院内运转更快速、省内运转更畅通、与相关职能部门联系更密切的方向发展，形成运行状态协调、便捷、灵活的基础教育公共服务平台。完善以网络教研为重要凭借的四级联动，服务教师、课堂、学生和学校的教研工作运转体系，构建途径多样、专兼结合、适应多类需求的工作格局，构建联系紧密、反馈及时、调整迅速的工作系统，构建以丰富新课程教与学资源为核心，围绕基础教育发展主题实施项目性系列研发的新体制。

第三，教研方式取向将以省级教研机构为龙头，以四级教研网为凭借，以 QQ、UC、网上会议系统为平台，实施跨时空的网上教研，构建教研活动序列，调控教研行为，监控教学质量，推进全省教研工作发展。

第四，教研项目研究将本着充分把握优势、积极创造条件的原则，努力做大做强现有三级课程项目，深入课程资源的利用性与整合性研究、学生有效学习的策略与方法研究、教师职后发展的内外条件和机制研究，通过实施项目评估制度，保证工作的基本起点和应有水平，持续推进课程实施。

第五，教研队伍建设将从年龄结构和专业背景方面保证发展的持续性，坚持每年听课不少于 30 节、每 3 年到基层实践半年、每 5 年派出学习半年、每年参加一次国内学科学术会议等，落实终身学习，构建学习型教研组织。

（金春兰 赵玉英 黄慧兰 孔祥发 陈景华 田丽 汪海 撰稿，
金春兰 统稿，张晓明 审阅）

筚路蓝缕一甲子　风雨兼程六十秋

——上海市基础教育教学研究的发展历程

1949年5月，上海解放。同年10月1日，为加强教学研究，改进教学工作，上海市教育局增设“研究室”，开启了基础教育教研工作的新历程。与新中国同年同月同日生，这是上海教研的光荣，也是其发展的不竭动力。

一、初创阶段（1949—1956）

1. 机构设置及其职能

新中国成立初期，上海市教育局研究室的首任主任是陈向平，研究室的职能定位是“为研究中小学及工农学校各科教学以及编审教材、教育刊物之机构”。下设文史地组、自然科学组、编辑组、小学各科教学组，并陆续配备了一些学科教学研究及《新教育》编辑人员。其主要任务有四项：第一，改进各科教学，帮助中小学教师及社教工作者进行学习，提高其政治认识与业务水准，主要先组织中学政治、文史等科的研究；第二，团结专家与有经验的教育工作者，研究教育上的各种专门问题；第三，编审刊物、教材、读物；第四，搜集及整理与教育工作有关的图书资料，调查统计本市教育概况，编辑教材、教学参考资料及教育研究刊物。研究室的编制不多，如1954年设文史地、政治、自然科学3个研究组，共需干部21人，有的学科教研员由学校教师兼任，有的是几门学科如数、理、化的教研工作由1人兼顾。

当时，上海市教育局研究室会同教师联合会、共青团等先后组织了一些学科的教学研究会，以帮助教师学习，解决上述学科因社会制度、教材内容、学术观点等方面发生变化而给教学带来的问题。

1954年上半年，公立和私立中等学校均已普遍成立了各学科教研组，教师开始认真钻研教材、熟悉教材。同年 11 月，上海市各小学在上海市教育局和各区文教科的领导下，根据学校具体条件，单独或联合成立教研组，并开展教研活动。语文教研组已普遍成立，有些区还重点建立了算术教研组。

1955 年 9 月 17 日，嵩山、新成、静安、龙华四个区试办小学教学研究组，成员由各区抽调具有一定教学经验的教师 3—5 人担任。这是上海区一级教学研究机构的雏形。

2. 教研活动

1949 年，上海市教育局研究室的重心工作，首先是帮助中学教师改造思想，提高政治认识。如，语文学科每月开一至两次座谈会，讨论教学上的实际问题，交换各校的经验；历史学科则组织教师学习社会发展史，形成正确的历史观。通过这些研究活动，一方面批判旧观点，同时又运用正确的思想观点编订教案和作示范性报告。

1950 年以后，上海的教学研究活动逐渐有组织地开展起来。当时，国文教学研究会制订的学习计划是：第一，学习毛泽东的《在延安文艺座谈会上的讲话》；第二，研究国文教学的目的与任务；第三，下学期开展新教本研究。上海市教育局局长戴伯韬在当年作了《对国文教学研究的几点意见》的报告，论述了语文教学的目的任务、怎样完成这个任务、教师的修养和研究会怎样进行研究等问题，指出"研究会在现阶段要解决的是教师的旧观点，先调查研究，开座谈会讨论，根据研究讨论所得，编订大纲，分到各组去讨论，再收集大家的意见，进行研究、讨论、报告"。

1951 年，开始要求在各科中贯彻爱国主义教育。上海市教育局研究室颁发了历史学科《拟订教学计划注意要点》，提出要注意"思想性、计划性"，"掌握历史科学之特点，贯彻爱国主义教育"，"必须根据马列主义毛泽东思想，将史实加以分析总结，避免只顾兴趣之叙述"等。同时规定，教学计划的形式分为教学要求、教学过程、教学方法三部分。

1952 年，上海市按照政务院改革学制的决定，取消小学初、高级四二学制，实行五年一贯制。在秋季开学后进行了一系列工作：第一，制订 1952 年下半年五年一贯制市区重点学校实验计划草案，确定市区两级的重点学校，并建立研究小组，加强与统一全市业务领导。市立师范附小和邑庙区中心小学为市级重点实验学校，各区亦确定一两所重点学校，并确定重点班级开展实验，总结经验。第二，试办小学教育讲座，有重点地介绍苏联先进教育理论与教学方法，以及北京、天津和上海有关实施五年一贯制的较成熟的经验，并统一全市业务学习的时间，提高上海初等教育工作者的业务水平。第三，开展观摩教学。第四，组织参观团，学习北京市小学实验五年一贯制的经验。

1953 年 3 月，上海市教育局发文给上海市第二女中等 37 所中学，收集教师对中学数学、生物教学大纲（草案）的意见。同年 5 月，上海市教育局研究室组织部分学校的教师讨论数学教学大纲中的平面几何部分以及生物教学大纲中的达尔文主义部分，要求教师参阅凯洛夫主编的《教育学》相关章节，按讨论提纲提出意见。

1954 年，中等学校加强对教研组的领导，在钻研教材、掌握教材的中心思想、中心内容的基础上，明确教学的目的要求，确定教材的重点与范围，制订课时计划或拟写教学笔记，通过对代表性教材的分析，取得共同的认识。教师们树立了根据教材（有教学大纲的参照大纲）进行备课的思想，加强了教学的思想性、科学性和系统性。上海市教育局及时总结了一些学校的学科先进教学经验并予以推广，如上海市第一女中的生物与历史、市西中学的地理与物理、上海市第二女中的俄语和上海市第三女中的语文等。

小学也广泛地开展了教研组的集体备课活动，重点研究了常识性、语文文艺性的教材教法和长课文的分段教法，重视了直观教学，为交流如何运用直观教具、如何运用讲读法、如何培养学生的复述能力等教学经验，举行了校内和全市性的公开观摩活动。

幼教教研在南京西路、曹杨新村等两所幼儿园开展，重点研究了体育卫生、培养与发展幼儿语言等教养工作，并举行了四次全市性的公开观摩教学活动，交流经验。

上海解放初期，上海市教育局研究室“历年都进行了小规模的教学观摩会，自 1954 年开始有计划、有目的地进行了公开教学及评议会”，还通过发掘先进经验来指导面上的教学研究工作，引导教师深入研究某些难点问题。在《介绍上海市第三女中、培青中学教师所拟高三、初二物理学期校课计划》通知中，要求各校教研组借鉴和研究时注意：“第一，如何分析学生学习中的优缺点、教师教学中的优缺点。研究如何通过改进教学方法逐步改进学生的学习方法，提高教学效率。第二，如何分析研究整学期的教材，在明确教材的科学内容、思想内容基础上，结合学校实际，拟定学期的教学目的及要求。第三，教学中密切依靠班主任、班会，经常了解学生学习情况，发现教学中的缺点和问题，决定改进办法。第四，根据教学要求，指定课外读物，开展课外教学活动，使学生得到切实具体的知识，并使所得的知识转化为技能。第五，有计划地布置作业，检查成绩及演示实验。”研究室还向全市中学数学等学科的教师作教学总结报告，介绍教学中的经验与问题，并提出今后的改进意见。

1955 年 9 月，上海市第一女中、华东师范大学附属中学等五所中学的初一年级，开始试行语文课中汉语与文学分科教学，下学年又在全市各中学初一年级中推行。同年 9 月，市教育局颁发《1955—1956 年度第一学期本市中等学校语文学科改进教学的学习计划》，要求继续进行文学基本理论的学习，提高教师的思想业务水平，在教学中加强语言、文学因素，确切地贯彻政治思想教育，创造和积累改进教学方法的经验，逐步提高教学质量。确定“本学期以高中第一册《荷花淀》作为重点研究教材，初级中学可研究《在北极》的教学经验，结合本学期学习，在教学中创造和改进教学方法”。上海市教育局还拟订了小学《语文教学研究计划》，确定本学期“高年级着重研究篇幅较长的文学作品的教学要求、教材分析和教学方法，特别是如何通过丰富的内容、生动的人物形象，更好地贯彻政治思想教学和丰富儿童的语汇、发展儿童的语言。中低年级着重研究自然常识性课文的教材教法，特别是如何通过自然常识性课文来正确贯彻科学知识、语文知识和政治思想教育等目的”。要求“各年级在研究教材的同时，适当地研究改进教学方法。特别是如何加强课堂提问、加强平时检查，重视巩固工作和系统复习工作，使儿童能巩固地掌握知识”。规定了“区文教科定期召开部分语文教师座谈会，区小教研究组组员深入个别学校共同研究，必要时举行观摩教学借以交流经验，在可能范围内邀请师大教授作有关这方面的辅导报告”等，并将研究时间定为每两周一次，每次两小时。

二、规范阶段（1957—1965）

1. 机构设置及其职能

这段时期，上海市教育局几次调整研究室领导班子，陈光祖、吕型伟等先后任主任。1962 年 12 月，上海市教育局改教研室为教学研究处，由吕型伟任处长，周左严、赵泽寰任副处长。1965 年，吕型伟离任，陆善涛接任处长。

1957 年 2 月，上海市教育局转发了教育部《关于中学教学研究组工作条例（草案）》及说明，要求各校遵照试行。同年，在《上海市教育局组织机构分工职责的初步意见》中，明确了教学研究室的职责任务。一是教学、教材、教法的研究工作。包括中小学教学计划、教学大纲及教科书的内容分量是否适当合宜；了解、发现教学中存在的重要问题，进行分析研究，提出改进意见；了解、研究、总结优秀教师的教学经验；组织优秀教师及有关的教学研究人员成立市教研组，进行某些专题研究，提出意见供各区学校教师试行；组织编写教学参考资料，确定学校的各科教学进度；筹办教学资料陈列室，并负责审查资料。二是领导全市教职员学习。包括制订全市教职员的政治理论学习计划和业务学习（教育学）计划，举办广播讲座，并检查、督促学习计划的执行情况；协助党委督促、检查时事政策学习的执行情况。三是其他上级交办事项。

1957 年 3 月，上海市中学音乐学科教研组成立。上海市教育局颁发《要求各区教育局（科）从速成立中学音乐、美术两科区教研组组织》的通知，指示各区将“组织情况和活动计划由该区组长向市教育局研究室作一扼要汇报，如尚未组织的，希从速组织起来开展工作”。

1959 年 10 月，上海市教育局根据市委指示，精简机构工作人员，研究室被撤销。同时，上海市教育局设立了“教材编审室”，缩编为 13 人。

1960 年 6 月，教材编审室改为附设在华东师范大学。

2. 教研活动

1957 年 2 月，上海市教育局转发了教育部的《中学教学研究组工作条例（草案）》及说明，要求各校遵照试行。同年 4 月，在颁发的《关于布置音乐教师自学〈中学音乐教学大纲（草案）〉的通知》中指出，全市中学音乐教研组“本学期的主要工作是学习《中学音乐教学大纲（草案）》，按阶段向全市中学音乐教师提出自学大纲（草案）的建设性要求，帮助总结个别学校的教学经验，研究音乐教学中的主要问题”。

1958 年，上海的教学研究过程受到极“左”路线的干扰。当年 3 月，上海市教育局提出对“三脱离”的教材、教法进行改革的意见。要求“砍、换、补”或另编新教材，在 5 月选择部分中学的方案介绍给其他学校参考。

1960 年 5 月，在上海市委教卫部直接领导下，成立了课程革新委员会，和华东师范大学一起制订中小学课程的革新方案，各学科将根据课程革新方案编写新教材。同年 7 月，上海市教育局举行教学改革报告大会。孙兰副局长谈了关于编写教材的几点意见，要求多快好省地提高教学质量，相应地减少课时，减轻负担，缩短学制年限，使课程内容现代化。

1964 年 4 月，《解放日报》和《文汇报》发表了育才中学改进教学方法、减轻学生负担的社论。

三、“文革”阶段（1966—1975）

1966 年夏，“文化大革命”开始，市教学研究处被撤销，教学研究工作亦遭破坏。

1967 年 6 月，上海市教育局“革命委员会”决定编写 1968 年的中小学教材。同年 10 月，上海市“革命委员会”批准成立中小学教材编写组，任务是批判所谓的修正主义旧教材，编写全市试用教材。此间，中小学外语课被取消，直到 1969 年 4 月，全市中学才先后重新开设外语课，小学四年级始开设外语课。先后进入教材编写组的人员，成为市教研室最早的一批教研员。1974 年，杭苇局长复出后曾在教材组工作。王关昶、李俊经、余力、钱在森先后任组长。

四、反正阶段（1976—1987）

1. 机构设置及其职能

1976 年 10 月，上海市在原中小学教材编写组基础上，重新恢复了“教学研究处”。

1978 年，陆善涛复任教学处处长，孙元清为支部书记。为整顿和恢复教学秩序，教学研究处加强了对教学工作的领导和管理，统一安排了全市的教学研究活动时间，各区县也相继成立了教研机构。上海市教学研究处颁发了《中小学校长、教导主任领导教学工作的若干意见》《教研组工作和组长职责》《教师备课的几点要求》《中学实验室管理和实验管理员职责》《中学生学习与作业的基本要求》等文件，对全市中小学教学进行有针对性的指导，促进了教学质量的提高。

1978—1981 年，教学研究处针对学生的实际状况拟定了两类教学大纲和教学计划，以确保不同知识水平的学生都能得到相应的发展。1980 年，上海市教育局提出“加强基础、培养能力、发展智力”十二字的教学工作基本要求后，教学研究处随之颁发了《当前改进中学各学科课堂教学的意见》等文件，促进了教学工作质量的提高。

1985 年 8 月，上海市教育局为加强教学研究工作，适应教学发展的形势，正式决定并发文将教学研究处改为教学研究室（简称教研室），编制为 67 人，孙元清任主任。

1987 年 7 月，上海市教育局印发《上海市中小学、幼儿园教学研究室工作暂行条例》（以下简称《暂行条例》），进一步明确了市、区（县）教学研究室的性质、任务、教研室领导和教研员的职责以及人员编制、教研经费等方面的要求。《暂行条例》规定：教研室在同级教育行政部门的直接领导下进行工作，市教研室对区（县）教研室进行业务指导，形成全市的教研网。教研室的基本任务是贯彻执行《中共中央关于教育体制改革的决定》和国家的教育方针，面向学校、深入教学第一线，针对实际研究教育思想、教学内容、教学方法、教学手段、考试方法和教学业务管理，指导学校开展教学研究工作，抓好典型经验，探索教学规律，提出改进教学的意见和措施，总结推广教学经验，推动教学改革，促进学生德智体美劳和学校教育质量的大面积提高。上海市教育局教研室中学语文、数学、外语各设教研员 3 人；小学语文、数学各设教研员 3 人；中小学其他学科各 1 人；综合研究设中学 3—4 人，小学 1—2 人，幼儿教育 3 人。区县教育局教研室可参照上述标准，根据本区县实际情况确定适当的编制。上海市教研室还增设了综合研究组、现代技术教育研究组。

对于区县教研室是否从区教育学院和县教师进修学校独立出来，《暂行条例》提出“倾向独立、逐步过渡”，并要求“各区县可根据自己的实际情况，但不管是否分开，都要认真加强教研室的建设，更好地发挥教研工作的作用”。

2. 教研活动

1976 年，上海的教学研究工作重现生机。为拨乱反正、恢复正常的教学秩序，上海市教学研究处颁发了一系列的文件。1979 年 1 月，对中小学教学活动时间作了统一安排，规定单周为全市或全区（县）教学活动时间，双周为学校内的教学研究活动时间，任课两门或两门学科以上的教师，参加一门学科的教研活动。这一规定既保证了市、区（县）和基层学校更好地开展教学研究活动，同时又确保了学校有正常稳定的教学秩序，避免了频繁调课。

1978 年 3 月，教材编写组实行区（县）分工负责制，由区县抽调力量，组成 11 个学科小组，上海市教育局教材组和上海师范大学的原有编写人员分头参加各区小组活动。

1980 年，为贯彻上海市教育局提出的“十二字”教学工作基本要求，教学研究处组织全体中学教研员经过调查研究，拟定了各学科课堂教学的基本要求和做法。经过几年的拨乱反正与强化管理，上海的教学研究工作进一步趋向成熟，教研室、组的建设也逐渐规范化。

1981 年 5 月，上海市中小学教材编写组颁发的《上海市三年制高中数学教学大纲》，比教育部所订大纲有较大提高，适用于基础较好的学生学习，主要为市、区（县）重点中学三年制高中使用。同年 8 月，上海市教育局开发了《教研组工作和组长职责（试行稿）》《教师备课的几点要求（试行稿）》和《中学生学习和作业的基本要求（试行稿）》三个文件，上海市教学研究处对区（县）教研活动的指导也比以往任何时候都要加强。

1985 年 9 月，上海市教研室组织各区（县）中小教科长以及部分学校校长和艺术教研员参加“中小学艺术教育大会”。会上提出要改变过去把音乐、美术视为“小四门”的错误观点和做法，要把中小学艺术教育作为一门基础教育，认真抓好。当年 12 月，上海市教研室举行了“上海市中青年教师教学评选活动颁奖大会”。这次评选活动是在各区自评的基础上进行，语文、数学、生物学科的 130 名中青年教师参加，共评出了优秀奖 75 名，纪念奖 55 名。此后，评选项目覆盖所有学科及课程，并一直坚持至今。

1986 年 8 月，上海市教研室制定了面向区县及基层学校的《中小学校长、教导主任领导教学工作的若干意见（修订稿）》《中学教研组工作和组长职责（修订稿）》《中学教师备课的几点要求（修订稿）》《中学生学习与作业的基本要求（修订稿）》《小学教研组工作和组长职责（修订稿）》《小学教师备课的几点要求（修订稿）》《小学生作业的基本要求》等文件，这些文件的制定进一步促进了基层学校教研工作和教学水平的提高。

1987 年 7 月，上海市教育局印发了《上海市中小学、幼儿园教学研究室工作暂行条例》的通知，对于加强市区县各级教研室的建设起到了指导与促进作用。

五、跨越阶段（1988—2009）

1. 机构设置及其职能

1988 年，在国家教委部署下，上海承担中小学课程教材改革的新任务。上海市政府组建了“上海中小学课程教材改革委员会”，下设办公室，挂靠在上海市教研室内，孙元清任课改办公室主任。

1993 年，上海市教研室编制为 93 人，其中普教（中小幼）85 人，职教与成人教育 8 人。下设中学文科、中学理科、小学、幼教、综合、课程教材实验、现代技术教育、艺术教育、情报 9 个研究室，及办公室、出版科、人事科，编辑出版了《上海教学研究》《小学生学习周报》《计算机教与学》等报刊，成立了上海教育用品和百年教学用品公司，专门进行学具的开发研制。

1995 年，上海市教育局与市高教局、市教卫办合并成立“上海市教育委员会”，重新组建了市教研室。新的上海市教研室与上海市课改办实行两块牌子，一套班子，一套人马，由孙元清任主任兼党支部书记。1998 年，领导班子实行民主推荐、上级任命的任期制，调整后，孙元清连任。2001 年 5 月，职教、成教教研室归并入上海市教委教研室。2002 年 4 月至 2009 年 2 月，王厥轩、徐淀芳先后任市教研室主任。

新的上海市教委教研室的主要职责是：第一，受教育行政部门的委托，组织人员研究、编拟、修订中小学课程教材改革方案、课程标准及各类课程的教材，承担中小学课程教材改革实验与推广的分类指导工作。第二，参与中小学、幼儿园骨干教师的培养与指导工作；负责全市青年教师教育教学研究课题的立项、指导、鉴定和评奖工作；承担中小幼教师教学评优活动和教学、教改经验的总结与推广工作。第三，进行教学和教改的研究，对中小学课程方案、课程标准、教学用书在实施中的主要问题进行调查研究，并提出对策建议；对中小学教学质量进行测试分析和评价。第四，研究与编写中小学、幼儿园教学资料，汇编教学与教改经验和动态资料；开发、研制教学软件和教具、学具等。第五，受教育行政部门委托，进行教学业务管理拟订并落实新教材的出版计划；承担教材编写队伍的管理与建设工作；承担课程教材改革的理论研究、经验总结、信息交流以及有关会议的组织工作。

2. 教研活动

1992 年 4 月，上海市教研室贯彻市教育工作会议精神，着力开展了三方面工作：一是以课程教材改革为中心，建立新的课程教材体系；二是建立上海教学研究体系，吸收国际新教学理论，完善教学研究网络；三是建立上海教学管理与评价体系，促进管理现代化，评价科学化。为加强教学常规管理和教研制度建设，在“上海教学现状与对策的调查”的研究基础上，搜集、筛选并印发了各门学科的教学经验汇编和选编，修改了一系列教学工作的文件，出版发行了各学科《教学目标》，制订了教学研究工作发展规划。

1993 年，上海市教研室开展了低幼衔接、小学语数关系——“双峰避让”（小学低年级语文、数学两科按学科特点与年龄段学习效率编排课时）、初中预备班因材施教、初中开设综合文科和理科、高中课程结构与管理、学生素质结构与素质测试、学生学习潜能、课程教学评价、教学管理电脑化、艺术教育体系、教育与生产劳动相结合、学校图书馆如何为教育改革服务等一系列教改课题的研究，并根据新课程的全面推广要求，研制出了《改进各学科课堂教学的几点意见》等教研系列文件。

3. 课程改革

（1）“一期课改”

1988 年 3 月，全国义务教育教材工作会议组委托上海编写一套九年义务教育教材，供全国经济发达地区使用。同年 4 月，上海市人大会议上江泽民同志的工作报告中将“搞好中小学课程、教材改革”列为教育改革的一件实事。市长办公会议上决定拨款，对从幼儿园到高中的教学计划、教学大纲和教材进行全面改革。同年 5 月，上海中小学课程教材改革委员会、中小学教材编审委员会和中小学课程教材改革委员会办公室正式成立。

1989 年 4 月，《上海中小学课程改革方案》在调查研究基础上制定出台，并经上海中小学课程教材改革委员会全体会议通过。1990 年 3 月，在国家教委办公会议上汇报，得到肯定。

1989 年 4 月至 1993 年年底，经广泛调研和反复论证、修改，编订了上海《九年制义务教育课程标准》和《高级中学课程标准》，并据此开始全面编写各科教材。1991 年 10 月，国家教委中小学教材审定委员会对《九年制义务教育课程标准》进行审查，所送审的学科先后获得通过。新编各年级教材于 1996 年春季全部出齐。至今已出版的教材有：必修教材 19 门共 22 套计 281 册，另配课堂练习册、实验册、教师教学参考书共 407 册；选修教材 140 余册，活动课程的教材和资料 50 余册；幼儿园 5 门课程教师用的教材已全部出齐。

1991 年秋，课程教材整体改革试验在上海市 60 所中小学进行，单科教材试验在 10 个区进行，涉及学生近 14 万人。1993 年 10 月，幼儿园的方案和教材开始在上海市各区（县）的 30 所幼儿园试验。其中，首届高中试验班于 1994 年夏毕业，首届初中试验班于 1995 年夏毕业，首轮从小学一年级开始试验的高中学生于 2003 年毕业。

1993 年秋始，上海市小学的一年级全部推广试行新课程方案和新教材，初、高中部分年级的文科也全面试用新教材，所有涉及新课程或新教材的学生约 100 万人。1994 年秋，全市推广试行中学数学、物理、化学、生物起始年级新教材。1995 年秋，全市高中一年级推广试行新方案和新教材。

上海在改革中小学课程教材方面提出了“两个改变、三个突破”的预期目标，即改变以“升学—应试”为中心的课程教材体系，改变学得过死、统得过死的单一必修课程的模式；在减轻负担、提高质量方面有所突破，在加强基础、培养能力方面有所突破，在提高素质、发展个性方面有所突破，建立一个以全面提高学生素质为核心的课程教材新体系。通过分析国内外教育改革发展趋势，上海确立了既重视基本素质又重视个性发展的培养目标，即中小学要对学生进行德育、智育、体育诸方面的教育，使他们具有良好的思想品德、文化科学、身体心理、劳动技能等基本素质，同时要使学生的个性得到健康的发展。

在课程结构方面，上海提出实施“九年一贯、五四分段”的九年义务教育课程方案，打破过去小学教学内容相对独立的做法，按照教育规律和年龄特点，将小学和初中教学内容统筹一贯地安排。同时，实施“二一分段，高三分科”或实验“三年一贯”的高中课程方案。课程结构包括学科类课程的必修、选修和活动类课程三个版块。必修课程侧重于对共同基础的培养，选修课程和活动课程侧重于对个性特长的发展。小学、初中必修课的总课时从过去的 9120 课时减到 7766 课时，高中从过去的 3440 课时减到 2483 课时。必修课程和活动课程贯穿在中小学 12 年，选修课从八年级起开设，逐年增加，到高二年级为任选选修课，高三年级在分科格局下有公共必修课、分科必选课和任意选修课。必修课程与选修课程、活动课程的课时比由过去的 3∶1 调整为 2∶1。

在加强德育方面，上海建立了“三线一面”和“三位一体”的新的思想品德教育体系，即“思想品德”“思想政治”等学科为一条线，教给学生一些必要的知识、立场、观点、方法，作为行动的指导；校、班会和团队活动为一条线，让学生在集体活动中自己教育自己；社会实践活动为一条线，让学生在学工、学农、学军和社会考察中接受工农兵和实践的教育；各门学科、各项活动为一个面，隐含着各种思想品德教育。努力把学校教育、家庭教育、社会教育“三位”有机地结合成一体，共同对学生进行教育。整个思想品德教育体系，都要力求符合学生的年龄特点、贴近生活实际和社会实际，加强针对性、生动性和实效性。

（2）“二期课改”

20 世纪 90 年代，上海在教育部领导下，启动了基础教育新一轮课程改革，通称“二期课改”。

1997 年，教育部原副部长吕福源到上海，提出当时外语和计算机两门课程的方向问题，指出外语没有突出语言交际功能、计算机没有跟上信息发展的步伐，希望上海能够带头试验改革。同年，上海市教委教研室与华东师范大学一起组织“面向 21 世纪中小学课程改革方案”的课题研究。1998 年召开启动报告会，交流“面向 21 世纪上海中小学新课程方案的设想”和“数学学科教育改革行动纲领”两个课题，动员各学科进入改革行动纲领的研究，1999 年出版了研究报告《面向 21 世纪上海市中小学新课程方案和各学科教育改革行动纲领》。

2000 年 3 月和 6 月，上海举办外省市专家咨询会、高级研讨会，并邀请吕型伟、姚庄行、陆善涛等几位基础教育方面的老专家参加，征求对《面向 21 世纪新课程方案和各学科教育改革行动纲领（研究/报告）》《面向 21 世纪学前教育新课程方案》的意见。2002 年 9 月，新的《课程方案》《课程纲要》《课程指南》《课程标准》的征求意见稿基本完成并出版，同时启动整体改革试验。2004 年，由上海市教育委员会在总结试验和组织专家审查的基础上，出版了《课程方案》《课程纲要》《课程指南》《课程标准》的试行稿。

1998 年，上海市召开中小学幼儿园课程教材改革研究基地学校命名发牌大会，在原来 60 所整体试验学校基础上，按自愿与推荐审批相结合的原则，命名了 104 所“课程教材改革研究基地”学校，实施研究与试验的互动模式。1999 年，二期课改启动了英语和信息科技新课程与新教材的单科试验，2000 年启动了科学、自然、劳技、音乐、美术和高中研究型课程，2001 年启动了地理、语文、体育与健身和初中探究型课程。

2002 年 9 月，“二期课改”整体试验正式启动，上海市召开中小学课改基地学校校长通识培训会议和各区县教育局局长、分管课改副局长及教师进修学院院长的通识培训会议，介绍与布置了全市“二期课改”方案和课改实验推进要求。同期，分别在小学、初中和高中的起始年级试验新课程、试用新教材，相继在 2005 年、2006 年和 2007 年完成首轮整体试验工作。

2007 年 10 月，召开“上海中小学二期课改首轮试验总结大会”，出版了总结性的系列丛书《扬起新课程的风帆》，并同步拍摄了相应的电视专题片。按照成熟一段、推广一段的思想，分别在 2004 年、2005 年、2006 年全面推广了小学、初中、高中的新课程，到 2008 年，上海全市中小学各年级全部进入了“二期课改”的新课程系统。其主要标志有：

第一，明确了符合素质教育的培养目标，推出包括知识与技能、过程与方法、情感态度与价值观的“三维目标”。提出落实新课程目标的具体抓手，即“民族精神教育纲要”和“生命教育纲要”（两纲）与学科课程的整合。构建了由“基础型课程”“拓展型课程”和“研究型课程”组成的功能性课程结构。

第二，发布了《改进各学科课堂教学的几点意见》，指导教师改进教学模式、帮助学生改进学习方式，提高教学有效性。编制了《关于加强课程与信息技术整合的指导意见》，提出各类课程、各学科与信息技术整合的原则要求，并落实到课程实施系统。

第三，组织《利用社会教育资源优化新课程实施》课题研究，出台了社会资源与学科探究学习整合的学习指南和学习单，拓展了学生学习时空，丰富了学生学习经历。

第四，实现了面向全市中小学 13 万教师的全员培训工程，分青年教师教学基本功、一般教师教学探索实践和优质教师教学引领等不同层次，组织观课、评课、上课等网络培训活动，提高全体教师的课程执行力。

第五，实施了以《学生成长记录册》为指标载体的新学业评价，将学生发展的过程作为评价的重点，激励学生素质全面提高。参与教育部课程教材发展中心主办的“建立中小学生学业质量分析、反馈与指导系统”项目，以及由国际经合组织发动的“国际学生评估项目（PISA）”，积极探索科学的课程质量评价和保障体系，为实现上海基础教育现代化奠定了坚实的课程载体和质量基础。

筚路蓝缕一甲子，风雨兼程六十秋。上海基础教育的教研工作经过几十年的精心打造，如今正站在一个高起点上进入加速发展的新时期，教育发展的主战场将从外延发展全面向内涵建设转移。教研工作也将在上海市政府和市教委的领导下，以深入学习实践科学发展观为契机，以实施素质教育为总目标，切实提升研究、指导、服务、管理等履职能力，继续深化“二期课改”，创新教研机制，建设教研文化，使上海市教委教研室成为全国课程教材改革的重要基地，成为本市教研人才聚集的高地，成为上海基础教育内涵发展的腹地。

（赵才欣 撰稿，王厥轩 徐淀芳 审阅）

江苏省教研室的足迹和追求

一、恢复发展期（1979—1996）

1979 年 5 月，江苏省中小学教学研究室（以下简称省教研室）成立。之后，全省各市（地区）、县（市、区）教研室先后恢复成立，相应的教学研究工作逐步有序展开。最初，省教研室只有 4 人，至 1983 年迅速扩大到 26 人，中小学各主要学科基本配备了教研员，由张昭、郑君威先后担任领导。

省教研室的主要工作是调查研究各地执行教学计划的情况，师资队伍、课堂教学（包括教学方法、教学手段和教学水平）的现状，通过大量听课、开座谈会等方式，形成对各地教学情况的基本判断，为重建中小学教育教学常规提供决策参考。这种以调查研究为主的工作方式，既是恢复整顿教育教学秩序的必要前提，也是言传身教培养年轻教研员的特殊形式，逐步在省教研室形成了求真务实的优良传统。省教研室的主要工作有以下 7 个方面。

1. 管理教学计划、教材实验，规范教材、教辅资料的出版

1980 年起，省教研室在中小学教学计划不完整、不衔接，教材配套不及时、学制处于过渡期的特殊情况下，加强对教学的计划、实验及出版教参资料的管理。

（1）规范教学计划

1982 年，江苏省制定的《全日制六年制小学暂行教学计划（试行草案）》，规范了课程科目、起始年级、学科内容、课时及总课时数等。如小学写字课，指导学生写铅笔字、钢笔字和毛笔字，引导、鼓励学生每天练字。

1984 年，教育部颁发城市和农村两个版本小学教学计划；1988 年公布“五四制”和“六三制”两种小学教学计划。这些教学计划的变动和执行，涉及科目、课时、教师、教材等方面的调整，要求高、难度大。江苏根据本省实际情况，在 1985 年开展试

点工作（在几所城市小学和农村实行六年制的县乡 1—3 年级）。

1990 年以前的 9 年时间，国家没有颁发普通中学的教学计划。重点中学如何开设选修课，基本由各省自己决定。在这样的情况下，江苏省教育厅规定从 1981 年起，全日制中学执行两种教学计划。全省首批 95 所重点中学和部分条件较好、过渡为六年制的中学，执行《全日制六年制重点中学教学计划试行草案》。重点中学原则上都要开设选修课（以安排单课性选修为宜）。分科性选修的试验，先在几所学校进行。此外，在随教学计划下发的说明中，都有相应的规定性要求，为教学计划的规范实施提供了保证。

1991 年 7 月，江苏省教委印发《关于实施〈现行普通高中教学计划的调整意见〉和普通高中毕业会考制度的意见等两个文件的通知》，明确要求："各级教育行政部门要采取措施加强对教研部门的领导，重视教研队伍建设，充分发挥教研部门在两项改革中的作用。"省教研室积极与各级教育行政和教学研究等处、室配合，共同加强教学行政管理和教学业务指导工作。指导学校严格执行"调整意见"的各项规定，开好必修课和选修课，改进教法，提高教学质量。指导、帮助学校开展课外活动和社会实践活动，研究高三年级的教学管理，组织力量编写不同类型、不同特色的选修课大纲和教材，为保证选修课的落实和开课质量做了大量深入细致的工作。

（2）组织教材试验

1990 年，人民教育出版社新编的九年义务教育两套试用教材，开始在江苏省南京、无锡、连云港的部分初中和小学进行试验。这是一项规模较大的教材整体改革试验，也是教学计划、教学方法改革的试验。省教研室把检验试用教材所体现的教育思想和教学内容是否有利于学生的全面发展，是否有利于民族素质的提高和社会主义现代化建设人才的培养，是否达到义务教育的总目标放在首位，研究试用教材与江苏省各类地区乡村学校的教育、教学实际的切合程度。省教研室在取得教材使用的数据和资料、总结试验工作的基本思想和实践经验的过程中，培养了一支既有实践经验又有一定理论水平的骨干教师和教研员队伍，为江苏省 1993 年正式实行义务教育教学计划、教学大纲和使用新教材奠定了良好的基础。

（3）规范教材、教参、教学资料的出版发行

1989 年，省教研室起草了《关于进一步做好中小学教材、教参、教学资料出版、发行工作的通知》，明确规定了教材、教参、教学资料以及各地乡土史、地教材的编写、审定、试用、出版、发行工作的程序和责任。

2. 组织编写乡土教材、地方教材、补充教材和大纲教材

按照国家教委关于中小学教材建设的总体要求，结合江苏的具体情况，省教委制定了"总体规划、分步实施、逐步到位"的教材建设实施方案。省教研室牵头组织由高校专家、中小学教研人员、教学一线教师组成的编写队伍，分阶段开展各科教材的编写与实验工作。

1982—1986 年，全国没有统一的小学思想品德课教材，江苏省教研室编写了小学思想品德教学参考书（代用教材），并从这里起步，开始地方教材建设。

1988 年 5 月，江苏省教委下发《关于江苏省普通中学乡土教材建设和教学工作的

通知》，各级教研部门具体负责乡土教材的建设。到1989年年底，江苏全省11个省辖市和64个县都有了自己的乡土教材。

1992年，省教研室根据国家教委《九年义务教育全日制小学思想品德课教学大纲》初审稿和试用稿，编写了小学思想品德课教材和教学参考书（全套12册），供全省小学使用。

1993年，江苏省教委发布《关于省编九年义务教育教材试验工作的实施意见》，明确规定省教研室负责指导全省的试验工作，各市县试验工作领导小组负责制订试验工作方案、确定试验样本班，及时了解试验情况，研究并妥善解决试验中的重大问题，总结试验工作经验。江苏版教材坚持边编写、边试验的工作策略，坚持控制必要的试验条件，加强研讨和交流，认真做好资料、数据的收集、汇总和试验总结工作。为保证试验的科学性，每学期末，试验学校领导、任课教师、学生及家长分别填写调查表和统计表，各地试验工作领导小组根据统计资料分析问题，提供并上报学期试验工作总结。

1995年，由省教研室组织编写并通过国家教委中小学教材审定委员会审查，列入全国义务教育用书目录的教材有10种：小学的思想品德（2册）、社会（2册）、音乐（4册）、美术（全套），初中的思想政治（与人教社合编）、数学（代数）、化学、体育、美术、音乐。由各学科编写并陆续进行试验的教材有12种：小学的语文、数学、劳动（12册）、写字（12册）、健康教育（3册），初中的外语、生物、语文（洪宗礼主编）、物理（2册，束炳如主编）、劳技（共23种单行本）、写字（6册）、健康教育（1册）。通过省级中小学教材审查委员会审查，在省内使用的地方教材有50种：江苏历史、地理以及各市县编写的乡土历史、地理。

3. 开展各种形式的教学研究活动

随着教育教学秩序的建立健全，教研室的主要工作转为逐步加大对教学内容、教学方法、教学手段和学科教学评价的研究。相继组织多层次、多形式的教学研究活动，总结推广教学经验。帮助广大教师钻研、掌握教学大纲和教材，不断改进教学方法，努力提高教学效益，从而大面积提高全省中小学教学质量。

20世纪80年代中期，全省基本形成了省、地（市）、县（市区）三级教研网络，并定期举行全省学科教学的优秀论文和优秀课与优秀教案评选、教学基本功大赛等制度化的教研活动。原则上每两年举行一次，由各市（地区）教研员和全省知名优秀教师担任评委。省教研室组织的各项评比活动已逐渐成为制度，形成规范、规模和影响。

1991—1993年，省教研室认真落实江苏省教委《关于改革和加强中小学语文教学的意见》等文件精神，组织开展了全省中学生思想政治小论文、中学青年教师优秀数学课和优秀乡土历史与地理课（录像）、小学青年教师语文和美术与音乐等学科教学基本功比赛。

4. 规范教学研究，加强教研机构和队伍建设

1990年3月，全省中小学教学工作会议在南京召开。会议讨论修改了《中小学教学管理若干问题的规定》《关于加强中小学教学研究工作的意见》《普通高中毕业会考实施方案》《各级教学研究室工作条例和教研系统先进集体、先进个人评选意见》等5个文件，高度肯定了教研室的工作。会议指出，一个地区教学质量的高低，同教研室的

工作有着密切的关系。近几年的实践证明，抓教学工作，必须抓好教研室工作。江苏省现有的专职教研员队伍是一支教学研究和教学业务管理的重要力量。要加强教学业务指导机构的建设，充分发挥各级教研室的职能作用，解决人员编制、经费待遇等问题，按要求备齐备足教研人员。

1991 年 2 月，《江苏省各级中小学教研室工作条例》正式出台。明确提出：教研室是教育行政部门领导的从事幼儿园、小学、中学教学研究和教学管理工作的机构。上级教研室对下级教研室起指导作用。教研室的任务是贯彻国家教委和教育行政部门有关教学工作的政策、规定，保证党和国家的教育方针在教学领域内的贯彻落实；实施教学业务管理，制定教学常规要求，提出执行教学计划、教学大纲和使用教材、教学资料的意见，指导和检查教学工作，评估教学质量；研究教育思想、教学理论、课程设置、教学内容、教学方法和教学手段，建立、健全各级教研网络，广泛开展教学研究活动，探索教学规律，提出改进教学质量的措施；组织、指导教改实验；总结、推广教学经验，深化教学改革；组织、推动教育、教学理论和教学业务的学习、传递，交流教研信息，提高教师的思想政治和文化、业务素质，帮助教师掌握教学规律，不断改进教学工作；组织编写实验教材、乡土教材、补充教材和教学参考资料等。教学研究人员属中小学教师范畴，其职务、工资、奖励及其他待遇均按照中、小学教师的有关规定执行；教研员应从觉悟高、作风好、从事 5 年以上教学实践并具有一定组织能力和教学研究能力的优秀教师中选调。教研室的编制应根据本地区教育事业的规模，教学计划规定的学科门类，各学科设置年限和课时总数等要求配齐、配足，结构合理。

至此，江苏省各级教研室的性质、任务、人员、编制、经费等得以明确并逐渐落实，进入新的发展时期。

5. 管理中小学教材审查的日常工作

1989 年 11 月，江苏省中小学教材审查委员会成立，并将机构办公室设在省教研室。

1990 年 8 月，江苏省教委颁发了《江苏省中小学教材审查委员会工作章程（试行)》，为有领导、有步骤地搞好全省中小学教材的改革和建设，建立有权威的教材审查制度，创造了必要条件。省教研室在日常工作中以适应中小学教育、教学工作的实际需要为核心，促进中小学教材、教参、教学资料的编写，不断提高质量。

6. 参与江苏高考改革实验，负责会考命题

1991 年 3 月，江苏省教委下发了《关于江苏省 1990 学年度高一年级实行历史毕业会考的通知》，明确提出将会考成绩作为学生历史学科的毕业成绩，并规定了会考的内容。省教研室根据高中历史教学大纲和江苏省历史教学实际，制定了《江苏省 1990 级普通高中世界历史毕业会考纲要》，在提供会考命题实施依据的同时，探索出学科教学质量检查评估的一种重要形式。省教研室在考试评价方法改革的过程中，参与主持全省高考预选和高中毕业会考说明的编写和命题工作。

7. 管理省级教学研究课题

1996 年 6 月，《江苏省中小学教学研究课题申报和管理办法》和《江苏省教学研究课题重点选题指南》明确提出省级课题分为重点和立项两类，前者面向全省公开招标、公平竞争，由省里认定并适当拨给研究补助经费；后者由县（市）、市逐级审核上报，省里审定，经费自筹解决。规范了省级课题的限报数量、申报时间、结题鉴定程序和成果验收要求。这项工作已成为江苏中小学教学研究的一个品牌，有效推动和促进了全省教学研究工作的深入。

二、成熟发展期（1997—2004）

在这个时期，省教研室内设机构有重大调整，设秘书科、课程教材与教学管理研究室、现代教育技术研究室、中学文科教学研究室、中学理科教学研究室、德育教学研究室、小学与幼特教学研究室、体育艺术教学研究室，共 8 个部门。省教研室的主要工作有以下 7 个方面。

1. 形成教材建设的特色

省教研室抓住机遇，积极推进课程改革，高度重视教材建设。积极与出版社合作组织力量编写各科新教材，集聚全国一流专家和全省优秀教师的智慧和创造性，推出了一批高质量的义务教育实验教材和高中新课程教材，并顺利通过教育部中小学教材审查委员会的审查，按时进入实验区。

教材编写严格按照教育部颁布的课程标准，力求体现新课程理念和教育现代化的指导思想，从教学实际出发，贴近学生发展的需要，在结构体系、功能、内涵等方面都有所创新和突破，形成了自己的特色。据统计，至 2002 年，省教研室组织编写并通过国家审查的小学、初中、高中教材已有 18 种。这些江苏版新教材都有配套的教师教学用书、挂图和图片（地图或图册）、多媒体辅助教学软件等，已在全国 20 多个省、市、自治区使用，得到了教材审查专家和实验区教师、学生的一致好评。

2. 开展英语口语等级测试

2000 年，省教研室根据《江苏省中学生英语口语等级测试实施细则（试行）》的通知，组织市、县（市、区）执行中学生英语口语等级测试制度，着重考查学生的口头表达能力。初中从 1997 年入学的初一学生开始实施，在初三年级的第二学期进行测试；高中从 1998 年入学的高一学生开始实施，在高三年级的第一学期进行测试。

江苏省在全国率先实行初中、高中英语口语测试，这对提高全省中学生英语听力、口语水平和能力产生了深远影响。

3. 建立教研室评估验收制度

1999 年 1 月，江苏省教委隆重表彰苏州市教研室等 16 个教研室为省级中小学教研系统先进集体，表彰丁世明等 110 位同志为省级中小学教研系统先进个人。在表彰大会上，省教委领导强调："我省基础教育的每一个进步，都渗透着中小学校教研工作人员的一份心血，全面实施素质教育，让素质教育走进课堂，更离不开中小学教研人员的创造性劳动。希望各级教育行政部门都要关心教研室建设，切实加强和改善对教研工作的领导，从政治上、思想上、生活上关心教研工作人员，改善他们的工作条件，不断提供他们再学习的机会，使各级教研室真正成为指导教学业务工作的指挥部和进行教育教学决策的参谋部。"

为了促进教研室建设，江苏省教委决定从 1998 年起对各市、县（市、区）教研室进行评估验收。计划用两年时间通过对各省辖市教研室的评估验收，用更多时间对县（市、区）教研室的评估验收，县（市、区）教研室的评估工作原则上由各省辖市根据本地的情况决定。为规范评估验收工作，江苏省教研室在调查研究的基础上制定了评估验收标准。

4. 召开全省中小学教学工作会议

1999 年 11 月，江苏省教委在南京召开全省中小学教学工作会议，会议强调“素质教育不断深化，科研意识和科研力量越来越成为促进教学进步的重要因素。为此，要在全省范围内，以市、县（区）教研室为主干，建立起一个健康有序的教科研网络。各地要加强教研室建设。教研室要向教育行政部门提供必要的决策依据。要加强对教研室的评估工作，促进教研事业的健康发展”。

2000 年 1 月 6 日，江苏省教委正式下发《关于进一步推进素质教育，加强教学工作的意见》，明确提出：“要积极推行全省中学生英语口语测试制度，加快中考改革的步伐，积极推进高考制度的改革。从 2000 年起，参加全国高考改革试验工作，加强对‘3 + X’考试模式的研究，以高考改革为契机，推进高中教学改革。”

5. 参与高考改革试验

1999 年，教育部批准山西、吉林、江苏、浙江四省进入“3 + X”高考科目设置改革的试点。江苏省 2000 年参加高考改革试验，选择“3 + 综合”的方案，对“3 + 小综合”“3 + 大综合”进行了试验探索。在高考改革试验中，省教研室参与方案制定、会考说明的编制和会考命题工作。

6. 加强教学研究课题的立项管理

1999 年，为进一步推动江苏省中小学教学课题研究，提高课题研究水平，不断深化教育教学改革，江苏省教委根据《江苏省中小学教学研究课题管理办法》，对省级中小学教学研究课题（第一期）进行了评奖。第一期立项的教学研究课题有 52 个经专家评审小组评定，有 26 个获奖。

省教研室配合教育行政部门加强对中小学教学研究工作的领导，注意规范教学研究课题的管理工作，按要求做好课题成果的鉴定、推广工作，发挥出成果对深化教育教学改革，推进素质教育的示范引领作用。

7. 加强教研骨干队伍培养

省教研室高度重视教研员队伍的自身建设。1997—1999 年，组织全省以教研员为主体的骨干教师 40 名，参加华东师范大学研究生课程班进修。2000—2002 年，组织全省骨干教师 50 名，参加北京师范大学研究生课程班进修。这两次培训，对江苏教研工作的思路拓展、水平提升产生了重要影响。经过培训的骨干在后来的课程改革中成为中坚力量，发挥了重大作用。

三、新型发展期（2005—2009）

这个时期，江苏省中小学教研室内设机构没有调整。截至 2009 年年底，全室有在职人员 36 人、退休人员 22 人，企业在职职工 12 人。在职的业务人员中有博士 6 人，教授 1 人，研究员 1 人，特级教师 2 人，中学教授级教师 1 人。

省教研室的主要工作有以下10个方面。

1. 成立省基础教育质量监测中心

2008年3月，“江苏省基础教育质量监测中心”揭牌仪式在南京举行。该中心的成立，对全面科学监测全省基础教育情况，促进基础教育改革发展，改善教育教学过程的服务手段等，具有重要意义。该中心主任由省教育厅分管副厅长兼任，办公室设在省教研室，由省教研室副主任兼任办公室主任。

2. 国标教材建设

2009年，由江苏省教研室组织参与编写并通过国家审查的18种教材，经过多次修订后，得到教育部教材审查委员会的高度肯定，受到广大师生的充分认可。江苏省教研室成为全国教研系统中编写教材最多的教研室，以教材促教研，带动了机构和队伍的发展。教材建设工作不仅提高了教研员自身的素质，也集聚了全省一大批优秀教师，为更好地开展教研活动和提升江苏基础教育的水平和质量打下了坚实的基础。据统计，目前全国有近24个省、市、自治区使用江苏版教材。

3. 基础教育课程改革培训

2005年，为保证高中新课程改革的顺利实施，省教研室与大专院校、出版机构、各级教研室以及各类中小学校紧密合作，整合优质教育资源，建立由知名专家、课程研究人员、教材编写人员、教研人员、骨干教师组成的培训专家库，建立了与新课程相适应的课程教材培训体系。培训工作根据不同类型和不同层次的教师设计不同类型、不同要求的培训方案，努力做到制度化、系统化、持久化。教研室的培训贯穿课程改革的始终，使培训的内容切合教学实际，真正帮助教师解决新课程实施过程中的诸多问题。

2005—2009年，省教研室组织参与高中各学科的通识培训、课程标准培训和教材培训，各种类型的过程性培训、研讨式培训累计超过2万人。几年的培训工作取得了很好的效果，保证了全省课程改革的顺利推进。与此同时，对义务教育阶段各学科的培训工作也按计划进行，为教师专业成长发展提供引领，对教学改革和教学研究的深化起到了积极的促进作用。

4. 参与组织和实施高中课程改革

2005年，江苏进入高中新课程改革实验，为保证江苏高中课改的平稳健康实施，省教研室先后制定了江苏省高中各学科教学的指导意见、课程标准、教学要求以及选修模块I指导意见等。并通过省教研员联络制度，每月到各大市了解课改相关情况；通过联席会议制度，每月召开基教处和“联络员”及厅有关处室领导参加的联席会议，及时研讨分析课改中的重大问题，作出相应决策。

2008年，省教研室除一直承担编写“会考命题说明”、参与会考和高考命题工作外，还负责对全省各大市高中课改实验情况的检查视导，参与制定江苏省“2008高考方案”、编写“高中学业水平考试说明”和江苏高考命题的工作，对深化和推进江苏高中课程改革起到了重要作用。

5. 优质教学资源下乡工程

2007年7月，江苏省教育厅召开“送优质教学资源下乡工程”实施工作会议。省教研室精选全省400多位优秀教师、100多位学科专家，省电教馆和省教育电视台100

多位技术人员，用5个月时间制作完成涉及义务教育阶段中小学24个学科、2326课时的教学光盘，并发放到全省9个大市48个县（区）的7200所农村中小学。这些农村中小学的2万个班级，每个班级都相应配送34英寸电视机和DVD各一台。这些教学光盘让农村的孩子能够与城里的孩子“同在一片蓝天下，共享优质教学资源”。教学光盘的使用，促成了教师教学理念的更新，促进了农村学校课堂教学形式的变革，成为促进城乡教师缩小个体素质差异的催化剂。

优质教学资源下乡工程是现阶段江苏城乡基础教育均衡发展的一个里程碑。为推动优质教学光盘的使用，省教研室建立了专题网页，开通了教学论坛，为农村中小学教师与省内知名优秀教师直接沟通、交流、探讨搭建了新平台。

6. 实施初中英语听力和口语测试（人机对话）

2007年，省教研室启动全省初中英语听力和口语人机对话方式测试项目。通过中学英语听力口语自动化考试评估系统的开发，逐步建设和完善符合国家基础教育发展方向和江苏省省情、在国内具有领先水平的自动化考试和评估系统。

在项目合作上，牛津大学出版社（中国）有限公司和中国科学院自动化所提供技术支持，江苏省教研室负责13个市的评估中心系统建设和设备配置的技术建议和使用培训、学校系统技术和设备的配置建议和使用培训、学生平时训练和模拟考试系统的建设和培训等。为配合考前及考后工作，省教研室专人负责开通自动化考试服务网站，提供技术答疑、设备安装咨询、考务系统信息输入等咨询服务，为考试提供了信息交流平台，受到广大教师们的欢迎。全省首次初中英语听力和口语人机对话考试，进展顺利、效果显著、反响良好。

该项目的积极意义和深远影响在于：使英语能力和素质教育成为一种可显示、可统计和可比较的评估方式；大幅度减少考试可能出现的差错率和事故率；提高阅卷评估的客观性和公正性。项目的实施，使得英语教学研究的水平和能力提高从经验走向科学，为中考英语甚至是高考英语的多次考试、等级考试积累了宝贵经验。

7. 开展义务教育阶段学业质量监测

2006年，江苏省开始实施义务教育阶段学生学业质量监测与反馈项目。具体组织工作由江苏省教育厅基教处和省教研室与国家项目组共同负责，考务工作由江苏省考试院负责。项目组每两年进行一次覆盖全省所有市、县（市、区）的测试与分析、反馈。抽样对象为三年级（小学）和八年级（初中）学生。小学测试两科，初中测试四科。所有参加测试的学生和所有被抽取学校的相关学科教师与校长都要完成一份问卷调查。

项目测试得到了多方面、多层次的测试结果，可以适应教育行政、教科研和学校、教师改进教学管理和课堂教学多方面的需要；项目实施有利于建立全省义务教育新型质量评价体系。到目前为止，江苏省的项目实施在全国规模最大，项目实施所发挥的作用、项目管理的经验受到广泛关注，多次在全国专题会议上交流。

8. 组织全省中考两科统一命题考试

2008年10月，江苏省教育厅下发关于组织2009年中考工作的通知时强调，为防止出现打乱正常教学秩序，应对数学、物理两科统一命题考试，数学、物理两门学科的中考只由省教育厅为各市提供统一试卷的样卷，具体试卷的印制、考试组织、阅卷登分等工作，均由各市自行完成。

为保证全省数学、物理两科中考统一命题和考试的顺利进行，为便于各地教研部门和学校组织教学和复习，省教研室组织学科专家研制了数学和物理命题说明，包括命题的指导思想、基本原则、试卷结构、内容比例、题型、难度等。这项工作进展顺利，达到了预期目的。

9. 统一教研活动三项评比

自2007年起，江苏全省各类评比活动采用“统一要求、分科操作”的办法。省教研室每年初列出本年度省优秀课、教学论文、教学案例评比涉及的学科、学科联络人和获奖比例。各项评比活动的评委均由各市（地区）教研员和全省知名优秀教师担任。近年来，教研系统三项教学评比（优秀课、论文、案例）的统一和规范，进一步提升了教研评比活动的质量和信誉，得到教育行政部门、各类学校和广大教师的认同。

10. 完善江苏教研网站建设

2005年，省教研室为适应江苏省新课程实施和教育信息化建设的需要，及时传递教育教学信息，提供优质学科教学资源和进行网上教材教学培训，启动了江苏省教研网站建设工作，得到有关部门和江苏省广大教师较高的评价。其中，作为该网站的重要组成部分和补充，有些学科以教材为依托，与出版部门合作建立了一些高质量的网站。

小学语文网作为苏教版教材资源和服务的拓展和延伸，紧紧围绕宣传报道、教材培训、资源建设、在线交流四个方面展开服务，为教师及时获取教学信息，切磋教学、教材和教法，研讨教学理念，提高专业素养等发挥了十分重要的作用。

小学数学教学网提供了优秀教师的教学视频、典型教学内容的设计、成功的教学案例、翔实的备课资料和实用的教学课件，不仅提供了丰富的教学资源，还为教材编者和教师搭建了交流的平台，成为很多教师必不可少的帮手和朋友。

小学科学网设有教材之窗、理论研究、教学研究、实验区专栏、教学资源、童真童趣、视频在线等栏目，成为一个广泛联系受众的网站，一个师生互动的空间，一个交流互动的平台，一个开放的窗口。

初中数学网设有凤凰新闻、教材之窗、教学研究、教学资源、学生天地、凤凰论坛等栏目，成为教材编写与教学实践密切联系、交流、研讨的互动平台。特别是“凤凰论坛”开设的各年级备课室，每天都会有几百名教师同时在线。

苏科（中学）物理网设有新闻动态、教学研究、资源下载、精彩图库、苏科商城、博客圈、苏科论坛等，为课改实验区的师生提供了强大的资源平台和协作平台，成为教材编写组、出版社与广大师生联系的桥梁和纽带。

初中生物网设有文章中心、下载中心、图片中心、苏科论坛、学生园地等，具有实用性、指导性、可操作性、互动性强等特点。

2009年3月，省教研室把网站（网页）建设作为一项重点工作，在统一思想、提高认识的基础上，用3个月时间对江苏省教研网进行了全面升级、改造。各学科都建立健全了相应的网站（网页），更加适应教学研究发展的需要。目前，江苏省教研室网站有政策法规、课程改革、教材建设、学科教研、课改通讯、课题研究、教学评估、论坛专区等栏目，拥有近3000课时的优秀课堂教学资源，能从各个方面全面及时反映江苏省教育教学的面貌，为全省教育、教学改革服务，教研室学科网站也呈现百花齐放的局面。至2009年11月底，“小学语文网”点击量达到1622万人次，“小学数学教学网”点击量达到622万人次，“小学科学网”点击量达到376万人次，“凤凰数学网（初中数学网）”点击量达到418万人次，“牛津英语教研网”点击量达到1755万人次。

（鞠文灿 撰稿，杨九俊 陆志平 郑君威 朱文章 朱家珑 审阅）

励精图治铸教研辉煌　春华秋实谱课改篇章

——浙江省教研工作的回顾与展望

时光荏苒，岁月如歌。56年风雨历程，56年栉风沐雨，一代又一代的浙江教研员继承浙江人敢于争先的拼搏精神，努力在全省打造出优良的教研氛围，创造了辉煌的教研事业。

一、从无到有，开拓浙江教研之路

1953年，根据中央提出的“整顿巩固，重点发展，提高质量，稳步前进”的工作方针，浙江省人民政府文教厅抽调部分富有教学经验的干部和师范学院应届毕业生，成立了教学改革办公室，主要从事教学研究工作。此即为浙江省教研室的前身，这一举措标志着浙江教研工作正式登上历史舞台。在此后的56年中，虽然机构几经分合，单位名称数次变更，教研工作的任务和内容基本一致，教研员的称呼始终存在，全省几代教研工作者以不懈的干劲，兢兢业业地工作，为全省基础教育的发展发挥着重要作用。

1. 创建期（1949—1976）

1954年，“浙江省文教厅教学改革办公室”改称“浙江省文教厅教研室”。

1954—1961年期间，教研室与省级教师教育高等院校几分几合，但机构始终存在，主要隶属于浙江省教师进修学院。除了从事培训在职中等学校教师和教育行政干部外，教研工作主要着眼于建立教研制度，学习苏联教育理论，编写适合我国实际的中小学教材，指导中小学教师如何备课上课，为全省教研工作的开展奠定了坚实的基础和方向。

1962年，教研室所属的浙江师范学院由杭州迁往金华，教研部留于杭州，由省教育厅直接领导，改称浙江省教育厅教学研究部。

1969年，受“文化大革命”的影响，教研部门和教研制度被迫取消。1971年春，除部分教研人员被抽调参加浙江省中小学教材编写组工作外，大部分被分配和下放到省内中小学任教。

2. 全面恢复期（1977—1985）

1978 年，原省中小学教材编写组撤销，并入重新恢复的浙江教育学院，成为其教研部。从这年开始，全省各地教研室相继成立，初步建立了省、市、县三级教研网络。省教研室带领全省教研人员致力于恢复教研制度，统一教学内容、教学要求和作业设计，研究农村复式教学，推进“普九”工作，编写相关教材，研究教材教法，为后续的课程改革奠定了基础。

3. 领域拓展期（1986—1999）

1987 年 6 月，省教委决定把省教研室从浙江教育学院分出来，作为省教委的直属事业单位，独立建制。在省教委和各级教育行政部门的领导下，浙江省教研事业发展进入了全新的阶段，特别是加强了与中央和兄弟省市相关部门的交流，积极参与全国课改的教材编写任务，扩大了浙江教研在全国的影响。在调整课程设置中，首先是减少课程门类。除了小学原有的常识课与小学低段开设的语文与思想品德课外，借鉴了国外综合文科与综合理科的做法，将初中物理、化学、生物和自然地理合并为“自然科学”课，将历史、政治、人文、地理的一部分合并为“社会”课。其次是增设选修科目，选修科目分文化选修课与劳动职业技术课两种，形成了浙江省课程改革的特色。

1988 年 6 月，浙江省高中会考方案诞生，随即在全省试行。高中会考方案中有首次编写的会考学科考试说明，水平考试的会考试卷模式，物理、化学、生物大规模实验操作考查办法，在全省范围实施高中会考的原则与方法。浙江省高中会考的成功实施，引起了国家教委的高度重视和大力支持。

1990—1991 年，国家教委两度在浙江召开全国考试制度改革现场会议，决定 3 年内在全国普通高中实行毕业会考，推广被誉为“突破怪圈的成功尝试”的高中会考“浙江模式”。

4. 飞跃发展期（2000—2009）

2000 年 5 月，浙江省教委更名为浙江省教育厅，省教委教研室随之更名为浙江省教育厅教研室。内设办公室、课程部、教材部、评价部、研训部、初中小学幼教部、高中部、会考与信息管理部 8 个部门。其主要职能是：贯彻执行上级和同级教育行政部门有关教育工作的指示，检查、督促、贯彻教育方针和教学管理的情况；根据当地实际，提出执行教学计划、学科教学大纲和教材使用的意见，研究并报告本地区基础教育的教学质量状况和需要采取的措施，为教育行政部门决策提供依据；根据教育行政部门的部署，积极参与课程教材改革实验，按有关规定组织编写乡土教材和补充教材；根据讲求实效、少而精的原则，从实际出发，组织多层次多形式的教学研究活动，帮助广大教师执行教学计划，钻研、掌握教学大纲和教材，不断改进教学方法，努力提高课堂教学质量；总结、推广教学经验，组织和指导教改实验，积极推动教学改革；指导和帮助教师开展学科课外活动，组织有利于学生健康成长和个性发展的科技、艺术、体育活动；组织对学科教学的检查和质量评估，在授权范围内制定考核标准和组织命题，研究和改进检查评估的手段和方法，探索考试制度和方法的改革；培养骨干教师和学科带头人。

2003 年，义务教育课程改革在浙江省进行。余杭、北仑、义乌三大国家级课程改革实验区先行试验并取得初步成功，为义务教育课程改革在全省的全面铺开树立了良好的榜样。2004 年，省教研室牵头举办“浙江省基础教育课程改革巡礼”活动，以丰富的内容、夯实的成绩向全国展示了浙江教育大省的风采。

2006 年，浙江全面进入高中新课程实验。省教研室受省教育厅委托制定了各类推进实施的文件，组织开展了各项调查研究，建立完善了高中学生多元评价体系。教研员关注教师专业成长，指导校本教研，提倡研修一体，开辟网络教研。教研室加强教研内部改革，加强学科整合，重视教学管理研究和教学研究管理，规范教学评比，形成教研品牌，确保了各项课程改革措施的稳步开展。

经过全省各级教研部门半个多世纪的努力，浙江教研系统在改革中奉献，在探索中发展，经历了从无到有，从薄弱到壮大的奋斗过程。现有 1 个省级教研机构，11 个市级教研机构，90 个县级教研机构，专职教研员 2143 人。其中具有中学高级职称的教研员 1672 名，占教研员总数的 76.3%；具有“特级教师”荣誉称号的教研员 92 人，占教研员总数的 4.2%。各级教研部门正逐步呈现出队伍结构年轻化、学历水平高层化、教学研究专家化的特征，这些无疑将极大地促进浙江教研的可持续发展。

二、抓住重点，大力开展课程建设

省教研室的成立，源于省中小学教材编写和教学指导的需要。教研室的发展与基础教育课程改革血脉相连。以基础教育课程改革为杠杆，开展教研活动，服务基层师生，推进基础教育的发展，是浙江省发展教研事业的重要指导思想。

1. 制定课程改革政策

教研室受教育厅委托起草拟定了贯彻教育部和浙江省教育厅有关义务教育与高中课程改革实施的“方案”“意见”“办法”等文件。如 2006 年针对普通高中新课程实验工作，先后下发了《第一阶段工作方案》《学科实施方案》《课程设置方案》《学科教学指导意见》《学校工作指导意见》《地方课程、校本课程建设指导意见》《学分认定办法》《高中会考改革意见》《学生成长记录和综合素质评价指导意见》等文件，保证了全省高中课程改革的平稳启动和有序推进。

2. 组织编写教材和教学用书

1958 年 5 月，省教育厅依据当年 3 月间召开的第四次全国教育行政会议的精神，组成浙江省中小学教材编写委员会，编写了中小学和农业中学课本共 124 种。

1968 年 6 月，省教育厅组成以教研室业务人员为主体的浙江省中小学教材编写小组（共 50 余人），编写出版供全省五年制小学使用的课本共 28 册；编写出版初中和高中所设语文、数学、工业基础知识、农业、军事体育、革命文艺、外国语 7 门课程的教材及一些教学参考资料。

从 1980 年起，由北京、天津、上海、浙江三市一省协作编写六年制小学语文、数学课程教材，一直使用到 20 世纪 90 年代。

1988 年 5 月，在小学复式班学生占全省小学生总数 30% 左右的情况下，为提高复式班教学的质量，省中小学教材编写组编印出版浙江省小学复式班语文、数学课本各 6

册，供五年制、六年制小学一、二、三年级的复式班使用。

1989 年，实施浙江省义务教育课程改革，建立小学、初中各科教材编写委员会。编委和编写人员共 323 人，编写义务教育阶段 15 门学科的课本及相关教学用书，合计共 531 册。

3. 通过培训与教研活动推动课程实施

新一轮基础教育课程改革实施以来，省教研室全面负责并实施学科课程培训，编印了大量的培训材料，有力地推动教师课程观念的更新和课程实施能力的提高。省教研室和省特级教师协会每年联合举行一次规模较大的特级教师“送教”活动，让农村、海岛教师“零距离”感受特级教师的精湛教艺和人格魅力。全省通过日常教研活动展开专题研究和交流，通过调研发现和解决教学实际问题，通过各类评比促进教师专业发展，提高了教师的课程意识和实施能力，同时建立了一支课程建设队伍。

4. 加强三级课程的建设

浙江教研系统构建了三级课程管理体系，创建各类凸显浙江特色的地方课程 320 多个品种，指导开设校本课程，激发了学校、教师和学生的兴趣。同时，加大对新开课程的扶持，创新选课制度、学分认定制度，关注通用技术、综合实践活动课程等课程的开设，极大地保证了浙江省高中新课程实验的平稳开展。

三、知难而进，积极探索考评改革

考试评价制度是课程改革的难中之难、重中之重，如何正确发挥各项考试的评价、反馈功能，弱化甄别、选拔功能，成了浙江教研人重点关注的问题。

1. 全国首创建立初中毕业生学业考试制度

2005 年，浙江取消初中毕业升学考试，改为“初中毕业生学业考试”。这项改革注重调整考试内容，改进考试题型，探索对“三维目标”达成状况的检测，要求整卷的难度不低于 0.7（0.75 左右），进一步加强了考试评价功能。同时，省教研室连续两年组织命制的初中毕业生学业考试试卷，发挥了较好的示范和导向作用，受到了广泛好评。

2. 建立学生成长记录，实施综合素质评价

为贯彻落实浙江省教育厅下发的“关于做好学生成长记录和综合素质评价的指导性意见”，省教研室研究了高中学生成长记录的主要内容和基本形式，研制了高中毕业生综合素质评价的基本构架和操作程序。由于学生的综合素质评价和成长记录在高中招生中有着一定的作用，所以初中学校、教师、学生及其家长都普遍重视，“只要考分高，其他无所谓”的落后观念已越来越没有市场。随着高中学生综合素质评价在高校招生中的“分量”逐渐加大，学校推进素质教育、学生全面发展的氛围将进一步浓厚。

3. 高中会考和高考制度改革正朝着有利于推动课程改革的方向迈进

作为全国为数不多坚持高中会考制度的省份，浙江省先后出台了《关于坚持并完善普通高中会考制度的意见》《高中会考保密条例》《高中会考应急预案条例》等文件，全面修订普通高中会考标准和实施细则，更新相关考务管理软件，加强对会考人员的培训，进一步发挥高中会考在实施课程改革、落实教学计划、减轻学生过重课业负担、促

进全体学生的全面发展等方面的不可替代的作用。

4. 规范学校的学分认定与管理

在高中课程改革刚刚启动之时，省教育厅就下发了《浙江省普通高中学分认定办法(试行)》，对学校学分认定的组织领导、基本条件、认定程序、异议复议、档案管理等各个环节都作出具体规定，以利于提高学校学分认定的真实性、严肃性和公正性。

5. 加强教学质量监测的研究

浙江省基本普及15年的基础教育，基础教育从数量的扩张转向内涵的发展。为了加强教学质量管理，提高基础教育的教学水平，教研室着手进行了基础教育教学质量监测标准和监测体系的研究。

四、专业引领，打造优质教研品牌

提供优质教研服务是教研系统的宗旨，既要为教育行政部门提供政策决策服务，又要能够为基层一线教师提供教学指导服务。多年来，省教研室致力于打造优质教研活动品牌，受到上级领导和基层教师的一致好评。

1. 挤不进门的培训

省教研室每年组织两次以上学科培训，培训采用理论和案例相结合，教材解读和专家研讨相结合的形式，深受教师们欢迎，学科培训的“报到证”成为了教师眼中的抢手货。

在课程改革启动阶段，省教研室就定好了规矩，一是“先培训后上岗、不培训不上岗”；二是凡省教研室举办的培训都不收费。迄今为止，浙江省义务教育阶段每年举办两次省一级的学科培训，涉及小学、初中的18门学科，已培训6万余人次。市、县两级也进行了相应的学科培训，共培训40余万人次。

从2006年5月开始，省教研室组织普通高中课程改革的教师和教研员1400余人参加了国家级培训，并承担省一级学科培训48期，培训人员21200余人次。为了让一线教师接受“原汁原味”的培训，省教研室和省电教馆联合制作了解读小学、初中、高中所有学科课程标准的光盘一套，省课改办编印了数十万字的培训资料2500余份，供各市、县和学校培训使用。在此基础上，省教研室于2007年举办全国首创的全省范围内的教研员培训，帮助教研员了解熟悉教研工作方法，掌握教研工作岗位技能，提高教育理论水平，增强实施和指导新课程改革的能力。

2. 少有的四级教研机构

浙江努力构建省、市、县、校四级教研体制。所谓“校”，就是浙江走在全国前列的校本研训。校本教研制度要求将教学研究工作重心下移到学校，以教学实践中具体问题为研究对象，通过个人反思、同伴互助、专业引领和行为跟进等方式，促进教师的专业发展，达到提高教学水平和教学质量的目的。总结迄今，经学校申请、县（市、区）推荐、市初评、省复评，省课改办表彰了140所义务教育阶段校本教研示范学校和26所园本教研示范幼儿园。同时，还支持温州市、台州市、下城区、余杭区4个国家级基地，开展校本教研制度建设实验的研究与实践。在充分发挥“示范校”和“实验基地”示范、辐射、带动作用的过程中，推进了对建立校（园）本教研工作的长效运行机制的探索。

3. 寻找快乐的课堂

“减负”是课程改革的热点话题，也是全省教研人员近年来关注的焦点问题。为此，教研室先后在绍兴、慈溪召开“初中阶段‘轻负担高质量’经验交流会”，并提供大量示范课，为如何在课堂实现真正减负提供样板；赴东阳、嘉兴实施小学阶段“智慧课堂、快乐校园”调研，挖掘“轻负高效”典型经验，切实把学生的负担减下来，把课堂的效果加上去。与此同时，省教研室还加强对教师专业素质发展的研究，启动课堂教学规范研究和新教师需求调研，探访名师名校长，总结成功教育教学经验，为全省教师的专业发展加了一把力。

4. 乐于为基层服务

省教研室定期召开市、县（市、区）教研室主任会议，研究教研工作，印发教研工作指导意见。在加强三级教研机构工作的协调，规范各类评比，逐步树立良好教研品牌的同时，根据教育发展的需要，省教研室正在努力改变教学研究中过分强调学科本位的倾向，加强学科之间、学段之间的沟通与整合，以综合性研究促进学科研究的深入。积极改革教学研究的形式与方法，适度淡化各种比赛、竞赛、检查和评比，灵活运用调查研究、问题解决、实践探索、典型挖掘、理论指导、区域交流、学术研讨等多种教研方式，提高教学研究的质量与效益。教研室重视教研员思想修养和专业学习，提倡牢固树立服务意识，转变角色定位，坚持秉公办事、不谋私利的职业操守，促进了教研员以良好的形象和高水平的研究成果指导学校开展教研活动，帮助教师更新教学观念、改进教学行为。

五、继往开来，谋求科学和谐发展

新时期，教研系统既面临挑战也面临机遇，如何应对形势发展的变化与需求，成为教研部门迫切需要思考的问题。省教研室结合深入学习实践科学发展观活动的有利契机，解放思想，转变观念，跳出学科局限，从整个课程改革现状和基础教育的大局出发，认真思考自身的未来发展问题。

1. 为教育均衡发展、保障公民教育公平献策

缩小地区之间、城乡之间、人群之间的教育差距，这是党和政府的“民心工程”，也是关系社会稳定的“平安工程”。因此，要把提高农村新课程实施水平放到更加突出的位置，通过实施“农村中小学现代远程教育工程”和“农村课程改革携手行动”，加大对欠发达地区教学状况的关注和指导，多研究农村课程改革中的问题，开展适合农村特点的教研活动，加快提高农村教师领会课程标准和教材意图、改进教学方式的能力，进而提升全省基础教育的整体水平。

2. 为面向全体学生、促进学生共同成长探路

让浙江的孩子在“个个有书读”的基础上做到“人人读好书”，这是时代给教研系统提出的崭新课题。省教研室坚持素质教育方向，纠正应试教育倾向，全面贯彻党的教育方针，面向全体学生，正视个性差异。坚持初中毕业与高中招生制度改革的方向，坚持高中会考改革的方向，强化全体性评价、过程性评价和综合性评价，重点监控学生群体

中后20%的比例，引导学校进一步关注后进学生的成长，真正做到“为了一切学生”。

3. 为遵循教育规律、切实提高教学质量把舵

提高教学质量，应是学生素质全面提升、全体学生健康成长的质量。省教研室加强了对德育、体育、艺术教育、技术教育和社会实践等课程的研究，规范教育教学行为，保证新设置课程的开出率和实效性。注重知识与技能、过程与方法、情感态度价值观“三维目标”的达成，促进学生全面、和谐、个性化、可持续地发展。积极推广“轻负担高质量”的先进典型，探索新的教学质量监测机制，进一步减轻学生过重的课业负担，为提高合乎科学和谐理念的真正意义的教学质量而努力。

4. 为建设一支数量充足、结构合理、师德高尚、素质精良的师资队伍竭尽全力

浙江教研系统发挥自身的专业优势，整合全省教研力量，培育浙江教研品牌，大力推动校本教研和网络教研，加大教研成果的推广力度，不断促进广大教师的专业发展。教研人员虚心向一线教师学习，积极探索教学研究、教学指导与教学监督检查有机结合、相互促进的工作机制，通过“合作中的指导”和“引领式的服务”，优化中小学教学工作，提高教育教学水平，为浙江教育的科学和谐发展作出了特殊的贡献。

忘记历史是对未来的不负责任。浙江省教研室发展的历史表明：社会和经济的发展推动着教研事业的发展，而教研事业的发展也促进了教育事业的发展。不管基础教育普及程度有多高、规模有多大，教研工作对促进基础教育内涵发展和教学质量的提高具有不可替代的作用。放眼全省乃至全国，凡教研机构健全、队伍强大、工作扎实，当地的教育事业发展就比较好。今后，省教研室将对浙江教研历史作一细致的梳理，找出促进教研事业发展的动力，总结教研工作取得长足进步的经验，在今后的工作中充分发挥优势。同时，也要清楚地认识到历史的重任和时代的要求，在研究历史的基础上，对浙江教研事业的未来发展做好规划工作，以保证教研事业的跨越发展。

（浙江省教研室集体撰稿）

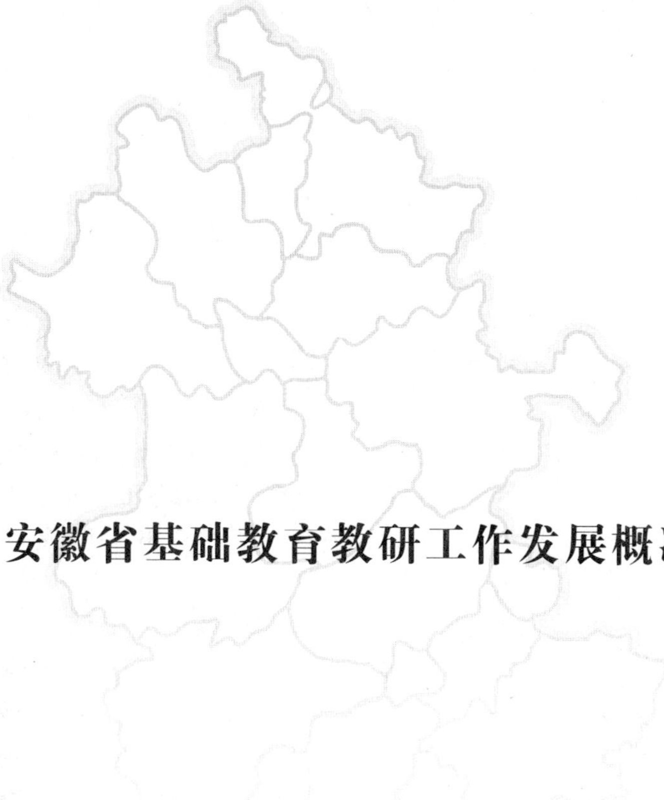

安徽省基础教育教研工作发展概况

安徽省基础教育教研工作，是伴随着省教育科学研究院机构设置的变迁而不断发展的。几十年来，在教育行政部门的重视和广大教研工作者的不懈努力下，取得了辉煌的成就。如果按照发展的历史脉络来划分，可以分为以下几个阶段。

一、起步阶段（1949—1979）

1956 年，安徽省教育厅设立教育视察研究室，设督学和视察员，负责全省普通中小学的教育视导和教学研究工作。督学和视察员由具有大专以上文化程度、有丰富教育教学经验的中小学校长、教导主任或知名教师担任。

1958 年春，为适应教育形势发展的需要，教育视察研究室改名为教材编审室，增加编写补充教材、乡土教材和教学参考资料的任务。人员编制随之扩大，分设若干学科小组，同普教处密切配合，统一部署、指导全省中小学的教学业务，提高教学质量，成效显著。

“文化大革命”中，省教材编审室被解散。1969 年，省教材编写组成立，负责全省中小学各科教材和教学参考资料的编写工作。1976 年后，教材编写组再次改名为教材编审室。

这一阶段是安徽省教研工作的起步时期，虽有所发展并取得一定成绩，但由于政治形势复杂多变，机构及人员极不稳定，所开展的工作主要是配合当时中心政治任务。

二、恢复和重建阶段（1980—1990）

安徽省各级教研部门自 20 世纪 80 年代相继恢复以来，机构逐步健全，队伍不断壮大。

1981 年 3 月，安徽省编制委员会下文，将省教材编审室改为安徽省教育科学研究所。1982年8月，成立安徽省教学研究室，与省教科所系一个机构两块牌子，为省教育厅下属事业单位，核定编制60人。设有中小学各个学科组和教育理论、教育史志、职业教育等研究室，以及情报资料室和《教学研究》编辑室。主要任务是：以马列主义、毛泽东思想为指导，坚持面向现代化、面向世界、面向未来，以全省中小学教育为重点，兼顾幼儿教育、职业教育、师范教育，研究教育实践中提出的重要理论问题和实际问题，同时注意研究基础教育理论。具体负责组织研究教育学、心理学、教育史和当前国内外新的教育教学思想、理论和方法，联系本省实际总结自己的经验教训；组织研究在贯彻执行党的教育方针、政策、教学计划和结构改革中所涉及的理论及实践问题，研究中小学、职业教育及幼儿教育的各科教材、教法；组织教育改革的实验，抓好中小学教材、教法改革实验，开展加强学生思想政治教育、发展智力与培养能力、现代化教学手段及青少年生理与心理发展的研究；有计划、有目的地深入中小学开展调查研究，总结交流经验，研究改进意见，发现、培养优秀的教学骨干；通过研究课题和各科教学研究会组织广大教师开展教学研究，加强三级教学研究网的建设；组织编写必要的补充教材、乡土教材、教学参考资料、学生课外读物以及教育史志，编辑出版《教学研究》及其副刊《教研信息》《中学生外语园地》等。此后，全省各地市也成立了教研室，安庆、芜湖、合肥还成立了教育科学研究所。在省教育行政部门的统一领导和部署下，广大教育工作者认真进行专题研究，经过十余年的努力，在教育理论、教学工作和教材教法等方面都取得了显著的成绩。

这期间，省教科所（教研室）主持推进的研究项目主要有：中学语文课阅读与写作分开教学实验，高中、初中数学实验教材全过程试点，中学统编英语、俄语课本试教实验，以及小学从一年级起进行早期音乐教学的实验等。其中，中学语文课阅读与写作分开教学新课本的试教实验，于1986年获国家教委办公厅颁发的“勇于开拓，成绩显著”奖状。初中物理教学改革实验的“实验、综合、探索式教学”经验，1985年和1988年两次受到中国教育学会的奖励。高中化学教学改革实验在全国影响也较大，1985年在安徽召开的全国化学教研大会上，安徽省有5个改进实验的教学录像被选用复制，并向全国推荐。与此同时，重视开展学生的学科竞赛活动，协同省科协、各教育学会每年举行全国高中数学、初中数学、高中物理和化学竞赛，并与上海《青年报》、华东六省一市等联合举办中等学校学生作文竞赛。安徽省学生在全国和华东地区中学生政治小论文竞赛中，有30多名获奖。在全国中学生数理化竞赛中，获得物理、化学竞赛一等奖2个，国际物理、化学奥林匹克竞赛优胜奖、金牌和理论特别奖各1个。

省教研室以学科组为单位，每年组织地、市教研员和高师院校教师，分赴全省各地中学进行学科教学视导，了解情况，总结经验，发现问题，帮助改进，并及时将情况反映给省教委领导及有关处室，作为教育教学整体改革的参考。为加强教师培训工作，每年利用暑假举办培训班、备课会和研讨会，帮助教师领会大纲，掌握教材，提高素质。通过派出学习、请专家来讲学和编印资料，帮助各地教研员和教师提高教学研究能力和水平；通过联合举办教学录像评比活动，推动教师研究和改进教学。

1984年，为了满足农村职业中学的需要，省教科所组织编审了农科类教材14种，其中正式出版了《土壤肥料》等6种基础教材。1985年编审的中学劳动技术课教材

（初中 2 本、高中 7 本）全部出版，并在国家教委召开的劳技课教材会议上，以“突出操作、简明实用”的特点受到好评。1988 年编审出版了《种植技术》《养殖技术》《林果花卉》《经营管理》等，供农村职业初中和初中后培训使用。此外，按国家教委的有关规定组织编写中小学各学科的练习册 16 种 85 本，暑假作业 7 本，时政教育材料 2 本，高一、高三、初一政治课改革实验教材教案 3 本，以及初中音乐、美术教材。

在教育史志方面，参加了国家教委组织的《中国教育年鉴》安徽部分（三卷）的资料编写和《特级教师经验选》续集的审定工作。编写了《安徽革命根据地教育史》、《鄂豫皖苏区教育史》（与湖北、河南合作）、《安徽省教育文件选编》，完成了《教育大辞典》《中国人名大词典》安徽部分词条收集和编写工作。为中央教科所的重点科研项目《中国革命根据地教育史》提供了有关资料并完成其中一章的撰稿任务，参加完成了《安徽省教委组织史》的编写任务。

这一阶段是安徽省教研工作的重建时期，明确了机构，增加了编制，充实了人员，明确了任务。广大教科研人员面对“百废待兴”的教育现状，充满着历史责任感和紧迫感，积极工作，取得了显著成绩。

三、全面改革开放阶段（1991—2000）

进入 20 世纪 90 年代，省教育科学研究所围绕九年义务教育课程方案的实施及高中的两项改革，求实创新，开展多层次、多形式的教研活动和教改实验，在全面推进“两基”、积极实施素质教育、指导学校执行课程（教学）计划、加强中小学教材建设、组织教改实验项目、总结推广成功经验，以及加强教学管理、开展常规教研活动、培训提高教师业务水平等方面，付出了不懈的努力。

1. 开展课程改革实验

围绕九年义务教育课程方案的实施，重点抓了九年义务教育的整体改革实验和九年义务教育的各学科大纲、教材的全员培训。义务教育课程方案的实施是一项重大举措，为了取得经验，省教科所从 1990 年开始，在芜湖、安庆两市的部分中小学进行九年义务教育的教学计划、大纲、教材的整体改革实验，并在全省广泛开展实施这一课程方案的宣传工作，通过实验和宣传，培训了队伍，积累了经验，加深了对课程方案的理解。在实验中还由于对教材修订提出有益建议而受到人民教育出版社的表彰。

为积极推进素质教育的实施，省教科所会同教育厅基教处共同组织地（市）教委主任赴湖南汨罗等地参观考察，学习汨罗等地实施素质教育的经验，筹备召开了全省第三次素质教育汇报会。为减轻学生过重的课业负担，大面积提高课堂教学质量，安徽省教科所继续推广教学改革实验，在全省设立了 400 多个教材教法改革试验的项目和试验点，组织开展了部分学科的课堂教学优质课和优秀教研、教改论文的评选活动。其中语文、历史、化学、地理、生物、音乐、美术 7 门学科的优质录像课参加全国评选，均获得了全国大奖。

2. 开展教研活动和教改实验

加强对中小学教师的业务指导是各级教研室和广大教研人员的一个工作重点，安徽省教科所和各级教研室在这方面做了大量卓有成效的工作。

1993年秋季，义务教育课程方案开始在全省实施。省教科所不失时机地组织了各学科三级培训，利用暑期对九年义务教育任课教师和各级教研人员进行培训，学习14科教学大纲和教材，研究改进教学方法，其中接受省级培训的教师和教研员达6000余人，地（市）、县教研室培训了近30万人，从而使安徽省实施义务教育课程方案有了一个良好的开端。

按照省教委统一安排，省教科所定期召开省级教学、教研工作会议，审编全省中小学教学用书目录，制订省重点中学评估方案和一系列教学质量评估标准，开展教学视导、研究教材教法、组织学科教学检查和质量评估。根据实际需要，先后举办了初中劳技课教师培训班等数十期讲习培训活动。教研员严格执行每人每年听课不少于60节的制度，采用个人分散听课和学科定向调研相结合的方式，或集中人力，解剖麻雀；或随堂观摩，切磋研究，被学校领导和教师称为“最受欢迎的人”。省教科所还经常组织各种形式的公开课、观摩课、优质课和论文论著、教学设计的评选活动。1990—1995年，全省性的评优活动举办了20余次，发现和培养了几百名中青年教学骨干，各学科涌现出一大批学科带头人。

在抓好常规教研工作的同时，省教科所在全省建立了100多个教改实验点，其中，初中物理教材教法同步改革，中学英语“3L”教法改革，中学数学、化学、生物、政治、语文等学科的目标教学实验，小学数学“优化课堂教学过程”，幼儿语言能力训练等实验项目的成果在较大范围内被应用和推广。

1995年5月，安徽省教委决定，在全省近30万中小学青年教师中开展首届“教坛新星”评选活动，要求参评教师不仅要“讲课”，同时要“说课”。经过一年多的层层遴选，共评出“教坛新星”省级300人，市、县两级近4000人。这次活动对全省中小学教师进行了一次普遍的业务考评和岗位练兵，受到省有关领导和新闻媒介的普遍关注。此外，还组织了“苏步青数学教育奖”和全国“中小学外语园丁奖”在安徽的评选，其中安徽省有2位教师荣获第三届“苏步青数学教育奖”，有17位外语教师、教研员获得“中小学外语园丁奖”。特别是合肥一中张雪平老师的“外语教学法”，得到了李岚清副总理的高度赞赏，提高了安徽省课程改革工作的知名度和影响力。马鞍山二中汪延茂校长的物理教改实验，代表了当时安徽省教研的最好水平，受到了国家教委的表彰。

3. 进行考试改革研究

省教科所先后制定了九个学科的高中毕业会考纲要，组织了每年的会考命题工作，并注意运用会考反馈的信息指导和改进高中教学，正确发挥会考对教学的导向作用。同时，借鉴高中考试改革经验改革中考，编制了六个学科的中考说明，对中考的命题工作和管理、中考的评价功能进行了较为深入的研究。

国家教委制订的新课程计划把活动课列为正式课程，强调开设选修课、劳技课，是课程设置的重大改革。为配合这一改革，省教科所及时为全省高中制订了详细的选修课开设方案，初步形成了中小学活动课程安排的总体规划，先后召开了选修课、劳技课、活动课研讨会，组织力量编选教材，编出《科学社会主义（常识）》《中学生心理卫生》等五种教材，并在全省试用。

4. 加强教育科学规划与管理

1991 年，省教委成立了安徽省教育科学规划领导小组。领导小组下设的办公室挂靠在省教育科学研究所，作为规划领导小组的办事机构。办公室负责完成领导小组指派的任务，统一规划和管理全省教育科研的工作。

为了加强教育科学研究的计划性、科学性，使教育科学研究课题的管理逐步做到制度化、规范化，规划领导小组办公室先后制定和颁发了省教育科学研究课题管理的规范化文件《安徽省教育科学规划领导小组条例》和《安徽省教育科学研究省级课题暂行管理办法》，规定了省级教育科研课题的立项原则、立项步骤、课题的申请、课题的管理、课题负责人的职责、经费的来源及管理、成果的鉴定及奖励等方面的要求。省教育科学研究所在省教委领导下，具体负责统筹规划、协调、管理全省各类教育的科研课题，检查评价省级课题的研究进展及成果鉴定与宣传、推广。

5. 完善四级教研网络建设

按照省教委的部署，省教科所配合地、市、县教委认真落实国家教委关于教研室的编制、人员待遇、活动经费等方面的政策规定，完善和巩固了省、地（市）、县（市）、乡（镇）四级教研网络，形成了一支数以千计、素质较高的专职教研员队伍和数以万计的兼职教研员队伍。为了加强教研队伍的建设，充分发挥教研室和教研员作用，省教科所在广泛调查研究和征求意见的基础上，于 1992 年制定了安徽省《地（市）、县（区）教研室工作评估指标体系及评估办法》《各级教研室教研员工作考核评价标准》，1993 年进行首次考评，表彰了 31 个先进教研室，285 名先进教研员。

1994 年，省教科所认真总结经验，研究新形势下教育教学工作面临的新问题，进一步确立了以全面提高学生素质作为教研工作出发点和归宿的指导思想，在实际工作中把教学研究和教育科研结合起来，统筹学制、课程、教材、教法、考试等方面的改革和实验，树立创新意识和系统观念，努力构建符合素质教育要求的安徽省整体教学改革方案，全面提高教研水平和教学质量。

1995 年 4 月，安徽省教研室教研工作顺利通过了国家教委的评估验收，成为全国首批通过验收的两个省级教研室之一。

1997 年 5 月，安徽省召开了全省教研工作会议，会议指出："当前和今后一段时期，全省教研工作要进一步贯彻落实《国家教委有关加强教育教研（科研）工作的规定》和《国家教委对安徽省教科所检查评估的〈回复意见〉》的精神，坚持四项基本原则，突出'三个面向'，紧密围绕实施'两基'，落实'两全'，主动适应应试教育向素质教育转轨的需要，始终做到教研（科研）为教育宏观决策服务、为基层和学校服务、为教师和教学服务，认真探索并遵循新形势下教研工作规律，努力开创教研工作新局面。"会后出台了安徽省《各级教学研究室工作条例》《市（地）、县（市、区）教研室检查评估标准（试行）》等文件。

这一阶段是安徽省教研工作的探索和发展时期，初步显示出教育科研机构在教育教学研究和指导及服务中小学教育教学等方面有着不可替代的作用。

四、开拓创新，扎实服务基础教育课程改革阶段(2001—2010)

基础教育课程改革以来，安徽省教育科学研究所及时把工作重点调整到服从于、服务于课程改革，全面推进以创新精神和实践能力为核心的素质教育上来。

1. 加强教研机构建设，支持课程改革

实施课程改革以来，安徽省不少市、县、区很重视教研机构建设。芜湖市、铜陵市、马鞍山市坚持从优秀教师中公开选拔、选聘教研员。桐城市在课改之初，就为教研室配备了17名教研员。合肥市庐阳区、蜀山区面向全区招聘教研员，包河区为教研室配备了18名教研员，瑶海区专门聘请了50名优秀教师担任兼职教研员，充实全区的教研力量。宁国市、繁昌县通过考核，遴选新课程实验中涌现出来的优秀教师担任教研员，加强教研队伍建设。淮北市相山区选拔了4位骨干教师充实教研员队伍，聘任了一批兼职教研员。国家级贫困县霍邱县同样重视教研室建设，采取得力措施，充实教研人员，为教研工作创造条件。许多市、县通过教研员组织各学科课改中心组，深入学校课堂，积极参与新课程教学研究，研究解决教学中的真实问题，推进了课程改革扎实有效地开展。

省各级教研机构和教研人员，带头学习教育科学理论，宣传新课程理念；积极组织新课程标准和教材培训，建立新课程培训网络；深入学校教学第一线，和校长、教师共同努力推进校本教研；组织教师开展专题研究，拓宽和加深教学研究的内容；建立教学研究交流平台，总结交流课程改革经验；探索评价和考试改革，研究并努力实施中考命题改革、初中毕业生综合素质评价改革。在建立正常教学秩序、执行国家课程计划和教学大纲、加强教学业务管理、组织教学改革实验、开展教学研究、提高教师专业水平和教学能力等方面发挥了重要的作用，为新课程的稳步实施作出了积极贡献。

省教科所在上述各项工作中，认真组织协调，开展调研指导，努力搞好服务，发挥了龙头、示范和辐射作用。

2. 加强教师队伍建设，落实培训机制

自2001年以来，安徽省坚持“先培训，后上岗；不培训，不上岗”和“边实验、边培训、边总结、边提高”的原则，通过狠抓培训和教学研究提高中小学校长、教师素质，以保证课程改革的实施。省和许多市、县注重培训本地骨干，利用本地专家资源开展通识培训，促进教育观念的转变。建立了市、县、乡（镇）三级教研网络，认真开展新课程教学研究，使新课程得以顺利实施。

2001—2004年，举办全省普通高中新课程方案和新课程教材实验的省级培训以及小学、初中义务教育课程标准及新教材省级培训。参加省级培训的骨干教师、教研员共有14个学科3万余人，加上各市、县级培训，全省每年接受暑期培训的教师有10万余人，基本上覆盖到所有课程改革实验区的专任教师。此外，省教科所加强对教育评价与考试改革的实践与研究，每年组织全省高中毕业会考、中考、中等职业学校对口招生考试的命题以及考试评价工作，开展了适应新课程改革的评价体系的建构的研究。在安徽省教育厅的领导下，省教科所还不断拓展国际教育学术交流，开展多渠道、多形式的学习、进修和交流活动。

2006年开始，安徽省每年组织高一各学科教师新课程省级培训和高二、高三各学科骨干教师省级研修，每年培训和研修近40场，培训高中教师约3万人，形成了具有安徽特色的高中新课程培训模式。

3. 加强教研制度建设，促进校本研究

2005 年 10 月，安徽省召开了“创建以校为本教研制度建设基地”经验交流暨全省教研工作会议，建立了芜湖市、合肥市庐阳区、铜陵县 3 个国家级校本教研基地和 11 个省级校本教研基地。

校本教研工作在安徽省各实验区蓬勃开展起来，有力地推进了课程改革的顺利实施。各地采取各具特色的形式，创造了宝贵的经验，取得了明显成效。合肥市庐阳区把建立校本教研制度作为重点工作，要求所有学校都要积极开展校本教研，抓点带面，实行城乡互动、乡镇联片推进，激发了广大教师进行教学研究的积极性和创造性，涌现了一大批校本教研各具特色的学校。如合肥市安庆路第三小学采取多种形式，研究教学实践中的真实问题，研究学生发展中的突出问题，促进了教师专业水平的提高和学生生动活泼的发展。长江路第二小学坚持教研教学紧密结合，使校本教研常规化、生活化，节约了时间，取得了实效。南门小学利用网络开展教研，不仅拓展了校本教研的时间和空间，而且吸引了不少学生和家长也参与到其中来，既丰富了教研内容，又创新了教研形式，促进了教师教学方式和学生学习方式的转变，培养了学生的创新精神和收集分析处理信息的能力，提高了教育教学质量。马鞍山市通过抓边远农村学校和薄弱学校校本教研基地建设，促进教师专业发展，不仅使这些学校提高了教育质量，改变了落后面貌，而且影响和促进了城乡其他学校校本教研的开展。芜湖市许多学校在校本教研活动中，聚焦课堂、关注教学，使教研工作与时俱进、回归本源，成效显著。池州市各县、区都建立了校本教研指导组，城乡各学校都建立了校本教研组，指导和组织教师不断学习、实践、反思，改进课堂教学，提高教学质量。铜陵市狠抓城乡校本教研经验交流，促进均衡发展，推动薄弱学校形成办学特色，使农村学校教师在校本教研中迅速成长，教育教学中的实际问题在校本教研中有效解决。

4. 加强课程教材建设，开发地方教材

为贯彻落实教育部有关教材建设“在统一基本要求前提下，实现教材的多样化”的精神，安徽省全面启动了新一轮省级以及国家课程标准教材的编写。教研室先后编写了小学思想品德，初中物理、数学，中学劳技，高中、初中、小学信息技术等十多种教材和百余种地方教材及教辅用书。近年来，又承担了新课程标准初中物理、数学，高中物理，小学英语、品德与生活、品德与社会等教材的编写。组织了《中华优秀传统文化经典导读》《中小学公共安全教育读本》《中小学心理健康教育读本》《中小学环境教育读本》《中小学综合实践活动》等地方教材以及普通高中各学科《同步作业》的编写工作。上述地方教材全部由安徽省中小学教材审定委员会审查通过。

5. 加强教育科学研究，提供决策服务

面向基层、面向农村、面向学校，面向教育教学实际，针对教育改革中的热点、难点问题积极开展调查研究，是教研部门义不容辞的任务。省教科所重点关注农村教育和农村学前教育、特殊教育、职业教育的调查研究，形成了多篇调查研究报告。如“税费改革后农村义务教育投入保障机制问题研究”“农村义务教育管理体制问题研究”“面向 21 世纪安徽农村义务教育课程教材改革的实验和研究”“创新教育研究与实践”“基础教育物理课程标准的研制”“农村职业中学教学模式与课程结构改革研究（版块式课程结构与就业本位课程体系的开发研究)”等。其中，全国教育科学“十五”规划教育部重点课题“税费改革后农村义务教育投入保障机制问题研究”报告，荣获第三届全国教育科学研究优秀成果二等奖（这是改革开放30多年来安徽省在教育科学研究领域获得的最高奖)，2003—2004年度又获安徽省社会科学文学艺术奖二等奖，《农村义务教育管理体制：进展、问题、建议》获安徽省社科优秀成果奖，胡平平、张守祥主编的《农村义务教育投入保障机制及管理体制问题研究》一书由科学出版社于2007年出版。

从“八五”开始，省教科所每五年颁布一次全省教育科研课题指南，旨在通过宏观引导，提高广大教育工作者、教师的教育科研意识，加强教育科研队伍建设，促进全省教育科研事业的繁荣与发展。

2006年年初，省教科所成立专题项目组，着手研制与普通高中新课程相配套的安徽省高考方案。经过数十次研讨和修改，于2008年以省教育厅的名义举行了全国首例高考改革方案听证会，完成了《安徽省2009年普通高等学校统一招生考试工作指导方案》的研制工作。

为推进全省骨干教师队伍的建设，省教科所先后与省教育厅人事处、师范处一起，完成了全省第二届、第三届“教坛新星”和第八批、第九批“特级教师”的评选。

这期间，省教科所组织编撰出版了《安徽省教育志》《安徽省教育大事记》《安徽省志·教育志》《安徽教育史》等。

6. 加强机构改革建设，推进教研发展

2008年1月，经省机构编制委员会批准，安徽省教育科学研究所更名为“安徽省教育科学研究院（省教学研究室、省陶行知教育思想研究会)”，并增挂“安徽省普通话培训测试中心”牌子。主要负责教育教学研究、教学教改应用和陶行知教育思想的研究；负责指导各地教育科学研究和教学改革实验工作、全省普通话水平测试工作，培训省级普通话水平测试员并颁发资格证书。截至当年年底，全院在职在编41人，其中副高以上职称34人（含研究员1人、特级教师4人)。

2009年10月，经省教育厅批准，安徽省教育科学研究院为省教育厅直属全额拨款事业单位。机构设置方案为：内设教育发展与改革研究部、教育科学研究课题管理部、教学与考试评价部、信息资源部、职业与成人教育部、高中教学研究部、初中教学研究部、小学幼特教学研究部、德育与心理健康研究部等13个职能部门。主要职责是：研究全省基础教育、职业教育、学前教育、特殊教育的教育教学改革与发展中的理论和实践问题，为全省教育改革和发展提供理论指导、科学依据、咨询服务及可操作方案；教学科研成果普及与推广工作；组织全省中小学课程改革的研究与实施；进行教学研究、教学指导、教学业务管理（包括教学评估和教育考试)、课程教材建设等方面的工作，负责教学质量的监测评估，具体实施学业水平测试和综合素质评价工作；负责全省基础教育、职业教育、学前教育、特殊教育的教育科研规划管理；负责陶行知教育思想的研究、宣传和实验工作；负责指导全省普通话水平测试工作，培训省级普通话水平测试员并颁发资格证书；完成省厅交办的各项任务，为教育决策提供服务。

同时，承接多项国家级、省级教育科研课题；承办省教育科学规划领导小组办公室、省中小学艺术教育委员会办公室、省职业教育教材审定委员会办公室、省学业水平测试办公室的日常工作。

至此，安徽省教育教学研究工作不断拓展，开始进入一个崭新的发展时期。

随着基础教育课程改革的不断深化，安徽省教育科学研究院将根据新形势下教育改革与发展的新要求，紧紧围绕《国家中长期教育改革和发展规划纲要》中的重要问题，结合安徽省实际，进一步整合教科研力量，深入开展调研，为安徽省的教育发展和决策做好参谋；创新教研工作思路和方式，大力提倡网络教研、校本教研、专题论坛和教师研修活动，提高教研指导力，促进教研队伍的建设与发展；大力推进有效教学，实施多元评价，构建新型研训网络；调整建立适应教育教学改革的内设机构，努力在全省教育改革与发展的工作中发挥应有的作用。

（陈启刚 撰稿，阚智 张守祥 审稿）

彰显省级教研室职能　抒写教研工作新篇章

——福建省基础教育教学研究的发展历程

福建省普通教育教学研究室于1984年成立，其前身可追溯到1956年创建的福建教育学院。建室以来，机构虽几经调整，但始终认真履行工作职责，为全面推行素质教育，大面积提高基础教育教学质量作出了积极的贡献，奋力抒写了教研工作的新篇章。

一、创建机构，完善设置，确定职能

1984年1月，省政府批准划出福建教育学院教研部的中小学及业余教育的教研任务，成立福建省普通教育教学研究室（以下简称教研室），核定事业编制70名，归省教育厅直接领导。目前设有中学文科、中学理科、综合科、小学幼教科、教学评价科、课程教学科、办公室、人秘科、行政科和编辑部，在编专业技术人员39人。教研员先后有8位被评为省级特级教师，4位获全国优秀教师荣誉称号。

主要工作任务：一是根据全国各科教学大纲的要求，制定学段教学的具体要求和质量检查标准，提出各科教学的指导性意见；二是组织编写适合省实际情况的中小学乡土教材和补充教材，编审职工、农民、干部的文化课和专业技术课教材；三是根据国内外教育科学不断发展的情况，制订教学改革方案，开展教改实验，定期进行教学质量分析，提出改进教学工作的意见，指导各地教学改革；四是组织和指导各科的教材、教法的研究，指导全省教师过好教材教法关，提高课堂教学质量；五是深入课堂、深入实际，调查研究，总结推广先进教学经验，及时发现和解决教学中带有普遍性和方向性的问题；六是编写教师教学和进修的参考资料，编出《福建教学与研究》指导学校教学工作；七是参与并协助教育学会，推动群众性的学科教学研究工作的开展。

二、勇于实践，扎实工作，彰显职能

教研室坚持贯彻国家的教育方针，坚持素质教育的改革方向，坚持执行教育部制订的教学大纲和教学计划，在稳定中小学教育教学秩序、提高教师素质、组织推动教育教学改革、宏观管理和监控各学科的教育教学质量、总结和推广教育教学经验等方面扎实工作，取得了丰硕的教研成果。

1. 贯彻落实教学大纲，稳定正常的教学秩序

（1）参与修订教学大纲和编写教材工作

20 世纪 80 年代末至 90 年代，为配合国家教委九年制义务教育教学大纲修订及新的高中教学计划的调整，在广泛搜集各学科的意见和建议基础上，形成了本省的调研报告并提交上级有关部门作决策参考。各学科通过多种形式，继续做好新大纲的宣传、学习和落实工作，先后有十多位教研员被聘参加教学大纲（课标）、课程设置方案的修订和教材编写工作。

1984 年，教研室陈松铨等合编的第一本教材《农业基础知识》，由福建教育出版社出版。之后，教研员参与编写的全国统编教材、地方教材等已正式出版近 200 册。其中，江敬润主编的沿海版《初中语文课外阅读教学》、舒镇主编的《小学课外阅读》教材一套 12 本获省教改成果奖，供广东、福建两省试验区使用。

（2）开展师资培训和教材教法试验研究

紧密结合教材辅导和新教材的试验工作，组织了上千期师资培训班，指导一线教师备课，切实用好新大纲，过好教材关，提高课堂教学质量。

20 世纪 90 年代前后，依据教育理论和研究成果组织开展的“省小学数学教材教法同步整体改革”试验、“英语五步教学法”研究、“重点高中语文、数学实验教材”试验、沿海版教材试验（在泉州鲤城区进行）等，都取得了可喜的成绩。在闽侯、长泰、仙游三县进行的人教社版本教材的整体试验，受到省教委和人教社的联合表彰，获得课程教材研究所的特别嘉奖。“初中语文分编型教材试验”时间长，范围广，国家教委办公厅于 1989 年 8 月授予奖状，表扬教研室在“试教工作中，勇于改革，卓有成效”。

教研员研究教材教法撰写并发表论文数百篇，出版了相关学术专著多部，先后有 12 位被聘为省内外师范院校、教育学院的兼职（客座）教授。在教材教法实验过程中组织编写了大量的参考资料、教师用书以及与义务教育教材配套的幻灯片、挂图、录像光盘、教学课件，编写或审定基础教育各学科的教学案例、教案、配套练习等教学用书。

2. 组织指导教研活动，加强教学的质量管理

（1）组织形式多样的教学研究活动

坚持认真开展常规教研，按计划组织好学科会议和教学工作研讨会，创办了教研网站。通过宏观指导和管理中小学教学业务，及时传递教育教学改革的信息，研究落实阶段性的中心任务，总结推广先进的教学教改经验，探究教学中带有普遍性、倾向性的重要问题，制定出台了相关的指导实施意见。中小学各科的省级教研活动逐步实现了制度化，每年都举行大型的学科教学观摩研讨会，在各地开展几十场专题教研，

组织各市、县教研人员和教师外出参观学习、交流。如1997年前后，组织骨干教师到宁夏支教，赴西藏林芝地区进行教材、教法培训，还派出3位教研员到马来西亚执教和指导，不仅支持了贫困地区的教育工作，也为教学、教研的跨国际、跨省交流作出了贡献。

（2）加强教学质量的检查评估管理

教研室承担省基础教育新课程改革实验专家指导组办公室的日常工作和学科指导组工作，根据上级有关文件的精神，确定了初考、中考的指导思想和命题原则，从宏观上控制了教学的量和度。全省从1984年起实行的高中招生统一命题，由于组织管理严格，工作精益求精，质量赢得了各方面的充分肯定。1996年以来，教研室拟编的《关于加强全省中考命题管理意见》和《考试说明》，增强了中考地（市）自行命题管理的规范性。

为了监控福建省中学执行教学大纲和教学计划的情况，教研员每年都要撰写高中会考和初中学科抽考的质量分析评估报告，指导各学科的教育教学工作。同时，加强对高中毕业班的复习指导研究，逐年对全省的高考和中考进行质量分析和试卷评估，定期组织达标高中毕业生质量检查和高考改革培训，这些工作在全省都有很高的信誉度，受到学校、社会的欢迎和关注。

（3）建立、健全教研的组织机构网络

1991年，省教育厅颁发《关于建立三级教研网络的通知》《关于改进和加强教研工作的意见》《关于加强教研组建设的意见》等文件，推动了三级教研网络的建立和健全，规范了市、县（区）、校级教研部门的岗位责任。教研室坚持密切联系各市、县（区）教研机构，建立相互支持配合的教研网络，组织课题研究和教改实验，开展各学科教研活动。

为促进各级教研室和基层教研队伍的建设，坚持定期开展先进教研室、优秀教研员和优秀教研组长的评选活动，组织了对厦门、龙岩、福州三个教研室的评估反馈。还协助教育厅和中国教育学会组织了优秀教育教学成果表彰及各类竞赛活动。据不完全统计，每年各学科指导推荐参加全国优秀观摩课获得一、二等奖的有25人次左右，现已汇编《教学教改论文集》近50本。

（4）努力办好室刊《福建教学研究》

自1985年《福建教学研究》创办以来，积极宣传贯彻国家的教育方针和政策，传递各级行政和教研部门的工作部署。为密切配合新一轮课程改革，室刊又作重大改版，新辟了课改探索、教学新理念、学习新课标、教学模式探讨、学习方式探究、教学方式探究、教学与评价、地方课改等栏目，为地方、学校和广大教师发表、交流教学经验与成果搭建了宣传平台，推动了福建省课改的顺利实施。目前，刊物已逐步办成指导全省教育教学业务、交流教育管理和教改工作经验的重要宣传阵地，深得各级教育行政部门、业务部门及广大中小学教师的信赖和喜爱。

3. 课题引领教改实验，推动教研的深入开展

教研室以课题研究引领教改实验，促进理论和实践的结合，有计划、有目标地组织开展了百余项教改实验专题研究，推动了教研活动的深入开展。

1985—1988 年，在闽侯、永泰两县 5 所小学进行小学数学“三算结合”教改实验，受到中央教科所的表彰。小学语文“注音识字，提前读写”教改实验，获福建省第三届中小学教学改革优秀成果一等奖，有 8 所实验校被评为全国先进单位，负责实验工作的教研员多次应邀在外省市交流。2003 年结题后转入国家语委语言文字应用“十五”重点科研项目“面向 21 世纪小学语文教学改革与创新”的课题研究。省高中数学“目标—掌握”教改实验，不仅培育出了像松溪一中、连城一中等山区中学大面积、大幅度提高教学质量的成功实例，更可贵的是形成与构建了富有自身特色的理论体系。其教改经验发表在《课程·教材·教法》《中国教育报》等多家报刊，成果荣获省人民政府颁发的第二届社会科学优秀成果三等奖，负责实验工作的教研员在中央教育电视台开设讲座，在省内外产生了广泛的影响。

1998 年，根据教育部有关文件的精神，教研室拟就《福建省基础教育教学改革课题管理的办法》和《福建省基础教育教学改革课题指南》，两次召开全省教改实验课题管理工作会议，还对仙游一中的“英语话题分类集中教学”、宁德地区的“小学活动课构建‘活动—发展’教学模式”和厦门六中的“学生主动参与型教学模式群”等近十个省级课题进行了中期评估或结题验收。这年开始的省级课题“小学数学实验‘问题解决’理论与实践的研究”辐射全省 201 所学校，形成了一个较大规模的教研教改群体，研究成果刊登在《课程·教材·教法》上。子课题《关于小学生提出数学问题的意识和能力培养的实验研究》，成为国家级基础教育课程教材研究项目。2001 年以来，课题的实验校以高起点承担了省级课改实验区任务，为小学数学教学改革实践树立了榜样。

2000 年，有 150 所学校参加的“中学物理素质教育目标导学”教改实验，取得预期成果。该项目负责人主持编写出版了《中学物理课程改革的目标与实施》一书，供全省初、高中教改班使用。在此基础上，课题组又开发了新的研究项目“中学物理探究性学习的研究”，已被中国教育学会物理专业委员会立项为全国重点课题。

2001 年，省级课题“发挥学生主体作用，提高品德（社会）教学实效”结题，转入“深化德育与生活实践的有效链接”。在研究过程中，教研室为全国学科教学和国家级学科骨干教师提供了观摩、示范、培训、研讨的现场。课题组有 9 篇论文、8 节研究课分获全国竞赛一等奖。此外，初中英语的“主动阅读、自主发展”“口语测试改革研究”，生物学科的“教材中德育要素及其处理方法”“教材中学习方法要素及其处理方法”“创造性教学”等 7 个课题，地理学科的“中学地理学科能力培养”“多媒体技术在优化中学地理教学中的运用”，历史学科的“教学方式的转变”“历史教学中创新思维和应用能力的培养”，政治学科的“思想政治课考试与素质教育”“加强中学时事政策教育，落实理论联系实际的教学原则”，以及“现代科技手段在数学课堂教学中的应用研究”“语文 48 项能力研究”“化学家庭小实验”“计算机与各学科课程整合”“构建多元化的主体性课堂目标”等几十个省级课题或已成功结题，或取得阶段性成果，对全省的教改、教研工作产生了积极而深远的影响。

三、与时俱进，创新教研，服务课改

2001 年，福建启动义务教育新课程后，又于 2006 年进入高中新课程实验。在有关领导的带领下，教研室抓住机遇，开拓进取，坚持落实科学发展观。本着创新教研工作新理念，立足本职，充分发挥教研室的研究、服务、指导的职能，为福建省基础教育课程改革的顺利实施和不断深化做了大量富有成效的工作，创造了福建省高中新课程教研工作的新鲜经验，并两次在教育部有关会议上作交流。

1. *以素质教育为核心，全力推进基础教育课程改革*

（1）深入基层调研，服务教育行政决策

2001 年 12 月，教研室赴厦门国家级实验区进行集中调研，掌握了福建省课改实验区工作的动态和阶段性成果。2002 年年底又参与了 8 个设区市的 23 个省级实验区的调研，完成调研报告 6 份，为教育行政部门的决策提供了依据。

2003 年，教研员对省级实验区义务教育课程设置方案和各学科课程标准的实验情况进行调研，共收集分析各学科“课标征求意见表”1400 份，课程设置方案的建议材料 200 份，撰写了各学科《〈课程标准〉修订报告》及《〈义务教育新课程设置方案〉的修订报告》。

2004 年，教研员分别赴宁德、龙岩和南平等省级实验区调研，分析中小学各版本的学科教材，编写教材使用意见，为福建省选用教材提供参考。制定了福建省《以校为本教研制度建设的指导意见》《义务教育校本课程开发管理的指导意见》《开展研究性学习的指导意见》，完成“中小学评价与考试制度改革课题”研究，形成全省实施方案，并编写《课改手册》，解答基层课改中的困惑。

2005 年，课改实验专家组和学科组 36 人分组深入省级实验区进行为期一周的调研，针对基层的问题与困难提出了推动工作的建议。为配合“全国素质教育现状调查”，教研员深入课改实验区调研，形成调研报告和上报教育部的《全国素质教育调查》汇报材料。此外，还根据各实验区课改工作的实际情况，研究制定了与新课程相适应的教学常规要求，进一步规范学校的教学常规管理。

2006 年，协同基教处开展“学生综合素质评价”“高中课程资源开发”“综合实践活动课程”“高中学生学业水平考试”“高中校本教研制度建设”等 14 个课题研究，顺利完成 10 个课题的研究任务。在此基础上，编写了《普通高中新课程宣传手册》《福建省普通高中新课程选修 I 课程设置指导意见》（初稿），为平稳推进福建省普通高中新课程实验作出了贡献。

2007 年，为了如实反映课程标准贯彻实施的情况，教研室深入学校广泛听取一线教师的意见，提交给教育行政部门较为客观的学科课程标准修订建议。组织 9 个组赴全省各地，从课程设置、选课指导与教学实施、评价改革、保障措施、示范辐射五个方面，对 68 所省级高中样本校进行阶段性检查评估，撰写了《福建省高中样本校检查评估情况报告》。

2008 年，重点检查各校落实《福建省普通高中新课程选修 I 课程设置指导意见》的情况，形成总体情况的调研报告，为下一阶段高中的课程管理提供了可靠的决策依据。为全面了解当前中小学生学习和教师工作基本状况，编制了福建省中小学“教师工作状况调查问卷”和“学生学习状况调查问卷”在全省调研，还分赴福州、泉州、宁德三个设区市进行实地考察，形成调研报告，对进一步做好学校的管理工作、教师教育教学工作，提升学生的学业质量，关注学生的全面发展产生了积极的影响。

（2）发挥专业优势，指导课堂教学实践

根据重心下移的教研工作新思路，教研员更加自觉主动地深入学校，为学校开设课改专题讲座，参与学校的备课，与第一线的实验教师平等互动，相互交流，帮助教师理解、掌握教材，对课堂教学进行从理论到实践层面的深入指导，推动了以校为本教研制度的建设。

2004 年，教研室拟定了 58 个讲座课题，供各地选择。室领导率先垂范，教研员团结协作，为各基层学校开设专题讲座 247 场，组织教学观摩活动上百次，有力推动了课改工作的深入开展。

2005 年，为了引导教师深入思考和研究课改实践层面的问题，解决教学实践中的困惑，编写了《新课程·新热点》一书，得到一线教师的好评。

2006 年，参与教育部组织的《普通高中新课程教学指导》一书的编写和研究工作。高中新课程 16 个学科教学研究项目组拟定了《福建省普通高中新课程教学实施指导意见（试行）》并编汇成册，供学校和教师参考。

2007—2009 年，教研员认真研究并指导学校按照新课标、新教材组织教学，下乡了解课标、教材的使用情况，召开学科会议交流情况。在开展优秀教学设计征集和评选活动的基础上，对优秀课例进行深入分析研究，精选一批典型课例分学科出版。教研室坚持办好《福建教学研究》《课改通讯》和福建基础教育新课程网，为顺利推进课改工作提供了有力支持。

（3）培训省级骨干，辐射课程教学研究

教研室积极承担义务教育新课程的省级师资培训，认真制订培训计划，安排培训内容，培训形式求新、求实、求活。在培训中，既重视专家对教师的指导作用，又强调教师的体验性，强调教师与专家的互动交流。通过公开课、现场观摩、案例分析、课例评点、座谈研讨等形式，创设民主、开放的研培氛围，给教师创造了尽可能多的体验、感悟、解惑机会，在培训的针对性、实效性上下足工夫。

2002—2004 年，教研室为义务教育新课程改革实验，共组织中小学师资培训 105 场，培训中小学教师 15000 名。每年坚持为各设区市举办一期中考命题人员培训班，规范中考命题的管理，对提高命题质量、稳定教学秩序，发挥了积极的作用。

2006 年，教研室配合教育部顺利完成送培下省的培训任务，4 学科承担的国家级培训，得到任课教师及华东师大等高校负责同志的高度评价。

2007—2009 年，教研室着眼于帮助教师对《普通高中新课程方案》的全面理解，立足于引导教师深入分析具体问题，做到理论辅导和实践指导相结合，通识培训与学科教材培训相结合，面上问题与点上问题研讨相结合，每年培训省级高中骨干教师近 3 万人次，满足了教师的实际需要。

2. 探索新型教研形式，彰显研究、指导、服务的职能

教研室研究问题，指导实践，加强服务的职能意识不断强化，已成为自觉的、常态化的教研行为。

（1）教研重心下移，服务一线教师

教研员主动深入基层学校，以教学观念的更新、教学行为的改变和解决实践中的问题为指导重点，通过多种形式、多种渠道，为学校和教师提供有效的教学指导和专业引领。如2006年，选取九地市有代表性的城区、城郊、农村及私立学校进行调研，对课时、课堂教学实施、教材与教辅、教学管理、评价等方面提出了具体的、有价值的指导意见。2007年，集体下校跟踪一两个模块的教学，在听课、评课中了解模块教学的特点及现存问题，从实践层面指导教学实践。2008年，深入南安、大田了解课堂教学现状，切实有效地进行现场对话、答疑、解惑，满足教师专业成长的需求。同时，积极推动校本教研，引导校际间的合作交流和联片教研活动，推动以校为本教研制度的建设，把服务工作落到实处。充分利用福建高中新课程网络平台，为教师提供教育教学的有关理论和课程资料，帮助把握教学理念，制作了优质课光盘、教学案例集和其他教学资料发送到教师手中。

（2）指导教学实践，提升教学质量

教研员聚焦课堂，以学科教学研讨会和教学观摩活动为载体，组织教师围绕提高教学有效性问题展开了一系列活动。帮助教师学习理解课程标准、教材，研究讨论教学实践问题，总结课堂教学的好方法，并及时通过“福建高中新课程网”对外推广。充分发挥各级课改基地、校本教研基地的示范辐射作用，有效扶持课改薄弱区域的学校共同发展。

（3）潜心研究问题，突破课改瓶颈

教研室抓住核心问题认真地开展研究实践。一是实施前期研究相关指导性意见，制发了福建省《高中新课程学生综合素质评价实施意见》《普通高中新课程模块学习评价与学分认定实施意见》等指导全省新课程实施的20多个指导性文件。二是在新课程实施中的各个阶段，针对教师课标把握不准、学科教学课时不足、学生学习负担过重、教学过于强调题海战术等问题，组织团队，研制福建省普通高中新课程的《学科教学要求》《毕业班学科教学建议》。

2009年，为加强对全省基础教育教学质量的监控与管理，启动了中小学教育教学质量监控体系的构建研究。随着教研员参与课题研究积极性的不断提高，课题研究的质量不断提升，2010年年初在全省新课程改革优秀教育教学成果评选活动中，教研室选送的课题成果获特等奖1项，一等奖5项。

（4）整合教研资源，加强教研联动

新课程实施以来，省、市、县（区）三级教研部门积极联动，聚焦课堂教学；强化专题研究，引领学校有针对性地开展教科研；精心组织，提高骨干教师的培训效率。每年召开两级教研室主任会议，研究工作重点，审视各级教研部门的角色定位和职能作用，探讨建构与新课程相适应的教学管理新机制以及监控课堂教学质量的方式方法。

各级教研机构形成合力，共同拟定调研内容，一起下校听课、评课，指导教师的教学实践，策划和组织教学观摩、课题研究与管理、教学设计大赛活动，拓展了三级教研合作联动的工作新局面。教研室协助基教处分别在“全国以校为本教研制度建设基地”南安市、福州台江区及东山县召开“福建省校本教研制度建设工作研讨交流会”，制定了《进一步加强与完善校本教研制度建设的指导意见》，着手省级校本教研基地建设，充分发挥这些基地的示范和辐射作用，有效扶持课改薄弱区域的学校实现共同发展。

（5）关注农村教学，提高教研实效

针对福建省农村区域大，教师队伍整体水平亟待提高，教研活动缺乏专业支持等比较突出的问题，教研室从2006年开始加大对农村教研的支持力度。一是开展农村课改现状的专项调研，在九个设区市选取具有代表性的农村校，深入了解学校的困难和需求，找准农村教研工作的切入点。要求每年在省教研室主任工作会议上必须报告“加强农村教学教研工作的若干意见”的执行情况。二是在各设区市建立农村教研基地校，以基地校为龙头组织开展有针对性的研讨活动，探索学校联动教研的机制和研讨活动的评价，做到重点扶持，形成辐射，促进当地的区域教研、联片教研、校本教研活动的开展。三是定期举办农村教师教学论文、教学案例专项评优活动，并向全国推荐农村的优质课，为农村教师提供展示特色与成果的平台，激发农村教师教学研究的创造性。

2007—2009年，免费送给农村薄弱学校1000多节优秀课例教学光盘，向全国推出农村优秀课80余节，在农村召开省级新课程学科教学研讨会14场，汇编并出版了《农村优秀教学研究论文集》，有近百名农村骨干教师开课展示了新课程实施能力。

（6）加强网站建设，优化教研资源

2006年8月，“福建高中新课程”网站正式开通。由专家指导组开发新课程资源，提供最新的学习资料，介绍教育教学的新理论、教育研究的新成果、实践研究的新动态，为教师提供教材分析、教学方法经验交流、模块教学的课件、教学案例和试题，指导一线教师把握课标和教材的深度和广度，促进了教师间的合作与交流，实现了资源共享。

2008年9月“福建小学新课程”网站正式开通。网络教研与传统教研优势互补，针对课程实施问题开展在线论坛、咨询答疑、适时指导、研讨帮助，促进了专家与教师的有效互动，切实提升了教研工作的质量和效率。

教研形式的创新，使广大教师获得及时、有效、便捷的专业支持。目前，上述两个网站已成为福建省广大中小学教师践行新课程的重要阵地，成为教师专业成长的新的“驱动器”。截至2009年2月底，“高中新课程”网的总浏览量达1140万人次，“小学新课程”网的总浏览量为50多万人次。各学科进一步加强网络资源建设，开设网络教研论坛，组织网络主题活动，在增进教研互动、资源共建与共享的同时，有效地缓解了农村教师教学资源匮乏、对外交流相对闭塞、外部专业支持不足等问题。

3. 强化教研队伍建设，努力提升教研员专业素质和能力

为更好地发挥省级教研机构的职能，教研室积极引进高层次专业人才，根据新时期的工作发展需要整合资源，增设相应的职能部门，健全内部管理机制，加强对现岗人员的培养。2002年以来，引进在高校从事基础教育研究工作的陈峰主任，以及17位富有教学经验的中小学名师，支持400多人次参加全国研修培训。重新制定了教研员的发展目标和工作职责，要求在做好学科教研工作的同时，主持或参与省级以上的综合性课题研究，努力建设一支善于从事教学研究的实践型专家团队。

为了更多地获取新课程实验的信息，学习借鉴新课程实验过程中应对复杂情况和问题的有效策略和经验，教研室把强化学习、潜心研究作为教研队伍建设的硬任务，加强了与教育部课程教材发展中心、兄弟省份教研部门及有关高师院校的信息沟通与科研合作。陈峰主任承担国家、教育部“十一五”规划的重点项目和课题5项，全室与高师院校及出版社合作的教改项目20项，这些研究都有效地促进了教研员自身素质和能力的提升。

为了提高福建省农村县级教研员的业务水平，促进教研工作的均衡发展，教研室为设区市、县举办的两级学科教研员研修班已培训600多人，2008年培训县级教研骨干700多人。各研修班围绕学科教学领域存在的普遍性问题、教研方式和方法与课改需求的适应性问题、校本教研的实效性问题等开展了形式多样的研讨活动，对教研与教学观念的更新、学科专业能力的提升都起着积极、深远的影响。

4. 紧密结合课程改革，促进课题研究和成果转化

教研室关注教学方式的变革和教学有效性的提高，先后组织200多项省级课题研究及优秀成果的评选推广活动。

由物理科主持、信息技术学科参与、中国教育学会物理专业委员会资助的课题“新技术对科学教育的影响”，在实验的基础上研发了初、高中物理教学光盘和多媒体课件。其中，高中课件《机械振动和机械波》荣获全国首届计算机多媒体物理教学研究评比特等奖（此届仅有2个）。2002年11月，“中学物理探究式网络课件平台”荣获全国计算机多媒体与网络物理教学研究成果评比一等奖。由中学语文科组织的全国教育科学“九五”规划课题“语文学习方法的理论研究与实践指导”，已有9所实验学校通过了全国语文学习科学专业委员会的成果鉴定。生物科的课题“信息技术环境下生物教学策略的研究”，于2003年完成中期总结，研制高中教学资源库2个和初中新课程教学资源库1个、案例光盘12张，汇编论文集1本。教研员参加教育部新课程改革项目，其中初中部分的“历史课程达标性评价方案及实施建议”已由南京师范大学出版社出版。小学语文学科主持的省级课题“构建素质教育的小学语文课堂教学模式研究”，教研员和一线教师撰写的246篇专题论文被评为全国一等奖，2002年结题后转入“‘自主、合作、探究’学习方式的实践研究”，课题实验校从30余所扩大到140所。

2002年，教研室根据新课程改革的需要，再次拟定出台福建省基础教育课程改革研究《课题指南》和《课题管理办法》，共批准省级立项重点课题85项，一般课题124项，并从2005年开始进行中期评估或结题验收。由英语学科教研员主持的课题“中学英语教学评价试验项目”研究，于2003年10月通过国家级验收，被评为该项目研究的全国先进试验区。

2006年3月，教研室组织开展新一轮省级课题的申报、审定、立项工作，新增省级重点课题20项，一般课题92项。教研人员分批下校，已对32个省级课题进行了中期评估验收指导，适时推广了优秀研究成果。

四、主要经验与体会

教研室是各级教育行政机构不可或缺的重要业务部门，对教育事业的健康发展具有至关重要的作用。现将教研室开展工作的实践体会总结如下。

第一，教育是培养人的事业，只有坚决贯彻国家的教育方针，把工作的重点放在不断深入研究、推动深化教育教学改革、大面积提高教育教学质量等根本性的问题上来，才能把握住正确的教研方向，促进教育事业不断地发展。

第二，教研员要爱岗敬业，要有系统、扎实的学科知识背景、教育科学素养和较为丰富的教学实践经验。只有脚踏实地、实事求是、团结协作、勇于创新，才能建设一支能胜任工作的教研员队伍。

第三，教研室既要自觉接受上级的领导，为教育决策服务，又要与各级教研机构相互合作。只有重视协调好与教育行政部门及各地教研室的关系，才能取得有力支持，保证教研工作的顺利开展。

第四，深入基层和课堂，是全面了解教学实际情况，发现解决教学问题，总结“点”上经验和指导“面”上工作，为教育决策提供依据的主要途径。只有坚持调查研究，才能实事求是、有的放矢地开展工作。

第五，课题研究的问题源于教学实践，难题的破解可指导教学实践。只有活跃教研气氛，培育教研群体和学科骨干，让更多教师在研究中成长，才能促进教育教学改革工作扎实深入地开展。

（王崇端 撰稿，陈峰 审阅）

坚持有作为的研究　谱写教研新诗篇

——江西省基础教育教学研究的发展历程

江西省教研机构始建于1956年。50多年来，教研机构几易其名，但推进课程改革，开展教学研究的使命持守至今。改革开放以后，江西省的教研工作步入加速发展的轨道，在不断奋进中形成了以教学研究推动课程改革，以课程改革促进教育发展的良好局面，为建设有江西特色的中小学课程教材体系，为江西省基础教育的发展发挥了重要作用。

一、不断加强教研机构建设，努力形成江西教研特色

1. 教研队伍不断壮大，机构职能逐步明确

1956年8月，江西省始建教研机构，全称为“江西省教育厅中小学教学研究室”。1961年更名为“视导室”。

“文化大革命”中，视导室解体。1973年1月，江西省中小学教材编写组成立。1975年10月，江西省“革命委员会”文教办公室教育组“教育革命”研究室成立。

1980年6月，江西省中小学教材编写组与省“教育革命”研究室合并，更名为“江西省教育厅教学教材研究室”。8月，省教育委员会下发《关于教研室工作的意见》后，省级教研机构的性质和职能，随着教育改革的不断深入和省教育行政部门赋予的新要求而不断调整并廓清。

1985年年初，省教育委员会制定下发了《江西省各级教学研究室工作条例（试行）》通知，各地、市、县教育局开始参照执行。1993年，为适应新形势，省教育厅正式下发了《江西省各级教学教研室工作条例》。

2007年，经过修订，省教育厅下发《江西省各级基础教育教学研究室工作条例

（修订稿）》，其中明确规定：基础教育教学教材研究室（简称教研室）是地方教育行政部门设置的承担中小学、幼儿园教育教学教材研究和教学业务管理的常设事业机构；教研室的职能是开展基础教育的教学研究、教学指导、教学业务管理、教材建设和课程改革实验等有关工作。

改革开放之后，江西省教研机构得以加速发展。1980 年开始，相继恢复和建立了省、地（市）、县（区）三级教研室，至 20 世纪 80 年代末，各级教研室共有 1194 人。20 世纪 90 年代，特别是进入 21 世纪，江西省教研机构发展更加迅速。

2008 年，全省有省级教研室 1 个，设区市级教研室 11 个，县（区）级教研室 102 个，教研人员约 1800 人。省教研室核定编制 43 人，现在编 30 人，有专职教研员 27 人，其中具有高级技术职称人员 24 人。省教研室下设语文科、数学科、英语科、理化生科、政史地科、体艺幼科、综合科、行政科 8 个科室和课改办、信息中心、《江西教研》编辑部 3 个部门。省教育厅中小学教育教学课题研究与实验工作领导小组和实验基地领导小组办公室、省教育学会特级教师分会、省中小学教学指导委员会均设在省教研室，省教育学会的 13 个学科教学研究会挂靠在省教研室。

2. 教研理念不断提升，教研特色日趋鲜明

江西省是个农业大省，全省人口 80% 在农村，属于经济、教育欠发达地区。改变传统的教育观念，全面提升教育教学质量，是实施素质教育的重要前提。为此，坚持教研工作重心下移已成为全省各级教研机构的共识。长期以来，教研室面向农村培养师资队伍、开展教学研究、进行常规管理，指导课堂教学，在各个时期保障了教学的运行，取得了显著成效。

（1）教学常规管理

1988 年，省教研室以教育厅文件形式下发了小学、初中各学科教学常规。2000 年，又根据课程改革的特点对各学科教学常规进行了重新编制，并以教育厅名义下发各地执行。

（2）复式教学工作

20 世纪 80 年代到 90 年代，复式教学研究是江西省的一项重要课题。1988 年，省教研室成立了“复式教学调查组”，深入全省 22 个县区的 34 所小学了解复式教学情况，随后召开了全省复式教学工作会。1991 年，省教委成立“江西省农村小学复式教学工作领导小组”，省教研室印发了《江西省农村复式教学工作管理暂行条例》及《江西省农村复式教学常规》，并与电教馆合作拍摄了《复式教学在江西》电视专题片，参加“全国复式教学经验交流及理论研讨会”。

（3）课堂教学管理

2006 年，省教研室编写了针对农村教学实际的《农村中小学课堂教学策略指南》，供全省农村学校使用。2007 年，在调查使用情况的基础上进行了修订。2009 年，制定并下发《义务教育阶段课堂教学评价指导意见》，供全省使用。

（4）学业评价与命题管理

2008 年，省教研室制定并下发《初中、小学学业评价命题指导意见》，科学规范了各级各类学校的学业评价及命题工作。

(5) 培训农村骨干教师

2006—2009年，省教研室承担了全省农村小学骨干教师的培训任务，共培训骨干教师5000多名。

近几年，省教研室为适应教育的改革与发展，进一步强调三点要求：一是在教育部有声音，强调主动争取专家指导并加强合作研究，创出特色与成果；二是在教育厅有作为，强调围绕全省的教育与改革发展方向破解难题，提出对策与建议；三是在基层受欢迎，强调满足教师发展和学校进步的需要服务教学，推出经验与典型。围绕这个思路，教研室加强队伍建设、学术建设和作风建设，大力提倡面向农村、服务基层，大力开展网络教研，出台了听课上课制度、集体调研制度、专题研究制度等一系列教学研究制度。

二、保障课程改革实施，建设有江西特色的课程教材体系

教研室自成立之日起，便承担起了中小学教材编写和教学研究、指导与教学管理的职责，并因此与国家基础教育课程改革风雨同舟。在历次课程改革中，教研室参与组织实施课程改革实验，编写教材和教辅材料，培训教师并指导教学，总结经验并推广实验成果，研究并进行考试评价改革，在构建体现素质教育要求，具有江西特色的基础教育课程教材体系以及课程、教材、教学的科学管理机制中发挥了不可替代的作用。

（一）第一阶段（1956—1976）

这是基础教育经历探索徘徊和“文化大革命”的时期。江西省的教学研究工作基本是严格贯彻执行国家的文件精神，指导和管理教学。

1958年，“大跃进”中的课程改革主题是缩短学制、精简课程、强调教育与生产劳动相结合。

1961年，根据新制订的教学计划和教学大纲，中小学课程作了必要的调整，中学课程加强知识教学与劳动教学相结合及“双基”（基础知识和基本技能）任务。

1963年，省教研室在总结了1958年“教育大革命”的经验教训之后，重新制订了教学计划，对文化课、政治课和生产知识课，对教学、生产劳动和假期重新作了安排。各学科根据教学计划，制定了教学大纲，编写了新教材，确定了以“双基”为重点的课程模式，但受“文化大革命”影响，并未全面实行。

（二）第二阶段（1977—1984）

这是教育思想拨乱反正，课程教材急需重建的恢复重建时期。

1983年，邓小平同志提出“教育要面向现代化，面向世界，面向未来”，对我国基础教育产生了极其重要的影响，成为我国课程教材改革与建设工作的重要指导方针。

1981—1984年，省教研室的主要工作任务是认真贯彻执行教育部《全日制五年制小学教学计划（修订草案）》《全日制六年制小学教学计划的安排意见》《全日制六年制重点中学教学计划试行草案》和《全日制五年制中学教学计划试行草案的修订意见》等几个重要文件精神，指导中小学校按照国家规定课程设置开课，依据课程规律开展教学活动，并重视课堂秩序建设。这个时期，全国使用统编教材，但只有课本。省教研室

编写了配套的教学参考书及教辅供本省使用，主要有历史、地理地图填充册、各学科配套练习册和寒暑假作业等。

（三）第三阶段（1985—1989）

这是颁布《中共中央关于教育体制改革的决定》和《中华人民共和国义务教育法》，推动教材内容现代化和义务教育教材多样化改革的起始期。

1986 年，国家教委决定改革统一的教材体制，实行统一要求、统一审定下的教材多样化。在这个阶段，江西省除使用人民教育出版社教材外，还有组织地进行了教材改革实验和学制改革实验。教材改革实验的主要项目有：小学阶段的语文“注音识字，提前读写”实验和数学“三算结合”教学实验，初中阶段的数学教材实验（中科院心理所自学辅导）和化学教材实验（上海市），高中阶段的数学教材实验和语文“大改本”教材实验（人教社）。

1989 年，南昌市八一学校、景德镇群星学校完成了第一轮“五四制”学制实验。

同期，教研室根据本省教学实际，编写了省编教材并进行教材实验。省编的教材主要有：《小学语文实验教材》和《小学思想品德》，《初中音乐课本》和《初中体育课本》，《江西历史》《江西地理》和《经济常识》等乡土教材。

（四）第四阶段（1990—2000）

这是江西省围绕义务教育教材的试验和全面使用，高中“两改”与会考及“两省一市”课改试验开展基础教育教学研究工作的推进期。

1. 义务教育教材试验

1990 年 6 月，根据国家教委《关于九年制义务教育课程教材试验工作的通知》精神，省教委下发通知，确定南昌市和景德镇市为江西省九年义务教育课程教材实验区，每市在 6 所中学和 4 所小学的起始年级开始试验。试验教材采用人民教育出版社的“五四”制教材（小学部分），“六三”制教材（初中部分）。试验期间，省教研室召开了全省九年义务教育新教材试验的工作会、汇报会、研讨会，研究解决学科教研工作中存在的问题，并对试验情况进行了监控和分析。

2. 高中两项重大改革

1991 年 7 月，国家教委下发《关于实施〈现行普通高中教学计划的调整意见〉和普通高中毕业会考制度的意见的通知》。调整后的课程结构由学科课程和活动课程两部分组成。学科课程又分为必修课程和选修课程。活动课程包括课外活动和社会实践活动。调整普通高中教学计划和实行高中毕业会考制度，是国家教委对普通高中教育的两项重大改革。为搞好高中教学的两项改革，江西省下发了《江西省普通高中教学计划》和《关于实施〈调整意见〉的学科教学意见》，指导学校和教师执行各科修订大纲，使用必修课新教材，开设好选修课程和活动课程，结合教研活动进行师资培训。

1992 年开始，江西省实行高中毕业会考制度。省教研室承担了考试研究、编制《会考标准》和命题工作，并一直延续至今。

3. 义务教育教材推广使用

1993 年秋季开始，江西省的小学、初中全面实施九年义务教育课程计划，使用新大纲、新教材。培训教师、总结经验、指导教学成为此后 3—5 年里的重要工作。

1994 年，省教研室组织对 18 个县（区）的 4 个年级的 4 个学科进行了抽查并作出质量分析。

1998 年，为减轻学生过重的课业负担，推进素质教育，省教研室下发了《江西省调整九年义务教育部分学科教学内容与教学要求的意见》。

4. 考试评价改革及中考命题

1994 年，省教研室开始负责组织全省的中考命题工作。各科教研员以考试评价改革为切入口，研究新大纲、新教材，参加教育部的中考命题培训班及学科命题研究组，制定了《江西省中考复习范围》，确保了试题的质量及命题工作的有序进行。江西省的中考试题也因此多年受到教育部的高度评价。

5. “两省一市”高中新课程方案试验

1997 年秋，江西与山西、天津一道，作为全国“两省一市”高中新课程方案试验省（市），开始了全省范围的高中新课程方案试点工作。省教研室从培训教师入手，以优化课堂教学为落实新课程方案试验的重点，开展适应新教材的教学模式研究；以突破活动课课程开设为难点，着手活动课教材建设，引导全省活动课向研究性学习方向发展。扎实的工作，使全省两万多名高中教师全部做到了先培训后上岗，顺利完成了《综合主题研究》活动课教材的编写出版任务。

2001 年 6 月 11 日，《中国教育报》在第 1 版以“高中课改　为素质教育助力”为题报道了江西省的课改工作，对江西省的试验工作作出了高度评价。

（五）第五阶段（2001—2009）

这是江西省义务教育新课程改革实验和普通高中课程改革实验工作开始进行期。全面实施国家课程方案，推进教学改革，建设具有江西特色的新课程体系，成为江西省教研机构的中心任务。

1. 义务教育新课程改革

（1）实验的推进

2001 年，根据国务院颁布的《关于基础教育改革与发展的决定》和教育部颁发的《基础教育课程改革纲要（试行）》，江西省下发了《全省基础教育课程改革实验工作实施方案》，开始了义务教育新课程的试验工作。大余县和南昌市西湖区作为国家级实验区首批进入试验，随后萍乡市、临川区等 7 个省级实验区进入实验，2005 年全面推进。大余县和西湖区的试验得到了教育部的高度评价。

在试验过程中，各级教研室承担了课标和教材培训工作。省教研室将教研工作重心下移，以举办骨干教师培训班、巡回讲座、大规模义务送课下乡、开展课题研究、网络教研等形式，研究、指导、服务课程改革。其间，完成了义务教育课程改革整体实验研究、建立以校为本的教学研究制度等 10 多个国家级课题的研究工作；建立了“江西教研网”，定期开展网络教研；制定了《农村初中课堂教学指南》，指导和规范农村课堂教学。还成立了基础教育课程改革讲师团和农村课程改革讲师团，拟订了“支持农村课程改革教研服务计划”和“江西农村骨干教师人才库建设方案”。

2006 年，在“全省基础教育课程改革阶段性成果交流会”上，省教研室总结了义务教育课程改革五年来的优秀成果，并与省教育厅基教处合作完成《走过五年——江西省基础教育课程改革经验汇编》一书的编撰出版工作。

（2）教材建设

为配合新课程的实施，江西省加快了教材建设的步伐，积极开发具有江西特色的教材，并形成了《进一步推动地方教材质量不断提高的意见》和《关于提高地方教材编写质量，加强地方教材使用管理的意见》。这期间，省教研室主持研发的省编教材有《小学综合实践活动》16 册、《小学信息技术》10 册、《美术》6 册，以及《江西历史与名胜》《人杰地灵诵江西》《体育与健康》和《小学语文自读课本》（吉安使用）、《家乡》（上饶使用）、《山水家园》（九江使用）、《我爱南昌》（南昌使用）。参与编写的国家教材有《初中思想品德》（与人民出版社合作）。

（3）学业评价与中考改革

为推进新课程的实施，省教研室开展了小学、初中学业评价改革研究工作。制定了《小学各学科学业评价指导意见》《初中各学科学业评价命题指导意见》。

2004 年，省教研室组织力量深入 40 多所学校，就推进中考与评价改革进行调研，制定了《课程改革实验区中考改革方案》。同时举办了小学、初中命题与评价改革研修班，用两年时间共培训骨干教师 4000 名。省教研室自承担中考命题工作以来，在每年中考试题中，都注重充分体现课程改革的理念和江西省研究学业评价的成果，试题受到教育部的好评。

2. 高中新课程实施

2007 年，为充分做好高中新课程实验的准备工作，省教研室提出《高中新课程前期研究报告》，编写出版了课改宣传手册《普通高中新课程实验总动员》，成立了高中各学科新课程研究小组，制定了《高中各学科新课程教学指导意见》，建立高中课程改革样本校 67 所。

2008 年秋季，江西省高中新课程改革实验正式启动。省教研室按计划在四个片区开展了普通高中新课程实验教材骨干教师的省级培训，培训教师 15600 名；有针对性地在全省样本校组织了重、难点课题研究，通过公开招标的形式确定了 20 项教育课题；制定了《普通高中新课程实验教学质量评估指导意见》，统一开展了全省高中新课程改革实验的模块学业成绩测试以及学校教学质量抽测。

三、开展有特色的教学研究与实验，推进教育教学改革

1. 建立以校为本的教研制度

在农村积极推行校本教研制度建设，是提高农村基础教育质量的关键举措，关系到全省基础教育课程改革的整体推进与全局发展。

2003 年，省教研室全面启动校本教研制度建设，制定了科学、规范的校本教研制度及保障措施，在“完善教研制度，加大组织保障，强化理论学习，创新教研方式”等方面做了有益的探索。“各司其职，合力营造校本教研发展氛围；因地制宜，大力创新校本教研行动方式；多方并举，全力拓展教师专业成长渠道”已成为江西省农村推进校本教研制度建设的行动策略和有效的运行机制。

2005 年，省教研室下发了《江西省建立以校为本教学研究制度 2005—2007 年行动

计划》，以国家级和省级“校本教研基地”为抓手，与基地县区建立了长期的合作伙伴关系。各县、区教研部门相应地建立了自己的教研基地校，下到学校与教师一同研究课题，体验课程，协作攻关，用高质量的研究成果为学校提供技术支持，促进教师专业深度发展。

2. 开展课题研究，建立实验基地

2000 年 8 月，省教育厅为了更好地规划、组织和实施全省中小学课题研究与实验基地建设工作，切实推进江西省基础教育课程改革，下发了《关于成立中小学教育教学课题研究与实验基地工作领导小组的通知》，成立了中小学教育教学课题研究与实验基地工作领导小组办公室（以下简称课题基地办），设在省教研室。随后设区市、县（区）教研室相继设立专门机构，层层开展课题研究与基地管理工作。

课题基地办自成立以来，制定了一系列课题研究与基地管理的文件，包括《江西省中小学教育教学研究课题管理办法》《江西省中小学教育教学研究课题立项评审标准（试行）》《江西省中小学教育教学研究课题结题评审量表（试行）》《江西省中小学教育教学研究实验基地管理办法》和《江西省中小学教育教学研究实验基地评审标准（试行）》等。至 2009 年 6 月，共申报省级课题近万项，其中批准立项 6000 个，现已结题 2000 项。

课题基地办建立省级教育教学实验基地 38 所学校，省级校本教研基地 10 个县（区）。每年利用暑假期间举办课题负责人科研方法培训班，目前已举办 6 期，共培训了课题负责人 4000 名。

为总结提升经验，并推广研究成果，课题基地办出版了《中小学科研方法指导》《校本研究在江西》《江西省首届中小学（幼儿园）教学研究成果精选》等专著，汇编了多本优秀课题成果集。

3. 开展教改实验，推广实验成果

江西省教改实验工作起步较早，在 20 世纪 80 年代初就认识到，搞好教育改革，教改实验是必由之路。近 30 年来，省教研室采取有计划进行，多层次、多渠道推进的工作策略，采用由基础学科入手展开实验，定期总结实验工作，成果要通过鉴定后逐步推广等有力举措助推教改实验，促进了全省教学质量的提高。

1990 年，省教研室在南昌召开“江西省中小学各科教改经验交流会”，总结十年教改经验，树立教改典型，并推介了优秀的教改成果。其中重点推广的教改实验项目成果 15 个，涉及中小学语文、数学、英语、物理、生物、地理、音乐等学科。其中既体现了群体研究的智慧，推出先进学校好学科，又彰显出优秀教师的研究特色与教学风采。

4. 培养引领教学研究的骨干教师队伍

为适应各个时期教育改革发展的需要，江西省一直把培养青年教师、建立骨干教师队伍放在教研工作的重要位置。省教研室除了不间断地采取教研员研修班、课题负责人研修班、骨干教师培训班、命题人员研修班等培训形式培养和发现优秀教师外，还举办学科教学能手评选、青年教师优质课评比、优秀论文评选等活动，使优秀青年教师脱颖而出。同时，还建立分学科的骨干教师队伍，在送教下乡、巡回讲座、教师培训等活动中发挥他们的教学引领作用。

回顾以往，江西省的教研工作始终与国家社会政治经济的发展和教育的改革血脉相连，走过了一个创建停滞、恢复重建、不断拓展、全面提升、有序发展的历史过程。展望未来，江西省教研室将继续伴随时代的发展、社会的进步、经济的腾飞开拓进取，走出一条具有江西特色的基础教育教学研究之路。

（刘春林 刘珊 撰稿，黄建国 审阅）

山东省基础教育教学研究制度的回顾与展望

山东省教学研究室（以下简称教研室）始建于 1956 年。在 50 多年的奋斗历程中，几代教研人秉承传统，开拓前进，坚持全面贯彻教育方针，全面提高教育质量，扎根基层，服务师生，取得了丰硕的教学研究成果，为山东省教育事业的发展作出了突出的贡献。

1956—1965 年，教研室在百废待兴、教育急需发展的形势下，肩负起时代赋予的使命，开始了艰难的创业征程。虽然机构名称和业务职能几经更替，但工作重点始终放在开展教材编写和教学改革上，编写了多种教材、教辅资料；组织开展了大量的教学研究活动和改革试验，加强了对中小学和师范学校的教学管理。“文化大革命”期间，教研机构受到严重破坏，工作处于瘫痪状态。

一、第一阶段（1977—1984）

这一阶段，山东省采取一系列措施全面整顿教学秩序，逐步把学校的工作重点转到抓教学上来。

1977—1978 年，通过贯彻教育部《全日制小学暂行工作条例》《全日制中学暂行工作条例》和《山东省 1978 年度中小学教学计划》，建设省编教材，加强基础知识和基本技能教学，陆续恢复了过去删减的课程，纠正了随意停课现象，使课程设置开始步入正轨。

1979 年，山东省教学研究室恢复重建，充实了人员，步入了蓬勃发展的阶段。根据教育厅的职能分工，承担基础教育、中等职业教育、中等师范教育等 6 个方面的教研工作。针对全省中小学教师的数量严重不足，年龄老化且有断层，学历达标率低，民办教师比重大等实际情况，教研室以教学基本功为突破口，以掌握大纲、教材为重点，着力提高教师的教学水平。

1980—1981 年，建立了加强常规管理、学籍管理和成绩考核的规章制度，建立了省级教学改革实验点学校，相继成立了省、市级中小学各学科教学研究专业委员会。从此，组织开展教学改革实验成为经常性的一项工作。到 1990 年，教研室直接联系的省级教改实验点发展到 95 所学校，208 个教学班。

1981—1984 年，我国将中小学劳动和劳动技术教材、体育教材、活动课教材、乡土教材、配套辅助教材等部分教材的选用权下放到省，义务教育教材的选用，也逐步下放到市、县和学校。教研室利用山东省资源加强教材建设，组织人员编写全国统编教材的配套教学参考书 20 种，各学科省编教材 73 种。

二、第二阶段（1985—1990）

这一阶段，山东省根据国家教委下发的教学大纲要求，组织力量编写教材，加强了学科教学和各级教研室建设。

1. 建立中小学教材编审、选用管理制度

1986 年 9 月，全国中小学教材审定委员会成立大会在北京召开。会上，国家教委进一步明确了“一纲多本”的中小学教材编选原则。

1989 年 1 月，山东省成立中小学教材审查委员会，并将办公室设在省教研室。机构依据省教委规定的性质、组织、职责、审查原则与办法，共审查通过教材 400 余种，其中包括中小学体育、小学劳动、中学劳动技术、北师大版“五四”学制教材、乡土教材、补充教材、各科教学辅助读物及寒暑假作业等。

2. 组织力量编写教材

1986 年后，教研室根据国家教委等联合下发的《关于严禁擅自编写、出版、销售学生复习资料的规定》，统一编写中学 9 科、小学两科练习册《基础训练》，每年共出版 142 种。还编写体育教材 51 种，寒暑假作业两套 29 种。

1987 年 7 月，省教育厅下发《关于加强小学自然课教学的意见》和《关于加强普通中学劳动技术课和小学劳动课教学的意见》。教研室受国家教委委托研制劳动课教学大纲，同时组织编写小学和中学的劳动技术课本、教参共 78 种。

1989 年前后编写试验的初中化学教材（三年制初中全一册，含课本、教学参考书、实验报告、练习册 4 种），1992 年经全国中小学教材审定委员会审查通过，推荐到全国使用。编写初中三、四年制通用职业指导和青春期教育教材各 1 种，高中职业指导教材、人口教育（必修）教材各 1 种及学习方法指导用书 1 种。

1990 年，教研室编印的《中学时政教育文摘》成为贯彻省教委《关于加强中学时事政策教育课教学的通知》的主要教学内容来源。同年底开始编写的中小学通用健康教育教材 6 种，1992 年在本省使用。

这期间教研室负责的省编教材还有：小学的五年制和六年制思想品德课本与教参 44 种，写字教材 36 种，以及语文生字卡片、看图作文和数学教学挂图等。

3. 开展学制改革和教学改革实验

1988 年开始，诸城“五三”学制改为“五四”学制。全市调整教学计划，改革课程设置和教材教法，加强劳动技术教育，增加课外活动，努力落实教学计划和各科教学

大纲的要求，把教育质量提高到新的水平。

1989 年 3 月，《山东省中小学教学改革实验暂行条例》提出，教改实验主管部门分为四级，省教研室直接联系实验点，市（地）、县（市、区）和学校负责组织教师自觉自愿进行改革实验。实验程度分为定型推广、定型试行、开创摸索三类，设立四级教学改革实验成果奖，三年左右评奖一次。同年，教研室通过调研提出《关于加强小学复式教学工作的意见》，并在德州地区召开了全省复式班教学工作座谈会。

4. 完善机构设置，明确职能地位

1989 年 3 月，《山东省各级教学研究室试行工作条例》规定：省、市（地）、县（市、区）各级教育行政部门应建立、健全专门教学研究机构，名称为教学研究室（以下简称教研室）。

省教研室的基本任务是：根据教育方针的要求，调查研究各科教学的基本情况，深入研究教学理论和教学实践，改革教学思想、教学内容、教学方法和教学手段，管理、检查、评估和指导各科教学工作，总结推广教学经验，促进大面积提高教学质量。各级教研室配备的专职教研员应由具有 5 年以上教学实践经验和一定组织能力、写作水平的教学骨干人员组成，在职务评定、工资待遇和教龄计算等方面和中小学教师同等对待。这些规定为加强教研机构建设，健全教学研究与改革的组织指导体系提供了保障。

三、第三阶段（1991—2000）

这一阶段，山东省围绕义务教育教材实验和课程方案，开展了教材的使用和新编工作。

1. 义务教育课程改革实验

1991 年，为全面开展义务教育教学改革实验及推进素质教育的改革与探索，教研室分两批对全省各市（地）的教学工作进行了大型集体视导。

1992 年，山东等 7 省区开始义务教育教学改革先行实验。省教研室直接联系的实验学校设在济南和诸城两地，分别进行人民教育出版社“六三”学制和北京师范大学“五四”学制义务教育教材实验，并配合实验制定了教材编写原则。除编写中小学美术、小学思想品德、活动课等教材外，还根据省中小学教材审查原则和办法，组织编写了体育、劳动、劳动技术、乡土教材等，经省中小学教材审查委员会审查通过后，在全省使用。

2. 实施义务教育课程方案

1992 年，山东省落实国家教委《关于九年义务教育小学、初中教材选用工作的意见》，规定各地要从省公布的中小学教学用书目录中选用教材。

1993 年，山东省从小学和初中的一年级开始，实施国家教委九年义务教育课程方案。教研室负责编写被列为全国统一规划的重点教材之“五四”学制的教参，并经山东省和全国教材审定委员会逐层审查通过后，在省内并推荐到全国使用。此间，还使用了小学写字、说话、初中思想政治、化学等省编补充教材。义务教育小学思想品德、中小学美术和活动课教材继续进行修订和完善。教研室结合义务教育教材大面积使用带来的教材内容、教育观念和教学方式发生众多变革的情况，进一步加强了教学研究及改革实验工作，努力提升课程的建设实施水平。

1996 年，按照国家教委颁布的《九年义务教育活动课程指导纲要》，组织市、地教研室编写了小学、初中活动课教材，分别进行教学实验试点。于 1998 年召开了活动课实验工作经验交流会，对建立新的教育教学方式，产生了积极的推动作用。

1998 年，山东省制定了《实施素质教育调整中小学部分学科教学内容和教学要求的意见》，提出需要调整教学内容和要求的学科，应删减教学内容，降低教学要求，部分必学内容改为选学内容，并明确只学不考的内容。要求不折不扣地落实活动类课程计划，加强人口教育、青春期教育、国防安全教育等专题性教育的管理，不能随意增减总课时数。教研室共培训教研员和骨干教师 14 次近 4000 人，编写义务教育三年制、四年制初中思想政治课本和教参 12 种，1999 年秋季开始使用。

3. 加强教研组建设，完善教学研究制度

1994 年 7 月，下发《关于加强普通中学、中师教研组建设的意见》的通知，对教研组的性质和职能、组织机构、教研组的工作任务、教研组长的职责、教研组建设的基本要求作了规定。指出，教研组既是各学科教学研究的机构，也是教学业务管理机构。一般由同学科的教师组成，规模较小的或人数过少的，可由相近学科教师组成联合教研组，人数多的教研组可下设年级备课组。

4. 加强评估检查，表彰教研先进

1992—1993 年，制定了《山东省普通中小学教学常规（试行）》和小学、中学的《课堂教学评估标准（试行）》，下发了《关于加强初中教学的意见》，强调加强教学管理和教学研究，深化教学改革，切实提高教师的教学水平，大力提升教育质量。推广了包括农村小学薄弱学科教学现状及对策、农村中心小学“教学四中心”建设、小学作文“五段式”训练教学、以学制改革为突破口，大面积提高初中教学质量等 10 项教育教学改革经验。

1995 年 3 月，制定下发了《关于检查评估教研室与评选先进教研室和优秀教研员的通知》和《各级教研室自身建设检查评估意见》。主要评估项目有思想建设、组织建设、业务建设、作风建设和条件建设。

1996—2000 年，为促进教研机构建设和教研工作的开展，先后评选表彰省级先进教研室 249 个，先进教研组 119 个，优秀教研员 949 人。在总结交流初中教学工作经验会议上，共表彰先进市地（企业）教委 9 个，先进县市区教委 55 个，先进初中 176 所。

1997 年 5 月，下发《关于加强普通高中教学工作的意见》，增强了高中学校素质教育的实施力度，并为之后新的基础教育课程改革奠定了基础。

1998 年 4 月，召开县级教研室建设经验交流会，现场考察了诸城市县级教研室建设的经验，提出县级教研室建设与发展的进一步措施。建立、健全了学科（专业）教学研究专业委员会、中心组，实现教学研究与改革活动的经常化、制度化。

5. 加强教师队伍建设，表彰教学能手

20 世纪 90 年代，教研室鼓励中小学语文、中学化学和物理学科成立教学研究会，根据全面推进新课程改革的要求，开展备课、研讨等教学研究交流活动，帮助青年教师树立新的教学理念，提高实施新课程的能力。

1991年，下发了《关于公布山东省首批教学能手的通知》，形成每四年一次的评选机制。到1999年，共评选表彰了三批省级教学能手1056名。

6. 加强复式教学工作，促进农村学校发展

1991年，教研室根据《加强小学复式教学工作的意见》，召开全省复式教学工作汇报会议，表彰先进市、地6个，县19个，乡镇、学校41个，先进个人57名。下发了省《五年制小学复式班教学计划（试行稿）》《复式班教学工作评估意见（试行稿）》，在国家教委召开的全国小学复式教学经验交流会上介绍了经验。

1992年，颁发了《山东省小学复式班教学工作常规（试行）》，在合理编班、执行教学计划、备课、课堂教学、布置与批改作业、考试、课外活动等方面，规范了小学复式班教学。下发了《关于加强农村小学教学工作的意见》《县（市、区）实验小学及乡镇中心小学教学工作试行条例》，对常规教学、教学改革、教学研究、教学管理等方面提出具体要求。

1993年，召开全省农村小学教学工作经验交流会议，共表彰农村小学教学工作先进单位335个，先进市、地7个，先进县（市、区）42个，先进县（市、区）实验小学42个，先进乡镇121个，先进乡镇中心小学123个。会上提出进一步加强农村小学、初中教学工作的意见。

四、第四阶段（2001—2009）

这一阶段，教研室主要围绕义务教育和普通高中课程计划和课程标准，加快了教学研究、教师队伍建设和课程教材建设的步伐。

1. 义务教育课程改革实验工作

（1）组织与推进

2001年，教研室在2个国家级实验区和5个省级实验区进行了使用新课程标准和实验教材的初步探索。为顺利推进实验工作，多次召开各种形式和内容的会议，研究、交流改革情况，及时解决存在的问题。根据本省实际，对教育部印发的义务教育课程设置及比例作了进一步细化，制定了《山东省基础教育课程改革实验区义务教育阶段课程安排表（试行）》，对各门课的周课时安排提出了指导性意见。

山东省中小学教材审定委员会负责对国家《中小学教学用书目录》《义务教育课程标准实验教材目录》公布的教材进行审议，选出适合本省情况的国家课程教材，由山东省教育行政部门编制省《中小学教学用书目录》和《义务教育课程标准实验教材目录》，供各地选用。各市、县（市、区）教育行政部门成立中小学教材选用委员会，经过科学民主的程序，从山东省公布的《教学用书目录》中选出适用教材，并报当地教育行政部门批准使用。

为逐步建立、健全山东省基础教育质量监测制度，开展了全省中小学生学习质量和心理健康状况监测试点工作，了解和掌握学生的身体健康水平、学业成绩、综合素质及影响学生发展的教育环境等。

2002年9月，在全省中小学教学工作会议上推广了济南市教育局“更新观念，加快发展，不断推进教育创新”等16项中小学教学改革经验，编辑出版了《山东省中小

学教学改革典型经验（50 项）》。

2003 年，成立了省教研室课程中心。主要任务是围绕新课程的教学实施与教师的专业成长开展工作。同年，对创建省级教学示范学校工作进行了部署，制定了《省级教学示范学校管理意见》。

2007 年，制订和实施了《普通中小学课程实施水平评价方案》和《基础教育质量监测试点工作实施方案》，组织完成了首次全省基础教育质量监测工作。

2008 年 1 月，下发了《关于建立基础教育质量监测制度的意见》，提出山东省基础教育质量监测的目标、指导思想、基本原则以及对象和内容。

（2）研究与指导

2001—2005 年，教研室发挥教研指导核心作用，采用专家报告、教学观摩、研讨点评、学案交流、案例分析等方法，培训全省的教研员和学科骨干教师 10 万余人次。制定了重点面向乡镇以下中小学教师开展省级培训的制度，每年培训 5000 名农村骨干教师，大力促进城乡教师队伍均衡发展。其间，举办各种培训班、研讨会近 300 个，为国家级课程培训制作示范课 70 节，为各地提供教学案例 280 余节，促进了教师的专业成长和课程改革的进行。教研员先后有 50 余人次在省内外作课改辅导报告或讲学，有 12 人两次参加了教育部组织的西部地区课程讲师团。

2002 年，大规模的新课程实验工作困难凸显。教研室组织各科教研员对高密市国家课改实验区，济南市市中区、淄博市张店区、烟台市芝罘区三个省级实验区的课改工作进行了调研，形成了调研报告，作为教育厅的决策依据。

2003—2006 年，为促进义务教育阶段课程改革的深入进行，教研室先后对日照、威海、德州、胜利油田等 10 个地区进行了较大规模的调研视导。又先后两次组织对音、体、美、劳等课程开设情况和地方课程教材建设与管理工作进行了调研，提出落实课程计划的对策和建议。平均每年走访、考察学校 100 余所，听课 300 余节。

2007 年 10 月，为更好地建立农村校本教研机制，促进全省以校为本教研工作的全面均衡开展，在滨州市进行了农村校本教研工作视导活动。

2008 年 5 月，为了解各学科课程标准的使用情况，在潍坊市中小学进行了视导活动。

2. 普通高中课程改革工作

（1）组织与推进

2000 年，山东省参加教育部组织实施的普通高中课程改革实验。在济南市召开工作会议研究了山东省实验工作方案后，各学科分别召开了由市级教研员和骨干教师参加的教学大纲、高一教材培训会议。

2002 年，省教育厅转发《教育部关于印发〈全日制普通高级中学课程计划〉的通知》，教研室结合山东的教学实际，对 2000 年印发的高中课时安排作了调整。

2004 年，山东省根据教育部《普通高中课程方案（实验）》和语文等 15 个学科《课程标准（实验）》，开始新的普通高中课程改革实验工作。

2005 年，为指导新的学业水平测试后的教学工作，编写了《山东省普通高中学生学业水平考试纲要》。

2007 年，包括山东省在内的率先进行高中课程改革实验的四个省市区，实施新的高考方案。这个方案需由各省市区制订，报教育部审批通过。经过几年的努力，山东省高中新课程改革工作取得较大成效，为全国的高中课程改革提供了经验。

（2）研究与指导

2001 年以来，山东省发挥教研机构和基础教育课程研究中心的作用，密切贴近基层实践工作者的实际需要，大力改革教学常规，实施基于模块的个性化教学改革，指导建立个性化选课指导制度，促进形成与新课程理念相适应的普通高中教学管理制度。先后深入 5 个市十几个县（区）的 20 多所学校进行专题调研，了解各地对高考改革的意见和建议。分别开展了高考“3 + X”方案研究，组织了“3 + X”改革的文科综合和理科综合研讨会，聘请全省各方面的专家编写了“3 + X”改革指导用书。

2003 年，下发了《关于积极开展普通高中课程改革课题研究的通知》，组织开展课题研究，为普通高中新课程的实施作好准备。

2004 年，高中教材开始进行“一纲多本”的探索。教研室在制定和实施一系列教材选用政策的同时，加强了不同版本新课程教材的对比实验研究和教材选用指导工作，帮助基层学校选好、用好适合地方特色的教材。

2005 年，组织编写出版了一套《普通高中新课程教学指导丛书》和一套《新课程教学改革指南》。

2006 年，启动高考自主命题研究，研制了山东省 2007 年高考工作指导方案。开展普通高中学生学业水平考试与综合素质评定研究，对适应新课程要求的学业水平考试与学生综合素质评定相结合的评价制度进行调研，编写了学业水平考试说明和样题。

3. 课程教材建设

2002 年，全省中小学教学工作会议强调要以教材建设为突破口，加快构建具有山东特色的基础教育课程体系。《山东省中小学教材和教辅材料管理规定》进一步对中小学教科书和教学参考书（含学前教育），尤其是教辅材料、学具、音像制品和电子软件等的编制、审查、选用工作提出管理意见。教研室根据省教育厅课程改革的总体部署，制定了《山东省基础教育教材编写规划》，使新课程教材开发建设进入全国先进行列，呈现出一些新特点：增加了地方教材的编写，加强了对教辅、学具、音像材料的审查和选用管理，进一步实行编审分开，围绕国家、地方、学校三级课程管理要求，强化了教材体系的构建。

2002—2007 年，教研室与山东教育出版社合作，改编了人教版义务教育阶段各学科课程标准教科书，供全省实行“五四”学制的地区使用。山东省编写的 16 种在教育部立项的国家课程教材大部分编写完成，并通过部级审查，在全国一些学校使用。

4. 教研机构与制度建设

（1）优化职能建设

2002 年 5 月，省教育厅下发通知，进一步明确省教研室的主要职责：一是研究制订、组织实施全省中小学教学研究计划；二是组织开展教学、教学评价和考试改革研究，组织教学改革实验，开展教学视导，指导各市教研活动；三是制定落实教学大纲的具体意见，拟定教学常规和教学评估标准；四是承担教材、教辅编写任务；五是参与教育教学质量水平的评估、监测和考试命题，进行考试与评价制度改革；六是负责组织省级教学能手、优质课、教学论文等评选工作，发现和培养学科教学骨干；七是参与基础教育课程体系与教材改革、新教材培训，拟定中小学教学用书目录。

2003 年 4 月，为加强学段研究、跨学科研究和便于内部管理，省教研室撤销文科、理科、小学等原有 7 个科室的设置，设立综合、高中、初中、小学（幼教、特教）、体育卫生与艺术、信息技术等 10 个教学研究科室。

2004 年 12 月，省基础教育评估中心成立，挂靠省教研室，面向社会独立开展工作。教研室提出将教研工作位置前移、重点下移、内容转移，进一步加强思想作风业务建设。

2007 年，提出“五抓五促进”：抓新的教学制度、教学经验、教学模式，促进教研工作深化；抓教师的专业成长，促进教研工作可持续发展；抓课题研究和成果转化，促进教研水平提高；抓中心校建设，促进农村校本教研工作开展；抓城乡联动，促进教研工作均衡发展。

2008 年，教研室有专职教研员 50 余人，其中高级专业技术人员占 95% 以上。教研室提出“五个加强五个突破”：加强教研创新和职能转变，力争教研思想上有新的突破；加强教学调研和视导，力争教研方式上有新的突破；加强课程评价和质量监测，力争教研职能发挥上有新的突破；加强课题创新和网上教研，力争教研手段方法上有新的突破；加强教研员培训和教师专业成长，力争教研队伍建设上有新的突破。至此，教学研究工作逐步形成三个主要特征：一是建立了网络完备、专兼结合、骨干引领、群体参与的庞大教学研究队伍。二是建立了上下贯通、相互交流、全面联系、以校为本的教研运行机制。三是群众性的教学研究活动蓬勃开展。覆盖全省的四级教研网络，有专职教研人员 5000 多人，已经成为推进教育教学改革的重要力量。

（2）健全规章制度

2001 年 10 月，建立查学听课制度。提出省、市级教学视导活动一般每学年 1 次；县级教学视导活动一般每学期 1 次；各级教研员每人每学年听课一般不少于 80 节。

2002 年 1 月，制定了山东省教研室的办公、办文、会议及主任办公会议事等工作制度，出台了教研人员在职培训办法。

2003 年 10 月，修订印发了《山东省教学研究室工作规则（试行）》，重新修订了《山东省中小学教学工作常规》。省级、市级、县级教学能手的培养、选拔和公布形成运行机制。当年评选 500 名教师为山东省第四批教学能手。2007 年，评选 600 名教师为山东省第五批教学能手。

2004 年，省级优质课和优秀教学论文评选活动机制进一步完善，规定综合教研论文每年评选一次，其他隔年评选一次，中小学各科每次评选优质课 60 名左右，优秀教学论文 100 篇左右。按照公开公正、差额评选、逐级推荐的原则，最后由省教研室组织专家按比例评出一、二、三等奖，发文公布获奖名单，颁发获奖证书。

2005 年，在进一步加强对优质课和优秀教学论文评选管理基础上，对“省级公开课”作了进一步明确界定：一是市、省两级优质课获奖者在省级研讨会上执教的课；二是因特别需要经市、省两级正式推荐在省级会议上执教的示范观摩类课；三是省级教学能手评选活动的正式参评者在省评选活动中执教的课。

2007 年 5 月，颁布实施了《山东省教学研究课题管理办法》，依托教学课题研究带动教研、提升教研，解决教学中的实际问题，促进了教学科研和“小课题”研究的开展，促进了教师的专业成长。

（3）深化教研方式改革

2001—2005 年，为促进新课程改革实验工作的开展，每年都进行集体视导活动。

2005 年 4 月，召开的全省综合教研工作会议，标志着山东省综合教研的机制日趋成熟，基本形成课程研究、评价研究、教学管理研究、教师成长研究、教研研究等多位一体的综合教研机制。

2007 年 5 月，各有关学科对义务教育各科课程标准使用情况进行了调研，深入不同地区和类型的教学示范校 100 多所，在综合分析基础上，形成山东省“修订义务教育各学科课程标准（实验稿）的建议报告”，呈送教育部。同年 10 月，在滨州市进行“农村校本教研情况专项调研”，调研报告对于促进农村教研机制建设，推动教研与改革的均衡发展，起到了重要作用。

2001—2007 年，教研室先后承担国家和省级教育教学课题近 100 项，在课程目标、课程内容、课程实施、课程评价、教师专业发展、学校德育与心理健康教育等方面广泛开展了研究。其中影响较大的有小班化教学、计算机辅助教学、小学生学习评价、小学数学创新学习实验、信息技术在中学数学创新教育中的作用、中学语文以学为主的实验、外语优化实践教学模式的实验、学生综合能力的培养、中学历史分组学导、乡镇整体教学改革、教研机构组织指导下的网络教研、义务教育阶段学生作业改革等研究。

2008 年，山东省网络教研平台已形成开放注册、分层管理、立体功能、资源共享的特色。大多数市教研室和 400 余所学校与省教研平台对接，开展了教研员与教师的网上互动教研活动。淄博、青岛、济南等市开展了网络教研平台建设试点工作。

5. 以校为本的教研机制建设

2001 年以来，省教育厅先后印发《普通高中校本教研制度建设指导意见》《关于加强义务教育阶段校本教研工作的指导意见》和《关于开展校本培训工作的指导意见》等重要指导意见，对开展以校为本的教学研究工作进行了政策规定和规划部署。

2004 年以来，教研室主持召开了全省校本教研工作会议，提出工作目标和具体措施。各地将校本教研工作与课程改革工作结合起来，建立了教育行政部门的评估、管理、经费支持制度，教研室和教研员的指导与服务制度，学校内部管理与运行制度，以县区为整体、以乡镇为核心的区域合作交流制度，以及对农村校本教研的支持、促进制度等，整合多种资源，形成校本教研的支撑体系。

随着以校为本的教学研究工作不断推向深入，行政、教研、学校、教师各司其职，形成合力，建立了行政支持、专业指导、分级管理、分层推进、合作交流、兼顾薄弱、基地先行、各具特色、逐步扩展的校本教研组织运行机制。学校内部对教学管理机构进行优化重组，完善了教研组织网络，尤其是集体备课制度日臻完善，发挥了备课、研究、培训、学习、交流、改进等综合功能，形成校本教研发展运行机制。校本教研工作的开展，促进了教师专业水平的提高，培养了一大批教学改革骨干和一批致力于教学研究与改革的领军人物，推进了课程改革实验工作的落实；优化了学校内部管理机制，构建了研训一体、研教合一、研管相长的运行发展模式，使一些原来较为薄弱的学校发生了根本性的变化。

6. 培养中青年骨干教师

2001 年，在重视培养青年教师的同时，教研室增加了面向中青年骨干教师的培训活动，启动了名师培养工作。

2002 年，山东省“四名工程”建设提出：做好教研上的名家、教学上的名师、学习上的名生、办学上的名校的培养工作。各学段、学科一方面采取措施，让学科骨干教师有更多的机会参加各种教研活动，在教育教学改革中快速成长，脱颖而出。另一方面把各学科近几年评选出的省级教学能手、学科带头人、省优质课获得者组织起来，到课程改革实验区及经济欠发达地区巡回讲课和讲学，为教育教学改革服务。2003 年和 2007 年，教研室共评选省级教学能手 1100 名。

教研室 50 多年的发展历史，是一部改革史、发展史和奋斗史，也是一曲秉烛夜书、勤奋耕耘、无怨无悔、奉献人生的壮丽凯歌。回顾以往，无愧时代，激情满怀；展望未来，任重道远，信心百倍。在教育厅的领导下，教研室全体成员将与时俱进，锐意进取，用辛勤的工作去开拓更美好的未来，创造更加辉煌的明天！

（山东省教研室集体撰稿，王景华 审阅）

河南省基础教育教学研究制度发展60年

改革开放30年以来，河南省教研工作得到蓬勃发展。教研室由一个单纯研究性机构，发展成为集研究、指导、管理、服务、评价等多种职能于一身的教学业务管理机构。在省政府和省教育厅党组的领导、支持下，由省、市、县三级教研队伍组成的教研体系日益完善，教研员队伍不断壮大，素质水平大为提高，教育教学研究工作开始形成一个全面启动、整体推进的新局面，进入了河南省教育发展史上的最好时期。

一、初创时期（1953—1956）

1. 机构职能

1952年，河南省教育厅从学校抽调有教学经验的教导主任、教师10名，成立了教研组，由教育厅直接领导。主要工作是指导中小学教学、教师在职学习和对学校进行某些调查统计等。同年12月，省教育厅向人事厅呈送报告称：“本厅事业范围逐渐扩大，提高教学质量，培养合格的建设人才，以适应国家建设的需要，已成为中心之一。欲达到此目的，必须加强教学领导，以改进提高教学工作。为此，拟在本厅编制内设立一个教学研究室，需十人左右。但是全数占行政编制，困难很大。是否可以把其中一部分人从事业费内开支。希转呈主席核批为荷！”

1953年，河南省编制委员会批复：“如该机构确实需建立，所占编制名额，可在你厅总编制名额中调剂解决。”以此批复为标志，河南省教育厅教学研究室正式成立。1954年机关调整后，在原来机构的基础上成立教学指导室，仍由教育厅直接领导。

2. 主要工作成就和经验

（1）编写教材教参和教学业务通讯

从1953年开始，教学指导室编写、印发《教学业务通讯》（包括小学、初中、高中各科）和《学校工作通讯》，解答教师教学中遇到的问题，对教材进行分析，指导教学。1956 年，受人民教育出版社委托，编写了初中文学（当时语文分为文学和汉语两科）第五册教学参考资料，供全国使用。

（2）教研活动

此时期，省教学指导室主要开展了五类教研活动：一是组织观摩教学，推广行之有效的教学经验；二是抽调学校校长、教导主任组成学校工作视导组，检查学校工作，发现问题，及时研究解决；三是参加高考评卷，分析试卷，总结教学中的问题，提出解决的办法；四是制订年度中小学教学计划；五是推广“劳卫制”，改进体育教学工作。

（3）培训教师

1953—1954 年，省教学指导室与河南省广播电台合作，设立教育广播讲座，介绍优秀教师的教学经验，交流学校领导的教学方法，指导教师对教育学的学习。

二、本土化时期（1957—1965）

1. 机构职能

1958 年，河南省在教学指导室基础上成立了教学指导委员会，编制 35 人。内设办公室、文史教研室（含语文、历史、地理、外文）、理科教研室（含数学、生物、物理、化学）、政治教研室、小学教育教研室 5 个机构。

1960—1961 年，省教学指导委员会先后与教师进修学院、教育干校和郑州师范学院合署办公，但保持独立建制。

1962 年，省教学指导委员会更名为河南省普通教育教学研究指导室。

2. 主要工作成就和经验

（1）编写教材教参，培训教师

20 世纪 50 年代末，省普通教育教学研究指导室组织编写了中小学十年制教材（未使用）、初中农业基础知识和小学农业常识教材，编发了中小学《教学业务通讯》和《学校工作通讯》，解答教师的教学问题，分析教材，指导教学。1960 年，成立了教材审编组，负责教材审查工作。

1958 年，政治学科在开封师范学院办了两期培训班，各县共200 人参加。语文和其他学科也组织过类似的活动。

1961—1964 年，省普通教育教学研究指导室编写印发了《教学参考资料活页选》，其中影响较大的是中学语文（50 期）。

（2）教研活动

在这一时期，省普通教育教学研究指导室主要开展了七类教研活动：一是到学校蹲点调查研究、听课，了解教学情况，与教师座谈，指导教学，总结教学经验，改进教学；二是组织观摩教学，推广行之有效的教学经验；三是抽调学校校长、教导主任组成学校工作视导组检查学校工作，以检查教学工作为主，发现问题，及时研究解决；四是参加高考评卷，分析试卷，总结教学中的问题，提出解决的办法；五是组织统考命题，如 1960 年高三年级语文、物理全省统考命题；六是制订年度中小学教学（含课时授课）计划；七是推广“劳卫制”，改进体育教学。

三、灾难时期（1966—1976）

1. 机构职能

1966 年，“文化大革命”开始，学校停课，省普通教育教学研究指导室的人员全部下放到农村，教学研究工作完全停止。

1968 年，学校“复课闹革命”，中小学各科教材都已被当做“封、资、修”的产物进行了批判，教学陷于混乱局面。为解决这一问题，省“革命委员会”文教组成立了编写教材的临时机构，设有中学组和小学组，编写中小学使用的各科教材。

1969 年年底，河南省“革委会”文教卫生局中小学教材编辑室成立，并于 1972 年更名为河南省“革委会”教育局中小学教材编辑室。内设 20 个学科组，基本覆盖中小学各个学科。

1972 年后，工业基础知识的机械组、电工组、光学与原子物理组合并为物理组，工业基础知识的化工组改为化学组。

2. 主要工作成就和经验

1966—1976 年中小学教材编辑室的主要工作是编写教材，兼做一些教学的管理、指导和试验工作。

（1）编写教材、教学参考资料

这期间，河南省编教材曾进行过 4 次大的修改，如小学《语文》，1968 年称《毛泽东思想》课，1970 年改名《政治语文》课，1972 年改为《语文》课。在着手编写或作重大修改前，编辑人员经常组织会议听取各方意见，并在教材中逐渐增加了学生应掌握的基础知识。初稿印成征求意见本，听取意见后再进行修改。如 1972 年曾三次召开省中小学教材讨论会，分析所编教材中存在的问题，并提出具体修改意见。参会的 700 多名代表大都是河南省师范院校和中小学优秀教师，对当时的教材编写产生了重大影响。

省中小学教材编辑室人员经常下乡、下厂、下矿体验生活，广泛征求工农兵对教材的意见和要求，使教材更好地为“三大革命运动”服务。例如，编写农业基础知识教材课文《泡桐》前，专门去兰考县向农民了解泡桐的种植、习性、管理等问题；写《农村的水利设施》前，到林县了解红旗渠的修建和作用，了解石门村农民所建水窖的情况。1973 年，工业基础知识编写组先后到上海机床厂学习有关万吨水压机的知识，到三门峡、刘家峡和丹江等地水电站学习建站、安装和发电的知识，到洛阳拖拉机厂学习拖拉机的使用与维修技术等。

1968 年，省中小学教材编辑室创办了内刊《教材改革》，发至各学科教师参考。

（2）制订中小学教学计划

1968 年学校复课后，中小学没有教学计划。为使学校有秩序地进行教学，教材编辑室根据当时的情况，制订了河南省中小学教学计划。

（3）组织开展教学试验

1973 年，河南省开始进行“汉语拼音基本式”教学试验，在 3 所小学试点并取得良好效果后，1975 年向全省一年级全面推广。“三算结合”教学试验使用了省中小学教材编辑室编写的 6 本教材，逐步扩大到全省小学 1—3 年级。

（4）考察学习外省经验

1969年后，河南省走访了四川省简阳县了解教材编写的情况，到京、津、鲁了解教材修改问题。赴沪、浙、津、京及人民教育出版社等了解对1972年版教材的评价和编写1974年教材的指导思想。赴桂、沪、浙三地学习小学算术“三算结合”教材编写和试验经验，到湘、粤、赣、浙四省学习外语教材的编写情况和经验。还参加了国务院科教组在北京召开的部分省市教材改革座谈会，在中南地区教材会议上介绍了河南省小学语文教材的编写经验。

四、恢复时期（1977—1985）

1. 机构职能

1977年秋，河南省中小学教材编辑室调整工作任务，从编写教材转向以研究教材教学、培训教师和指导教学为主，内设15个学科组。

1979年，电教组从中小学教材编辑室分出，组建河南省教育局电化教育处（后改名电化教育馆）。中小学教材编辑室与河南省教育学院合并，但保留独立建制，仍行使原来的职能。

1980年，河南省中小学教材编辑室更名为“河南省中小学教育教材教学研究室”，编制55人，与河南省教育学院分离。《河南教育》编辑部由教研室分出，独立建制。省教育厅颁发了《河南省中小学教学研究室工作条例（试行草案）》，指出教研室的基本任务是以马列主义、毛泽东思想为指导，研究中小学各门学科教学的规律，按照国家规定的教学计划和教学大纲的要求，研究各科教材和教学方法，指导学校的教学工作，帮助教师提高教学水平和教学质量，全面贯彻党的教育方针，为四化培养德、智、体全面发展的人才。

1981年，省中小学教育教材教学研究室内设办公室、资料编辑室、出版组、中学文科组、中学理科一组和二组、小学组等。

2. 主要工作成就和经验

1980年前后，全省的教研工作着重于研究和指导教师如何理解和把握教材，改进教学方法，过好教材教法关。

（1）编写教材、教学参考资料

1978年，为使河南省编教材与全国统编教材衔接，省中小学教材编辑室中学数学、物理、化学，小学语文、数学等学科，根据教育部印发的教学大纲（征求意见稿），编写了向全国统编过渡的教材。

1980年，为解决恢复高考后学习资料紧缺的问题，组织编写了高中语文、数学等高考复习资料，解决了高中毕业生复习的急需。

1982—1987年，先后组织编写了中学《劳动技术教育》教材14种，有《工艺小制作》《庭院植物栽培》《家庭养殖》《烹调知识》《编织与刺绣》《服装裁剪与装饰艺术》《农副产品加工》《自行车、缝纫机、钟表维修》《植树造林与果树栽培》《作物栽培新技术》《实用建筑知识》《机械识图常识》《农用机械的使用与维修》《家用电器维修常识》，供各地各校根据实际需要自行选用。编写了供小学1—6年级使用的《劳动》教材12册，内容包括自我服务劳动、公益劳动、家务劳动、简单的生产劳动等，重在培养学生的劳动习惯。

1983年，根据省辖小学由五年制改为六年制的需要，编写了供六年级使用的小学数学过渡教材2册，陆续编写了《小学语文备课资料》10册、《小学数学备课资料》10册、《初中语文备课资料》6册、《高中语文备课资料》6册、《初中数学同步助教》5册、《初中化学备课资料》2册、《小学思想品德教学参考资料》12册和《初中思想政治教学参考》3册。这些备课资料对教材的内容逐课（章、节）进行了较为详尽的分析，其中《高中语文备课资料》于1990年获得河南省哲学社会科学优秀论著二等奖。

（2）开展教学改革实验

1979—1992年，省教研部门组织部分学校参与由教育部领导、美籍华人项武义策划，北京师范大学和首都师范大学联合编写的《中学数学实验教材》。

1980年前后，河南省部分小学学习辽宁省黑山县北关学校和北京市景山学校的经验，进行以集中识字为特征的小学语文教学实验。着重探讨识字教学规律，解决小学生识字难的问题，取得了一定成绩。1982年，省中小学教育教材教学研究室提出加强领导、培训提高教师、重视教学研究、进一步搞好集中识字实验教学的意见，小学语文组确定专人负责这项实验。

1981年，省中小学教育教材教学研究室先后组织了人民教育出版社的初中语文《阅读》《写作》、重点高中《语文》、北京大学出版社张志公主编的九年义务教育《初中语文》等中学语文单科教材的实验。经过试用后，分别推荐给全省选用，丰富了教材的品种，促进了教材的多样化。

1982年秋，开展了小学数学“应用题不分类型教学”的实验，确定5所学校为实验点。5年后完成实验报告，摄制录像课13节，汇编实验教师的教学经验和论文30多篇，出版了《小学数学应用题不分类型教学经验集锦》。

1984年6月，河南省在4个城市6所小学的12个教学班，开始进行小学语文“注音识字，提前读写”实验。

1985年秋，在省属重点中学开设电子计算机选修课，并进行了教学实验。

（3）调查研究，指导教学

1979年，省中小学教材编辑室在调查的基础上，起草了《河南省各级中小学教研室工作条例（试行草案）》。次年在全省中小学教研工作会议讨论、修改后，下发各地试行。

1980年后，省中小学教育教材教学研究室要求中学各学科教研人员积极参加每年高考的评卷和评卷后的答卷分析工作，从中了解全省的高中教学状况。

1983年，为贯彻教育部颁发的高中数学、物理、化学三科两种教学要求的教学纲要，组织人员分别到新乡、开封两地进行调查，征求意见。

1985年，组织有关学科教研员组成小分队，分别深入到南阳地区、禹县、上蔡县等地中招评卷点，对中考情况进行调研。提出了“防止初中学生学习成绩两极分化、大面积提高初中教学质量”的研究课题。省教育厅根据这次调研的建议，于次年在全省实行中招统一命题。

五、发展期（1986—1998）

1. 机构职能

1986 年 5 月，省中小学教育教材教学研究室更名为“中小学教材教学研究室”，内设机构不变。

1989 年 9 月，省教委成立省中小学教材审查委员会，下设办公室与省教研室合署办公，负责审查和管理全省的中小学教材及日常工作。

1996 年 6 月，省中小学教材教学研究室更名为“河南省基础教育教学研究室”，内设机构增至 9 个。

2. 主要工作成就和经验

1990 年前后，省中小学教材教学研究室着重研究了在各科教学中如何加强德育、对学生进行近现代史教育和国情教育，落实“德育为首，五育并举”的要求，培养学生的非智力因素等。

（1）编写教材、教学参考资料

1986 年，组织编写了《初中各科复习提要与检测》，明确初中毕业生的复习范围、复习要点及复习要求。还组织编写了小学语文、数学，中学语文、数学、英语、物理、化学的《复习与巩固》《基础训练》练习册，供学校选用。

1987 年，根据全国乡土教材工作会议精神，先后组织编写了《河南地理》《河南历史》《河南的过去、现在与未来》等乡土教材。

1988 年 5 月，根据国家教委九年制义务教育教材建设规划会议精神，确定先行编写小学语文、数学、思想品德和初中生物等科教材。

1990 年，组织编写了《高中地理毕业会考范围与标准》，供入学的高中生使用。此后，其他 8 个学科分别编写了相应的《会考范围与标准》。

1991 年，按照国家教委《中小学加强近代、现代史教育和国情教育总体纲要》的要求，编写供初中教师使用的语文、物理、化学、地理、历史和供初、高中教师使用的数学、英语、生物等学科德育参考书，以及中学思想政治课教学目标与方法参考书共 9 本，为教师备课和教学提供了方便。

1991—1992 年，在编写小学思想品德教材的同时，还编写了一套小学生法纪教育读物。以通俗形象的小故事普及法制常识，被国家教委列为红领巾读书活动的推荐书目。

1992 年 8 月，河南省小学数学、初中生物教材从第 1 册开始在武陟、西平等县试验使用。

1995 年，根据国家教委关于对中学生进行职业指导的要求，组织编写了《职业指导》教材。

1998 年，省基础教育教学研究室编写的九年义务教育小学五年制和六年制思想品德教材、九年义务教育初中思想政治课教材一套 3 册，经教育部中小学教材审定委员会审定通过，列入教育部小学用书目录，供全省或全国选用。

（2）教学改革实验

1986年后，主抓小学语文“注音识字，提前读写”实验。至1991年扩大到全省60多个县的400多所学校、1512个实验班、6万多名学生，较好地解决了小学低年级学生的识字难题。省教委召开全省小学语文教学改革经验交流会，着重总结和交流了这项实验的经验。

1987年，河南省中学思想政治课在21所高中和24所初中一年级首批进行教材改革实验。实验学校分布在郑州、洛阳、新乡、焦作、信阳等地，分别开设了《科学人生观》《政治常识》和《公民》课。

1990年秋，为准备实施九年制义务教育的教学计划、教学大纲和教材，在鹤壁市、武陟县、西平县组织了义务教育教材的先期试验，试验历经5年时间。

（3）调查研究

1989年，为推进义务教育的实施，加强对农村小学的教学研究，省中小学教材教学研究室向各县教研室发出《关于调查乡中心小学情况的通知》。调查内容涉及学校概况、教师队伍和教学教研状况、学生人数、入学率及学习状况等，为有针对性地加强小学教学研究和编写教材提供了依据。

1990年11月，调查全省“注音识字，提前读写”实验情况时发现，孟津县的经验比较典型，向省教委主管领导作详尽汇报后，在孟津县召开了全省小学语文教学改革经验交流会。

1998年，经各学科教学现状调查，对初中、高中及小学13门学科提出了调整教学内容和教学要求的具体意见。要求依据相关学科教学大纲，结合河南省的教学实际，适当删减教学内容或降低要求，将部分教学内容由必学改为选学，适当缩小了考试范围。

（4）总结和推广教学经验

1991年11月，组织全省各市、地教研室主任到平顶山市和新乡市开现场会，介绍这两市目标教学研究和优质课评比活动的经验，观摩课堂教学，进行讨论、交流。还与省教委师资培训处联合发文向全省教研室和师范学校推荐了新乡市红旗区教研室开展的“说课”活动。

1992年，在评估河南师范大学附属中学的初中英语循环式教学试验的同时，向各市、地推荐该校“较好地强化了英语教学中普遍存在的听、说这一薄弱环节”等成功经验，促成新乡市将这项试验扩大到8个县60个教学班。

1992年3月，省中小学教材教学研究室和省普教处在新乡市联合召开现场会，向全省推广新乡市第一师范学校附属小学“提高课堂教学效率，安排分量适中、难易适度的‘最佳作业量’，使学生基本能在课内完成作业”的经验。

（5）考试命题

1985年，国家教委下发《关于发布调整初中数学、物理、化学、外语四科教学要求意见的通知》后，省教研室负责具体组织落实省教育厅进行统一命题和考试的试验工作。

1989年，省教委决定从入学新生开始实行普通高中毕业会考，省教研室负责命题工作。

六、跨越时期（1999—2009）

1. 机构职能

2003 年 5 月，省基础教育教学研究室内设机构调整为办公室、发行部、《河南教研》编辑部、文科一室、文科二室、艺体幼室、理科一室、理科二室、综合实践活动室。

2. 主要工作成就和经验

（1）编写教材、教学参考资料

2000 年，组织编写了高中 7 个学科的“研究性学习资料包”，作为教师指导学生探究学习的重要参考，并供学生选用。

2001 年，根据全省小学学制过渡的需要，编写了供六年级使用的小学语文、小学数学、思想品德、音乐的过渡教材各两册，与人民教育出版社合作编写了六年制的小学语文和数学教材。此外，根据高中开设选修课和农村学校的需要，还编写了《河南古代文学作品选》《河南农村初中应用文》《高中物理选修》等。

2002—2003 年，进行了《历史》《英语》《小学语文》等教材编写的立项工作，计划编写的《品德与生活》《品德与社会》教材经国家批准立项。组织编写的《省情 礼仪》《书法艺术》《心理健康 新科技 综合知识》《绿色证书》等地方课程教材，有 30 余册在省级课改实验区使用，形成了“豫教研版”品牌。

2004 年，完成国家课程的高中《通用技术》、小学《品德与生活》编写和送审、推广使用，课标教材小学《语文》三年级下册的编写，九年制义务教育《劳动与技术》教材的编写和《绿色证书教育》教材修订、复审的组织协调工作。

2006 年，对省基础教育教学研究室编著的《信息技术》《绿色证书》《劳动与技术》三种地方教材进行了全面、认真的修订，并顺利通过省教材审查委员会的审定。

2007 年，编写出版了《中小学生安全教育读本》《农村学校体育教学指导》《中小学体育教学技能》《中招体育考试实用手册》《中小学心理健康教育丛书》等，修订和审定了《劳动与技术》教材。

2008 年，编写《新课程初、高中衔接教材》《高中新课程专家伴读》《普通高中新课程学习指导》《普通高中新课程教师读本》《普通高中新课程学生读本》《普通高中研究性学习指导》等教师和学生指导用书，对新课程的推进起到了积极作用。

2009 年，在深入研究的基础上，修订、编写了一系列教师和学生指导用书及教材。如修订初中各科《基础训练》《学习指要与检测》和小学各科《学习与巩固》，编写《2010 年河南省普通高中学业水平考试范围与标准》《河南省普通高中新课程教学指导（选修课程）》《普通高中新课程复习指导》等。

（2）课程改革

2001 年，指导各级教研部门把基础教育课程改革作为中心工作，积极推进课程改革。配合省基础教育主管部门研究制定政策文件，组织教师培训、实验区调研和跟踪指导等工作。在暑期集中培训时，几乎所有的教研员、课改指导专家都深入到一线讲课、听课、讨论、答疑，为基础教育课程改革的顺利实施作出了重大贡献。

在参与骨干教师培训的同时，省基础教育教学研究室与出版社合作，开展大规模普通高中新课程的教师跟进培训和教材调研、回访活动，培训教师近5万人次。

2006年秋，通过认真总结和深入研讨，制定了《河南省初中毕业生学业评价命题管理办法》。自此，学业考试评价改革不断加强，试题命制按照基础性、综合性、科学性、导向性、稳定性、创新性、教育性原则，突出能力立意，注重考查学生的基础知识、实践能力和创新能力，加强与社会实际和学生生活实际的联系。同时，命题更加注重采用现代教育测量学的技术和方法，提高信度、效度等科学性水平，在难度把握上做到稳中求新、稳中求变，充分发挥了学业水平考试对课改和教学的正确导向作用。

2008年，以高中新课程为教研的中心工作，充分发挥自身优势，在政策研制、教学研究、教师培训、教学实施、教育资源开发、检查与评价等方面做了大量的工作，为河南普通高中新课程实验的顺利实施发挥了重要作用。承担和参与了普通高中新课程的实验方案、课程设置方案、各学科教学指导意见、综合实践活动实施意见、通用技术课程实施意见、综合素质评价方案、学生学分认定管理办法、样本校建设指导意见、课题研究指导意见等近20个政策性文件的调研、论证和起草工作。

2009年，参与研制了《河南省普通高中新课程选课指导意见（试行）》《河南省普通高中学业水平考试方案》《2009年普通高中新课程骨干教师培训方案》《关于加强普通高中通用技术课程实施工作的意见》《河南省普通高中综合实践活动课程实施指导意见（试行）》及《河南省普通高等学校统一招生考试改革方案》，为全省课改的顺利实施发挥了重要作用。

（3）送教下乡，调查研究，指导教学

1999年春季，组织13个学科20余名教研员到省实验中学等6所教学实验基地和部分市、县，由点到面地调查研究。了解学校落实课程计划，执行教学大纲，使用现行教材，优化课堂教学等方面的情况。

2002—2003年，两次组织各学科教研员30多人和省课改专家指导组一起，到18个省辖市的20个课改实验区听课、评课，听取领导的汇报，抽查或跟踪学校的课程计划、课时安排、教师教案、学生作业和成长档案等，对实验区和实验学校的工作进行了指导。

2003—2009年，每年组织两次大规模的送教下乡活动，遍及全省40多个县市。所到之处，教研员讲解新课程理念、新评价办法，并组织现场做课、评课、现场答疑释惑，指导课改与教学，受到当地师生的热烈欢迎。除集中送教下乡外，各学科教研员还抽出大量时间深入教学一线，与教师交朋友，以新理念、新课程、新知识、新技术为重点，组织教研活动和跟进式培训，并通过调查研究，指导教学，努力提高农村一线教师的业务水平和教学研究能力。

2008年，多次组织教研员和骨干教师深入学校，采取听课、查阅文件资料，座谈与个别访谈、问卷调查等多种方式，了解高中新课程实验信息，写出调研报告，为研究解决学校在管理、课堂教学和课程开设等方面的具体问题，提供了依据，也为有针对性的教师跟进式培训打下坚实基础。

（4）课题研究

2006年，组织全省优秀专家对16个省教育厅基础教育课程改革研究项目进行了评审鉴定，基本完成了2002年省教育厅确定的85个基础教育课程改革研究项目的结项鉴定工作。为了进一步推动课程改革的深入发展，组织专家对各地申报的近400项立项课题和123项结题申请进行了严格审核和评选，共有240项课题获准立项，评定获奖成果87项。

2007年，课题管理办公室组织编写了《课改扬帆——河南省北师大版教材教学研究优秀成果荟萃》和省厅《基础教育课程改革研究项目优秀成果集》。由小学语文学科承担的教育部的总课题和分布在全省的多项子课题通过结题鉴定，全省有23项成果、13个实验单位和86人获得教育部表彰。由教育厅副厅长李敏任总课题负责人，师范处、教研室有关领导任课题组成员，省教研室英语学科具体实施的全国教育科学“十一五”规划2007年度教育部规划课题“农村中小学英语教学现状及发展研究”已基本完成。

2008年，全年受理立项申报1105项，批准478项，对293项进行了结题验收，获奖成果为239项，其中一等奖66项。此外，还积极承担国家课题研究，共承担全国“十一五”教育科研规划课题或子课题7项。

2009年，全省承担国家级或子课题共10项、省教育厅普通高中新课程实验重点研究28项。受理课题立项申报2409项，对347项申报结题成果材料进行了评审。由省基础教育教学研究室主持或参与的有关义务教育阶段课程改革的国家级、省级研究课题在本年度均有结题，有十余项参选成果在省教育厅组织的基础教育课程改革成果评选中获奖。

（5）总结和推广教学经验

建设教学研究实验基地，开展优质课评比活动，是省基础教育教学研究室总结、宣传、推广先进教学经验的两个重要平台。

1998年和2001年，省基础教育教学研究室制订了中小学教学、教研实验基地条件和推选办法，经学校申请，市教研室推荐，省教研室审查，先后确定了两批共64所基地学校，为总结、宣传、推广先进教学经验发挥了积极作用。省基础教育教学研究室组织开展的全省优质课评比活动，原则上每个学科每两年开展1次。参评教师由县、市（地）层层选拔、推荐，除作课堂教学演示外，还提供一篇教学经验材料。

2001年，省基础教育教学研究室制定了优质课评价的基本标准，规定了评奖的等级和奖次名额及奖励办法。不少学科还组织获奖教师举行全省性的观摩教学，进一步宣传、推广优秀的教学经验。先后汇编出版了小学优秀教师撰写的教学经验《园丁耕耘录》，小学数学应用题教学《经验集锦》，小学语文教学《经验之宝》《经验百家》《经验荟萃》，中学《思想政治课改革优秀论文集》，承担了省教委《小学教育十年教改》丛书等的编辑、审稿工作。

（6）加强制度建设

2005年，省基础教育教学研究室制定了《省基础教研室领导班子工作制度（试行）》《省基础教研室学科教研活动管理办法（讨论稿）》《省基础教研室学会及学会活动管理办法（讨论稿）》等，界定了“重大事项”，明确了决策程序和工作审批程序，规范了教研活动和“三优”评选，为实现民主科学决策、规范管理奠定了基础。

2009年，在不断加强制度建设的基础上，针对教研活动中存在的一些问题和薄弱环节，制定了《河南省基础教研室图书开发管理规定（试行）》，修订和完善了《图书稿酬发放管理办法》《教研工作基本规范》《新任学科教研员专业培养方案》等。

（7）改进教研方式，创新教研形式

2004年以来，省基础教育教学研究室在继承发扬传统教研优势的基础上，努力实现教研与科研的紧密结合，不断提高教研的层次和水平。一是积极研究和探索以校为本的教研制度，通过区域教研、联片教研、网络教研、送教下乡、专题讲座等多层次、多形式的教研、教改实验和培训活动，引领校本教研。二是积极开展“送教农村，送教扶贫开发工作重点县”的教育服务活动，并形成省基础教研室的常规工作制度。三是积极倡导“问题课题化，工作科研化，结果成果化”的研究思路，提高教研工作的科技含量。四是加强三级课程管理和课程资源建设，引导选用地方课程教材，调研指导校本课程开发，努力为中小学教学提供优质的课程资源。五是深入研究和推动考试与评价制度改革，建立河南省中小学教学质量监控、评价体系，为基层中小学改进教学工作反馈有效信息，为教育行政部门决策提供咨询。六是组织开展多种形式的新课程学科课堂教学观摩、研讨和教学成果评比活动。

（胡爱华 撰稿，邵水潮 审阅）

湖北省教学研究室历史沿革及发展轨迹

湖北省教学研究室是从事基础教育教学研究的专门机构，履行研究、指导、管理和服务的职能，属湖北省教育厅和湖北第二师范学院双重领导。现有职工 38 人。教研员中 85% 为高级职称，含正高职 1 人、特级教师 7 人、博士 3 人。

一、起步艰难的省教研室（1955—1961）

1955 年，湖北省教育厅决定成立教研室，其主要工作是调查了解各地贯彻教育方针、执行教学计划以及教学方面的情况。当年省教育厅抽调了一批中小学骨干教师到教研室工作，由厅长亲自领导。

教研人员配合省厅的各项中心工作，下基层搞调查研究，同时承担编写农业基础知识补充教材的任务。

二、命运多舛的省教师进修学院（1962—1970）

1962 年 10 月，湖北省人民委员会下发〔1962〕第 184 号文件，决定成立湖北省教师进修学院。由省教育厅厅长柳野青任院长，领导学院担负全省中小学在职教师进修和中小学教学研究工作。同年 12 月，由原省厅教研室、省教育行政干部学校和省函授师范学校合并而成的湖北省教师进修学院召开了成立大会。根据省教育厅的规定，原教研室所承担的任务交由教师进修学院承担，不再单独设置机构，师训与教研合二为一。学院设院办公室、教务处和总务处以及政治、文史、数学、理化生、外语 5 个教研室。1965 年有教职工 121 人，其中教研人员占 2/3。

1962—1965 年，为贯彻执行“两种教育制度，两种劳动制度”，湖北省 2861 所中学改为耕读中学。这类面向农村的学校，既要教好必要的文化基础知识，又要加强农业生产知识课的教学并培养学生具有一定的劳动技能。学院组织教师深入部分县进行调查研究，征求意见，收集资料，探索农村中学的办学特点，为编写全省农村中小学教学大纲、教材做准备。1963—1964 年，编写了《全日制中学农业生产知识教学大纲（草案)》《耕读中学各科教学计划》，以及耕读中学补充教材和农村中学需要的《植物》《动物》《化学》《物理》等教材。1965 年，省教师进修学院编写的一套 25 种共计约 170 万字的教材，由湖北人民出版社出版，供全省耕读学校使用。

1963—1965 年，省教师进修学院举办了高中语文、数学教师进修班各两期，举办高中政治课教师培训班一期，共招收学员 276 人。本院教师的主要工作是教学研究及教材编写。各学科教研员结合高中语文、数学教师进修班的教学，整理出版了《语文知识专题讲座》（第一辑）、《古代散文》（一、二册）和《高中三角教材教法研究》《高中立体几何教材教法研究》《高中代数教材教法研究》以及《高等代数》《数学分析》《解析几何》等教研资料，供教师自学进修之用。还编写了《语文》《汉语基础知识》《算术》《珠算簿记常识》等小学教师进修用书，仅 1963 年，在省内发行就达 18 万册之多。此时，国家经济建设有所恢复，教育事业得到相应发展，全省启动了基础教育教研工作。

“文化大革命”开始后，中小学校全面停课，无教可研。1969 年，中小学开始复课后，各省需自编教材供复课之用。湖北省教育革命领导小组从华中师范学院、武汉师范学院等高校及个别中小学抽调教师成立省中小学教材编写组。1970 年，编写的中小学各科试用教材有《毛泽东教育思想》《中学语文》《小学语文》《中学数学》《小学数学》《工业基础》《农业基础》《英语》《俄语》《地理》《历史》《常识》《革命文艺》和《军事体育》（教师用书）等 14 种共 65 册，300 余万字，供复课时全省中小学使用。同年，省教师进修学院撤并华中师范学院。

三、蓄势待发的省教学教材研究室（1971—1978）

1971 年春，湖北省革命委员会批复成立省中小学教学教材研究室，其任务是：研究教学改革，总结交流教学经验，编写教材、教学参考资料和课外读物，编制 58 人，其中编写人员 48 人。省中小学教材编写组遂改为省中小学教学教材研究室，通常称省教研室。下设政治、中学语文、小学语文、中学数学、小学算术、物理化学、生物、外语、历史地理、插图、综合 11 个业务组，建立了《教研室工作制度》《教材审定制度》《下基层调查研究的若干规定》和《民主生活制度》等，拟加强工作规范化管理。

1972 年，省教研室增编了《社会发展史》《生理卫生》《音乐》《美术》，改《工业基础》为《物理》《化学》，共出版了 14 种教材。这套教材解决了上一版教材中存在的问题，加强了基础知识和基础理论方面的内容，力求处理好政治与业务、理论与实际、批判与继承的关系。

1974 年 5 月，省教研室在完成教材修改任务的同时，着手开展教学研究工作。在江陵县召开了大规模的全省理科教学研讨会，以推动理科的教学改革。随后，开展了小学实行“三算（口、珠、笔）一拼（汉语拼音）”的试验，在宜都县召开了全省“三算一拼”教学经验交流会，并在全省逐步推开，使学生提前写作，提高了运算速度和思维能力。省教育局为推动中小学外语课的开设和有助于学科教学，在当时经费极其困难的条件下，支持省教研室与华中师范学院外语系联合创办了《中小学外语教改通讯》。随着形势的发展，该刊更名为《中小学外语》，后来又分英语版、俄语版各自单独出版，继而改名为《中小学英语》和《中学俄语》。此刊物作为“文化大革命”期间首创的中小学外语教辅期刊而受到全国同行的肯定，对湖北省乃至全国中小学外语教学具有积极的推动作用。

1976 年后，省教研室除编写过渡教材外，还组织各学科中小学骨干教师和地、市教研员参加全国通用新大纲、新教材的学习研讨会。针对当时中小学数量增速过快和相当多的教师教学能力不强等情况，编写了各类教学参考资料 23 种，共 135 万字。1978 年，为弥补“文化大革命”以来学生基础知识残缺不齐和解决复习资料奇缺的问题，编写了一套高中各科复习丛书，还编写了供学生课外自学的读物，如《语文基础知识》《化学参考》《简明英语语法》《简明俄语语法》，均由湖北人民出版社出版发行。其中，《语文基础知识》再版 4 次，印数达 158 万册。该书于 1982 年在首届全国中学生评选“我最喜欢的十本书”活动中入选，获雕塑铜像奖。1985 年与《简明英语语法》一起被中南地区出版社评为优秀读物，均获三等奖。

1978 年，“农村小学自然课教学改革与实验”在 210 所农村小学展开，近千名教师相继参加了 10 年的研究。基本做法是：因地制宜，选择适应教学需要的替代材料；利用农村土地较多的条件，师生动手建设、管理生物园；充分利用自然环境，开展环境考察和课外自然研究活动；结合当地农村经济发展的需要，增补一些有利于学生了解家乡自然条件并可以用于科学致富的教学内容。此研究提高了教师素质、提高了自然课教学质量。研究论文“扬长补短，提高农村小学自然教学质量——农村小学开好自然课实验第一阶段总结”发表在 1993 年《课程 · 教材 · 教法》上，另有 12 篇论文发表在《湖北教育》《小学自然教学》等期刊上。有 2 篇论文分别获得全国小学自然教学研究会农村小学自然教学论文评比一、二等奖。此后，省教研室参与国家教育委员会基础教育司主持的项目“农村小学、初中课程改革与实验”研究工作。1994 年 10 月，国家教育委员会基础教育司在湖北省召开了课题研讨会，对湖北省的研究工作给予了较高的评价。1995 年，课题组撰写的“五四制农村小学、初中课程改革的研究与实验的回顾”一文发表在《湖北教育》上，并被中国人民大学复印报刊资料转载。

四、开拓进取的湖北省教学研究室（1979—1999）

1979 年，湖北省中小学教学教材研究室并入重建的湖北省教育学院，对内称湖北省教育学院教学研究室，对外称为湖北省教学研究室（简称省教研室），属湖北省教育行政部门和学院双重领导，对全省基础教育教学研究系统负有组织和指导的职能，可独立行文。从此，教研员们开拓进取，积极工作，将自己的聪明才智奉献给了全省的基础教学研究事业。

1. 加强机构与制度建设，推动教学研究

1979 年起，省教研室为建立一支“又红又专”的教研队伍，有计划、有领导地开展教学研究工作，着手各级教研队伍的建设工作。

1980 年初，省教育局召开地（市）和部分县（市）教研室主任会议，集中研究教

研室的工作性质、任务和职责范围，并下发了《关于进一步加强教研工作的意见》。规定教研室的日常工作是：按照教育部颁发的中小学教学计划和各科教学大纲以及教育行政部门有关教学的指示，结合本地实际提出实施意见；调查教学情况，分析教学质量，总结推广教学经验；组织教学改革的试验，进行教材教法的研究；开展多种形式的教研活动，帮助教师改进教学；选编教学资料。要求上一级教研室负责对下一级教研室的业务指导，省教育学院教学研究室负责对地、市、县教研室工作进行业务指导，可直接组织召开各种教学研究会议。

1982 年春，由三级教研室教研员、师范院校外语教学法专家及优秀中学外语教师组成的省中学外语教学研究会率先成立，挂靠在省教研室。教研员把专家的理论研究与优秀教师的教学经验结合起来，指导开展教研活动。省教研室按照这个模式，又建立了 11 个省级学科教学研究会，并逐渐推广到各地、市、州，使之建立了相应的研究分会。在强化专家理论指导力的同时，也提升了教师实践经验的学术水平。

1985 年，湖北省省、地、县三级教研室已达 95 个，各大型厂矿企业教育处（科）均设有教研室，有专职教研人员 2180 人，学科门类日趋健全。省教研室经调整和发展，成为一个有 24 个学科教研组，结构合理、素质精良的业务部门。

1989 年起，省教研室负责主持全省普通高中毕业会考 10 门学科的命题工作，到 2000 年已建立了一整套与湖北省普通高中毕业会考有关的工作程序和规章制度，如命题程序、阅卷检查的规定、质量分析的要求等，还在此基础上进行了教学质量分析，对毕业年级的教学情况进行了检查。这些工作对各学科提高命题质量、了解教学实际、指导高中各学科教学起到了积极作用。

1990—1991 年，为了促进学科教学改革的深入发展，教研室每年都组织开展各学科的优秀论文、优秀教案、优质课和优秀课件（简称“四优”）的教学评比。这项活动是经学校、县（市、区）到市（州）、省层层推荐进行的，对于激活学校的学科教学研究，扩大教学先进经验的交流与共享，有着良好的导向性。

1990—1998 年，省教研室为维护正常的教学秩序，切实减轻教师和学生的过重负担，在深入学习的基础上，及时向省教育行政部门提出贯彻执行国家教委文件精神的具体实施方案。发挥省教研员在学科教学管理方面应有的作用，本着“规范、严格、有效”的原则，认真完成省教育行政部门主持的普及九年制义务教育验收、示范学校评估、制止乱收费和开学工作检查等任务，并拟定了有关竞赛的申报、审批制度，加强了对各类学科竞赛活动的管理。

1991 年 11 月，省教委《关于中小学教学改革若干问题意见》和《关于加强各级教研室工作的几点意见》，进一步明确规定：省教研室侧重宏观研究和对下级教研室的教研业务进行指导和评估；根据国家教委和省教委有关教学改革的指示精神，结合湖北省实际加强中小学教学管理，并适时给予指导；提出执行教学计划、教学大纲和教材的使用意见；组织和管理乡土教材和补充教材的编写和使用；提出和研究解决学科教学在省内带有倾向性的问题；抓好各学科具有示范性的教改实验，以点带面促进全省教学改革的深入发展；组织全省的教研活动，交流教改经验和传递教改信息。地、市、州教研室从本地实际出发，根据教育行政部门的指导和省教研室的总体部署开展教研工作，重点深化初中的教学研究，推动高中的教学改革，认真落实调整后的教学计划、大纲和教材，组织好对所辖地重点中学教学的全面评估，推动教学改革，促进大面积地提高初、高中教学质量。县（市）教研室以小学、初中为重点，着重研究初中如何结合当地的实际，改革教学思想、教学内容和教学方法，使学生在德、智、体全面发展的同时，又能较多地学到一些当地生产、生活中实际需要的知识，以利于大多数学生毕业后为当地社会主义建设服务，小学要按照初等义务教育的要求，切实保证质量。

1992 年后，省教研室每年都要深入到县（市），分别对小学和中学各进行一次集中视导。检查常规教学的基本情况和学校落实课程计划、学科教学管理等情况。教研员把深入基层和教学第一线调研、听课、座谈、抽样测试等作为一项经常性的工作，足迹遍布全省 16 个地（市）2000 多所学校，撰写调查报告数十份，对教育行政部门的科学决策起到参谋作用。同时，也为省教研室了解分析教学现状、发现总结典型经验、开展有针对性的学科教学指导发挥了效益。

1993 年，为加强对中小学常规教学的研究和管理，省教研室在深入调查研究、广泛听取意见的基础上，制定了《湖北省中小学常规教学管理意见（试用）》。各学科组在听课和评选优质课活动中，都制定了具体的、操作性较强的课堂教学评估指标，为规范教师的课堂教学和学校的教学管理工作提供了依据。

1999 年 3 月，为进一步规范全省教研工作，提高教研工作效率，省教研室编辑出版了《教研工作文件汇编（1989—1998 年）》，供全省各级教研室学习和使用。

2. *加强师训和教材建设，推动教学研究*

（1）全方位、多层次培训教师

1979 年，省教研室依据教育部制订的教学计划和各科教学大纲（试行），组织编写各科通用教材。采取自上而下层层推进的方法，帮助全省中小学教师又快又好地使用新大纲和新教材。在全省组织 4 轮 60 多次学科培训活动，参加培训人数达 6607 人次。

1984 年，湖北省根据教学计划的执行情况，召开了施行两种教学纲要的学习培训会。4 门学科的 320 多人就教材的处理、教法的选择和深浅难易程度的掌握等具体问题进行了研讨。

1990 年后，九年义务教育课程计划、大纲、教材进入实施阶段。省教研室自筹经费 100 多万元，及时开展新课程计划、新大纲、新教材的培训 84 次，辐射地（市）县教研员和骨干教师 35688 人次，为县（区）、学校的再培训提供了经验，有力保证了新课程计划在湖北省的全面实施。

（2）认真、严肃地编写教材和教学用书

多年来，湖北省教研室在省教育厅的领导下，本着“适应地方的实际，有利于面向全体学生和全面提高学生素质”的原则选用教材，制定每年春秋两次“用书目录”，以严肃认真的态度，编写了一批地方教材和补充教材。

1980 年以来，组织编写出版乡土教材 60 余种，其中 42 种公开出版。如《新编高中英语备课手册》由湖北教育出版社出版，全国公开发行量超过 100 万册，获中南地区优秀教育出版物奖。此后，该丛书改名为《高中英语手册》，近 20 年来陆续再版发行。

1986 年 2 月，省教研室承办了原《中学课堂内外》初中版、高中版两种期刊。后来更名为《语数外学习·初中版》《语数外学习·高中版》。两刊受到全国广大中学生的欢迎，被誉为“文苑佳刊，教坛益友”，年均发行量达到30万册。其中，1995年4月号总发行67万册。2001年，这两刊一并交由湖北教育学院期刊社管理。

1990年5月，在国家教委召开的全国乡土教材建设经验交流会上，《湖北省小学思想品德补充教材》（1套12册）、《湖北地理》和初中《劳动技术课本》第一册（农村版）分别获得、一、二、三等奖。此外，还编发了《中学生英语报》，编写供教师选用的《晨会活动指导纲要》《小学数学教案选》和《新编高中英语备用手册》（1—3册）。

1991年，根据国家教委对九年制义务教育教材施行“一纲多本”的要求，启动编写具有湖北地方特色的初中及小学美术教材。1993年出版了《九年制义务教育中小学美术课本（湖北版）》共16册，于1995年通过湖北省中小学教材审定委员会的审查，1996年通过国家教委中小学教材审定委员会的审定，被列入国家教材使用推荐订单，由湖北美术出版社出版，在全国征订发行。这套教材的主要特点是：加强欣赏课、拓展工艺课、改革绘画课，形成全面兼顾的美术素养型教材；突出地方特色，注重楚文化的历史影响，从民风民俗到民间美术作品的介绍，展示了浓郁的地方乡情、民情。特别是初中课本，既方便教师的课堂教学，也方便学生的课外自学。

1994年，组织编写小学1—6年级劳动课教材共12册、教学参考书3册以及劳动课材料全套。编写初中1—3年级劳动技术课教材共10册（城市版、农村版各5册），编写高中劳动技术课教材10册。这些课本均经省中小学教材审定委员会审定通过，其中初中课本经中央教育科学研究所基础教育课程教材研究中心专家审读，认为“较好地体现了《大纲》的基本要求，具有教育性、科学性、可行性，是一套比较有特色的质量较高的劳技课教材”。同年，省教研室还编写了中小学音乐补充教材小学12本，中学3本。这套教材注重教学过程，体现教学方法，突出楚文化，经湖北省中小学教材审定委员会审定通过，由湖北教育出版社和长江文艺出版社合作出版。

1997年，根据湖北省中小学音乐教育教学改革的需要，编制了全日制小学音乐教材24本，教学参考书2本，配套磁带24盒。教材分五线谱版和简谱版，主要特点是：以审美为核心，以知识为线索，注重思想性、艺术性和趣味性的统一；注重小学生情商、智商和创造性思维的培养；注重反映当代先进的音乐教育教学思想，体现教学过程；注重反映湖北省在国内外颇具影响的古今音乐文化。经湖北省中小学教材审定委员会审定通过，由长江文艺出版社和九通音像出版社出版，并被安徽、江西、湖南、河南、海南等省选用。1999年秋，又编写了初中音乐教材五线谱和简谱两个版本共12本，配套磁带14盒。教材、教学参考书等强调培养学生的音乐文化意识、音乐表现和音乐创造意识，形成“三个表现”（唱歌表现、器乐表现、创作表现）和“一个感受”（欣赏感受）全新的教材模式。经湖北省中小学教材审定委员会审定通过，由长江文艺出版社出版，引起了省内外广大师生选用的兴趣。

1999年，省教研室立足于本省实际，编写了小学《社会》教材1—6册。这套教材在小范围实验的基础上，经湖北省中小学教材审定委员会审定，于2000年秋由中国地图出版社、湖北教育出版社合作出版，在省内使（试）用。教材体例新颖、实用，关注学生的经验、兴趣、个性，注重教学内容与社会的联系。内容充分体现了常识性与教育性、时代性与实践性、科学性与趣味性、乡土性与社会性的统一，兼顾了城市学生的特点和农村学校的实际。版面设计活泼有趣，给师生以良好的视觉与心理感觉，符合“减负”要求。

3. 加强改革与试验工作，推动教学研究

1985 年，省教研室与省招生办公室、武汉大学英语系合作，启动“以高考为突破口，改革中学英语考试办法和加强听力训练的系列改革”。在当年的高考中改革了英语专业考生的口试办法，即由“面试”改为全省统一播放录音进行听力测试。武汉大学英语系对此进行了跟踪检测，结果表明，该听力测试与入学新生听说能力的相关系数为 0.7（正相关）。省教研室教研员撰写论文 2 篇，发表在《中小学外语教学》并引起全国外语界的重视，受到国家考试中心的好评。这项改革一直持续到 2000 年，所研制的听力录音带被河南省借鉴采用。1990 年，湖北省在普通高中毕业会考英语学科增加了听力测试，当年对 12 万名高二年级学生进行的考试，过程顺利，效果反映良好。人民教育出版社主办的《中小学英语》杂志开辟专版，肯定了此项改革。之后，在高中英语入学考试中增加听力测试逐步被推广到全省。目前，各市（州、直管县）的中考也普遍加试了英语听力，许多学校还增设了英语听力（或听说）课，编写出版了一些旨在加强听说训练的辅助教材（含录音磁带）。这项系列改革为全国首创，为湖北省普通高校入学考试外语加试听力的顺利实施打下基础。

1987 年开始，省教研室参与“SISS（即第二次 IEA 科学研究）扩大研究”。这是 26 个国家和地区合作的一次大规模跨国理科（物理、化学、生物、地理）教育评价研究，旨在全面了解湖北省普通初中理科教育现状，鉴别影响普通初中理科成绩的主要因素，深入研究理科教育改革，学习 IEA（国际教育成就评价协会）开展大规模教育评价研究的方法和经验。这些目标的实现对培养和建立湖北省的教育评价研究队伍，促进教育决策由“经验型”向“科学型”转变，都将产生积极的作用。经过六个阶段的持续研究，于 1992 年完成了“80 年代后期湖北省普通初中科学教育评估报告”。

1988—1989 年，省教研室与黄石、宜昌、襄樊等市教研室合作开展了“初中数学目标教学与评价的研究”。1990 年 10 月，课题组代表携论文《数学教学评价的实践与理论研究》，出席了在西班牙卡隆召开的“国际数学教育评价及其研究”的学术会议，并在大会上作了题为“评价在中国”的主题发言。1995 年 6 月，课题研究论文“研究 · 实验 · 效果——初中数学目标教学及其评价”，荣获湖北省教育研究优秀成果一等奖。

1994 年，湖北省启动中国教育学会物理教学专业委员会重点研究课题——“中学物理教学中的科学、技术、社会（STS）教育”的研究。经过 245 所实验学校 5 年的不懈努力，取得了中学物理教学与 STS 教育相结合，实施素质教育的“二、三、四”教学模式的研究成果：一是“两个计划”同步实施，即以国家规定的教学大纲和教学计划为主线，以各地（校）结合实际、因地制宜的学科 STS 教育同步计划为补充，全面安排和进行物理教学。二是“三种课型”组合运用，即将课堂教学、科技活动和社会实践优化组合，形成广阔、开放、具有多种素质教育功能的物理教学空间。三是“四个结合”认真做好，即在教学过程中做好物理知识教学与科学、技术、社会的实际相结合；物理学科教学与其他自然科学、人文科学相结合；充分发挥教师的主导作用与充分调动学生参与教学实践活动相结合；学校与家庭、社会相结合。1999 年 11 月，专家鉴定该课题认为，“不仅推动了湖北省中学物理教学的改革，提高了师生自身素质，并且为全国中学课程与教材的改革提供了丰富的第一手材料，因而有重要的参考价值”，“处于全国领先地位，达到国内先进水平”。2000 年 10 月，凝聚省教研员、实验学校及教师研究智慧的《物理教育中的科学、技术、社会》一书，由人民教育出版社出版。

1997 年 9 月，省教研室受国家级“九五”重点课题组委托，联系武昌实验中学、武汉市一中、红安县二中等 12 所中学，开始历时 4 年的“湖北省面向 21 世纪中等学校思想道德素质教育的成果研究与实验”。其目标是：为建立符合湖北省实际的中学德育工作体系提供理论和实践依据，建立具有湖北省特色的思想政治课的教育目标和教材体系。对现代中学德育的性质和特性、面向 21 世纪中学应具备哪些思想道德素质、中学各年级思想政治课《课程标准》、教材结构、编写特点等 11 个子课题进行了研究。2000 年 3 月，课题组出版了《实用思想政治词典》法律常识部分（人民教育出版社）、九年义务教育三年制初中课本、教师用书和教学资料 23 本，有 2 篇论文发表在《思想政治课教学》和《政治教育》上。

五、与时俱进的湖北省教学研究室（2000—2009）

2001 年 6 月，《国务院关于基础教育改革与发展的决定》（以下简称《决定》）发布，教研员们以学习贯彻《决定》为契机，与时俱进，积极推进课程改革。

1. 认真学习研究，积极投入课程改革

2001 年 7 月，省教研室学习领会《决定》精神，相互启发，共同规划今后的工作。围绕新课改新在哪里、教研部门在新课改中的角色进行了讨论，达成“提高认识，更新观念，为新课程改革打下思想基础”的共识。在此基础上，牵头编写了《基础教育新课程师资培训系列教材》中的各科课程标准教师读本丛书，供全国教师培训使用，该丛书荣获全国畅销图书奖。近 10 年来，有 50 万人次的教师参加了由省教研室组织或教研员授课的培训。省教研室受人民教育出版社和长江出版集团的委托，在各个地市开展了教材教法培训。各学科教研员为帮助教师了解新课程的背景目标、课程标准以及不同版本教材的体系、内容和教学方法，在教师培训中推荐了一批优秀教师授课。

2007 年，省教研室对国家和先行省份实施普通高中课程改革的文件、资料等进行比较研究，深入本省普通高中学校听取意见，形成了调查研究报告。组织编写了湖北省普通高中课程改革《宣传手册》《新课程学科实施意见》和《新课程学科教学指南》，为湖北省 2009 年启动的普通高中课程改革实验提供了专业支持和决策咨询。

2. 有效引导教研，促进课堂的教与学

近三年来，省教研室对传统的集体教学视导进行了创新和完善。一是视导前必须和学校共同制订严谨的活动计划；二是视导学科扩大到音体美、信息技术等，视导内容从课堂教学延伸到课程实施、教学评价和教师专业发展等；三是视导年级涉及毕业年级，特别是初三和高三；四是学科教研员要向学科教师作一个讲座；五是视导结束后每个学科要撰写视导报告，并形成总报告反馈给教育行政部门和学校。2007—2008 年，视导

了4个地区的8所高中和2所初中，教研员和学校双方都认为效果很好。

“四优”评比是教研系统的常规活动，也是教师交流和展示的平台。传统的评优可能关注名次，现在的评优更注重活动的内涵和促进教师专业发展的实效，管理更加规范和科学。经过省教研室评出的奖项在名师、特级、学科带头人的评选和职称、晋级中信度最高。

从2006年开始，省教研室在小学段3—6年级开展教学质量调研和监测。全省选择11个县市区、3个学科作为试点。通过每学期1次测试的数据，分析经费投入与教学质量的关系、城市学校与农村学校的质量差距、教师的教学方法与教学质量的关系，为教育行政部门提供质量分析报告。

各个学科将课程改革中的重点、难点、热点问题作为研究课题，在课题研究的过程中强化有效教学。其中，应用“四段五步”教学模式已经在各级农村小学中得到了广泛的应用，促进了全省小学英语课程的开设和教学质量的提高。中学的英语口语分级训练与测试、农村初中化学教师与新课程的适应性、高中生语文阅读方法、历史地理学科网络学习交流平台建设等研究各具特色，影响较大。

3. 开发课程教材，丰富课程教学资源

基础教育课程改革以来，省教研室为中小学生提供了符合素质教育要求、达到课标目标的优质资源。独立和合作申报立项的新课程标准教材有《小学英语》《小学科学》《艺术》《品德与生活》《品德与社会》5种。立项通过的地方课程教材项目有《行为规范》《综合阅读》《科技活动》《劳动与技术》《体验课程》等7种。近年来，随国家农村学生免费政策出台，组织开发了九年制义务教育阶段主要学科的免费练习册，免费配套的史地图册、英语听力录音带等。普通高中新课程实施后，又组织开发了高中学生的《长江学典》系列学习资源。

4. 加强队伍建设，促进教研员专业发展

2006年，省教研室在出台措施保障，加强教研员队伍培养与建设的同时，为促进教研工作的可持续发展，申报了省级重点课题“湖北省基础教育教学研究人员研修行动计划”。课题为应用型研究，简称“333计划”，即计划用3年左右时间，分批组织各级管理、教研、资料3类人员，约3000人进行研修培训。研修内容包括职业道德、教育理论、研究与指导、教研管理、教育科研及教研信息等版块，下设若干研修专题，根据不同对象确定相应的研修内容。到目前为止，已培训教研室主任和中小学学科教研员共1200多人。

在50多年的历史进程中，湖北省教研室经历过艰难、拥有过辉煌，深感教研工作的责无旁贷，任重道远。在基础教育课程改革如火如荼的时刻，具有中国特色的基础教育教学研究机构，还要加强课程与教学论的学习研究，提高专业发展水平，为中小学校、教师和学生的发展提供强有力的专业支持，为实施素质教育、促进基础教育内涵发展作出更大的贡献。

（张家佑 撰稿，张祖春 审阅）

继往开来　开创教研事业新局面

——湖南省基础教育教学研究的发展历程

新中国成立后，湖南省的教育事业掀开了崭新的一页。教育教学研究机构和教研制度的建设工作，大致经历了酝酿阶段、正式确立阶段、混乱偏离阶段、调整整顿阶段、变革发展阶段和纵深发展阶段六个时期。几代教学研究工作者为全省教育事业的发展作出了应有的贡献。

一、酝酿阶段（1949—1955）

1949 年 8 月湖南和平解放后，中共湖南省委和省临时政府根据中共中央和中央人民政府提出的“有步骤地谨慎地对旧有学校教育事业进行改革工作，团结一切爱国的知识分子”的要求，接管旧有学校。这一时期的教研工作，处于起始阶段，教研活动尚未制度化。

1951 年 9 月，在省教育厅发出的《对于中等学校当前几个主要工作的指示》中，强调学校要抓紧教学这一中心环节，规定各校均须分科建立教研组，其任务为发挥教学上的互助，集体钻研，以创造新的教学经验等。当时的湖南省立一中是最早成立教研组的学校之一，在其教导工作计划草案中明确规定，教学研究小组的工作内容为：研究有关业务方面的理论；交流经验，改进教学方法；研究在该科教学中如何贯彻爱国主义教育，加强教学思想性及如何结合课堂教学，进行课外活动；有计划地组织观摩教学。至 1953 年，该校成立了语文、数学、外语、物理、化学、生物、政治、历史、地理、体卫等比较完备的学科教学研究组，开展了大量的教研活动。

1952 年前后，省内高校、中学和规模较大的小学相继设立了各科教研组，为教学研究机构的创建奠定了基础。例如中学普遍成立学科教研室，同年级多班次的还成立备课小组，集体讨论教材、授课计划与课时计划，经常举行观摩课、公开课，教师中开展互帮互学、以老带新活动。各级教育行政部门和学校领导加强了对中学教学的管理，深入教研组参加备课研究和教育理论的学习，深入课堂听课。小学在进行五年一贯制学制改革试验和强调学习苏联教育理论与经验的同时，注重从管理上提高教学，大部分市、县都按学区，选择基础较好、地点适中的完全小学为中心小学，负责组织、辅导、管理学区其他小学的行政、教学改革和师资培训。

这一时期，全省主要是开展教育改革，如改革教师待遇、加强教师思想政治教育、学习苏联经验加强和改进教学工作等，以确立起新中国湖南的教育体系。

二、正式确立阶段（1956—1965）

1956年4月，湖南省教研室成立。作为省教育厅内设的第一个教育科学研究机构，主要负责中小学和中等师范学校的教学工作，包括拟订教学计划、研究教材教法、组织编写有关教材和教学参考书。之后，郴县、邵阳等专署和湘西土家族苗族自治州成立了教研室，鄗县、溆浦等30个市县也先后建立了教研室，配备了110余名教学研究工作人员。各地教研室开展了许多工作，对教学工作起了一定的推动与指导作用，有的县市还不定期出版了“小教简报”或“教育教学工作经验专辑”等刊物。地方研究机构从以研究小学语文、数学为主，后发展到中小学并行研究。县以下的区，一般设有教学研究联组，乡（人民公社）设有大组，校设有小组（中心小学和规模较大的完小），形成研究网络。

省教研室和地方教研机构的设立，标志着湖南省教研制度的正式确立。首先，从教研主体上来说，有专门的人员从教学岗位分离出来从事教研工作，教研不再仅仅是学校教师的活动，而且也是专门人员的专职工作，教研员加入教研队伍，给教研工作的开展增加了新的力量，从人力资源上保证了教研工作的持续、有序进行。其次，教研工作有了专门的组织机构，省、地、市县各级教研机构能对全省的教研活动进行层层组织、指导，是从组织机构上对教研工作的重要保障。再者，教研机构的建立，使一系列的教研规章、教学计划等有了顺利推行的力量，能够从制度上保证教研工作的有效开展。教育行政机构和学校对教研工作的重视，使得教研活动有了健康有序开展的条件，各级各类教研机构的建立，使教研活动得以系统展开。这一时期的教研工作，在学校内部和学校外部继续进行，教研工作开始进入短暂的繁荣时期。

社会主义改造基本完成以后，我国进入全面的社会主义和社会主义教育的建设时期。由于没有现成的模式可以照搬，只能在摸索中前进。因此，教研工作在大环境的波动下，呈现出各种变化。教研室克服外部环境带来的种种阻力，依然努力组织了改进学科教学，提高教学质量的教研活动。

1959年，教研室邀请长沙市部分中学的校长和语文教研组长，组成语文教学研究小组深入课堂，着重研究解决教学中带有关键性质的问题。还组织力量深入重点学校听课，与教师交换关于教学的意见。

1960年3月，教研室在益阳市一中和常德市一中先后召开了全省数学和理化教学座谈会。两校的数学教研组和理化教研组介绍了坚持政治挂帅，大搞群众运动，加速提高数学、物理、化学教学质量的经验。在这一时期，地、市、县级教研机构的建设得到良好的发展，如浏阳、湘阴、临湘、邵东、慈利、平江、安仁、安化等县都建立了教研室，教研网络逐步完善起来。中小学校的教研组也得到广泛发展，并开展了大量的教研活动，比较突出的是益阳市一中高中数学教研组、醴陵一中语文教研组、平江二中语文教研组、汉寿一中自然学科教研组和常德一中语文教研组。

三、混乱偏离阶段（1966—1976）

1966年开始的“文化大革命”使教育领域成为重灾区。到1976年的10年间，湖南省各级各类学校教学秩序混乱，教师队伍遭受严重的摧残，大多数的教研机构被取消或停止了正常的工作，中小学各科教师的教学研究活动均被废除，一些教学探索也偏离了原来的方向。

1969年3月，省中小学教材编写组组建，主要任务是编写中小学和幼儿园各科教材及部分教学参考书。

1974年5月，省中小学教材编写组改为省教材教学研究室，系省教育局领导下的事业单位，定编为60人，主要任务是研究中小学和幼儿园各科教材教法，编写部分省编教材和教学参考书。

这一时期，地、市、县的教研机构虽然遭到了毁灭性的打击，但是，仍有很大一部分继续存在，如祁阳县“革委会”教育组、桃源县“革委会”教育组、临湘县“革委会”教育局、岳阳地区“革委会”教育局、平江县“革委会”教育局等，都内设了通讯组，负责报道业务工作情况。教学辅导站（或教师辅导站），如衡阳地区教学辅导站、城步苗族自治县教学辅导站、宁乡县教师辅导站、芷江县教学辅导站、零陵地区教学辅导站、安乡县教学辅导站等，在功能上取代了当地的教研室。同时，学校内部一些教研组也仍然存在，并进行了一些教研工作。当时比较突出的有安化县第十中学和常宁县第二中学的数学教研组、临湘县五·七中学和临澄县第一中学的语文教研组、衡南县第一中学物理教研组、衡山县第一中学数理化教研组、醴陵县第二中学化学教研组、南县第三中学政治教研组、黔阳县第一中学农基教研组。

四、调整整顿阶段（1977—1984）

1977年以后，全国的各项工作进入了恢复、调整整顿阶段。湖南省全面开始了教育战线的拨乱反正和整顿恢复，教研工作也有了新的起色。全省的教研机构及其工作基本上得到了恢复，学校教研工作也重新正常开展。

1980年8月，省教材教学研究室改为省教育科学研究所（简称省教科所），编制60人，实行所长负责制。下设教育理论研究室、小学教育研究室、中学文科教材教法研究室、中学理科教材教法研究室和办公室。主要是在原来工作任务的基础上，增加普通教育理论与实践的研究。

1984年，湖南恢复形成了一个覆盖全省的教育科研网络。除省教科所外，每个地、州、市、县和省辖市的区等都设立教育科学研究室（或研究所），逐级负责指导业务工作。重点任务是辅导中小学使用国家统编教材，总结各学校的教改实践经验，将以教学为中心具体化为“三个为主”，即以课堂教学为主，以教科书为主，以发挥教师主导作用为主。根据这个原则，全省中小学严格按教育部颁发的教学大纲要求，以全国统编教材为基本内容，狠抓课堂教学。

1. 教材教法研究

教材教法的研究一直受到湖南省各级教育部门的重视。据1978—1985年的统计，省教科所全体教研人员共编辑中小学教材308种，教学参考资料236种，课外读物244种。各中学对教材教法的研究尤为重视。据长沙市、衡阳市、零陵地区、邵阳地区的统计，有96.5%的中学开展了单科专题报告会，并邀请一些离退休的老教师定期指导开展听课、评课等教研活动。

2. 教育理论学习

1978年以来，省教科所把教育理论的学习与研究当做加强教育学学科建设、提高科研人员和教师的业务素质、指导教学实践、提高教学质量的重要工作，活跃了地、市、县对教育理论的学习、研究活动。

1980年，省教科所设置了教育理论研究室，配备了专职研究人员，并与省教育学会联合编辑出版了《教育科学研究》期刊，介绍全省教育科学研究的成果和国内外教育流派及教育现状等。省教育学会先后邀请省内外专家学者讲学，举办学术报告会109场，专题讲座、专题座谈会以及教育科学培训班35期，受益者达3万余人次。

3. 教学改革实验

教学研究蓬勃开展的一个重要表现就是教学实验的展开。党的十一届三中全会以后，宽松的政治环境、政策的鼓励以及现实的需要，给了教育者进行教育实验的高度热情。当时省、地、市、县都选择了领导能力较强、教学设备较完善、师资队伍较整齐、教学质量较高的学校，作为实验校或重点校，在教学研究室的指导或参与下开展教学改革实验。

1980年秋，省教育厅委托省教科所组织湖南师大附中、长沙市一中进行语文、数学、外语三科的教育实验（1981年春增加体育实验），在湖南第一师范附小、湖南师大附小、长沙市清水塘小学进行语文、数学教育实验。组织湖南师院附中和附小、长沙市一中和二中、育才小学、湖南一师附小和清水塘小学等中小学开展整体教学改革实验。实验以“加强双基，开发智力，培养能力”和“以教师为主导，以学生为主体，以课堂教学为主轴”为指导思想，通过几年的实践，教学出现了一些大的转变，有效地提高了教学质量。除整体实验外，一些实验班或重点小学，还进行了部件识字法、集中识字法、三算结合、“注音识字，提前读写”等实验，都取得了不错的成绩，并得到得以推广。

五、变革发展阶段（1985—2000）

1985年5月，《中共中央关于教育体制改革的决定》提出，“把发展基础教育的责任交给地方”和“扩大高等学校办学自主权”，开始改变教育由国家集中管理的局面。湖南省据此做出了各项调整措施，教研工作也发生了一些相应的改变。

1990年3月，省教委颁发了《湖南省教研工作条例》，对省、地、县三级教研机构的职能和教研人员条件都作出明确规定，为教研网络的建设和中小学教研工作的展开提供了保证。同年6月，国家教委又出台了《关于改进和加强教学研究室工作的若干意见》，对省（自治区、直辖市）、地（市）、县（区）各级中小学教学研究室的设置、职能、经费以及教研员的素质等各个方面都作出了明确规定。全省已基本形成省、市、县、校四级教研网络，为教育科学研究工作取得突破性进展提供了重要保障，教研工作也进入了变革发展的新阶段。

这一阶段，各教研机构在设立、撤并上没有很大变化，教科所、教研室主要抓软件的建设。1986年年底，省教科所共有科研人员49人，承担着教材教法研究和教育科学研究的双重任务。各地（州）、市都建立了教育科学研究室，其中长沙市、株洲市、湘西土家族苗族自治州建立了教育科学研究所，共有教育科研人员241人。县、市级教育研究室有研究人员1122人。全省三级专职教育科研人员共1412人。很多区、乡（镇）设置了专职教研员，常德地区石门县颁发了《区、乡（镇）教研员工作条例》，制定了小学教育研究常规；平江等县市建成县（市）、区、乡、校四级教育研究网，一些地县还发展了一批兼职科研员，开展了教育科学研究活动。例如湘西土家族苗族自治州教委“抓教学改革，促大面积提高”的教改实验，1990年获得省中小学先进教改经验奖，受到省教委表彰，并在全省推广。该自治州吉首民师附小的“拼音学话、注音识字、提前读写”实验和凤凰县箭道坪小学开展的“童话引路”实验，引起省内外的广泛关注，得到了国内教育界的高度赞赏，中央电视台、《湖南教育》、《中国教育报》、《小学语文教学》等媒体曾予连续报道，曾有1.3万多人前去考察学习。

1993年，省教科所积极试行的体育教学“小群体学习法”实验逐步得到推广后，开始在国家体卫研究中心实验，并显示出优越性，1996年获“湖南省中小学教改实验”二等奖和“全国学校体育卫生课题研究”一等奖。

1994年12月，省教委和省教科所首次对全省地、州、市教科所（室）工作进行了检查评估，长沙市、岳阳市、株洲市和郴州地区教研机构被评为优秀教科所（室）。各级各类教研机构在外部环境渐趋完善的条件之下，积极加强自身建设，不仅学科教学取得新进展、教学理论研究获得丰硕成果，而且教学实验得到广泛开展，产生了一批卓有成效的教改经验。如复式教学经验、中学数学自学辅导教学、永顺县二完小的综合教改经验、湖南师大附中的整体教学改革经验、东安县转变差生的经验、临澧县教研室的寓德育于各科教学之中的初步探索、汨罗市教委的教学目标管理的八年实践与认识，以及湘潭市教委的开展班级管理研究的经验等。其中，汨罗素质教育经验最为著名，是湖南教研教改成果的结晶，成为向全国推广的教育成果的典范。这些有益的教学研究尝试与成果，都有力地促进了湖南省教学研究工作的开展和教研水平的提高。省教科所、省教育学会将素质教育纳入教研主题，经常组织召开中小学教学教改的经验交流会、成果表彰会、学科教学研讨会等学术活动，在外部条件的鼓励和自身的努力之下，涌现出了一批批在教研工作中成绩显著的教师和教研员。

六、纵深发展阶段（2001—2009）

进入21世纪，湖南省的教研工作在多个方面进行了深入改革，焕发出了新的面貌。

2001年，省教育厅将3个相对独立的教育科学研究机构合并，组建湖南省教育科学研究院（简称省教科院），实现了省级教育科学研究机构的资源整合和科研能力的优化提升。随着省教科院的成立，许多市级教研单位也相应重组、更名并升格，如2004年，长沙市教育科学院成立，由原长沙市教育科学研究所、长沙市职业技术教育研究中心、长沙市电化教育馆三家单位合并组建而成；2005年，湘西土家族苗族自治州民族教育科学研究院成立；2007年，常德市教育科学研究所更名为常德市教育科学研究院。至2007年，全省14个市州，均设立了基础教育研究机构，11个市州设立了职业教育研究机构，其中8个市州成立了教育科学研究院（中心），各县市区均成立了教育教学研究室。

教研机构的重新组建进一步充实了教育科学研究队伍，各级教育科学研究机构的队伍建设得到明显加强。2005年，省教科院专职研究人员达到98人，其中具有研究员职称的8人，副高职称的64人。市州和县市区基本配备了基础教育研究人员，形成了一支相对稳定、学科门类较为齐全的基础教育研究队伍，11个市州和部分县市区配备了专职职业教育研究人员，而且教育科学研究人员素质也得到了提高。“十五”期间，各级教育科学研究机构通过人才引进、学历提升、岗位培训等多种途径，加强了研究人员的素质建设，使湖南省教育科研人员的研究能力比以往有较大提高。据不完全统计，湖南省“十五”教育科学规划课题中，由各级教育研究机构专职研究人员主持的课题达到课题总数的32.1%。

新课程改革的到来，使湖南省的教研理念发生了重要转变，大多教研机构的工作都是以实施基础教育课程改革为核心，以建立中小学校本教研制度为重点，以教师的校本培训为关键，以全面实施素质教育为目标。省教科院不仅建立了市州联络员制度，而且建立了一批基础教育教学研究实验学校，同时省教科院的教研员深入课改实验区，对教师进行了大量的新课程培训。

为适应新课改的需要，湖南省的教研部门在课程改革和教材建设方面，围绕课程设置和教学内容改革，进行了较为系统的研究和探索，不仅修订了省编义务教育教材，而且按照国家颁发的基础教育课程改革纲要的要求，加大了课程综合化和地方课程、学校课程建设力度，加大了教材建设力度，开发了一批在全国有一定影响、与课程改革相适应的优秀教材。“十五”期间，湖南省共修订义务教育教材5种20本、编写新课程实验教材9种18本、开发地方教材4本，其中国家审定通过的5种教材，已在全国16个省市使用。与此同时，省教科院也加大了教辅资料的开发力度，仅2002年，就修订了9个学科的《基础训练》，新编了9个学科的《新课程学生发展能力从书》，编写了9个学科的《“3+X”复习资料》等。

2002年，随着新时期的教研管理机制发生的变化，省教科院基础教育研究所将以条为主的管理模式转变为条、块并重，重心下移的教研工作管理模式，教研工作方式既注重点面结合，又注意处理抓好基本队伍和普及工作。特别是基础教育新课程实验启动之后，根据课改新形势和新特点，改变了过去一直沿革下来的自上而下的教研体制，重新定位教研工作，建立了与基层教研部门和学校平等协作的伙伴关系。当年就与17个课改实验区教研部门和学校在教研协作、信息共享、对话交流、平等互动等方面全面合作，建立了教研网络，为新课程实验提供了有力的科研支撑。教研体制的改变，从根本上改变了教研部门和学校两者之间的关系，使它们从过去的领导者与被领导者变成了现在的平等对话者，上级教研部门对学校只存在工作上的指导功能，而不对学校教学或其他工作强行干预。

2003 年，全省加大基础教育校本教研力度，在基础教育校本研究制度建设现场会上提出“基础教育课程改革必须重心下移、夯实基础，在校本教研上寻求突破，以增强课程改革的原动力”。要求校长负责、全员参与、注重过程、讲求实效，逐步具备研究意识、理论意识、对话意识、信息意识，建立能反映校长、教师、学校创造性劳动的新的考评制度。省教科院基教所所长徐远征在专题培训班强调，校本教研要加强针对性和实践性，以研究的眼光审视教学全过程，不放过一个环节。校本研究将采用课题研究模式、课例分析模式、案例的生成模式、活动交流模式和自学自励模式推进，使研究与教学结合，与培训结合，与课程开发相结合。

2004 年，湖南省长沙市的开福区、岳麓区被教育部确定为全国首批“创建以校为本教研制度建设基地”，承担起全面推进课程改革和提高教育教学质量的研究任务。

2005 年，省教育厅颁发《关于进一步规范基础教育教学研究活动的通知》，强调坚持以教学为中心，以校本教研制度建设为重点，不断改进和完善中小学教学研究制度及其工作方式，努力提高教学研究的针对性和实效性。为规范区域性的集体教学研究活动，还对县以上的各类教学竞赛等评审活动和优质课观摩、学术年会、专题研讨会等活动提出总量和规模的控制原则，严格审批制度和经费管理制度。

2006 年 3 月，为探索新课程理念下的学校内部管理改革，省教科院基础教育研究所来到浏阳市调研教师评价改革工作。在听取了校长关于教师评价改革实施情况汇报后，又深入学校走访一线教师，听取教师们的真实感受，查看资料并进行问卷调查。充分肯定了学校对教师评价改革的方向、做法和效果，为全省的教师评价改革工作积累了第一手材料。

2007 年 12 月，省教科院深入桂东县城关小学开展省级基础教育教学研究实验学校视导评估。通过查资料、进课堂等方式从学校管理、课题研究、课堂教学、校本教研、学生实践活动等方面对学校进行了深入调研，充分肯定了学校在全县基础教育教学改革中的示范带头作用。该校坚持科研兴校，课改强校，开创了工作新局面，实现了课堂教学、教学观念的重大变革。近年来，教师自主开发课件 272 件；教师撰写发表论文获国家奖励的有 3 篇，省级奖励的有 25 篇，市级奖励的有 35 篇；教师参加教学比武获市级奖励 22 次，县级奖励 32 次；学生各类作品在省级获奖 65 人次，市级获奖 26 人次。

2009 年，湖南省为了进一步深化基础教育课程改革，不断规范教学行为，提高教学质量，实现教学研究为课程改革服务、教学资源共建共享的目标，组织进行了全省首届基础教育“同备一堂课，共建新课程”教学设计网络大赛活动，活动中涌现出了一批深受学生欢迎的优质课和好教师。

总之，湖南省教研事业随着湖南教育发展的步伐不断发展。在新的历史时期，教研工作将为全省中小学教育事业的发展发挥更为重要的作用，为开创湖南省教育事业的发展作出新的更大的贡献。

（赵亚梅 温水擎 撰稿，王岚 审阅）

广东省基础教育教学研究的发展历程

基础教育教学研究在广东省的发展，是先有基层学习及区域的教学研究组，后有省级的教学研究室。1953 年，省内学校普遍建立起教研组和教研联组。1955 年后，随着省教育厅教学研究室的建立，各地区、县（市）教育处（科）陆续建立教学研究室，与区（镇）和学校的教研组形成了网络。

一、初创阶段（1949—1957）

1. 机构设置及其职能

1953 年年初，省教育厅发文要求规模较大的中小学建立和健全教学研究组，规模小的学校和一般小学可根据实际情况组织定期的联校教学研究活动。学校教研组拉开了学习苏联经验、改进教学的教研活动序幕。

1955 年 5 月，广东省教育厅教学研究室成立。教研室积极发挥了教学研究、教学指导的作用，对全省基础教育事业发展和质量提高发挥了重要作用。

2. 教研活动

1953 年年底，省教育厅组织省属 14 所中学校长、教师，交流语文、数学、体育三科的教学经验，并到广雅中学、华南师院附中观摩公开教学。教师经过学习《普希金教授教育学讲演录》和凯洛夫《教育学》，推广北师大附中在专家指导下总结的“红领巾教学法”，掌握了教学经验和教学理论。如一节课要有教养和教育两方面的任务，寓教育于教学之中；课的类型有复习、练习、综合、传播新知识等；课的结构一般有组织教学、复习提问、讲授新课、巩固新课、布置作业 5 个环节；在教学过程中，要掌握直观性、自觉性、量力性、系统性和巩固性 5 个原则；语文教学要反对灌输式的串讲，采取谈话法和文学分析法。同时，改革考试制度和评分办法，加强课堂提问，注意把平时考查与期中期末考试结合起来，一度取消百分制，改用五级评分法，并设置了教师日志、学生手册等。

1954—1956年，省教育厅规定了校长和教导主任每周必须听课的节数，要求学校领导深入课堂了解教师的教学情况，肯定和总结教师教学的优点，帮助解决困难、克服缺点；要亲自参加教研组的活动，审查、督促教研组制订和执行教学计划的情况和效果；要亲自上课，以教学领导教学，通过自己的教学实践来取得经验，以便更好地指导教学。学校教研组及各级教研室也对教学工作提出具体的要求。如备课时，要认真钻研教学大纲和教材，明确本科目教学的目的任务、体系和脉络，掌握教材内容，弄清重点，分清主次，写好教案。上课时，要根据学生的年龄特征和实际，充分运用直观教具，注意启发学生积极思维，帮助学生消化和巩固知识，提高课堂教学效果。课后，要做好辅导和作业批改，加强对课外阅读和课外活动的指导等。还强调各学科特别是语文课，要用普通话进行教学。

此后，各级教研室和学校教研组经常组织集体备课和互相听课、公开教学和观摩教学、专题讨论和经验交流，这些教研活动，对促进课堂教学落实“双基”起到了积极的作用。但其中存在着一些形式主义现象，也给教学带来消极的影响。

二、发展阶段（1958—1965）

1. 实行教学“三结合”

1958年10月，广东省各级学校在大搞生产劳动的同时，广泛地开展联系政治、联系生产、联系实际的教学“三结合”改革，并设置了“试验田”。首先，为突出思想政治教育，在小学高年级开设政治课，以形势任务教育为内容。中学的政治课继续讲授社会主义思想教育的内容，加强培养学生的阶级观点、群众观点、劳动观点和辩证唯物主义观点。其次，为改革教学内容和教学方法，对原有的教学内容进行“砍、并、移、换、补”，恢复了停开的初中外语课，并在小学高年级的自然课中增加了农业常识的内容。创造了一些在特定情境下适用的教学方法，如现场教学、课堂讨论、调查访问、课外活动等。再次，为改革教学规章制度，把生产劳动列入教学计划，允许灵活安排教学时间，要求高校毕业生到实地进行锻炼等。

2. 开展以改革学制为主的教学改革

1960年4月，全国人大二次会议提出要根据“适当缩短年限，适当提高程度，适当控制学时，适当增加劳动”的指导原则，改革全日制中小学的学制和教材。于是，广东省成立了省级教学改革领导小组，启动以改革中小学学制为中心的教改试点工作。全省有700所小学和128所中学分别试用五年一贯制和十年一贯制课程教材，这些试点学校学习辽宁省黑山县北关小学“集中学，集中练”的方法，踊跃进行了语文、数学教学内容和教学方法的改革试验。这些改革试验对于培养提高教师，扩大视野，开拓思路，更新教法起了一定作用。

3. 纠正劳动过多现象，实现以提高教育教学质量为主的教学改革

1959年12月，广东省委传达全国省、市文教书记会议精神，检查教学质量低下的原因，研究广东教育事业的长远发展规划。

1960年2月，全省教育工作会议是广东锐意提高全日制学校特别是中等学校教学

质量的里程碑。会后发出了9个关于教学的文件，由300多人组成的教育工作检查团，分赴全省各地检查会议及文件精神的贯彻情况。7月，省教育厅以教学成绩为主要标准，确定重点中学52所，重点小学10所，先后在这些学校召开语文、数学、政治、化学、外语、物理等学科教学会议，对如何提高教学质量展开了深入研究。

1961年，广东省开始缩小学制改革试验的规模，停止学制试验的中小学改为执行新的十二年制教学计划。1962年，省委对教学工作提出“目前迫切的任务，是要切实提高基础课程的教学质量”，“教好和学好三门基础课（语文、数学和外语）”，“教育学生着重练好基础课程的基本功夫”。省教育厅通过各学科教学会议，强调完成各科教学目的和任务，不要把语文、史地课教成政治课，把数学、理化课教成生产课。经过一系列努力，各科教学正常稳定，质量得到明显提高。

三、动乱阶段（1966—1976）

“文化大革命”期间，我国教育事业遭受严重损害。学制、课程、教材和教学被扰乱，必要的规章制度被废除，教师队伍被摧残，广东省教育厅教学研究室工作基本处于瘫痪状态。1970年成立了广东省中小学教材编写组，在一定程度上承担了原教学研究室的职能，负责研究、编制中小学教学大纲、教材和指导教学，此状态一直延续到1978年。

四、反正阶段（1977—1984）

1. 机构设置及其职能

1978年6月，广东省委召开全省教育工作会议。为加强对中小学教学工作的指导，确定恢复省教育厅教学研究室。省教育厅教学研究室着手加强教师培训、组织开展教学研究、编写教材、开展教改实验，有效地促进了全省基础教育教学质量的提高。在工作方针和措施上，明确了教研工作的指导思想是全面贯彻党的教育方针，面向全体学生，全面提高教学质量。教研工作的任务是研究中小学教材，开展教研活动，提高教学质量。教研组的业务学习要以学好、教好通用教材为主要内容，促进教师按照教学要求精心设计好每一堂课，认真加强“两基”教学，研究教学规律，研究改进教法。有条件的学校要开展教法改革的实验，努力提高教学质量。

1983年以后，全省教研机构得到进一步发展，恢复了县、公社、学校三级教研网络，建立了分科分级、定期活动的集体学习备课组织。

2. 教研活动

（1）教师培训

1978—1979年，省教育厅教学研究室组织有教学经验的教师，根据高考复习大纲起草印发各学科复习提要，通过交流高考复习经验，帮助毕业班教师吃透高考复习大纲，提高学生的复习效率和高考成绩。由于外语课在广东省中学刚刚恢复开设，且是薄弱环节，省教育厅教学研究室提早进入研究，组织召开了省重点中学外语教学经验交流会。物理学科针对广东省1978年参与全国中学物理竞赛中暴露出的教学问题，着重研究了如何按教学规律加强物理教学，介绍了广州五十三中等5所中学的典型经验。

1982年暑假，针对当时不少学校不重视教好、学好中学历史、地理、生物三科的现实，省教育厅教学研究室先后召开了八科教材学习会，为县市举办了小学数学，初中物理、化学、生物、历史，高中地理、高二英语等骨干教师教材学习班。

1983—1984年，组织省级培训者队伍的专题辅导。教研员和兼职辅导员采取分析教材、分片巡回上课的方式，利用假期先后举办各级骨干教师教材教法短期培训班共计16期，培训骨干1800人。仅两年多，各地区、县、市举办的中小学教材学习班共计2900期，参加学习的教师达32.9万人次。

（2）教材编写

1981年，省教育厅教学研究室为保证中学语文的单元教学，编写了《初中语文单元分析》《中学阅读文选》。

1983年，编写了《中学教学集合平面几何教学参考》《物理和化学实验册》《教师备课参考》，还运用电化手段讲解教材教法，给各县市发放教材讲解的录音带。

（3）教学实验

1979年和1980年，为探索新的教材和教法，研究教学规律，省教育厅教学研究室参加了教育部中学司主持的《中学数学实验教材》和中国科学院心理研究所主持的《数学自学辅导教材》实验。根据寓于这两项教改实验中的国内外先进的教育教学理论和学习心理学理论，编写了《掌握学习指导》一书。教研员撰写的论文《“掌握学习指导”的理论与实践》，发表在《课程・教材・教法》1991年第7期上。

1982年，广东省应中国文字改革委员会要求，借鉴黑龙江省的经验，在小学开展了语文教学“注音识字，提前读写”实验。

1983—1984年，为了适应形势发展和现代化建设的需要，广东中小学增加了计算机教学和环境教育。先在6所中学启动计算机教学试验，逐步将计算机选修课或课外活动扩大到110所中小学，并在广州召开了中学数学教育及计算机教育国际讨论会。同年11月，省教育厅在潮州市召开中小学环境教育工作座谈会，引导学校重视通过有关的课程内容和课外活动，帮助学生树立保护环境的意识。

1984年年末，教研员深入中山市调查教法改革进展情况，总结了一批具有说服力的典型实验经验，推动了全省中小学教学研究工作的开展。

（4）教研会议

1978年8月，为提高教学质量，召开了第一次省级教研工作会。会议提出：一要调动教师的积极性，办好重点中小学，调整学校布局，改善办学条件；二要加强教研室建设，建立经常性的教研活动制度；三要严格按照教学计划、大纲及教材开展教研工作。同年11月，围绕数学学科教学研究，在江门市召开了中学数学教学经验交流会，介绍了5所中学的经验，观摩了数学课教学。这两次业务工作会议，振奋了教研员的工作热情，坚定了与会者抓好教学的信心。

1979年12月，为了开拓“改进教法、培养能力”的语文教学新思路，省教育厅教学研究室在广州召开了中小学语文教学研讨会，请优秀语文教师介绍了教学经验。

1980年，为了贯彻执行教育部《关于改进和加强中学政治课的意见》精神，加强政治课教学，召开了全省中学政治课教研工作座谈会，强调了政治课的地位和作用。要求教师在中学《政治实验教材》和《政治自学辅导教材》两项教学改革实验中，贯彻理论联系实际的原则改进教学，条理清楚、通俗易懂地讲授马列主义基础知识。要求学校分期分批组织政治课教师培训和进修，学习掌握教材教法。同年9月，在中山县召开省教研工作会议，介绍了中山县等5个县教育局的经验，考察了中山纪念中学的初中教材教法研究情况。同年12月，在广州市召开全省中小学语文教学交流会，组织30人分别介绍了中学和小学的语文教学经验，介绍了广州市二中和广东实验学校的语文教材实验经验。

1981年5月，初中英语即将完成一轮通用教材的使用，急需抓住这一时机进行一次总结，研究存在的问题，探讨解决的措施，把英语教学质量抓上去。于是，省教育厅教学研究室在佛山市召开了省初中英语教学研究会议，下发了《关于加强初中英语教学的意见》。同年7月，省教育厅教学研究室举办了中学政治课教材、中学几何课教材和普通话教学的骨干学习班。同年9月，在江门市召开的省级教研工作会议上，重点研究了新学年通用教材的实验工作。

1982年3月，为推广全省中学在语文按单元教学实验中所取得的经验，召开了省级中学语文教材教法研究大会，介绍了新会城郊初中的试点经验。同年6月，在广州市召开了推广普通话教研工作会议，进一步贯彻省教育厅发出的《关于积极开展教学研究，努力提高教学质量的意见》。

1983年6月，省教育厅教学研究室在高要县召开省级工作会议，传达教育部关于全国中小学教师教材教法进修工作经验交流会议精神，介绍了山东省烟台市的经验。同年12月，在茂名市召开教研工作现场会，学习观摩了该市教育局在中小学开展教法改革的经验。

1984年，先后组织各地区、市准备进入教法改革实验的教研人员和教师，参加中学语文、数学、物理、化学学科教法改革实验研究会议。由实验点的实验教师和省教研人员分别介绍了实践及指导的经验，推动了全省中小学的实验进程。同年9月，在顺德县召开了省中小学美术教学经验交流会，介绍了5位中小学美术教师的教学经验，请广州美术学院师范系主任进行了现场点评。

（5）教研文件

1978年11月，广东省针对恢复高考后数学教学存在的突出问题，印发了《关于迅速提高中学数学教学质量的意见》。

1979年3月，省教学研究室编印了《教研参考》，以刊物形式宣传党的方针政策，交流全国和本省的重要教研活动和教学经验，指导教研工作。同年4月，为了充分发挥各级教学研究室的指导作用，使各级教研室开展工作有章可循，颁发了《教学研究室暂行工作条例》。条例中规定了教学研究室的任务、性质，经常性工作制度与分工，以及教研员、教学研究会和特约教研员的编制。

1981年，省教育厅下发《省教研工作会议纪要》，进一步明确了教研工作的指导思想和主要任务。指导思想包括五个要点：一是注意处理好五育之间的关系，从全面发展的整体上考虑加强智育；二是在全面发展基础上因材施教；三是在传授知识过程中发展智力；四是遵循循序渐进原则打好基础；五是充分发挥教师的主导作用和学生学习的主动性。主要任务包括三个方面：一是把组织中小学教师学习和掌握教材教法放在首位；二是开展教学改革的实验，着重研究改进小学和初中的教学方法，研究高中教学和改进高考复习；三是加强教研室的建设。

1983 年，根据中共十二大精神，广东省委、省政府制定了《关于努力开创我省教育事业新局面的决定》，这是广东省教育事业前进的一个里程碑。中小学教学工作以“加强基础，发展智力，培养能力”为指导思想，揭开了全省教育发展的新篇章。

五、复兴阶段（1985—1991）

1. 积极推进教学改革

1985 年 4 月，省教育厅在中山市召开全省教研工作会议。会上推介了两市一县教育局“加强基础，发展智力，培养能力”的教学改革经验，交流了两所中学校长和 4 位实验教师的教法改革实践探索经验，观摩了中山黄圃中学的实验课和课外活动。会议认为，应端正教育思想，着重抓好教学思想的转变。应广泛开展教学方法的改革，重点实施教材改革、考试方法改革和整体性改革的试验，注重发展智力，培养能力。应加强领导，各级教育行政部门要制定三年或五年的教学改革规划和实施措施。此次会后，省教育厅办公室下发了《关于进一步开展中小学教学改革的意见》，指导各地执行落实。

1986 年 2 月，省教育厅在东莞市召开全省中小学教学改革实验成果汇报会，奖励了 100 项教改成果。

1986 年和 1988 年，教育厅两次召开年度教学工作会议，部署和指导教学改革工作，提出五点要求：一是用教育思想改革带动教学改革，以虚带实；二是对不同学校提出不同的要求，分类指导；三是以教改先进的典型带动面上的学校，以点带面；四是从教学方法和单科改革入手，逐步扩展到整体和综合；五是大力开展第二课堂活动，并积极推广普通话教学。省教育厅教学研究室认真落实上述会议精神，采取项目推进的方式，积极促进教改实验项目的开展。

1987 年 2 月，省教育厅在东莞市召开全省中小学教学改革实验汇报会，奖励了 100 名教研人员和教师。

1988—1991 年，在中央和广东省关于教育体制改革决定的指导下，全省继续开展教学内容、教学过程、教学方法以及考试制度和方法的改革。省教育厅教学研究室组织实施的教学方法实验“掌握学习”，得到较快推广。在从化县召开启发式教学理论研讨会，使启发式教学迅速由点推向面，广泛开展起来。在佛山市召开“注音识字，提前读写”实验总结会，推介了佛山“从方言区的实际出发，在听说读写训练中学好普通话”的经验。在顺德西山小学召开小学整体教学改革现场会，推广了西山小学“以培养‘四有’新人为目标，以教学为突破口，由单项、局部的浅层次改革，逐步向综合、整体的深层次改革推进”的经验。

2. 加强课程建设工作

1985 年，为进一步推动全省中小学课程建设和教学工作，省教育厅根据国家教委的意见，在增加计算机教学和环境教育的基础上，发出《关于开设人口教育课的通知》，要求中学开设有关课程或专题讲座。根据《关于加强中学历史、地理、生物课教学的意见》，发出《关于在重点中学办好生物园、地理园的通知》，提出建设“两园”的具体要求，指导全省中学加强课程教学工作。

1988 年 12 月，省教育厅教学研究室在深圳市召开生物园、地理园建设经验交流会，参观了深圳中学、沙井中学的两园建设，推广它们的经验和做法。

3. 编写教学实验教材

1985 年，省教育厅教学研究室与地方教研室合作，为小学语文实验编写课本 4 册，编写《单元备课参考》8 册。

1987 年，省教育厅教学研究室王东明主持编写的小学语文“注音识字，提前读写”教材，强化拼音教学和听说教学，尤其适用于南方方言区，在促进小学低年级学生读写能力发展方面成效突出，与黑龙江省的“注音识字，提前读写”教材南北呼应，成为我国“注、提”教学流派最具代表性的两套教材之一。国家教委初教司在全国研讨会宣传推广了广东的成果，并且以广东省和黑龙江省的实验研究成果为基础，编写了一套全国通用的小学语文“注音识字，提前读写”教材。为了促进这项教学实验的顺利开展，加强教师的培训工作，省教学研究室编写了《实验教师学习提要》。此外，吴郑珊的“集中识字”小学语文教材、李寰英的“情理智能法循环导学”初中语文教材，也都在省内外产生了较大的影响。

1988 年，广东省承担了建设适用于沿海地区的义务教育教材（简称沿海地区版）的任务。这套包括义务教育阶段各学科的教材从 1989 年开始在广东、福建、海南等沿海地区实验使用，一直到 2008 年秋才完全过渡到新课程标准教材。在我国中小学教材建设的 20 年改革实践中，沿海地区版语文教材是其中比较有特色的一种。这套教材除了鲜明的区域性特点外，还吸收融汇了几十年来语文教育研究发展的最新成果，突出了语文作为基础性、工具性学科的交际功能，把语文运用规律和儿童认知规律较好地结合起来，建立起一个以听说读写能力训练为主线、把语文知识教学有机地融于其中的语文教学体系。其成就不但促进了广东语文教育在全国达到前所未有的新高度，而且引起了国际社会的关注。

六、跨越阶段（1992—2009）

踏入 1992 年，广东教育进入又一个发展和改革的崭新阶段。年初，邓小平南巡作了重要讲话，提出广东要力争用 20 年赶上亚洲“四小龙”。同年 10 月，中共十四大提出力争经过 20 年的努力，使广东等有条件的地方基本实现现代化。根据这些精神，广东教育以内赶全国先进省市，外追亚洲“四小龙”为目标，重新制定发展规划，确定发展和改革的新思路。

1. 机构设置及其职能

2000 年 6 月，广东省教育厅教学研究室与广东省教育厅职业教育研究室合并，组建广东省教育厅教育教学研究室，人员编制 40 人；广东省教育厅教材编审室更名为广东省教育厅教材研究室，人员编制 20 人。根据课程与教学改革工作发展需要，2002 年广东省教育厅教育教学研究室与广东省教育厅教材研究室合署办公，内设综合科、课程与科研科、语文科、数学科、英语科、社会科、科学科、体育与艺术科、信息技术科、职业教育科 10 个部门，作为负责广东省普通中小学教学（含中等职业技术学校）、幼儿园教学研究、教学指导、教材建设和学科教学业务管理以及课程改革研究与指导的事业机构，直属广东省教育厅领导，并接受教育部的业务指导。

2001 年，国务院批转印发《基础教育课程改革纲要（试行）》，掀起了新一轮基础教育课程教材教学改革。省教育厅教育教学研究室把工作定位在以新课程为导向，改进教学研究的工作方式，提高教学研究的针对性和实效性，为教育行政部门提供决策依据上。在工作中着眼于：发挥教研室的工作纽带和桥梁作用，把行政上的决策、文本上的政策、全新的教育理念通达到学校、教师当中，变成广大校长、教师的教学实践；不断改进和完善教学研究制度和工作方式，将教学研究工作的重心下移到学校；整合课程学术力量和课程资源，建立符合新课程要求的适合广东实际的中小学教材体系；开展教育教学研究，总结教学新成果；充分发挥信息技术应用潜力，促进形成广东省现代教育技术应用的优势和特点。

2009 年，广东省教育厅教研室（含广东省教育厅教育教学研究室和广东省教育厅教材研究室）人员编制共 60 人，全省各级教研室专职教研员共 2286 人。

2. 教研活动

（1）义务教育教学改革实验

1992 年 2 月，广东省教育厅制定了《广东省九年义务教育“四性三类型整体改革”实验方案》（以下简称《方案》）。《方案》以贯彻落实《义务教育法》、全面提高九年义务教育的质量为宗旨，认真实施国家教委颁布的《九年义务教育全日制小学、初级中学课程计划（试行）》。1995 年，省教育厅教研室在中山、顺德、四会、曲江等市（县）举办了“四性三类型整体改革”实验现场会，来自全省各市、县教研室的负责人及试点校的校长，听取了试点校关于三年来实验情况的实验总结报告。

20 世纪 90 年代，广州市小学开展的包括教学管理、考试制度在内的“以教学为中心的整体改革”，一直有序、扎实地纵深扩展，成为广州学校整体改革的显著特征。这项以“减轻负担、生动活泼、全面发展”为总目标的整体改革起始于 1987 年，它从解决学生课业负担过重的问题入手，得到了广大教育工作者的支持和参与，促进了一大批学校的整体发展。

1993 年春，国家教委基础教育课程教材研究中心和广东省教育厅联合在潮州市举行丁有宽主持编写的“读写结合教材”实验研讨会。这套教材强调以读带写、从读学写、以写促读，从篇着眼、从句入手，打好基础、从“有法”到“无法”，从仿到创、从放到收，从述到作、从说到写，把写作教学和阅读教学法融为一体，取得了良好的教学效果，在全国小学语文教材中别树一帜，尤其适用于农村小学。据统计，全国有 28 省市、5500 校、11000 班约 50 万名学生使用丁有宽编著的《小学语文读写结合实验教材》，广东有 8 个市、10 个县（区）、50 个镇 3200 所学校建立了相关的研究机构。

1994 年，省委、省政府提出建设教育强省、基本实现教育现代化的目标，省教研室组织实施了以启发式为中心的教学方法改革。如小学数学加强启发思维训练，中学数学加强思维活动的启发教学，还有物理以实验为基础的启发教学、化学实验引导探索法、地理以实验为基础的启发教学、历史以史实为主线的启发教学等，在相当程度上遏制了注入式的“满堂灌”。

1995 年，全省中小学计算机教育工作会议，颁布了《中小学计算机课程纲要（试用)》，开始进行多媒体计算机辅助教学研究。为了推动教改，省政府颁布了《广东省教学成果奖励办法》和《教学成果奖励细则》，举办了全省中小学教学改革成果展览，表彰奖励了一等奖 20 项、二等奖 42 项、三等奖 46 项。

（2）课程教材改革实验

1995 年 11 月，省教育厅受国家教委基础教育司委托，承担“普通高中综合课程研究与实验”，成立了“普通高中综合理科”和“普通高中综合文科”两个课题组，负责研究确定广东省普通高中综合课程的基本思路和基本框架，撰写教材样章，部署教材实验。

1997 年，广东普教工作会议提出，要加强和改进教学，全面提高教育质量。为加强中小学计算机课程建设，全省修订已开始使用的《计算机读本》，在 1200 多所中小学开展了普及计算机教育。为加强英语课程教学工作，广东与香港方面合作编写了第一至第四册的《小学英语读本》和配套的教学资料，培训了教师，在部分学校开始使用。中学加强英语教学的改进研究，着重提高教学质量。从此，计算机和英语学科逐渐成为广东省中小学教育的一个特色。

1998 年，省教育厅经过调研，提出调整中小学教学内容的意见。这次重点调整的学科是：小学语文、数学，初中语文、数学、外语、物理和化学，其他学科只作适当调整。调整的方式主要是：删减教学内容，降低教学要求层次，将部分教学内容改为选学内容或综合考试内容。人口、环境、国防等教育不单独设课，渗透在相关学科和活动中进行。同年 9 月，“普通高中综合课程研究与实验”课题组在 8 所学校的高二年级开展了综合课实验，其中参加综合文科实验的有 7 个班，参与学生 403 人；参加综合理科实验的有 11 个班，参与学生达 611 人。

1999 年，全省中小学教学工作会议研究了如何实施素质教育的要求，如何利用现代教学技术促进教学质量的提高等问题，介绍了教学改革的先进典型。

2001 年，省教育厅制定了“快一步，高一层”的课改推进策略，确定南山区作为国家级课改实验区率先进入实验，确定 75 个省级课改实验区，分两批投入实验。省教研室在实验区开展了教学与学业评价及考试改革研究，提出实验课程的教学评价方法，并设点进行了改革试验，为全省中小学起始年级全面进入新课程摸索了经验。

2004—2007 年，广东省作为全国首批普通高中新课程实验省之一，完成了第一个周期的实验工作。通过强化领导、创新教研制度、改革评价与考试等有力措施，逐步提高了新课程的实施能力和水平。第一，各级教育行政部门担负领导责任，每项政策出台之前都要充分调查研究，进行科学论证，取得样本经验后才形成决策。第二，各级教研室创新教研工作思路，深入校本教研，进行理论分析，提升课改成果的学术水平。建立了以问题为中心，以科组或备课组为单位，采用个人思考—相互交流—人人写个案—交流讨论中形成新教案—实际演示观摩—解剖“麻雀”—完善升华的校本教研活动机制。第三，按照全面性、综合性和经常性的要求改革高考制度，健全教学管理和教育评估督导制度。制订了广东省普通高中毕业生综合素质评价方案、教学水平评估指标体系和高考改革方案。

2007 年 4 月，省教育厅发布《广东省义务教育学校教学规范（试行）》。省教育厅教研室加大对农村中小学课程改革实验工作的指导，深入山区学校，将优质教学资源送到农村和山区地区，为确保农村中小学新课程的实施提供了专业支持。

截至2009年，广东省编写并经教育部审查通过的23科小学、初中、普通高中国家新课程实验教材顺利进入实验，其中信息技术、体育与健康、思想品德等教材，已在全国10多个省使用。全省构建起了一批富有特色的地方课程教材和专题教育教材，如广东历史、广东地理、初中生人生规划教育、法制教育、中小学安全教育、廉洁修身教育、环境教育、知识产权教育、国防教育、心理健康教育和书法教育等。省教研室研发、出版的教学研究成果《广东省普通高中学生综合素质评价实施指导》《广东省普通高中教学水平评估指标体系》等60多项，有效指导了全省新课程的实施，也为全国逐步扩大新课程实验提供了丰富的经验。

目前，广东基础教育教学研究队伍初步实现了“成为全国基础教育新课程建设的排头兵、成为全国中小学教学研究的排头兵、成为全国教学评价改革研究和实践的排头兵”的目标。教育部新课程实施状况调研组在调研报告中这样评价广东省教育厅教研室，“教研室以课改为中心任务，把教研室作为课改工作的研究室和指导室、教学管理的业务室、教师培训的讲师室、收集和传递课程改革信息的情报室，使教研员成为课程改革活动的组织者、指导者、研究者和促进者”。

（黄志红 撰稿，吴惟粤 审阅）

昨天　今天　明天

——广西壮族自治区教育学院教研部55周年回顾与展望

广西壮族自治区教育学院教研部成立以来，为了广大中小学教师，为了学校里、课堂上那一双双渴盼的眼睛，一代代的教研人风雨兼程，经历了成功的辉煌，也经历了艰难困苦。

一、中小学教学研究的回顾

1. 机构设置与职能

1955年2月，广西壮族自治区创建了中小教学研究室（简称教研室），主要负责基础教育的教学工作研究与指导。1956年拨归广西教师进修学院，实行教育厅与进修学院双重领导。是年后，专（区）、市、县教育局教研室相继成立，逐步形成了三级教研网络。1957—1959年，教研室从21人发展到56人，下设科室由6个增至8个。

1960年8月，广西教师进修学院合并到广西民族学院，教研室被撤销，教研人员全部分到民族学院各系任教。1961年秋，恢复广西教师进修学院普通教育教学研究室。1962年3月，教育厅下发《关于各级教学研究室工作暂行办法（草案）》，逐步加强了教研室队伍建设。1965年在编人数达到70人，下设11个室组，增设了外语、物理化学、小数等学科组。“文化大革命”中，教研室遭遇严重破坏后被撤销。

1978年秋，自治区党委批准恢复广西教育学院教学研究室，并按中小学学科设置成立相应的学科教研组。1979年3月，区教育局明确指出：教研室是全区中小学提高教育质量的教学研究中心，在业务上与地、市、县教研室直接联系，并作必要的指导。是年，自治区教育学会秘书处和中小学学科教学研究会都挂靠在教研室。教研室同教育学会紧密配合，相互支持，开展了广泛的教育教学研究活动，取得了显著的成绩。

1984 年秋，广西教育学院教学研究室改称为广西教育学院教学研究部（简称教研部），有 36 人，下设 13 个科室。教育厅在《广西壮族自治区各级教研室（部）试行工作条例》中，明确“自治区教学研究部设在广西教育学院内”。此后，教研部实行“一套人马，两块牌子”的建制，即广西教育学院教学研究部和广西壮族自治区教学研究部（简称自治区教研部），定编 50 人，下设 13 个科室。

1990 年 6 月，自治区教研部组织教研员认真学习国家教委《关于加强和改进教学研究室工作的若干意见》，进一步明确教研工作的性质任务、指导思想与职责，加强自身建设，促进了教研工作的蓬勃发展。1993 年 9 月，自治区教委发出的《关于加强我区教育科学研究工作的通知》中指出，广西教育学院教研部不再行使对全区中小学教学研究管理的业务职能，但实际上教研部仍承担着对全区中小学学科教学研究的组织、指导与培训工作。到 1999 年，教研部下设科室增至 17 个，教研员中有研究生 1 人、本科生 25 人、专科生 2 人，副研究员（含中学高级教师）14 人、助理研究员 15 人。

2004 年至今，教研部新增考试评价、培训、课题研究、项目开发等研究室后，共有 23 个科室和职能部门。

2. 教学研究与实践

（1）恢复课堂教学的正常秩序

教研部始终坚持按客观规律办事，以教学为主，尽力做好省（区）教育厅的参谋，为恢复中小学课堂教学秩序作出了贡献。

20 世纪 50 年代初期，教研部在教育厅的直接领导下，主要抓师资（含校长）的培训，组织寒暑假的政治思想和业务的学习，建立必要的教育教学规章制度，开展教学改革。这些工作保证了当时中小学教育教学质量的提高。1958 年后，不少学校忽视了循序渐进的教学规律、基础知识的教学及教师的主导作用，以干代学，打乱了学校正常的教学秩序，教学质量出现滑坡。

1961 年秋，教研部克服各种干扰，研究解决以教学为主的问题，努力通过“抓点带面”的方式恢复中小学课堂教学秩序。到 1965 年，全区中小学一直是教育教学秩序稳定、质量较高。

“文化大革命”期间，学校被迫停课，教学秩序受到严重破坏。1978 年，教研部着手恢复课堂教学秩序：一是下各地市县办教材培训班，送教上门；二是做教材的衔接与补缺；三是派教研员到南宁二中、宾阳四通小学等学校蹲点，总结推广它们的教学经验；四是在玉林、桂林、南宁等地区分别召开语文、数学、政治等学科教研员、教师座谈会。这些教研活动犹如雪中送炭，对恢复课堂教学的正常秩序起到了积极作用，促进了教育教学质量的迅速提高。

（2）开展课堂教学的改革探索

党的十一届三中全会后，根据广大教师的迫切需求，教研部引进对广西影响较大的先进教学经验，如上海育才中学段力佩校长的“读读、议议、练练、讲讲”八字教学形式，上海嘉定二中钱梦龙老师的“自读、教读、作业、复读”语文教学基本形式和“以学生为主体、以教师为指导、以训练为主线”的导读教学思想，辽宁盘山三中魏书生老师培养学生自我教育能力的“定向、自学、讨论、答疑、自测、自结”六步课堂教学法及江苏南通师范第二附小特级教师李吉林的“情境教学”方法，发动广大教师积极投入教学改革。与此同时，积极发现和培养了一批从广西涌现出的开拓者，推广了他们的宝贵经验。其中包括广西师大附中特级教师章保罗的“讲解、阅读、练习、讨论”的教学方法，广西博白镇中刘业伦老师的“自学、导学、练习”语文三段教学法和宾阳四通小学“以阅读为基础，以作文为中心，读写结合，精讲多练”的教改经验。

20 世纪 80 年代，教研部将总结中小学各科课堂教学经验作为工作重点，使广西教学研究呈现出百花齐放的新局面。各科课堂开始重视启发式教学，重视“打好基础、培养能力、发展智力”；开始注意学生的学习心理及非智力因素的研究，强调学生的学习过程，自学、讨论、训练、实践等教学环节重新受到重视，有力地扭转“满堂灌”的教学方式。

1984 年，教研部在学习黑龙江“注、提”实验的基础上，结合广西壮话、桂柳官话、粤语白话三大方言区，开展小学“拼、注、提”语文教改实验，被列入广西“七五”社会科学科研项目。经过 7 轮实验，共编写教材 10 种 43 本，培训师资 2500 多人，受益的学生超过 35 万人。

1987 年 10 月，教研部着手探索《九年义务教育各科教学目标管理体系设计》，后获批为国家教育科学规划“八五”“九五”重点课题。在研究过程中编写实验用书 83 种。1999 年，全国目标教学专业委员会委托广西教育学院教研部承办第 13 次目标教学观摩研讨会，与会 8300 多人。

（3）加强义务教育的课程建设

1990 年秋季，人民教育出版社和课程教材研究所颁发“广西教育学院教研部在九年义务教育教材试验工作中，作出了贡献，成绩显著”的奖状，充分肯定了教研部的工作好成绩。

1992 年，国家教委颁发《九年义务教育全日制小学、初级中学课程方案（试行）》，明确规定了新的课程结构由学科类和活动类两部分组成，这是中小学教学改革的一项重大举措。1996 年，由教研部具体组织实施的“少数民族地区义务教育阶段活动课设置的研究与实验”，立项为全国教育科学“九五”规划教育部重点课题。1999 年元月完成中期鉴定，2000 年通过结题鉴定，得到专家的高度评价。

1994 年年初，教研部向国家教委提交了《九年义务教育活动课程指导纲要（讨论稿）》。3 月，由广西壮族自治区、吉林省、东北师大组成活动课程教材编写委员会，联合制定了九年义务教育活动课程教材编写方案。10 月，国家教委基教司确定，以《九年义务教育活动课程指导纲要（讨论稿）》为基础，组织全国 40 多位专家到广西论证、编写活动课教材，先在 10 个省区试验，通过审定后向全国推荐推广。

1995 年，活动课程教材编写委员会编写的《小学生活动（上册）》《中学生活动（上册）》师生用书共 18 本，由长春出版社出版。7 月，国家教委基教司决定，将《中小学生活动》（必修课、选修课）教材，列为国家教委基教司中小学活动课试验教材之一。12 月，自治区教委成立实验领导小组，印发了《广西九年义务教育活动课程实验方案》，明确提出实验的教材、时间、范围、步骤与方法。

1996 年，自治区教委组织教研部参与编写九年义务教育活动课程基本教材《小学生活动》《中学生活动》以及教师用书，上下册共 36 本，200 多万字。教材经广西中小学教材审查委员会审定，由广西人民出版社、接力出版社、美术出版社相继出版发行。

2001年，教研部为了有效补充国家课程的不足，组织力量编写了《学科探究学习》教材一套，共28册。经广西中小学教材审查委员会审定，由广西教育出版社出版，在全区小学和初中使用。由此，在全区组织了“发挥学生主体作用，迁移探究学习思想，改进学科学习方法”的研究和实践。

2002年，为贯彻落实教育部对“三级课程管理”的意见，探索符合本地区基础教育课程改革的新路，由丘贵明教授为组长、彭运锋同志为副组长申报的课题“少数民族地区基础教育阶段地方课程设置的研究与实验”，获批立项为全国教育科学“十五”规划教育部重点课题。教研部组织96个子课题组进行了针对不同地域、不同学校、不同领域的地方课程的设置研究。共编写、使用各种地方和学校教材16种，其中教研部组织编写的学生用书《学科探究学习》共28册，100多万字，已通过自治区教材审查委员会审定出版，并单列课时在全区中小学使用。

（4）推进教学评价的研究发展

1986年，中学化学教研室率先在区内引进目标管理教学理念，并在部分学校进行试验，取得了良好的成效。1993年，教研部主编出版了《教育·教学·教研工作质量评价手册》，对促进广西各地教育评价发挥了作用。

1989年，广西开始实施初中会考。教研部协助教育厅承担初中会考的命题工作，派出各学科教研员担任命题组长。2004年，中考由各市自行组织和命题，教研部负责全区考试命题的指导和质量分析工作。

1991年，全区实施普通高中毕业会考。教研部协助教育厅负责组织命题、考务管理和质量分析，每年都派出学科教研员研究解决会考反映的教学问题，为提高广西高中教学质量作出了贡献。1992年相继组织编制了9科会考标准，经自治区中小学教材审查委员会审定后，汇编成《广西高中会考标准与训练》共9个分册，由广西教育出版社出版，供全区高中使用。1995年，经再次修订更名为《广西高中毕业会考复习指导丛书》。2003年，根据课程改革的需要进行充实，增加了信息技术科分册，2005年更名为《广西普通高中毕业会考指南》。

（5）促进职业技术的教育普及

1985—1987年，教研部结合抓“运用简单生产工具的技能”和农村职业教育工作，与南宁三中合作开展“生物园在生物教学中的作用”的研究，摄制了《生物园——生物教学的活课堂》录像片，取得了可喜成效。先后编写了《家政》《水果蔬菜储藏保鲜与加工》《土壤与肥料》《作物栽培》《果树栽培与造林技术》《水产养殖》等教材，并多次举办培训班，为自治区职业技术教育作出了显著的贡献。1992年被评为“广西中小学劳动、劳技教育先进单位”。

3. 教研培训与实验

（1）初期的教学培训和实验

1956年秋季起，全区小学使用新编的十二年制中小学教材，并学习苏联教育的做法，在中学和中师语文课分设汉语、文学两科。教研部用开学前两周时间组织教师学习新编教材大纲、课本和教参，组织600多名语文教师参加“北京语音训练班”学习，为中小学一年级及师范学校用普通话进行新教材教学准备了师资。同时，以教育厅名义发出《关于开设实习课的通知》，对初高中一年级贯彻基本生产技术教育的实习与作业工作，提出教学的试行意见。

1957 年 8 月，教育部决定针对新教材中的小学语文、历史、地理 3 科存在的分量重、程度深等问题进行精简，并附发精简目录表。在贯彻执行的同时，全区高小增加了政治常识和农业常识课，组织编写了《政治常识课参考教材》和《农业常识》试用课本。

1958 年，自治区党委宣传部提出改革教材和课程的工作原则，即“略外详中重本地，厚今薄古看明天”。大部分学校采取教师、学生、干部、群众相结合的办法，编写教材，一些学校根据地区实际，对原教材进行删减，补充了乡土教材。如南宁三中根据工厂和人民公社的意见，增加了制图学、珠算、簿记等内容。

1959 年 6 月，自治区党委召开教育工作会议。会议强调提高质量和认真办好一批重点学校（共 14 所）。从此，教研室把这些学校作为联系调研的主要对象，总结出各科教学经验向全区介绍推广。

（2）九年义务教育课程教材培训与实验

1981 年，教研部编写了《九年义务教育初中语文试验课本》，并在全国 20 多个省市进行实验。这套教材标志着广西语文教学研究在老一辈语文教育家追求的语文序列化道路上迈出了成功的一步。其总特点是“定性、定向、有序、有格”，1994 年通过国家教委中小学教材审定委员会审定。

1991 年起，教研部承担九年义务教育课程教材整体试验的组织和指导，在实验区开展了培训、指导、总结工作。1993 年承担了教学大纲、教材和对全体骨干教师的培训任务，举办各科培训班 100 多期，培训教师超过 5 万人次。

1997 年，广西九年义务教育教材第二轮试验圆满结束，自下而上进行了总结，学科教研员或试验教师分别参加了人民教育出版社召开的学科试验总结会。

1998 年，受区教育厅的委托派出 9 位教研骨干任学科组长，组织全区学科教研员、教师 40 多人制定了《广西九年义务教育教学内容及教学要求调整方案》《普通高中数学、物理教学内容与要求调整方案》，明确了重点调整的学科和执行计划。是年秋季起，初中和高中的思想政治课开始使用修订版教材。先后举办小学、初中、高中学科培训班 17 期，对口地市县教研室主任、教研员、学校领导和骨干教师 7000 多人次参加了学习。培训使学员不仅了解教材调整的目的意义、基本内容与要求，而且明确必须转变教学观念，优化教学过程，才能提高教学质量和减轻学生过重的课业负担。

1999 年，根据上级行政部门“先培训，后上岗”的要求，教研部组织中学各学科教研员与各地、市、县教研室密切配合，对高中师资 2 万多人次进行了二、三级培训，为义务教育课程教材整体试验的延伸奠定基础。

（3）新一轮基础教育课程改革培训与实验

2001 年，广西南宁市新城区、柳州市、玉林市玉州区成为新一轮基础教育课程改革国家级实验区。教研部承担了对实验区骨干教师的培训指导任务，协助教育厅制定了《广西基础教育课程改革实施方案》《广西基础教育课程改革巡回指导方案》。

2005 年 9 月，全区中小学起始年级全面进入新课程实验。在四年的推进工作中，教研部共举办课程标准、教材、骨干教师培训班 300 多期，培训教师超过 20 万人次，提高了教师的专业发展水平，保证了新课程的顺利实施。其中包括对 20 个省市自治区小学语文和数学、初中化学 3 科教师进行的“基础教育新课程骨干培训者国家级培训”，第二期“园丁工程”初中语文、数学、英语、物理、化学、生物、政治、历史、地理 9 个学科的骨干教师培训。

4. 项目研究与进展

（1）福特基金会毛南族教育项目

2002 年，教研部成功申报了福特基金会拨款实施的毛南族教育项目。该项目旨在对世界人口少于 10 万人的少数民族基础教育进行调研，寻求有效改进当地教育现状，提高当地人口整体素质的途径和方法。

通过实践，项目区的广大教育工作者和学生、家长以及其他群众的观念有了不同程度的更新，促进了社会对教育的关心与理解，加强了学校与社会各方面的联系。政府对教育的支持和投入逐年增加，给学校的发展提出许多好政策。例如在项目实施中，建立了 4 个多媒体教育中心和实验中心，添置了多媒体设备和实验设备，培训校长、骨干教师 1000 多人次。资源中心发挥辐射作用，提高了毛南族学生的学习水平，降低了九年义务教育的辍学率。项目的实施，还把新的技术应用到农业、养殖业中，给学生提供了实践、实习、应用的基地，对扫除环江县青壮年的功能性文盲，初步掌握一些实用种养技术及现代社会生活的基本技能发挥了重要作用，促进了当地经济的发展和人民生活水平的提高。

（2）以校为本教学研究制度建设项目

从 2003 年起，教研部借助举办“广西国家贫困地区义务教育工程”的契机，连续三年开展了对百色、河池等 17 个国家级贫困县教师的各类培训。采取讲座、问卷、座谈、互动答疑、案例分析等形式，为当地进入基础教育课程改革培养了一支本土化的骨干教师队伍，奠定了贫困地区开展可持续的、以校为本的教学和培训活动的基础。

2004 年，为了切实提高全体教师的专业化水平，教研部联合柳州市教育局申报并获批“以校为本教学研究制度建设基地”项目，有力促进了教师向“研究者”的转变，推动了基础教育课程改革的深化。

（3）广西农村初中教学现状调研项目

2005 年，教研部先后派出 82 人次开展了对广西农村初中教学现状的抽样调查研究。写出学科教学现状和质量分析、学科教师队伍建设现状、学校基本设施建设与学校管理现状等调查报告，为 2006 年完成后续研究打下了良好基础。

5. 指导思想与经验

教研部将“全面贯彻教育方针，为培养社会主义建设者和接班人服务，为教育宏观决策服务，为基层学校服务”作为工作的指导思想，走出一条能够成就教育事业和人才发展的教研之路。

（1）坚持把握教研工作方向

教学研究必须以马列主义、毛泽东思想、邓小平理论为指导，坚持社会主义方向。

只有着眼于培养有理想、有道德、有文化、有纪律的社会主义事业的建设者和接班人，才能为全面提高未来劳动者和整个民族的素质奠定基础。

（2）坚持用科学理论作指导

教学研究必须通过系统的教育理论学习，掌握科研知识和方法技巧，坚持在理论和应用研究中以应用研究为主，在宏观和微观研究中以微观研究为主。只有提高教学研究参与者的理论水平和教育素养，才能为大面积提高中小学教育教学质量、提升教学研究成果水平提供科学的指导。

（3）坚持理论与实践相结合

教学研究必须将理论与实践紧密结合起来，坚持通过专业研究人员与广大教师的共同努力，在借鉴经验中改革创新。只有长期深入学校和课堂研究解决教学问题，才能为教师不断改进教学、探索教育规律提供有力的教研支撑。

（4）坚持加强教研队伍建设

教学研究必须依靠高素质的教研员，坚持建设一支思想好、作风正、纪律严、能力强的教研队伍。教研部努力为人的发展营造“博学，务实，团结，奋进”的工作氛围，提供“占阵地、做贡献、争份额、扩影响”的时机与条件，才能促进教研员“明确改革方向、结合实际读书、争创学科带头人”，不断进取。

（5）坚持推广应用教科研成果

教学研究必须善于抓住带有方向性的重大应用型课题，坚持发挥科研成果对大面积提高教育教学质量的作用。教研部通过创办《广西教研》、交流教学经验、组织撰文编书及评奖、制播优秀教学实录等方式积极推介教科研成果，从而促进教学研究走向深入，提升教科研成果的应用价值。

二、适应新世纪新课改的形势，进一步加强中小学教研工作

1. 完善制度，加强管理，改善作风，提高工作效率

2007 年，制定和颁布了《教研部发展规划（试行）》《教研部项目管理办法》《教研部教研员量化考核指标》等，从 2008 年起全面实施教研员量化考核办法。改变了过去仅靠举手表决评比定级、更多依赖于个人印象和感情的管理评价方式，使得管理更加科学，教职工的工作目标更加明确，大大地推动了教研部的各项工作，改善了工作作风，提高了工作效率。

2. 大胆创新，勇于开拓教研工作新局面

（1）探索教研和办学双轨运行新途径

2009 年，广西教育学院成立了教育科学系，申报了“初等教育”和“会展策划与服务”两个高专专业。努力探索创新“教研＋培训＋学历”的“研、训、教”三位一体的工作思路和以教学研究支持学历教育的工作特色。

教育科学系紧密联系全国、全区学校和教研部门的教研培训、教学指导经验，从大一开始，充分发挥教研部的优势，利用全区的教研资源，与各学校建立密切联系，组织学生开展了大量听课、评课等教学实践活动，力争把教育科学系的学生培养成为具有较

强的教学能力和科研能力的优秀教师。

（2）组建各市教科所所长联谊会

定期举办教科所所长联谊活动，调研各市需求，增进了解，沟通感情，布置工作，协作战斗。有效地组织了全区的教研力量，形成了强大的研究团队和研究氛围，理顺了关系，提高了教研工作效率。

（3）组建特约研究员队伍，加强研究指导

为了加强教研力量，针对教研部人员日益减少、学科配备力量不足甚至出现缺员的现象，聘任226位特约研究员，组建了由大学教授、教研员、名校校长、特级教师共同研究指导教学的专业队伍。

（4）搭建教研工作新平台，研训一体，深化服务

第一，探索名校名师成长的道路，组织专家指导、总结、推广先进教育教学改革经验，树立名校名师发展的榜样。

第二，与柳州市柳南区、百色市田林县合作探索院（区）县联合的“过程性研修”“网络研修”等教师培养模式，已培养骨干教师293名，带动了当地教师专业素养和教学质量的普遍提高。研究的重点从关注教学方式、教学创新，转变到关注教师教学行为的有效性、学生学习心理和学习需要。各个学科针对学员需求和广大教师的教学实际，结合案例和课堂实际，以研代训，研训结合，使教师感受到新理念、新方法、新思路，对自身的教学开始进行有意义的反思。在广西基础教育研究网上开设研修专区，开展主题研讨，通过网络研修平台，对柳南区广大教师进行实时的、过程性的指导。各学科导师和学术班主任深入各个学校，开展手把手、面对面的指导。这种导师和学员一起研究课堂教学，解决教学真问题的方式，是柳南区教师培训工作中的极大创新和发展。通过上述教师培训模式，培养了一批在全区具有较高教学水平和知名度的中小学教师，其中有的明星教师评上了特级，极大地鼓舞了广大教师的积极性和进取心。2009年，柳南区在生源最为困难的情况下，获得柳州市中考第一名的好成绩。

第三，举办广西首届小学语文和数学骨干教师高级研修班，开展了一年的网络研修、课题研究等活动。学员钟蕙获得2008年全国特等奖，余宗翰获得自治区一等奖。学员中有16位成为了自治区巡回指导专家组成员，7位在自治区观摩研讨活动中展示交流，30多位在全区小语学术年会上提交及宣读论文。上海师范大学吴立岗教授评价说：“这样扎实、灵活的培养模式，在全国各省中也极具特色。”

第四，学院领导支持申报的课题“广西网络教研体系建设的研究与实验”获得自治区教育厅立项，“中小学网络教研有效模式的探索与实践”获得广西高校2008年教改项目立项。课题实施的目标在于建立一批具有较强科研和管理水平的教研基地，构建广西网络教研体系，形成常规化、制度化、过程化的网络教研模式并推广应用，创建一个适合于少数民族地区、农村地区教师专业发展的城乡互补的网络平台，大面积提高中小学教师的基本素养。几年来，课题组已申报网络教研基地25个、子课题53个，成立了专家指导组、教研中心组，组织开展了系列研讨活动。初步搭建了具有教研信息交流、主题互动研讨、专家团队指导、教研资源库等几大功能的网络平台“广西基础教育研究网”，有注册用户10000多人，研究团队336个，实际参与活动的学校超过1000所。参

与网上教研的教师们非常踊跃，有的单次集中在线主题研讨的发言量超过300条，点击量超过2000次，形成了一个常态化的网络研究团队，促进了常规教研，带动了周边区域。2008年，有近2000人参与了“广西教研杯”中小学网络教学论文、教案（教学设计）、读书心得、教育故事评比，通过这些活动，提高了广大教师的教学研究积极性和研究水平，促进了中小学课程改革深入发展和广大教师的专业成长。

第五，成立广西教育学院教研部教学质量研究指导中心，开展质量监测评估机制的研究，与各地教研部门紧密联系，研究制定广西中小学教学质量评价方案，并在一些区域和学校进行研究、实验。举办教师专业技能的指导、展示、评价活动。为推进教师专业发展，探索一条通过教学研究、评价机制促进教师专业发展、提高教学质量的途径。同时，负责中考各科质量分析，组织全区中考命题骨干培训班、参与组织高中会考命题与巡视工作，开展全区教学质量抽样调查和课程改革教学质量抽查，全面、深入了解广西基础教育课程改革的实施进展情况。

三、中小学教学研究的展望

21世纪赋予中小学教学研究前所未有的历史重任，每一位教研员和教师都承担着义不容辞的时代责任。面向未来，教研部的主要工作思路包括以下几个方面。

1. 建立健全以校为本的教学研究制度

教学研究的最终目标是促进学校教学的发展。当前，全区教研工作面临的主要困难是绝大多数学校地处农村，资源比较缺乏。而教研部的力量有限，不可能顾及广大农村地区每一所学校、每一位教师的研究和培训。解决这个矛盾，必须改革教研工作方式，在常规工作中开展以校为本的教研活动，建立以校为本的教研制度，培养一支具有服务意识和献身精神、能适应当地教学研究需要的骨干教师队伍，培育校本教研的基地和典型。教研员要针对学校，特别是农村中小学教学中出现的问题进行具体的研究与指导，发挥基地和典型的示范、引领、辐射作用，提高教学质量。

2. 深入探索基础教育的课程教学改革

随着基础教育课程改革的不断深入，国家课程的实施、地方课程的设置、校本课程的开发等，都有待继续实验探索。今后的教研工作，仍要以基础教育课程改革为中心，研究解决课程的设置、管理、实施、评价等一系列重大问题，为中小学教学改革和教育行政决策提供技术支撑，促进教学改革向纵深发展。

3. 续写具有广西特色的教学研究新篇章

改革开放以来，广西在继承与发展的基础上，对愉快学习、成功教育等课题进行了卓有成效的探索，但目前仍缺少在全国有一定影响力的人物和教育理论。要搞好未来的工作，续写教学研究的新篇章，教研部要积极创造条件，建设高素质的教研人才梯队，组织开展具有前瞻性和群体性的课题研究，总结具有广西特色的教学理论与实践经验。教研员要勤奋钻研业务，掌握本学科的前沿信息，在挫折和困境中求发展、出成果，成为令人信服的学科带头人。

55年来，教研部在上级党政领导的指导与支持下，脚踏实地排除困难，开拓进取。一代代的教研员们在短暂而又漫长、艰辛而又愉快的岁月中，坚持育人为本，坚持服务基层，逐渐形成了“博学、务实、团结、奋进”的八字研风，积累了彰显广西教研特色的新鲜经验。据不完全统计，教研部自1978年以来，完成主要科研项目65个，获得教学研究奖项包括国家级15个，省级17个项，院级25个。1992年被广西教育学院评为先进集体，1993年荣获人民教育出版社和课程改革研究所的表彰奖励。展望未来，教研部将继续发扬教研人的光荣传统，为深化课堂教学改革，大面积稳步提高全区教学质量作出应有的贡献。

（陆建辉 撰稿，陆云 审阅）

海南省基础教育教学研究制度发展

——海南省教育研究培训院的成长历程

1988 年 4 月 13 日，海南建省办经济特区。1989 年，海南省教育厅教研室成立。随后，在海南省教育厅的重视、关心和支持下，海南省教育厅教研室（海南省教科所）职能得到不断强化，人员得到不断充实，学科建设不断加强，研究领域不断扩大。2003 年，由海南省教育厅教研室和海南省小学师资培训研究中心合并组建海南省教育研究培训院。几十年来，海南基础教育各项事业稳步发展，基础教育教学研究制度不断完善，教研工作取得了长足的进步。

一、起步摸索期（1989—2002）

1. 机构设置与职能

海南建省之前，教研室隶属广东省海南行政区教育局。在过渡时期，由田厚谦任教研室主任。

1989 年，经海南省人民政府批准，海南省教育厅教研室（同时挂海南省教育科学研究所牌）成立，先后由刘亨金、林泽龙、蒋敦杰担任主任（所长）。主要职能是：从事基础教育教学研究；指导全省中小学教学研究活动；承担中考、会考等省级考试的命题工作。内设机构有教育理论研究室（科研部）、文科教学研究室、理科教学研究室、教育信息资料室和办公室。附设机构有省教育学会秘书处、省教育科学规划领导小组办公室和省语言文字工作委员会办公室。

2. 主要工作经验及成就

（1）建章立制，推动省教研工作走上规范化和制度化轨道

1993 年 10 月，海南省教育厅以《国家教委关于改进和加强教学研究室工作的若干

意见》（教基〔1990〕013 号）和《国家教委办公厅关于印发〈全国省级教研室主任会议纪要〉的通知》（教基厅〔1993〕14 号）为依据，印发了《海南省贯彻国家教委〈关于改进和加强教学研究室工作的若干意见〉的实施细则》（琼教研〔1993〕06 号），对各级教研室的地位、性质、基本职责、工作原则、教研人员基本要求、教研室管理体制及基本工作制度、教研工作基本条件及教研员待遇等作出明确规定，使省教研机构和队伍建设走上了有章可循的轨道，推动了全省教研机构和队伍的规范化与制度化建设。

（2）教研队伍日渐壮大，三级教研网络初步形成

在海南省教育厅及各级政府的重视和支持下，省教育厅教研室（省教科所）的职能得到不断强化，人员得到不断充实，学科建设不断加强。至 2003 年合并之前，教研队伍从只有 9 个学科 10 人，发展到已覆盖基础教育所有学科共 23 人。其中，具有高级专业技术职务的占40%，享受国务院特殊津贴的 1 人，获省有突出贡献的优秀专家和特级教师荣誉的各 2 人。逐步形成了省、市（县）、乡镇三级教研网络。各市县教育（教科）局、省属大型企业教育处等都建立了教研室，配备了专、兼职教研人员。随着队伍的不断壮大，这三级教研机构在促进基础教育教学改革、提高教育教学质量、促进教师专业成长等方面，发挥了越来越大的作用。

1993 年 10 月，省教育学会等基础教育的学术团体先后组建成立。1996 年 5 月省教育学会召开首届年会，通过了学会的章程。

（3）教研业务不断拓展，影响力日益增强

教研员在坚持参加全国高水平教研活动，不断扩大视野、加强自身业务学习的同时，深入市县、学校听课指导，了解课堂教学现状，帮助教师解决教学问题；还组织编写高质量教辅用书服务教学，定期组织全省“三优”评比（优秀的教学设计或教案、论文、课堂教学）、专题研修、学术交流等活动，为教师搭建展示交流的平台。2001 年新课程实施以来，成立了以省教育厅教研室（省教科所）领导和教研员为主体的专家工作组和学科指导组，在指导市县开展课改工作、提供菜单式培训服务，以及指导一线教师把新课程理念转化为有效教学行为方面做了大量工作，为新课程在海南省的顺利实施提供了强有力的专业支持，省教研员在一线学校教师中的影响力明显增强。

（4）教育科研从沉寂到起步，产生了一批重要成果

1998 年 1 月，海南省教育科研工作会议揭开了海南教育科研的崭新一页。会议提出“遵循教育规律，突出素质教育这个重点，全面展开教育科学研究”的工作任务。会议指出，“常规教研是学校教师经常性教研活动，以常规教研为基础，教师教学能力的提高，教学经验的推广，教学问题的解决，实验课题的实施和科研成果的运用，才能得到落实，才能产生效果和形成效益。以科研课题为载体，带着课题研究的任务去进行教学指导，才能加强教学指导的目标性、针对性和深刻性；带着课题任务去搞常规教研，才能提高教师的教研意识和教研水平；带着课题任务去搞教学改革，教学改革才能减少失误，少走弯路。总之，以科研课题为载体，才有高质量的教研，才能高标准地实施素质教育”。会议要求做到“三个研究（调查、教学、课题）结合抓，三支队伍（专、兼、群）协同做，三个职能（指导、研究、管理）全发挥，三个手段（评价、培训、服务）一起上”。基于以上的共识，“九五”期间海南省教育科研工作开始出现新

气象，次第推出一系列科研课题。其中，由省教育厅教研室承担的课题有以下三项。

“海南省九年义务教育‘目标·导学·评价’实验研究”，从1997年开始设计实施，并经评审得到“世界银行第四个贫困地区基础教育发展项目”贷款。课题针对如何解决海南省义务教育阶段学生学习成绩两极分化的问题，进行了卓有成效的实验研究。主要成果是：建立了目标教学课型模式和管理模式，创立了目标教学和思维训练教学常规，制定了科学、简便、可行的目标教学设计、课堂教学、教学质量评价标准和方法，基本实现了预期的目标。在海南省承担的第十三次全国目标教学观摩研讨会上，向来自全国的4000位代表进行了汇报展示。

“活动课程和中小学科学素质提高”，有数十所中小学校参与。完成了《九年义务教育活动课程活页资料》和关于活动课乡土教材内容与特色教学内容、中小学语文数学课外活动课程化、活动课教学模式和教学规范、农村乡镇中小学科技活动和农科教结合以及活动课多媒体辅助教学等多项研究，取得了显著成果。

“素质教育说课模式的研究与实验”，基于解决常规教研浮于表面、流于形式、落实不够的现况，以说课作为有力抓手，引导教师钻研教学大纲、教材、教法和学法，钻研教学过程的科学设计。开展了常规说课和变式说课以及“说、授、评”的综合研究。实验期间，海南省承担了全国说课研究协作会第七次观摩活动，对中小学教师的教研活动深入发展起到了重要推动作用。此外，由省说课研究与实践研究会发起，并经省教育厅师资管理处和省人事劳动保障厅的支持，“说课”已作为考查教师教学能力的项目之一，被列入中小学教师专业技术职称评审工作，这在全国属于首创。

“九五”期间，海南省教育科研事业迈步的标志是：从缺少管理到设置部门专门管，从被动参加课题发展为主动提出课题，从无人问津国家级课题到勇于申报并获得国家级重点课题的审批立项，实现了跨越式发展。推出了《海南省义务教育目标·导学·评价（丛书）》《走向创新的目标教学》《说课实践与研究》《幼儿素质教育综合课程研究》等一系列研究成果，一大批研究论文和高质量的课题实验结题报告以及教学案例汇编结集发表和交流。

二、创新发展期（2003—2009）

2003年至今，海南省教育研究培训院成为全省基础教育教学的研究机构。在新的发展时期，教研工作的一个鲜明特点是：把基础教育课程改革作为中心工作，充分发挥教学研究、指导和服务等作用，推进基础教育课程改革。

1. 机构设置与职能

2003年3月20日，经省委、省政府批准，海南省机构编制委员会发文（琼编〔2003〕2号），原海南省教育厅教研室（海南省教育科学研究所）和海南省小学师资培训研究中心合并，组建海南省教育研究培训院。蒋敦杰、陈夫义先后担任院长。2008年，经省编办批准，新增职业教育与成人教育教研职能。

现内设10个科级机构，附设省教育科学规划领导小组办公室、基础教育课程改革实验工作领导小组办公室、教育学会秘书处等。在职的62人中，有硕士8人，本科31人，大专14人；在职专业技术人员中，有正高级1人，副高级29人，中级11人，省级优秀专家3人，特级教师9人。

工作任务和职责：一是承担全省教育科研的规划和管理，从事基础教育教学研究、学校管理研究工作；指导全省幼儿园、小学、中学、中等师范和教师进修学校开展教学研究活动，承担有关教师和教育管理人员的业务培训。二是制订本省基础教育课程计划及实施方案，提出教材使用建议；承担国家课程实施和基础教育课程改革实验、推广的业务指导；负责地方课程的开发和管理。三是负责教学评价的指导、研究；承担中考、会考等省级考试的命题、阅卷，并进行试卷分析和反馈。四是承担省教育学会秘书处的日常工作。五是承担全省职业教育与成人教育研究组织的指导工作。六是承办上级主管部门交办的其他工作。

2008年5月，省教育学会第三次会员代表大会再次修订了《海南省教育学会章程》。

2. 主要工作经验及成就

在基础教育课程改革实验工作实际需求的强有力推动下，海南省从多方面开展了教研体制机制和方式方法的创新。以智慧破解难题，用激情演绎精彩，迅速提升了全省基础教育的发展水平，使教学研究工作在全国有了一席之地。

（1）机构的地位与作用，推动了教研队伍的建设

海南省教育研究培训院成立之初，恰逢海南省作为首批普通高中新课程国家级实验区准备工作启动之时。在没有现成经验遵循的背景下，省教育研究培训院做了大量的基础性和开创性工作。特别是在充分利用网络技术开展网络教研、远程研修、课程资源共建共享和新课程实施监控等方面，闯出了一条推动新课程依法科学实施的新路，实现了教师专业化发展和基础教育均衡发展的历史性跨越。

省委、省政府高度重视教育的内涵式发展，重视加强各级教研机构和队伍建设。2009年3月4日，由省政府四个相关职能部门联合下发《关于加强我省教研队伍建设的意见》（琼教〔2009〕12号），对教学研究机构的性质、职能、编制配备要求（如明确市县按国家课程方案规定的课程门类和学段配备教研员，乡镇中心学校配备语文、数学等学科3—5名专职教研员）、教研员任职条件、管理办法、教研条件保障和教研员待遇（如人事劳动保障部门要适当放宽教学研究机构评聘中小学高级教师职务的限额，充分考虑其特殊职能和工作特点，根据实际情况确定）等问题都作出明确规定，为省、市（县、区）、校三级教研机构建设和教研员队伍建设提供了政策依据。这在全国尚属首例，在省内外产生了良好的影响和辐射作用。

教研机构和队伍是组织开展课程实验、指导教师专业发展、推动教育教学改革的专业支持主导力量。几年来的课改实践表明，正是全省各级教研机构的作用发挥得好，促进了教研队伍与新课程同成长，教研和课改工作才能比较主动、活跃。

（2）制度的建立与完善，推动了教研活动的开展

2003年以来，省教育厅在反复研究和实践探索的基础上，先后下发了《关于建立和推行校本研究和培训制度的意见》《关于进一步加强和改进中小学校本研训工作的意见》《关于进一步加强和改进教学研究工作的意见》《关于成立普通高中省中心教研组和开展区域教研协作的通知》《海南省中小学校本研训工作规程（试行）》等制度建设指导

文件，逐步形成具有鲜明海南特点的“以校为本，区域协作，网络支持，研训一体”的新型教研体制，为新课程的顺利实施提供了强有力的专业支持，促进了全省中小学教师的专业化发展，对推进基础教育新课程发挥了十分重要的作用。

“以校为本”，即全面推行以校为本的教学研究和教师培训（简称校本研训）制度，构建学校自主解决新课程和教学问题的有效机制。迄今为止，海南省已广泛建立校本研训制度，为新课程的实施和教师专业发展提供了基本制度保障。

“区域协作”，即在省教育厅领导下，由省级教研机构牵头，遴选各学科带头人和学科教学骨干，按中小学学科分别组建省级学科中心教研组（8—12 人），构建新课程实施的学科专业支持体系，提供专项经费支持，分东西南北四片，定期组织有针对性的区域协作教研活动，引领校本教研活动，共享区域优质资源，同解地域共性问题，有效解决教师教学中的实际问题，对于促进教师专业成长、提高教学质量和效率发挥了明显的作用。

省中心教研组的具体任务主要有：分析新课程教学任务，研究学科教学和评价，对全省学科教学提出指导性意见；针对新课程实验中遇到的问题，组织专题或课题研究，通过网络进行“有问必答”和“在线研讨”，为学科教师提供及时有效的专业支持；组织广大中小学教师参与网络教学资源的共建、共享；组织全省学科教研活动，对协作区教研活动提供指导和帮助；组织开展全省学科教学活动的竞赛评比，激励教师积极参加校本教研，促进全省中小学校和教师教研水平的提高；抓好典型，分类指导，不断总结学科教学改革经验，探索模块教学规律，创造和推广新课程学科教学经验；研制中考、基础会考和高考学科考试说明等。

“网络支持”，即依托互联网，打造新课程实施的技术支撑平台，实现网络资源共建共享，为教师提供方便快捷的专业支持，推动教研真正走向校本，形成“自主、平等、对话、协商、共建、共享”的新型教研文化，改变教师的生存状态和职业生活方式。

“研训一体”，即发挥海南省部分教研和培训机构融于一体的优势，将教学研究和教师培训工作充分整合，如将教学研究中产生的经验及时通过培训加以推广，而在培训中收集的问题则通过教研及时加以化解，使教研与培训工作相互促进，最有效地提高教师的专业化水平。

2007 年，省教育研究培训院组织了两次专门的培训指导，特邀全国教育科学规划领导小组办公室副主任曾天山亲自指导，聘请海南师范大学教师研究中心关文信教授和黄秀兰副教授为课题实验教师作专题辅导，建立了一系列管理规定和统一表册，为规范课题管理，促进教育教学研究奠定了基础。

2008 年 9 月，海南省教育科学规划领导小组及其办公室正式成立，标志着全省教育科学规划管理进入一个新的历史时期。在课题立项环节，建立了较为规范的评审机制。由省教育研究培训院、高等院校和基础教育重点学校的教育科研专家组成评审委员会，认真研读申报方案，提出具体的评审意见。在中央教科所的指导和支持下，省教育研究培训院首次对国家级和省级教育科学规划课题进行了集中开题评审和指导，积累了宝贵的经验。“十一五”期间，海南省开始实行教育科研课题年度申报制，日常管理与检查以及对课题实验单位和实验教师的指导工作逐步走上正轨。已有173个课题在省级立项，17个课题在教育部立项。为进一步推动海南省教育教学研究工作的开展，强化激励机制，省教育厅委托省教育学会对建省20周年来的基础教育教学成果进行了评审，对过去20年的研究作了一个阶段性的梳理。这次评审共收到课题类成果56项，专著类成果25项，评出课题类成果一、二、三等奖共43项；专著类成果特等奖1项，一、二、三等奖共18项；特别奖2项。

（3）科研的引领与实践，推动了教研课题的深化

在推进课程改革的过程中，省教育研究培训院围绕课改的关键环节和重点、难点工作，积极组织教育科学研究，以课改激活科研，以科研支撑课改，形成了良性互动的局面。海南省的高中课改有三个亮点受到全国的瞩目。

一是专家先行，项目研究先于课改实验。在全省进入高中新课程实验之前，通过科学论证和民主决策，采取“项目研究先于课改实验”的审慎推进策略，确保了实验的科学性。

2003年，由省教育研究培训院专家牵头组织了70多人的研究队伍，成立了课改工作的组织领导与规划、地方教育行政部门的作用与角色、学校课程方案的形成与学生选课指导、新课程的教学实施与教师专业发展、教材与课程资源、新课程传播与社会理解等研究项目组。研究人员在广泛深入调研的基础上，写出了54份研究报告、实验方案、教学制度、指导文件和操作案例，编印了海南省普通高中课程改革实验《研究报告集》和《工作指导手册》。对课改实验难度较大的工作，如排课选课、走班管理、学分管理、综合实践活动课程实施、课程资源开发与建设、考试评价、实验评估、新课程宣传等，都研制了专门的指导文件、实施方案，提供了操作案例，为2004年全省高中课程改革实验工作的展开奠定了较好的制度基础。迄今为止，已研制出台政策性和制度性文件约40个，编辑出版《新课程在海南》丛书和相关年度报告共18本。

二是样本先试，样本实验先于推广。为了避免课改实验的盲目性，海南省根据教育部的部署，确定了20所实验研究样本校，吸收学校管理者和骨干教师参与项目研究。按照“样本实验先于推广”的思路，由样本校先行摸索经验。

选课和走班是高中教育制度层面的一个重要变革，也是一大难点。海南省各样本学校都进行了有价值、有特色的探索。如海南中学率先创立了“定餐制、配餐制、自助餐制”相互协调补充的课程编排特色模式，使国家主导，学校、教师、家长引导，与学生自主选择有机结合，充分调动了广大师生的积极性，有效促进了课程的实施。

课时不足是各高中学校进入新课程后普遍面临的一个问题。海南省及时组织教学研讨会，交流破解课时不足难题、实施有效教学的经验。很多高中学校不是简单地增加课时，而是科学地分析原因，有针对性地提出破解课时不足问题的办法，如洋浦中学经过仔细梳理问题，寻找导致课时不足的深层次原因，在此基础上采取了一系列有针对性的措施，取得了很好的效果。

样本校取得经验后，省教育研究培训院帮助学校总结提升，把成熟的经验制作成项目推广书，再针对不同区域、不同学校存在的实际差异，采取以点带面的推进策略大面积推广样本校的经验。许多学校全面总结各自的经验，正式出版了20多本课改专著和

编著，其中5所样本校的特色成果被选为国家级通识培训的案例，9所学校15个比较成熟的项目在全省高中学校进行大面积推广。

三是整合力量，关键环节合力攻坚。考试评价制度的改革，是推进课改的关键环节，也是课改能否成功的关键要素。为此，省教育研究培训院先后成立了专门的研究项目组，对考试评价问题进行了持续的研究和探索。如《高校招生考试改革指导方案》的研制工作，曾邀请国内知名专家进行研究和论证，下发正式文件到各市县及学校征集意见，通过网络征集意见达634条共10余万字，召开座谈会十几次，十易其稿。最后，经过教育部高校学生司、基础教育司、考试中心组织专家深入调研论证、审核才获得正式批准。

由于整合力量，合力攻关，多方论证，使得考试评价制度改革得以顺利地实施。为推进普通高中校本评价制度的创建，海南省积极开展学分认定和综合素质评价的探索，引导学校实施全过程管理和调控。如实施“基础会考”制度，既减少了考试科目，又确保了课程的全面开设和学生的均衡发展。本着稳步推进、有所作为的原则，以促进学生“全面而有个性的发展”为目标，创立了“3+3+基础会考+综合素质评价”的高校招生考试模式，2007年和2008年，海南省高考和高招工作平稳顺利，得到社会的普遍认同。

（4）资源的共建与共享，推动了教研方式的创新

海南课程资源和教育基础都很薄弱，要承担新课程实验的繁重任务，深感专业支持力量严重不足；要有效实施通用技术课程和研究性学习课程，也面临极大的困难。经与有关企业合作，率先创建了“成长博客”“普通高中技术课程”和“普通高中综合实践活动”等网站，并申报了信息技术与中小学生学习环境、方式与效益的相关研究，基于博客的网络教学研究与实验，综合实践活动课程实践研究，基于网络环境的普通高中通用技术课程教师培训及校本研究等国家级课题，借助网络技术来破解课改实施中专业支持力量和资源不足、课程实施监管难度大等一道道难题，为全国的课改推进闯出了一条新路。

教育部基础教育司曾要求海南省以政府名义上报有关经验，各省市同行也纷纷到海南实地考察，其中的四条经验在国内得到广泛传播。

一是破解资源不足难题，实现资源共建共享。教学资源严重不足是首批普通高中课改实验区面临的最大问题，师生除了一本教科书外，其他辅助性教学资源极少。海南省借助互联网，一方面引导学科中心组教师及时上传与教学同步的教学设计，为一线教师提供超市货架式的服务；另一方面引导教师充分利用同一资源平台备课，邀请课程专家定期在网上与教师对话，解答困惑和难题，指导课堂教学，有效破解了课程资源严重不足的难题，保证了高中新课程的全面开设。

通用技术是一门全新的课程，课程资源空白、专业支持力量严重不足、教师相关知识储备不够等问题尤为突出。海南省通过创建国内首个专用网站，使全省（后来发展为全国）学科教师都能在同一平台上备课、研讨，获取专业资源支持和指导，有效解除了教学资源不足对课程正常开设的制约，保证了全省所有高中学校正常开设通用技术课程，也为这门课程在普通高中教育中地位的牢固确立，提供了一个省级的成功范例。

二是动态监控课程实施，构筑过程评价模式。海南省各校实施新课程及其评价工作的方方面面，都实时呈现在统一的网络平台上。省课改办可以通过网络对各校课程实施和评价情况进行指导和监控。

综合实践活动课程是新课程的一大亮点。针对学校对这门课程开设意愿不高（该课程难列入高考范围）、教师普遍缺乏相关的指导经验、课程实施监管难度大等困难，海南省依托综合实践活动专业网站创立了建构式评价制度。要求各学校每学期将该课程的各环节材料及时呈现在网站上，以实证材料形成电子档案。省里通过网络对学校课程实施和评价的情况进行指导、评价和监控，并将考评结果与学校办学水平评估挂钩。这种面向全体学生、全过程的管理和评价模式，推动了全省综合实践活动课程的常态化实施，使之成为每校必开、每生必修的常规课程。通过参与综合实践活动，学生真正体验到了“自主、合作、探究”这一新型学习方式的乐趣，综合素质得到大幅提升。

三是推动研训走向校本，改善教师职业生涯。建立以校为本的教学研究和教师培训制度，建立学校自主解决问题的机制，是促进教师专业化发展的一个重要目标。2004年秋季以来，海南省依托“新思考”平台，初步建立了全省教研网络。2008 年，又独立创建了“海南教研网”，并与市县的区域群组、学校和师生群组相链接，形成一个具有树状结构且各具特色的群组网络。网络的“多主体、跨时空、低成本、高效率”优势，为广大教师和专家发表观点、交流经验、释疑解惑提供了一个“全天候”的多向互动平台，改变了教研与教学分离的状态和教研供给不足的局面，实现了研、教同步和资源共享，缩小了城乡教学差异。网络教研为教师充分展示自我、脱颖而出创造了公平的机会，改变了教师的学习、工作状态，推动了研训真正走向校本，优化了学校人际关系，形成了“自主、平等、对话、协商、共建、共享”的新型校园文化。

2005 年，教育部在新课程网络教研专题研讨会上推广了海南省的网络教研经验。2006 年，教育部课程教材发展中心指导海南省创造了运用博客开展远程研修的教师继续教育模式，并在全国首次暑期万人“中小学教师新课程国家级远程培训项目”实施中全面推广。教育部副部长陈小娅于 2006 年 1 月考察海南时指出，用成长博客的形式支持课改的推进，使教师在一个共同的载体下成长，这是海南省的一个创新，对改变教师的职业生涯非常重要。

海南省的探索与实践，促使一批本土专家迅速成长起来，不仅缓解了自身专业支持力量不足的压力，还为其他区域提供了可资借鉴的研训模式和专业支持。

四是推动学生多向交流，促进学生个性发展。为帮助学生借助网络平台进行直接学习和交流，在各类网站建设过程中，都注意了学生的个性发展需求。师生“成长博客”中的“学生天地”，专供学生发表美文、交流碰撞、抒发情怀、舒缓压力。“综合实践活动课程网站”服务于学生展示和交流研究性学习成果、记录社会实践和社区服务过程与体验感受，目前学生上传文章 47400 多篇，评论近 10 万条，访问量达 2660 多万次。“智慧人生”网站通过“感念亲恩”征文活动，唤醒了千千万万师生的情感，为学校德育工作开辟了一条新的路径。其他学科网站也都设立了“学生园地”“答疑解惑”等栏目，满足学生的各种特殊需求，为学生个性发展提供服务，教育效果明显，受到学生、家长的普遍欢迎。

三、问题与前瞻

无论是开拓还是延续，都需要反思，而所有反思的立足点始终基于自身的使命和职能。目前，全省教研队伍仍存在人员短缺和结构不合理、整体专业素质偏弱，教研机构经费投入不足，办公场地拥挤，设备条件落后等尚待继续改善的问题，需进一步加强全省教研机构和队伍的建设，更好地履行研究、指导、管理和服务的使命和职能。

1. “研究”待深入

研究是教研工作的立身之本。有研究就有发言权，就有学术权威地位。海南省的教研队伍还要切实加强专业研究，提高业务修养，以更高的视野和更厚实的业务功底引领全省的课改。

2. “指导”应务实

指导是教研工作的基本职责。务实才有指导的针对性，才能提高对下级教研机构、学校和教师指导的实效性。今后还需认真思考如何激发基于指导受众本身的内驱力问题，以激情换取激情，追求持续效应。

3. “管理”须从严

管理是教研工作的重要职能。管理有目标和措施才能促进实施。随着新课程的推进和发展，海南省相继出台了一系列有关教学管理的意见，但还有一些落实不到位。在当前和今后相当长的时间内，最需要对学校的课程建设和教师的教学常规实施严格、科学的管理，建立和形成管理、评价机制。

4. “服务”要到位

服务是教研工作的根本理念。树立为基层教育教学提供优质服务的理念，才会自觉主动地研究改进自身的工作。以往省教育研究培训院组织了很多有效果的活动，但大都相对孤立，缺乏整体思考。因此，要努力改变工作方式，提高服务质量，扩大教研成果的辐射作用，尽最大可能让服务对象满意。

（陈夫义 张亚平 撰审）

重庆市基础教育教学研究工作的回顾与展望

一、机构沿革及人员情况

新中国成立至“文化大革命”初期，重庆市的基础教育教学研究工作主要由重庆市教师进修学院组织和承担。其间，重庆市教师进修学院更名为重庆五十二中，教研工作中断。“文化大革命”结束后，恢复举办重庆市教师进修学院，各区县也陆续举办教师进修学校和教研室，基础教育教学研究工作逐步走向正轨。

1984 年 12 月 26 日，在原重庆市教师进修学院教研部的基础上成立了重庆市教育科学研究所。同时，在市属重点中小学陆续抽调了一批优秀教师充实教研员队伍。建所初期设有中学文科、中学理科、小学教育、学前教育、体育教育、成人教育研究室和情报资料室 7 个部门，以后逐步调整增设了职业教育、德育、综合教育研究室和服务部。1991 年增挂“重庆市中小学教研室”的牌子。到 1993 年，内设机构调整为党委办公室、行政办公室、中学教育研究室、小学教育研究室、职业教育研究室、成人教育研究室、综合教育研究室、总务室、教育咨询服务部 9 个部门。

1997 年重庆成为直辖市后，重庆市教育科学研究所工作范围扩大，研究领域拓展，指导、服务的功能被赋予更大的职责。为此，1998 年增设一个二级机构，即《重庆教育》编辑部。2000 年 3 月，中共重庆市教委党组任命市教委彭智勇主任助理兼任教科所党委书记，市教委法规处万明春处长任所长兼党委副书记。同年 12 月，为适应重庆市成为直辖市后的工作需要，机构调整为 7 个室（部）、1 个处、1 个中心共 9 个二级部门，市教委成立的重庆市教育科学规划领导小组办公室挂靠在教科所，万明春任办公室主任。

2002 年 4 月 26 日，经重庆市机构编制委员会批复，重庆市教育科学研究所（简称重庆市教科所）更名为重庆市教育科学研究院（简称重庆市教科院）。同年 6 月，经重庆市机构编制委员会批复，重庆市教育科学研究院机构规格由处级升格为副局级。

2004 年 5 月，重庆市教育科学研究院内设机构调整为办公室、党委工作部、科研处、财务处、教育发展研究所、高等教育研究所、普通中等教育研究所、初等教育研究所、职业与成人教育研究所、教育信息中心、教育传媒发展中心、培训中心、教育咨询服务公司 13 个部门。并先后设置考试研究中心、基础教育课程改革研究中心、创新学习研究中心、心理健康教育研究中心、中小学德育研究中心和基础教育历史课程工作室 6 个研究机构。

2003 年 5 月，经市教委和南岸区政府同意，重庆市教科院联合市巴蜀中学和巴蜀小学，共同整体收购因“教育储备金”问题而陷入困境的民办“重庆开明实验学校”，成立“重庆市教科院巴蜀实验学校”。

1986 年年初，重庆市教科所人员编制数为 102 人，实有在职人员 153 人，到 1997 年成为直辖市前编制数增至 142 人，在职人员为 109 人，其中中小学特级教师 6 名，全国和省市级优秀教师、先进教育工作者、先进工作者 10 名。全所有 30 多位教研员受国家教材办等机构邀请参加义务教育教学大纲、高中教学大纲、职工高中教材、职高教材的修订与审订工作。许多教研人员担任全国和省市级学会的副会长、正副理事长、理事、常委、秘书长等行业学会职务，许多研究人员是省内外有一定影响的专家。到 2008 年年底，重庆市教科院编制数增至 145 人，全院在职教职工 134 人。其中，专业技术人员正高级 15 人，副高级 49 人，特级教师 16 人，“重庆名师” 2 人，市级学术技术带头人 4 人，市级骨干教师 12 人；先后有 10 人被西南大学、重庆师范大学等高校聘为硕士生导师，2 人享受国务院特殊津贴。

全市 40 个区县的教研机构设置分三种类型：一是独立设置的教研室或教科所；二是与教师进修学校合并，挂两块牌子；三是作为事业单位（如进修校）内设部门。根据 2008 年年底的数据，全市区县教研机构人员编制为 1441 人，实际在岗人员 1275 人。其中，在编在岗的专业技术人员有 1121 人，占在职在岗人员的 87. 9%；正高职称人员 36 人，占 3. 2%；副高级职称人员 647 人，占 57. 7%；中级职称人员 359 人，占 32%；初级职称人员 78 人，只占 7%。

二、工作情况与主要成绩

1. 教育教学研究

在重庆市成为直辖市前，重庆市教科所坚持从全市教育改革的实际出发，坚持理论与实践相结合、借鉴传统和国外经验与改革创新相结合、教学研究与教育科研相结合、教育理论工作者与教育实践工作者相结合，创造性地开展教育教学研究工作。1986 年牵头在全市开展了“教育思想”大讨论，先后召开了“重庆市教育思想学术讨论会”“西南四省（区）及重庆市教育思想学术研讨会”，编印了《教育思想讲座》一书。1988 年与中央教科所《教育研究》编辑部、市教育学会联合召开了“社会主义商品经济与教育关系问题”研讨会，市社科院、社科联、西南师大、市党校等单位的教育理论和经济理论研究人员 30 余人参加了研讨。在工作实践中，创造性地提出“以科研带教研、教研促科研、教研与科研结合”的教育教学研究工作方法，并逐步以中小学校教育整体改革实验，九年义务教育教学目标研究与实验，中小学办学水平基础评价方案的实施研究，中学教育中数学、物理、化学学科题库的研究，基础教育中的历史与国情教育研究等课题研究为先导，带动和促进全方位的教学研究。先后于1991年至1993年主持承办了“全国普通教育评价第二届学术年会”“全国目标教学理论与实践研讨会”和“四川省中小学教育整体改革研讨会”等大型学术活动。在多年强化教学研究的基础上，1996年9月，参与编制的重庆市中小学教师《学科教学基本功》以市教委名义印发，1997年又以市教委名义印发了《重庆市普通中学学科教研组工作规程》。通过组织学习、宣传、培训，开展了全市的“教学基本功”比赛活动，召开了全市中学学科教研组经验交流会，有效地促进了全市教育质量的提高。

1998年，为促进教研成果的推广和交流，专门筛选审定了69个本单位教研员的专题报告和讲座目录下发各区县，供基层单位选用，其后不断增补。同年12月，组织召开重庆市中小学教育科研管理工作会，拟写的《重庆市中小学学校教育科研室（处）工作规程（试行）》由市教委印发。2001年，市教委下发《关于加强区县教研机构建设的意见》。全市基础教育市、区县（自治县、市）、校三级教学研究网络基本形成。

重庆市成为直辖市后，全院教研人员紧紧围绕课堂教学，不断改进和加强常规教研工作。长期坚持、不断改进始于20世纪80年代，集中部分学科教研员，以一两所学校为依托，对学校课堂教学进行教学调查、观摩、解剖和诊断等集体视导活动，辐射一个区县或区域。通过深入基层集体视导，送教下乡，举办研讨会、座谈会，听课评课，开展学科专题教研活动，指导校（园）本教研和专题调查等多种途径，加强对全市中小学校教学业务的指导，着力推进了素质教育的实施。

2004年，协助市教委成功申报北碚区、沙坪坝区为国家级“以校为本教研基地”，依托市教委直属中学14个学科开展了校本教研制度现场展示活动等。近年来，在新课程背景下，精心组织教研活动和集体视导，深入课堂指导，集中力量对綦江县课堂教学改革实验及其区域性推进模式作了深度提炼和广泛推介，受到教育部有关领导和专家的肯定，产生了良好的社会影响。

2000年9月，考试研究中心成立，负责全市初高中毕业会考、中考、中职升高职的命题与阅卷指导，参与普通高考阅卷指导工作。立足于提高考试命题质量和管理水平，逐步建立起包括中考、高考、初高中毕业会考、高中调研抽测、区县教师招考等试题的题库，撰写完成对近年来中考和高考试题的分析报告等。在课题“中考评价研究”中出版了《中学学科考试命题论要》和《中考命题研究》（含七门学科）等专著。2005年，研制了中学各学科课堂教学的《学生评价量表》《教师自评量表》《教师他评量表》和《初中新课程课堂教学指导意见》《中等职业学校教学质量评价指标体系》，为初中毕业与高中招生“两考合一”命制试卷三套，分学科召开了中考新闻发布会。还制定了小学《语文毕业考试命题指导意见》（草案）、《数学毕业考试命题指导意见》（草案）和《小学学生成绩考核评价办法》，举办了全市小学语文、数学毕业考试命题培训和试题评比活动。

“十五”期间，重庆市教科院市级以上立项课题达53项，其中全国教育科学规划办课题9项，市社会科学规划办课题7项，市科委软科学课题3项。重庆市成为直辖市以来，全院教研人员先后完成数十项课题研究任务。其中，中小学全面实施素质教育、农村初中绿色证书教育、三峡库区教育发展战略、适应西部地区的研究性学习、中小学德育评价、校本教研有效途径等研究，以及参与和指导的中澳职业教育合作、初中毕业生综合素质评价等项目，在全市乃至国内外产生了较大的影响。教研员公开发表的科研论文和学术专著在数量和质量上有了较大幅度的提高，其中不少发表在《人民教育》《课程·教材·教法》《中国教育学刊》等重要刊物上。1999—2009年，重庆市教科院累计获得全国教育科学研究优秀成果二等奖和三等奖各1个，重庆市科技进步二等奖1个、三等奖3个，重庆市社会科学优秀科研成果一等奖2个、二等奖3个、三等奖15个、优秀奖2个。

2005年10月，重庆市承办了由联合国教科文组织的“全球创新学习大会”。大会主题是“学习、创新、网络、社会”，中、美、英、法、俄、日及港、澳、台等13个国家和地区共350名代表参会。同年11月，与中央教科所联合举办了“第二届中国教育科学论坛”。来自20余个省市的代表就教育均衡发展、西部教育发展、新农村教育发展等问题进行了研讨。

2. 教育科研指导与管理

1983年秋，开始进行“中小学教育整体改革实验”。依据王幼群同志的《校班教育活动系统整体优化原理》，在全市探索优化学校教育活动系统的内部结构与外部关系，充分发挥整体功能，全面提高中小学教育质量的规律和科学方法。研究历时10余年，到1994年年底有12所小学、2所中学的实验结题，17个项目获省市级教育成果奖励。“目标教学”（重庆市科委软科学项目）研究借鉴了布卢姆的“目标分类学”和“掌握学习策略”理论，结合重庆市实际，在200多所中学和4个区县的小学进行实验，对实施九年义务教育，大面积提高教学质量的途径和方法进行了有效探索，对中小学的知识、情感、操作技能三个领域教学的界说与编制进行了创造性的研究，并在实施中取得了良好效果。

1987年5月，为做好基础教育、中等以下职业教育和成人教育的教育科研工作，拟定了《关于教育研究课题管理的暂行规定》，明确了全市教育科研工作的统一组织和管理。1991年，拟写下发《关于改进和加强我市教学研究工作的意见》，对全市教学研究工作提出了要求。国务院《中国教育改革和发展纲要》出台后，为贯彻“纲要”，促进重庆市教育改革，提高教学质量，1994年，以市教委名义印发了《关于加强基础教育科学研究工作的意见》。到重庆市成为直辖市之前，重庆市教科所科研课题立项近100项，研究结题80余项。

1992年，为有效指导全市基础教育科研工作，举办了“中青年教研员科研方法培训班”。编写推广了《中小学教育科研实用方法》，并通过课题研究，带动全市基础教育科研工作。1998年10月，协助市教委组织召开了全市第一届中小学优秀教改成果总结表彰暨经验交流会、中小学教育科研管理工作会议后，制定下发了《重庆市中小学学校教育科研室（处）工作规程（试行）》，明确了中小学教研工作职责，连续组织了4届重庆市中小学教改成果和基础教育科研著述成果评选表彰活动。

设立“重庆市教育科学规划领导小组办公室”（简称市教育科学规划办）后，重庆市教科院认真履行市教育科学规划办职责，切实加强教育科研规划管理和指导，拓展了规划管理范围，突破了传统教育科研管理仅限于中、初等教育的格局，纳入了高校教育科研。通过几年的努力，全市教育科研在市级层面初步实现了“统一规划、分类管理”格局，教育科研管理逐步规范，初步理顺了管理体制。2000年10月，拟定下发《重庆市中小学教育科研课题管理办法（试行）》《重庆市中小学教育科研成果评奖办法（试行）》。2004年，拟定《重庆市教育科学规划管理办法》。2005年，制定《重庆市中小学教育科研成果推广办法》和《重庆市教育科研成果表彰奖励办法》，筹建了重庆市教育科研规划专家库，并确认首批94名学科专家人选入库。这一系列工作，加强了教育科研规章制度的建立，加强了科研课题的开题、结题与过程管理，加强了教育科研的咨询和指导。2000年以来，共主持召开10余次全市中小学校（园）教育科研管理工作会、4次高校教育科研工作会、10余次全市教育科研管理专题培训会。2000—2008年年底，市教育科学规划办累计下达各类教育科学规划课题1774项，其中基础教育（含中职教育、学前教育）领域课题1273项，职业教育课题74项，高校课题427项。为拓展教育科研的辐射功能，在全市37个区县（自治县、市）建设了175所教育科研实验基地学校和双语实验学校，这些基地校在发展的同时，发挥了示范辐射作用，促进了区域骨干教师的成长和教育科研成果的推广与应用。

3. 教育政策研究

重庆市成为直辖市后，重庆市教科院注重教育政策研究，加大了为政府决策服务的工作力度。在稳步推进各项教育教学改革过程中，完成了重庆市“农村义务教育推行农科教结合对策研究”“中小学全面实施素质教育研究”和“面对WTO，重庆教育的对策研究”。先后撰写了《重庆市教育体制改革20年》系列文稿，完成重庆市新时期中学生道德行为现状调查报告、义务教育阶段现状调查与对策、素质教育工作调研报告、农民工子女现状问题研究、少数民族地区义务教育现状调查与分析等18个调研报告。

2006年以来，创办《教育决策参考》《高教信息参考》等，为政府及时提供社情民意和政策建议。受市教委委托，编著出版了2007年和2008年的重庆教育年度发展报告和《重庆市中长期城乡教育改革和发展规划》，以及市社科重点课题、市教委重大软科学课题成果《机遇·崛起·超越——重庆教育改革发展目标与政策研究》《西部高等教育与经济发展关系研究》等多部专著。承担了中央教科所“中国进城务工农民子女教育研究及数据库建设”、本市移民局下达的“三峡库区移民培训绩效研究”、“统筹城乡职教资源促进农民向市民有效转移研究”等多项重点课题研究。完成“全国中考改革调研工作报告”“义务教育课程标准（实验稿）实施情况调研及修改意见建议报告”等热点问题调研。提出的2007年、2008年、2009年《重庆市中考科目设置建议方案》为市教委采纳。这些卓有成效的工作，在服务大局、决策研究上实现了重大突破。

4. 课程改革研究

按照国家教委部署，重庆市教科院积极筹划1993年秋开始的贯彻“新的九年义务教育教学计划、教学大纲和教材”的实施工作。这阶段先后有30多位教研员受国家教材办等机构邀请，参加义务教育教学大纲及教材、高中教学大纲、职工高中教材、职业高中教材的修订与审订工作。先后主编或参编了《中学历史》等国家审订通过的义务教育内地版教材 20 多本，组织编写了《重庆历史》《重庆地理》《重庆人口教育》等地方乡土教材 41 本。从 1993 年春季开始，连续三年，对全市义务教育阶段各学科骨干教师进行了新教学计划、新教学大纲、新教材的分科、分班培训。

2001 年开始，全力推进新一轮基础教育课程改革研究，积极参与课程资源研制与开发。2002 年成立了基础教育课程改革研究中心，组建了基础教育课程改革学科研究指导组，创办了《重庆教育课改通讯》。之后，连续三年举办全市课程改革现场会，指导全市课改。重庆市多个学科专家参加了国家新课程学科标准的研制，10 多位学科教研员参与了九年义务教育新课程实验教材的编写。重庆市教科院独立申报并编写的川教版初中历史新课程标准教材，在全国 10 多个省市使用。按照国家“研究性学习”和“综合实践活动课”等地方课程要求编写的，从小学三年级至高中三年级共 17 册的《综合实践活动》《高中研究性学习指导资源包》和《重庆生活》《重庆社会》等新课程系列地方教材，在全市推广运用。

2004 年 12 月，重庆市教科院组织全市“九年义务教育新课程优质课大赛”，展示新课程、新教材、新理念的教学实践成果。同时，积极调整中等职业教育、成人教育课程设置方案，制定了《重庆市职业高中十三个专业类的课程设置方案》《重庆市成人高中课程设置的调整方案》，提出了关于课程教学要求和专业技能训练要求，开展了专业教师培训。

针对基层教育教学在新课程改革中的实际，教研员积极改变传统教研工作方法，深入调查研究，切实为学校教育教学实践服务。研究提出了《重庆市小学学生成绩考核评价办法》、《初中新课程课堂教学指导意见》、中小学各学科“义务教育课程标准（实验稿）实施情况调研及修改意见建议报告”、“重庆市中职学生文化知识水平、学习能力现状调研报告”、“重庆市企业对学生文化知识水平和学习能力的需求调研报告”等。

5. 教师培训

重庆市教科院于 1995—2000 年，分三期，每期两年，完成了重庆市中小学首批骨干教师 18 个学科班的培训。近 1000 名骨干班学员，均已成为全市教育战线的教学骨干和学科带头人。

2001—2005 年，重庆市教科院具体负责全市新课程标准及新教材使用培训。培训采取“集中和布点”相结合的方式进行。“集中培训”的对象为区县教研机构教研员、课程改革启动实验区部分骨干教师；“布点培训”主要是为边远、贫困实验区县的教师免费送培到县，为他们切实解决长途跋涉之苦和培训经费短缺的实际困难。培训涉及中小学 27 个学科课程，全国近 30 个出版社，近 70 种学科教材版本。5 年里共培训新课程骨干教师两万多人，为全市推进新课程改革训练了骨干师资队伍，奠定了全面实施中小学义务教育新课程标准的坚实基础。

重庆市成为直辖市以来，重庆市教科院开展了多种形式的教师培训工作。如中小学骨干教师培训、基础教育新课程改革通识培训、课程标准和实验教材培训、中职教材和职业学校教师的专业培训、教师教育专题培训、教育科研骨干培训等。以赛代训，举办了教师基本功大赛、课堂教学设计大赛、优质课大赛等系列活动，致力于提高全市中小学教师专业化水平，为全市培养了一大批德才兼备、教研科研能力较强的骨干教师和适应新课程要求的师资队伍。

在这一系列培训过程中，重庆市教科院大力探索创新，改变了传统的单一集中授课方式和教学模式，实行了以专家讲座、优秀教师上示范观摩课为核心，讲座专家、示范课教师与培训学员互动交流为主线，坚持现场说课、评课、教学设计练习与培训考核相结合，分组座谈讨论与大会集中发言相结合，学员评课与专家点评相结合的教学模式，创造了一种被教师广泛认同的、有效的新型培训模式，受到了广大中小学教师的普遍欢迎，得到了政府部门和基层单位的好评。

6. 区县教研机构建设

2001 年，重庆市教科院在广泛调查的基础上，拟定了《关于加强区县教研机构建设的若干意见》，对区县教研机构的工作宗旨、职责、经费和领导管理，教研人员的基本要求、权利和义务等问题提出了明确的要求。2002 年，协助市教委和市政府教育督导室拟定了“教研机构建设和教研工作督导评估指标”。2003 年，编制了全市《教研机构督导评估文件资料》专集，并从 2003 年起，协助市教委、市政府教育督导室，在全国率先开展了对各区县教研机构的督导评估检查。2005 年 11 月，召开重庆市教研工作表彰大会，公布了 24 个合格教研机构，表彰了部分先进教研机构和先进教研工作者。此举为推进区县教研机构建设探索出了一条新路，受到了教育部称赞。

2007 年，重庆市教科院与中央教科所、各省市教科院所的联系和协作不断加强，受教育部及中央教科所委托，拟写了《关于加强全国地方教育科研院所工作的意见》。同时，组织了 40 个区县教研机构负责人的岗位培训，开展了区县教研机构教研科研工作表彰活动。为进一步促进教研工作，连续 7 年编印《重庆市基础教育教研科研工作年度报告》，积极向政府建言献策，呼吁加强基层教研机构建设和发展。

7. 教育传媒建设

1985 年 2 月，创办期刊《教育科研通讯》（内部发行），1991 年更名为《重庆教育研究》，1997 年起更名为《重庆教育》。1998 年增设独立部门《重庆教育》编辑部。2000 年 2 月增设教育信息中心。2002 年 12 月“重庆教研”网建成开通。2003 年 12 月，与重庆出版社合作，由重庆市教科院主持主编公开发行刊物《今日教育》。

2004 年 5 月机构调整，设立教育信息中心、教育传媒发展中心，分别负责“重庆教研”网站建设和《今日教育》《重庆教育》的编辑出版发行。到 2005 年年底，“重庆教研网”实现改版升级，开发了课程资源网站和课改中心网站等。《今日教育》杂志社已构建成《今日教育》教师版、《作文大本营》小学版、《读写舫》初中版、《当代幼教》学前版四个版本和各种专辑、专版共同发展的局面，形成了全市教育教学研究的展示和交流平台。

三、对教研工作的发展展望

回顾几十年的发展，主要有以下几点体会。一是必须坚持实施“科研兴教”“科研兴校”战略，充分发挥教研机构“研究、指导、服务、管理”的职能，为全市教育决策服务，为全市教育改革与发展实践服务。二是必须坚持理论与实践相结合，教研与科研相结合，微观研究与中、宏观研究相结合，基础教育研究与各类教育研究相结合的基本思路，不断提高教研科研工作水平。三是必须坚持遵循教育发展的基本规律，立足于促进人的全面发展，从经济社会发展和教育改革发展的需要出发，广泛、深入开展教学研究和教育科研，积极推进全市教育改革与发展。四是必须坚持以人为本，大力培养和引进人才，不断加强教研科研队伍建设，统筹全市教育科研力量，整体提升教研科研实力。

21 世纪的前 20 年，是国家加快社会主义现代化建设进程的重要战略机遇期。在我国经济快速发展的同时，人口、资源、环境的承载力趋向极限。在日趋激烈的国际竞争中，科技创新能力弱、缺乏自主知识产权、创造性人才匮乏已经成为突出的薄弱环节。要抓住机遇，必须加快经济增长方式的转变，坚定不移地树立和落实科学发展观，以人为本，尽快地把经济增长方式转移到依靠科技进步和提高劳动者素质上来，实现全面协调可持续发展。教育是经济社会协调发展和建设社会主义和谐社会的基础工程。当前正是加快教育改革与发展的大好历史机遇，也是教研科研工作的重要发展机遇期。在新的历史时期，重庆市要实现富民兴渝、建设长江上游经济中心、全面建设小康社会的发展目标，实现由人口大市向人才资源强市的历史性跨越。新的挑战对教育改革发展和人才培养提出了许多新的要求，需要教育提供强大的智力支持、人才支撑和知识贡献。

新的形势为教研机构改革与发展指明了以下思路和方向。

① 坚持以科学发展观统领教科研工作全局，以切实推进素质教育、全面提高教育质量为宗旨，以教研科研改革和创新为动力，充分发挥教研科研为教育决策和教育改革与发展实践服务的功能，全面提升重庆市教研科研整体水平。

② 建立适应全市教育改革发展需要的、科学高效的教研科研管理机制，健全各级各类教育教学研究网络，完善各级教研机构人员编制、岗位设置、经费投入的长效机制，致力于提高全市教育质量，服务教育决策。

③ 加强以教育决策咨询研究为主的中、宏观研究，增强为政府提供教育决策咨询、参考的能力，提高为全市教育决策服务的水平。创造一批在教育实践中推广应用、辐射影响全国的教学研究和教育科研成果。

④ 建设一支思想先进、治学严谨、团结合作、积极进取的教研科研队伍，培养一批政治立场坚定、结构层次合理、理论功底扎实、富有创新精神、研究能力突出的优秀教研科研专家和骨干研究人员。

⑤ 改进和创新中、初等教育教学研究，大力加强对农村学校教育教学的指导和服务。建设 5—6 个重点学科，打造 2—3 个优势学科，深化基础教育新课程改革、职业学校课程改革和专业建设。

⑥ 加强对外交流与合作，坚持“引进来，走出去”的原则，积极引进国内外先进的教育研究资源，开阔教育研究视野，提升教研科研的前瞻性和学术水平。在国内外交流和推广教研科研成果，不断提高重庆市教研科研的竞争力和影响力。

在今后的工作中，重庆市教科院要继承和发扬老一辈教研人的优良传统和作风，适应重庆市建设长江上游教育中心和西部教育高地的需要，为把重庆市教科院建成西部领先、全国前列的教育科学研究院而努力奋斗。

（殷芳祖 撰稿，万明春 审阅）

发挥教学研究的作用　推动课程改革与发展

——四川省教育科学研究所的成长历程

四川省教育科学研究所成立以来，紧紧围绕党和国家的教育方针，坚持科教兴国战略，坚持以科学的理论为指导，密切教育科研同教育决策、教育实践的联系，积极发挥教育科研在提高教学质量、促进教师发展、改进学校办学和推动教育改革与发展方面的重要作用，沿着确保四川教育科研工作持续、深入和健康发展的方向，走出一条独特的成长之路。

一、机构沿革与职能

1983 年，四川省教育科学研究所（以下简称省教科所）成立，其前身是 1952 年建立的四川省教育厅中小学调查研究室。其间，几经更名为四川省中小学教学研究室、省教育局中小学教材编写处、省教育局中小学教材编写教学研究室。虽然这些机构的名称有所变化，但始终是由财政全额拨款的省教育厅直属事业单位，受四川省教育厅的直接领导，保持对市（地、州）教科所的业务指导关系。根据省教委《关于成立四川省教育科学研究所的通知》，省教科所设置教材教法研究室、教育理论研究室、教育史研究室和办公室（包括图书资料室）。

1989 年 3 月，省教委印发《关于加强和改革教研工作的意见》，对省教科所的工作职能提出明确要求。省教科所负责全省中小学教学的宏观研究、学科教学业务管理和对下级教研室的业务指导。根据四川省中小学教学实际需要，研究教学思想、教学理论、课程设置、教学内容、教学方法、教学手段和学科教学评价。根据国家教委和省教委的部署，提出符合四川省实际的执行教学计划、教学大纲和使用教材的意见。组织和管理乡土教材和补充教材的编写，组织全省范围内的教学研究活动，交流、总结、推广教学经验，组织教改实验，探索教学规律，推动教学改革，组织对学科教学质量的检查和质量评估，研究和提出解决学科教学在全省范围内带倾向性的问题，研究考试方法的改革等。

进入 21 世纪，教育事业的发展赋予教研部门新的任务和使命。省教科所主要承担以下五个方面的工作：一是全省教育科研的指导与管理工作。负责对全省中等及以下学校和教育机构、教研部门的教育科研指导及管理；负责教育厅普教科研资助金项目的管理；受省教育厅委托，负责省政府教学成果奖评审的组织；负责省级教育科研成果的推广工作。二是全省中小学（包括普通中小学、中等职业学校、特殊教育学校、幼儿园等）的教学研究和学科教学业务指导与管理工作。组织全省中小学课程改革的研究与实施；组织全省中小学各学科教研活动，帮助教师执行教学计划、掌握课程标准和教材，更新教育理念，提高教学水平和教学效益；总结推广教学经验，探索教学规律，推动教学改革；提出执行教学计划、使用教材的建议，为教育行政部门决策提供参考；根据省教育厅的总体部署，开展教材以及其他教学资源的开发工作。三是全省中小学学科教学质量的检测评估。组织对全省中小学学科教学的检查和质量评估；负责全省高中毕业会考命题及中考命题的指导与评估；负责评价考试制度改革的研究、指导和实施。四是实施中小学教师省级培训工作。开展与之相关的管理、研究、咨询、信息服务与资源开发等。五是研究教育改革和发展中的理论及实践问题，发挥教育科研的先导作用，为教育行政部门提供决策资讯。

截至 2008 年，省教科所下设办公室、教育改革与发展研究室、教育理论研究室、普通高中教育研究室、义务教育及学前教育特殊教育研究室、德育与心理健康教育研究室、艺体教育研究室、信息技术教育研究与情报资料室、职业教育与成人教育研究室、藏区免费中等职业教育教学研究室、杂志编辑部和民族教育研究室。四川省教育科学规划领导小组办公室和省教育学会秘书处挂靠在省教科所，负责全省教育科学规划领导小组和教育学会的日常事务。

自 20 世纪 50 年代四川建立省级教研机构后，全省各市（地、州）、县（市、区）也相继建立了教研机构，最初均称教研室。1987 年经成都市政府批准，由成都市教育局中学教育研究室与成都市第二中学教育研究室（原温江地区）合并组建了成都市教育科学研究所。2002 年，遂宁市教育局教研室更名为遂宁市教育科学研究所。之后，全省逐步采用合并方式组建了市（地、州）级教科所（或保留教研室，实行两块牌子一套人员）。这一级教科所主要担负当地中小学及学前教育、职业教育、特殊教育的教育教学研究；教学、教材教法研究指导；学科教学质量监测评估；教育科研组织管理和教育决策咨询服务等项工作，是当地教育行政部门领导学校进行教育、教学、教研工作的助手和参谋。

2004 年 8 月，省教育厅制定《关于进一步加强和改进教研工作的通知》规定，中小学教研机构的任务是：要把基础教育课程改革作为中心工作，充分发挥教学研究、指导、服务等作用；要加强以校为本的教学研究制度建设，努力把学校创建成学习型组织；要加强教研队伍、教研制度建设，为教研工作创造良好的政策和制度环境。截至 2005 年，全省已形成省、市（地、州）机构健全，与县（市、区）、学校业务关系紧密的教研网络和工作体系。

二、主要工作与成绩

1. 课程教材建设与管理

1988 年 5 月，国家教委召开九年义务教育的教材规划会议，修订《九年制义务教育教材编写规划方案》，有计划地组织编写 8 套具有不同特色的实验教材。四川省教委和西南师范大学联合组成教材编写领导小组，由省教科所具体组织编写一套适合全国内地和农村学校使用的九年义务教育教材（以下简称内地版教材）。内地版小学和初中教材共编写了 80 多种，有相应的配套用书和音像教材，包括练习册、实验册、自读课本和教师用书、教学挂图以及录音带、录像带等。

1989 年 2 月，四川省中小学教材审查委员会成立。将办公室设在省教科所，与该所的教材办公室合署办公。负责审查省内编写的中小学各科教材及配套资料，审定省内各地编写的乡土教材、补充教材，并决定使用范围，向全国中小学教材审查委员会推荐优秀教材及其他教学资料。并制定了四川省中小学教材审查委员会工作章程、教材及教学资料送审办法和审定标准。

1989—1990 年，依据《四川省九年义务教育教材试用方案》，相继有本省 11 县和 2 市以及云南、贵州、海南 3 省的学校参加了内地版教材的试教。由于采取编写完一册，试教一册，修改一册，成熟后送审一册的方法，使编写、试教、修改、送审很好地结合起来。到 1996 年，小学和初中各学科的内地版教材全部编写完成，经过数千所中小学的 30 余万名学生试用实验，陆续报经国家教委中小学教材审定委员会审查，全部获得审查通过，批准在全国使用。

四川省从 20 世纪 80 年代中期开始乡土教材的编写和教学活动。之后，全省各地编写的乡土地理和乡土历史教材经过几年的试用，《四川历史》和《四川地理》先后正式出版，进入初中课堂。省编的三算结合教材在小学进行了数学教学实验后，于 1990 年通过省级审查，并推荐使用。其后《四川省小学实验课本（三算结合）数学》由四川教育出版社出版。

1991 年开始，省教科所陆续编写了高中劳动技术教材、高中职业指导选修教材。到 1994 年，供高中一、二年级使用的 2 册教材和 7 种劳动技术的单行本教材均由四川教育出版社出版。

1994 年起，省委宣传部和省教委联合主编了《高中生时事》，后改版为《中学生时事（高中版）》，每年出版 2 期。《中学生时事（初中版）》和《人口教育》教材也同时编写出版，并在省内初高中使用。

1995 年，省编小学美术、音乐乡土教材以及农业常识课本编入全省中小学教学用书目录，供小学选用。

1996 年起，由省教科所组织编写的《高中音乐试用课本》《四川省高中实验教材 计算机》，供全省高中选用。

2001—2002 年，四川省逐步实施《全日制普通高级中学课程计划》《基础教育课程改革纲要（试行）》和《义务教育课程设置实验方案》。义务教育课程设置要求将中小学的课程划分为“国家课程”“地方课程”和“学校课程”，并对其分三级进行管理。

省教科所参与了小学《新纪元英语》、小学六年级《新路径英语》教材的编写。这两种教材均获全国中小学教材审查委员会审查通过，成为"新课标教材"，供省内小学选用。在新课程改革的义务教育阶段，设置了写字、普通话、综合实践活动、道德与法制、四川历史与社会、心理健康教育、青春等地方课程，并编写了相应的地方课程教材和农村初中教材6本。编写小学和初中各年级的《信息技术》教材，供全省选用。重新编写出版了小学《劳动》和初中《劳动技术》教材。在高中阶段，编写和修订后重新出版了《劳动技术》《音乐鉴赏与唱歌》《心理健康教育》《人口（必修）》《法制教育》《职业技术与就业指导》《四川历史与社会》《高中信息技术》等地方教材。2009年，省教科所根据省教育厅的要求，结合四川省地震灾后教育重建和基础教育改革发展实际，组织编写了地方课程教材《生活·生命与安全》《家庭·社会与法制》《可爱的四川》，供全省义务教育阶段学校使用。

省教科所对校本课程和校本教材的开发进行了多方面指导，使研究性学习课程和活动类课程成为校本课程开发的主流。2002年，通过组织全省有影响的小学开发《综合实践活动》教材，总结、推广优秀活动方案，带动和促进了全省《综合实践活动》教材开发和实施。

2. 课程教学研究与指导

（1）教材试验与教师培训

1990—1994年，省教科所分别组织了试验内地版和人教版教材的省级师资培训。内容包括教育教学理论、学科教学大纲、教材分析、集体备课、观摩获奖教学录像、观摩教材教法改革研究课、学科教改经验介绍、交流学习新大纲的体会等。

1991年，省教科所根据国家教委《现行普通高中教学计划调整意见》的要求，承担高中5科骨干教师培训。采取专题讲座、研究讨论等方式，学习调整意见、学科教学大纲、各科教学要求和即将使用的各科新改编教材等。

1995—2000年，省教科所每年都组织初中、小学各学科教师的人教版教材教法培训。

1996—2001年，为实施教育部高中《课程计划》《课程标准》，省教科所连续5年持续对高中各学科省级骨干教师和教研员进行强化培训。

1990年以后的10年间，由省教科所组织实施的省级教学计划、教学大纲、教材教法研讨会，累计60多次，有3万多名中小学教师、教研人员受益。省级学科课堂教学优质课竞赛活动累计150多次，有8万多名教师参加活动。举行中小学教育教学论文和学科教案评选活动累计200多次，有12万名教师参与交流。

2001—2005年，省教科所组织开展了义务教育课程标准学科教材培训。内容为新课程通识性知识、学科课程标准解读、学科教材分析、学科教学建议，新课程参与式教学、探究式活动、活动课教学的研讨，新课程备课、评课，新课程课堂教学设计、新课程课堂教学观摩、课堂教学研究、新课程教学评价等。其间，省教科所和省电教馆合作，组织新课程通识培训专家、一线教师和广大教研人员，录制新课程学科培训用光盘，发放到全省基础教育课程改革实验区。每年，都要送培到甘孜、阿坝、凉山州，培训民族地区中小学教师。这5年来，由省教科所组织实施的省级新课程学科课堂教学优质课展评活动累计超过100次，参加活动的教师有7万多人次；举行中小学教学论文、教研论文评选和学科教案评选活动累计180多次，参加活动的教师超过10万人次。

（2）调查研究与基地建设

2002—2005年，省教科所按照省教育厅的有关要求，先后组织对全省21个市（州）实验区的基础教育课程改革实验工作进行调查研究。调研内容包括课堂教学教与学行为的转变；师生对实施新课程和新教材的针对性、适用性的反映；三级课程管理制度；以校为本教研制度建设及其运行；课改评价制度方面的经验及存在问题等。通过调研，形成专题调研报告50份，共60多万字，上报省教育厅或教育部。

2004—2005年，全省逐渐展开与基础教育新课程体系相适应的“以校为本教研制度基地”创建活动。省教科所组织14个县（区）、24所中小学，经过申报和评审，成为校本教研国家级实验基地和四川省首批实验校。

（3）考试研究与教学监控

1986—1989年，省教科所组织了初中毕业会考的学科命题工作，拟定参考答案和评分意见，统一制发了俄语试卷和各科参考答案、评分意见。

1992年3月，省教科所按照《四川省普通高中毕业会考实施方案》要求，负责编制高中毕业会考考试学科考试标准（纲要）、考查科（项）目的考核标准（要求）、命制考试科目的试题、制定考试评分标准和评卷办法。试题的难易程度和分量，以坚持正常学习的学生一般都能顺利通过考试为标准。十几年来，普通高中毕业会考成绩呈现总体稳中有升的趋势。其中，物理、历史两个单科成绩上升较大；大多数学科的及格率提高显著；优生率适中，多数学科控制在40%左右。

从1996年起，省教科所为各市（地、州）提供初中毕业会考命题服务，命制一套题，由各地选用，全省约有半数的市（地、州）使用省教科所命制的中考试题进行考试。2000年4月，按照省教委《关于印发〈关于2000年初中毕业、升学考试改革的指导意见〉的通知》精神，为提高命题的科学性、保证命题质量，从当年开始，省教科所又承担对全省初中毕业、普通高中招生考试工作进行评估的工作。

2002—2005年，省教科所负责四川省高考适应性考试命题、制卷、制发各科参考答案、评分意见，以及统计分析等工作，并将统计分析资料及相关建议以书面形式提供市（州）。为追踪监测全省高中教育教学质量和水平，帮助高中教师及时把握高考信息，克服教学过程中的盲目性，减轻学生不必要的学业负担，建立考试与教学的和谐关系作出了贡献。由于重视考研工作，四川省高中学科教学质量与兄弟省市相比一直处于较高的水平。四川省高中学生参加国际奥林匹克数学、物理、化学、生物、信息学竞赛，共获得8块金牌、3块银牌、1块铜牌。到2004年，文理科的重点线和一般本科线都进入全国统一高考的前八位。

2004年，省教科所按照《国家基础教育课程改革四川省郫县实验区2004年初中毕业考试及高中招生制度改革方案》的要求，组织制定了9个学科《考试说明》，供成都市命制郫县实验区初中毕业生学业考试使用。2005年，根据教育部《关于基础教育课程改革实验区初中毕业考试与普通高中招生制度改革的指导意见》精神，省教科所组织力量修订或制订了11个学科的《考试说明》，供30个第一批省级基础教育课程改革实验区命制初中毕业生学业考试使用。

（4）课题研究与科研管理

1984 年 10 月，省教科所组建“教改实验研究小组”，专职研究教改实验活动的发展问题，并在此基础上负责组织、管理全省的教改实验活动。此小组的成立，标志着教学研究的自发性活动开始进入组织化轨道。

1985 年 8 月，省教科所组织力量审查各市、地、州上报的教改实验项目，确定其中 51 项为首批省、市、县、校共同管理的课题，即“四级共管课题”。其中，有学科教学改革实验 32 项、教材及课程改革实验 10 项、综合改革及课内外结合项目 9 项，由省教育厅从教育事业经费中划拨 3 万元给以资助。同年 10 月，省教科所在渡口（现攀枝花）、重庆、自贡三地分片召开教改实验项目协议会，填写了《四川省教育科学研究及教改实验项目议定书》，就研究方案、人员与经费、研究周期、阶段成果的形式及质量要求、管理要点等进行了论证、议定。这项工作标志着四川省中小学校（幼儿园）教改研究的省级立项制度和省、市、县、校四级共管制度初见端倪。此后，省教科所每年坚持召开一次普教科研工作例会，商讨教育科研组织管理事务，通过省、市（州）、县（市、区）、校四级共管网络，规定了教改研究课题的立项规划、申报评审、任务划分、阶段检查、效果检测、问题诊断、成果鉴定与推广等工作程序和职责。逐步建立健全了年度例会制度、普教教改研究课题的立项制度和省、市、县、校四级共管制度，加强了教改研究课题的运行管理。

1989 年，省教委发布《四川省教育委员会普教科研项目资助金审批及管理试行办法》，对普教科研资助项目的立项申请程序、审批办法等作出明确的规定，并将拨款资助中小学教改研究课题制度化。自“九五”起，省教委每年划出“普教科研资助金”专项经费，从每年 20 万元提高到每年 30 万元，并分别以一定的额度划拨到当年立项的重点课题和一般课题。1998 年，省教科所再次修订了普教科研资助项目管理意见，将管理办法由 37 条增加至 45 条。至今，全省普教科研资助金项目仍沿用此管理办法。

1990 年 5 月，省教委印发《关于开展“中小学教学改革经验成果评奖活动”的通知》。结合全省自 1978 年以来广泛开展的中小学教学改革实验的实际，决定在全省范围内开展中小学教学改革经验成果评奖活动。要求将此次评奖活动作为总结教改实验成果，提高成果的普遍性、应用性、科学性的过程及宣传优秀经验成果的过程。要求各市（地、州）组织力量，帮助教师总结深化已有经验成果。强调成果是否产生于教学改革实践中，是否取得明显教学改革效果是评奖的重要条件。省教科所为搞好评奖活动，召开了“教改研究项目教育改革效果测评”专题研讨培训会，并深入基层作“如何总结经验成果”的专题考察与指导。经过初审和复审，评出获奖项目 70 项。

从 1991 年起，四川省普教科研的立项审批工作改为每年开展一次。到 2004 年，获省教育厅批准立项的课题共 781 项。这些课题涉及教育、教学、教师队伍建设、教研工作、教育管理及教育评价、区域性教育改革等中小学教育中的各个方面。

1992 年，省教科所主编出版的《四川教改实验成果集》，收录省、市（地、州）教科所研究人员在“对研究的研究”方面的专题论文 14 份。内容涉及时下一些典型教改研究项目的研究综述；全省教改实验活动大事记；教改研究成果的科学实质；学校教科室在教改实验中的地位和作用；市级教改实验管理运行机制；怎样开展对学校教改实验的指导；教改实验与学校常规教研工作的结合等。这些研究成果在省内外都产生了重要的影响。1998 年，省教科所教育理论研究室研究人员关于“教改经验成果推广研究”在通过“全国教育科学规划领导小组办公室”的成果鉴定后，获教育部“全国优秀教育科学成果二等奖”。

1997 年 10 月，《四川省教学成果奖励办法》（以下简称《办法》）正式发布。《办法》明确规定：省级教学成果奖分为一等奖、二等奖、三等奖，每四年评审一次。由省人民政府公布，颁发证书和奖金。奖金从省人民政府预算安排的教育事业费中支付。至此，四川省教改研究成果奖由“省教委奖”升格为“省政府奖”。为做好四川省首届教学成果奖励工作，省教委将教学成果奖励工作办公室设在省教科所。省教科所采取一系列程序性措施，把握评奖工作的客观、公正、公开原则，规定了公示、评审、答辩等程序要求，并逐渐形成制度。各市（州）也参照设立了本地区政府教学成果奖。省人民政府把推广获奖的教学成果纳入 1998 年“为教师办十件实事”的计划。至今，四川省教育厅已相继组织实施了四届“省政府教学成果奖”评选活动，极大地调动了教育工作者遵循教育规律、研究改进教育教学工作的积极性，有多项教改成果的改革思路和操作经验通过全国性的学术活动，传播到全国。其中，影响特别大的有以下几项。

1989 年，成都市实验小学开展的“小学学校教育整体结构改革探索”，总结出低段整体改革、五育并举、强化课外活动、教师队伍建设、学校管理促进发展活力等多项经验，在全国性学术平台上频频亮相。1997 年，反映该项成果的专著《学校教育整体结构改革探索》由人民教育出版社出版，并获省政府教学成果一等奖，获中国教育学会和《教师报》联合颁发的“金钥匙”奖。

20 世纪 80 年代末至 90 年代初，通过亚太地区大众教育研讨会的研讨平台以及联合国教科文组织的成人教育专家撰文介绍，乐山市教委的“农村教育综合改革研究”中的农民技术教育“短平快”经验被介绍到多个国家和地区，并获省政府教学成果一等奖。

南充市营山师范附小“强化艺体素质教育，促进学生全面发展”研究，获省政府教学成果一等奖。学校通过艺术教育活动，在 1991 年和 1994 年，连续两次在国家教委举办的全国中小学生歌咏比赛中获一等奖，引起国内音乐界专家、音乐教育学者、中小学音乐教师的普遍关注。

1995 年，国家教委组织现场观摩活动，推广岳池县教委研发的“农村学校体育整体改革实践”成果。岳池县在体育设施设备匮乏的情况下，因地制宜抓体育，使全县所有学校的体育课、体育锻炼活动都开展得有声有色。其经验在全国引起极大反响，并获省政府教学成果一等奖。

1996 年，达川地区教科所的“复式教学多功能综合效应的研究与实践”成果中的“单式复教”经验，应邀在联合国教科文组织中国委员会和国家教委在天津联合举办的“复式教学国际研讨教会”上作大会发言，被大会简报中誉为“中国的单式复教”，获省政府教学成果一等奖。

“目标教学”是在四川省历时最久影响最大的教改推广项目。早在 1986 年，省教科所的研究人员就开始在省内介绍布卢姆的掌握学习和教育目标分类学理论，并积极参与全国性的“目标教学”研讨活动。随后，目标教学在成都、重庆、南充、内江、绵阳、乐山等地迅速展开，并很快推向全省各地。目标教学的改革主张和技术被广泛运用到各级教研部门的教研活动中，普及到四川广大中小学校。“目标教学”取得公认的推广应用成就，即极大地克服课堂教学中的随意现象，使目标意识、诊断性评价、教学过程反馈、掌握学习、认知心理等思想、技术融入到广大教师的教学经验中。1989 年，省教科所召开全省“目标教学”研讨会。1992 年，与重庆市教科所等单位合作举办了“目标教学全国协作会”。据不完全统计，截至 2000 年，由四川省各市、地、州召开的目标教学研讨会不少于 50 次。省教科所与有关单位协作编著的《目标教学理论与实践》由电子科技大学出版社于 1992 年出版。营山县研究人员所著的《目标教学操作艺术》和安岳县研究人员所著的反映目标式掌握学习的《获取式教学》由四川教育出版社分别于 1998 年和 2000 年出版。

此外，成都市龙江路小学的“愉快教育”、成都市成都师范附属小学的“情知教育”、乐山市的“字族文识字教学法”等多项成果也曾通过国家教委、中国教育学会等的推介，在国内产生良好影响。

多年来，正是四川省各级教科研管理部门把“指导”作为基本职责之一，采用面对面的咨询讨论、案例观摩、经验交流、讲座培训等有针对性的中小学教改研究指导方式，才逐渐形成了具有四川特色的工作思路和模式。一是结合实际需要提供必要的研究方法指导和教育理论培训，保证中小学教师成为现场研究者，保障学校教改研究持续开展；二是构建相应的职能机构，建设一支具备指导能力的专业队伍；三是明确教育改革研究的价值取向，选择、设计教育改革的理论框架；四是确立设计研究方案，积累研究资料，归纳、表达教育改革经验，构造成果形态；五是与理论工作者开展研究协作，考察、说明改革效果，利用改革效果中蕴涵的实践启示，进行科学学、科学哲学的深入研究。省教科所提出的“对研究的研究”思路，已成为四川省教育科研管理工作的重要组成部分。

3. 教育期刊创建与发展

1980 年，《教育科学论坛》创刊。初名为《四川省教育学会通讯》，由省教育学会主办，不定期出版，内部发行。1987 年更名为《教育科学论坛》，改为双月刊，从 1993 年起由省教育学会与省教科所联合主办。

1988 年，《四川教育研究》创刊，由省教科所主办。此刊为双月刊，分中学版和小学版，2005 年并入《教育科学论坛》。

2005 年，经国家新闻出版总署批准，《教育科学论坛》改为月刊，公开发行，由四川省教育出版社和省教科所主办。新版的《教育科学论坛》是一份面向基础教育的综合性教育学术期刊，以中小学教师为主要服务对象。主要宣传党和政府关于教育的方针、政策，报道国内外有关教育的重要信息和学术观点，交流全省基础教育战线的教育、教学经验，介绍全省教育科研的成果，是促进四川省基础教育改革和教育质量提高的展示交流平台。

此外，四川省教育类的内刊资料还有省教科所主办的《四川基础教育课程》（双月刊）、自贡市教科所主办的《教育与教学》（季刊）、攀枝花市教科所主办的《攀枝花教育》（季刊）、绵阳市教科所主办的《绵阳教育》（双月刊）、内江市教科所主办的《教学研究》（季刊）、南充市教科所主办的《南充教研》（月刊）、达州市教科所主办的《教学通讯》（季刊）、华蓥市教研室主办的《华蓥教研》（双月刊）等。这些内刊资料是各级教科研部门向学校及教师传递课改信息，推介教研经验和典型案例，推动课程改革实施的宣传交流窗口。

由省教科所主办或联办的《教育科学论坛》和《四川基础教育课程》以为学校教学实践、教育科研和教师的专业发展服务，为教育决策咨询服务为办刊宗旨，对全省基础教育课程改革积极稳妥、健康、有序地进行，发挥出扎实推进的作用。

近30年来，省教科所在省教育厅的领导下，结合国家教育改革与发展的形势与需求，不断加强和改进自身工作，为促进四川基础教育的发展作出了应有的贡献。以后将继续沿着这条成长之路团结奋进，努力创造四川基础教育的新成绩和新成果。

（四川省教科所 集体撰稿）

贵州省基础教育研究工作的回顾与展望

一、教育科研（教研）机构的设置与职能

1. 省级教育科研（教研）机构的设置与职能

1983 年 4 月，省教育厅决定在原省教研室的基础上，建立贵州省教育科学研究所，与原教研室一套人员，两块牌子。除保持教研室的职能外，进一步强化宏观教育研究的职能。

1985 年 11 月，经省编制委员会批示，贵州省教育科学研究所（简称省教科所）正式成立，核定编制 57 人。主要承担六项任务：一是调查、研究本省基础教育在深化改革、提高质量以及教育发展中提出的重大实际问题和理论问题，为省教育厅和有关部门提供决策和咨询服务。二是负责全省基础教育科研工作的规划、协调、管理和业务指导，具体办理国家级、省级基础教育科研项目管理的日常工作。三是研究教育思想、教学理论、课程设置、教学内容、教学方法、教学手段和学科教学评价；提出执行教学（课程）计划、教学大纲（课程标准）和使用教材的意见，组织对学科教学的检查和质量评估，研究考试方法的改革。四是组织课程改革和教改实验，探索教学规律，总结、推广先进教学经验。五是组织多层次多形式的师资培训和教学研究活动；介绍和传播国内外教育改革和教育科研信息。六是组织编写乡土教材、地方课程教材，编写教参和教辅资料。

省教科所建立以来，内部机构根据需要多次变动。2001 年起，贵州省教育学会挂靠在省教科所。2008 年，贵州省教育史志办公室设在省教科所。

2007 年，省教科所下设小学教学研究室、中学教学研究室、技术研究室、综合研究室、编辑室、办公室 6 个科室。实有教研人员和工作人员 40 人，其中含有高级职称 20 人，中级职称 3 人，初级职称 8 人。

省教科所自觉坚持把研究、指导、推进课程改革作为主要任务，遵循科研和教研工作的规律，结合贵州省的实际，克服困难，振奋精神，凝聚人气，努力开拓创新，发挥“专业引领”作用，为“以校为本”教研制度的建立和推进，促进群众性教育科研的开展，促进教师专业化发展，促进学校成为学习化的组织，提高教育教学质量，做了大量的工作，被省教育厅评为先进单位。省教科所与省教育学会联办的内部刊物《贵州教育科研》，2007 年发行量达 6600 册。2008 年，贵州省人事厅与教育厅将《贵州教育科研》上刊登的文章作为全省中小学教师申报、评审专业技术职务任职资格的衡量标准之一。

2. 市（州、地）、县（市、区、特区）级教育科研（教研）机构的设置与职能

贵阳市、安顺市和黔东南州采用教科所与教研室一套人员两块牌子的建制。贵阳市南明区、云岩区、花溪区、清镇市、遵义市红花岗区教研室设在教师进修学校或教培中心内。其余市（州、地）、县（市、区、特区）均为教育局教研室。

1990 年，国家教委印发《关于改进和加强教学研究室工作的若干意见》，对各级教研室的建设和工作提出了具体要求。这项举措成为指导贵州省各级教研室建设与工作，争取教育行政部门加强领导和支持的重要依据。

1995 年 5 月，省教育厅召开全省基础教育教学工作会议，出台了《关于加强教学工作，全面提高基础教育教学质量的几点意见》。要求进一步改革和加强各级教研室（教科所）的工作，充分发挥教研室的作用。文件指出：实现《中国教育改革和发展纲要》提出的“两全”目标，必须高度重视教研工作。各级教研室是教研工作的最主要的组织者和实践者，是各级教育行政部门领导当地中小学教育教学工作不可缺少的助手和参谋，具有对中小学各学科教学进行指导和管理的职能，是中小学教学工作和教学改革的一支不可忽视、不可替代的力量。同时，在基础教育深化改革的过程中，尤其是在改革教学内容和教学方法、克服学校教育不同程度存在的脱离经济建设和社会发展需要的现象，以及为教育改革和发展的决策提供咨询服务等方面，各级教研室负有重要的责任。文件对教研室的设置、教研室编制、教研员的条件等，都提出了明确的指导性意见。

2005 年 4 月，省教育厅召开全省教研工作会议。明确指出：各级教研室是组织开展基础教育教育教学研究工作的专门机构，是全面推进素质教育，提高中小学教育质量的专业机构，是为教育行政部门进行科学决策和中小学校开展有效教育教学活动提供专业服务的公益性机构，是实现教育政策、教育理论和有益教育经验向中小学教育教学实践转化的桥梁，具有其他机构不可替代的作用。要求各级教育行政部门高度重视教研室的建设，切实解决教研室建设中的实际问题。要求政府督导部门结合本地实际和素质教育的推进情况，定期或不定期组织对教研室建设和教育教学研究工作的评估活动。

第一，要充分发挥教研室在全面贯彻教育方针，推进素质教育，全面提高教育质量中的重要作用，尊重教育教学研究工作的独立性和专业性特点，保证教研人员把主要的时间和精力投入到教育教学研究工作中。

第二，要高度重视、积极解决当前贵州省大多数教研室教研人员缺编和缺员严重的问题。要努力协调编制和人事部门，确保教研室有足够的编制定额。教研室的编制定额，根据课程计划和教育事业的规模确定。省级教研室编制在 60 人左右；地区级教研室编制为30—50人；县级教研室编制一般为25人，人口较多的县，可适当增加。任何单位都不得任意挤占教研室的编制定额。

第三，要努力增加教育教学研究经费投入，改善教研和科研工作条件，保证正常工作的开展，提高教研部门的工作效率。安排教育经费时，除保证教研室的人员经费和公用经费外，还要安排一定比例的教研和科研专项经费。

第四，教研员是教师队伍中的骨干或学科带头人，国家规定教师享受的各项政治和经济待遇，均应按政策规定落实到教研员。要从政治思想方面关心教研员的成长进步。要重视教研员专业化水平的不断提高，保证他们有一定的进修学习时间，为他们参加国家级和省级骨干教师培训及有关学术活动、学者访问活动创造条件并提供机会。要对在教研工作中做出优异成绩的教研员，给予表彰和奖励。要对教研员在职称评定、评选特级教师、推荐有突出贡献的专业技术人才、评优等方面予以政策上的倾斜。

第五，省将坚持三年进行一次先进教研员和先进教研室的表彰制度，各地也应建立相应的表彰制度。

1995年5月和2005年4月召开的这两次会议，在贵州省教育科研（教研）机构的建设发展史上具有里程碑意义。会议精神的贯彻落实，使全省绝大部分教研室（教科所）的力量得到加强，办公条件得到改善，作用得到充分发挥。省、地、县三级教研室教研工作既各有侧重，又有交叉和配合。由于省对地、地对县均加强了教研业务指导关系，各县强化了县、乡、校的教研网络建设，通过各种形式为各级教研室提供交流的平台，促进了全省教研网络健康和积极地运转，初步形成了一个从省到乡，甚至到校的上下贯通、左右相连的较为健全的教研网络。到2007年年底，省、市、县共有教育教学研究人员1196人。同时，一些地县教研室（教科所）还聘请了学科骨干教师为兼职教研员。

2000年，有27个地、县教研室被评为先进教研室，93名省、地、县教研员被评为先进教研员，受到省教育厅表彰。

2003年和2007年，共有54个地、县教研室和199名省、地、县教研员受到省教育厅的表彰。

3. 校级教育科研（教研）机构的设置与职能

1988年以来，"科研促教、科研兴校"的理念进一步深入人心，学校更加重视教研和科研工作。一般大型的学校设了科研处和教学处，负责规划和管理学校的教育科研工作、教学研究工作。中小型学校则由教学处（教导处）统管。一般学校或按学科，或按学科性质归类设有教研组。在农村，乡（镇）教育办公室设1名教师做教研员，由中心学校或片区中心学校负责组织安排教研活动。

2001年以来，随着基础教育课程改革的开展，建立"以校为本"教研制度成为学校推进课程改革的重要策略。

2004年3月，省教育厅下发的《关于建立"以校为本"教学研究制度的几点意见》指出，教研组是学校开展校本教研最基本的组织形式，学校要以课程改革为导向，切实加强教研组的建设，使教研组真正成为教师专业发展的基地。至此，学校科研（教研）机构特别是教研组的建设进入了一个新的阶段。

二、教育科研（教研）工作与成绩

1. 教育科研工作

（1）组织教育科研成果评奖活动

1995 年 8 月，省教育厅下发《贵州省基础教育教改实验、教育科研优秀成果评奖办法（试行）》。按照评奖办法的规定，1997 年、2001 年、2005 年分别进行了贵州省第一届、第二届、第三届基础教育教改实验、教育科研优秀成果评选活动的评选工作。第一届评出优秀成果 72 项，第二届评出优秀成果 65 项，第三届评出优秀成果 221 项。

（2）组织国家课题的申报

全国教育科学规划课题是教育科研领域最有分量、影响力最大的课题。“七五”至“九五”期间，贵州省仅有省教科所申报的“贫困地区实施初等义务教育研究”获得立项。“十五”期间，省教科所发动各级科研机构和教师积极申报课题 16 项，经全国教育科学规划办组织专家评审，其中 3 项被确定为国家一般课题和教育部重点课题，5 项被确定为全国教育规划课题，打破了以往零的纪录。

（3）组织省级课题申报和评审

2005 年 4 月，省教育厅出台的《贵州省基础教育科学研究、教育教学改革实验课题管理办法（试行）》强调：申报课题必须符合国家教育法规和方针，体现基础教育改革和发展的方向，密切结合本地区、本学科领域的实际，有较高的理论和实践价值。进行课题立项评审要体现突出应用研究，加强决策研究，注重基础理论研究，鼓励开展“以校为本”教学研究的原则。对课题的申报、立项评审、经费资助与使用、课题开题与实施、结题与鉴定作出了明确的规定。确定每三年举行一次课题优秀成果评奖活动，由省教育厅给予表彰和奖励。省教科所与教育学会联合组建了“贵州省基础教育科学研究学术指导委员会”，负责制定基础教育科研的规划和指南，接受课题申报，管理评审、鉴定和结题等工作。其间，举办了省级“教育科研基本理论和方法培训班”，编写教材《中小学教育科研工作 100 问》，培训地、县教研员、中小学教科研管理人员和骨干教师 300 余名。2005—2008 年，学术委员会共接受 469 项课题的申报，通过评审，其中 93 项列为省重点和省教科所课题，206 项列为省级一般课题。此外，完成省第七次哲学社会科学教育类优秀成果的推荐工作，共推出优秀成果 25 项，其中 5 项获得省政府奖。

2. 教学教改研究工作

（1）开展优质课评选活动

1995 年 5 月，贵州省教委决定在全省开展中小学各学科“优质课评选活动”。至今，通过自下而上的层层选拔，择优推荐教师参评省级优质课活动已完成三轮，共有 3000 余名优秀教师参加省级角逐。这项活动激励了贵州省中小学教师依据科学的教育理论、新课程的理念进行课堂教学改革，优化教学过程，提高教学艺术，转变教学方法和学习方法的积极性。同时，也使一大批中青年教师脱颖而出，成长为教学的骨干。省教科所推出的课题研究成果《中学各学科课堂教学评价标准》，科学性和操作性强，成为各地评选优质课的首选参考。

（2）推进考试改革研究

1988年以来，贵州省中考考试制度伴随着经济社会的发展和教育的发展几经变化。2000年以后，中等专业学校、职业高中招生逐步与中考结果脱钩。2005年，随着基础教育课程改革的推进，省教科所与教育厅基教处及贵阳市实验区一起研究了学业水平的考试科目、成绩呈现方式及运用、学生综合素质评定及运用、高中招生改革等问题，共同提出了贵州省中考改革的意见和地区命题工作的指导意见，为全省中考改革编写了各科的《考试说明》。

从1990年开始，贵州省实施普通高中毕业会考制度。由省统一组织管理，省教科所参与制定了《贵州省试行普通高中毕业会考制度的实施方案》及配套文件。包括9门考试科目的会考标准、4个考查项目的考查标准和办法、学生毕业标准（试行办法）、学籍管理暂行办法，以及高中调整教学计划的意见和各科教材调整意见等。完成了命题、阅卷培训及巡视，评卷宽严分析和质量分析等工作。

2000年，首次在英语学科中进行了听力考试，为贵州省高考英语学科加试听力做了有益的探索。

2002年，编写和修订了全省高中会考的标准。在命题工作中，注意适当降低难度，适当减少客观题比例，增加主观题比例，适当增加考查学生综合能力的题目，并对政治学科实行了开卷考试的试验。会考采取考试和考查两种方式，考试科目为9个学科；考查项目为劳动技术和物理、化学、生物学科的实验操作。考试与考查一律在本学科教学全部结束后进行，学完一门考一门。

2006年起，普通高中会考改由各市（州、地）组织和管理，各地教研部门承担了原省教科所承担的责任。

省教科所还参与了贵州省高考科目改革方案（如“3 + X”方案）的研讨，承担了每年高考适应性考试的命题、高考质量分析工作。为提高高考质量，与各地区教研室紧密合作完成了大量的信息收集、分析研究和复习指导工作。

（3）加强教学业务管理

1995年5月，省教委制发了《贵州省普通中小学学科教学常规要求（试行）》。各地、县都结合本地实际，制定了教学管理常规要求。“面上抓常规”，成为不少教研室加强教学业务管理的一条重要经验。

1998年5月，为了采取切实有效的措施推进中小学全面实施素质教育，省教科所针对教材使用中发现的问题，研究提出《贵州省关于推进素质教育调整九年义务教育部分学科教学内容与教学要求的意见》。对贵州省中小学使用的人教版小学语文、数学，初中语文、数学、英语、物理和化学等学科的教材内容和要求进行了适当调整。此意见上报教育部基础教育司审定同意后，于当年7月在全省中小学贯彻执行，在一定程度上减轻了中小学生过重的课业负担，为中小学生德智体全面发展创造了相对宽松的条件。

2001年，基础教育课程改革启动后，省教科所参与制定了贵州省的实施方案、关于加强中小学教育教学管理工作的几点意见等。要求各级教育行政部门和中小学都要按照科学发展观的要求，转变教育观念，端正教育思想，在大力发展教育规模的同时，注重深化教育教学领域改革，切实规范和加强教育教学管理。组织教学视导，检查学校教学管理工作，全面了解教师的课堂教学情况并予以帮助和指导。

在示范性高中的创建工作中，省教科所提出了优质课的评估标准，即基本要求是讲正确；目标明确，重点突出，难点突破；注重教学艺术，上课的语言清晰、规范、精练、准确、生动、形象，富有情感，富有启发性和吸引力；用普通话上课；板书清楚、工整，设计合理；教态亲切、自然、得体；废止满堂灌填鸭式的教师单边活动，关注师生互动，关注学生如何自主、主动学习；有机地实现教学的"三维"目标；重视培养学生的问题意识，关注学生学会发现问题和提出问题；对各种教学媒体和教学方法手段进行科学、合理的选择和运用；充分开发和利用课程资源，注意联系社会生活的实际和学生的生活经验；重视课堂教学中的过程性评价等。这一标准对改变广大教师的教学行为，提高课堂教学的有效性，发挥了积极的导向作用。

（4）开展课程改革师资培训

除经常性的培训活动外，大凡在国家进行课程（教学）计划的调整、颁发新课程方案、使用新教材时，各级教研室都要开展较大规模较为集中的培训活动。如2001年，本着担任新课程的教师"未经培训不得上岗"的原则，省、地、县三级教研室分级承担了繁重的师资培训任务。其培训量之大，是历史上从未有过的。通过通识培训，帮助教师明确了新课程改革的指导思想、目标和任务；通过学科培训，帮助教师解读了课程标准、分析了教材、探讨了教法和学法、探索了评价方法，解决了一些疑难问题，保证了全省课程改革按计划推进。

（5）推广优秀教改经验和成果

1988年以来，贵州省各级教育行政部门、教研部门和学校引进和推广了一批优秀教改成果和经验。其中对全省影响较大的有以下几项。

"目标教学实验研究"于1988年在初中8个学科及小学2个学科进行。首轮实验历经3年，有十余所中小学校参加。1990年召开了全省"目标教学实验总结暨学术交流会"，各地实验表明，目标教学确是有利于提高课堂教学质量的一种科学的教学模式和方法。增强目标意识，突出能力训练，提高课堂教学效率已成为实验教师的共识。1991年起，目标教学实验在全省大面积推开。

"快速作文实验研究"始于1991年。由省教研室主持并有贵阳铁路二中和大方县一中作为实验学校。主要采用省特级教师杨初春创立的快速作文方法，并结合贵州实际进行创新和发展。实验证明，快速作文教学有利于强化速度意识，培养和提高学生的写作兴趣，减轻学生学习负担，提高学生自改作文、自评作文的能力。实验成果《初中作文指导》一书，由贵州人民出版社出版，是一套有本省特色的作文教材。

"提高小学生学习质量联合革新计划（JIP）"鼓励APEID① 成员国就提高小学生教育成就水平的关键因素开展实验研究。在总结贵州省先期50所学校经验的基础上，于1993年元月正式形成《贵州省提高初等教育质量实施计划》，并辐射到20个贫困县的

① 亚太地区教育革新为发展服务计划，英文全称为 Asia-Pacific Programme of Educational Innovation for Development，简称APEID。

200余所学校。1994年8月，编辑出版了《初等教育的革新之路——JIP在贵州》一书，介绍了JIP计划的理论和方法，记录了各地实施计划的历程，系统地总结了各地的经验。

（6）组织先进教育思想、教育理念和教育方法学术报告活动

1988年以来，省、地、县各级教研部门先后聘请了魏书生、杨初春、卢仲衡、霍懋征、钱梦龙、宁鸿彬、张志公、龚亚夫、闵乐夫、顾明远等一大批著名专家来黔讲学，向全省广大教师传播了先进的教育思想、教育理念和教育教学方法，为贵州省的教育教学改革起到了显著的引领作用。

3. 教材教参资料编写工作

（1）编写教材

1989年，在压缩整顿的前提下，省教科所编写了中小学劳技教材、历史乡土教材、初中和小学美术教材、中小学音乐教材、小学思想品德课教材、小学自然教材、语文补充教材和学前教育教材。

1990年，编写了中学思想政治课改革实验教材《公民》《社会发展简史》《中国社会主义建设常识》《科学人生观》《经济常识》《政治常识》，其中有的教材获全国教育图书出版研究会西南优秀教育图书奖。

1995年，省教委中小学活动课本编委会编写的活动课（科技类）教材，从物理、化学、生物科学原理出发，列举科技制作、科技实验、工艺制作及创造发明方法等内容，不仅能丰富学生的科学知识，提高学生的科学兴趣，而且能培养学生的动手、动脑能力，启迪学生的思维发展。经省中小学教材审查委员会审查通过，同意试行。

1995—1998年，省教科所组织编写人员对九年义务教育小学音乐、美术教学大纲进行减少内容、降低难度的处理，编写了供农村简易小学艺术课程使用的教材《艺术》1—8册。该教材较充分地体现了贵州地方特色和民族特色，适合边远农村学生的学习实际，2000年获得省社科成果三等奖。

2001年，省教科所与省科技出版社合作，组织力量编写了一套适合贵州省省情的中小学《信息技术》教材。根据修订后的美术教育新大纲，与人民教育出版社等三家出版社配合，编写了较符合省情的中小学美术教材，在全省大部分中小学使用。

2003年，省教科所组织编写了历史、地理、生物、思想品德、社会的补充教材。这些教材都在人民教育出版社的教材基础上，增补了贵州省的相关内容，使两种教材有机结合。此外，还与贵州省教育出版社合作编写了地方课程教材《贵州省生态环境教育》《综合实践活动》，供小学、初中、高中使用。

2004年，以参加中国教育学会《地方课程教材建设研究》课题的研究为依托，在中央教科所有关专家的主持下，编写了《特种种植》《农副产品加工》《特种养殖》《农村家政创业》《农村劳动力转移》《小企业经营管理》教材，形成了一套适合贵州农村初中使用的《农村实用科技》教材及配套光盘。这套教材列入了贵州省免费教科书范围，保证了所有农村初中学生都能得到课本。2007年，《农村实用科技》教材被中国教育学会评为优秀地方教材。

（2）编写教参教辅

1988 年以来，省教科所组织编写了《中学思想政治课教学参考资料》《政治常识指导》《初中生自学指导》《活动课（科技类）教师教学参考书》，并对过去编写的教辅资料进行了精选，重点编写了《寒假作业》《暑假作业》《家庭作业》（小学分农村版和城市版）等供中小学生用的教辅资料。这些教辅资料根据课程改革的精神和新教材使用的变动情况多次做过修改，对帮助中小学生巩固和灵活运用课内所学知识，扩大知识面，发展分析和解决问题的能力起到了一定的作用。

4. 重要教育科研课题与成果

1988 年以来，在各级教育行政部门的积极推动下，各地紧紧围绕基础教育改革和发展中碰到的问题开展了大量的科研课题研究。在全省有较大影响并取得重大研究成果的课题主要有：

“贵州省九年义务教育发展规划研究”获 1988 年贵州省科技进步三等奖（省人民政府颁发）。

“贵州少数民族教育战略规划研究”形成了课题成果《贵州少数民族教育调查报告集》，“贵州少数民族双语教学研究”，依托课题编成了《贵州少数民族双语教学调查报告集》。

“贵州省基础教育规划及教育投资效益研究”1989 年获全国教育科研优秀成果一等奖。

“基础教育规划方法研究”根据我国社会主义初级阶段的经济、社会和教育发展的特点，对编制我国地区基础教育规划的指导思想、原则、基础理论作了系统的阐述；对基础教育规划的编制过程、操作技术、预测方法、数据处理、方案的形成和论证等都进行了具体的介绍。课题成果《基础教育规划方法概论》由贵州教育出版社出版，对当时全国正开展的教育规划工作，特别是西部省区普及初等义务教育规划工作，在理论和方法上有一定的指导意义。1990 年获全国首届教育科学研究优秀成果一等奖。

“贵州省各民族少年儿童智力发展研究”在对花溪、清镇、镇宁、关岭、凯里、雷山、都匀、罗甸、惠水、兴义、黔西等县（市）1450 名苗族、布依族、汉族 6—8 岁儿童进行测查和家庭问卷调查的基础上，完成了“贵州省各民族少年儿童智力发展研究报告”。1993 年 5 月通过省专家组验收。

“中学分年级德育整体改革研究”详尽地制定了中学分年级贯彻实施《中学德育大纲》的方案，通过 6 年两轮的实验，基本达到国家教委 1995 年正式颁布的《中学德育大纲》的要求。省教科所参与编写的《中学分年级德育整体改革研究》于 1996 年由河北人民出版社出版。

“复式教学研究”于 1994 年翻译了《亚太地区复式教学的革新与发展》一书，在省内外广为传播，反响很好。1996 年在“全国复式教学研讨会”宣读的论文“学习和借鉴亚太地区经验，发展我省复式教学，提高复式教学质量”在《学科教育》增刊登载。1998 年省教科所派代表讲述的“复式教学的价值及价值的实现”被收入儿基会贫困省教育发展项目培训的系列录像教材。

“农村普通中小学引入职业教育因素研究”分析了职业教育、基础教育与农村经济发展的密切关系，剖析了贵州省部分普通中小学引入职业教育因素的得失，从理论上论证了普通中小学引入职业教育因素的可能性和必要性，提出了若干有价值的对策和建议。1999 年 4 月通过省委宣传部专家组的鉴定。

“学生评价研究”确定了不同贫困水平的三个县作样本，抽取中小学生各 400 余名学生进行测试，并对采集到的数万个数据进行了定性分析和相关因素分析。1999 年 5 月完成课题研究报告，并向省财政厅、省审计局、省教委贷款办作了结题汇报。

“贫困地区实施初等义务教育研究”深入系统分析了贵州省 5 个贫困地区初等义务教育发展的背景后指出，不利的区位条件、不利的自然环境、自给但不能自足的落后经济、迟缓和薄弱与功能不协调的社会发展状况，是综合影响贫困地区初等义务教育发展的诸因素。较全面地反映了贵州省推进贫困地区实施初等义务教育的历史进程及所积累的丰富经验。对已实现普及初等义务教育的贫困县巩固成果，尚未实现普及的贫困县实现普及，有很强的现实指导意义。2000 年获贵州省第三次哲学社会科学优秀成果三等奖。

“贵阳市小河经济技术开发区 2000 年教育规划”对开发区内企业办学社会化的问题进行了探讨，提出了相关的政策和实施方案并在开发区逐步实施。2000 年获贵州省第三次哲学社会科学优秀成果优秀奖。

“贵州省英语形成性评价实验研究”由省教科所牵头，全省 16 所初中、36 个教学班、47 位教师（包括教研员）、近 5400 名学生参与。实验教师摸索出了一整套新的行之有效的评价手段和方法，开发了一些适合自己学生的评价工具。2003 年 10 月被教育部基础教育课程教材发展中心评为优秀实验区。

“贵州省实施‘普九’攻坚计划经费短缺问题及对策研究”与实践同步进行，研究成果在实践中得到了较多的采用，产生了积极的影响。2007 年获贵州省第七次哲学社会科学优秀成果三等奖。

“LOGO 技术用于西部中学数学创新素质教育研究”通过 20 多所学校以独特的学习计算机编程与学习数学有机结合的实验，展现了数学学科教学中有效应用信息技术的潜能，有效地改进了中学生的数学学习方式，有较强的可推广性。2005 年获第三届全国教育科学研究优秀成果三等奖。2007 年在全省中学推广。

“贵州省地方课程‘农村初中实用科技’课程建设与实验研究”提交了省地方课程建设规划和政策性建议，编写了教材，已供 130 多万名农村初中学生使用，转变了相当多的农村初中的办学方向。得到了教育部、中国教育学会有关领导同志和省内涉农部门的领导和专家的高度关注和评价。新华社记者对此专程采访并写了供中央领导翻阅的“内参”，《人民日报》对此作了报道。

（刘旦元 撰稿，张庆肃 审阅）

云南省教研工作60年发展历程的回顾与展望

云南省教研工作历经60年的沧桑，始终以提高边疆中小学教育教学水平和质量为己任，为云南省基础教育的发展和进步彰显出重要功能和价值。

一、初创阶段（1949—1956）

1. 机构设置及其职能

1950年11月，云南省文化教育厅在机关内设立编审室，主要负责编写所需的教材和教学内容。1952年12月，省文化教育厅更名为省教育厅后，成立了教学研究室。主要职能是对全省中小学的教育教学进行全面的业务指导和评估。当时，规模较大的中小学也纷纷成立教研组或备课组。

2. 教研活动

当时的教研活动主要是学习苏联的先进经验，掌握“直观性、系统性、循序渐进性、量力性和巩固性”五大教学法原则，推广课堂教学的“五个环节”，研究语文、算术的教学方法。教学强调“双基”，研究减轻学生负担，提高教学质量的问题。这一时期，也出现了急躁冒进、生搬硬套苏联经验的形式主义苗头。

1955年3月，省教研室参与制订《学习凯洛夫主编的〈教育学〉的计划》，提出要通过学习，认识和掌握共产主义教育理论的基本知识。

二、规范阶段（1957—1965）

1. 机构设置及其职能

1960年8月，省教育厅设立教学研究室，编制3人，主要研究学制改革和小学集中识字教学。设立教材编审室，编制9人，主要编写试验教材及补充教材、乡土教材、教学经验汇编等。1962年，省教学研究室和教材编审室合并为教材编审室，唐鸿龄任室主任。主要负责教学研究，编写耕读小学教材。1965 年 1 月，省教育厅与省民委联合发文，要求各民族自治州建立民族教材编译室。

2. 教研活动

1957 年 4 月，省教育厅确定用景颇、傈僳、载瓦（景颇族一支）、拉祜、哈尼、佤、彝 7 种民族文字编定课本，在部分民族小学进行试教。

1958 年 8 月，召开省中等学校社会主义教育课编辑工作会议，编写云南省中等学校社会主义教育课本。

1959 年，全省 55 所普通中学相继进行学制改革。次年，全省召开中小学学制改革专业会议，研究讨论了几种新学制的大纲、教材及过渡补课的措施，省教育厅提出“三二制”中学过渡方案。1961 年，全省中小学各种学制试验学校都改为十年一贯制，农村高、初小分开，初小分散办复式教学。

1963 年 7 月，省教育厅颁发云南《城市全日制小学教学计划（草案）》《农村全日制小学教学计划（草案）》《农村简易小学教学计划（草案）》，要求各地具体安排不同学校执行不同的教学计划。

1964 年，在民族小学试验推行 7 种民族文字。各地采取直接教学汉语文或教学民族语文的方式，有计划地发展半工半读和半农半读学校。

1965 年，省教育厅提出大力发展耕读小学，并下发《关于减轻中小学学生过重负担的意见》，对学生每周的活动总量以及作业的布置数量，作了具体规定。

三、挫折阶段（1966—1976）

1. 机构设置及其职能

“文化大革命”开始后，全省各级各类学校先后停课，各级教学研究机构名存实亡，教育研究工作陷于瘫痪状态。

1969 年 9 月，为适应省内各地复课自编教材的需要，省“革委会”中小学教材编写组成立，负责中小学教材编写工作。

1971 年，省科教局“革委会”下设中小学教材编写组。1973 年，省教育局与省科教局分开，省教育局仍下设中小学教材编写组，正式编制 7 人，张俊芳担任组长。1976 年教材组更名为教材编审室，实有 22 名人员，唐鸿龄任主任。

2. 教研活动

1970 年 8 月，各专州市执行“学制要缩短”的指示，选择 1—3 所条件好的中学进行四年制试点（初中、高中各两年）。

1975 年，省教育局在富源县召开普及农村小学教育经验交流现场会，提出以分散山区和边疆民族地区为重点，普及小学教育。举办小学“三算结合”和汉语拼音基本式教学骨干教师培训班。

1977 年 6 月，省教育局提出在中小学实行“五三二”学制和课程设置的试行意见。

四、恢复阶段（1977—1984）

1. 机构设置及其职能

1979 年，省教材编审室更名为省教材教学研究室（以下简称教研室），编制 50 人。

下设6个科室，唐鸿龄、马刚、刘治聪先后任教研室主任。省教育局发文要求各县（市）创造条件成立教师进修学校，规定了教师进修学校的性质、任务以及机构设置、经费、设备等，为县级教研室的建设奠定了基础。

1981年，全省有16个地、州、市和122个县（区）建立了教研室，配备教研员649名。省教育厅制定《各级教学研究室试行工作条例》《关于加强我省教学研究工作意见》，初步改变了教研工作无章可循的状况。到1984年，省地县三级教研员已达1024人，覆盖全省的教研网络初见成形。

2. 教研活动

1978年2月，召开全省中小学教材研究会，各地州市的500多名教研骨干教师学习、讨论了教育部新编中小学教学大纲和教材。

1980年，全省教育工作会议重点讨论了普及小学教育、中等教育结构改革和师资队伍建设问题。分析研究了当年高考质量、高中教学、毕业班工作以及重点中学的教学改革实验等问题。

1981年3月，召开了新中国成立31年来的首次省级教研工作会。交流了教研工作经验，修改了《云南省各级教研室试行工作条例》（讨论稿），研究了在教学法中“发展智力，培养能力”的问题。

1983年1月，省教育厅颁发《关于农村小学多种形式办学的几点意见》和《简易小学教学计划》，决定自编六年制农村简易小学教材，供山区边疆民族地区以及农村学校使用。同年10月，云南省《普及初等教育的基本要求和检查验收办法（试行草案）》开始在各地试行。

1981—1984年，省教研室开展了中学语文、数学、外语3个学科的教改实验。对实验班学生的听、说、读、写、算、分析推理、综合概括和自学能力进行全面检验，评价结果显示，实验很有成效。

五、发展阶段（1985—1997）

1. 机构设置及其职能

1985年3月，省教育厅颁布《云南省各级教学研究室工作条例》和《关于进一步加强我省教学研究室工作的意见》，明确指出省教研室的具体任务。

1987年，省中小学教材审定委员会成立，其办公室设在省教研室。

1991年，省教研室小幼科分成小学科和艺术、体育、幼儿科两个部门。

1992年，省教育志办公室合并到省教研室，人员进入教研室《课程教材教学研究》编辑部。对外挂两块牌子，内部统一管理，直至教育志工作完成。

1996年，省教委颁发《云南省各级教育教学研究室（所）管理条例》，进一步明确了省、地（州、市）、县教研室应配备的人员编制数量及工作职责，为全省教研机构和队伍的建设发展创造了有利条件。

2. 教研活动

1987年3月，在全省“双语”教育汇报会上，潞西县教育局介绍了“双语教学，独立识字，开发智力，培养能力”的经验。

1988 年 6 月，全省第一次农村教育整体改革试点工作会在禄丰县召开。同年 8 月，云南省中学思想政治教育研究会举办全省中小学德育干部讲习班。当年入学的高中一年级开始，不再搞文理分科教学，实行分科结业会考。

1989 年，省教育厅在 32 个贫困县的第一中学举办民族部，有 10 个贫困县的 99 所小学被国家教委列为接受联合国儿童基金会无偿援助的试验项目学校。

1990 年 9 月，全省开展义务教育课程教材改革试验，共培训执教教师和评价人员 1640 人，有 159 所学校 374 个班级共 1.74 万名学生参加试验。

1995 年，举办教师培训班，帮助进修学校教师梳理小学教材、大纲及复式教学的理论与实践，了解中小学教师继续教育的政策、思路和培训的目的要求，组织幼教教师和特教教师学习开展了法律法规和教学基本技能训练。

1997 年，云南省全面施行《中小学教育常规》，对校长、主任、教研组组长、教师的教学行为提出了基本要求，对教学工作的 5 个主要环节以及学科课外活动提出了 29 条要求。

六、跨越阶段（1998—2009）

1. 机构设置及其职能

1998 年 7 月，省机构编制委员会办公室批准省教研室更名为云南省教育科学研究院（以下简称教科院），并召开了成立大会。杨坤、李黎明、常锡光、李慧勤先后担任院长。

省教科院制定颁发了《内部管理制度和岗位职责》，下设学前小学特殊教育、中学教育、德育体育艺术教育、民族教育、职业与成人教育、高等教育、教育理论、教育改革和发展、基础教育考试与评价教学研究室等 13 个部门，以及合署办公的省中小学教材审定委员会办公室、省教育学会秘书处、省教育志办公室，编制 70 人。自此，各州、市教研室纷纷改名、升格，扩大了编制。

1999 年 1 月，省教委印发《关于加强我省教育科学研究工作的意见》，首次提出“成立专门的教育科研机构，应有编制、办公房、经费、专兼职人员，以保证学校教育科研工作的正常进行”。次年 2 月，成立云南省教育科学规划领导小组，下设办公室和 7 个学科规划组。这标志着全省教育科研由过去的经验型、分散型向科研型、规范型的历史转变。

2002 年 6 月，省教育厅制定并下发《云南省教育科学研究工作条例》，具体规定了各级教育科研机构的人员设置数额，并特别提出“若仅设置教研室，原则上应按国家课程方案规定的中小学课程门类配备人员”的要求，赋予各级教育科研机构新的职能要求。

省教科院主要负责：对全省教育科学研究工作进行系统规划和领导，组织全省教育科研课题的申报、立项及管理，组织全省各级各类学校进行教育改革实验，交流、评定、推广教改成果，指导协调全省各地（州、市）、县教科所（教研室）及其他教育科学机构的教育科研工作，培训全省教育科研骨干。研究教育理论、教育思想、教育经济、比较教育、教育评价等方面的理论和实践；研究云南省教育改革和发展的历史、现状、规律、趋势及教育改革中的重大理论问题和实际问题，为云南省教育决策服务；研究基础教育、民族教育、职业教育、成人教育和高等教育的特点，在此基础上提出改革和发展的策略、建议或意见。对全省基础教育的学科业务进行管理与指导，组织全省的教育教学研究，对教材进行规划和管理，开展教材教法培训，组织编写、审定全省各级各类学校的乡土教材、补充教材和教学参考资料，完成所承担的全国教材编写任务。组织教育教学质量的检查和评估，对教育教学质量进行监控，承担全省性考试命题工作，并进行考试改革的研究。研究、指导和帮助边疆、贫困山区、少数民族地区提高基础教育教学质量。完成教育部、省委、省政府及省教育厅下达的有关教育工作及各项研究任务，协助省教育学会、省中小学教材审定委员会和省教育科学规划领导小组做好相应工作，承担秘书处和办公室的日常事务及管理工作。

地（州、市）教科研机构主要负责：研究当地各类教育的教育发展，侧重于研究基础教育的教育理论和实践问题、职业教育的发展和布局以及成人教育中的问题；组织指导、检查、评价本地基础教育各级各类学校的教育教学业务工作；研究教育教学理论和教材教法，组织编写本地乡土教材，指导校本课程教材的开发；培训本地教育科研骨干，培养骨干教师并参与教师培训工作；组织教育教学改革实验，推广教育科研成果；总结本地教育教学经验，研究解决本地基础教育教学中存在的问题，表彰先进。

县级教科研机构主要负责：研究本县各类教育的发展，侧重于研究义务教育阶段的教育理论和实践问题；组织指导、检查、评价本县普通高中、义务教育、学前教育的教育教学业务工作；研究教育教学理论和教材教法，指导校本课程教材的开发；培训本县教育科研人员，并参与教师培训工作；组织教育教学改革实验，推广教育科研成果，总结教育教学经验。

中小学教科研机构主要负责：研究基础教育教学理论、中小学教材教法；组织本校教师学习教育理论和教育科研知识，开展教育科研活动；推广教育科研成果，开展教学改革实验，研究解决教学中存在的实际问题。

2003 年 8 月，《课程教材教学研究》杂志社进行改革，建立了教科院领导下的社长负责制，成立了省教育学会教育理论刊物专业委员会。

2006 年，省教科院制定了《县级教研机构评估方案》，一级指标是机构建设，职能发挥，绩效特色；二级指标是组织建设，队伍建设，硬件建设，教育科研规划及管理，教育教学研究，教学管理，教育科研成果，社会效益，特色创新，对促进云南省县（市、区）级教研机构的建设发挥着重要作用。先后出台了《关于加强教育科学研究工作的意见》《教育科研管理条例》《教育科研管理办法》等文件，颁布了省教育科学研究“十一五”计划，推动了全省教育科研规范化、制度化和科学化的发展。全省 16 个州（市）和 111 个县（区）先后成立了教育科研规划小组及其办公室，初步形成了省、州（市）、县、乡科研网络。

2. *教研活动*

（1）启动基础教育课程改革

2001 年 4 月，石林县作为国家级基础教育课程改革实验区，在全县 144 所完全小学、44 个校点、168 个班的 4560 名一年级新生中展开实验工作，有 203 名教师参加实验。由各学科教研员组成专家组，李黎明院长任组长，整个实验进展状况良好，教学及评估等基础性、关键性环节的工作都有不同程度的新突破。

2002 年 6 月，全省基础教育课程改革实验工作会议总结了石林县的经验，研究了全省实验推广工作的有关政策，进一步统一了思想。会后，省课改专家组制定了《云南省基础教育课程改革省级试验区中期评估方案》，采取试验区自评、地州市检查、省级评估的程序，通过听取汇报、查阅资料、座谈调查、听课评课、反馈意见等方式，对 20 个省级试验区的领导与管理、条件与保障、检查与指导、进展状况和初步效果等方面工作进行了中期评估，推动了课程改革实验工作的健康发展。

2004—2006 年，省教科院提出对学校、教师、学生评价的实施意见，并在部分实验学校试行修改后，形成具体明确、操作性强、有较强指导意义的《云南省基础教育课程改革实验区评价与考试实施指南》。

2009 年，组织全省 14 个学科教学专家对高中新教材进行遴选工作，起草了云南省《高中课程改革专家指导组工作条例》，普通高中新课程的《学生选课指导意见》《资源建设指导意见》《以校为本教学研究制度建设指导意见》等文件，编写了 14 个学科教学指导意见，编辑了《云南省高中课程改革教学简报》4 期，开展了高中新课程实施的教学调研与指导。

（2）推进校本教研

2003 年，昆明市五华区被教育部确定为全国“以校为本”教研制度建设试验基地。省教科院要求教科中心全体人员实现教研、科研、培训“三位一体”，逐步形成贴近学校、贴近教师、贴近课堂的“问题—研究—行动—反思—总结”的校本模式。

2006 年，省教育厅召开全省“以校为本”教研制度建设五华区现场经验交流会。教育部基础教育课程教材发展中心常务副主任曹志祥出席会议并高度赞扬了五华区的工作。

2007 年，全省启动“以校为本”教研制度建设工作，省教科院确定了 15 个州（市）的 17 个县为基地试验县，制定了项目工作方案，组织各基地县领导等 120 多人，围绕校本教研理念、实践模式、校长角色意识、组织实施策略及学校行动策略等方面进行了研讨。

（3）提升教研队伍素质

1999 年 3 月，举办首次全省县级教研室主任和一级完中校长培训班。由省教委主任杨崇龙作专题讲座，4 名省内外教授作学术报告。

2004 年 4 月，组织全省各级分管教研的领导及部分教研员，赴宁波考察培训，聆听了教育部教育发展研究中心谈松华研究员、人教社吕达副总编、上海教科院顾泠沅副院长等知名专家的专题讲座。

2007 年 11 月，组织全省 15 个州市教研室（教科所）主任（所长）、120 余县教研室主任参加县级教研机构评估培训会。围绕评估工作的重要性和必要性、指标解读、实施准备等进行研讨，现场考察了五华区迎接评估的准备工作。

（4）进行新课程教材培训

2000—2003 年，举办了九年义务教育全日制小学数学教学大纲（试用修订版）新课标培训、全国初中语文教材（试用修订版）培训、全国高中语文等文科和数学等理科新大纲与新教材的通识培训及骨干教师培训。

2009年，组织高中各学科骨干教师参加出版社组织的新教材培训，组织全省高一年级13个学科31个场次约15000人次的教学培训，为2010年高中新课程改革的启动做好了充分准备。

（5）改革考试模式

2000年10月，成立“云南省高中会考改革研究”课题组，开展高中会考的历史回顾、作用和影响、制度面临的新情况、机构设置等内容的研究，为全省会考改革起到了积极的作用。

2002年3月，根据教育部关于初中升学考试改革要求，在文山壮族苗族自治州、红河哈尼族彝族自治州等地先期进行中考政治开卷考试实验，2003年在全省推进中学思想政治考试评价改革。为了更好地帮助全省广大教师掌握高考“3+X”考试模式及基础教育新课程的理念，省教科院邀请教育部考试中心蒋超、教育部基础教育课程教材发展中心刘坚讲课，参加人数达800余人。中学研究室组织各学科专家编写出版《3+X云南省高考复习指导丛书》，聘请省内外高考研究专家每年举办1—2次高考专题研究活动，提升了高中教师的教学业务水平与研究和应对高考的能力。

2004年5月，启动云南省高中信息技术会考，以网络和考试软件无纸化的形式开展全省性统一评测，为规范教学奠定了基础。同年，进行“云南省初中毕业升学考试改革”研究，为2005年全省中考改革提供了决策依据。

2006年，云南省首次尝试实行中考试卷答题卡，为推行中考考试机阅试卷创造条件。同时，采集全省各州市中考相关数据进行统计分析，编辑出版《云南省中考实战评析——2006年中考质量分析报告》，供全省中学教师了解课程改革测试评价的方向。与省招办合作进行2006年高考各学科质量分析，出版了《云南省高考实战评析》2006年文科和理科质量分析报告。

（6）全面推进“三生教育”试验

2008年秋季，全省61所高校，7所中专校，6个州市、78个县（市、区）的中小学和幼儿园全面试点“三生教育”。省教科院组成第一个系统研究“三生教育”理论与实践的课题组，提出了“组织者+团队”的师资建设模式，开创了“通识培训+分学段互动”的教师培训模式。策划实施了科学规范的专项督察调研，完成了《云南省实施“三生教育”调查研究报告》，初步构建了“三生教育”教学知识体系，编写出版了《生命　生存　生活》教材（共7册）和教师使用手册。

2009年，完成《生命　生存　生活》第二版教材的编写工作。以“教真育爱”为主题的中国生命生存生活教育论坛在北京人民大会堂广东厅举行。来自全国的200余名专家学者，关注云南省创新实施的“三生教育”，并从哲学、教育学、心理学等多个学术领域，对“三生教育”的理论与实践价值进行了全方位的剖析。

（7）开展省际、国际交流与合作

1999年，承办第三届全国小学语文青年教师阅读教学竞赛观摩活动，云南师大附小参与了31节参赛课的教学，接待来自全国2700名代表。

2000 年，组织承办了第二届海峡两岸中小学美术教育交流会。

2001—2005 年，与美国哥伦比亚大学中国教育研究中心合作的“帮助儿童走出贫困——中国乡村教育计划”项目，共资助贫困儿童 10.2 万美元（计 85.68 万元人民币）。省教育学会、教科院及妇女儿童工作委员会举办基础教育研讨会，邀请中国台湾、香港、大陆和美国知名大学的教育专家对有关问题进行了演讲，为云南省教育界与国际专家的进一步合作奠定了良好的基础。

2002 年，举行西部地区综合实践活动课题研讨会，来自四川、重庆、新疆、贵州、江苏、北京、山东的教研员和教师应邀出席。会议特邀德国劳动技术教育专家科普依菲尔和全国劳动技术教育专家作专题讲座，“以会带训”加强了西部地区综合实践活动课程实施的交流与合作。

2003 年，承办全国初高中思想政治课课堂教学大赛，来自全国的优秀教师为云南 800 多名观摩教师展示了充满新课程理念的教学艺术。

2005 年，承办全国小学德育新课程《品德与生活》《品德与社会》优质课展示活动。

2007 年，接待杭州、深圳市音乐教师学习考察团共 40 余人，分别在昆铁三中、官渡区南站小学等听课、交流和座谈。

2008 年，接待台北市教育参访团，就教育公平、优质学校的创建等问题进行了交流研讨。

（8）加强地方教材建设

1999 年，《德宏傣文小学语文课本》（第一册）、《德宏景颇族载佤文小学语文课本》（第一册）、《苗文扫盲课本》分获全国少数民族文字优秀教材一、二、三等奖。当年秋季，组织编写《云南省中小学计算机实验教材》，分高中、初中、小学 3 种版本，供全省中小学使用。

2001 年，与人民音乐出版社合作组织编写具有浓郁的云南少数民族音乐文化特点的音乐课本，包括小学一年级到初中三年级共九个年级 18 册课本和 2 册教师用书。

2001—2008 年，编写《云南省小学体育与健康地方乡土实验教材》10 册，供小学体育教师使用。

2003—2006 年，组织编写地方特色教材《云南民族艺术、美术》小学 12 册、中学 6 册。对边疆农村民族地区美术教学资源的多样化开发，为云南省课程改革和实践提供了切实可行的、多层次的教学资源。

2005 年，开始编写新纲要云南省实验教材《小学信息技术》（8 册）、《初中信息技术》（4 册）；《普通高中实验教材信息技术基础（必修）》（6 册），供全省中小学使用。编写综合实践活动课程教材《劳动技术》（分小学版、初中版）；《小学研究性学习》《初中科学与研究活动》《高中研究性学习》。编写语文地方课程教材《小学语文必读课本》（分九义版和课标版，各 12 册），《小学生古诗词必背 80 首》（全 1 册），课标版《小学生古诗词必背 70 首》（全 1 册），《初中经典古文必读》（全 1 册），《初中经典古诗词必读》（全 1 册），《初中语文必读课本》（6 册），《高中语文必读课本》（6 册），《高中生古诗文必读》（1 册）。为初高中不能直接升学的毕业生编写了《创业》，为学生投身创业实践做好准备。还编写了幼儿教育材料《幼儿园保育工作指导》《学说普通话》以及学前班的学习材料（包括学生用书和教师用书）共17册，供全省40多万名学前班儿童使用。同时，与新加坡泛太平洋出版有限公司合编《幼儿汉英单元主题活动》，图文并茂，既注重知识的国际性，又突出双语（汉英）的启蒙性，还引进了先进的教育思想，体现了《幼儿园工作规程》的相关要求。

2006年，心理学科组织省内专家、教师，编写了义务教育课程标准实验课本《小学心理健康教育》1—6年级共12册，这是云南本土第一套科学性、专业性较强的小学心理健康教育用书。为增进中小学生热爱家乡、建设家乡的责任感和使命感，省教科院组织有关学者、专家编写了中小学1—9年级地方课程系列教材共计18册。这套教材荣获中国教育学会地方课程资源评审优秀奖。

（9）创新学科教研形式

1999年年初，开展“云南省基础教育的基本状况和发展趋势”研究，从幼儿园、小学、普通中学3个层次分析全省基础教育现状，针对具体问题提出了相应的对策参考意见。召开了全省首届中小学活动课程教学研讨会。

1999—2001年，在10所小学选点实验，开展自主发展教育研究，积极探索素质教育新模式。此项实验研究符合新课程提出的自主性、合作性、探究性教育理念，具有超前性和推广价值。

2001—2002年，“云南省中小学体育‘大课间’改革实验研究”，通过11所中小学实验校为期1年的实验，在探索体育“大课间”的模式、结构、内容的同时，融入民族传统体育项目，改变了几十年不变的“课间操”形式。高中研究性学习培训以学习方式的改善为重要内容，促进教学观念的改变。以校本课程的开发为运作方式，体现研究性学习课程的活力，总结介绍了昆钢四中在校本课程开发、教学方法、组织管理方式等方面取得的经验和成果。

2002—2004年，“新课程理念下的初中生物学习评价策略研究”，采用学习档案袋与期末开卷考试相结合的方式，对学生的学习过程及结果进行多元化的评价，在试用《初中生物学习评价方案》后向全省推广。与教育厅师范处联合举办的主题培训活动，填补了云南省劳动课、劳动技术课教师继续教育的空白，使教育科研、教学质量的提高和教师继续教育得到有机整合。

2003年12月，省教科院组织学科专家对部分一级完中高三年级教学情况进行专项调研，起草了《云南省高中教育改革工作计划》。与基教处共同组织召开了全省首届58所一级完中校教育教学工作会，颁发了《云南省普通高中教学质量评价方案（试行）》，评价方案包括指导思想、评价标准、考核办法、计算方法4个部分。

2004—2006年，“九年义务教育美术课程学生造型表现能力培养研究”，组织4所学校以“叙述性表达方式”训练为切入口，从地方民族特色、画故事、跨学科应用、社区文化等方面，引导学生了解基本的美术造型语言，培养能力。

2005—2007年，在全省27所学校162个班开展“小学语文能力评价研究与实验”。从拼音、字词、口语交际、写作四方面建立小学生语文能力评价框架体系，通过在不同地区、不同层次学校进行的实验来验证评价工具的科学性和有效性，检验总体导向是否正确。以增进教育的沟通为目的，启动由教育部引进的“中美合作公民教育项目——学生社会实践活动”，为云南省综合实践活动课程的研究与实施开辟了新途径。

2006 年，“云南省小学教学质量评估体系研究”通过测量、问卷和访谈，对学校教学质量进行价值判断，形成了《云南省小学教学质量评估体系》。该体系包括教学管理、科研管理、课堂教学、学生学习水平、影响教学质量的因素等。组织 40 名心理健康教育骨干教师接受“国家心理行为训练师岗位技能培训”，并通过劳动部组织的统一考试，取得《CETTIC 职业培训合格证书》，为云南省建立中小学心理健康教育骨干队伍奠定了基础。

2007 年，对全省 16 个州（市）、129 个县（市、区）进行了小学生课业负担、教材使用情况、学科教学现状等问卷调查活动。涉及学生近 2000 人、教师近 1500 人、教研员近 800 人，形成了相关调研报告。探索、尝试了网络教研的说课、视频研讨、博客论坛、视频培训及远程教育。开展“送教下乡”“智力扶贫”，为基层学校提供优质服务和各学科最新的研究信息。

2009 年举办了首届小学语文教师综合素质竞赛，小学班主任基本功技能竞赛，小学数学和英语课件比赛，特殊教育学校教师基本功竞赛，首次“聂耳杯”音乐、美术、体育教师教学基本功竞赛等活动，拓展了教研赛事内容，增强了教师提高综合素质的意识。

（10）呈现丰富的教研成果

1997—2001 年，完成全国哲学社会科学“九五”规划国家级重点课题——“中国地方教育史研究”的子课题成果《云南教育史研究》，精粹而独特地记述了云南各少数民族教育的发展历史、内容和形式。

1998—2005 年，以《课程教材教学研究》杂志社牵头编辑出版了《教育科研论丛》10 余册。

2002—2004 年，编写出版《云南教育改革志》，充分展示了改革开放以来云南省教育事业取得的辉煌成就。编辑《云南教育改革参考资料》5 册，为云南省教育体制改革奠定了理论基础。编写《中国少数民族教育史》（第四卷），收入云南特有的 11 个少数民族教育史，展现了各民族教育发展的历史特点和基本规律，被评为云南省社会科学优秀论著二等奖。

2007 年，在调研的基础上，结集云南省基础教育课程改革实验阶段性成果汇编《小学各学科课堂教学优秀课例》《课程改革经验集》《小学教学设计及论文选编》，供各州（市）使用。出版了省教科院 2002—2006 年科研成果集《科教兴滇涌俊才》2 册。

（11）承担各级各类课题研究

2001 年，完成教育厅项目“云南边疆、民族、贫困地区巩固‘两基’成果的特殊问题及对策研究”，“中国云南省与周边国家边境民族教育政策的比较研究”和“云南省少数民族特殊人群教育的现状及对策研究”通过“十五”教育科学规划教育部重点课题的立项。

2002 年，完成云南省“普通小学、初级中学督导评估方案研究”。

2003 年，“云南省贫困地区教育发展为全面建设小康社会提供人才和智力支持的对策研究”成为省哲学社会科学重点课题。

2005 年，完成“云南省‘十五’期间教育科研工作情况研究”。

2006 年，完成“云南省教育投资效益评价分析研究”。“中国云南边境民族教育问题向周边三国辐射的战略研究”通过“十一五”教育科学规划国家一般课题立项。

2007年，“贫困民族边疆地区农村义务教育经费预算与管理体制改革研究”通过国家社会科学基金一般课题立项。

60年的历程，为教研事业发展找到了一个起点。面对现代教育发展创新的巨大挑战以及云南省教育教学落后的现实，教研与科研的结合，还要承担无比艰巨的重任，还要跋涉困难重重的旅程。这要求教研人员放眼世界，放眼中国，解放思想，吸纳新知，兼收并蓄，早日融入全国教育发展的主流，努力赶上世界教育发展的步伐，如此，方可在日后竞争日益激烈的教育大舞台上站稳脚跟，有所作为，也才能在云南教育事业的发展进步中大显身手，成就一番事业。

（纳梅 撰稿，蔡寿福 审阅）

西藏自治区教育科学研究发展的回顾与展望

西藏自治区教育科学研究所的前身，是1983年成立的自治区教育厅民族教育研究室。在各级领导的关心支持下，在广大教研工作者的共同努力下，西藏的教育教学研究机构从无到有，从小到大，走过了近30年的发展历程。各级教研部门坚持全面贯彻党的教育方针，以提高西藏的教育教学质量为宗旨，以农牧区教学为重点，开展了大量卓有成效的工作，为全面提高西藏基础教育教学质量做出了积极的努力。

一、初创阶段（1956—1965）

在旧西藏，教育被作为一种特权，由寺院和贵族垄断，广大农奴的子女既没有生存保障，也没有受教育的权利。当时，青壮年文盲率高达95%以上，没有一所现代意义上的学校。到1959年，西藏有10所小学、2所中学、1所中等职业教育学校，在校生总计不过2万人。从民主改革到1965年自治区成立期间，西藏现代教育才开始起步，第一次建立起了具有现代意义的大、中、小学校。

1956年4月，西藏自治区筹委会成立后，建立了自治区筹委会文教处，下设办公室、文化科、学校教育科和社会教育科，负责管理全区文化教育事业。

1957年，根据中央的精神，自治区筹委会文教处与卫生处合并。由于当时处于两种政权、两种制度并存的特殊局面，合并后的筹委会文教卫生处由西藏地方政府班禅堪布会议厅和中共西藏工委派代表担任领导，主要管理拉萨市的几所中小学。

1959年5月，自治区筹委会文教处恢复，下设办公室、教育科、文化科、计财科，没有设置教育教学研究机构和专职人员，由学校教育行政干部和教师结合学校实际开展教学研究活动。

1960年，自治区筹委会文教处成立民族教材编译组。负责编译教学大纲、教材和教学参考资料。

1961—1962 年，拉萨中学对“少数民族学生汉语文学习中存在的问题”进行了研究。学校将初中阶段学制延长 1 年，新生入学第一年作为初中预备班突击学习汉语文，提高了藏族学生的听、说、读、写能力。

1964—1965 年，随着民主改革的基本结束，西藏教育行政管理机构经调整后成立了自治区文教厅。下设地（市）设文教局，县设文教卫生科。

二、动乱阶段（1966—1976）

1966 年，“文化大革命”开始。自治区各级教育行政管理机构先后瘫痪或撤销，学校教学研究工作停滞。

1968—1971 年，自治区“革委会”设置了文教局，下设政工组、办事组、教育组、文化组，于 1972 年重新组建了自治区中小学教材编译组。

三、反正阶段（1977—1985）

1. 机构设置与学术团体

1979 年 10 月，自治区教育局改名为自治区教育厅，下设中小学教材编译处等 8 个部门。各地（市）、县（区）逐步建立了教研室（所）。其任务是开展中小学教材教法研究和指导；组织交流、总结和推广先进教学经验，进行教学指导；开展教学改革和实验；协助教育行政部门培训师资。

1983 年 10 月，自治区“教育厅民族教育研究室”成立，在职人员 12 人。其中，中级职称 2 人。其主要任务是进行师资队伍建设、教育发展对策、学科教学及统考质量分析等方面的调查与研究，编写《中国教育年鉴》西藏教育卷，与教育学会的学科分会共同开展学术活动。

1984 年 12 月，自治区教育学会成立。其工作职责是：组织会员科学地分析西藏教育发展和改革中的实际问题，按照其自身的规律指导教育实践；围绕自治区教育厅中心工作，制订学会工作计划，对学会及其下设各教学研究会的工作进行统筹安排，指导会员对全区教育中的理论与实践问题进行探讨、研究，并向有关单位和上级领导机关提供咨询服务和建议；开展科研科普、教育学术交流和咨询服务及其他各种学术活动，积极推广科学的教育教学管理理论、方法及教育科研成果，为教育改革发展服务；发现和推荐优秀教育工作者，培养选拔优秀教育科研人才；加强同国内外有关教育科研单位和学术团体的合作与交流。自治区教育学会成立后，先后建立了 11 个专业教学研究会。随着自治区教学研究机构、教育学术团体和各地（市）及学校教研室的相继建立，自治区的教育科学研究工作逐步走入正轨。

2. 教学研究与实践

20 世纪 70 年代教学研究活动的开展，为西藏自治区教研工作走向正规化，提高学校教学质量打下了基础。

1978 年，拉萨市教育局要求各中学教研室进行课堂教学活动的研究，组织教师学习教育学与儿童心理学，开展现代教学法研究和讨论。山南地区东辉中学和地区师范学校成立了汉语文教研组，组织汉语文教师开展民族汉语文教学研究，提出“汉语文教学应把课文与学话结合起来”。

1983 年开始，为切实提高教研工作的实效性，自治区民族教育研究室深入到拉萨市、昌都、日喀则、山南、那曲、林芝等地的大中小学，开展了各科教学、师资队伍建设、教育发展对策等方面的调查研究。

1984 年，教育部决定编辑出版《中国教育年鉴》地方教育卷，并将之列为“七五”期间国家重点科研课题。自治区民族教育研究室承担了《辉煌的二十世纪新中国大记录》（西藏卷·教育部分）、《中国少数民族教育十年·西南篇》（第五章·西藏部分）等编写工作。

1985 年年初，西藏数理化教学研究会与中国教育学会物理学会签订了《〈中学物理如何适应“四化”需要〉调查协议书》。课题组先后到拉萨、日喀则、山南、林芝 4 个地区 11 所完全中学进行了物理教学调研工作，完成并报送了调查报告。从这一年起，拉萨市教育学会与民族教育研究室共同深入到拉萨市的小学、初中、高中和大学低年级，对高考、中考，初一、初二年级统考以及各实验项目的测验成绩进行了质量分析研究。

四、规范阶段（1986—1998）

1. 机构设置与职能

1987 年 2 月，“西藏自治区教育厅民族教育研究所”在自治区民族教育研究室的基础上正式成立，有研究人员 14 人。其主要任务是为全面贯彻教育方针和全面提高教育质量服务，为西藏教育的改革和发展提供有力的理论指导和有效的决策依据。本着科学的精神，探讨西藏教育的特点及规律；立足西藏，放眼世界，研究和回答西藏教育改革、发展中的理论和实践问题；宣传党的教育方针、政策，总结、交流西藏教育的全面改革、发展的成就、经验和信息。同时开展教育如何为西部大开发服务、农村教育的综合改革、双语教育的衔接、高中藏语文授课试点工作及小学教学改革试验等项目的研究工作。

1991 年，自治区教科委成立了教育科学研究领导小组，作为全区教科研项目评审和管理机构，下设办公室，挂靠在自治区民族教育研究所。

1992 年 3 月，中共西藏自治区教育工作委员会成立。

2. 教学研究与实践

（1）藏语文教学研究

在旧西藏只有僧侣和贵族子女才有机会学习的藏语文，在新西藏得到了广泛的传承、发展和繁荣。藏语文作为西藏各级各类教育，尤其是基础教育的主要课程，从小学到高中，整个 12 年级，都有藏语的教学，一般的规定是每周 6 课时。西藏自治区专门出台法规保障藏语文的学习、使用和发展，规定各级各类学校必须把藏语文列为藏族学生的主课。招生考试时，以藏语文授课的课程用藏语文答卷；普通中专（高中）和普通高校招生考试，藏语文均作为考试科目，成绩计入总分。藏族小学生全部使用藏语文教学，中学、中专和大专院校的藏族学生的语文课也以藏语文为主。

1987 年 5 月，自治区教科委民族教育研究所和自治区教育学会邀请区人大、政协部分领导和一些教育专家，以及具有丰富教学经验的教师组成了藏语教学体系咨询组。同年 6 月，自治区教科委两次举行藏语教学体系研讨会，就有关问题进行了研讨，总结了区内藏语教学的经验和教训。同年，山南地区教育局组织了“关于如何建立藏文教学体系”的讨论，研讨了建立藏语教学体系的必要性、可能性，藏语授课的现状和存在的问题及采取的对策，建立藏语授课教学体系的设想等。

1990 年，拉萨市教育学会对全市藏语文教学现状进行调查研究，召开了首届藏语文教学工作会议，确定了藏语文教学的目标和贯彻自治区学习、使用和发展藏语文的若干规定的实施细则的具体措施。

1992 年，藏语文教学研究会组织藏文专家整理编写了《藏文传统写作法》。

1993 年，民族教育研究所科研人员承担课题“藏语文授课研究”，围绕课题先后写有《关于建立以藏语文授课为主的教学体系初探》《目前我区普通中学授课用语初探》《关于西藏两语教学问题探讨》《论我区民族教育的双语文教学》《对我区藏语文授课工作的思考》等近 10 篇论文。

（2）学科教学实践研究

1989 年，汉语文教学研究会与山南地区师范学校汉语文教研组联合举办了汉语文智力竞赛活动。在此基础上召集部分中小学汉语文教师，就提高山南地区汉语文教学质量，加强汉语文基础知识教学等问题进行了交流。自治区民族教育研究所在堆龙德庆县进行了“普教、职教、成教”三教统筹，“农、科、教”三位一体的教改实验，在拉萨市第一中学高一年级藏族班进行了藏语文、汉语文、英语“三语”教学试点，推广了教育综合改革的试点经验。

1991 年 4 月，那曲地区召开首次教育教学研讨会，研讨了如何提高教学质量等问题，评出获奖论文 11 篇。同年 9 月，拉萨市教体委教研室，在市属县（区）的 29 所学校进行复式教学试验的基础上，确定在农牧区民办小学全面推行复式教学。

1993 年，拉萨市教体委开展了以提高教学质量为主要内容的“达标课、优质课、评选教学能手”等活动，教研室组织听课 400 多节，考核教师 180 多人。

1995 年，拉萨市教育学会组织市级“优质课”教师到拉萨市 7 个县（区）的农牧区学校上示范课，指导农牧区教师授课。

1996 年，自治区教委组织开展了学校教材使用情况调研，对拉萨中学和拉萨市第一中学重点高中班的情况和那曲、阿里等地牧区教育进行了调研，在拉萨市实验小学进行了小学藏语文教学改革试点工作。

1997 年 11 月，全区第二次教育研究工作会议在拉萨召开。会议总结了全区近几年来教研工作的经验，确定了今后教研工作的方向、任务，评审验收了前几年立项的教育科研项目。

（3）教育科研专项研究

为进一步发展西藏自治区的教科研工作，自治区教育科学研究机构、教育学术团体和各地（市）教研室（所）以教与学的交流和总结为重点，进行教学探索与改革，积极地开展教学研讨和交流活动。为从整体上把握全区教育教学研究的方向，推动素质教育，提高全区的教育教学质量做出了积极努力。

1986 年，自治区教育厅、卫生厅、民委组成西藏“学生体质、健康调研”测验队，深入中小学校进行调查测验，获得各种卡片 4070 张，完成有关论文 10 余篇。1987 年 3 月，编辑出版了《西藏自治区学生体质、健康调查论文汇编》一书。

1987 年年初，拉萨市教研室在拉萨市第一小学和实验小学藏文班一年级第二学期开设汉语课，进行双语教改实验教学研究。

1988 年，自治区民族教育研究所经过调研撰写了“全区产业结构与对策研究”“西藏教育现状与对策研究”“藏语文教学体系研究”“中学生政治思想状况与对策研究”“昌都地区小学藏语文教学情况调查报告”“当雄牧区中小学生学习情况抽样调查报告”等，为教育决策提供了有力支持。

1989 年，自治区民族教育研究所、西藏教育学会、自治区教科委大中专处和中小学教育处组织广大教育工作者，对全区教育中的各级各类学校培养目标与管理（包括教学管理）、民族文化遗产的继承和发扬、教育科技如何为经济建设服务等几个重大问题开展研究讨论。民族教育研究所完成了《当代中国西藏》教育部分、《全国名校作文大观》丛书西藏卷的编写任务，还完成了《中国教育大辞典》《中国人口》《中国少数民族教育》《中国少数民族专家学者辞典》《中国名校（小学卷与中学卷）》中西藏部分的篇目和《中国第一》丛书有关词条编写任务。研究人员承担的“西藏教育结构与对策研究报告”，在全国首届教育科学研究优秀成果评选中获二等奖，受到国家教委的表彰和奖励。这一年，自治区教育学会在拉萨召开第二届会员代表大会暨首届教研工作会议，讨论通过了《西藏自治区教育学会章程》和《全区教育研究工作五年规划》。决定由自治区民族教育研究所负责指导协调全区各级教研室的业务工作，规划全区重大教育科研项目及科研经费的分配使用。自治区教育学会组织的教育论文征集活动，收到汉文论文 170 多篇、藏文论文 56 篇，于 1989 年年底编辑出版了《西藏教育研究论文选集》（汉文版）。

1990 年，汉语文教学研究会承担了自治区教育学会小学“双语”和中学“三语”教学研究课题。民族教育研究所完成了《西藏人口》（英文版汉文稿）的编写工作，编辑出版了《西藏教育研究论文选集》（藏文版），收集论文 24 篇，约 15 万字。

1991 年 12 月，自治区教育科研领导小组办公室制定了《西藏自治区教育科学研究“八五”课题指南》，共列入课题 85 个，其中自治区重点课题 31 个。课题涉及教育基础理论研究、西藏教育史研究、比较教育研究、西藏教育发展战略研究、德育研究、教育管理研究、基础教育研究、职业技术教育研究、高等教育研究、成人教育研究、综合性研究等类。西藏教育管理研究会编辑出版了《西藏中等专业学校管理文件汇编》。

1992 年年初，自治区教科委下发《西藏自治区教育科学研究项目管理暂行办法》《西藏自治区教育科学研究“八五”课题指南》。7 月，全区申报教育科研课题共计 85 项，其中第一批确定立项的课题有 49 项（小学 3 项、中学 5 项、中专 7 项、大学 11 项、教育行政和研究部门 23 项）。8 月，民族教育研究所编写了爱国主义教育系列丛书《雪域风云》，完成自治区民政厅组织的《中国县情大全（西藏县情）》教育部分（71 个）的编纂任务。

1993 年，自治区首届教育科研成果评审鉴定会通过了 20 项成果，有 12 项获优秀成果奖、8 项获鼓励奖。其中，“我区中学藏语文授课试点与研究报告（初中阶段）”及“我区中学藏语文授课师资情况调查报告”分获自治区教育科研优秀成果二等奖及优秀论文一等奖。同年，拉萨市召开首届教改教研成果及优秀论文交流表彰大会，有 6 个实验项目成果和 9 篇论文获奖。西藏教育管理研究会对全区高校、中专、中学的调研评估资料进行了全面分析，围绕学校的专业设置和如何培养学生适应经济发展需要等问题进行了研究讨论，撰写了调研报告。

1997 年，自治区第二届教育科研成果评审会通过成果 14 项，其中 7 项获自治区教育科研优秀成果奖。

1998 年 3 月，自治区教育科学研究领导小组下发《关于“九五”教育科研课题指南的通知》。10 月，自治区教委召开全区教育改革发展研讨会，研讨会收到论文 60 多篇，研讨内容涉及西藏教育的重大热点和难点问题。大会上宣读论文 20 多篇，书面交流论文 30 多篇。11 月，经自治区教育科研领导小组和教委主任会议研究，确定自治区“九五”科研立项重点课题 5 项、一般课题 7 项。其中包括自治区教委“西藏农村（牧区）教育综合改革的实验研究”、区民族教育研究所“我区不同类型地区双语教学课程衔接研究”、拉萨市实验小学“关于藏族学生数学学习问题的研究”。这些课题都取得了一定的研究成果，为提升全区教育科研上新台阶，深化全区素质教育起到了很好的推动作用。

（4）教研制度建设

1989 年 4 月，日喀则地区教体委下发了《关于加强我地区各县校教研活动的意见》，要求各县教育局、各中小学加强领导，建立教研网点，坚持教研活动制度，地区教研室要抓好地区所在地学校的教研活动。

1994 年，日喀则地区召开首次教研工作会议，讨论通过了《日喀则地区教研工作条例》。

（5）组织师生竞赛活动

1990—1996 年，数理化教学研究会先后组织全区高中、初中学生参加全国统一的数学竞赛共 8 次，参赛学生 5000 多人次。组织参加全国初中数学、物理竞赛 8 次，近 5000 人参赛，有 80 人次在全国获奖。

1992 年，全国青少年“化智牌”杯化学竞赛委员会西藏区分会在区内举办第一届全区中学生化学竞赛，来自拉萨地区和林芝地区的 313 名学生参加了竞赛。当年暑假，4 名竞赛优胜者参加了在杭州举行的第六届全国青少年“化智牌”杯竞赛。

1994 年 11 月和 1997 年秋，汉语文教学研究会举办了第一、二次全区中小学作文竞赛。

1997 年 5 月，拉萨市教体委首次组织 4 名学生赴广东省中山市参加全国第六届“华罗庚杯”数学竞赛。昌都教育学会与地区教研室组织开展了教师藏汉文书法比赛和学校书法比赛活动，评选推荐书法作品 6 篇参加全地区书法比赛。

五、跨越阶段（1999—2009）

1. 机构设置与职能

2000 年，自治区教育委员会更名为自治区教育厅。自治区民族教育研究所更名为西藏自治区教育科学研究所，为教育厅直属县级事业单位。设有《西藏教育》藏文、汉文编辑部，文科教研室，理科教研室，自治区教育学会（秘书处），自治区教委藏语文指导委员会办公室，教育科学研究工作领导小组办公室，人员编制为16人。其中，高级职称6人、中级职称5人、藏族4人、汉族6人、回族和彝族各1人。

自治区教育科学研究所的主要任务是：承担全区教育教学研究工作，负责制定全区教育教学科研规划及项目管理；总结推广先进的教育教学方法、经验，指导地、市教研室开展教育教学研究，负责全区相关教育资料的交流工作；办理西藏教育学会日常工作；承担《西藏教育》藏、汉文版，以及其他科研资料的编辑、出版和发行任务。

2. 教学研究与实践

新时期以来，西藏教育事业坚持以人为本，立足全民素质的培养和提高，不断推进改革创新，已建立起了包括幼儿教育、中小学教育、职业技术教育、成人教育、高等教育等在内的具有西藏特色和民族特点的教育体系。

2007年，自治区拥有小学884所，在校生32.06万人，比1959年分别增加874所学校、30.43万名学生，学龄儿童入学率达到98.2%。普通中学达到117所，在校生4.42万人，比1959年分别增加115所学校、4.39万名学生。各类中等职业教育学校7所，在校学生18958人，比1959年分别增加6所学校、17568名学生。普通高校6所，在校学生26767人，比1965年增加24516人。

2008年，西藏已有少数民族教师22000人，自治区74个县（市、区）中，有73个实现了“普六”，人口覆盖率达到99.4%；有49个实现了“普九”，人口覆盖率达到70.5%。

（1）教育科学研究

1999年1月，自治区教委的《中国全民教育问题研究》《邓小平教育理论是西藏实施素质教育的指南》、西藏大学的《发展与经济建设相适应的教育》分别获得中国教育学会“东方杯”科研成果一、二、三等奖。12月，外语专业委员会选派代表，参加在广西举行的“全国中学外语教学专业委员会第四次年会”。

2000年12月，自治区教育科研成果评审会对“九五”科研课题进行了评审，有8项课题分别获得自治区教育科研成果一、二、三等奖。

2005年，拉萨市教育学会召开了第四届教研工作会议，讨论并通过了《关于进一步加强拉萨市教育科研工作的若干意见》。

2008年，藏文教材编译工作取得较大进展。编译部门已完成了从小学到高中16门学科的181种课本、122种教学参考书和16种教学大纲的编译工作。

（2）学科教学研究

“一个都不能少，一分钱也不要。”这是西藏发展义务教育的真实写照。从1985年开始，西藏对义务教育阶段农牧民子女实行了包吃、包住、包基本学习用品的“三包”政策。尤其是2002年党的十六大以来，进一步坚持农牧区基础教育重中之重地位不动摇，“两基”攻坚工作稳步推进。

1999年，汉语文教学研究会组织优秀汉语教师到各县中小学开展“文教下乡”活动和中小学汉语文教师创“五个一”工程活动，即写好一篇优秀教案、上好一堂优质课、作一次教学经验介绍、写一篇教学论文、读一本好书。

2000 年，林芝地区教育学会举办了“引导小学生学习”教学观摩活动，开展了“地直学校教师‘过五关’知识技能竞赛”活动和以“全面推进素质教育，全面提高教学质量”为主题的教学观摩活动。

2001 年，自治区小学毕业升学率达到 67. 0% ，普通中学毕业生超过 1. 3 万人。

2005 年 5 月，自治区教科所和基教处共同组织了全区新课程改革教学研讨会，并要求各地（市）、各县（区）制订持续、有效的师资培训计划。

2006 年，自治区小学毕业生升学率比 5 年前提高 25 个百分点，达到 92. 0% 。普通中学毕业 4. 57 万人，比 5 年前增长 2. 5 倍。

2007 年，自治区教育科学研究所在新课程实施的初期组织骨干教师开展“送教下乡”活动，指导农牧区教师实施新课程教学。

（3）教师专业培训

进入 21 世纪以来，我国各地相继全面实施义务教育阶段课程教材改革和高中新课程。教学改革和发展离不开教师，师资是推进素质教育、实施新课程改革的关键因素。建设一支热心教育科研，甘于奉献，具有一定理论素养、实践经验和研究能力的教师、校长队伍是做好教育科研工作的关键。

1999 年 8 月，自治区教委教研所、基础教育处与中央教科所联合举办了包括各地市大中专学校、部分中小学分管教研工作的领导和教育科研人员参加的培训班。培训内容为：素质教育的思想、制度和实践；中小学如何开展教育研究；考试测验与教育科研方法；小学数学课堂教学改革的几点思考；国民素质教育与提高师资群体专业教研水平的关系；加强教育研究与全面推进素质教育的关系；积极开展教研活动与优化教学过程的关系。

2004 年 7 月，为使全区的新课改工作能跟上内地步伐，自治区教科所和师资处、基教处召开全区基础教育新课程改革培训工作会议，共同举办了西藏基础教育新课程改革教育行政干部通识性培训和新课程骨干教师培训，有力地加强了自治区新课程师资培训工作。

2005 年，各地（市）、各县（区）按计划，组织开展了二、三级师资培训，在认真开展好通识培训的同时，将侧重点放在课标解读、教材分析和教师教学技能上，帮助教师走进新课程，提高执行新课程的能力。

2006 年，西藏自治区的教师队伍不断壮大、素质不断提高。小学专任教师有 15961 人，比 2001 年增长 33. 1% ，其中本科学历的比例达到 2. 1% ，比 2001 年提高 1. 6 个百分点；专科学历占 57. 7% ，比 2001 年提高 52. 6 个百分点。普通中学专任教师有 8677 人，比 2001 年增长 74. 3% ，其中研究生学历占 0. 4% ，比 2001 年提高 0. 3 个百分点；本科学历占 62. 6% ，比 2001 年提高 21. 2 个百分点。

2009 年 8 月，为了使高中干部和教师了解新课程、走进新课程，顺利实施新课程，自治区教科所与师资处、基教处共同举办了由各地市教育局相关负责人及所有高级中学相关负责人 100 多人参加的新课改教育管理人员培训班，由高中新课程骨干教师和高中各学科起始年级教师 600 多人参加的培训班。培训学习使大家了解了新课改的意义、教育部关于普通高中新课改的相关政策及文件精神、兄弟省市新课改取得的经验以及自治区关于普通高中新课改的相关政策及文件。

（4）师生竞赛活动

1999 年，外语专业委员会选派拉萨中学英语教师，首次代表西藏参加在安徽省合肥市举办的“全国第二届中学英语优质课”竞赛，获得二等奖。组织“全国中学生英语能力竞赛”西藏赛区比赛工作，全区有 1000 名学生参加了竞赛。

（5）机构发展研究

为适应新课程改革的需要，西藏自治区教育科学研究所将在今后相当长的一段时间，着重抓好以下几点工作。

一是加大投入，多渠道培训教师。教师的素质是最有价值、最活跃的教育资源，要用 5 年左右的时间，对全区教师进行职业技能、信息技术、新课程理念、教法等强化培训，完善教师培训体系。第一，实施“名师工程”，组织人力、财力培养骨干教师和学科带头人，在此基础上推出一定量的学科带头人和名教师，推广名师骨干的教育教学经验。第二，实施“蓝青工程”，让骨干教师和学科带头人以“一带一”或“一带二”的形式发挥辐射作用。第三，积极与内地教研机构、教师进修学校、名牌学校挂钩，选派一批骨干教师到内地学习，同时引进优质教育资源，通过专家讲学、校本培训、赛课、论文评比等方式，促进教师素质的全面提高。第四，以新课程理念、教师业务水平、教学基本功和专业技能为主要内容，以加深教师对课改基本内涵的理解和学校原有的经验为基础，推进校本研修。发挥“以老带新”“师徒结对”“名师指导”以及“走出去、请进来”等研修方式的作用，完善研修机制，促进教师研究新课程、建设新课程。

二是发挥教育科研在课改中的先导作用，落实《基础教育课程改革纲要（试行）》提出的“各级中小学教育研究机构要把基础教育课程改革作为中心工作”的精神，充分发挥教研部门对课程改革的“研究、服务、指导、管理”的功能。自治区教科所要配合各地（市、县）加强各级教研所（室）的建设，紧密结合课改要求，培养一支高素质的教研员队伍。以课题研究为抓手，推动教育科研工作的深入开展，努力开创教研工作的新局面。

三是狠抓课堂教学改革，以提高教育教学质量为推进目标，通过课堂教学的改革推进课程改革。自治区教科所要积极“送教下乡”，引领各地（市、县）及学校广泛开展形式多样的课堂教学观摩、研讨活动，让广大农牧区教师感受新课程、体验新课程。

四是根据教育部《关于积极推进中小学评价与考试制度改革的通知》精神，积极开展评价与考试制度改革研究，探索适用于西藏的科学合理的评价体系、评价方式和考试模式。结合自治区实际制定《考试改革的指导意见》，研制《评价改革方案》和《实施办法》，建立促进师生可持续发展的评价机制。

五是在广泛进行调研的基础上，提炼地方、学校的办学特色，积极研究地方及校本课程教材的开发，探索综合实践活动课程的实施。针对自治区在校本课程开发和综合实践活动实施中存在的问题，听取学校及师生的意见，出台自治区《地方和校本课程开发指导意见》和《综合实践活动实施指导意见》，为师生的综合素质提升创造条件。

六是针对自治区地域广、教育发展快，特别是不同学校的办学条件和师资水平差异大的实际，抓住重点，抓好典型，以点带面，推动自治区课改工作顺利实施。第一，在积极推进课程改革并取得一定成绩的学校中选点，给予一定的政策倾斜，扶持各地（市）树立典型示范校。以点带面，发挥其示范辐射作用。第二，发现能体现新课程理念教学的优秀教师，培育一批学科教学骨干，发挥其典型引领作用。第三，在课堂教学实践中研究挖掘一批能体现新课程、新理念的优质课和特色学科，逐渐推向全区乃至全国，为广大教师特别是农牧区教师提供优质教研资源，提升西藏基础教育的影响力。第四，制定相应的奖励政策，完善评价激励机制，大力表彰在课程改革中涌现出来的先进地（市）、学校，推广集体和个人的优秀教育教学研究成果，进一步调动全区各级教学管理人员、研究人员和一线教师研究教育教学的积极性。

从2010年秋季起，西藏开始推行普通高中新课程改革，使用全国统编的新课程教材。这是实现西藏基础教育跨越式发展的重要契机，也是提高西藏普通高中教育水平的一次重要机遇。自治区教育科学研究所将站在新的历史起点上扎实进取，努力开创教育事业新局面，为培养“靠得住、用得上、留得下”的社会主义事业建设者和接班人，为实现西藏经济社会跨越式发展和确保社会长治久安作出更大贡献。

（潘建平 撰稿，虞典墨 审阅）

陕西省基础教育研究机构发展的回顾与展望

在新中国辉煌的历史进程中，陕西教育事业取得了显著成就。其中，基础教育教学研究机构充分发挥专业指导和智力支持优势，积极为各级教育行政部门献计献策，为基层学校和一线教师提供有效服务，在推动全省基础教育事业发展方面作出了应有贡献。

一、教育研究机构的历史沿革

第一阶段（1953—1965）：1953 年，陕西省文教厅成立了教学研究室，主要职能是开展教学业务管理和研究。1963 年，陕西省教育厅合并教材编审室与教研室，称陕西省教育厅教学研究室，负责指导全省中小学的教学业务。

第二阶段（1966—1977）：1966 年，省教研室受“文化大革命”冲击被迫解散，业务工作被停止。1969 年，为满足“复课闹革命”对中小学教材的需求，省教育厅成立了中小学教材编写组，主要负责制定省内中小学各科教学大纲，编写教材和教学参考资料。

第三阶段（1978—2004）：1978 年，陕西省教育厅在中小学教材编写组的基础上建立了省教学教材研究室（简称教研室），于 1980 年正式成立省教育科学研究所。从此，陕西有了稳定的省级基础教育教学研究机构。1985 年，省教育厅将教研室与教育科学研究所合二为一，统称陕西省教育科学研究所（简称教科所），负责组织、规划、管理全省的基础教育教学科研工作。

1998 年，经陕西省教育委员会批准，省教科所与省教研室实施一套机构、两块牌子的工作机制，成为省教委直属事业单位。2001 年后，省教研室更名为陕西省教育厅教学研究室，与省教育科学研究所合署办公。省级教研机构以建设有中国特色社会主义教育科学体系为目标，在研究陕西教育改革与发展中重大现实问题和理论问题的同时，加强基础教育教学研究，积极学习、吸收和引进国内外先进的教育理论和研究成果，指导教学实践。

第四阶段（2005 至今）：陕西已形成了省、市、县（区）、校四级联动的教研机构网络体系，有各级教研机构 119 个，专职教研员共 3000 多人。省教科所内设基础教育评价与考试研究中心、教育理论研究室、中等教育研究室、初等教育研究室、中等职业教育研究室、中等师范教育研究室、教育情报资料室、办公室及人财科 9 个科室，现有省级专职教研员 56 人，其中 75% 为高级职称，承担着教育科学理论研究、基础教育教学研究、学科教学指导和教学管理的重要职能。同时，负责省教育科学规划领导小组办公室日常工作和省教育学会及所属 23 个专业（学科）研究会管理工作。

2005 年，陕西省教育厅和省人事厅联合出台《关于进一步加强和改进基础教育科研工作的意见》，进一步确立了教育科研在推进教育改革与发展中先导性、战略性地位。省教科所确立了“一个中心、两个服务”，即以全省教育改革与发展为中心，为教育行政决策服务，为基层教育教学实践服务的指导思想，更新理念，转换思路，将研究与应用、管理与引领、指导与服务的职能有机地结合起来，极大地提高了教研质量和效益。各级教研机构以规范管理、提质增效为目标，将研究基础教育课程改革作为重点任务，进一步加强素质教育研究，树立创新教育理念，指导学校和教师提高实施新课程的实效性，在调研本省教育的热点、难点问题基础上，积极为教育行政部门决策提供客观、科学的依据。

二、基础教育研究的主要成果

省教科所坚持以马克思列宁主义、毛泽东思想、邓小平理论和“三个代表”重要思想为指导，认真贯彻落实科学发展观，始终把党和国家的教育方针、政策贯穿于教育科研之中，充分发挥研究、指导、服务三大基本职能，推动了全省基础教育研究事业的蓬勃发展。

1. 全省形成了良好的教育科学研究氛围

党的十一届三中全会以后，陕西教育事业开始拨乱反正，步入正轨。教研人员解放思想，积极适应时代变化，依据“实践是检验真理的唯一标准”，深入思考理论问题，广泛开展学术争鸣，“科研兴教”“科研兴校”意识进一步加强，为教育决策服务、为教育改革与发展服务、为教育教学工作服务的观念不断强化。广大中小学教师参与教育科研的积极性越来越高，教育教学研究已经成为一种职业生活方式，成为推动学校发展和教育质量提高的基本动力。

总体来说，全省教师通过教育科研促进教育发展、学校发展和教师发展的意识普遍强化，教育科研呈现出整体向好的态势，并在中小学教育改革实践研究中焕发出新的活力。

2. 建立完善了专兼群结合的教科研队伍

根据陕西教育和教研工作面临的新形势，省教科所启动了市级教研室标准化建设评估工作。修订完善了《陕西省市级教研室评估标准》及《陕西省市级教研室评估验收办法》，对市级教研室的基本建设、队伍建设等提出了明确要求。从 2006 年起到现在，已完成对延安、安康、咸阳、铜川、渭南、商洛 6 市省级标准化教研室的评估验收工作。

目前，陕西四级教科研机构都能选拔一些教研能力强、水平高的优秀教师充实专职教科研人员队伍，极大地改变了过去教科研力量相对薄弱的状况。各地还聘请了一些既有较强研究能力，又有丰富教学经验的骨干教师担任兼职教研员，进一步加强了研究力量。为了发动更多教师参与形式多样的教科研活动，各地又结合区域教育教学和教研工作的需要，成立了许多以中青年骨干教师和学科带头人为主体的群众性教育教学研究社团组织。

3. 规范加强了科研工作的组织管理制度

1995 年，陕西省教委成立了省基础教育科研领导小组，统一领导、组织、规划、管理全省基础教育科研工作。各市、县（区）也建立了组织管理机构。2008 年，省教育厅将教科研工作由基础教育领域延伸到高等教育、成人教育、职业教育和民办教育，进一步加强了对全省教科研工作的统筹规划与科学管理。

2005 年，陕西省教育厅和省人事厅联合下发的《关于进一步加强和改进基础教育科研工作的意见》，明确了教育科研工作在教育发展中地位和作用，对教育科研和教学研究工作在机构设置、队伍建设、职能职责等方面作出了明确规定，对推进全省教科研工作向更高、更深层次发展具有重大意义，标志着陕西教育科研工作进入到一个新阶段，在全省教育科研史上具有里程碑的意义。

4. 建立健全了校本教研的有效运行机制

2005 年，印发了《关于推进校本教研制度建设工作的通知》，对校本教研的指导思想、基本要求、工作方法和保障措施作出了明确规定。目前，全省有 2 个国家级校本教研制度建设实验基地，11 个省级实验基地，50 所省级示范学校，500 所省级实验学校，190 所科研兴校明星学校，形成了校长是第一责任人，教师人人参与，校内教研与区域联片教研相衔接，个人反思、同伴互助和专业引领密切结合的校本教研制度体系。省教科所狠抓典型培育，先后对子长县的校本教研与培训系列化、眉县的校本教研生态创生模式、三原县的学科研究基地建设、澄城县城关一小的专家引领、合阳县的校本教研整体推进等好经验、好做法进行了宣传和推广。

5. 全面提高了教育研究的工作质量水平

改革开放以来，陕西教科研工作以研究省内外教育改革与发展过程中的重大现实问题和理论问题为中心，以建设有中国特色社会主义教育科学体系为目标，积极开展教学改革研究，增强了科研实力，取得了一系列研究成果。

（1）基础理论研究成果产生了积极的影响

据统计，“六五”以来，省教科所出版了数百部教育教学研究专著，在国家级、省级报纸杂志上发表了大量科研论文。在“七五”期间承担的国家哲学社会科学重点科研课题“陕甘宁边区教育史”研究，在探索总结陕甘宁边区教育事业改革与发展的规律上取得了重大成果，1994 年由陕西人民出版社出版的《陕甘宁边区教育史》一书，获陕西省人民政府第五次哲学社会科学优秀成果一等奖。

（2）宏观教育研究为教育决策提供了科学依据

教育科研在为陕西教育的宏观决策和全局性、区域性教育改革与发展的重大问题提供咨询建议和科学论证等方面，作出了重要贡献。据统计，省教科所先后承担并完成了世界银行、联合国儿基会及教科文组织、国家教育部、省委省政府、省教育厅等委托的重点研究课题150多项。近年来，每年都组织征集重大科研课题，制定和发布年度科研课题指南，组织开展课题立项、检查、结题、交流。围绕省委、省政府提出的“促进教育公平、努力办好人民满意的教育”这一中心任务和“民生教育工程”重要目标，开展了全面实施素质教育、推进教育公平、义务教育均衡发展、基础教育课程改革、农民工子女教育等教育重点、难点和热点问题研究，形成了一批较高质量的调研报告，有效促进了全省教科研工作的广泛开展。

（3）微观教学研究促进了基础教育质量的全面提高

全省教研机构累计进行了1000多项省级教育教学课题研究，通过组织、参与和指导各类教学改革实验，如小学语文“注音识字，提前读写”、小学数学“三算教学”、英语“浸入式教学”等，涌现了一批在全国产生较大影响的优秀教改成果。快乐教学、成功教育、目标教学、特色教育、和谐教育、诱思探究等教改成果深受广大中小学教师欢迎，对教育教学质量的提高起到了很好的促进作用。

（4）开发和编写了一批满足教学需要的中小学教材

从1969年到1978年全国统编教材出版前，省中小学教材编写组共编辑发行中小学各科正式教材、过渡教材、补充教材以及部分学科教学参考资料累计552种，基本满足了全省中小学教学的需要。

改革开放以来，陕西教研机构按照原国家教委提出的“中小学教材在统一基本要求的前提下，实行多样化”的精神加强中小学教材建设，开发和编写学科类教材、选修课教材、活动课教材、地方教材、乡土教材数十种。如西北四省（区）小学思想品德课教材，省编《写字》《体育》《音乐》《社会》《劳动》《陕西历史》《陕西动植物》《会计基础》《工业会计》《工业会计模拟实习教程》《饭店服务》《陕西苹果栽培》以及中学劳动课教材等。

6. 积极提供了教育行政决策的参考建议

进入21世纪后，陕西教科研工作服务教育决策的职能得到进一步加强，先后组织开展了基础教育重大招标课题研究44项，高中课改重大课题研究11项。这些教育教学研究成果，为重大教育决策起到了重要的参考作用。

根据省委、省政府提出的“促进教育公平、努力办好人民满意的教育”这一中心任务，按照省教育厅提出的“义务教育均衡发展，高中教育抓内涵式发展，扩大优质教育资源，特殊教育抓政策、经费倾斜，学前教育抓三年普及”的发展思路，组织力量围绕陕西基础教育发展战略目标与战略重点开展专题研究，进行了全方位、大规模的专题调研，形成陕西省《中小学素质教育实施现状》《基础教育形势分析》《基础教育课程改革现状与对策》等调研报告，对基础教育改革与发展提出许多政策性建议，充分发挥了服务教育决策的职能。

7. 下移了服务教师教学的教研工作重心

随着基础教育课程改革的启动和推进，陕西教研工作确立了“服务基层，重心下移，专业引领，有效指导”的新思路，为保障新课程的顺利实施提供了源源不断的智力支持。2006年以来，省教科所组织专家和骨干教师开展了为期3年的义务教育课改

“百县行”活动。采取省市结合、送教下乡、现场研讨等形式，对全省100多个县的义务教育课程改革进行了示范指导，受到基层学校和教师的广泛欢迎，推进了基础教育课程改革，提高了教育教学质量。在全国农村基础教育课程改革工作会议上，陕西省介绍的“新课程实施百县行”活动经验，受到教育部的肯定。2009年，组织开展了“研训一体”的送教下乡活动，累计培训中小学薄弱学科一线教师5200多人次。

8. 引领推动了基础教育课程改革的实施

陕西教研机构将教育教学理论和实践结合起来，研究课改问题、指导课改实践，教研人员经常深入基层，贡献智慧，走进学校、教师和课堂，使教研工作的应用性和实效性显著增强。

（1）协助教育行政部门制定相关文件，保证课改的顺利进行

省教科所结合本省实际积极开展调查研究，先后协助省教育厅起草了一系列指导性文件，如《陕西省高中新课程实施方案》《陕西省高中新课程学科教学实施指导意见》《陕西省高中新课程实施若干问题指导意见》《陕西省高中学业水平考试实施方案》《陕西省高中新课程学科学业水平考试命题指导意见》等，为新课程顺利实施发挥了重要作用。

（2）举办新课程培训，促进一线教师提高新课程实施水平

以省教科所教研人员为主体的课改专家指导小组，为全省的新课程实践提供了有力的智力支持。多次组织各学科新课程省级通识培训、学科培训、课程资源培训，累计一万多人次。通过一系列新课程培训，提高了教师的教学能力和水平，开阔了教师的知识视野，对基层教师和市、县（区）教研员熟练掌握新课程起到了积极的引导作用。

（3）开展检查指导活动，促进课程改革的不断深化

为加强对课改工作的管理、指导和评估，陕西省建立了省、市、县（区）三级“基础教育课程改革工作联系制度”。省级课改工作联络小组由教育专家、教研员和教育管理人员组成，其基本职责和任务是及时了解、掌握课改工作的进展情况和存在的问题，总结课改经验，开展课改研究，推广研究成果，促进全省课改工作顺利实施。从2004年开始，教研机构连续3年参加了基础教育课程改革督察评估工作，为课改县区与学校排忧解难，发挥了很好的指导作用。2009年，组织开展了全省普通高中新课程实施调研视导活动，重点检查了包括省级课改样本学校、部分省级标准化高中和农村薄弱高中在内的58所普通高中。通过听汇报、查阅资料、问卷调查、实地查看、上研讨课、开座谈会等形式，全面了解各地、各校新课程实施的基本情况，研讨交流存在的问题和困难，对学校管理者和教师进行了专业指导，取得了良好效果。

（4）推动农村中小学现代远程教育工程建设与应用

陕西省农村中小学现代远程教育工程项目2003年启动后，以教育科研为先导，按照“走进课堂，面向学生，用于教学”的原则，指导现代远程教育项目建设与应用研究有序进行。在项目县和学校设立了多项课题开展研究，形成了一些应用模式。在陕西教育网、教研网上开设“网上百县行”“远程教育应用专家在线”等专栏，为各项目市县和学校交流研讨、教学应用提供了平台，确保了项目建设的顺利进行。2006年，教育部在咸阳市召开了“西部远程教育工程工作现场汇报会”，与会代表听取了陕西省的经验介绍。

（5）开展基础教育优秀成果评比活动，树立典型，示范引领

从2006年起，陕西逐步建立健全了基础教育优秀成果评审表彰制度。每年组织开展的基础教育优秀成果评审活动，至今已累计表彰了1052项文本类科研优秀成果。每年编辑出版的《优秀成果集萃》，共宣传推介了445项优秀教学论文、教学案例、教学设计，对全面推进基础教育课程改革和素质教育，提升全省教科研水平，起到了积极的激励和导向作用。

2009年，先后开展了“全省普通高中新课程优质课评选”“全省义务教育新课程优质课展示评选”“全省义务教育课程改革成果展评”等活动。这些活动集中总结、交流、展示了全省基础教育课改实施八年来在课堂教学、校本研修、综合实践活动、学生综合素质评价以及课改研究等方面所取得的成果，带动了校本教研的广泛开展，提高了新课程的实施水平，推出了一批有效教学新模式、新经验，培养、树立了一批课改名师、课改新秀、课改先进单位和个人。

9. *打造推出了高层次教育论坛科研品牌*

2007年，陕西优化整合教研资源，承办了第三届中国教育科学论坛暨第七届全国教科院（所）长工作联席会议。教育部副部长陈小娅出席会议并作了重要讲话，副省长朱静芝出席了会议，参会代表800余人。论坛以十七大精神为指导，全面落实科学发展观，围绕“高举中国特色社会主义伟大旗帜，发展创新中国特色社会主义教育理论，坚定走中国特色社会主义教育发展道路”的主题，就发展创新中国特色社会主义教育科学，推进我国教育改革和发展等问题进行了广泛研讨，在全国产生了广泛影响，也对陕西教育科学研究事业的发展产生了较大的推动作用。

为适应教育改革发展新形势，整合全省教育科研资源，研究解决陕西教育改革发展遇到的重大现实问题，更好地发挥教育科研为教育决策服务、为教育教学实践服务的职能，形成陕西教育科研工作特色，打造教育科研品牌，促进全省教育事业持续健康发展，使陕西教科研工作在西部有重要影响，在全国有较大影响，陕西教科所适时创办了“三秦教育论坛”。论坛的宗旨是：引领科研方向，凝聚各方智慧，提升研究质量，推动教育发展。论坛紧密结合我国教育发展的新形势及陕西教育改革发展中的重大现实问题，分期确定主题；依照主题，遴选内容；根据内容，确定形式。通过论坛，及时回应当前教育改革发展中的热点、难点问题，积极引领全省教育改革发展方向。截至目前，“三秦教育论坛”已举办两届。

2009年第二届“三秦教育论坛”，以“义务教育均衡发展和教科研历史使命”为主题，邀请中央教科所、中国教育报社、省政府研究室、省教育厅、陕西师大、省社科院等单位知名专家、教授为论坛作了高端学术报告。总体来说，论坛以其“主题新、规格高、内容实、形式好、影响大”而在全省教育系统产生了广泛影响，受到普遍好评，确立了省教科所和规划办在全省教育科研工作中的领导地位，打造了一个“品位高、规格高、水平高”教育科研品牌。

10. *探索实践了教育评价的促进导向作用*

从2002年开始，省教研机构承担了全省中考命题与制卷任务。为做好这项工作，加大了初中毕业、学业考试与评价制度改革研究力度，提出了符合本省实际情况的初中

学业考试实施办法、综合素质评定办法以及高中招生制度改革办法。科学研制全省中考说明，较好地指导了基层学校教学。每年举办一次全省中考改革研讨会，及时传递有关考试信息。连续9年高质量、高水平地完成了全省中考命题及制卷工作，充分发挥了考试对课程改革的正确导向作用。同时，积极开展高考研究，每年适时举办高考研讨会，开展高三教学质量检测，深入高中学校开展高考调研，指导学校做好高考复习备考工作，切实提高复习课工作的针对性、有效性，努力提高高考质量。

此外，陕西教研机构积极参与教育行政部门组织的评估教育强县（区），评估中小学校、中等职业学校、教师进修学校、幼儿园的规范化建设工作，有力促进各级各类学校提升办学水平。

三、基础教育研究发展的基本思路和主要工作

回顾陕西基础教育科研的发展历程，取得了一大批教育科研成果，也积累了许多宝贵的工作经验。归结起来主要表现在五个方面：一是教育行政部门的领导与支持，是教研机构健康发展的基本保证；二是充分发挥服务教育决策和服务教育实践的基本职能，是教研机构存在与发展的价值所在；三是加强学习，重视教育信息交流，是教研机构增长教育智慧的必然选择；四是以课题为抓手开展教研活动，是教研机构提高教研水平的有效途径；五是教研活动下移，指导和引领基层学校和一线教师开展教学研究，是教研机构增强活力的活水源头。

目前，陕西省基础教育课程课改已经进入深化阶段，规范管理、提升质量、内涵发展成为改革与发展的基本方向，促进教育公平、推动教育均衡发展是摆在陕西各级政府和广大教育工作者面前的重要任务。随着《国家中长期教育改革和发展规划纲要（2010—2020年）》的颁布和陕西省相应落实文件的出台，陕西基础教育事业既要面临新的形势和新的挑战，也获得了新的发展机遇。省教科所今后发展的基本思路是：坚定不移地以“一个中心、两个服务”为指导思想，充分发挥研究、指导和服务的职能，进一步加强基础教育科学理论研究、教学研究和课改研究，理论联系实际，全面提高教育教学质量，为推动教育公平，促进教育均衡，实现陕西基础教育协调、健康、可持续地又好又快发展，提供源源不断的智力支持。主要抓好以下七个方面工作。

1. 加强领导，切实把教科研工作摆在优先发展的重要地位

加强全省各级教育行政部门对教研工作的领导与支持，建立教育科研工作的领导责任制。更加牢固树立教育科研意识，将教育科研工作作为重中之重，本着优先发展的原则，在相关政策、保障措施、人员配置、资金投入等方面给予倾斜。

教育科研机构要以《国家中长期教育改革和发展规划纲要（2010—2020年）》为指导，树立大教育观，以教育教学工作实践中遇到的问题为切入口，围绕教育部门的中心工作和教育重点、热点、难点问题，加强调查研究，努力为教育决策部门提供咨询服务，发挥智囊库的作用。

2. 强化管理，努力促进教育科研工作的可持续发展

（1）进一步加强各级教研部门的建设，建立健全教科研网络体系

进一步加强和发挥陕西省基础教育科学规划领导小组的作用，统一领导、组织、规

划、管理全省基础教育科研工作。加强市、县（区）、校各级教研机构建设，进一步形成规范、高效、联系紧密的四级教研网络。各级教研机构进一步加强教研制度建设，配齐配强教研人员，规范教育研究行为，抓好教研人员的业务学习和培训，促进教研人员不断提高教育科研水平，深入思考研究教育教学工作中出现的新问题、新现象，成为善于思考的教育研究专家。

（2）构建教育科研工作的长效机制，促进教研机构实现可持续发展

各级教研部门要着手构建教育科研的长效机制。一是牢固树立“科研兴教”“科研强校”的信念，把教研机构的发展规划、日常工作计划和教研员专业成长紧密结合起来，确保教育科研工作的实效性和长效性。二是积极探索教育科研的有效运行机制，不断提高研究的质量和水平，使教育科研工作有章可循，规范发展。三是坚持教育科研的严肃性，促进学术规范，建设健康的科研文化，保障教育科研精品成果的生产创造和科研人才的健康成长。四是增强“问题就是课题，反思就是研究，成长就是成果”的教育科研理念，增强服务意识，转变研究方式，形成良好的科研氛围，不断用新的研究成果推动教育教学向前发展。

（3）建立教科研管理制度，保障教研工作的规范发展

一要改进和完善教科研机构内部管理体制和运行机制，形成开放、民主的研究制度。按照国家和省的有关规定，在教育科研机构逐步推行以聘用制和岗位管理制度为重点的人事制度改革，建立体现岗位绩效和分级分类管理的薪酬制度，收入分配政策向优秀人才倾斜，促进教科研人员的工作积极性，提高教研工作效率。二要加强教学成果管理，形成教科研工作的可持续发展机制。从实际出发，进一步修订和完善省、市、县（区）、校四级教育教学成果的评审、管理、奖励、表彰制度，通过典型示范辐射作用带动广大教育工作者投身教研活动；进一步完善教学成果宣传推广的有效机制，加大教学成果转化力度，努力提高基础教育教学质量。三要强化教育科研课题的评审、成果的鉴定以及成果的推广等环节的管理，尤其要加强对重大招标课题、省级重点课题研究的过程管理。凡经省、市、县（区）批准立项的课题，各级教研部门和课题管理部门都要建立档案，并建立年检制度和抽查制度。四要进一步完善以教学型研究为主体、研究型教研为主导、学习型教研为基础的“个人反思、同伴互助、专家引领”的校本教研制度体系，加强对各级校本教研建设基地、示范学校和实验学校教研工作的研究和指导，以点带面，推广先进经验，大面积提高全省教育教学质量。

3. 适应形势，以创新思维开创教育科研工作新局面

树立和强化创新、特色和精品意识，一要加强教育科学发展趋势的研究，探索教育发展的新问题、新规律，在研究中有所发现、有所超越、有所突破。二要突出特色课题的研究，形成特色课题和特色科研成果。抓住当前教育改革发展进程中的关键问题进行深入研究，努力形成区域性的研究特色，增强陕西地方教研的核心竞争力。三要善于把已立项的省、市级课题做实、做细、做出特色，力争把教育科研工作推上一个更高的层次，推出在国家或地域具有一定影响力的教育科研成果。

4. 提高认识，使教研活动工作重心下移成为一种常态化工作方式

教研工作不仅要关注宏观教育改革，而且更要面向基层。要走进学校，回归实践，

聚集课堂，使教研活动工作重心下移成为一种常态化工作方式。通过开展面向基层的微观教研，促进学校提高教育实践能力，解决实际教学问题，提升综合办学水平，促进教师提高教学能力和教学质量，获得专业成长。

5. 加强人才建设，打造一支高水平的教科研队伍

要以学习和贯彻《国家中长期教育改革和发展规划纲要（2010—2020年）》为契机，加强教科研人员的业务学习和岗位培训，提高专业素养。把在教学实践、研究实践中实现专业发展作为队伍建设的主要途径，积极为教科研人员提供外出学习、扩大研究视野的机会，以课题研究为抓手，全面提高教科研人员的科研能力。

6. 增大经费投入，为教科研工作高效运行提供物质保障

教育科研经费以同级财政拨款为主，以多渠道筹集为辅。力争省教育厅的财政支持，用于教科研项目研究、省级重点课题研究等的经费以及教学成果奖励；力争各级教育行政部门加大对教科研的投入与经费倾斜，适当设立一定的专项资金，用于重点课题研究、教学成果奖励、优秀成果推广。要进一步规范教育科研经费的管理和使用办法，坚持勤俭节约的原则，减少不必要的开支，争取更多的经费用于研究工作，提高经费的使用效率。

7. 建章立制，进一步完善教科研工作考核机制

建立符合实际、操作性较强的教科研工作考核机制。将教科研工作作为衡量一个地区教育教学综合质量、学校综合办学水平的重要指标之一，对各级各类学校进行教育教学质量检查、办学综合指标的评估检查。要树立教科研典型，努力建设一批科研先导型学校，充分发挥其示范、辐射、引领作用。鼓励教科研机构和学校扩大对外学术合作与交流，注意学习和借鉴先进教研经验和教学成果，推动全省教育科研和基础教育事业持续不断地健康发展。

（杨建文 王勇 寇瑶 撰稿，秦德增 统稿，齐管社 审阅）

为建设西部教育强省提供高质量的教科研服务

——甘肃教育教学科研工作的回顾与展望

新中国成立以来，特别是改革开放后的30年，甘肃省教育科学研究所的科研工作在省教育厅的正确领导下，紧紧围绕甘肃教育工作的重点和难点，坚持为甘肃教育改革和发展服务，为教育决策咨询服务，为甘肃省教育的普及与提高服务，为中小学教育教学一线服务的思想，不断开拓进取，积极探索实践，逐步发展壮大，留下了扎实的足迹，取得了丰硕的成果。

一、各时期主要工作的回顾

1. 教科研机构恢复组建，教科研事业重新起步

1956年，省教育厅成立教学研究室，初步开展了教学研究活动。“文化大革命”中，教研机构被撤销，人员被拆散，教育科研工作完全停止。

1980年，恢复建立省教育厅教学研究室，1984年更名为甘肃省教育科学研究所（以下简称教科所）。大部分地、州、市和县也陆续成立了教学研究室，中心乡设立了教学辅导站。从此，甘肃省的教育教学科研事业重新焕发出了勃勃生机，迈入历史发展的初创期。这一时期，甘肃省以教材教法理论研究与单项教育实验研究为主要特征。教科所与地、县及大、中、小学教研机构合作承担了中央、省及有关部门下达的教育科研项目，从本省实际出发，进行了基础理论及实际应用问题的研究，开展中小学教学理论及教材教法的研究；介绍国内外教育科研动态和成果；组织中小学各学科竞赛、统考及智力测验活动，进行试题试卷分析，产生了一批有应用价值的教育科研成果。同时，一些地、州、市、县和学校在学制和教材教法方面开展的分散零星的单项实验，逐步呈现出向综合性实验发展的态势。到1982年秋，省教育厅教学研究室组织开展了全省的中学语文、数学教学实验活动。实验工作的成功，有力推动了全省教育教学实验活动的广泛开展。

2. 科研合作网络逐步健全，重大项目成果开始涌现

“七五”时期，甘肃省全面贯彻落实《中共中央关于教育体制改革的决定》，教育科学研究获得了空前的发展。省、地（州、市）、县各级科研机构逐步健全，合作网络基本建成，科研的领域进一步拓展，逐步形成了涵盖微观与宏观领域、国内与国际研究项目和活动的全方位的工作领域。广大科研人员已经成为教育行政部门指导教学工作、进行教学改革不可缺少的力量。全省教育科研事业进入了全面进步、蓬勃发展的阶段，科研综合实力不断增强。当时，全省 11 个地、州、市建立了教学研究室，3 个地市建立了教科所，全省专职教研人员达 697 人。科研人员的研究意识不断加强，研究方法、内容逐步更新，研究队伍向专、兼、群结合扩大，培养了一批研究骨干。教研队伍整体力量进一步壮大，教育教学研究能力有了新的提高，研究工作也由编写研究教材向研究教学过程延伸；由零星、随机的研究向有计划、有组织的研究过渡；由比较单纯的微观学科教研活动，逐步向宏观教育研究方向与国内外合作交流方面发展。

省教科所开始承担国家重大教育科研课题，启动了跨省区、跨国际的综合实验项目，开展了国际合作与交流，涌现了较多的科研成果。其中，影响较大的课题有：“提高小学生学习质量联合革新计划（JIP）”实验，国家重点教育科研课题“SISS 扩大研究”和“片面追求升学率的原因、后果和对策研究”，以及受省委、省政府委托，由兰州大学等高校、兰州市教科所、省教育学会等单位参加的“关于高考评卷科学化”的研究。“关于高考评卷科学化”项目完成 9 个学科的研究报告和一个总体报告，为指导甘肃省高考阅卷工作提供了咨询和参考。教科所在继续进行教育科研常规工作的同时，完成教育厅《甘肃教育大事记》《当代教育文选》等 13 部著作和文献资料的撰写、编辑，实施了全省性的中小学教学质量的管理，对各地教学经验进行了交流和总结，协同各地、州、市，引进和推广了全国各地的一些成功的教改经验和教学方法。

可以说，这一时期是甘肃省教育科研发展史上承前启后、继往开来的历史时期，也是教育科研领域继续扩展、研究模式、质量逐步提升，科研事业初显辉煌的发展阶段。

3. 科研领域纵横拓展，全方位的研究格局基本成型

“八五”时期是我国教育改革不断深化与发展的重要时期，教科所贯彻落实《中国教育改革与发展纲要》要求，围绕教育教学改革发展的一些重热点问题，积极开展各方面的研究。研究领域纵横拓展，科研任务量持续增加，综合宏观教育研究与微观教育教学研究、专题研究与综合研究并举的格局基本形成，跨省区、国际性综合性合作研究继续巩固。尤其是承担了较多的教育厅安排的相关研究工作，着力进行了高中会考、中考命题研究和指导，为教育厅中心工作服务的力度明显增强。

这一时期，甘肃省承担、参加国际与国家级重点教育科研项目共 10 多项，产生了一批有价值的科研成果。其中突出的有：国家哲学社会科学重点课题“农村女童教育现状问题及对策研究”“中国‘三西’地区移民教育研究课题”。这两项课题参与人员多，研究复杂程度高，成果通过了国家级鉴定，在全国教育研究领域产生了比较大的影响。与此同时，省教科所还配合教育厅的重点工作，先后组织开展了《义务教育法》《教师

法》等教育法规执行情况调研、学生课业负担问题调研、九年义务教育薄弱校问题研究、甘肃省少数民族教育研究等多项科研活动，完成了教育厅安排的《中国教育年鉴·甘肃部分》《当代中国的甘肃》《当代甘肃教育史》《甘肃省志·人物志》等图书文献的撰写、编辑工作。其中，《甘肃教育志》获得全国新编地方志优秀成果一等奖。

在中小学教学研究方面，省教科所加强与教学研究室合作，积极主动地为教学第一线服务，为提高教育教学质量服务，推动了全省第一线教学改革实验工作。在深化教学改革与发展的研究中，参与制定甘肃省高中会考的政策措施，研制高中会考指导纲要，组织并直接参与高中毕业会考各学科命题工作，进行会考质量分析，评价督促普通高中全面落实国家课程计划，推进了教学质量的全面提高和素质教育的实施。

4. 研究成果丰富多样，知名度、影响力明显提高

“九五”时期，为把一个充满生机和活力的教育事业全面推向21世纪，省教科所根据党和国家方针，在巩固和拓展各领域研究的同时，进一步调整教育科研的方向，结合甘肃省实际，加强应用研究。

这一时期，甘肃省成立了教育科学规划领导小组，并将办公室设在省教科所，加强对省级教育科研课题的规划、立项、鉴定等组织与管理，建立健全了教育科学研究成果评选表彰制度。通过进一步扩大信息交流渠道、引进利用教育科研外援支持、积极推进教育扶贫等措施，推动全省教育教学的科研领域和活动进一步向多层面、多学科发展，研究成果更加丰富多样，在西部乃至全国的影响逐步扩大，地位、作用显著提高。一些跨省区、跨区域的大型综合研究，由过去的以参与为主向以主持为主转变，主持承担了“提高西部贫困地区少数民族女童教育质量与效益研究”“西部扶贫移民教育综合改革实验研究”“西北贫困地区义务教育学科学习标准与教学评价模式的研究”等18项课题，进入全国教育科学规划课题行列。

这一时期，甘肃省的基础教育研究在微观、中观层面呈现出五个特点：一是各类教改实验研究活跃，出现了一批有影响的优秀成果；二是与面向全体学生、大面积提高教育质量相关的研究从多方面展开；三是基础教育课程教材研究不断向综合化、整体化、现代化开展；四是深入中考、高考、会考等改革的研究，研制了各个学科的指导纲要和复习指导用书；五是进一步加强了教育的国际、国内交流与合作研究项目。

5. 服务水平全面提升，科研事业呈现繁荣发展新气象

跨入21世纪，特别是“十五”后期和近年来，甘肃省教育科学研究所对工作进行认真总结和反思，内强素质、外树形象，进一步全面优化内部管理和工作职能。在突出为教育行政决策服务，加强为教学一线服务的同时，积极扩大国际合作交流，全面提高科研水平和服务质量，使教育科研事业呈现出前所未有的繁荣发展局面。

这一时期，省教科所紧密配合教育厅的中心工作，为教育行政决策服务的范围明显扩大，质量和水平显著提高。一是2005年年初，紧扣当前教育改革发展的热点、难点，研制了《甘肃省教育科研发展研究项目》策划书，涵盖课程改革、德育、民办教育、高等教育、民族教育等11个方面。力图通过开展系统化、专题化，多领域、多层面的研究，探索制定教育改革与发展方略。项目研究在教育厅相关处室的指导与支持下，取得了重要的阶段性成果，编辑了《2006—2007年甘肃教育发展研究报告》。其中，幼儿

教育、特殊教育、民办教育、师资队伍建设等方面的调研报告和“甘肃省明德小学”项目研究成绩显著。二是创办《甘肃教育参考》，作为科研咨询刊物和交流平台，专门为教育厅领导和处室行政决策服务，得到了教育厅的充分肯定。三是承担完成教育部委托的重大课题“促进教育公平的阶段性目标及政策措施研究”。课题由白继忠厅长和李波所长牵头，省教科所具体完成。同时，还完成中央教科所基本科研基金课题“中国基础教育课程改革推进研究与数据库建设”“中国普通高中教育发展战略研究”。四是教育厅设立“甘肃省中小学心理健康教育指导中心”，由省教科所承担开展具体业务，目前工作已经全面展开。五是参加教育厅“国家2007年中小学生学业质量分析项目”，完成甘肃省学生的学业测查以及数据报送等工作。

通过大力加强全省课题立项、鉴定和评奖工作，以课题研究为载体的校本研究得到有力普及与发展。一是甘肃省教育科学规划办公室先后五次在全省开展了省级教育科学规划课题立项申报工作。课题立项总量不断攀升，研究质量明显提高。2000年以来，省教科所在课题立项等重要环节上尽量向基层学校和一线教师倾斜，进一步激发和调动了基层学校教育教学研究的积极性，促进了群众性科研、校本教研工作的广泛开展。二是紧扣课程改革、教育教学改革热点问题，设立专项，提高研究的针对性和实效性。2003—2005年分别设立了“甘肃省基础教育课程改革研究”“甘肃省基础教育校本研究”“甘肃省基础教育教学研究”等专项课题，并纳入五年规划的课题序列管理。课题立项数量由“九五”期间每年的100项增加到2007年的1000多项，平均每年通过鉴定的课题数量达到150项。三是先后组织第4至第7届全省“基础教育科研优秀成果奖”评选表彰活动，共评选表彰700多项优秀成果，极大地激励了全省广大基层教师从事教育科研的积极性。

拓展合作领域，对外交流取得新的进展。一是在中国联合国教科文组织全国委员会秘书处的指导下，承担并完成了联合国教科文组织的“运用现代信息技术开展教育扶贫研究”项目、“甘肃省全民教育扫盲工作评估”项目、“甘肃省全民教育质量监测评估”项目、“甘肃省全民教育政策评估”项目、“艾滋病预防教育”项目、“农村社区学习中心建设”项目等，以此为基础，与香港乐施会、国际行动援助组织合作开展了“贫困地区社区学习中心建设”项目、“全球教育行动周”项目、“西部儿童就学与教育质量研究”项目、“扫盲教育”项目研究。二是在教育厅相关处室的指导下，组织了“中英甘肃普及九年义务教育项目教学支持子项目”“明德小学项目”“儿基会教育部甘肃省西和县重建更美好”等项目的实施。三是在2007年成功举办第一届“中国西部全民教育发展国际研讨会”，达到了交流经验、开阔视野、加强友好合作的目的，进一步扩大了甘肃教育科研交流工作的影响力。

二、教育科研事业发展的基本经验

十一届三中全会以来，甘肃省教育科研有了迅速的发展，在大量的研究，不断地探索实践过程中，也积累了不少有益的经验。

1. 各级领导的重视是推动教育科研事业发展的组织保证

十一届三中全会以来，省、地（州、市）、县各级政府和教育行政部门都加强了对教育科研事业的领导和教育优先发展战略地位的落实工作，为全省教育科学研究得以发展，创造必不可少的条件和动力。全省各级党政领导和教育行政的负责人经常听取教育科研部门的意见，与教育科研工作者共同梳理影响和困扰甘肃省教育发展的重大问题，提出具体的研究专题，组织力量深入研究。一些教育行政部门的领导还主持参加较大的科研课题，带领推动教育科研，使其在教育事业发展中发挥先导作用，促使教育科研的进一步深化与发展。这些举措从组织上、政策上保证了教育科研活动的有效、有力开展，极大地促进与带动了群众性教育科研活动的开展，增强了教育工作者的科研意识，激发了教育工作者研究教育教学问题的积极性和自觉性。

2. 质量水平的提高是教育科研取得实效的根本要求

紧紧围绕教育厅的中心工作，及时跟踪和研究甘肃教育改革和发展中的突出问题，不断提高为教育决策服务，为教育教学服务的质量和水平，是教育科研取得实效的根本要求，是衡量科研工作价值的基本标准，也是今后发展中必须牢牢坚持和不懈追求的基本方向。从编写省编教材到开展学科教育研究，从微观教学研究到宏观与微观、单项与综合兼顾，甘肃省的教育教学研究工作不断向纵深发展。近几年围绕教育热点、重点问题，大力加强决策研究、应用研究，都是紧扣时代的脉搏，突出教育的时代特点，始终把研究的重点放在教育改革和发展最需要的地方。实践证明，教育科研对行政决策的支撑、智囊作用发挥得越好，对基层教学、对教师发展的服务、指导作用越强，科研工作就越受领导重视、越受教师欢迎，科研也就越有成效、越有价值、越有意义。教育科研如果偏离这样的要求和方向，就会失去生存和发展的根基。

3. 内在联系的把握是教育科研协调发展的实际需要

把握教育科研的内在联系，综合宏观研究与中观、微观研究统筹兼顾，教育决策研究与学科教学研究协调并重，是教育科研内部各类研究内在规律的本质要求，也是全省推进教育改革和发展，不断提高决策科学化水平，推动教育科研科学发展、协调发展的实际需要。甘肃教育科研在自身发展中，将宏观、中观研究与微观研究紧密结合，尽可能使一个重点领域研究下包含着众多学科研究，以综合研究指导教学研究的开展，用教学研究的实践成果支持服务于教育综合研究的进一步丰富和扩展。在教育科研经费十分紧缺的情况下，通过挖掘教学科研的潜力，适当开辟教学科研在一些方面的有偿服务，为其他缺少经费的研究提供了一定的经费支持。形成了以教育综合研究、理论研究为指导，以单项微观研究、教学研究为基础，相互支持、互促共进的发展模式和运行机制。经验表明，必须重视和坚持各类研究的协调发展，如果只重视教育科研的某一方面而忽视其他方面，既会偏离教育科研机构的工作定位和职能，也会削弱行政部门对教育科研的支持和重视力度。因此，必须不断加强薄弱环节，促进各类教育科研全面、协调和持续发展。

4. 研究队伍的建设是教育科研持续开展的动力基础

调动与发挥科研人员的创造性和积极性，形成一支业务精良，结构合理，专、兼、群相结合的教研队伍，是建成多层次相协作的科研网络，并推进教育科研的动力基础和有效组织形式。甘肃省和全国一样，随着各级教研机构的加强，人员队伍的充实，逐步形成了一支庞大的教育科研队伍。其中专职研究人员有2000多人，兼职人员达2万多人，有众多的教师和教育行政人员广泛参与研究，形成了专业研究与群众性研究相互结合、相互促进、全面发展的科研局面，这种多层次的合作研究有利于上下结合，取长补短，有利于专业科研工作者密切与教育教学实践的联系，成为甘肃省有效的教育科研组织形式。同时，各级教育科研机构注重优化机制，调动科研工作者的积极性、创造性，不断提高研究人员素质，推动工作质量的提高。历史经验证明，教育科研要出成果、多出成果、出精品成果，必须极大地调动科研人员的探索、创造热情，必须重视建设一支业务精湛、数量充足、结构合理的科研队伍。只有这样，教育科研事业的发展才会具有坚实可靠的队伍保障，才会产生强大持久的力量源泉。

5. 合作攻关的研究是教育科研事业繁荣的有效途径

顺应改革开放的大潮，积极参与国内外的合作与交流，是繁荣教育科研事业的有效途径。甘肃省各级教育科研部门以立足甘肃省教育实际、面向全国、面向世界为奋斗目标，自参加联合国教科文组织实施的“提高小学生学习质量联合革新计划（JIP）”取得成功后，先后参与了10多项国际合作项目，在各个规划时期都参加或主持了一批跨地区的大型综合协作课题研究。这些课题，为甘肃省参与国际教育革新计划的实施，扩大国际合作交流，提供了范例。为跨省区大型综合协作研究，开创了先例。为解决西部贫困地区、少数民族聚居地区儿童就学难的问题，进而实现基本普及义务教育提供了先进理念，对甘肃省农村普及义务教育产生了良好作用。有效拓展了甘肃教育科研事业发展的路子，提升了甘肃教育科研的影响力，逐渐形成甘肃教育科研的一个重要特色。在今后的工作中，我们仍要保持和发扬这一优良传统，为甘肃教育科研事业发挥更好的促进作用。

三、今后科研工作的发展思路

回顾过去，是为了更好地谋划未来。在肯定成绩的同时，也要清醒地认识到，科研工作中仍然存在有待解决的难题和不足。比如在科研管理工作中，培育大量优秀科研成果和骨干研究队伍的体制、机制有待完善，专职研究人员的素质有待提高；一些项目和活动，存在研究不精、指导不力、实效不强的问题；一些教育决策部门对教育科研的领导、支持、依靠还不尽如人意；教育科研部门尤其是部分市、州、县的科研机构，存在研究人员数量不足、门类不齐的差距；各级科研机构普遍缺少专项研究经费，影响研究人员的积极性，制约科研质量的提高。

面对新的形势和时代要求，要高举中国特色社会主义伟大旗帜，以邓小平理论和“三个代表”重要思想为指导，全面贯彻十七大精神，深入学习实践科学发展观。围绕建立西部教育强省的奋斗目标，进一步解放思想，更新观念，科学分析面临的工作形势与任务，大力创新体制和机制，优化工作思路和方法，迎难而上，创造条件，大力推进教育科研工作迈上新台阶，促进甘肃教育科研工作又好又快发展，为建设西部教育强省提供强有力的科研支持和服务，为甘肃省教育事业的改革与发展作出新的贡献。

1. 积极争取相关行政部门的重视和支持

教育科研是教育的“第一生产力”，教育科学研究所作为专职的科研部门，要切实有效地发挥推动全省教育改革和发展的积极作用，必须继续大力改善科研工作的基础条件和发展环境，进一步争取教育、财政等行政部门的重视和支持，尤其是政策、经费的支持。我国《教育法》第十一条明确规定："国家支持、鼓励和组织教育科学研究，推广教育科学研究成果，促进教育质量提高。"教育科研作为公益事业，应发挥政府财政投入的主渠道作用，设立专项经费，使研究工作有稳定的经费来源和长效的支持。

2. 加强与行政决策部门和基层学校的联系合作

省教科所对甘肃省教育的作用应该体现在两个方面，一是为教育厅的决策、行政提供科研理论支持和信息资料服务，当好参谋和助手，促进科学施政。二是为基层教育教学服务，发挥专业引领作用，促进教育质量的提高。为此，必须建立与行政部门和学校的紧密联系，形成快捷、畅通的联络沟通渠道和相互认可、相互支持的合作机制，必须贴近教育实际，全面、及时地掌握服务对象需求的内容、重点，改善服务模式，才能使研究贴近决策、贴近学校、贴近教师、贴近学生，提高研究的针对性、实效性。当前和今后一段时期，要紧紧围绕建设西部教育强省的奋斗目标，研究解决影响教育科学、和谐发展的重点、难点和热点问题，如农村教育等改革实践中的问题，确立几个重大研究项目和重点活动，组建骨干团队，打造出几个对教育实践有重大推动作用的精品成果和产生巨大影响的活动，切实体现和发挥研究的实际效益。

3. 进一步优化各级教育科研机构的建设

进一步优化单位内部分工协作机制和省、市、县三级科研网络，统筹兼顾，促进各类研究协调均衡发展。坚持理论与应用研究并举，省内与省外项目兼顾，突出解决薄弱环节和急难问题，在各个层面展开全方位的系统研究。首先，要正确处理为决策服务与为教学实践服务的关系，把握宏观、中观研究与微观研究的关系，在保持微观教学研究传统的同时，把加强决策服务放在新的突出位置。要统筹协调教科所内部的各种资源，在经费等方面予以倾斜，形成积极开展决策研究的良好氛围。其次，将依据教科所的职能定位，以前瞻性的战略眼光重新审视工作内容，统筹调整、科学分类，减少科室之间过多的业务交叉，尽可能使科室与个人职责相对稳定、每个人专业方向相对明确、工作头绪相对单一、简洁，以科学、明晰、合理的分工为前提和基础，优化全所和各室工作效能，形成分工协作、高效高能的良好工作机制。在项目研究中，要完善项目管理办法，严格实行项目负责制等一系列先进通用的管理措施，充分尊重和发挥研究人员的自主性、创造性，提高研究工作的质量。再次，要完善、理顺三级教研建制，健全三级教育科研网络。建议各级政府部门进一步重视教研工作，理顺省、市、县教研建制，如教科院（省）、教科所（市、州）、教研室（县），明确建制级别。

4. 进一步提升教育科研骨干队伍的整体实力

加强学习培训，培育和造就一支理念先进、思想敏锐，功底扎实、能力突出的骨干研究队伍。要构建动力机制、激励机制，营造骨干人才队伍成长壮大、优秀科研成果持续涌现的制度环境。鼓励研究人员不断学习、善于学习，持续提高专业水平和研究素养，提高观察、发现、分析、解决实际问题的能力。决策研究作为宏观和中观研究，与社会的政治、经济、文化、人口等发展状况联系紧密，研究的视野宽，涉及的领域杂，综合性强，研究人员应该有灵敏的问题意识，有比较宽厚的教育理论功底，较强的综合研究能力。目前，需要配备从事基础教育、民族教育、民办教育、高等教育的专门研究人员，适当补充从事综合宏观研究的骨干人员，使专业人员分别熟悉如教育经济学、教育社会学、教育管理学、教育法学等宏观教育的基础理论，在这些宏观教育理论方面形成互补的专业结构。此外，还要积极依靠所外的各类资源，构建纵横联系的合作网络，调动相关高校的研究力量和地县各级研究部门的力量，逐步形成全省上下贯通的合作研究网络和团队。

今后几年是甘肃省经济社会发展的关键时期。随着省委省政府科教兴省、工业强省、人才强省等一系列战略的实施，全省经济社会发展将迈上新的台阶。甘肃教育将迎来更好的发展机遇，进入又好又快发展的历史新阶段，全面展开建设西部教育强省的生动实践。我们教育科研部门一定要不辱使命，勇挑重担，扎实工作，创造更多的精品成果，提供更加优质的科研服务，为实现建设西部教育强省的奋斗目标作出新的、更大的贡献。

（王宗信 秦志功 撰稿，齐志勇 审阅）

六十春秋开拓育人工程　三江源头谱写教研新篇

——青海省基础教育教学研究的发展历程

1949 年新中国成立后，青海省教育事业开始了一个在规模、速度和发展水平上的新纪元。虽然教育基础十分薄弱，发展过程艰难曲折，但经过 60 年风雨兼程的拼搏，青海的教育事业发展突飞猛进，较好地满足了人民群众的教育需求，有力地促进了社会的和谐，为全省经济社会发展作出了积极贡献。

一、风雨兼程曲折路，教育教研责任重

青海省历史悠久，幅员辽阔，高原风光雄奇瑰丽，自然资源丰富。据 2008 年年末统计，全省总人口 554.3 万人，少数民族人口占总人口的 45%，主要有藏族、回族、土族、撒拉族和蒙古族。青海省委、省政府高度重视教育事业，从“十五”期间到近几年，采取一系列重大举措，使各级各类教育得到了前所未有的发展。省教研室随着教育事业和机构的设置、调整与发展，逐步加强教学管理、研究与指导，推进了教学领域的各项改革。

1. 机构设置与职能

1956 年 7 月，青海省教育厅成立了教学研究视导室，到 1961 年省文化厅与教育厅合并时撤销。1962 年年初，省文教厅恢复了编制为 50 人的中小学视导组，下设中学视导组、小学视导组和民族教育视导组。视导组的主要任务是视察指导，并承担西宁市实验学校、西宁三中、青海师院附属中学、互助中学、西宁市贾小庄小学、湟源第二完小等校开展的教学方法改革实验、教学观摩、经验交流等教学研究工作，还负责编写了部分教材、教学参考资料。“文化大革命”期间，视导组名存实亡。

党的十一届三中全会后，青海省各州、地、市陆续建立了教学研究机构。1981 年 7

月，青海省教育厅召开了全省教研部门主任会议，确定了教研部门的主要任务和职责。

1985 年 2 月 13 日，经青海省人民政府和省编委批准，青海省普通教育教学研究室（简称省教研室）成立，隶属省教育厅，编制 20 人（成立时只有 6 人）。之后，人员陆续增加，但编制始终未满。省教研室的主要任务是，检查指导全省中小学教学工作，开展教改实验，交流和推广教学经验，编写和审定乡土教材和教学参考资料。至 1988 年，除玉树藏族自治州和少数几个偏僻县外，全省各州、地、县（区）已有各级教研室 39 个，专职教研员 360 余人。全省各级教研室的成立，标志着青海省教学研究工作步入正轨。

截至 1998 年年底，青海省共有各级教研室 48 个，其中包括省教委所属教研室 1 个，省辖市、地、州教育局（教委）所属教研室 8 个，县（区）教育局所属教研室 39 个。其中，全省 48 个教研室中，规模最大的西宁市教科所（教研室）有 26 人，分中教、电教、综合和行政办公室 4 个科室，最小的是玉树藏族自治州和果洛藏族自治州部分县教研室，一般只有 2—3 名教研员。其余教研室人数均在 6—10 人，且除西宁市教科所之外，一律不分业务科。有的教研室只有中学组和小学组，分工协作，还有的无法分组，所有工作统一行动。各级教研室共有专职教研员 326 人，主要集中在语文、数学、藏文三类。人数最少的学科为音乐、美术、生物。教研员的平均年龄为 39 岁。其中，学历在大专以上的有 171 人，占总数的 52. 5%；本科以上的有 60 人，占 18. 4%；具有高级职称的有 26 人，占 8%；具有中级职称的有 147 人，占 45%。

各级教研室在恢复和稳定正常的教学秩序，执行教学计划和教学大纲，开展教学研究，总结推广教学经验，组织教改实验，提高教师的业务素质以及加强中小学教材建设等方面做了大量工作，取得了较好的成绩，为提高中小学教学质量作出了一定贡献。

2. 主要的教学研究活动

青海省教研室成立后，以加强教育管理、教学研究与教学指导为中心，全面贯彻党的教育方针，全面提高教育质量为目标，根据“面上抓常规教学，点上搞教改实验”的工作思路，开展了多种形式的教学研究活动与教改实验，推进了教学领域的各项改革，促进了基础教育由单纯的“应试”向素质教育转变。

（1）“注音识字，提前读写”实验

1985 年 9 月起，“注音识字，提前读写”首先在西宁市城东区的几所小学启动。1987 年，发展到 17 所学校。在当时的诸多教学研究实验中，这是规模最大、持续时间最长的一项实验。省教研室对实验情况进行调查总结后，向省教育厅递交了“关于我省小学语文‘注音识字，提前读写’教改实验情况”的书面报告，得到了省教育厅的肯定和支持。1988 年转发了国家教委《关于推广小学语文“注音识字，提前读写”实验的通知》后，实验进一步扩大。1990 年，第一轮实验结束，省教研室组织了全面评估，写出了书面报告。此后，实验进入第二轮，并向全省推广。

（2）高中语文教材实验

1985 年起，省教研室在西宁十四中学进行了人民教育出版社编写的《六年制重点高中语文（试教本）》教材实验，首轮实验于 1988 年夏结束。由于实验取得了较突出的成绩，省教研室荣获了国家教委办公厅颁发的“在组织和领导高中语文实验教材第一轮试教工作中，勇于改革，卓有成效”奖状。

（3）普通高中两项改革工作

1992 年，我国开始实行普通高中会考制度，省教研室根据《青海省普通高中会考试行方案》，编写了语文、数学、外语、物理、化学、地理、历史、政治、生物 9 科的《青海省普通高中毕业会考标准》，并组织了此后历年的会考命题、成绩统计分析，对全省高中会考工作的顺利进行起到了积极的作用。与“高中会考”同步进行的另一项重大改革，是国家教委《关于普通高中教学计划的调整意见》。自 1992 年起，在各级教研室的指导下，有条件的中学开始开设选修课，多数学校开设了劳技课。1993 年，省教研室对各地普通高中必修课、选修课的开设情况进行调查，制定了适合青海省实际的《选修课开设方案》，同时制定了《青海省高中会考命题管理办法》。自此，青海省高中两项改革工作步入顺利实施阶段。

（4）素质教育实验

1990 年，青海省教育厅召开了全省教研工作会议。这次会议的中心议题是基础教育如何从应试教育转为素质教育。此后，全省各级教研室开始着手研究实施素质教育的方法与途径，积极开展丰富多彩的素质教育实验活动。比较重要的研究实验有尝试教学法、“三算”结合教学、应用题教学、发散思维教学、目标教学、情境教学、物理教学、愉快教育及张思中教学法、马承教学法等 10 余种。1996 年，青海省教委将西宁市和乐都县确定为素质教育实验区。1997 年，省教研室对这两个实验区进行了一次调查评估，认为青海省的素质教育应以“等级 + 特长 + 评语”为突破口全面评价学生，并于当年举办了全省小学评语改革培训班。此后，全省的素质教育由小范围试点逐步转向全面推进。

（5）教学指导与教学业务管理

省教研室紧跟全国教育发展的步伐，积极做好教学指导与教学业务管理工作。其中最主要的有三项：一是及时转发国家教育部门有关教学方面的文件，如教学大纲、教学计划、课程设置等，让基层及时学习掌握国家的教育政策方针和教育法规制度；二是不断深入基层调查研究和指导教学工作；三是在调查研究的基础上，起草下发各类指导性和规范性的文件。如《青海省中小学教学常规》《青海省中小学教师继续教育实施方案》《青海省推进素质教育调整九年义务教育部分学科教学内容与教学要求的意见》等。此外，还有关于考试命题、教材使用、课程设置以及开展各类教学活动等方面的指导和管理性文件，对学校教育教学和各级教研室的教学研究工作起到了及时指导、调控和不断规范的作用。

（6）教师培训

改革开放以后，迅速提高教师队伍素质是青海省基础教育事业改革与发展的关键。因此，为促进教师在岗培训、自修提高，全省从 1985 年起相继进行了 4 次较大规模的中小学教师教材教法过关考试。据 1987 年的统计，青海省普通中小学、幼儿园专任教师中不具备合格学历的情况仍十分严重，高中、初中、小学和幼儿园中不具备合格学历的教师分别占 60.68%、71.08%、38.95% 和 56.10%。全省根据国家教委《中小学教师考核合格证书试行办法》，从当年开始，又组织全省中小学、幼儿园教师文化专业知识的《合格证》考试。省教研室在此项工作中的主要任务是组织报名、统计报考人数，订购、领取、分发由国家教委命题的试卷，组织幼教和藏文试卷的命题与印制，统计分析考试成绩、总结考试效果。这项工作持续到1991年结束。5年间，全省共组织幼儿园、小学、初中和高中4个学段101门科目的考试，开展了多种具有培训意义的活动达65次之多，参与过培训活动的教师、教研员达38000余人次（不包括全员参加的教师“双考”）。这些培训工作，对教师在岗进修起到了较大的促进作用。

为使青海省教师及时了解全国教学第一线的教学信息及教研教改动态，省教研室曾先后16次邀请魏书生、张思中、宁鸿彬等19位全国闻名的专家前来讲学。据统计，全省各科教师有5670人到现场聆听上述专家的讲座。上述专家的讲座，对广大教师更新教育观念、改变教学方法有着重要的指导意义。

1993年起，省教研室联合省教育学会，每年至少一次组织省教研员和西宁市优秀教师送教下乡。这项活动主要是赴偏远农牧区上示范课、说课、听课、评课、办专题讲座、举办教学大纲与教材培训、召开经验交流会等。为使青海省教师能够不断互相交流、切磋技艺、开阔眼界、提高教学技能技巧，省教研室还组织全省开展了教学能手评选、优质课评选、优秀教案评选、教师基本功大赛、优质录像课评选和参加各类全国比赛等活动。送教下乡和竞赛选优活动的开展，为全省选拔出一批优秀的教师。这些优秀教师的教学成长经验对提高全省教师的整体素质起到了模范带头作用。

为适应教学工作的需要，省教研室自成立后，就着手开展教材的使用管理和编写审定工作，并积极进行地方教材的开发。1990年，省教研室组织编写、审定、出版的《青海地理》和《青海历史》，是教材编写的开端，填补了青海省地方教材编写的空白。其中，张得祖、谢佐等主编的《青海历史》荣获全国乡土教材二等奖。1991年，青海省教材审定委员会成立，办公室设在省教研室。自此，青海省的教材建设步入了正轨。截至1999年年底，共编写、审定出版小学、初中和教师使用的各种地方性教材和教学辅助教材105种。影响面较大的有：学前班教材10种，小学劳动课教材12种，思想品德课教材8种，初中健康教育和劳技教材6种。此外，还有小学和初中有关学科的《一课一练》、高中9科的《会考说明》、教师使用的《中小学教学基本技能》等。这些教材建设工作，使青海省地方教材的编写形成了一定的规模。

1996年，青海省教委制订下发了《青海省各级教研室工作检查评估方案（试行）》，1998年又下发了《青海省教研工作管理办法（试行）》，形成了省、地（州）市、县比较完备的教学研究网络。省教研室将主要精力都投入到教研工作上，进一步加强了教研网络的建设。

二、开拓创新搞课改，素质教育促发展

进入21世纪，深入实施科教兴省和人才强省战略，大力提高劳动者的科技文化素质与创业创新能力，是青海经济社会发展的主要任务之一。各级教研部门以此为己任，用卓有成效的实践探索，在稳步推进全省基础教育课程改革的进程中，促进了基础教育的均衡发展。

1. 机构设置与职能

2001年秋季以来，青海省的教研工作以基础教育课程改革为中心，服务基层，送

教、送培训、送教学研究下乡、下校，深入课堂。全省的教研力量逐渐加强，省、地（州）市和县（区）三级教研网络日趋完备。

2006年，为了更好地发挥服务、指导功能，经省教育厅批准，省教研室设立了文科部、理科部和办公室三个部门。2008年，全省的省、地（州）市、县（区）级教研室增加到52个，从事教学研究工作的专职人员共有479人。

先后担任青海省教研室主要负责人的是史建中、郭存福、管德忠、李亚岭。

2. 主要的教学研究活动

2001年，省教研室认真贯彻落实全国基础教育工作会议和教育部《基础教育课程改革纲要（试行）》精神，紧紧围绕基础教育课程改革实验工作的目标开展工作。

（1）统筹规划，稳步推动

青海省委、省政府高度重视基础教育课程改革实验工作，多次召开会议，听取教育厅主管领导汇报，研究部署实验工作，并在省财政十分紧张的情况下，从基础教育发展基金中拿出220万元作为专项支持经费。同时，各级地方政府也大力支持课程改革，出台相关政策、措施，积极为课程改革筹措资金，成立了相应的组织机构。在教育厅党组的领导下，省课程改革领导小组和以省中小学教学研究室研究人员为主体的青海省基础教育课程改革实验专家指导小组成立，负责全省的基础教育课程改革实验推进工作的统筹规划、研究、指导与管理。

2002年秋，继湟中县被定为国家级实验区，从九年义务教育一年级和七年级开始全科实验后，省教育厅又确定了西宁市、格尔木市、平安县、门源回族自治县、贵德县、同仁县、玛沁县、玉树县、油田9个省级实验区进入课程改革实验。2003年以后，各州地市级实验区和县级实验区逐渐进入实验，课程改革实验滚动实施，稳步推动。到2005年秋，青海省所有地区的中小学，包括民族地区的双语学校全部从起始年级进入新课程实验。

（2）提升素质，培训先行

基础教育课程改革对教师专业素养提出了较高要求。为了提升素质，完善知识结构，青海省本着“先培训、后上岗，不培训、不上岗”的原则，制定了《青海省基础教育课程改革师资培训方案》。全省先后选派教学管理人员、教研员、学科骨干教师600人次赴北京等地参加国家级通识培训和课程标准、新教材培训，同时，省级和各地教育行政部门也组织了形式多样、内容丰富的教师培训，使实验教师培训率达到100%。

省教研室积极利用优质资源，将课改培训与全省正在实施的“义教工程”“联合国儿基会项目”“教师继续教育工程”紧密结合在一起，多次聘请外地知名专家来青海，围绕素质教育、课程改革、教育教学理论和实践等专题培训全省实验教师。一方面从有关出版社组织上千套教材、培训手册、助学手册、课例光盘、课标与教材分析光盘及各类专家讲座光盘等，为实验区的培训提供服务。另一方面注意发挥省级教研员的专业引领作用，选派骨干赴全省各地实验区，就基础教育课程改革的基本思路、新课程实施中的教与学、新课程的评价改革、怎样做校本教学研究、学校课程开发与管理等多个专题送教下乡，累计320多个学时。此外，按照教育部提出的建设“以校为本”教研制度的要求，省教研室制定下发了《青海省“以校为本”教研制度建设实施方案》《青海省中小学2006—2010年创建校本教研制度五年规划》，要求各级教研部门努力转变观念，树立“服务于课改、服从于课改”的教研工作意识，并采取培训、教学和科研相结合的方式，举办了两期“以校为本”教研制度建设的省级培训班。各实验区均把基础教育课程改革的重要内容纳入教师继续教育的培训规划之中，遵照“研究、培训、提高和结合实际、因地制宜”相结合的原则，分期分批组织了市、县、区级管理者培训和教师培训。为教师购买了《走进新课程》《新课程教师行为的变化》《课程标准解读》等书籍以及与新课程配套的挂图和教学光盘，供教师们学习、观看、研究，以便更深入地理解课改的精神实质。

近年来，省教研室邀请有关专家来青海省讲学60人次，派出和在省内接受国家级培训1000人次，举办各级各类培训班20期2万人次，为各地送教下乡20余次。在培训过程中，抓住新课程为教师专业成长提供的机会，进一步完善以校为本、自下而上的教研制度。引导教师牢固树立“只有教师的发展才能保障学生的发展”意识，促进他们根据自身实际制订专业发展计划，鼓励他们在改革实践中提出研究的问题，共同研究提出的问题，在解决问题的过程中实现专业成长。

（3）调研评估，均衡推进

在课改的推进过程中，省教研室始终注重对课改实验区的调研评估工作。在2003—2006年，组成课改调研评估工作组，分别对湟中县国家级实验区及全省各级各类实验区进行了全面的调研、指导、服务与评估。用500多天时间深入到480所实验学校，进行了4000份问卷调查、400余次师生及家长访谈调查和2000余节听课指导，共撰写调研报告近50份，向教育部上报课改专题报告3份。还完成中考和高中升学改革工作总结7份，中考试卷分析42份，下发课改文件近60份。

通过调研发现，全省课程改革实验工作存在着不平衡的问题。一些教师对新课程的理念认识不深或有偏差，对课程改革纲要和课标精神的实践还停留在浅层次上，不能用新课程理念指导教育教学工作。从一个侧面表明，课程改革实施以来，广大教师虽然通过多种途径的培训和学习，素质和能力都有了较大的提高，但与课程改革的要求和发展还有较大差距，课堂教学的有效性有待提高。深入研究分析后，发现是主客观多元因素造成了这种不平衡。为了均衡推进课程改革实验工作，省教研室把积极推进农村牧区的课改作为工作重点，通过现场评估反馈，总结推广国家级试验区的课改经验，开展教研联动、聚焦课堂、研训一体、区域推进的活动和加大培训力度等多项措施，促进了全省课改工作的整体均衡推进。

（4）聚焦课堂，专业引领

2006年，为了积极引导广大中小学教师重视课堂教学的有效性，牢固树立新课程倡导的“知识与技能、过程与方法、情感态度价值观的三维目标”，推进全省课程改革的深入发展，贯彻《青海省2006—2010年创建校本教研制度五年规划》精神，省教研室根据课程改革进程中出现的课堂教学效益低下等突出问题，开展了“教研联动、聚焦课堂、研训一体、区域推进”的活动。主要由县教育局组织，省教研室参与指导和培训。具体分工是：省和县教研室各安排同一学科同一内容的研究课，给参加教研培训的教师做课；县教研室组织听课教师互动式评课、研讨；省教研室结合现场点评做专题讲座。这个活动共组织各级教研员和优秀教师50余人参与，做示范课40节、专题报告16场，听课教师近5000人次，参与学生1000余人次，覆盖了除玉树藏族自治州外的所有州（地、市）。基层教研员和教师反映，“这个活动让我们进一步明确了教学实践中应把握处理好的原则和关系，也明确了提升和发展的方向”。

（5）大力宣传，营造氛围

课程改革工作是一项关系重大、意义深远的系统工程，全省认真组织宣传、学习《基础教育课程改革纲要（试行）》《青海省义务教育课程改革实验推广工作方案》以及课程改革的重要理论，狠抓教育工作者观念的转变工作。省教育厅发文要求各实验区充分利用电视、报纸等宣传媒体，宣传课程改革的目标和任务，并在机关刊物《青海教育》率先辟出课改专栏。省教研室将国家级实验区的课改实践录制成专题片，还定期编印了20多期《教改信息》，供各地实验教师学习交流。各地区、各实验学校纷纷采用多种形式向社会及家长宣传课程改革，努力营造学校、家长、社会共同参与课程改革的良好氛围。格尔木市教育局在全市组织了由管理者、教师、学生、家长共同参加的为期半年的基础教育课程改革大讨论，西宁市通过电视专题节目进行局长、校长专访；湟中县广播电视局及时报道课程改革动向，反映课程改革中的各项活动。

通过课改调研反馈了解到，家长对课改的认同率已达95%以上。通过“与课改同行”的“课改开放日”等活动，家长随着孩子学习积极性的提高、主动性的增强，也积极参与到学校教育和课程开发建设中，育子观念有了很大变化。有的家长在反馈中写道：“我庆幸自己的孩子赶上了课改，这对他的一生将是十分重要的。课程改革也改变了我对孩子的认识，我衷心地感谢课改。”

（6）研究交流，更新观念

2002年，为充分发挥课题研究在课程改革实验进程中的“龙头”作用，切实促进和加强全省实验工作者的教学研究意识及研究素养，《青海省基础教育课程改革课题研究指南》发布实施。在此基础上，省教研室组织了课题的申报立项活动和课题负责人、骨干培训班。经专家小组评审、课程改革领导小组认定，有46项课题正式立项，形成“以理论学习为先导、以课题研究为中心、以教研活动为载体”的教研工作运行机制。

2003年，省教研室创办了反映国内外课程改革动态以及青海省课程改革信息的综合性刊物《青海中小学课程改革》，开辟了“课改研究”“实践探索”“案例研究”等专栏，针对课改热点、难点问题，编辑了校本教研、教育教学评价以及优秀教案专集，免费供全省各实验区学校、教师学习交流。为进一步给各实验区搭建相互学习、交流、沟通和资源共享共建的平台，省教研室还举办了新课程实验教案交流、基础教育课程改革实验区教学工作研讨会、课程改革研究论文征集等系列课程改革专题交流活动，编辑出版了《坚实的脚步、灵动的解读》一书。2004年10月，在全省中考改革工作研讨会上，就新课程如何实施中考这一焦点问题展开了研讨，为2005年各实验区中考的顺利进行奠定了基础。

2006年，为进一步统一思想、强化认识，省教研室下发工作方案，在全省范围内开展了教育思想大讨论。其间，特邀北京师范大学教育博士生导师、全国著名青年教育家肖川，北京海淀中学校长邢筱萍等教育教学专家围绕素质教育作专题辅导报告，介绍经验。

2007—2008 年，为不断增强全省广大教师推进课程改革、巩固教研成果的信心，省教研室召开了全省教学工作会和国家级课程改革实验区湟中县教学经验现场交流观摩会，各州地市教研室积极学习先进、开拓创新，使课改工作得以深化。

（7）开发资源，建设教材

新课改实施以来，青海省把推进课程改革实验的过程作为转变教育观念、深入推进素质教育、促进基础教育大发展的过程，作为深化教学改革、提升教育教学质量和促进教育信息化、现代化的过程。课改领导小组在每年一轮的课改调研过程中，都要了解各学科、各种版本实验教材、课程标准的使用情况，形成调研材料，及时反馈给有关出版部门，为组织修订课标、教材提供参考。

2004 年起，在省课改领导小组及课题组的专家指导下，省教研室依托湟中县国家级实验区的力量编制了一套地方资源册，并通过省级审定，作为青海省地方教材供全省中小学选用。省艺术教研员参与了音乐教材中体现地方色彩内容章节的编写工作。各州、地、市、县也根据本地实际，编制了地方教材 20 余套。通过开发与利用研究，在课程教材及资源建设方面取得了较为明显的成效。

迈着改革的步伐，青海省教研室坚持以科学发展观为指导，以对党和国家，对民族未来高度负责的精神服务于一线教学，在基础教育教学中发挥着不可替代的专业引领与支持作用。在取得经验和成效的同时，仍然面临着观念转变、制度完善、教师提高、投入和条件保障等方面的问题和挑战。全省教研人员肩负推动义务教育事业均衡发展，不断提高国民素质的神圣使命，深感自己的责任重大。我们的教研工作将继往开来，以推进高中课程改革为契机，全面推进素质教育，把深化考试评价制度改革、提高教师专业化水平、提高教育教学质量作为出发点和落脚点，着重加强农村牧区的教学研究，着力培养学生的创新精神和实践能力，努力在课程改革发展的新阶段为实现教育公平作出新的贡献。

（李祖琳 撰稿，李亚岭 审阅）

宁夏基础教育教学研究制度发展的回顾与展望

宁夏回族自治区（以下简称宁夏）教育厅教学研究室成立于1958年10月，现为教育厅直属全额拨款事业单位，承担着全区基础教育教学研究、指导和服务的职能。2008年年底定编27人，在岗22人，平均年龄41岁，专业技术人员21人（其中高级教师18人），中共党员14人，现任教研室主任、党支部书记贺弘炜。曾任教研室主任（或主持工作）的有闪一昌、王昀、戴晓曦、贺弘炜等。

宁夏教研工作经过曲折发展的50年，截至2008年年底，全区有5个地市级、20个县（区）级教研部门，共有412名专职教研员。各级教研部门始终坚持贯彻党的教育方针，以全面提高教学质量为宗旨，以提高教师教学能力、解决教学实际问题为主要工作内容，开展了大量卓有成效的教研工作，为全面提高宁夏基础教育教学质量做出了积极的努力。

一、初创期（1958—1965）

自治区成立前，宁夏没有设置专门的基础教育教学研究机构和专职人员。教学研究与教育行政管理工作融为一体，主要以接管、改造旧学校、整顿学制、统一教学内容、改进教学方法为内容，以学校教研组的形式开展教研活动。1952—1953年，组织进行了小学五年一贯制学制改革实验。1955年9月随着教育部《小学教学计划》和《小学生守则》的颁布，各个学校都成立了教研组，经常组织教师钻研教材，开展公开观摩教学活动。

1958年10月，宁夏回族自治区成立。区文教厅始设教学研究室，负责全区中小学教学研究指导与管理工作，各市、县也相应建立了教研机构，宁夏基础教育教学研究工作正式起步。根据中央提出的“教育为无产阶级政治服务，教育与生产劳动相结合”的教育方针，教学研究室提出在学校建立劳动基地，成立理发、洗衣、缝纫等服务性小组，组织参加公社夏收和秋收、工地和学校基建劳动等，以培养学生的劳动习惯和劳动技能。

1963 年秋，教学研究室提出农村中学教学工作必须从农村实际出发，要加强应用文、毛笔字、应用数学、会计、簿记、珠算等知识的教学与练习，注重培养学生掌握农业生产和农村生活所需要的基本知识和技能，如农作物栽培、园艺、畜牧知识，化肥的使用，电器安装和电力使用的一般常识等，以适应农业生产和农村生活的需要。针对当时一些学校出现片面追求升学率的倾向，提出在教学上要贯彻“少而精”的教学原则，提倡启发式教学，减轻学生课业负担。从 1960 年秋至 1966 年，教学研究室参与全区中小学学制改革实验，组织编写了小学五年一贯制教学大纲、教材等，主办了《教学参考材料》（不定期内刊），在推动全区小学教育教学制度规范建设和推动农村初中教学发展方面，发挥了重要作用。

二、灾难期（1966—1976）

“文化大革命”期间，宁夏所有的教研机构均被撤销，教研工作被迫中断。1969 年秋，成立了宁夏回族自治区教材编写组，主要负责编写地方教材。组织编写了五年制小学语文、数学、历史常识，四年制中学的政治、语文、数学、物理、化学和农业基础知识等地方教材和部分参考书，供全区使用。

三、恢复期（1977—1985）

1978 年，宁夏回族自治区教材编写组改名为宁夏回族自治区教育厅教学研究室（以下简称教研室），主要负责全区中小学教学现状调查、组织经验交流、开展教学实验、进行专题教学研究和教材教法研修等工作。全区各地市、县教研室也相继恢复，逐步形成了自治区、地市、县三级教研网，教研工作开始全面恢复。

1984 年，自治区教育厅颁布了《宁夏回族自治区各级教学研究室暂行工作条例（试行草案）》，明确各级教研室的基本任务是：以中小学教育教学为主要研究对象，根据党的德智体全面发展的教育方针和中小学各科教学大纲及教材，分析各科教学情况，研究教材教法，研究如何面向全体学生和因材施教，研究如何使学生在掌握知识和技能的基础上培养能力与发展智力，探索教学规律，总结和推广教学经验，努力提高教学质量。少数民族聚居的县，要特别注意提高民族学校的教学质量。并明确了各级教研室分工：自治区教研室负责指导全区教研工作，协助教育行政部门检查全区教学质量，组织调查研究和总结交流教学经验，注重对教学领域中带全局性问题的研究，并有计划地组织教学改革实验和研究。地市教研室负责指导本地区教研工作，以中学为重点。县（区）教研室负责指导本县（区）教研工作，以小学为重点。

1981—1985 年，教研室组织了初中的教育教学质量评估及语文、数学、化学、英语、历史、地理等学科的教学方法改革实验，研究提出：初一要着力研究中小学衔接过渡、起点入轨；初二要重点研究如何防止分化、尽力缩小掉队面；初三要抓好系统提高、查漏补缺。组织编写了中学《民族政策常识》教材并进行了课堂教学实验。教研室针对小学低年级学生听说能力低，影响语文和各科教学质量提高的情况，组织开展了低年级“听说训练实验”和“集中识字实验”等。

各项教学实验活动的开展，不仅促进了教师专业能力的发展，提高了教师主动参与教研的积极性，也促进了各级教研员教研能力的不断提高。

四、发展期（1986—1998）

1986年1月，中共宁夏回族自治区委员会、宁夏回族自治区人民政府颁布实施《关于改革和加强教育工作的决定》，宁夏教研工作进入了快速发展时期。教研工作逐步由学科分散活动转变为整体推进，由单纯研究教材教法扩展到对教育思想、教学理念和课程设置的综合研究与实验。

1. 教学调研活动

教研室在广泛调研的基础上，围绕如何提高教学质量这个中心，组织开展了一系列教学专题实验探索活动，为推进素质教育，提高全区中小学教学质量，做出了积极努力。

（1）全区中小学课堂教学现状调查

1988年10月—1989年5月，通过听课、测验、查阅计划、教案、作业、问卷、座谈等形式，对全区20个市县及矿区的516所学校、5610名教师进行了关于课堂教学普查及教学计划与大纲执行情况调查。其间，共听课6069节，座谈741次，个别访谈2728名，完成9379份学生测验、3775份教师问卷调查及31768份学生问卷调查，形成了《宁夏中小学课堂教学现状调查报告》。1990年，宁夏教育厅批转这份调查报告，要求全区教育系统认真学习并参照执行。

（2）义务教育阶段学生质量调查

1993—1996年，参与国家教委教育发展研究中心组织的《义务教育质量目标研究》课题调查活动。调查内容包括学习成绩、教育设施、教学状况、师资状况等21个项目。通过对全区7个市县39所小学2095名毕业年级在校生进行学科笔试、听说、操作和问卷调查，完成了《宁夏回族自治区义务教育学生质量抽样调查研究报告》。

2. 教学专题研究实验

教研室根据区情自主研究实验，推广新的教学方法。在引导各级教研室总结实践经验的基础上，编辑出版了《宁夏教研论丛》一书（1997年11月由兰州大学出版社出版）。

（1）参与国家教委组织的专题实验

1983—1996年，先后参与国家教委组织的教材试用实验和教学方法推广实验有：小学数学“三算结合”实验，小学语文“注音识字，提前读写”推广实验，初中语文《阅读》《作文·汉语》教材（人民教育出版社为六年制重点中学编写的语文分科教材）推广实验，《中学思想政治课》（北京师范大学与人民教育出版社合编）改革实验教材和《中学思想政治课改革实验教学大纲》的试用实验，小学三年级作文“素描”（上海师范大学教科所吴立岗编写的《素描教程》）实验，《中学数学实验教材》（美国加州大学项武义编写）实验，小学数学“景山教材”（北京师范大学教育系、北京景山学校合编的五年制《小学数学实验课本》）实验，以及国家教育科学“八五”规划国家级课题“幼儿家庭教育指导”子课题和“义务教育课程教材实验”子课题研究活动。教研室在组织参与国家教委组织进行的各项教材试用、实验和教学方法的实验推广工作中，组织严密，实施认真，及时收集整理资料并完成子课题实验报告，为国家教委进一步推广各项实验积累了有效数据和经验。

（2）引进推广专题教学实验

1984—1988 年，组织引进了“奥尔夫音乐教学法”移植推广实验，江苏省特级教师邱学华提出的小学数学尝试教学法（又名“五步教学法”）实验。根据全区教学需要，引进上海市青浦县数学教研员顾冷沅提出的初中数学“尝试指导，效果回授”教学方法，在全区实验推广。这些教学方法的引进与推广，有效地激发了教师的教改意识，促进了教师不断改革课堂教学、提高教学质量。

（3）自主研究实施的专题实验

1986 年，教研室为扭转宁夏语文阅读教学中重教轻学，重讲轻练的状况，提出了初中语文“三读”（讲读、导读、自读）实验方案，在银川市、平罗县、固原市等地的几所学校进行为期 3 年的教学实验。这项实验依据大纲和教材将课文分为讲读、导读、自读三类课型组织教学，突出了学习方法的指导和自读训练，改变了单一的讲读课型，激发了学生的学习积极性，有效地提高了学生的阅读能力。

1987 年，针对全区幼儿园音乐课教学普遍存在的问题，在全区组织开展了“幼儿园综合音乐感教学法”实验。实验证实：结合幼儿熟悉的生活来培养幼儿的音乐素质是可行的；游戏法非常适合幼儿音乐学习；教学要注意发挥幼儿的主动性和创造性，增强学习体验。

3. 全区中小学教师优质课评选活动

为了总结交流教学经验，教研室组织开展了全区中小学教师优质课评选及观摩活动，有效地促进了优秀教学经验的推广和全区教学质量的进一步提高。

1988 年 5 月，全区首届中小学青年教师（35 岁以下）优质课评选活动在银川市举行，这次活动有 5 个学科 68 名教师参加。

1993 年 11 月—1994 年 10 月，全区第二届中小学教师优质课评选活动在市县（区）级教研室组织层层选拔的基础上举行，有 14 个学科 151 名教师参加了这次活动。课堂教学内容及时间由抽签决定，评委独立打分。教学答辩在当天课后进行，包括陈述教学设计、自我评价和答辩，回答评委即席提问等。

1998 年 10 月—1999 年 4 月，开展了全区第三届中小学教师优质课观摩评选活动，有 17 个学科的 245 名教师参加了此次活动。为了进一步发挥优秀教师的示范作用，教研室组织 20 名获奖教师深入到南部山区，给 20 所中小学 6000 名教师做“三课”（说课、做课、评课）示范 159 节，办专题讲座 107 场。

4. 义务教育课程改革实验

教研室积极组织学习义务教育大纲，开展“三课”活动，充分发挥考试评价的导向和监督作用，有效地促进了全区课改实验的顺利实施。

（1）九年义务教育课程教材实验

1990—1996 年，宁夏教育厅承担了“八五”规划国家级项目“中小学课程教材研究与实验”，成立了实验领导小组，教研室负责实验活动的具体实施。组织 2 市 1 县 6

所中学、8所小学起始年级的52个教学班，实行国家教委制定的《义务教育全日制小学、初级中学教学计划（试行草案）》《义务教育全日制小学、初级中学各科教学大纲（初审稿）》，使用人民教育出版社按照上述计划、大纲编写的教材（五四制和六三制两套）进行实验。为加强对实验的业务指导，成立了学科指导组，坚持经常性的听课、评课、观摩活动，定期组织实验地区开展“教坛新秀”“优质课”的评选活动。实验获得了大量翔实的评价资料，提出了许多建设性意见，为国家教委制定义务教育课程方案及教材修改提供了依据。

（2）义务教育教学大纲学习活动

1995—1996年，为了促进教师、教研员深入学习、严格执行义务教育教学大纲，提高义务教育教学质量，研究印制了中小学20个学科“大纲学习要求”并下发到各市县。通过组织教学观摩课和示范课，广泛开展听课、评课和优秀论文评比等专题教研活动，有效地促进了广大教师教学观念的转变，推动了群众性和专题性教研活动的开展。

（3）组织开展“三课”活动

1997年10月，在石嘴山市组织召开了全区“三课”活动观摩研讨会，有500名教师和校长参加。中小学各学科优秀教师进行了现场示范性说课、做课和自评，区教研员及听课教师进行点评。从此，“三课”活动逐渐成为宁夏中小学校的一种常规性教研活动方式。

（4）组织中考命题，发挥正确导向功能

1986年起，教研室坚持以教学大纲为依据，从全区教学实际出发，组织全区初中升高中（含职高、中专及民办教师转正）考试命题工作，充分发挥了考试评价对教学的正确导向功能。命题工作组织严密，命题组成员认真负责，20多年来从未发生任何违规泄密事故。

5. 编写地方教材、开设地方课程

20世纪80年代中后期，教研室根据全区义务教育课程改革发展需要，结合宁夏地方特色，先后编写出版了地方教材《宁夏地理》《劳动技术》《小学听说教程》（共4册），与司法厅合编出版了《中学法律常识》《中学生与法》《讲故事学法律》，丰富了全区课程教学内容，及时满足了义务教育阶段实施素质教育的教学需要。

针对宁夏回族聚居区的特点，为加强对学生进行民族团结教育，组织编写了《民族政策常识》。在4个市县部分学校进行教学实验后，全区初三年级全部开设了《民族政策常识》课程，并列入教学计划和中考范围。课程教材得到了回族、汉族等各民族学生、家长及社会各界的欢迎和充分肯定，有100多万名初中毕业生都受到了党的民族政策启蒙教育，增强了民族团结意识。

五、跨越期（1999—2009）

为了深入贯彻自治区党委、政府《关于加快教育改革与发展，全面推进素质教育的决定》，教研室坚持“务实、严谨、负责”的工作作风，以实施全区中小学课堂教学质量工程为抓手，以提高教师教学能力、研究解决教学实际问题为内容，不断创新教研工作方式，积极推进校本教研制度建设和考试评价改革研究，形成了“敬业、和谐、向上”的良好室风，为教育行政决策提供了良好的咨询与论证服务，为全区中小学幼儿园教学改革和教师发展提供了有力的专业支持。

1. 义务教育新课程改革

2001 年秋，宁夏灵武市开始实施国家义务教育新课程方案。教研室积极参与国家级课程实验区的各项教学研究工作，指导区级实验区开展“同课异构”“一课多讲”“同课异班”“同课同上同评同反思”等形式的课例研究，以及优秀教学反思、日记、课件、学生评语、创新试题评比等交流活动。指导实验区形成“以校为本，校际联动，区域推进，整体发展”的教研工作思路，建立了学校教研组—学区中心组—片区协作组—市教研室统筹组—自治区教研室指导五级教研网络平台，保证了课程改革实验的顺利推进。

2005 年秋，全区所有中小学学校分期进入新课程实施。教研室把科学合理的考试评价制度建设作为促进课程实施的关键，对全区初中毕业考试内容、题型、试卷结构等进行了改革探索。在内容上，重点考查学生运用知识分析问题、解决问题的能力。理科加强实验考查，文科适当控制客观题的比例，英语逐步增加听力测试。从试题特点看，各科均增加了不同层次的开放性试题，允许学生发表创见，一题多解，给学生留有充分思考的空间。同年，从命题、学生综合素质评价和高中招生三个方面进一步深化改革，研制了宁夏《课改实验区初中毕业考试与高中招生制度改革方案》，改变了以升学考试科目分数简单相加作为唯一录取标准的做法，采取高中招生录取按照初中毕业生学业考试和综合素质评价两项成绩综合进行，使中考兼顾毕业和升学两个功能。学业考试命题以学科课程标准为依据，注重考查学生对基础知识与基本技能的掌握情况，特别是在具体情境中综合运用所学知识分析和解决问题的能力。学生综合素质评价内容包括道德品质与公民素养、学习能力（主要考查物理、化学、生物实验操作能力，英语口语交际能力，信息技术以及平时学习成绩）、运动与健康、表现与特长四个方面。教研室每年都组织学科教研员对进入新课程中考的县区进行学生综合素质评价现场培训和中考说明宣讲解读活动，并不断改进中考命题。由于坚持扎实、细致的宣传、培训、指导工作，新中考尽管改革力度较大且涉及面广，但实施平稳，社会反响良好。

2. 高中新课程改革

2004 年秋季，宁夏作为全国首批四个实验省区之一进入普通高中新课程改革实验。教研室研究制定了《宁夏普通高中新课程实验学校工作实施意见》，对学校在组织管理、制订实施方案、学生选课指导与评价、教学实施和研究、课程资源开发和利用等方面提出了具体的、可操作的实施指导。汇编出版了《宁夏普通高中新课程实验工作指南》，为新课程实施各项准备工作提供了依据。同年，教研室两次到银川、石嘴山、吴忠等地对高中新课程实施情况进行全面调研和指导，组织了 13 个学科的教学观摩交流，全区近 2000 多名教师参加了研讨活动。

2005 年，研究制定了宁夏《关于高一年级课程设置等有关问题的通知》《高中新课程必修课教学指导意见》《普通高中新课程学校教育质量监测方案》《普通高中通用技术课程教学指导意见》等一系列指导性文件，为宁夏高中新课程的顺利实施提供了有效的专业支持。

2006年，完成教育部基础教育课程教材发展中心组织的13个学科的《高中新课程学科教学研究与案例》丛书的编写任务，制定了宁夏普通高中学生综合素质《评价办法》《实施办法》和评价手册，参与研制了《2007年普通高校招生全国统一考试大纲的说明（宁夏卷）》，各学科教研员巡回到5个地市进行了高考说明的解读。

2007年，配合宁夏考试院承担完成“新课程高考适应性训练测试”命题工作，并在宁夏日报和广播电台等媒体做了解读宣讲。按照教育部要求，组织各学科骨干教师对宁夏2008年高考说明进行了修订、宣讲和解读。高中新课程首次高考备受社会关注，宁夏实现平稳过渡。

为了加强对薄弱学科的研究与指导，2009年根据全区综合实践活动课程实施现状，研究制定了《自治区教育厅关于进一步加强中小学综合实践活动课程有关问题的通知》，及时组织宁夏各普通高中学校总结新课程实施经验，编辑出版了《实践者的足迹——普通高中新课程在宁夏》（分上、中、下三册，宁夏人民教育出版社2007年出版）。

3. 全区中小学“课堂教学质量工程”

2000年10月，自治区教育厅决定分两个阶段在全区中小学实施“课堂教学质量工程”。教研室提出了课堂教学质量的五项基本标准，要求学校和教师根据标准开展课堂教学质量评价；通过评价发现问题，针对问题开展教学研究；通过研究不断改进教学，逐步提高教学质量。

“一期”课堂教学质量的基本标准：一是上课做好充分准备；二是课堂纪律，秩序良好，课堂活跃；三是尊重学生，师生平等；四是教学民主，学生主动参与，鼓励学生提问，允许学生发表不同意见和观点；五是面向全体，讲究实效，学生活动充分，重视创新精神和实践能力的培养。

2001年4月，教研室针对教师在“一期达标”活动中存在的问题，组织召开了全区500多名评价人员研讨培训会，举办了80多人参加的全区教研员研修班，召开了全区中小学实施“课堂教学质量工程”现场会。2002年，组织各学科教研员到吴忠市利通区等10县（市）的41所中小学（教学点），进行实施情况调研与指导。2003年，聘请上海教科院周卫、王洁及上海上南中学施建华，为全区中小学“校本教研”大会讲学，培训了400多名教研人员。“一期”的实施有效地促进了教师教学行为、学生学习方式的转变，以学生学习为中心、以学生发展为本、师生平等、教学民主的课堂教学模式开始建立，教师研究和解决教学实际问题的能力逐步提高，学校课堂教学面貌发生了变化，课堂教学质量明显提高。

2005年，教研室按照课程改革的目标和要求，修订了课堂质量基本标准，研究制订了实施方案，在教学研究、教学评价、校本教研制度建设、教师专业发展等方面提出了具体任务和目标要求。“二期”课堂教学质量的基本标准为：一是上课准备充分（教师教与学生学的准备充分；教学设计合理）。二是课堂活跃有序（创设有利于学生学习的情境）。三是师生平等（师生相互尊重、沟通、理解）。四是教学民主（学生广泛、主动参与；合理运用自主合作和探究等学习方式；多种教学方法优化组合）。五是教学实效明显（教学活动目标明确，并能达到目标；学习过程和结果统一；不同学生在原有的基础上得到提高）。

为了促进“课堂教学质量工程”的深入实施，2007 年，在金凤区组织召开了“全区实施质量工程，加强课堂教学研究，促进校本教研现场会”。2008 年，研究制定了《深入实施二期质量工程指导意见》，使“课堂教学质量工程”成为学校建立校本教研制度、提高教学质量的有效抓手和载体，逐步形成了以课堂教学为中心，以教师发展为本的教学研究氛围。

4. 网络教研

为了提高教研活动质量，扩大教研活动受益面，从 2006 年开始，教研室充分发挥网络在开展教研活动中的优势。2006 年 3 月，邀请教育部基础教育课程教材发展中心“网络教研”项目组、海南省教科院蒋敦杰院长做了“寻求教研走向校本的突破——网络教研新探索”专题讲座。年底，建成了宁夏教研网并开始运行。

2007 年，教研室研究制定了《宁夏中小学网络教研实施方案》，确定了首批试点县区和学校，组织试点单位网络教研负责人到海南、江苏等地考察学习，成立了各学科网络教研中心组。2008 年，组织技术人员对宁夏教研网进行了技术改造，在青铜峡市召开了全区推进网络教研现场会，表彰了一批网络教研试点工作先进集体和个人。

2009 年，为了促进各地经验交流，推动农村学校网络教研的深入实施，研究制定了《宁夏网络教研实施指导意见》（讨论稿），编写出版了《网络教研实施指导》（宁夏人民教育出版社出版）。目前，宁夏教研网已成为全区基础教育教研信息网、教学资源网和全区教研活动的一个新平台。教研室不仅组织开展各种学科教学论文、教学设计、教学案例、课堂实录评比活动，还利用教研网进行学科专题研讨、中考复习答疑、课题管理等活动。截至 2009 年 6 月 15 日上午，宁夏教研网访问量已达 2105665 人次，上传教研文章 5473 篇、图片 664 幅、课件 1470 个、视频 260 个，教师评论 7996 条。

5. 课题研究

1999—2000 年，教研室根据宁夏基础教育教学发展需要，在借鉴上海闸北八中先进的教学思想、理念、经验的基础上，推行“低、小、多、快”的教学方法和鼓励性评价原则，初步形成了具有本区发展特色的、面向每一个学生，不仅“转差”而且“培优”“扶中”的、一体化的“成功教育”系列。

2000—2002 年，组织实施了有 11 个县（市、区）的 19 所学校参加的“全体学生有效参与英语课堂教学活动”初中教改实验，经区级、国家级专家验收通过结题。2002 年，组织宁夏课改实验区申报了全国教育科学“十五”规划教育部重点课题“小学科学新课程的开发与实验研究”，2005 年年底结题，宁夏研究报告在大会交流。

为了鼓励广大基础教育工作者积极参与教育教学研究，推进“科研兴教”，2001 年，教研室研究制定了《宁夏基础教育教学研究规划》《宁夏基础教育教学研究工作管理办法》。2002 年，首届全区基础教育教学研究活动批准立项课题有 135 个。2006 年，第二届全区基础教育教学研究活动有 380 个课题通过审批立项。为了提高课题研究质量，教研室加强对立项课题进行过程性管理。每届都组织全体教研员分别到五个地市对学校课题研究活动进行中期检查与指导。

2008 年，针对城镇学校“大班额”较为普遍的现象，组织开展了提高“大班额”课堂教学实效专项研究，并完成了调研报告。为进一步提高班主任管理水平，开展了

“心理健康教育方法在班务工作中的运用”专题研究。

6. 农村教研

农村学校是宁夏义务教育阶段课程改革的薄弱环节，也是全面提高教学质量的难点。从2006年起，教研室针对农村教学、教研现状，连续两年为全区农村教研员及骨干教师进行为期10天的培训。每年都坚持组织城市学校优秀教师送课到农村学校，通过专题讲座、城乡教师同课异构、共同研讨交流等活动，有效地提高了农村教师教学水平。送课范围涉及盐池、西吉、彭阳等13个县（区），涉及中小学各个学段和学科，参与听评课人数过万。

2008年11月，在吴忠市金积镇组织召开了全区农村教研工作现场观摩会，通过农村学校片区主题教研活动、专题讲座、分组交流研讨等形式，提高了与会者对开展农村教研工作的认识，促进了农村教研工作的进一步广泛开展。同年，还组织开展了全区农村教研活动方案设计评选活动，经过逐级评选有47个活动方案获奖，有效地提高了农村乡镇教研员对教研活动的认识。至今，教研室仍在跟踪指导每个农村获奖教研方案的具体实施情况。

7. 教材编写

2001—2003年，教研室为推动新课程的顺利实施，组织编写了宁夏义务教育阶段各学科《同步基础训练》《假期生活》《初三练习册》共计74本地方教辅用书，经自治区教育厅中小学教材审查委员会审核批准，在全区中小学使用。

2004—2005年，编写修订了义务教育阶段各学科配套《学习之友》及《寒暑假生活》共计143本，由自治区人民政府列为免费教辅资料。

2005—2006年，编写了地方课程《成长教育课程标准》和义务教育阶段《成长教育》教材（上、下册）及地方教材《信息技术》，经自治区教育厅中小学教材审查委员会审核批准，在全区中小学使用。

8. 英特尔®未来教育项目

英特尔®未来教育教师培训项目是中华人民共和国教育部与英特尔公司的国际合作项目。2002年，宁夏教育厅正式与英特尔（中国）有限公司签署合作协议。教研室具体负责项目在宁夏的组织实施、监测评估、业务培训、研究与指导。

2002—2009年，该项目在宁夏5个地级市培训学科教师31068名，骨干教师10名，主讲教师220名，职前师范生3500名。提高了教师对信息技术的掌握与使用能力，促进了教师将教育理念、方法、手段与学科教学内容进行整合的能力，激发了教师将培训成果应用于教学实践的积极性，提高了学生学习的主动性、积极性和学习效果。

六、问题与思考

基础教育教学研究是整个基础教育的有机组成部分，教研工作要在正确把握基础教育教学发展规律的基础上进行微观课堂教学研究。目前有些教研活动低效、有些教研员对教育宏观发展规律的把握还不到位。广大教研工作者需要进一步加强对基础教育教学原理、课程教材发展理论、学习理论的研究和学习，加强对教育科研方法的理论学习和实践体验，进一步提高教研活动的有效性。

基础教育教学研究是一个系统工程，需要各级教研部门协调合作才能取得高效益。虽然宁夏已建立五级教研网络，但是很多市县教研部门专职教研员严重短缺，很多全区性教研活动无法深入到学校。教育行政部门需要加强市县教研队伍建设，以改变因市县教研人员不足而造成教研效益逐级衰减。

基础教育教学研究工作的核心目标是为学校提高教学质量、促进学生全面发展服务。教研工作需要在继承传统研究成果、研究方法的基础上进一步创新。目前教研员由于工作量大、任务重，更多的时间忙于事务性工作，自主思考、学习与研究的时间太少。教育行政部门需要建立相应的教研人员学习与研究激励机制、合理安排教研人员工作时间，为教研人员的学习、进修与研究创造条件。

（马学梅 撰稿，贺弘炜 戴晓曦 审阅）

前进　反思　收获

——新疆维吾尔自治区教育教学研究30年

新疆维吾尔自治区教科研事业伴随着改革开放的脚步，走过了30年的发展历程。目前，全区教研机构有省级1个、地市级14个、县（区）级93个，共有专职教研员1337名。自治区教研室（教科所）在职教科研人员47名，其中少数民族占45%，中学高级占67%，本科以上学历占93.6%。

一、初创期（1980—1990）

20世纪80年代，新疆教育科研所组织自治区中小学开展教学改革实验与课题研究活动，不仅促进了基层学校教师专业能力的发展，调动了教师参与教研的积极性，也促进了各级教研员研究指导能力的提高。

1. 机构设置与职能

1980年，新疆维吾尔自治区教育局设立教育科研室，为教育局内设机构，编制15人。1984年，教育科研室正式更名为新疆教育科研所，编制50人，为自治区教育委员会直属事业单位。由安绩任所长，铁尔曼·艾山（维吾尔族）任副所长。

机构下设教育研究、教学研究、情报资料、教育史志4个研究室，以及行政办公室和学会办公室等部门。除承担自治区教育改革与发展的宏观研究外，主要以提高少数民族中小学教育教学质量为中心，以加强少数民族中小学教学管理、推进教育教学改革、提高教师队伍素质等领域为重点，有针对性地开展教育教学研究与指导工作。

2. 教学改革与实验

（1）民族中学教学改革实验

1986—1988年，新疆教育科研所对喀什地区民族中小学进行教育质量调查，为探索大面积提高民族学校教育教学质量的有效途径，选定乌鲁木齐实验中学、乌鲁木齐十四中学、喀什维吾尔高级中学、伊宁第一中学和伊宁第七中学5所学校为实验学校，开展了语文、数学、汉语、物理教学改革实验。实验目标是学生的学科学习水平达到教学大纲要求，汉语学习水平在高中毕业时达到"民汉兼通"要求。实验内容是以加强双基、发展智力、培养能力为中心的教学内容、教学思想、教学方法改革。

（2）幼儿双语教学改革实验

1988年1月，新疆教育科研所在乌鲁木齐红旗幼儿园选定两个民族大班，进行维、汉双语教育实验。实验以现行幼儿教材为基础，适当增加自选自编内容，通过游戏、上课（语言、常识、计算、音乐、美术、体育）、观察、劳动和日常生活进行口语训练。教学过程渗透双语，注意直观性、趣味性、多样性，在游戏中让儿童扮演各种角色，用维、汉语两种语言会话。还通过看汉语电影、电视，与汉族幼儿交友、玩耍、联欢等方式，增加维吾尔族儿童学汉语的机会，取得较好效果。实验班幼儿能听懂一般汉语的达100%，能用双语简单对话的达57%。

（3）小学一、二年级口语教学实验

20世纪80年代末，新疆教育科研所及部分地州教研室在幼儿园双语实验的基础上，开始进行小学一、二年级口语教学实验。实验以儿童语言学习关键期理论为指导，以解决民族学生汉语听说能力为突破口，改变从三年级开设汉语课的传统做法，从小学一年级开始开设汉语口语课，并通过丰富多彩的教学活动，提高学生学习汉语的兴趣和汉语听说能力，取得良好效果。不仅得到民族学校普遍欢迎，也为自治区双语教学的改革与发展做出有益的探索。

3. 教育教学课题研究

1989年，"中小学教育评价实验研究"课题启动，先后制定了自治区《城镇普通中学教学工作评价试行方案》和《城镇小学教育工作评价试行方案》。方案包括学校管理工作评价与学生质量评价两部分，两部分互相配合，互为因果，构成学校教育工作完整的评价体系。评价方案制定后，由自治区教委督学室和教科所联合举办了讲习班，并在每个地州市各选一所中学、两所小学（民族学校和汉族学校各一所）作为评价试点。

1990年，由自治区教委主持，新疆教育科研所协作的"新疆教育发展战略研究"，完成研究报告，并由新疆教育出版社于1993年出版。该书包括新疆教育发展战略研究总报告、新疆教育的发展历程及现状分析以及高等教育、基础教育、职业技术教育、成人教育等研究报告和学术论文32篇，共40余万字。

二、发展期（1991—2000）

20世纪90年代，自治区教研工作进入了快速发展时期。教学研究涉及教育思想、教学理念和课程设置，逐步由单纯研究教材教法的学科分散活动，扩展到面向全区中小学、覆盖各类学科的综合研究与实验。

1. 机构设置与职能

1991年，根据国家教育委员会〔1990〕013号《关于改进和加强教学研究室工作的若干意见》的文件精神，自治区教委在新疆教育科研所挂牌成立新疆教学研究室，两块牌子，一套人马。为加强教研室的领导，任命马湘云为教科所（教研室）所长（主任），铁尔曼·艾山为党支部书记，王舟山、铁尔曼·艾山、阿帕什·盛克斯拜（哈萨克族）、郑荣寿为副所长（副主任）。为加强专职队伍建设，陆续调进大批学科教研人员，并对原有科室进行了调整。改设综合教育研究室、学校管理评价研究室、中小学理科研究室、中小学文科研究室、中小学汉语研究室、情报资料刊物编辑室、办公室7个部门。1992年，自治区普教处管理的汉语教研室编制划归教研室，至此自治区教研室（教科所）一直保持57个编制。

1993年1月，自治区教委印发《新疆维吾尔自治区、地（州、市）、县（市、区）教学研究室工作条例》，进一步明确了区、地、县教学研究室的性质、任务，教研室领导和教研员的职责以及人员编制、教研经费等方面的要求。

1997年9月，自治区教委党组任命了教科所（教研室）新一届领导班子。所长（主任）容馨麒，总支书记兼副所长（副主任）阿亚提·尼亚孜（维吾尔族），副所长（副主任）艾克玛·艾西丁（维吾尔族），付刚（锡伯族），沙明·再奴拉（哈萨克族）。为适应新的工作要求，调整内设机构，设置了教育理论研究室、教育评价研究室、德育研究室、中学文科教研室、中学理科教研室、小学教研室、汉语教研室、体音美教研室、情报资料室、办公室10个机构。

这一时期教科所（教研室）的工作职能、任务发生了重大变化，从宏观教育研究为主，转向学科教学研究为主，确立了以全面提高教学质量为中心，为教育行政决策服务、为基层教学服务的办所方向。积极组织和引领全区三级教研室开展教科研工作。其主要职能：一是根据中小学教学需要，研究教育思想、教学理论、课程设置、教学内容、教学方法、教学手段和学科教学评价等。二是根据本地实际，提出执行教学计划、教学大纲和使用教材的意见，为教育行政部门决策提供依据。三是根据地方教育行政部门的部署，组织编写乡土教材和补充教材。四是组织多层次多形式的教学研究活动，帮助广大教师执行教学计划，钻研、掌握教学大纲和教材，不断改进教学方法，努力提高课堂教学效益。五是总结、推广教学经验，组织教改实验、探索教学规律、推动教学改革。六是指导和帮助教师开展课外活动。七是组织对学科教学的检查和质量评估，研究考试方法的改革。

2. 教学改革与实验

1991年，根据自治区教委《关于九年制义务教育课程、教材试验及有关问题的会议纪要》精神，为保证九年制义务教育课程、教材试验的顺利实施，自治区教研室于暑假期间对520多名地、州、市（县）教师骨干进行二级培训。为探索民族学校汉语教学改革的有效途径，进行“民汉（语）兼通”教学改革实验。经学校申报，地、州、市教育行政部门推荐，自治区教委审查确定，伊宁市七中、哈密地区一中、阿克苏地区一中、吐鲁番市一中、阿勒泰地区高级中学、乌鲁木齐市五中等10所中学为试点，采用汉语进行理科教学。实验取得较好效果，对民族学生掌握汉语、提高理科教学质量起到了积极的促进作用，实验班学生高考成绩有较大突破，高考升学率普遍提高。

1992年，举办了初中数学、物理、英语、历史、地理，小学自然、思想品德，中小学体育、音乐、美术10个学科汉语班和初中数学、生物，小学数学、中小学体育4个学科民语（维吾尔语）班暑期二级培训，使来自全区各地的1500余名汉族教师和

493 名少数民族教师初步掌握了新教材的指导思想、内容、编辑意图、特点以及教学方法等，为他们返回地县承担三级培训任务打下了一定基础。

1993 年，自治区教委根据国家教委部署，决定秋季起在全区小学和初中一年级执行九年义务教育课程计划和教学大纲，各民族学生同步使用人民教育出版社编写的九年义务教育教材。为做好这项工作，区教委成立了新教材试验领导小组，下发了《关于九年制义务教育课程、教材试验及有关问题的会议纪要》，并于当年 9 月从起始年级开始实施。为加强对实验的业务指导，自治区教研室成立了学科指导组，坚持经常性的听课、评课、观摩活动，定期组织实验地区开展“教坛新秀”“优质课”的评选活动。还组织各学科教研员分赴地（州）县（市、区）培训，举办素质教育、教育教研方法、说课与课堂教学设计、中外教育方法对比、课程改革与考试改革、美术教育改革与发展的新思路、器乐进课堂、民族幼儿教育发展等讲座，参加人数达数万人。以上工作有效地促进了广大教师教学观念的转变，推动了群众性和专题性教研活动的开展，有力地保证了义务教育课程、教材试验工作的顺利实施。

1992—1996 年，目标教学在新疆形成历史上规模最大、人数最多、影响最广的教改实验，有 60 余万汉族、维吾尔族、哈萨克族学生从中获益。自治区教研室曾先后组织人员到成都、重庆、武汉、西安等地进行实地考察和学习，分别在南北疆召开了目标教学培训工作会议，举办了教学培训班，共培训校长、教师及科研人员近 3000 人。

1997 年，自治区教委下发《关于加强中小学活动课程实施工作的通知》，课程实施小组以试验区为基地推进活动课的实施。先后多次邀请国家教育部和内地专家来疆讲课指导，培训了一批活动课教师，逐步改变了部分学校管理层和一线教师的课程理念，使活动课在全疆范围逐步展开，为下一阶段的新课程改革奠定了基础。

1998 年，自治区教研室根据教育部推进素质教育、调整中小学部分学科教材内容与教学要求，加强教学过程管理。组织有关学科教研员、教师制订了《新疆九年义务教育教学内容及教学要求调整方案》，明确了重点调整的学科和学科教学内容调整意见，保证了过渡时期中小学教学工作的有序进行。

3. 课题研究与管理

1995 年，为大面积提高全区汉语教学水平，自治区教研室组织开展了“建立新疆少数民族中小学汉语教学新教学法体系的研究”。具体措施是：引进“注音识字，提前读写”的经验，注意汉字结构和书写规则，加强汉语拼音教学和课堂作业指导；注意创设语言情境和口语训练，培养学生学汉语的兴趣。在小学和幼儿园利用儿童智力发展最佳时期，进行口语和识字训练。在中学实验改变单纯识字的传统教学方法，进行听、读、说、写、译全面训练，提高学生对汉语的理解、表达和思维能力。

1998 年，以“科研兴教”“科研兴校”为目标，进一步加强教育科研的规划与研究，加强地州市教研室的建设，建立起以自治区教育科学规划办、自治区教科所、教研室、教育学会及各地州市规划办、教研室、教育学会为主体的教研课题研究、管理网络，使全区教育科研向科学化、制度化的方向迈进。

4. 学科竞赛与评优

“九五”期间，各学科教研员组织中小学教师开展课堂教学评优观摩、论文交流、听课评课研讨等活动，举办了素质教育督导评估方案实施人员培训班、计算机培训班、健康教育和幼儿教育培训班，开展了《远程教育与现代教育技术》专题讲座等，每年都有近万名教师参加培训。自治区教研室还承办了第一届海峡两岸美术教育交流会、首届"樱花杯"全国少儿书画现场创作大赛新疆赛区选拔赛，承办了全国小学语文、数学，中小学劳动技术教育、目标教学、信息技术教育等研讨会。此外，还组织了小论文评比、电脑制作评比、智能机器人比赛、自然科学知识竞赛、双语演讲汇报观摩等活动。各种类型的学科教育教学活动，为提高新疆基础教育教学质量奠定了基础。

1998 年，举办首次全区教学能手评选活动，经过县（市、区）、地（州、市）逐级选拔，先后有各学科优秀教师数百人参加了这次活动。自治区教研室从课堂教学、论文写作、"三字一画"、实验操作等教学基本功入手，制定相应的评估标准。聘请各学科专家做评委，评出了首届自治区教学能手，极大地调动了广大一线教师研究课堂教学，探讨教学设计、教学实施最优化方法的积极性，使一批有实力的青年教师脱颖而出。

5. 教材开发建设

为加强对学生的爱国主义和民族团结教育，自治区教研室组织编写了中学《新疆地方史》教材，先后出版了《新疆社会》《新疆自然》《新疆音乐》《新疆美术》《新疆野生动植物》《新疆乡土文学作品选》等乡土教材，填补了自治区地方教材的空白。

三、繁荣期（2001—2010）

这个时期，自治区教研室（教科所）坚持"三个面向""两个提高"的工作思路，进一步明确了服务宗旨。即一要面向课改，二要面向学校，三要面向课堂，聚精会神为自治区基础教育服务；提高教师实施新课程的能力，提高课堂效率，为全面提高中小学教育教学质量服务。

1. 机构设置与职能

2001 年至今，自治区教研室领导班子几经调整，阿不力米提·卡斯木（维吾尔族）、艾尔肯·买买提（维吾尔族）、诸学鸿先后任主任（所长），马生寿（回族）、夏贫、艾尔肯·买买提（维吾尔族）先后任总支书记。马卡达斯·阿汗、叶尔兰·沙吾提（哈萨克族），迪力夏提·哈力丁、吾普尔·阿布地克力木、伊力哈木·伊布拉因（维吾尔族），罗峰、诸学鸿、王建宁等先后任副主任（副所长）。

目前，机构实行党总支领导下的主任负责制，内设理论研究室（含质量监测中心）、综合教研室、文科教研室、理科教研室、汉语教研室、资源管理中心、办公室、财务室，挂靠机构有新疆教育科学规划办公室和新疆教育学会办公室。

2. 教学改革与实验

（1）义务教育课程改革

2001 年秋，乌鲁木齐市天山区、沙依巴克区作为国家首批义务教育课程改革试验区进入课改。为了保证新课程的顺利实施，自治区教研室每年定期举办新课程方案、课标及教材培训班，组织教研人员先后 5 次分赴各地州培训一线教师，并对课改实验区及"以校为本教研制度建设实验基地"进行了评估、检查、指导。

2003 年 1 月，自治区课改领导小组选派各科专家 30 名，分三个培训与调研小组，对全疆 17 个区级课改实验区教师进行了教材培训、实验指导及调研。专家与教师面对面交流，及时解决教师的困惑与问题，共召开座谈会72次，培训各科教师4582人，听课69节。

2004年1月，自治区教研室承办了全区课改实验区经验交流会。来自各实验区及各地州市教育行政部门领导、基层教研部门负责人、学校领导、一线教师共计2000多名代表参加了会议。同年6月，组织了对自治区9个省级课改实验区的检查评估。通过座谈、访问、查阅资料、听课等形式，全面了解实验区工作情况，总结成绩，指出问题与不足，提出改进意见或建议。

2005年，为确保少数民族课改实验推广工作健康顺利地进行，自治区教研室组织专家巡回辅导讲师团先后赴阿勒泰、塔城、博尔塔拉、伊犁等地州的25个县（市），开展了新课程的维语、哈萨克语小学语文、数学、品德与生活，初中语文、数学、物理、生物、汉语共9个学科的教学观摩课108节（当地70节），组织通识培训报告会6场，培训少数民族教师、干部及教研人员2624人，免费发放教材、《课程标准》5239册。

2006年9月，全区义务教育各民族、各学段一年级全面进入新课程实验。在五年的新课程推进工作中，自治区教研室共举办课程标准、教材、骨干教师培训班上百期，培训教师超过数万人次。

（2）考试评价制度改革

2005年，为贯彻落实《教育部关于积极推进中小学评价与考试制度改革的通知》精神，进一步规范和深化自治区普通高中的招生录取工作，由自治区课改办、教研室共同组成专家小组，针对各地在实际执行过程中提出的问题进行专题研究，草拟了《自治区普通高中招生实行等级成绩录取的指导意见》。此外，每年坚持组织学科教研员举办综合素质评价现场培训和中考说明宣讲解读活动，并不断改进中考命题。由于坚持扎实、细致的宣传、培训、指导工作，新中考尽管改革力度较大且涉及面广，但实施平稳，社会反响良好。

2006年，在对区内初中班进行诊断性调研评估的基础上，拟订了自治区《初中班教育教学质量评估方案（讨论稿）》，同年9月，由内地学生工作办公室和自治区教研室以及有关学校共同组成评估小组，根据修订的《区内初中班教育教学质量评估方案》对11所办班学校进行试评估，并形成评估报告。经研究讨论，又针对试评中发现的问题对评估方案作了进一步的调整、修订。

（3）普通高中课程改革

2007年，为使高中课程改革的各项工作顺利进行，自治区教研室对全区地州级教研员进行了教研和科研方法的培训。培养了一批能够理解高中课程改革精神、树立高中课程改革基本理念、掌握高中课程改革基本要求和课程标准基本内容的教学研究人员和骨干教师，形成了一支自治区高中课程改革的专家队伍。

2008年秋季，新疆各民族普通高中全部进入新课程改革实验。自治区教研室根据《普通高中课程设置方案》精神，按照“统一理念、理解标准、互动讨论、主动创新”的思路，在高中课改推进中开展了卓有成效的工作。一是协助自治区教育厅完成了高中课程改革有关文件的起草、修改工作，组织各方面专家、教研员、高中教师赴内地考察，并协助自治区课改办共同研究制定高中课改各学科教学指导意见，为高中教师在课改初期指明正确的教学方向。二是协助课改办组建学科专家组，在全区50所高中样本校对高中课改的具体实施情况开展了调研与指导，全面了解启动后存在的问题，起草了调研报告。三是按照“全员培训”和“先培训，后上岗；不培训，不上岗”的原则，邀请百余名专家，以现场培训、网络培训等形式，对维语、哈语15个学科的千余名少数民族高中教师进行了课标解读、教材分析、现场说课等通识培训。四是以高中新课程现场课堂有效教学观摩课、典型课例为载体，对教师进行实施课堂教学法的培训，帮助教师转变观念，改革教学方法，解决“新课程理念如何落实到课堂教学”的实际问题。五是协助自治区课改办完成“自治区校本教研基地”现场交流观摩评比活动，选派22名同志分赴南北疆，参与教育厅组织的高中课改样本校的评估调研工作。

3. 调研与课题研究

这个时期，自治区宏观层面的教育研究，将落脚点放在促进教育又好又快发展的目标上，因地制宜组织或参与实施了一系列有规模、有重点的调研和一批有一定深度、有推广应用价值的课题研究。

（1）调查研究

2005年，自治区教研室组成农牧区汉语双语教学调研组，深入南北疆7个地州、17个县、34个乡镇的62所中小学进行调研，并对一线教师进行了汉语新课程培训。调研组采取课堂听课、座谈讨论和发放调查问卷等多种方式，取得大量的第一手材料，形成了《自治区农牧区少数民族汉语、双语教学调研报告》《农牧区小学学前双语教学现状调研报告》等5项专题报告，对全区汉语、双语教学的现状以及存在的困难和问题进行了比较全面的描述和分析，并且提出了对策建议。

2006年，为进一步加强初中班的教学工作，自治区教研室组织有关学科专家调研小组分赴南北疆，对8个办班城市的11所学校的教学情况进行了诊断性评估，并形成“区内初中班教学工作调研报告”。该报告就课程设置、教学常规管理、教师队伍建设、教育教学质量等内容进行了客观的分析，提出了解决尚存问题的对策建议。

2007年，自治区教研室配合课改办对17个区级校本教研基地进行了调研、检查、指导，完成自治区“以校为本教研基地的调研报告”，在总结经验、分析问题基础上，提出了改进的措施与建议，为全区深入总结、推广校本教研的先进经验，奠定了基础。

2008年，为谋划进一步促进义务教育课程改革的发展策略，自治区教研室组织近30名区、地教研人员，分5个小组，历时20天，对全区15个地（州、市）共25个县（市、区）义务教育阶段课程改革的现状进行了专题调研。其间，共深入民族中小学校83所，听课301节；召开校长、教研员座谈会28次，参与人员共500余人，召开教师座谈会80次，参与人员共1400余人，召开学生座谈会79次，参与人员共2000余人，发放并回收校长调查问卷300余份。还对学校进行了有针对性的教材教法和学法指导，帮助基层解决课堂教学存在的问题，及时总结提高各学科的课堂有效教学经验，为大面积提高九年义务教育的教学质量提供了有力的支持。调查报告“义务教育课程改革的现状、问题与政策建议”对全区义务教育课程改革现状作了客观的描述，总结和归纳了自治区义务教育课程改革取得的主要成绩、经验和存在的突出困难、问题，在反思和分析的基础上，提出了进一步推进自治区义务教育课程改革的思路、对策和政策建议。

（2）课题研究

2005 年，“新疆中小学校德育工作绩效评估的研究与实践”，以建立科学的学校德育工作绩效评价体系和逐步做到德育评价手段现代化为总体构想展开研究。目前，已完成《新疆中小学德育科研指导》和《中小学班主任工作手册》编写任务，为自治区中小学科学开展学校德育评价工作提供了依据。

2006 年和 2008 年分别启动的“新疆基础教育发展战略研究”和“新疆基础教育 2008—2020 行动计划研究”，就自治区基础教育发展现状、存在问题及原因进行了深入的研究和探讨，较为清晰地描述了新疆基础教育发展与改革的基本情况，对 2012 年、2020 年基础教育发展目标和进一步推进自治区基础教育改革与发展的对策提出了可行性的建议。这两项课题的研究报告引起区有关领导的高度重视，已由新疆教育出版社出版。

课题“结合实际推进新疆中小学素质教育研究”在文献研究和抽样调查的基础上，对自治区 10 年来推进素质教育的基本情况、存在的问题及原因作了较为详细的描述，比较客观地反映了新疆实施素质教育的现状。同时，在充分研究国家政策和自治区实际的基础上，提出了进一步推进自治区素质教育实施的对策和建议。

2009 年，“民族小学双语教学整体改革实验”课题启动。实验的基本思路是：在目前师资队伍、办学条件基本不变的情况下，通过调整课程设置、优化教材结构、改进教学方法等，探寻提高双语教学效率和质量的有效途径，解决民族小学双语教学质量不高的问题，有效提高民族小学汉语、数学等学科学习水平，为双语教学注入新的活力，推进自治区双语教学稳步健康地发展。为促进中小学教师提高课题研究水平，自治区教研室对 1000 个校本课题组进行了专项培训，经过逐级评审，有 832 项校级小课题成功立项。

这个时期，由自治区教研室组织完成的研究课题还有“自治区教育人才队伍建设研究”“和谐德育研究与实验”“新课程背景下新疆幼儿园课程建设与教师专业化成长的行动研究”“建设和谐文化与新疆少数民族文化的发展研究”“新疆中小幼学生心理素质的整体构建对其学习成绩的影响研究”“民汉幼儿心理素质的特点及培养的比较”等。

除了上述宏观课题研究之外，还围绕基础教育课程改革的深入发展，开展了涉及教育教学方面的小课题研究。如提高小学数学双语教学质量、运用现代技术推动自治区学前双语与小学双语教学衔接、初高中历史学科学业评价标准、地方课程的实施与评价、基础教育学科优秀教学设计、中学语文综合性学习教学策略、小学语文综合性学习、小学阅读教学中自主合作探究学习方式、地理课程“探究型”教学中渗透可持续发展教育案例、高中地理“学案”开发与应用、分享阅读对 3—6 岁民汉儿童自主阅读能力的影响、中小学劳动技术教育现状调查、中小学师生写字能力进步度考评实验、课堂教学最优化变革、中小学数学教学实施素质教育的实验、初中数理教学质量试验、民族学校理科教材的实验、综合实践活动的有效实施与评价研究、中学语文创新作文写作实验等。

4. 教学评优与服务

2004年，自治区举行第二届教学能手评选活动。维语、哈萨克语、汉语三种语言的中小学共有78个学科近千名教师被评为区级学科教学能手。这项活动的举行，对骨干教师队伍建设和教师的专业成长，发挥了有力的促进作用。

2006年，自治区教研室组织开展了以爱国主义、集体主义、民族团结和职业道德教育为主题的“双语”巡回演讲汇报活动。演讲团由汉、维吾尔、哈萨克、蒙古、塔吉克5个民族的5名优秀教师和4名优秀学生组成。他们赴和田、喀什、阿克苏、阿图什、库尔勒等地的18个县（市），共演讲23场，听众达5万多人，引起社会强烈反响。

2009年，为了践行教研室“一个中心，两个服务”的工作目标，自治区教研室投入资金近30万元，开展了“百课送教到基层，指导科研进课堂”的送教活动，组织自治区中小学各学科教学能手和优秀骨干教师、教研员85名，用汉语、维语、哈萨克语分别为9个地州的64所学校送教190节，听课300节，评课及讲座近375次，受益教师8000多名，得到当地教育部门和学校的一致好评。

“十五”期间，自治区教研室还组织涵盖汉语、维语、哈萨克语三个语种的中小学，开展了各个学段课堂教学评优观摩、论文竞赛、课件评比、说课比赛、研讨交流、听课评课、学生小论文评比、电脑制作评比、智能机器人比赛、自然科学知识竞赛等活动。这些教研活动，为中小学教学注入了活力和生机，大大激发了师生探索、研究、进取的热情。

5. 教材开发

2003年，为推动新课程的顺利实施，自治区教研室组织三个调研组，分赴南北疆，在调研及收集地方课程资源的基础上，研制《自治区地方课程编写指南》，编写了地方课程教材《新疆》。这套教材涉及新疆的自然风光、动植物、民俗风情、历史文化、文物古迹、地貌物产等方面，能够促进中小学生充分了解新疆、热爱新疆，立志建设新疆。

2004—2007年，组织编写了义务教育阶段《综合实践活动》《信息技术》《体育与健康》以及《高中研究性学习》等地方教材。这些教材经自治区教育厅中小学教材审查委员会审核批准，被区政府列为免费教材供全区中小学使用。

6. 网络教研活动

2006年，“新疆教育教学研究网”正式建成启动，通过网络及时发布教研室、教科所、教育学会的各种文件、通知和活动通报，并及时收集转载区内外有关教育教学的活动新闻、学科教学资源等，使“新疆教育教学研究网”成为各族教师获取教育教学信息和交流教学资源的平台。此外，由自治区教研室主办的《新疆中小学教学》杂志，也为各族教师交流学习教育教学经验开辟了服务窗口。

为深入探索网络教研与传统教研相互促进的新型教研方式，开展了远程网络教学试验，自治区教研室利用西安交大独立研究的“recalclass”系统和新疆电信分公司的“因特网”搭建的直播课堂教学平台，开展了汉语直播课堂、中考辅导讲座、远程“双语”教学实验活动、基础教育课程改革研讨会与培训等网上研修培训，为推动网络教研，促进教师专业成长创造了新的条件。

改革开放30多年来，新疆教研室在各级领导的关心与支持下，以全面提高中小学教育教学质量为中心，以为领导决策和为基层教学服务为重点，开展了大量卓有成效的教育教学研究工作，为促进新疆基础教育的改革与发展，为全面提高新疆基础教育教学质量作出了应有的贡献。面对新疆经济社会跨越式发展的新的机遇与挑战，新疆教研室全体同志将在中央“新疆工作会”精神的鼓舞下迈着坚定的步伐，向着更高、更强的目标前进。

（付刚 撰稿，诸学鸿 审阅）

新疆生产建设兵团教学研究室发展概况

新疆生产建设兵团（以下简称兵团）组建于1954年，承担着国家赋予的屯垦戍边的历史使命，是党政军企合一的特殊组织，自行管理内部行政、司法事务，在国家实行计划单列，是中央一级预算单位。兵团成立50多年来，以转业官兵为基础，汇集了来自全国各地的大中专毕业生和城乡青壮年，自力更生，艰苦奋斗，在天山南北的塔克拉玛干、古尔班通古特两大沙漠边缘兴修水利，植树造林，架桥修路，兴建了一大批团场、企业和新兴城镇。现有总人口257万人，下辖14个师、175个团场。目前，兵团教育事业已形成了包括幼儿教育、基础教育、职业教育和成人教育、高等教育在内的较完整的教育体系，其中有普通中小学572所，在校学生47.29万人，教职工3.51万人。

新疆生产建设兵团教学研究室作为兵团教育局直属的一个省级教研机构，以学科门类逐渐齐全，教研实力不断壮大，学术交流研讨日益活跃的特色和优势，在疆内产生了一定的影响力。

一、诞生创建：适应兵团教育事业发展的需要，承载教育改革的使命

1997年5月，时值党和国家提出实施素质教育、兵团教育事业进入发展的转型时期，新疆生产建设兵团教学研究室（以下简称教研室）正式成立。成立之初的教研室是隶属于兵团教育局的全额拨款事业单位，编制8人。教学研究活动主要在中小学语文、数学、英语、物理、化学、综合实践等部分学科展开。

教研室承担着兵团中小学教育教学研究指导任务，主要负责：一是准确把握基础教育改革方向和发展趋势，用先进的教育理念指导基层学校和教师的教育实践；二是培训、指导广大一线教师开展学科教学研究活动，选拔与培育优质师资，不断满足教师专

业发展的需求；三是引导社会舆论树立科学的评价观和全面的质量观，监控评价学科教育质量；四是建立优质资源整合与共享机制，积极开发课程资源，探索教学方法，形成教研成果；五是建立良好的成果转化机制，根据地方特色和校本特点，及时发现、总结、推广、应用先进经验，切实将教育理论成果转化为教育教学的现实成果；六是做好调查研究，提出合理的建议和意见，为教育行政决策服务，成为行政部门的智囊团、参谋部；七是要做好指导交流，提供最新的信息和政策咨询，为学校内涵建设服务，成为学校发展的助推器、动力源。

2003 年 10 月，随着兵团全面推行基础教育管理体制改革，实行“在国务院领导下，兵团负责，分级管理，以师为主，团为基础”的管理体制，教研室编制扩大到 14 人。其中，领导职数 3 人，内设办公室、文科室、理科室三个部门，学科门类涵盖义务教育阶段所有学科和高中部分学科。

2008 年 8 月，教研室编制进一步扩大到 25 人。有办公室、文科室、理科室、教育理论研究室、信息技术研究室 5 个内设机构，领导职数 3 人。

2009 年以来，教研室配备了小学语文、数学、英语、品德与生活（社会）、音乐、体育；中学语文、数学、英语、物理、化学、生物、思想品德、历史、地理、信息技术、科学、综合实践活动、音乐、体育、美术、民族教育等学科专职教研员，涵盖了义务教育阶段国家课程的所有学科和大部分高中学科。同时，逐步完善了群众性的学术团体“兵团教育学会”的组织机构建设。

二、改革发展：担当兵团教育事业发展的责任，呼唤教研工作的创新

自我国第八次基础教育课程改革以来，教研室紧紧围绕课程改革这个中心，在课改政策制定、师资培训、校本教研、教学研讨、评价改革、调研指导、经验和总结等方面做了大量工作，提高了兵团中小学教师实施新课程的能力和水平，促进了教师的专业发展。教研员在为一线教师解决新课程实施中遇到的各种教学问题的同时，也为兵团教育行政部门的决策提供了可靠的依据。

1. 突出教研机构的职能，有序推进课程改革

2005 年秋季，教研室努力发挥机构职能，有序推进兵团基础教育课程改革工作。教研工作方式由原来的“检查、督促、管理、指导”调整为“研究、引领、指导、服务”。教研员经常深入兵团各团场学校，调查了解课程教学与管理的情况，开展听课、评课、说课、研讨、交流、座谈、讲座等教研活动。这种紧密结合学校实际的教研活动，深受广大中小学教师和学校领导的欢迎。

教学研究工作以课堂为基本阵地、以教师为研究主体、以教学问题为研究对象，以促进教师专业化发展、提高教育教学质量为价值取向。教研室将工作重心下移到学校和课堂，研究并制定了《教研员听课、评课管理制度》《教研员赴内地学习管理制度》《关于规范各类教师评比、评选办法的暂行规定》等，进一步规范了管理工作。教研职能的转变，促进了教研员的研究空间、研究内容、研究方式乃至个人的价值趋势产生质的变化，教研工作的针对性和实效性明显增强。

2. 丰富教研文化的内涵，推动教育事业发展

在新时期的教研实践中，创建新型教研文化具有深远意义。有了教研文化，教研就有一种灵魂，牵动着每个教研人的工作神经；有了教研文化，教研就会形成一个磁场，凝聚起一股力量，推动着教育事业的发展。

2007 年 6 月，教研室认真总结兵团实施课程改革的 5 年历程，从中遴选出兵团中小学教师近千篇教学论文、教学设计/案例。经过群策群力、协作配合，认真筛选，编辑了兵团中小学教师的优秀教学论文集萃《清思、反思、再思》和优秀教学设计/案例集《智慧课堂》，已由新疆人民卫生出版社出版。此外，教研室还编制了《兵团教研室、兵团教育学会文件汇编》，完善了教研文献资料的建设。这几本书真实记录着兵团教育工作者探索改革的心路历程，反映出兵团教研的精神文化、行为文化和制度文化。作为教研精神文化的载体，填补了兵团教研室成立十年来从未编写出版优秀教学论文和优秀教学设计/案例的空白，赢得了广大中小学教师的交口赞誉。

3. 拓宽教研工作的思路，创新教学研究方式

通过学习科学发展观，教研室积极拓宽工作思路，主动研究探索新时期教研工作的特点和要求，明确工作重点，转变角色，努力使教研室成为现代教育理念的传播中心，教师发展成长的培训中心，教育成果的研发转化中心，教育质量的测评中心，教育发展的咨询参谋中心。

（1）开展送教下乡和送培到校活动

近年来，为使教研工作更具针对性和实效性，教研室淡化大团队式的多学科集中教研活动方式，着重采用部分学科小分队式的形式，送教下乡，送培到校。通过主动联系、分散出击、点面结合、校际互动等形式，帮助教师解决教学中的现实问题。先后派出多个小分队到兵团 14 个师开展听课、评课、课题研究、专题培训等教学指导与教学观摩研讨活动，密切了与基层学校的联系，促进了教学理论研究与教学实践研究密切结合，提高了教学研究的针对性和实效性水平。

（2）加强中小学教育教学研究基地建设

为进一步加强兵团中小学教育教学研究基地建设，提高基地校教师的教学研究能力，使学科教研工作有重点、有依托，发挥教学研究基地学校的示范、辐射和带动作用，教研室开展了兵团义务教育学科教学研究实验基地学校申报评选活动，并制定了《兵团义务教育学科教育教学研究实验基地管理办法（试行）》。

2009 年，评审确定了 10 个小学学科教学研究基地和 17 个中学学科教学研究基地。小学阶段的学科教研基地有语文（农四师 63 团中学、兵团二中）、数学（农八师石河子市二小、兵团二中）、英语（农六师五家渠一小）、思想品德（农四师一中）、科学（农八师石河子市二小）、体育（农八师石河子市二小）美术（农六师五家渠一中）、综合实践活动（农四师 63 团中学）；中学阶段的学科教研基地有语文（农九师中学、兵团二中）、数学（农五师中学、农六师五家渠一中）、英语（农五师中学、农六师五家渠一中）、物理（农十三师红星二场中学）、化学（农八师石河子市三中）、生物（农八师石河子市十中）、政治（农八师 121 团炮台中学）、历史（兵团二中）、地理（农六师五家渠一中）、音乐（兵团二中）、体育与健康（农八师石河子市八中）、信息技术（农四

师79团中学）、汉语（农八师石河子市十六中）、综合实践（农八师石河子市十中）。

（3）强化课题研究

2002年，兵团启动了小学、初中新课程、新教材的实验、推广工作，成立了领导机构，制定了推广规划，开展了各类培训，组织了全面的检查与指导，保证了第一批15个实验区的各项工作稳步推进。教研室将课题研究作为促进教学改革深入发展的有力抓手，确立了以科研为主业，以学术为主线的工作思路。组织开展了“创新作文写作”“小学生语文能力评价实验研究”“小学数学典型案例分析与反思”“兵团中小学英语教学现状及发展趋势研究”“‘双语’教学中信息技术与物理学科整合的教学模式与策略”“新课程背景下高中化学实验与教学研究”“综合实践活动课程研究与实验”“现代远程教育与校本教研的应用及研究”等一系列国家重点课题和兵团立项课题的研究活动。

2009年，“小学生语文能力评价实验研究”，在农四师一中召开课题成果推进交流会，邀请内地知名专家前来对现场课进行点评、指导，使与会的300多名小学语文教师受益。“小学数学典型案例分析与反思”，在五家渠开展课题研讨活动，来自11个师的200余位小学干部教师交流了实验经验。“兵团中小学英语教学现状及发展趋势研究”，经专家评审已确立38个单位46个子课题并相继开题进入研究。物理学科在农三师图木舒克市召开“双语”教学中信息技术与物理学科整合教学模式与策略阶段总结与汇报研讨会，化学学科的“新课程背景下高中化学实验与教学研究”开题后已进入实验阶段研究，综合实践活动课题获国家级立项并进入实施，课题组成员赴浙江杭州参加了课题阶段进展研讨活动。兵团农四师63团学校被评为全国课题先进实验校，兵团课题组组长周南老师和63团学校课题组负责人刘素琼老师被评为全国课题先进工作者。这些课题在有力促进教学科研环境建设的同时，也不断提升着教学科研的原创能力和教研的文化内涵。

（4）研发地方课程教材及教辅资料

教研室按照《兵团义务教育阶段五年地方教材规划》，主持编写完成了兵团义务教育地方教材《综合实践活动资料》（天津科技翻译出版公司出版）、《可爱的兵团》（中国青年出版社出版）、《信息技术基础》（北京新时代出版社出版）、《科技教育》（新疆科技出版社出版），参与编写了《体育与健康》（新疆人民卫生出版社出版）、《心理健康教育》（北京教育出版社出版）、《绿色证书教育》（新疆科技出版社出版），这些地方教材已经在兵团中小学校中广泛试用，为完善三级课程建设与管理工作奠定了坚实的基础。

根据学校的建议和要求，凝聚群体智慧开发、编写了一系列义务教育阶段的教辅资料和用书。如兵团春、秋两季课程改革年级期末检测试卷，中考复习资料（单元、综合、模拟试卷），《中考新题型》（新疆人民卫生出版社出版），《中小学生寒暑假作业》（新疆大学出版社出版），《新教材评价与探究》（共计71个品种，由新疆人民卫生出版社出版）、《单元复习与评价》（共计46个品种，由东北师范大学出版社出版）。由于这些教辅资料注重切合兵团学校实际，编写质量和水平较高，逐渐成为满足教学需求，进一步提高教学质量的重要助手。

（5）积极推进高中课程改革

2008年，兵团高中实施新课程以来，教研室高度关注高中课程改革，组织教研员学习《教研室如何应对新时期挑战》《教研员八条军规》等文章，学习高中新课程理论，研究新课程实施中出现的新问题，及时掌握课程改革信息和动态，自觉提高教学理论素养和教学研究水平。策划了高中课程改革各类教学研究活动实施方案，完成会议通知、汇报总结、课改资料汇编和工作简报等材料的编发。还组织完成了全国基础教育课程改革经验交流会的学校推荐、材料准备、筛选上报工作。

教研员积极参与高中新课程实施的各项工作，既是兵团高中学科教学指导的主要成员，又是高中样本学科的联系人，在课程改革中扮演着重要角色。各学科积极联络、协调高中样本学科研讨活动的各方面工作，保证了每次活动的质量和效果。如先后在兵团二中、石河子二中、华山中学、农五师高级中学参与组织举办4次高中语文、数学、英语、物理、化学、政治等样本学科的区域性教学研讨活动，成效十分显著。各样本学科通过教学观摩与研讨，促进了教师对课标的理解，提高了教师驾驭教材的能力，使教师掌握了新课程的基本教学方法。教研室还在石河子大学举办了兵团规划课题进展情况汇报交流专题会，物理、化学学科主持的兵团立项课题得到好评。

（6）加强教研网站建设

2006年2月，为进一步开发利用网络教育资源，搭建方便快捷的教育教学研究和信息交流平台，教研室创建了“兵团教研网”。该网站的建设，不仅实现了教研文化向基层的延伸，而且扩大了教研文化的视野。兵、师两级教研室和教研员之间传送文字资料，完全实现了无纸化办公，降低了工作运行成本，提高了教研人员运用现代信息技术的能力水平和工作效率。各部门、各学科借助和运用教研网，及时、便捷地将教研工作的新情况、新信息发布在兵团教研网上，降低了服务成本，受到基层教研室和学校的欢迎。

2009年，根据兵团教育局的部署，兵团教研网与兵团基础教育网进行新的整合。对原有的兵团教研网进行改版和重新制作，着重探索网络教育资源对推动课程改革进程，促进师资建设、学科教研、教师培训等的助力作用。先后增加了兵团教育文件库、教师文献资料资源库、学生电脑制作作品展示库、学生知识资源库和教育新闻5个资源类栏目。在网站的建设中，克服了新疆“7·5”事件的严重干扰，保证了资源网站在10月份正式发布运行的工作计划。

（7）办好《兵团教育》杂志

《兵团教育》杂志由兵团教研室主办，是宣传兵团基础教育课程改革发展的窗口，是广大教育工作者和一线教师学习交流的平台。近年来，教研室走不断创新之路，力争将《兵团教育》办出特色，办成让广大教育工作者满意的教育刊物。由于杂志紧密围绕课程改革，主题突出，特色鲜明，且在版式、风格、栏目、内容、设计、彩图装帧、审稿程序上不断有所创新，已成为疆内教育刊物的佼佼者，受到业内人士、广大教育工作者和自治区新闻出版部门的高度评价。2009年10月，在郑州召开的全国第十二届教育内部报刊协作交流会上，《兵团教育》杂志因设计精美、内容丰富、差错率低，被评为全国优秀教育内部期刊。

4. 搭建教研活动的平台，营造学术研究氛围

兵团教育学会在中国教育学会的业务指导下，先后成立了小学语文、中学语文、数学、英语、物理、化学、生物、思想品德、信息技术、综合实践活动、音乐、美术、体育、地理、历史15个教学专业委员会，为活跃教学研究搭建了新的平台。各专业委员会每年都按计划组织会员开展学科竞赛、教学研讨活动，并通过教师教学设计、教育教学案例、课件制作、课堂教学大赛、录像课评比、论文评选交流等方式选拔出优秀选手，代表兵团参加全国竞赛。这些承载着兵团基础教育改革与发展使命的教育学会活动，为广大中小学教师的专业成长营造了更为宽松的学术研究氛围，也为广大中小学生创造了自主、自愿提高学习能力、交流学习体会的条件，更为教研员延伸工作手臂，拓展工作领域，实现自主发展，提供了有效载体。

2009年，教研室和教育学会各教学专业委员会组织学术活动35次，参加教师近7000人。近年来，由教研室和教育学会各教学专业委员会组织选送的兵团中小学教师课堂教学、录像课、论文、课件、教学设计、教育教学案例等，参加全国各类教学竞赛活动，有1000多人次获得一、二等奖，为兵团赢得了荣誉。兵团基础教育在全国的影响不断增强，同时也带动了兵团各师、团、校教研活动的顺利开展。在庆祝中国教育学会成立30周年大会上，兵团教育学会受到表彰，获得“先进学会”称号，兵团数学教学专业委员会被中国教育学会数学教学专业委员会评为全国先进单位。

回眸过去，兵团教研室以求真务实的科学态度、开拓创新的精神风貌，戍边奉献，为基础教育的发展作出了贡献。展望未来，任重而道远。兵团教研室将以邓小平理论和“三个代表”重要思想为指导，以科学发展观为统领，认真落实兵团教育事业“十二五”规划，坚持为社会主义现代化建设服务、为教育决策服务、为教育改革实践服务，以繁荣教育科学为宗旨，以“研究、引领、指导、服务”为工作方针，积极落实科研强室、人才兴室的发展战略，从兵团教育改革发展的实际出发，以扎实的教育教学研究、锐意创新的开拓精神，为建设兵团现代基础教育科学体系而不懈努力，谱写兵团教育科学的新篇章。

（阮疆跃 撰审）

第二部分

北京市教研工作专题研究报告

专题一　新课程背景下转变教学方式研究

专题二　义务教育监控与评价

专题三　信息技术与学科教学整合研究

专题四　德育实效性研究

……

专题一

新课程背景下转变教学方式研究

在新课程改革背景下转变教学方式

北京市崇文区教育研修学院

随着主体教育思想的不断深入，突出学生主体地位，注重人文关怀，实现学生基本知识和基本技能的掌握，重视情感、态度和价值观的培养等成为新课程改革的主要目标。按照学习策略理论，有效的学习者应当被看做一个积极的信息加工者、解释者和综合者，学习者能够使用各种不同的策略来存储和提取信息，努力使学习环境适应自己的需求，从而使自己成为真正的学习主体。要使学生有效学习，真正成为学习的主体，就需要具有一定的学习策略，优化学习方式。对教师来说，要设法改变教学方式，提高学生的学习策略水平，使学生恰当地运用学习策略指导学习过程，成为一个真正能够独立自主学习的人。正是基于这样的现实和价值判断，崇文区教育研修学院中学研修部以国家级子课题、市级重点课题“主体教育理念下的中学学科学习策略研究”和区级重点资助课题“主体教育理念下的中学生学习方式优化研究”为依托，以形式多样、内容多样的教学活动为动力，着力进行了“在新课程改革背景下转变教学方式”的专题探索与实践。

在崇文区教育研修学院的直接领导下，通过几年的实践与研究，本专题无论是外在表现形式，还是内在授受行为都实现了一个比较大的飞跃，为崇文区的教育教学带来了充满生命力与朝气的新气象。教师教学方式的转变，在一定程度上促使了学生的学习状况的改善。学生掌握了一定的学习策略，主体地位得到凸显，创新思维与实践能力得到培养，学习效率明显提高。

一、以研修引领，促进教师教学方式的转变

1. 发挥研修一体优势，提升区域教师素质

2005年年底，崇文区将教育学院崇文分院、教育研究中心和幼教中心合并，组成了崇文区教育研修学院，为进一步整合教师教育，提高教师教育的质量，更好地发挥教师培训基地作用，搭建了一个崭新的平台，提供了新的发展机遇。学院围绕提高研修实效、服务基层教师的宗旨，开展了大量的研修一体的实践探索，形成满足基层教师需求的多样的研修一体模式。通过下校听课、问卷调研、访谈等多种方式，引导教研员在教研过程中有意识地发现教师在技术上和知识上存在的共性问题，在本学科研修人员调研基础上，有针对性地开发师训课程，面向全区招生。在课程的内容上，学院加大了师生互动的研究元素，如在课程中增加教师示范教学下水课和学员研究课等，通过培训解决教师教学中存在的问题，提高教育水平。比如生物学科根据新课程的需要开设的《新课程中新增实验内容的研究》，德育部开设的《中小学心理测量与诊断》等，满足教师业务需求，促进教师专业发展。

研修学院以学科共同研修主题为主线，根据主题制订培训计划和教研计划，在不同学段多角度地推进提高教师教学技能、学科专业知识的学科主题式研修一体模式。如中学英语师训课程中为全区开设了《新课程理念下的中学英语阅读教学》，在实施课程的同时又把它作为研究课题，分四个小组，按照新课程标准对阅读的要求由初三至高三年级教师分别承担任务。初三的研究重点是英语阅读教学中的微技能培养，如学生语篇能力、推断作者意图能力、推断生词的能力。高一高二则根据教材中的阅读课文训练学生如何根据文章题目找出作者要传达的主要信息、阅读文章的框架结构与写作训练的关系，尝试不同课型，如阅读扩写法、阅读仿写法、阅读续写法、阅读改写法及阅读缩写法。高三根据《2007年考试说明》中提出的“考查学生阅读理解不同文体语篇的能力”，重点聚焦在对不同文体文章进行分析研究，包括议论文、应用文、记叙文、说明文等类文章的阅读技巧及解题方法，结合英语阅读教学中学生存在的问题，分析影响英语阅读效果的因素及相应对策，探讨在阅读教学中进行学习策略培养的途径，总结阅读技巧和解题方法，培养学生正确的阅读习惯，并为推动阅读教学改革提供积极的思考和探索。在各年级的教研活动中，课题组成员分成不同专题作了交流，对全区阅读教学起到了引领作用。再如小学数学2006—2007学年确定以“数与代数”为系列研修主题，在学年计划设计时，通过课程班培训数与代数相关的知识以及技能，通过教研在不同年级开展数与代数研究课、公开课等有针对性的实践研讨活动。实践证明，教研和师训的有机结合，不但提高了师训课程的质量，还培养了一批研究型教师。

以同一学科、同一年级教师为主体的学段综合式研修一体模式等，在课堂教学中进行实践，既保证了研修的针对性，又提高了研修的实用性，做到了学用结合。

2. 充分利用学科优势，探索符合学科特点的教学方式

通过长期的实践研究，各学科寻找到了符合学科教师的教学方式和符合学习主体自身特征的学习策略，实现了学习策略与学科特点的有机结合。

语文学科研究总结出了自读课中引导学生自主学习的策略、诵读与吟唱怡情策略、

课堂教学中的“激趣”策略、学练结合的方法教学策略、板书示范直观展示策略等多种基于学生主体地位的教学方式转变的策略。教师们将这些策略灵活运用于平时的教学中，使学生不仅有了学习的兴趣，还掌握了学习的方法，有了进一步学习的愿望。文汇中学许静老师重新发掘古代诵读教学的优良传统，让学生自主诵读，在诵读中指导学生从整体上感知古诗文，以获得思想的启迪，达到提高审美情趣的目的。在课堂中教师对朗读的要求层层深入：读诗歌，读准节奏，初步感知；读注释，读懂诗文，探讨感知；读出语气和语势。朗读方法也形式多样，试读—听读—模仿读—自由读—感悟读—真情读；齐读、散读、教师范读、配乐读等。通过多层次、多形式的朗读，古诗文的韵律美、节奏美深深地感染着学生，使他们在不知不觉中加深了对诗歌的意境和诗歌情韵的感知。感知的深入又能提高学生的诵读水平，如此循环，学生对古诗学习渐入佳境。“诵”过关，“背”也就迎刃而解了。诵读的循环不仅使学生把握诗的音乐美、意境美，也让他们熟读精背以至默记在心，最终在愉快的学习中完成了语言积累的任务。这种做法后来在学校语文组广为推广，影响了一批语文教师。北京教科院课程教材中心还在文汇中学召开了北京市诵读现场会，范蕾老师在“中学语文课内外阅读教学方式的探究与实践研讨会”上做了诵读观摩课。如今，语文组已把这一研究纳入全国中语会诵读研究的子课题继续进行深入探索。在崇文区的语文评优课大赛中，娴熟掌握这些策略的老师们大放异彩，都获得了不错的成绩。一零九中于启静老师充分利用自己能读会唱的优势，在进行诗歌教学时大胆采用吟唱的方式。她以《嘎达梅林》的曲调吟唱《使至塞上》，以《送别》的曲调吟唱《闻王昌龄左迁龙标遥有此寄》，将优美的音乐语言和富有韵律的古诗文相配合，学生便多了一种审美体验，也多了一种学习的依托。96 中学冯佩老师进行《阿长与〈山海经〉》的教学时，充分考虑学生的阅读热点和兴趣，大胆从课文中间部分（第 19 段至第 28 段）切入教学，让学生耳目一新，参与教学的热情一下子高涨起来。前门外国语学校李彩霞老师进行写作教学，采用“赏—练—析—结”的方式，引导学生学习运用肖像描写表现人物，收到了良好的效果。2006 年 3 月 28 日，在北京市语文课程改革与考试评价现场会上，崇文区广渠门中学的封彦婧老师将诵读教学策略和学练结合策略运用到现代文阅读复习课上，九十六中的冯佩老师将激趣策略和学练结合策略运用到作文教学课上。教师教得巧，学生在有趣的语文学习中掌握了学习内容，新增了学习方法，受到了来自 19 个区县的 400 多位教师的高度好评。

历史学科开展了基于教学方式改变的中学历史想象策略、口述策略、总结策略、比较策略、列提纲策略、选择要点策略、设疑策略、教学模式的设计、信息技术与历史学科整合等方面的研究。九十二中学（现五十中分校）的李立群老师结合教材内容总结出一系列归纳法，好学实用，成效显著。它们包括：一是歌诀归纳策略。比如在讲完《两汉经营西域和秦汉对外关系》后，归纳本课知识为：“西出阳关为西域，西汉张骞曾来去。丝绸之路贯中西，西域都护护商旅。东汉班超再前去，甘英访秦风浪遇。一六六年欧使来，朝日也与汉相聚。”二是顺口溜式、三字经式归纳策略。比如在学习魏晋南北朝文化时，教师引导学生归纳诗歌成绩为：建安诗，数“七子”；田园诗，称渊明。归纳书画成绩为：王羲之，尊“书圣”；顾恺之，传“箴”“神”。三是数字归纳策略。比如学习《两汉经营西域和秦汉对外关系》，教师引导学生把本课知识重点归纳为

“一二三”——一条古道（丝绸之路），两件大事（西域都护府的设置，大秦王安敦王朝使臣来东汉），三个著名使者（张骞、班超、甘英）。再如学习完中国近代史后，把中国近代80年的历史归纳为一次变法，两个阶级产生，三次革命高潮，四次思想解放，五次侵华战争，六个不平等条约，七场重要运动，八个主要历史人物，等等。歌诀、顺口溜归纳法的优点在于语言朗朗上口，妙趣横生；数字归纳的优点是简捷，容易记忆。

此外，地理学科在探究性教学模式、合作性教学模式、案例性教学模式作了比较深入的探讨。政治学科探索出了对话式协作性教学模式、“任务—调查—分享—认同”式教学模式、“情境—问题—说理—导行”式教学模式、“分组讨论—辩论生成”式教学模式、基于网络的协作探究式教学模式。生物学科开展了提出问题的策略研究、知识形成过程的教学策略（基础知识的记忆学习策略、陈述性知识的认知策略）研究。劳技学科找到了让学生“学会学习”的新课程教学策略的重要取向和把学习方式的转变与学习策略的形成有机地结合的实践点。英语和其他理科则进行了基于学习方式优化的教学方式研究，取得了丰硕的成果。

3. 有效利用专家资源，增强教师的教改意识

面对新课程带来的变革，“引进来”被提上议事日程。在财力有限的前提下，学院领导、各学科研修员，通过各种渠道外请专家讲解有关课程改革的新理念、新动向，帮助教师解决课改中的难题。教育研修学院利用专家资源采取四种形式：一是由学科室提出名单，研修学院直接聘请。二是鼓励承办市级教研活动或现场会，共享专家资源。三是学校出面延请专家，研修学院学科室将校本教研的专家资源共享为区级教研的专家资源。四是积极参加市级以上培训，共享培训举办方的专家资源。

几年来，中学研修部外请专家讲座百余次，承办、协办市级以上现场会几十次。各学科请来了市教研员开展学科讲座：美术学科请来了著名志愿者周雅讲解文艺复兴时期的绘画；音乐学科外请匈牙利音乐教授开设全体音乐教师参加的专场讲座；英语学科利用学科优势，迎来了美国教师访问团，开展中外教育交流活动……

应该说，通过专家的理论引领、实践指导、课堂点评以及教师与专家的直接对话，使得研修员、一线教师乃至员工增强了转变教学方式的意识，学会了吸纳，学会了融合，开阔了视野，促进了教师业务水平的提高。

4. 通过参观调研、实地考察，激发教师的课改动力

曾经有一段时间，教师们的教学与生产、生活实际的联系不那么紧了，与实践基地的距离远了，有纸上谈兵之憾。新课程要求转变教学方式，特别主张教学要加强与时代的联系，与科技进步的联系，与生产实践的联系。为此，“走出去”“联系上”也成了活跃教学方式的一种途径。在这一点上，中学研修部走的是一条与地方课程资源相结合的路。研修员们遵照教师发展、学科需要、实际可行的原则，挖掘地方课程资源，充实国家课程教学资源，组织教师们走进学科与生活的联系区，走进学科实践基地。美术研修员利用文艺复兴在北京展出的机会，带领美术教师亲临展会现场，直接感受绘画艺术的巨大魅力；地理研修员带领教师开展野外实地考察；物理研修员组织教师到新落成的科技馆亲身体验，到航天发射中心直面“神六”；英语研修员带领区骨干教师赴境外接受培训……这些参观调研、实地考察活动，本身就是伴随着教学方式的转变，同时激发了教师开发教学资源的积极性，为课程改革注入了新的元素，开拓了新的视野。

5. 通过基本功和评优课大赛，引导教师改变教学方式

为了发挥教学基本技能竞赛对于提高青年教师基本功、改变教学方式的导向作用，崇文区将基本功大赛和评优课活动纳入常规教学工作，隔年一次推进基本功和评优课。和前几届相比，新课程下的竞赛内容更丰富，形式更多样。除了传统的“三个教学文件”的理论知识考查、专业知识考查、教案编写、教学设计、教材分析、示范操作、微格教学、现场说课、书法、弹唱、板书、美术技法外，理论知识还增加了新课程标准的内容，教学技能方面还增加了试题命制、课件制作、语文即兴演讲、英语短文朗读、现场人物素描等内容。

通过竞赛引导，教师在教与学方式上有两个大的变化。一是启发式的教学不同程度地渗进了每一节课，多种教学方式的整合为大家所认可。前门外国语学校的李妍老师在设计《山水画的意境》时，采用传统教学与现代媒体相结合的教学手段，将提问式、讲述式、讨论式等教学方法融合在一起，促进学生自主观察、自主探究，从而理解山水画意境的含义，使学生在欣赏、交流、实践等一系列体验中感悟到了山水画的意境之美。二是大部分教师都关注了到了自主、探究、合作的学习方式。五十中分校侯春燕老师教学电磁波谱时，采用以学生自主学习为主的小组合作的学习方式。学生通过翻阅书本、上网查阅资料，分小组对图片、视频以及一些物理实验、社会实践活动等学习到的知识加以整理和总结提炼，在教师的组织、指导和帮助下，课堂上以小组为单位汇报交流学习成果。学生既学到了物理知识，又认识到了物理学对科技进步、经济、文化和社会发展的重要影响，还在语言表达和写作能力上得到了锻炼。

6. 利用市级平台，帮助教师改变教学方式

教育研修学院利用巩固高中示范校教学成果的契机，帮助高中教师改变教学方式，发挥高中示范校的示范功能。院领导组织研修员深入各学校听课调研，总结经验，及时宣传，发现问题，尽早提醒，为教学质量的提高保驾护航。这项活动所到之处深受学校领导和教师欢迎。从最后的绩效看，教师的课程意识大大加强，尤其是在告别不合时宜的教学方式、运用新课程要求的学习方式方面，有比较突出的改观。这些变化从研修员下校听课的反馈中能明显地反映出来，约 80% 的教师在寻找新的“双适合”的教学方式，即适合自己教，适合学生学。从新课程实施后首届高考效果来看，崇文区学生对于高考中的新题型比较适应，成绩良好，这也从一个侧面反映了这项活动是成功的。

利用北京市初中校建设工程的平台，帮助初中教师改变教学方式。借助上级机关的行政执行力，一方面做好联络、协调、组织工作，另一方面主动出击，开展了对初中建设工程重点校九十二中和一一四中的诊断性教学视导工作。同时，对辖区内的其他初中校也实行了研修员对口联系制度。每两位研修员负责联系一所学校，全面了解学校的教学现状和需求，及时反馈相关信息，特别是要帮助学校教师开展转变教学方式的工作。初中校老教师数量相对较多，通过我们的工作，一部分老教师也在转变自己的教学方式，这让我们甚感欣慰。

7. 通过抓备课组建设，督促教师改变教学方式

一个区的教学水平攀升到一定高度，必须得从最基层的学校备课组抓起。为此，中

学研修部制定了基于新课改的《优秀备课组评选细则》，并开展教研组组长、备课组组长专项培训，培训内容涵盖备课方法、备课内容，备课的组织管理等，组织跨学校的备课展示交流。比如，在广渠门中学召开全区的备课展示交流会，会上五十中、广渠门中学和汇文中学的初一英语备课组、初二数学备课组、初三化学备课组以及高一语文备课组进行了交流展示。中学研修部和中教科联手组织全区优秀备课组评选工作，有效地推动了全区校本教研的开展。这项在“教学细胞”组织层面上开展的工作，督促并推动了教师转变教学方式，是一种有效的研修工作方式。

此外，还利用一切可以利用的机会来转变教师的教学方式。比如二级培训、质量监控。英语学科利用北京市英语教学展示会的机会，让教师当导演，让学生当主角演出课本剧。应该说，通过对教师的引导、激励、督促，各个学科已经形成了培养学习策略的教学模式。这是一种在学科教学中渗透学习策略培养的教学模式，它把学习策略的知识与学科内容相结合，在具体的学习情境中培养学生的学习策略，针对性强，具体形象，而且有利于学生学习策略知识的迁移。

二、以研修促进教与学的发展，取得初步成果

通过教与学的策略在各学科中的运用与研究，教师教的方式、学生学的方式以及教学内容的呈现方式等都发生了很大的变化。

1. 教师教学观念与教学方式的变化

通过对学习策略的合理运用，教师心中有了一张教学过程的“五线谱”，会针对不同的学习内容采取不同的教学策略，使课堂氛围不再呆板、平淡，而更灵活、更利于激发学生学习兴趣，更注意引导学生去品尝运用学习策略解决实际问题而获得成功的喜悦。在开展教学模式设计研究过程中，教师以学生的发展、以形成学生终身学习的能力作为教学设计的出发点，使学生思维活跃，分析问题、解决问题的能力得到提高。参加实验的教师在研究中成长，对课题有了自己独特的体验和理解，更加注意运用教学策略促进学习策略，实现三维目标。教研员通过实践与探索，总结出了一套新的研修方式：以问题解决为主的“研修一体”模式、以学科主题为形态的“研修一体”模式以及以学段整合、课题引领、资源下校等各具特色的“研修一体”模式。这说明，转变教师的教学观念与教学方式可以促进学生成为学习的主人，有助于实现教学的实效性，推进素质教育。

2. 学生学习主体地位的凸显与学习方式的变化

学生对知识的获得是一个从不知到知、从感性到理性的过程，也是一个从被动到主动的过程。对大量知识机械接受，会扼杀学生的学习兴趣并导致个性扭曲，使得学习知识变成学生稚嫩双肩上的沉重负担。通过开展各种学习策略的研究与应用，学生掌握了一定的学习方法，开始主动地对各类知识进行梳理，用不同的学习策略，比如精细加工策略（如想象、口述、总结、类比、答疑等）、组织策略（如选择要点、列提纲、组块、画草图等）、调节策略（如调整阅读速度、使用应试策略、复查等）、时间管理策略（如定时间表、设置目标、调整作息等）、认知/复述策略（如重复、抄写、做记录、画线、默念等），处理学习过程中出现的不同问题，使学习的过程变成一个由感性上升

到理性、从被动接受知识转变为主动获取知识的过程。这说明，学生主体地位的凸显和主动性的发挥，促进了他们创新思维的发展和实践能力的提高。他们的可喜变化，将给教育教学不断注入新的活力。

3. 学生学习效率与教师教学研究水平的变化

通过研究与实践，教师在转变教学方式的同时开始优化自己的教学方式。另外，学生运用掌握的学习策略开始寻找学习过程中的规律，觉得以前比较难掌握的知识现在不仅变得容易了，而且变得有趣了。比如学生知道如何在一大堆材料中提取主要的有用信息，知道如何理解一篇文字生涩的古文，进而主动尝试高效地进行复习、合理地安排自己的学习时间、熟练地思考和记忆某个问题。于是，学生在一定程度上改变了以往的学习态度，变得乐学、会学，提高了学习效率。

通过“在新课程改革背景下转变教学方式”的研究，发现教师教学方式的转变使得学生具有了学习策略掌控意识，这对激发学生主动学习，提高学习效率至关重要。三年来，崇文区教师有 60 余节教学设计获北京市的教学设计评比一等奖，30 余节课被收入国家基础教育资源库，百余人次获得全国或北京市教育教学奖。在北京市教师教学基本功展示活动中，崇文区 30 余位教师获小学、初中教学展示一等奖。在 2008 年“北京市第五届教育科学研究优秀成果”评奖活动中，课题获得优秀研究成果。2009 年在“第三届北京市基础教育教学成果奖”评选活动中，崇文区有 4 项获得一等奖，7 项获得二等奖，获奖数量居全市前列。

崇文区学生在国内外的各种竞赛中表现出来的不俗的成绩，以及中、高考成绩稳中有升的良好态势，都从一个侧面反映了教学方式转变不仅必要，而且转变得快，转变得稳，绩效就会更凸显。把教学方式的转变作为推进新课程的切入点，犹如找到了进入学生学习空间的一把钥匙，有了它，便有了开启学生智慧之门的法宝。因此，本专题的继续研究与深入推进，必将不断地丰富我们的教育理论和实践，深化我们的教育教学改革，进一步提高教育教学质量。我们将坚持不懈，努力实践，让教学方式的转变惠及更多的学生，培养出更多的国家、社会需要的各类优秀人才。

（朱传世 马福贵 撰稿）

信息技术与学科教学整合的研究

北京市怀柔区教科研中心

北京市怀柔区信息技术与学科教学整合工作是以立项课题的方式进行的。怀柔区教科研中心承担了市级“十五”规划课题《运用现代教育技术，构建‘主动—交互式’教学模式的研究》，该课题立足于怀柔区教学实际，立足于信息技术全面进入教育领域的实际，着力解决信息技术与课堂教学整合的方法、理念问题。

一、研究过程

1. 课题的形成

怀柔区地处远郊，且山区面积大，现代教育技术发展得很快，率先在15所学校开通了远程教育网，取得了很好的社会效益。不过，如何使现代教育技术与课堂教学结合起来，使信息技术发挥更大的作用，还缺乏研究。本课题正是在这一背景下形成的。

根据这一现状，在怀柔区教委主任、副主任等主要领导的直接带动下，教科研中心有关人员通过反复研讨论证，形成了本课题研究的基本思路和方案，向全区中小学公布并初步确定各校子课题。

2. 基本观点

与农业社会生产为主要特征相适应的是个别化教学模式。工业社会以大机器生产为主要特征。为了培养大批的合格工人，班级授课制应运而生。在这之后，虽然有许多变式，但其基本形式并没有发生根本改变。当人类进入信息化社会之后，越来越网络化、智能化。所有这些都将以惊人的速度改变着人们的思维方式、工作方式、交往方式以及生活方式。那种传统的以教师讲述为主的灌输式的、分科定时的教学，以及按年龄和成绩分组的、忽视个性培养与发展的学习行为，将逐步地被以学生探究为主的、交互式的学习，教师作为学习的管理、帮助和启发者，实行多学科交叉的问题解决式的教学，多样性个别性的合作学习行为和以行为能力为基础的综合性教学评价的现代教育理论和实践所代替。

相关的文献资料表明，尽管社会制度、教育制度、教育理念不同，但以现代教育技术，特别是计算机及其网络技术为基础，如何使其应用于教学，特别是服务于学习者的研究正在全面展开。研究的方向各不相同，有的侧重应用，有的侧重理论；有的侧重于教学模式的建构，有的侧重于模式的选择，而更多的是侧重于应用和模式的建构。其共同点一是各种各样的研究普遍受到各国政府的重视，纷纷加大投入，制定规划。二是在研究过程中各种流派纷呈，各种教学模式并举。但在建构模式的研究过程中，缺乏理论概括，还没有对各种教学模式提出一种具有共性特征的、在一定范围内具有指导意义的基本模式或范式。本研究力求在这一点上有所突破，为怀柔区实现教育的“跨越式”

发展创造条件。

因此，构建与信息化社会相适应的且具有一定概括性，可起到指导、引领作用的基本教学模式是教学理论发展的需要。本课题正是基于此提出了“运用现代教育技术，构建‘主动—交互式’的教学模式”的设想，用以概括或描述同类研究的基本特征，并对这一假说加以验证。

3. 研究目标

第一，分批分阶段地在怀柔区中小学范围内构建“主动—交互式”的基本模式，是本研究的最终目标。这一基本模式框架，将对中小学各年级、各学科起到指导、引领的作用。在建构的同时，要对这一基本模式的理论内涵和操作原则进行深入研究。

第二，在课题基本目标引导下，通过各子课题的研究，建立符合本校实际、本学科实际的教学模式。通过创设以计算机及网络为主要媒体的教学环境，以其为获取、检索和利用信息为主要手段的学习过程，形成子“模式群”。

第三，通过课题培训和研究提高教师的基本素质，促进教师的专业发展。其中包括：现代教育观念的确立，现代教育技术应用能力的提高，新型教学模式下的课题教学设计能力。

4. 关于“主动—交互式”教学模式内涵

我们所研究探索、最终欲构建的“主动—交互式”教育模式，是以现代教育技术，特别是多媒体计算机及网络为依托，以学生为中心，在教师引导下，在海量信息的学习环境中，充分发挥学生主动性的教学组织形式。

现代教育技术不同于传统媒体技术，它的多媒体化、网络化、交互化和智能化的特点，决定了它能够促进那些旨在发展学生智力和创造性的过程。创造精神和能力培养的前提是学生主体地位的确立。有了主体地位，才有可能实现主动学习；有了利于主动学习的环境，即教学模式或学习模式，学生的主动学习才能变为现实。这就是“主动”的内涵。

现代学习理论认为“社会协商”是必不可少的，这就是一种“交互”。现代信息技术条件，特别是“网络”技术，使这种交互达到了前所未有的程度。海量信息是学生取之不尽的信息资源，学生在什么时间学，学什么，是在班级组织或其他学习化组织的条件下学习，还是自己学习，是可以自我掌握的。但这并不是说有了“个别化”就不需要协作，交互式本身就是一种协作，协作和个别化是一个问题的两个方面。

一般认为，教学过程由教师、学生、媒体和课程等要素构成。在传统教学中，由于生产力水平的限制，决定了教学媒体和教学技术简单化，而要求教师要有极高的教学艺术来加以弥补。一支粉笔、一块黑板、一本书几乎成了教育技术的全部。而在信息化社会条件下，人们传播信息、获取信息的技术、方法已发生革命性变化。现代教育技术的应用，变革了传统教育过程的特征，使教师由知识的传递者转变为教学活动的指导者和组织者，使学生由知识的被动接受者转变为知识的主动探究发现者。教学媒体也由教师的教学辅助手段、教学工具转变为学生的认知工具；教学过程也由“教师教，学生静听”转变为“创设情境，学生主动探索、协商、讨论和意义建构”。基于这些教学过程要素重组的教学模式是由信息技术提供的，它符合建构主义的要求，也是创新教育的追求。这些是我们研究探索的“主动—交互式”教学模式的教学过程各基本要素及其地位、作用的最好阐释。

5. 理论依据

第一，认知论。认知论认为学习的有效性在于新刺激与原有知识结构的“内化”和“顺应”。其本质是学会认知而不在于认知量的多少，即学会学习。其核心是认知策略。它是个体对认知过程进行调节与控制的能力，是一种对内的能力，包括个体控制自己的注意选择性知觉、学习、记忆和进行创造性思维的能力。运用整合多媒体教学新模式，是实现这一认知目标的最佳选择。在这一过程中，学习者需要在学校里真正懂得接受教育是终身的事情，应该通过个人的发现和探索过程来学习。

第二，建构主义。基于认知心理学的建构主义理论，越来越引起人们的高度注意。建构主义认为知识不是通过教师传授获得的，而是学习者在一定情境中，借助其他人的帮助，利用必要的学习材料，通过人际的协作活动而实现意义建构。多媒体教学系统是非常合适的认知工具，它能创造建构主义所要求的理想学习环境。

第三，学习论。学习能力是人类最有价值的财富。人的学习能力的存在是教育活动存在的前提。学习不是一种被动的吸收过程，而是一种需要学习者主动从事的适应过程，“主动”和“适应”两者都非常重要。在现代教育技术条件下的“主动—交互式”教学模式，会给学习者提供多种信息通道的刺激，从而加深学习印象，使学习由被动接受式变为主动参与式，使学习过程掌握在学习者手里，体现了学习的真正内涵。

6. 组织实施

自课题方案向全区中小学发布，课题领导小组和课题执行小组，开始按照课题研究计划认真组织了课题的具体实施。

首先，对全区中小学的具体情况进行了认真分析，认为全区各中小学分布广，类型多，不平衡状况严重。因此，应区别不同情况，分类推进，才会有实效。经分析大体上分成直属校、平原校和山区校三种类型。各校根据不同情况选择研究内容，确定子课题。怀柔一中、怀柔二中、怀柔五中、汤河口中学、怀柔三小、怀柔一小等校的子课题是由中心课题组指定的。其他学校根据本校的研究能力，由中心课题组指定子课题或自己认领相结合。条件较弱的学校亦可暂缓进行，待条件较好的学校子课题取得了一定经验后，再依次跟进。

在研究过程中，要求各校在全员培训的基础上，抓住重点学科、重点年级和科研骨干人员。专职课题指导人员要深入教学第一线，充分发挥一线教师的作用，解决教学中的实际问题。教育科研专职人员与教师结合起来，使教育科研真正成为一线教师自己的事。使课题研究由教师被动接受变为主动研究，由形式化的只认领不研究，几篇论文就结题的过场式，变为经过研究解决教学工作的实际问题。实践证明，本课题研究，一线教师的内驱力得到了最大的发挥，从参加研究的人数、参加有关培训的积极性、主动性和撰写研究论文的数量、质量等方面看，都是前所未有的。

为了凸显研究结果，研究过程借鉴了实验研究的前后对比测验的方法，进行了开题初和结题时两次大规模问卷调查。调查内容包括软硬件建设、现代教育技术在课堂教学中的应用情况及教师和学生观念的变化等方面。通过大量数据及对数据的分析，较客观地反映了课题研究的结果。结果表明了教师教的方式、学生学的方式有明显变化；教师素质和教育观念有明显变化；硬件建设和资源库等方面有明显变化。这些变化证明了课题研究成果是显著的，达到了研究目的，完成了研究任务，对怀柔区教学整体改革的推动作用是巨大的。

7. 总结推广

总结推广可分为两个方面，一是研究过程中的总结推广，二是结题后的全面总结和推广。

在研究过程中，对各子课题的进展情况、经验和问题主要采取现场研讨的方法，解决共性的问题，推广阶段成果和研究经验。三年的研究过程中，分别在碾子中学、怀柔一中、汤河口中学、怀柔三小等学校进行了不同类别子课题的现场研讨。研讨时一般由中心课题组组织，子课题校具体承办，与会者有同类课题的主要成员，其他课题组长及教科研中心专职人员和主管领导参加。

二、课题研究的措施保障

1. 组织保障

为了课题研究顺利达到预期目的，在教委的统一领导下，组建了课题领导小组，由教委副主任刘军任组长，组建了课题执行小组，由教科研中心（原教师进修学校）校长周津立任组长。下设中心课题组办公室，负责课题日常工作。

2. 建立子课题指导负责人制

为确保研究质量，完成研究计划，除中心课题组统一指导、总结外，由教科研中心教科所人员负责联系子课题，负责各子课题的具体指导和情况通报等工作，建立子课题固定联系人制度。

3. 过程管理

参加本课题研究的一线教师多，子课题多，必须有强有力的管理机构进行规范化管理。在这一过程中，中心课题组起着重要的指导协调作用。包括各子课题研究内容的确立，操作方案的统一要求和个性化处理，如何突出各子课题研究特色和研究质量要求等，均由中心课题组进行调控、指导和督促。每学期都有统一组织的巡回检查，期末有课题进展情况总结并提出学期工作要求。

三、基本经验

1. 领导重视

实施信息技术与学科教学整合的关键是教师，推进信息技术与学科教学整合的关键是行政组织和领导。在全区中小学进行如此大规模的课题研究，没有教委、学校领导对教育科研重要性的认识和直接领导，是难以完成本课题研究的。在研究过程中，从区教委到学校主管领导，都亲自参加研究活动并做具体指导。比如渤海小学、怀柔三小、怀柔一中等学校，在学期初制订教学计划前发放调查表，将需要与信息技术整合的教学内容进行合理安排、统一调配，保障其有效进行。

2. 培训到位

培训教师是中小学实施信息技术与课程整合的关键。在教师培训的内容上，既重视理论素养的培养、教学理念的转变，又重视实践能力和动手能力的培养及训练。2002年年初，全区分批对教师进行了“信息技术与课程整合”的培训，包括：整合理论的培训，整合案例的撰写，整合案例观摩研讨交流，网络环境下教与学互动，课程资源的搜索、筛选、加工、整理、集成等培训。在培训的方法方面，第一，结合研究专题，聘请专家讲座、指导。第二，区、校搭建平台，相互观摩研讨交流。第三，实行技术能手责任制，具体对整合教学中的技术问题“一对一”帮扶。所有参加课题研究的专职人员和一线教师，对整合的理解、对课题研究的意义都有了新的认识，信息技术的运用有了质的飞越。

3. 校本研究

教育研究是为教学服务的，特别是行动研究，一线教师是研究的主体，既是研究对象又是研究者。因此，坚持校本研究是本课题研究的突出特点。在研究过程中，在充分发挥专职研究人员的重点指导和顾问作用的同时，中心组把研究的中心放在学校，放给一线教师，放在课堂教学中。

通过校本为主的研究，解决教师教学中遇到的实际问题，科研才不至于走过场，摆花架子。由于研究结果和结论是一线教师亲身体验和总结的，更有利于推广。

四、研究成果

1. 通过课题研究，形成了“主动—交互式”教学模式

“确定目标—发现问题—制订方案—搜集资料—信息处理—意义建构”这一假设性基本模式结构，为各子课题构建具体教学模式，形成具有使用价值的“模式群”起到了指导、引领作用。这一模式结构源于实践，又指导实践，是在过程中形成和发展的。各子课题组根据自己的研究内容，总结探索符合自己学校特点、学科特征和年龄结构的实用模式，既有基本模式结构又有变式。各子课题研究进展顺利，取得了丰硕的研究成果。例如“现代教育技术条件下资源性学习的研究”子课题，在三方面取得了突破性进展：一是建立了完善的计算机网络软硬件平台，为教师进行资源性学习模式的探究创造了良好的环境，特别是资源库内容丰富、分类清晰、查找便利。二是教师的现代教育理念和信息素养得到了提高。每个课题组教师均能掌握一种课件制作程序，一种网页制作平台，并有自己的教学主页和大量网上资源。三是基于“学生自主发现和探究”理念，对网络环境下课堂常规教学模式和研究性学习的研究。

又如“现代教育技术下，好课标准的研究”子课题，总结了九条基本标准：一是现代教育技术的应用，必须有利于素质教育的贯彻实施；二是现代教育技术的应用，要有利于培养学生主动自主学习和快速学习的能力；三是现代教育技术的应用，必须以学生的身体健康为前提；四是现代教育技术的应用，主要注意学生思维能力的培养，使学生习惯于以信息处理角度来理解现代教育技术；五是现代教育技术的应用，要有利于师生的思维参与和互动；六是利用现代教育技术手段进行的教学设计，必须具有前瞻性，要为学生的终身发展服务；七是现代教育技术的应用，要有利于培养学生的信息素养；

八是现代教育技术条件下的一堂好课，应努力实现个性化的教学；九是应用现代教育技术，应尽最大所能提高课堂效率，开辟更广阔的提高素质的途径。

在总课题方案指导下，汤河口中学、怀柔四中、怀柔三中、长哨营中学、北房中学、怀柔一小、怀柔二小、怀柔三小、渤海小学、庙城小学、雁栖学校等课题组，经过反复研究，总结提炼，形成了符合本校实际、学科实际和不同年龄特征的教学模式，构建了以“主动—交互式”教学模式为基础的各种变式，形成了“模式群”。这些模式对研究假设给予了充分验证，具有一定的理论价值和实践意义。

2. 通过课题研究，改变了教师教学方式

随着课题的深入，各校的软硬件设备得到了很大的改善，各实验校能保证班班有多媒体教学设备，网络畅通，并搭建了网络资源平台，为教学方式的改变提供了有利的环境和条件。教师们在新课改理念的指导下，教学方式内涵发生了很大变化，情境教学、任务驱动教学、探究发现教学、体验合作教学等穿插于课堂的各个环节。

3. 通过课题研究，拓宽了学生学习途径

在传统教学中，学习者只能通过书本、教师、图书馆、实验室等有限的途径进行学习。而多媒体、网络技术——超强的交互性、参与性、信息资源的大量存储和共享等特点，使得学习者的学习途径更为多样和广阔，学生有了更大的空间和时间可以自主地选择适合自己的学习内容。在课题后期进行的一次问卷调查中了解到：实验学校小学三年级以上的学生，85% 能利用网络进行阅读、预习，64% 可以利用网络主动解决学习、生活中的问题。学生主动收集、处理信息的能力、获取新知识的能力、分析解决问题的能力不断提高，网络环境下的学习方式，逐渐走入课堂、走进家庭。

4. 通过课题研究，增强了师生互动交流多元化

随着课题的研究，网络、多媒体技术走进课堂，师生之间的互动时空、互动方式、互动内容、互动角色悄然发生了变化。在互动时空上，教师和学生之间的交流不仅仅限于课堂，还可以利用多媒体网络技术进行跨时空的远距离互动交流；在互动方式上，教师和学生之间的交流不仅仅是一对一或一对多的单向互动，还可以利用 BBS、电子邮件、QQ 等进行，使师生之间、生生之间的交流更广泛、更有针对性；在互动内容上，教师和学生之间的交流不仅仅限于书本，还可以交流从网络中获取的书本以外的相关知识；在互动角色上，教师和学生之间不再是单纯的知识的传递者和接受者，还可以是引导者、支持者和合作者、倾听者。

五、研究结论

经过对本课题研究的分析总结，初步得出以下结论。

（1）研究假设是成立的。通过研究，达到了研究的目的。构建“主动—交互式”教学模式具有一定理论价值和实践意义。

（2）研究构建的“主动—交互式”教学模式或模式群体，体现了先进的教育思想。操作方式上切合不同学校、不同学科和教师，不同年龄阶段学生的个性特征，在一定时期内是相对独立的，但并不是一成不变的。

（3）研究以实践为主，推动了怀柔区教育改革，为相对落后地区实现教育的现代化提供了具有借鉴意义的经验。

六、存在的问题及对问题的分析

1. 数字化资源建设仍需加强

自2001年年初以来，怀柔区在数字化教学资源建设方面投入了大量的人力、物力、财力，做了大量的工作，也取得了可喜的成绩。区级网络信息中心率先搭建了信息资源平台，随后各校纷纷筹建了校级资源库。不过，从调查中了解到，有用、可用的教学资源缺乏，不能满足新的教学方式和学习方式的需求。主要原因有：第一，教学资源的建设没有形成有效的指导与管理机制；第二，区、校知识产权意识还比较淡薄，奖励机制不健全，导致部分核心资源没有实现真正共享；第三，区、校之间各自为政，缺少整体的规划、部署、沟通和交流，导致资源的重复建设。

2. 教学内容的整合仍需研究

在调查过程中发现，一些教师在教学中成功地运用信息技术，拓展了教学空间，提高了教学效率。但也有相当一部分教师在应用信息技术时不考虑教学目标、教学内容和学生学习的需要，为用信息技术而用信息技术，追求形式上的整合，教学效果不理想。要达到信息技术与学科教学的有效整合，不仅需要熟练掌握技术手段，更重要的是要了解教育的本质，了解学科教学的目的，了解整合的实质和意义，充分发挥信息技术不可替代的优势，实现教学内容、教学目标、教学策略和应用方式的有机统一，实现学生的最优发展。另外，教师在“整合”过程中对“课程权”的把握，还缺乏主动意识，因而造成了课程权的缺失或部分缺失。

3. 利用信息技术进行主动学习的意识不强

信息技术使学生的学习过程更具有开放性，这就要求学生具有更高的自主性、自律性。从调查中了解到，在利用网络资源进行学习、交流的过程中，相当比例的学生比较关注网络游戏、娱乐栏目等，主动学习的意识不强。这就要求教师在引导学生应用信息技术进行主动学习时，还要从思想到方法上加以关注，从课前预习、课上学习到课下复习，进行多角度、多层面引导，不断培养学生应用信息技术进行有效学习的意识和能力。

本课题研究结果虽然经过初步验证，但还有待于进一步科学评估，特别是关于现代教育技术的环境设置标准，还需进一步研究验证，有些教学模式是否具有一定共性还有待研究。

（王广杰 邵晓娅 撰稿，彭玉良 审阅）

中小学衔接的内容与方法研究

北京市通州区教师研修中心（北京教育学院通州分院）

随着课程改革的深入进行，中小学衔接问题越来越凸显，成为影响课程改革的主要问题，引起了社会各界的高度关注。为此，北京市通州区教师研修中心在中小学衔接的具体内容与方法上进行了有益尝试。

一、教学内容的衔接

中小学的教学内容是一个完整的体系，其间既有衔接点又有一定的间隔点，因此做好教学内容的衔接就成为一个关键。

1. 选准衔接点

中小学教材中的内容存在许多的衔接点，只要抓住它，讲清讲透，并适当拓展，就可为后续学习奠定良好的基础。例如小学教材里的数都属于非负有理数，也叫“算术数”。在初中，学生首先接触到的是负数，数的范围扩充到有理数域；数的运算也在加、减、乘、除四则运算的基础上引入乘方、开方，扩充到代数运算。负数概念的引入，使数的概念的外延扩大了。小学所学的整数“0”是最小的数，通常表示没有。但初中的有理数中，却没有最小的整数。“0”是一个数，具有其他数相同的性质。在变量中，“0”是一个变量值，如函数值可取“0”。“0”还可以表示起点，如公路的里程碑，开始的第一个石碑上刻的就是“0”，说明里程碑的计算从这里开始。“0”还可以表示温度，当小学生对“0”有了比较清楚认识的时候，教师可以追问：“据报南极最低气温达到了零下94.5摄氏度，你们知道怎么表示吗?”其实就学生已有的生活经验而言，肯定能找到答案。教师应适时地告诉学生这就是负数。

2. 抓住孕伏点

小学阶段是系统学习的基础阶段，也是学科思想与学科方法形成的启蒙阶段，更是中学学习的孕伏期。因此在明确中小学同一学科知识的衔接点后，在小学阶段就要抓住关键的知识点，为中学教学奠定基础，提前做好孕伏工作，使学生能很快地适应中学的学习生活。例如小学数学学习是直观的、实验的探究过程与初步的逻辑思维过程的统一体。但在小学阶段，教师往往重视直观教学而忽略抽象逻辑思维的训练。初步培养小学生逻辑思维能力是新课程标准中规定的目标之一，也是初中代数学习不可缺少的基本能力。因此，在小学数学教学中，教师不仅要为学生提供大量直观教具或实验，帮助他们形成完整的知觉，积累丰富的表象，同时还要在教学中适度进行抽象思维训练，以提高学生的思维能力。小学生思维的基本特点是从以具体形象思维为主要形式过渡到以抽象思维为主要形式。这个思维的转折期一般在四年级，但如果在中低年级适度进行抽象思维训练，就可以有效地促进逻辑思维转折期的到来。如在一位数加法“7+8”的教学中，教师引领学生通过动手操作掌握算理后，还要脱离实物让学生大量地说算理，这样对学生抽象思维能力具有促进作用。再如，在“常见的数量关系”教学中，由于学生已经积累了不少的数量关系，并对数量关系有了一定的感性认识，所以课改教材在三年级就安排了对常见数量关系予以概括并进行变形的练习，这有利于提高解题能力，更有利于促进抽象思维能力的形成。如果我们在高年级阶段，把这种抽象能力加以巩固和提高，学生在中学的学习必然会轻松很多。

3. 夯实基本点

小学教材中一些基本的字词、概念、公式等是最基础的知识，这些知识是学生进一步学习的基础，一定要夯实，让学生切实掌握。例如在小学英语教学中，学生应学习语言基础知识，包括语音、词汇、语法等方面的内容。一些中学教师反映部分小学生的语音、语调不过关，而且纠正起来难度很大；在词汇方面，也远未达到课程所要求掌握的数量；语法方面个别时态掌握薄弱，各种代词用法混淆。为此我们要求小学英语教师创设语言情境，让学生在模拟的生活场景中理解感悟语言，并在加强听、说、读三种练习的基础上，要求适当增加对于基本单词和句型的练习。经过多方论证，我们决定小学生应掌握600个单词，要求会读、会写、会翻译，并进行初步的运用。

4. 补充空白点

小学中有一部分知识由最初的必修内容调整为选修或删掉的内容，其中有些知识被转移到了初中，有些知识初中也不学，但却用得到。也就是说，中小学知识上存在着一些空白点。如小学数学中的带分数四则运算等知识就成为了空白点，影响了学生在初中的学习。为此，通州区部分中学在研修中心的帮助下编写了中小学衔接教材，主要涉及语文、数学、英语三门学科，在小学毕业生进入初中开始，统一由中学教师组织教学，弥补这部分知识缺失的缺憾，为他们学习初中知识搭建了一座桥梁。

5. 复习重复点

小学中有一部分知识在中学重复出现。对于这部分知识，初中教师没有必要再像对待新授知识那样原原本本地教学，不如采用变通的方法。如初中地理有关中国地形特点的知识，涉及地形的种类、我国的主要地形区域以及西北高东南低的地势特征等内容，其实这部分内容小学社会课都已讲过，有的初中教师不了解这种情况，仍当成新知识来讲，学生认为学过了，所以兴趣不高。如果教师将这些内容上成复习课或练习课，或者干脆让学生讲，这样既节省时间，又有利于培养学生学习的积极性、主动性。节省下的时间可以重点讲小学没学过的部分，再补充一些相关知识，学生一定非常感兴趣，可以很好地达到巩固与提高的目的，促进学生学习成绩的提高。

6. 归纳分散点

为了便于学生学习，小学中的某一类知识往往被分成了几部分，这样知识的系统性就不明显了，导致部分学生没有建立起清晰的知识结构。再加上小学毕业到上初中，间隔了一个漫长的暑假，一些学生就会遗忘掉一部分知识，而新的知识又接踵而至，学生往往应接不暇。对此，通州区的部分学校在衔接教材中对已学过的重点知识作了系统的归类，为学生学习新知识搭建了坚实的平台。例如在语文衔接教材中，系统整理了拼音、修辞、阅读、写作、文言文、古诗欣赏等内容。如在修辞部分，介绍了比喻、夸张、设问、反问、拟人、排比六种常用的修辞手法，每一种修辞方法既讲概念、又讲用途和规律，还配有生动的例子。系统归纳帮助学生对于小学语文知识建构起了完整清晰的知识体系，这对于学生的深入学习是很有益处的。

7. 练习遗忘点

小学的知识是初中学习的基础，而有一些重点、难点知识学生不经过必要的强化练习是难以熟练掌握并形成长久记忆的。为此，通州区由研修中心统一为准备升入初中的小学六年级学生设计了衔接作业，对小学语文、数学、英语的主要知识点设计了一套完整的练习，帮助学生在温故的基础上知新。如语文衔接作业中对拼音、字词、句子、阅读、习作等知识进行了分类讲解，并附有学法指导与练习，学生每天做一个练习，只需在一周的时间内就可完成。这种练习既让学生掌握了知识，又培养了学生的自学能力，可谓一举两得。此项措施得到了教师、学生及学生家长的认可。

二、教学方法的衔接

中小学生在心理、知识、能力等方面既存在一定的差异性，又存在一定的继承性和发展性，因此中小学教师应加强联系，注意教学方法上的衔接。

1. 注意学生的心理特点

① 直观与抽象。小学毕业生虽然具备了一定的抽象思维的能力，但形象思维仍占有很重要的地位。因此初一教师仍要在教学中运用一些生动的实物、图片等直观教具，帮助学生逐步实现由具体思维向抽象思维的过渡，切不可操之过急，完全用抽象思维代替形象思维。例如初中英语教师在进行词语教学时，可以适当地运用一些图片、实物、肢体语言等帮助学生记忆。

② 情境教学。小学教师通常习惯于创设一定的学习情境，让学生在情境中提高兴趣、发现问题、探寻规律、掌握知识、形成能力，从而提高学生的学习质量。初中的教师也要注意这个特点，适时地创设学习情境。如在英语课上设计出各种生活场景，让学生在各种环境中自由地运用所学的语言，达到学习与提高的目的。

2. 有效指导学习方式

就目前的情况而言，许多教师已清楚地认识到“教师的教，正是为了将来的不教”，也知道上课时应教给学生学习方法，但学习方式到底有哪些？这些方式之间到底是什么关系？应如何让学生循序渐进地掌握这些学习方式？却没有多少教师说得清。通过实践探索我们认为，小学低年级学生最初要掌握接受学习方式、逐步学习体验学习方式，中年级重点学会合作学习（包括师生间、生生间、集体间、小组间），高年级重点要学会探究学习方式，初中生要熟练掌握探究学习方式并初步学习研究性学习方式，高中生重点掌握研究性学习方式，大学生则要掌握自主学习方式，从而为终身学习打下坚实的基础。由此可见，学习方式是一个由教到扶再到放的循序渐进的过程，它取决于教师的教学方式。当然，学习方式是综合运用的，只是在某一时空内更多地强调学习或掌握某一种方式，但并不排斥其他方式的运用，也不要求学生在某一学段完全掌握某一种学习方法。例如小学课堂教学中的自主学习是带有自主性的学习，它与初中、高中、大学甚至成人所采用的自主学习是不完全相同的，小学重点在于培养自主学习的意识和初步能力。

3. 恰当运用现代教育技术

随着课程改革的深入，中小学教师越来越认识到现代教育技术在课堂教学中的作用。许多教师掌握了课件的制作与使用以及网络技术，并逐步掌握了多媒体技术平台和虚拟网络技术平台。他们运用现代教育技术创设情境、突破重难点、加大练习密度、为学生提供交流与展示的平台和学习的资源。教师们的探索极大地激发了学生们的学习兴趣，促进了师生教与学方式的改革，使课堂教学出现了生动活泼的局面。不过，现在教师主要运用现代教育技术辅助教学、辅助学习，还没有完全做到信息技术与学科的整合。在这一方面，中小学教师还要加强合作，共同探讨具有本区特色的信息技术与学科整合的新方法、新途径，并保持一定的延续性。

三、学习习惯的衔接

学习习惯是学生逐渐养成的、一时不容易改变的学习行为。好的学习习惯是学习成功的开始，所以小学教师尤其要重视对学生良好学习习惯的培养。

1. 课堂笔记

记课堂笔记是中学生提高课堂听课效率的辅助手段。因此在小学高年级，教师就要有意识地培养学生记课堂笔记的习惯，从而为进入中学学习打好基础。习惯的养成离不开教师的指导，通州区小学高年级教师的主要做法有以下三种。

① 举办讲座。教师向学生介绍记课堂笔记的几种方法，如记提纲、记问题、记疑点、记方法、记总结等，讲解课堂笔记的要素与格式。

② 及时指导。教师在学生记课堂笔记的初期，加强巡视，及时进行个别指导。

③ 加强交流。教师定期让学生之间相互学习与交流，使课堂笔记既实用又美观。

2. 学习日记

学习日记是学生把自己的学习经历记录在专门的日记本上。通州区的一些小学要求学生记数学日记，学生记录课堂教学的主要内容、精彩片段、深切感受以及课外阅读中的精彩内容等；有的学生还在学习日记中绘制了精美的图画并配上了名言警句，集知识性与艺术性于一体，对培养学生的综合能力具有很高的价值。

3. 批注

通州区一些教师在语文阅读教学中，培养学生做批注的习惯。初期，教师教给学生做批注的方法，如符号记录法、文字记录法，可以画出重点词语、修辞方法，写出自己的感受、疑问等。这对于提高学生的阅读能力无疑会有很大的帮助。

概括地说，学习习惯的培养需要中小学教师在认识上达成一致，在行动上步调统一，小学教师要注意训练学生养成良好的学习习惯，而中学教师要注意学习习惯的延续与再培养。

总之，中小学衔接是一个系统工程，需要在管理体制、运行机制、思想教育、课堂教学等多方面进行系统管理，课堂教学是中小学衔接的主阵地，切实做好教与学的衔接无疑是一个关键环节。通州区在这方面进行了大量的探索，已经取得了初步的经验，有效地减缓了中小学衔接中学生的不适应现象，促进学生实现由小学向初中的平稳过渡。当然，这项研究还处于起步阶段，今后还要加大力度，探索出更为行之有效的措施，进一步促进中小学衔接工作的开展，推进课程改革的深入进行。

（苏金良 闫德胜 撰稿，肖宝军 审阅）

加强教学方式研究，提升课堂教学质量

北京市昌平区教师进修学校

学科教育改革借助新课程改革提供的机遇，正在如火如荼地开展。新课程强调教学过程是师生交往、共同发展的互动过程，为此，北京市昌平区教研部门与时俱进，既重视观念更新的先导作用，又重视方式变革的载体作用，组织了丰富的教研活动，创设了一个个新颖的教研方式：主题研讨式、课例剖析式、连环跟进式……在实践中逐步形成民主、开放、高效的教研机制，引导教师转变观念，重新定位角色，重视教的方式和学生学习方式的变革。当前，研究性学习、小组合作学习、开放式教学、现代信息技术与学科教学整合等，在中小学各个学段、各个学科，都成为校长、教师热心探讨、尝试的课题，成为昌平区教学改革的焦点。教学方式的研究提升了昌平区教师的专业水平，推动着昌平区教育教学质量的不断提高。

一、理论引领，观念更新

教研员作为新课程实验的参与者、合作者、探索者，通过多种途径、多种方式对教师教学观念的更新、教学行为的转变起到积极的引领作用。

1. 专家培训，析疑解惑

“见多才能识广”，为促进教师对新课程理念的理解，教研部门注重专家引领，开展多层面交流展示，为广大教师创造直面专家的机会。教研部门积极承办北京市高中新课程物理学科“主题”现场会、北京市初中化学习教学研讨会暨现场说课教学评比和复习课教学调研活动，陈文明老师音乐教学研讨会、北京市高中体育与健康新课程篮球选修模块教学观摩研讨会、北京市小学英语故事教学研讨会等近60场。

市级乃至全国知名专家、学者近百人次走进昌平，使教师近距离聆听专家们精辟独到的见解，在耳濡目染中析疑解惑。上海教科院周卫研究员高屋建瓴为昌平区教师做了“课堂教学观察与指导”“教学案例与行动教育”的学术报告；北京教育学院吴松年教授为骨干教师做了题为“教学疑难问题解读”的讲座；北京市教科院基础教育课程教材发展研究中心钟作慈、北大教授李淑静、北京基教研中心教研员吴正宪等，也先后应邀来到昌平为教师做了“走进新课程”“如何提高课堂教学实效性”“数学思想方法在教学中的渗透”等专题讲座。

专家们对新课程理念全方位、多角度、多层次地进行了解读，并就教师们在教学中的疑难问题进行了现场交流。不同的专家提供给教师不同的教育视界，不同的培训一样提升着教师的教育智慧。教学方式变革的专题培训，从宏观到微观，从理论到实践，具有较强的针对性和可操作性，使新的教育教学理念“润物无声”般潜入每位教师的心田，对提高教师各方面素质起到了不可估量的作用。

2. 教、研结合，率先垂范

教师作为课堂教学的实施者，一方面，对新理念的理解尚未透彻；另一方面，多年的教学传统与习惯难以抛舍。什么样的教学方式符合新理念？什么样的课是新课程优质课？这就需要教研员有所作为，不仅会说课、评课，还要勇于走上讲台，送课到校，主动做新课程课堂教学的示范者。

几年来昌平区有近30名教研员分别到昌平一中、前锋学校、中滩中学等教学一线承担教学任务，教学教研双肩挑。小学教研室组织市区级骨干教师送教下乡，为全区学科教师上实验示范课，上教学观摩课；体美教研室定期组织“教研员实践周”活动，教研员集中一周时间扎根在一所学校，与教师共同备课、共同上课、共同研究。教研员以教促研，以研促教，在亲临课堂中，切身体验教师的甘苦悲欢、迷茫与困惑；切身体验新课程，并有针对性地为教师们开展了“教师教学方式变革”“如何读懂自己”“转变观念，勇于实践”等专题讲座，受到了基层校教师、领导的热烈欢迎和一致好评。在北京市小学数学教研员录像课评优活动中，昌平区4名教研员均获一等奖。

教研员与教师在甘苦与共中，体会着“奇文共欣赏，疑义相与析”的教育乐趣。教师在实际观摩中领略到“在以学生为主体的课堂教学中，教师的话少了，要求教师语言的含金量却高了”，明确了“小组学习不等于合作学习”，理解了“实施最重要”……教师在具体的课堂中感悟新理念，在真实的课例评析中理解新理念，从而自觉地在课堂上实践新理念。

二、课题推动，实践研磨

目标牵引过程，理论指导行动。教研员们以科研带教研，以教研促科研，深入探讨课堂教学的有效方式，在“十一五”课题立项中，昌平区教研员共承担了国家级课题2项、市级课题8项，区级课题10项。以课题研究、专题研讨的形式，通过对教学方式的探讨，建立起教师之间、教师与教科研人员之间相互交流、相互学习的平台，并结合研究过程中出现的问题，组织研究课、观摩课，提高教师的理论水平和教科研能力，提高教师的实际操作能力。

在不断的探索实践中，昌平区教师积累了丰富的教学经验，涌现出一批勇于实践探索的教师群体，推出了一批体现新课程理念的优秀课例，这些都是教与学方式改革和创新成果的体现。在北京市第三届基础教育教学成果奖的评审中，昌平区推荐的11项成果中有6项获奖，其中由教师牵头或参与研究的占5项，共18位教师获奖。有2项成果在北京市教育教学成果推广会上做了交流。

1. 校本教研深入开展

自2004年3月成为教育部课题“创建以校为本教研制度建设基地”实验区以来，昌平区以问题为核心，以学校为基地，以学校教师为研究主体，学科教研员和基层校教研组长穿针引线，构建起市、区、片、校四级教研联动平台，在研究中各自发挥不同作用，实现优势互补。

自项目启动起，昌平区每年召开校本教研专题研讨会，对区域校本教研工作进行整体总结、部署，表彰优秀教研组和课堂教学大赛获奖教师，从政策、资金等多方面予以支持。

为进一步开创教学研究新局面，2010年4月26日至30日，昌平区组织召开了以

“构建和谐研究文化，让教师享受幸福的职业人生”为主题的2010年昌平区教研工作周，共表彰市区两级学科教师教学基本功培训与展示70人次370人、区优秀教研组111个、区中青年评优课获奖教师1373人。10所学校承担分会场任务，120名骨干教师、教研组长、班主任做了成果展示。展示形式有美术教师写意人生画展、校本课程论坛、校本培训论坛、教师教育教学技能说课展示、市区级获奖评优课展示、教研组活动展示、教研组工作论坛、高中课程资源项目——以“虚拟教室整合现实课堂”的双课堂模式等，涵盖了市、区、片、校四级研训成果。主题围绕课改，内容丰富，形式多样，来自各省市的120多名骨干教师、教研员，全区2500名干部教师观摩了展示。北京市基础处处长李奕，北京教科院基础教育教学研究中心书记赵宝军，成都大学师范学院副教授、四川中小学教师继续教育专家组成员陈大伟等20多名教研方面专家、特级教师对活动给予了高质量的点评，认为我们的教研团队工作扎实有效，能够以常态的教育研究为基础，以解决各类型教师迫切需要解决的问题为出发点，营造了展示、交流、研讨的氛围，建构了和谐、有效、可持续发展的学习共同体。此活动被《现代教育报》、《昌平周刊》、昌平电视台等多方媒体宣传报道。

多层面展示交流、多方研讨共享、高质量的点评指导，历练打造了我们的教师、教研团队，提高了昌平教育的影响力，对昌平区教育教学的后续发展起到了强有力的推动、促进作用。

2. “新课程理念转化成有效教学行为的策略的研究”成果丰厚

国家级课题“新课程理念转化成有效教学行为的策略的研究”以学科为单位的25个子课题组，结合区域教研工作，经过3年扎扎实实的研究与实践，取得了丰厚的研究成果，主要包括课题培训49次，课堂教学实录293个，教学课件和教学设计610篇，课例报告98篇，教学论文近百篇，子课题阶段总结42个，总结提炼出新课程理念转化为有效教学行为的“学—观—剖—修”四步策略。在研究与应用中，教师在课堂上更注重教学内容与形式的有机结合，在自主、合作、探究学习中，课堂教学呈现出学生主动、活泼、生动的学习局面。本课题现已顺利结题。

3. “信息技术与学科教学整合”的课题研究硕果累累

信息技术在教学中的应用研究，旨在改变教师的教学方式、学生的学习方式，改变知识内容的呈现方式，让学生在自主、合作、探究中学会学习，学会认知，使学生掌握学习的方法和规律，为学生可持续发展奠定基础。

以市级课题“昌平区学科教育资源的建设管理与应用的研究”为龙头，昌平区充分发挥区信息中心、教研中心、教科所的不同优势，教研员与信息技术人员联手，以任务驱动的方式组织全区60%的科任教师积极参与资源的开发、建设与应用。经过三年多的运作，打造了一支涵盖了各学科、具有较强开发能力和较高应用水平的骨干教师队伍，建成了覆盖全区的由28个学科、13个专题、120000多个课件和素材构成的昌平区学科教育教学资源平台，对于改进教与学的方式、推进信息技术与学科整合起到了积极的作用。

“深化教学方式改革与信息技术的科学应用”项目研究，实验学科已扩展到语文、数学、历史、地理和音乐5个学科，利用网络资源进行双课堂的教学实践促进了学生自主学习，带动了我区新课程深入开展，编辑出版的成果集《人性化学习实录——昌平专辑》在北京市项目总结大会上作为学习材料交流。在北京市“高中历史新课程选修课网络资源建设与实施”现场会上，昌平区两个网络教学案例在大会上做了展示交流。在“第二届中欧基础教育课程发展大会”海淀分会场，昌平区教师代表北京市“深化教学方式改革与信息技术的科学应用”课改项目组进行说课展示。

在北京市2009年度中小学信息资源建设与应用总结表彰会上，昌平区作为先进区县代表进行大会发言，并被评为市资源建设和应用先进区县。同时有4所学校和9名教师获得“先进学校”和“先进个人”的称号。

4.“同一教学内容不同教学方式”的专题研究卓有成效

小学教研室将全区45所学校分成4个区域，以区域中心组为核心，进行前期研究和培训，采取“一课多轮”“同课异构”的研究方法进行教材研讨，再将大家达成共识的课在该区域内进行观摩、研讨。中学数学教研室在初高中6个年级建立课题组，以几所实验校为基地，带领教师们采用行动研究，边学习、边研究、边实践、边总结、边改进；以课例为载体，探讨如何根据不同的教学内容、教学对象采取不同的教学方式，以及同一教学内容采用多种教学方式进行教学。如《解直角三角形》一课，中学数学教研室组织初三年级7位教师上了7节不同风格的研究课；复习课《空间距离》，中学数学教研室组织高三年级教师分别采用启发探究式、讲授与练习结合为主要教学方式的研究课。中学英语教研室组织了高三年级情境作文和开放作文的写作专题研究课，以及初一年级网络和非网络条件下的“跨越式课题”展示课。中学政治教研室就《维护公共秩序、保障公共安全》一课组织的以探究学习和合作学习为主要方式的课例被收录到《中小学德育课程教与学方式的研究与实践》一书中，等等。同一教学内容，采用不同的教学方式，却同样体现了新课程的思想，教师们在比较中感受着每一种教学方式的特点及其实施策略。

课题研究、专题研讨，提高了教师们的研究意识，通过变革教学方式，丰富了学生的学习方式，使现代教育理念在课堂教学中得到落实。各学科教研组与广大教师边实践边积累，在教学观摩、教学研究的基础上，注重课改成果的总结提升、交流共享。编辑的成果集有《在学科教学中培养学生创新精神和实践能力》、《以校本教研促教师专业发展》、《一座幸福的金桥》、《聚焦校本研修》、《昌平区校本教研制度》、《昌平区课程教材改革实验论文集》、《昌平区课程教材改革实验教案集》、《新课程理念下教学设计系列丛书》（共6本）、高中新课程专刊《2008年青年教师课堂大赛优秀教学设计》等。

三、以评促研，以赛促教

1. 教学干部评优

为提高昌平区教学干部的业务素质和管理水平，把全体教师组织到教学方式转变的研究中来，进一步深化教育教学改革。昌平区组织了每学年一次的优秀教学干部评比。通过评比、交流，广大教学干部的专业素质、管理水平得到了提升，教育教学成绩和质量不断提高。

2. 教研组评优

教研组是提高教师专业素养的基地，是同伴互助的场所。为加强和改进基层学校教研工作，充分发挥教研组在推进课程改革中的作用，教研部门纷纷开展教研组长培训，并于2006年启动全区优秀教研组评比，出台了《昌平区先进教研组评选方案》《优秀教研组奖励办法》等文件。另外，采用把优秀教研组申报材料与教研组长现场述职相结合的方式进行评比。在每年一届的昌平区校本教研年会上，对优秀教研组已连续评比表彰5次。在此基础上，组织了“走进优秀教研组”观摩活动，安排了“以课例为研究载体的单元备课”数学教研组活动、“自主诊断式”生物教研组活动、“减负增质，提高课堂教学效率”的校本培训活动、《教学情境的创设》《机械操练能变得生动有趣吗》、《如何上好数学讲评课》等优秀教研组活动展示。

这些都对教研组活动的开展、对提高全体教师参加课改实验的水平和能力，起到了积极的促进和引领作用，涌现出一大批先进教研组。昌平区每年评比表彰的近百个区级优秀教研组中，小汤山中学政治组、昌平五中物理组、兴寿学校英语组先后被评为“首都文明号”教研组；前锋学校初中英语组，城关小学英语组获得了北京市第四届外语教与学展示活动示范教研组。

3. *教师评优*

以北京市基本功培训与展示为契机，落实“全员参与、分层指导、分类培训；注重过程、突出实效、整体提升、打造精品”的展评活动原则，各学科分别制订详细的基本功培训方案，严密组织，精心实施。尤其以新课程理念、新课标和教学设计为核心的培训，通过“培训—竞赛—情况分析—再培训”的流程，切实提高了全区教师的教育教学基本功，营造了人人重视教师素质，时时刻刻关注基本功提升的环境。

为进一步动员、激励昌平区教师积极参与到课程与教学改革实验中来，本着“在活动中学习，在活动中提高”的原则，昌平区教委、教研室从2005年开始，启动全区教师课堂教学大赛。大赛分三个年龄段进行，在各校初评的基础上分学科对全区中小学教师进行课堂现场听课，每年进行一个年龄段的评比表彰，三年一个循环。所有一等奖的教案集结成册，课例录制成光盘免费发放到各校。此外，各学科还分别组织了单元设计评比，教学设计评比等活动，给教师搭建了展示自己、认识自我的平台。

各级各类评优、竞赛活动与培训、指导相结合，教师们在过程中学习、在过程中发展，在整体提高的基础上发挥了引领作用。

（1）广大教师重视新理念的学习和运用。教师在课堂教学设计中有意识地将新理念予以渗透；在教学目标的制定中，注意通过合适的过程与方法，帮助学生理解掌握有关的知识，形成基本的技能，并逐步地渗透情感、态度、价值观的教育。

（2）重视教与学方式的选择与运用，重视学生主体作用的发挥。教师能够根据教学实际采取灵活多样的教学方式，讲授式、探究式、合作式、讨论式和角色扮演等，以充分调动学生参与教学的积极性、主动性。课堂上传统的接受学习、死记硬背的情形被主动参与、乐于探究、勤于动手的新气象所替代。教与学方式发生了根本性转变。

（3）重视信息技术的辅助作用，充分利用各种教育资源。教师们明白了信息技术与学科教学的“组合”不等于“整合”；对信息技术的使用，也由最初的演示型走向成熟的整合型。通过信息技术与学科教学的完美整合，最大限度地发挥多媒体的“辅助作用”，从而实现教学效果的最优化。

(4) 重视突出学科特色，体现创新意识，注重发挥自身优势，建立新型的师生关系。

四、厚积薄发，教研员与教师共同成长

1. 教研员研有所获

在研究、实践、服务的过程中，大家的工作得到了认可。中小学7名教研员分别承担并较好地完成了市级教材培训主讲任务；10余名教师先后应邀到全国各地进行专题讲座达34人次，上示范课20人次；30余名教师出色完成了香港、内蒙古太仆寺旗、内蒙古托克托县、新疆等地的支教任务。在北京市英语教与学创新教研活动评比中，昌平区小学英语组的区域教研活动获得一等奖，并在全市现场会上作现场模拟展示。

另外，教研员撰写的《让学生在创新性空间中自由翱翔》《信息技术融入高中物理课堂教学的实践与研究》《虚拟课堂与现实课堂有机结合模式的研究》《在小学品德与社会教学实施有效的小组合作学习的策略研究》《想象性交互活动在小学英语教学中的应用》《浅谈低年级质疑能力的培养》等论文，获区级以上奖的有800余篇，在市级以上正式刊物发表的文章近300篇。

2. 教师教有所得

教师的教学和研究有了长足的进步。据不完全统计，教研室指导教师参加市级以上评优获奖280余项，其中全国一等奖12项、二等奖28项，北京市一等奖124项。

在全国性的课堂教学大赛、录像课评比、说课比赛中，昌平区城关小学王丽娜，崔村中心小学赵东，昌平一中刘景奎、闫芬、韩宁，昌平二中尚章华，昌平四中闫韩，回龙观中心张久超，天通苑学校贾玉岩等11位教师获得一等奖。其中，昌盛园小学赵震老师《生活中的负数》一课，为学生创造了充满动态生成的探究式的课堂，把人类先进的科学文化知识有效地转化为学生的个体认识活动，实现了数学学习的再创造；二一学校姬秀美老师的录像课《勾股定理》，采用“启发探究”式教学方式，使学生以一个创造者或发明者的身份去探究知识，亲身体验勾股定理的探索、验证与证明过程，做到由传统的数学课堂向实验课堂的转变；实验中学李志刚老师的《影响电磁铁磁性强弱的因素》一课以小组合作式教学方式，最大限度地发挥了学生的自主性、能动性和创造性。

教师出版了个人专著《听与说的魅力》《我们这样教数学》等7本。初中教师参加北京市教师基本技能展示有8人获得一等奖。截止到2007年，有1388人被评为各级骨干教师，其中北京市学科带头人18人，北京市市级骨干教师114人。2008年3月至5月，《现代教育报》对昌平区20位优秀教师的事迹连续作了报道宣传，这些材料已集结成册，出版了《他们在成长》一书。

教学方式转变的研究与实践使学生的学习兴趣浓了，自主学习的意识强了，学习效果好了。全区学生综合素质有了明显提高，在市级以上各级各类比赛中获奖人数达2000人次。

回顾几年的工作，我们深知，在新课程背景下教学方式转变的研究非一朝一夕之

事。我们将以目前教与学实践中出现的成绩和问题为研究核心，进行深入的理性思考，集思广益，分享经验，进一步深入教与学方式改革的研讨、交流、实践，不断推动北京市基础教育课程改革深入进行，为全面提高北京市中小学教育教学质量，开创首都基础教育教学新局面而努力奋斗。

（谢淑丽 撰稿，王淑霞 审阅）

专题二

义务教育监控与评价

全员实施中小学课堂教学评价

北京市房山区教师进修学校

随着课改的深入推进，评价改革越来越显得迫切与必要。课堂是课程改革的主阵地，在众多评价项目中，课堂教学评价处于核心地位。建立和完善课堂教学评价制度，既是基础教育课程改革的具体目标和内容，又是基础教育课程改革的重要保障和支持。从某种意义上说，课堂教学评价决定着课程改革的成败。

为了深化基础教育课程改革，北京市房山区教育委员会出台了《关于深化中小学课堂教学改革，全面提高教学质量的意见》，制定了《房山区中、小学课堂教学质量标准》。依据《北京市中小学课堂教学评价方案》，区教师进修学校中小学教研室分别制定了房山区中小学《课堂教学评价标准》，在深入实验的基础上，启动了全区中小学课堂教学评价工作。

一、对课堂教学评价的再认识

对房山区中小学干部教师的一项抽样调查表明，相当一部分学校的领导和教师对课堂教学评价的认识是模糊的，认为课堂教学评价的目的就是考核教师，学校领导把课堂教学评价仅仅作为一种管理手段，片面夸大了评价的惩戒功能。教师认为自己在课堂教学评价中处于完全被动的地位，怎么评是领导和专家的事，与己无关。长期以来，由于评价理念的偏颇、测量与评价工具的不规范，学校的课堂教学评价随意性强，多数学校过于关注课堂教学评价的鉴定性功能，忽视了课堂教学评价的发展性功能。

在推进中小学课堂教学评价工作之初，我们引领学校干部教师重新认识课堂教学评价的功能，突出课堂教学评价的导向、激励和调控作用，明确课堂教学评价的目的（一改、二促、三提高）：聚焦课堂，构建多元评价体系，改进教学；评价导向，引领课程改革方向，促进教师专业发展和学生全面发展；关注过程，过程与结果并重，提高教师教学能力和学生学业水平，提高学校教育教学质量。

房山区启动中小学课堂教学评价工作以来，评价思路逐渐清晰，评价体系逐步完善。评价行为由行政主导向行政主导下的专业评价转变，评价主体由单向的权威评价向教师、学生共同参与的多主体评价转变，评价指向由教师评价向教师课堂教学能力评价转变，评价视角由单一评教向以学评教转变。

二、研制质性评价工具

为了确保课堂教学评价的信度和效度，组织教研和科研人员成立了课题组，研究符合现代教育理念的课堂教学质量标准和课堂教学评价标准，为开展课堂教学评价工作提供技术支持和条件保障。在研制房山区中小学《课堂教学质量标准》和《课堂教学评价标准》的过程中，借鉴了课堂教学评价设计的两种策略——课堂教学要素分割策略和课堂教学行为分析策略，对教学目标、教学内容、教学过程、教学方法、教学能力、教学效果、学科特色和教师教的行为、学生学的行为、师生互动行为等评价要素和评价视角从理论和实践层面进行梳理和界定，力求两个“标准”符合课改理念，克服模糊性和随意性，简单易行，可操作性强。

教学目标的制定及其实施效果评价要素，以三维目标达成情况为标准，力求明确、恰当、具体，贯穿全程，落实到位；教学内容的把握及其实施效果评价要素，力求详略得当、重点突出、知识点落实到位、能力点落实到位、德育点落实到位，注重知识的形成过程与方法的指导，突出思维和方法训练；教学过程的设计及其实施效果评价要素，力求设计精细，步骤清晰，教学环节间的衔接与过渡自然；教学过程评价要素，力求时间分配合理，反馈及时，根据学生实际调控教学进程和难度；教学方法的选择及其实施效果评价要素，力求选择恰当的、切合实际的教学方法，使其富于启发性，激发思维，因材施教，恰当使用现代化教学手段；教学技能的展示及其组织能力评价要素，力求教学设计思路清晰，教学语言感染力强，善于组织教学，收放自然，随机应变；教学效率及其反馈效果评价要素，力求达成教学目标，当堂检测反馈，训练针对性强，活动充分，教学效率高，绝大多数学生掌握所学知识，不同层次学生的思维能力和学习能力都有所提高。如下表所示。

课堂教学质量标准举例——房山区课堂教学质量标准（中学）

考核项目	质量标准考核要素	课堂教学质量评定标准			
		A	B	C	D
		优秀（权重：1.0）	良好（权重：0.8）	合格（权重：0.6）	不合格（权重：0.4）
教学目标10	教学目标制定及其实施效果	（1）教学目标符合课标要求和学生实际，明确、恰当、具体。 （2）教学目标起点准，落点实，贯穿课堂教学的全过程并能很好地落实。	（1）教学目标较符合课标要求和学生实际，较明确、较恰当、较具体，能体现“三维”。 （2）教学目标能体现于教学过程中并能较好地落实。	（1）教学目标基本符合课标要求和学生实际，能体现“三维”，但缺乏整体性和联系性。 （2）教学中能完成教学目标。	（1）教学目标不符合课标要求和学生实际，不能体现“三维”，缺乏整体性和联系性。 （2）教学中未能完成教学目标。
教学内容20	教学内容把握及其实施效果	（1）对教材处理详略得当，传授知识科学准确、熟练自如、重点突出，知识点落实到位。学生学习的知识点清面明，融会贯通。技能及能力培养方法科学，揭示本质，指点规律，训练得法，能力点落实到位。学生思维活跃，活动充分，能自主运用知识解决问题。 （2）注重知识的形成过程与方法的指导，突出方法训练。共同训练与个性训练相结合，学生养成良好的思维品质和学习习惯。	（1）对教材处理详略较得当，传授知识无科学性错误、重点较突出，知识点能够落实。学生学习的知识比较系统，相关知识能够衔接。技能及能力培养方法较科学，指点规律，训练较得法，能力点落实。学生思维较活跃，活动较充分，能运用知识解决问题。 （2）能够注重知识的形成过程与方法的指导，体现方法训练。学生养成较好的思维品质和学习习惯。	（1）对教材处理基本得当，传授知识无严重科学性错误、重点较突出，能够讲清知识点。学生学习的知识比较系统，知识点基本能够落实。有一定的技能及能力培养方法，会总结规律，训练较得法，能力点基本能够落实。学生参与教学活动较积极，活动较充分，能在教师指导下运用知识解决问题。 （2）能注重知识的形成过程与方法的指导，有一定的方法训练。学生养成较好的思维习惯，基本掌握本学科的学习方法。	（1）对教材处理不够得当，传授知识有严重科学性错误、重点不突出、照本宣科。学生学习的知识不够系统，知识点落实不到位。基本没有技能及能力培养方法，能力点基本不能落实。学生被动参与教学活动，活动不充分，解决问题能力差。 （2）欠缺知识的形成过程与方法的指导。学生没有养成较好思维习惯。

续表

考核项目	质量标准考核要素	课堂教学质量评定标准			
		A	B	C	D
		优秀（权重：1.0）	良好（权重：0.8）	合格（权重：0.6）	不合格（权重：0.4）
教学内容20	教学内容把握及其实施效果	（3）善于发挥学科自身的教育功能，挖掘德育实施点，自然渗透，教育点落实到位。学生的情感、态度、价值观得到内化。	（3）能够利用学科自身的教育功能，挖掘德育实施点，自然渗透相关的德育教育内容。学生的情感、态度、价值观得到提升。	（3）能够利用学科自身的教育功能，挖掘德育实施点，渗透相关的德育教育内容。学生的情感、态度、价值观有所提升。	（3）不能挖掘德育实施点，以渗透相关的德育教育内容，穿靴戴帽。学生的情感、态度、价值观基本没有得到提升。
教学过程20	教学过程设计及其实施效果	（1）教学过程整体性强，设计精细，步骤清晰，教学环节间的衔接与过渡自然。 （2）教学过程各环节时间分配合理，反馈及时，合理处理预设与生成的关系，恰当调整教学进程、难度。	（1）教学过程整体性较强，步骤较清晰，教学环节间的衔接与过渡较自然。 （2）教学过程各环节时间分配较合理，反馈较及时，能较灵活处理预设与生成的关系，调整教学进程。	（1）教学过程整体性较差，缺乏设计，教学环节间的衔接与过渡较生硬。 （2）教学过程各环节时间分配不太合理，反馈不及时，能处理突发性的一些问题。	（1）教学过程不完整，缺乏设计，步骤不清，教学环节间的衔接与过渡生硬。 （2）教学过程各环节时间分配不合理，没有反馈，不能较灵活处理突发性问题。
教学方法10	教学方法选择及其实施效果	（1）能根据教学内容和学生实际选择恰当的教学方法，富于启发性和学法指导，激发思维，因材施教。 （2）能熟练使用教学设备，恰当使用现代化教学手段。	（1）能根据教学内容和学生实际选择较恰当的教学方法，富于启发性，能够因材施教。 （2）能较熟练使用教学设备和现代化教学手段。	（1）能选择较适宜的教学方法，但启发性、逻辑性不强。 （2）会使用教学设备和现代化教学手段。	（1）不能选择较适宜的教学方法，只重讲授忽视学生的存在。 （2）基本不使用教学设备和现代化教学手段。
教学能力20	教学技能展示及其组织能力	（1）教学设计思路清晰。 （2）教学语言感染力强。	（1）教学设计思路较清晰。 （2）教学语言规范流畅。	（1）教学思路符合认知规律。 （2）教学语言较规范流畅。	（1）缺少活动设计。 （2）批判性语言过多。

续表

考核项目	质量标准考核要素	课堂教学质量评定标准			
		A	B	C	D
		优秀（权重：1.0）	良好（权重：0.8）	合格（权重：0.6）	不合格（权重：0.4）
教学能力20	教学技能展示及其组织能力	（3）教态自然，精神饱满。（4）板书设计合理。（5）善于组织教学，收放自然，随机应变。	（3）教态较自然、亲切。（4）板书书写规范、工整。（5）组织教学能力较强，能够调动学生学习的积极性。	（3）教态较自然、大方。（4）板书书写较规范、工整。（5）有一定的组织教学能力，能够引导学生参与到学习过程中来。	（3）教态矫揉造作。（4）板书过于随意。（5）组织教学能力差，教与学脱节，学生注意力不集中。
教学效果20	课堂教学效率及其反馈效果	（1）达成教学目标，很好完成教学任务，当堂检测反馈绝大多数学生掌握所学知识，不同层次学生的思维能力和学习能力都有提高。（2）教学效率高，教师讲解精练，总结规律进行方法论和价值观的提升，学生思考容量大，活动充分，训练针对性强，时间利用率高。	（1）达成教学目标，完成教学任务，当堂检测反馈大多数学生掌握所学知识，不同层次学生的思维能力和学习能力都有提高。（2）教学效率较高，教师讲解精练，及时总结规律，学生思考容量较大，活动较充分，训练针对性较强，无效劳动少。	（1）达成教学目标，基本完成教学任务，当堂检测反馈超过半数学生掌握所学知识，部分学生的学习能力提高。（2）教学效率一般，教师讲解准确，但总结规律欠缺，学生思考容量较小，活动不够充分，训练针对性不强，无效劳动较多。	（1）教学目标未达成，当堂检测反馈大部分学生未掌握所学知识，大部分学生的学习能力未得到提高。（2）教学效率低，大部分时间做重复劳动或无效劳动。

课堂教学评价标准举例——房山区课堂教学评价标准（中学）

教师： 学校 班级 学科 课题 评课人 日期

评价项目	权重	评价要点	评价要点特征描述	符合程度				总分	等级
				优秀	良好	合格	不合格		
教学目标	0.1	（1）教学目标的确定	教学目标符合课标要求，知识与技能、过程与方法、情感态度价值观等方面符合学生心理特征和认知水平，关注学生差异。	10	9	8	6		
		（2）可操作程度	目标简明、具体、可操作。						

续表

评价项目	权重	评价要点	评价要点特征描述	符合程度				总分	等级
				优秀	良好	合格	不合格		
学习条件	0.2	(3) 学习环境的创设	教学氛围、学生心态调整、教具等学习环境有利于学生身心健康和教学目标的实现。	20	18	15	12		
		(4) 学习资源的处理	科学选择和处理教学内容，学生学习活动的材料充足，选择恰当的教学手段，突出重点、突破难点、抓住关键点，教学容量适当。						
		(5) 学科德育的实施	根据学科和内容特点，挖掘德育因素，确定课堂实施德育的重点并有效实施。						
教学过程	0.2	(6) 课堂结构的安排	结构合理（符合认知规律），层次清楚（思路清晰）。	20	18	15	12		
		(7) 学习指导与教学调控	为学生提供平等参与的机会，对学生的学习活动进行有针对性的指导，富于启发性，根据学习方式创设恰当的问题情境，及时采用积极、多样的评价方式。 根据反馈的信息，合理处理预设与生成的关系，及时调控教学的进程、难度。						
		(8) 学生活动与课堂气氛	学生参与活动积极主动（态度），学生参与活动的人数多、活动方式多样，时间适度（广度）；能提出有价值的问题或能发表个人见解（深度）。 学生的人格受到尊重，讨论、回答问题、质疑问难得到鼓励，学习进程张弛有度（宽松度）；课堂气氛活跃、有序，师生、生生交流平等（融洽度）。						

续表

<table>
<tr><th rowspan="2">评价项目</th><th rowspan="2">权重</th><th rowspan="2">评价要点</th><th rowspan="2">评价要点特征描述</th><th colspan="4">符合程度</th><th rowspan="2">总分</th><th rowspan="2">等级</th></tr>
<tr><th>优秀</th><th>良好</th><th>合格</th><th>不合格</th></tr>
<tr><td rowspan="2">教学方法</td><td rowspan="2">0.15</td><td>(9) 教法的选择和运用</td><td>根据教学内容和学生实际，选择恰当的教学方法，突出实效性，能熟练使用教学设备，适当使用现代化教学手段。</td><td rowspan="2">15</td><td rowspan="2">13</td><td rowspan="2">11</td><td rowspan="2">9</td><td rowspan="2"></td><td rowspan="2"></td></tr>
<tr><td>(10) 能力的培养</td><td>从教学内容和学生实际出发，恰当安排活动及训练层次，注重学习思想、方法的指导，在实践中形成能力。</td></tr>
<tr><td rowspan="2">基本素质</td><td rowspan="2">0.1</td><td>(11) 教态、语言、板书及学科专项基本功</td><td>教态自然大方，语言准确、流畅，板书设计科学、合理，书写规范，重点突出，教师学科专项基本功扎实。</td><td rowspan="2">10</td><td rowspan="2">9</td><td rowspan="2">8</td><td rowspan="2">6</td><td rowspan="2"></td><td rowspan="2"></td></tr>
<tr><td>(12) 应变能力</td><td>恰当、灵活地处理教学中的突发问题。</td></tr>
<tr><td rowspan="3">教学效果</td><td rowspan="3">0.2</td><td>(13) 基础知识基本技能</td><td>基本实现“双基”目标，多数学生能完成学习任务，每个学生都有不同程度的收获。</td><td rowspan="3">20</td><td rowspan="3">18</td><td rowspan="3">15</td><td rowspan="3">12</td><td rowspan="3"></td><td rowspan="3"></td></tr>
<tr><td>(14) 形成能力</td><td>部分学生能灵活解决教学任务中的问题。</td></tr>
<tr><td>(15) 情感态度价值观</td><td>在教学中实施德育得当，重视良好习惯的培养，学生体验到学习的愉悦，有进一步学习的愿望。</td></tr>
<tr><td>学科特色</td><td>0.05</td><td colspan="2">评价标准见附表</td><td>5</td><td>4</td><td>3</td><td>2</td><td></td><td></td></tr>
</table>

注：总分 100—90 分评为 A 级（优秀）；总分 89—76 分评为 B 级（良好）；
总分 75—60 分评为 C 级（合格）；总分 60 分以下评为 D 级（不合格）。

三、明确课堂教学评价的原则

第一，方向性原则。引领教师落实课程改革核心理念，促进教与学方式的转变，树立科学的发展观、学生观和质量观。

第二，客观性原则。依据教和学的客观规律，兼顾教师的可接受性和评价者的实践达成度，实事求是，从实际出发，对教师课堂教学等级的确定要体现客观性、合理性、权威性，评价者应避免主观臆断或掺杂个人感情色彩。

第三，可操作性原则。评价工具可操作性强，使评价者易于掌握，便于执行。评价要点可观察、可感受、可确定、可测量，便于评价者进行判断；评价办法要注重质性评价和综合判断，力求简单，易于操作。

第四，一致性原则。评价者须采用一致性的评价标准，不随意提高或降低评价标准。

第五，发展性原则。对教师课堂教学评价采取动态管理，多角度、多层面对教师的课堂教学进行评价。不宜采取一节课就下结论的做法，应综合学校评价组评价、教师自我评价、同行评价（教研组或年级组）和学生评价等方面的评价意见，对教师的课堂教学水平做出定性结论。

第六，评价与指导相结合的原则。评价者对学科教师的课堂教学进行客观评价的同时，应对教师进行正确的指导，使教师从中受到启发，促进教师专业发展。

四、课堂教学评价的机制保障

为了深化基础教育课程改革，全面推进中小学课堂教学评价，发挥课堂教学评价的积极作用，房山区教委制定了中小学开展课堂教学评价的指导意见和实施方案。

1. 组织保障

成立以区教委主任为组长的课堂教学评价领导小组，负责课堂教学评价实施的统一领导，下设领导小组办公室，负责中小学课堂教学评价工作。

成立以教师进修学校校长为组长的课堂教学评价指导小组，负责课堂教学评价的研究、指导，下设中小学评价指导小组办公室和课堂教学评价科研办公室。小学教研室、中学教研室和教科室分别成立学科评价指导和科研课题组。

全区中小学成立以校长为组长的课堂教学评价实施领导小组，负责本校课堂教学评价实施的统一领导。成立以主管校长为组长的课堂教学评价小组，负责本校课堂教学评价的具体实施。

2. 评定程序

评价周期：

以一学年为一个评价周期。每学期对教师的课堂教学进行一次评价，学年末（5 月中旬）综合两次（或多次）评价结果，确定教师年度课堂教学等级（A、B、C、D）。

评价办法：

① 评价组评价。学校评价组每学期听任课教师常态课一节，一学年两节。学年末综合两次（或多次）评价结果，确定每一位教师的课堂教学评价等级（A、B、C、D）。

② 同行评价。教师每学期要听本学科（或本年级组）所有教师的课（常态课或研究课）一节，一学年两节。学年末综合两次（或多次）评价结果，确定每一位教师的课堂教学评价等级（A、B、C、D）。

③ 自我评价。每个任课教师学年末对自己的课堂教学进行评价，评出自己的课堂教学评价等级（A、B、C、D）。

④ 学生评价。每学期组织学生对任课教师的课堂教学进行评价（学生评教方案由学校自行制订），一学年学生评价两次。学年末综合两次评价结果，确定每一位教师的课堂教学评价等级（A、B、C、D）。

补充说明：小学1—3年级不进行学生评价，学生评价权重纳入学校评价组权重中；中心小学下属的完全小学也要组成课堂教学评价组，对本完小所有教师进行课堂教学评价，评价程序与学校评价组评价程序相同。

评价等级的确定办法：

学校每学期末根据学校评价组评价、同行评价、教师自我评价和学生评价的评价结果，综合确定每一位教师的课堂教学评价等级。学年末综合两个学期的评价结果，确定教师年度课堂教学评价等级。

评价等级的计算方法：

① 根据中、小学课堂教学评价标准，学校评价组评价、同行评价、教师自我评价和学生评价分别评定每一位教师的年度课堂教学评价等级。

② 学校评价组权重为0.6，同行权重为0.2，自我评价权重为0.1，学生评价权重为0.1。

③ 学校评价组对教师年度课堂教学评价等级（分数）、同行对教师年度课堂教学评价等级（分数）、自我评价等级（分数）、学生对教师年度课堂教学评价等级（分数）分别乘以相应的权重加和，得出每一位教师年度课堂教学量化分数，最终确定教师的年度课堂教学评价等级。

评价争议调解：

任课教师对年度课堂教学评价等级提出质疑，应向学校提交复评申请，学校评价组（学校主要领导任复评组组长，组员不少于5人）进行复评，并及时将复评结果向教师反馈。如教师对复评结果仍有异议，应写出书面复议申请上报学校，学校将教师的复议申请报区教委课堂教学评价领导小组办公室（小教科、中教科），区教委组织专家评价组于新学年初进行仲裁。

五、课堂教学评价的实施效果

行政主导，科研先行，教研及时跟进，学校具体实施，教师全员参与，是房山区中小学课堂教学评价的特点。随着课堂教学评价改革的不断深入，教研和科研人员加强了评价的研究与实践，深入学校调研，提供培训支持，全程追踪，解决疑难，在学习、研究和实践中取得了丰富的研究成果，出版了《课堂教学评价》专著。学校在开展课堂教学评价的实践中，管理重心向课堂聚焦，在听课评课过程中，发现好课及时推广，发现问题及时提出改进建议，提高了校本教研的针对性和实效性。教师在评价过程中，及时获取了有效的反馈信息和改进建议，调动了教师参与评价的积极性，教师的自我发展意识明显增强，教师的业务水平和施教能力快速提升。下面仅以 2005 年和 2009 年北京教科院基教研中心来房山区教学视导听评课的数据比较为例，说明房山区中小学课堂的变化和教师的进步。

2009 年与 2005 年北京教科院基教研中心赴房山区教学视导评课情况对比（小学）

级别	听课节数	A 级（优秀）		B 级（良好）		C 级（合格）	
年份		节数	比例	节数	比例	节数	比例
2005 年	84	28	33. 33%	54	64. 29%	2	2. 38%
2009 年	121	48	39. 67%	72	59. 50%	1	0. 83%
变化		+20	+6. 34%	18	-4. 79%	-1	-1. 55%
房山区小学 A 级课的比例显著提高，C 级课的比例明显减少。							

2009 年与 2005 年北京教科院基教研中心赴房山区教学视导评课情况对比（中学）

级别	听课节数	A 级（优秀）		B 级（良好）		C 级（合格）	
年份		节数	比例	节数	比例	节数	比例
2005 年	152	41	26. 98%	94	61. 84%	17	11. 18%
2009 年	156	47	30. 13%	106	67. 95%	3	1. 92%
变化		+6	+3. 15%	12	+6. 11%	-14	-9. 26%
房山区中学 A 级课的比例明显提高，C 级课的比例显著减少。							

在推进课堂教学评价的初期，我们遇到了不少困难，也给学校和教师带来了一定的压力。随着对评价功能的理解逐渐深入，对评价标准的把握不断熟练，对评价方法的运用日趋合理，对评价结果的使用更加理性，学校和教师成为受益者，教学管理水平和教学能力逐渐提高，对课堂教学评价的认可度也越来越高。

课程改革尚在创造与实践之中，在新课程理念下进行的课堂教学评价，必然是个生成性的问题。课堂教学评价是一件严肃认真的事情，我们将继续加强课堂教学评价研究，遵循课堂教学规律，用科学的态度反思评价工作，用教师的课堂教学实践来验证评价和改进评价方案，发挥评价的导向作用，为房山区教育教学质量的提高作出贡献。

（张怀安 撰稿，周靖和 审阅）

按需施教 凸显实效 涵养文化 提高质量

北京市门头沟区教师进修学校教研室

一、基本情况

北京市门头沟区教师进修学校教研室成立于1954年，当时主要分为教研和进修两个组，全面负责门头沟区的中小学教育教学研究工作。1973年3月，成立了文教局文教组（即现在的教育科），之后又分为文教组和教研组，负责中小学教育教学研究工作。1979—1983年，教研室曾与师范学校合并。1983年教研室与师范学校分开，同时，教研室分为中学、小学、电教教研室。1989年9月教研室、教科所、教师进修学校合并为教师进修学校。现有教研员53人，其中，区级以上骨干教师占90%，市级骨干教师或学科带头人占50%，1人被评为特级教师。区教研室作为业务部门，负责落实国家课程标准、课程计划的实施，研究学科教学。在了解并研究全区基础教育现状的基础上，根据本区实际情况，提出执行课程计划、课程标准和使用教材的建议或意见，为教育行政部门决策提供依据。组织、指导全区中小学教师开展教学研究，帮助、指导教师使用教材，理解、落实学科课程标准，不断进行课堂教学改革，提高全区教育教学质量。

二、指导思想

坚持贯彻党的教育方针，以上级行政和主管业务部门的工作要求为指导，以“提高教学质量，办人民满意教育”为宗旨，以基层学校和基层教师的需求为出发点，以积极建设与涵养教研文化为契机，以增强教研工作的实效性为突破口，以进一步提高全区教学质量为目的，高扬教学质量旗帜，切实发挥“研究、指导、服务”的职能，努力营造全区满意的教研氛围，不断提高全区教学质量。

三、重点开展的工作及经验

1. 指导区域课程开发与培训，推进特色课程建设

根据国家与北京市的课程设置要求，区教委结合本区教育资源等情况，立足区域课程资源，逐步建立了行政部门、教研和教科研部门切实管理和指导中小学自主选用和实施的、具有本区特色的地方课程管理体系。制定了《门头沟区教委关于教育基地实践性活动课程的实施意见》，把基地教育的活动化管理转化为基地教育的课程化管理，为地方实践性活动课程的开设，向学生进行革命传统教育、素质教育、科技教育和劳动艺术教育，提高实践性活动课程质量方面加大了工作力度。其中，教研室认真落实，教研员参与地方课程、校本课程的开发并对教师进行系统培训。小教研教研员编写的低年级《说话写话》教材通过了相关部门的审核，列为地方教材。中教研教研员继《木工艺术

的设计与制作技术》《电子制作技术》之后，2006 年 5 月，地理学科的《门头沟地理》、历史学科的《门头沟历史》、外语学科的《走进门头沟》（高中版）经教材编审部审批合格，成为正式出版教材。这表明门头沟区地方教材编审日臻成熟，地方课程开发又迈上了新台阶。综合实践课程具有较强的开放性和自主性，学校教师难以把握。我们以课题的形式进行课程资源的开发，编辑出版了《综合实践活动设计参考》，对教学领导、任课教师进行相关培训，请专家指导，消除了教师的畏难情绪，对他们了解课程理念、实施教学具有指导意义。应学校要求，部分教研员参与了校本课程的开发。如语文、美术、音乐、劳技等教研员参与琉璃渠中、小学关于琉璃文化的校本课程开发工作。

在校本课程开发方面，我们主要从校本课程开发的目的、意义和地位，校本课程开发指导思想，校本课程开发原则，校本课程开发目标，校本课程开发程序，校本课程管理保障六个方面给教委和基层学校提出指导意见。指导军庄中心小学以菊文化、琉璃渠小学以琉璃文化、北京实验二小永定分校以特色英语为载体的校本课程，取得成效并向全市进行展示。大峪中学通过《普通高中校本课程资源开发实验研究》市级课题的开展开发并构建着校本课程，各中小学也结合自己学校的实际情况和学生发展需要不断开发着一系列富有特色的校本课程。近年来，由教研室牵头先后在西辛房中学、永定中心小学、琉璃渠教育基地、灵溪教育基地等开展了一系列市级以上的校本课程开发与建设的研讨活动，受到了专家的好评。

2. 加大教研队伍培训，实现内涵发展

育人者必先自育。只有教研员个人发展了，只有教研室集体发展了，才能更加有效地指导和服务于基层学校和基层教师。我们把加强教研队伍建设放在了部室建设的关键位置，通过“请进来”“走出去”“树立典型”等途径，不断提高教研队伍的思想政治素质和专业化水平。“请进来”是邀请北京市及全国名师对教研员进行培训，“走出去”是组织全体教研员参加北京市乃至全国组织的培训或考察活动，另外，通过树立部分学科的典型，开展典型引路，全力打造全市知名的学科教研队伍。

近年，门头沟区建立了教研工作者例会制度和寒暑假召开全区教研工作会议制度。首届教研工作会完善了《门头沟区中小教研工作考核办法》及细则，对每位教研员的工作绩效进行量化考核，进一步增强教研工作的目的性、计划性、针对性和实效性。第二届教研工作会结合区教委暑期干部大会精神，对全体教研员进行了“提高门头沟区基础教育教学质量策略”的主题培训，王占井校长作了“如何做一个有为的教研员”的报告，要求全体教研员成为富有理论素养、实践经验、人格魅力和学科管理的新时代人才。第三届教研工作会进行了“涵养教研文化，提升教育品位”的主题报告，引导全体教研员在充分发挥教研室“研究、指导、服务”的功能价值的基础上，发挥个人教研价值，建立并涵养“互促共进的教研文化”。第四届教研工作会结合区教委倡导的“改革教学方式，构建高效课堂”主题，培训教研员统一思想、提高认识，与教委和基层学校形成合力，共同推进全区中小学课堂教学改革，倡导各学科教研员积极引进各种学科大型活动或课题研究等，力求在活动的策划、组织、实施中得到锻炼和提升。

同时，努力建设教研基地，引导教研员走上讲台，把教研工作与实际课堂教学结合起来示范性授课，引领基层学校教师，并与课程同进展，与基层教师共发展。

3. 根据需求视导，开展有效教研

“需要”是开展教研工作的出发点，不断地解决“需求”更是教研工作的目标。为此，我们确定的教研工作的基本思路是“按需施教，增强实效”。不管是在学年初安排教研计划，还是平时调研视导，我们都是在综合分析全区实际情况的基础上，不断征求基层学校和各学科教研员意见和建议的基础上，根据“需要”自下而上、自上而下相结合来布置工作，引导广大教研员根据基层学校的需要经常性地走进学校、走进教室、走近教师、走近学生，进行指导和服务。

在具体的教研视导中，采取集中和分散结合的视导方式，通过随机视导、联片视导、跟踪视导等途径，不断增强视导工作的实效性。目前，教研员的服务意识和水平有着明显的提升，在基层学校的威信也在不断提高。基层学校都争先恐后地邀请各学科教研员结合学校弱势进行视导或开展讲座，新桥路中学等也对中学教研员的忘我劳动和工作成效专门写信感谢，大峪中学、育园中学、首都师范大学附属永定分校等都对高中教研工作给予了充分肯定。

根据教委的要求和门头沟区学校发展的不平衡现状，我们把集中视导的主要精力安排在基础比较薄弱的学校，力求帮助学校解决一些问题。我们确定了每学期集中组织对农村和城镇的两所小学、初中、高中分别进行至少两次集中视导，最后以学科为单位形成有利于学校发展的诊断报告，由教研室汇总后为基层学校提供建设性意见、建议和专业讲座，在视导的基础上围绕着全区学科教师情况、课改推进情况、课堂教学现状等撰写调研报告，增强视导工作的针对性。如小学教研员对斋堂、王平等小学进行了集中视导，初中教研员对深山区进行联合视导和集中视导。在集中视导中，我们坚持前期调研、中期指导和后期引领。教研员不仅听课评课，还针对学科指导学校教研组主题活动，并进行学科专题讲座。视导结束后，教研员完成书面的视导整体情况反馈报告，并将视导报告上交教委主管领导和基层学校的校长，以便于根据视导中存在的问题进行教学改进，从而实现全面服务指导学校教学工作。

分散视导主要依据基层学校的需求，开学前让全区各学校结合学校实际情况把对教研室的需求，由各教研组根据基层学校的需求安排分散视导，有针对性地进行教学研究、指导和服务。逐步建立小学、初中、高中教研基地，组织教研员走进教室，走上讲台，结合当前各年级课程改革的要求为广大基层教师起示范引导作用，同时让教研工作与实际教学结合起来，规定每个教研员每年至少授课 1 节以上。

4. 多管齐下，加强教学质量监控

质量监控与检测，实际是对“教学质量工作”的调研，通过对调研的准确信息进行科学分析，形成“教学质量”的客观评价，进而为教委行政部门的决策、为学校改进课堂教学和教研部门改进教研工作提供依据。我们集中教研员、学校领导和骨干教师的力量，从学科评价的内容、标准、方法等方面进行研究，力求以评价促进教师将教学理念转化为教学行为，开展学生综合素质评价研究，从而达到促进学生主动全面发展之目的。教研员不断研究科学的评价形式、内容及方法，引领教师树立正确的教育观、教材观、人才观，研究适合少年儿童健康成长的多元的评价方法和内容。我们注重过程性和阶段性不同形式和方法的监控研究。

积极开展过程性评价研究。初中历史、地理、政治等学科进行了日常学业成绩、课堂表现等与会考成绩相结合的探讨，积极鼓励学生注重学习习惯的培养和综合素质的提高。近年来，我们监控了初中历史、地理、物理、小学科学等学科，在分析中不断提高，大力提倡教师进行素质教育。

加强视导工作的个性指导，根据学校统测结果确立视导的重点，进一步研究学科调研的内容，完善调研的形式，重点分析调研中发现的问题。低年级语文书写监控与指导的任务一直随视导过程进行。经过几年的努力，门头沟区低年级学生的书写情况有了可喜的变化。

规范纸笔测试的环节管理。我们针对以往工作中的问题，加强试卷的制卷、阅卷及分析反馈各环节的管理，做到研制试卷高质量、各科试卷高要求、阅卷过程有规范、提供服务讲效益，教研室建章建制加强对此项工作的管理和考核。

我们在继承以往工作经验的同时，加强期中、期末纸笔测试的目的性。在统一测试的基础上，对比较薄弱的英语学科进行了重点监控。由教研室统一出题、统一监考、统一阅卷，对全区五年级、初二年级进行监控，并面向全区英语教师、教学主任进行分析反馈，找出教学的优势与不足，提出改进的意见和建议。中学增加了高中年级期末统一监控，并进行数据分析，寻找差距。小学学科教研员利用期中检测契机组织教师针对难把握的部分进行一起阅卷和分析，并组织了“从监控评价结果看课堂教学问题”的教研活动，目的就是指导教师从监控结果中思考课堂教学的实效性。2009 年 6 月，迎接全市三年级数学质量监控，我们精心组织学生信息采集和分发试卷、监考工作，三年级数学教研员程老师做好考前的复习辅导培训，不仅进行了调研与讲座，还拟制参考复习题共 32 页。我们把此次监控作为培训教师的一次机会，提高教师教学能力。

强化毕业年级教学质量监控。因为关系到毕业和升学，六年级、初三年级以及高三年级的教学应考的成分更大些，表现在比较忽视那些不能以毕业试卷考查的教学内容，对于学习习惯、情感态度等重视也不够，复习课课堂教学效果较差等。在新的教学理念指导下，门头沟区对六年级的教学质量监控采取了在形成性评价中，考试与考查相结合，在终结性水平测试中，统一命题与学校自主命题相结合的原则。期中时侧重知识考查，统一操作；期末注重全面考查，由教研室按难度比出 A、B 两套样卷，学校可以自制选择。同时对教学领导进行命题指导，鼓励学校根据课标、教材和学生实际自主命题考试，最后组织各校进行交流。中学加强了对毕业年级的监控力度。教研室采取初三各科会考、模拟考试全监控、统一命题、统一阅卷、集中分析、具体指导。进行高三年级的模拟分析、高考试题研讨等。积极召开学校校长、教学主任、教研组、教师的分层教学分析会，看到优势、找到不足，积极制订后期复习计划及策略。教研员认真结合数据、试题内容、答题情况、复习方向等进行专项分析，同时把对毕业年级的监控成绩数据在每年暑期的教学主任培训会上进行了解读与分析，并对基层学校、教师的教学工作提出了可行性的建议。

为了使监控工作更加规范，在教委主管主任和教师进修学校的主持下，小教研室和办公室等领导共同制定了《关于全区统一监控评价的实施细则》，对教学的各个环节和影响教学的各种因素都作出了全面而细致的规定，从而使门头沟区监控评价工作更为科学、规范、有效。

5. 认真开展教学科研，集中解决实际问题

组织中高考学科教研员定期或不定期进行中高考教学研讨，结合考试改革形势和本区实际情况进行考试指导；结合中高考试卷和成绩研讨自己命制的模拟试卷的效度。为了集中精力开展教研，教研室不再命制各年级期中试卷与高中模块试卷（由各学校具体负责，教研员给予技术指导），只负责期末试卷与中考、会考、高考的模拟试卷。2009年初中七校联合命题效果非常好，在西辛房中学召开了自主命题研讨会，大家深受启发，觉得基层学校在教研工作方面充满活力，且富有创造性，也给教研室的工作提供了一定的启示。我们要求全体教研员围绕课程改革与课堂教学改革，强化自我科研意识，积极投身于教育教学科研工作中来，通过研究不断地提升专业素养。同时，要帮助基层学校和学科教师进一步树立科研意识，引领学校构建以校为本的教研机制，营造研究氛围，使教师能够以科学的精神和态度探究解决课堂教学中实际问题的有效办法。组织学校开展英语学科的中小学衔接研究、小学语文阅读教学研究、山区小学教学研究活动方式的探索与实践研究、小学数学教学质量提升实验研究、以中小学数学分层卡为载体促进师生发展的研究等。

集中精力做好新课程改革背景下的高三年级教学的研究工作，要求高中教研以研究与指导高三复习为核心，围绕《北京市普通高中课程改革教学指导意见》和《考试说明》，认真组织各学科的高三教学研讨活动，努力提高高考成绩。采取区内外联系、校内外结合，整合各种培训资源，进一步做好高中新课程的一级、二级研究与培训工作。切实研究好各学科在中考、高考中成绩优秀的教师资源，让他们结合区情校情介绍成功的经验。中考学科要充分挖掘区域资源，加大学科中心教研组的工作力度，探索适合本区不同层次学生成绩提高的措施。教研室通过《门头沟区教研成果专辑》介绍和推广课程改革和课堂教学方面的优秀成果，展示教研员的思想和业绩，让全区教师分享经验与智慧。

为了引领教师深入研究课堂教学，我们经常分学科开展“新理念、新课标、新课堂”的系列研讨活动，根据山区学校新进入课改的情况，注意加强对山区学校的指导。教研员组织骨干教师开展送课下乡活动，小学教研室分别在付家台小学、清水小学、斋堂小学等山区学校进行多学科课程研讨。加强区际、校际的交流，为青年教师搭设成长的舞台。骨干教师、青年教师在教学研究活动中都得到了锻炼，活动的形式和内容受到山区领导、教师的欢迎。我们还利用远程教育设备进行城镇与山区课堂教学互动，使处于城镇中心的大峪一小和山区潭柘寺中心小学的师生同上一节英语课，让山区的孩子也享受优质的教育资源。

6. 努力改革教学方式，着力构建高效课堂

教育改革的核心环节是课程改革，课程改革的核心环节是课堂教学。不管什么样的教育改革，如果不落实在课堂教学中，将不能产生任何实效。而不谋求课堂教学的实效性，则一切教育改革只能属于空谈。我们提出以“让课堂焕发出生命活力”为全区课

堂教学改革的基本理念。在“改革教学方式，构建高效课堂”的过程中，我们始终坚持的基本理念是：让中小学课堂成为有利于学生成长和发展的课堂，成为始终充满着浓郁的思辨色彩和探究氛围的课堂，成为有利于学生的情感世界在自由、和谐的氛围中不断得以陶冶与美化的课堂，成为洋溢着情感和充满着激情的课堂，成为在教学目标达成度上高效的课堂。

从2009年10月开始，门头沟区就开始酝酿通过改革课堂教学方式以进一步推进课程改革，成立了以教工委书记和教委主任任组长，两委委员任成员的课堂教学改革领导小组，成立了由区教委主管主任为组长，教师进修学校校长为副组长，中小教科的人员和教师进修学校中小教研、教科所、党干训和师训部负责人为成员的门头沟区课堂教学改革工作小组，先后进行了多次研讨，统一思想，提高认识，明确了“改革教学方式，构建高效课堂，全面提高质量”的基本思路。教师进修学校校长和中小学教研室负责人一行赴山东杜郎口中学和兖州一中进行学习考察，形成了《关于对杜郎口中学、兖州一中的教育考察暨推进门头沟区中小学课堂教学改革思考的报告》，提交教委两委会学习并讨论，并下发全区所有中小学中层以上干部认真学习和领会课堂教学改革的思路和精神。区教委和教研室倡导全区各中小学在学习文件的基础上亲临杜郎口中学学习“高效课堂”的理念和模式，召开了以“改革教学方式，构建高效课堂”为主题的启动大会，全面拉开了门头沟区的课堂教学改革工作的大幕。在大会上，由教委向各中小学下发了《关于印发门头沟区中小学深化教学方式改革构建高效课堂实施方案的通知》，从指导思想、工作目标、推进方式、工作原则、工作步骤、制度措施等7个方面进行了全面部署。同时，向各中小学发放了《门头沟区教育委员会委托课题任务书》和《门头沟区教育委员会委托课题申请书》，力求结合各校实际以课题拉动的方式着力开展课堂教学改革。教研室组织全体教研员认真学习并领会教委关于构建高效课堂的精神，并组织全体教研员赴杜郎口中学实地考察。

在今后一段时期，教研室将配合教委和基层学校从以下方面入手着力打造高效课堂，全面提高教学质量，进一步整理关于高效课堂的相关理论依据，形成集子下发全区中小学全体教师学习、领会，以比较科学的思维方式投身于教学改革中，以更加科学的理论思想指导教学改革实践。第一，结合北京市教育科学研究院基础教育研究中心的中小学学科课堂评价方案，结合目前门头沟区课堂教学的现状，有针对性地研讨并建立“高效课堂教学评价制度”，对课堂教学的全过程进行有效的监控和评价，保证课堂教学改革不脱离课程改革总体轨道和素质教育的基本要求。第二，建立课堂教学改革的交流研讨制度，教委和教师进修学校的工作者要勤走进学校，走进教室，走近教师，走近学生，随时把握课堂教学改革的方向和进展情况，及时收集和整理成功的案例，不定期组织召开教学研讨会来推进改革。第三，进一步完善考核、总结和激励制度，保障教研员的业务学习、培训、参观和考察制度，建立专家组队伍为课堂教学改革诊断把脉。

7. 强化教师基本功培训，落实教师队伍的持续发展

教师基本功还有待于进一步提高，要充分挖掘和利用名师工作室、市级学科带头人、市级骨干教师、部分区级骨干教师的成长经历和教育教学思想来培养青年教师。积极开展教研员的带徒弟工作，每个教研员每年带徒弟2名（教研室备案，市级骨干与学科带头人带徒以教委安排为准），对徒弟成长情况有总结。集中组织和安排北京市初中、小学教师基本功比赛活动，着手筹划北京市高中教师基本功比赛。以常规工作的形态举办三年一度的中小学青年教师“春蕾杯”“百花杯”“秋实杯”基本功比赛（主要包括教学设计、片段演示、说课），让广大教师通过比赛逐步成长。成立并开展幼教青年教师培养活动，积极引导青年教师参加市级以上各种教学比赛活动。

在2008—2009学年度，小学依据市区《小学教师基本功培训与展示活动方案》，本着“全员参与、岗位练兵、提高素质、锻炼队伍、发现人才”的宗旨，让全区所有小学45岁以下的学科专任教师参加了理论知识考试。本次理论知识考试由区教研市统一命题、印制试卷，统一组织集中考试，围绕法律法规常识、义务教育学科课程标准基本知识及运用、教学理论与新理念的实践与应用、学科基础知识，采取填空、选择、判断、简答、论述、学科技能笔试等形式进行。从2008年9月起，各校对教师进行了全员培训，组织校级教师理论及专业知识基本功考核，并按50%的比例推荐参加区级比赛。本次比赛实际参赛人数为525人。按照50% 的获奖率共有216人获奖，按照10%、20%、70%的比例评出了本次理论考试一、二、三等奖。2009年3月底，我们对筛选出来的216名教师进行了第二阶段的说课基本功的培训与展示活动，最后有72名教师胜出。2009年5月开展的第三阶段的案例分析比赛活动，最后评出48名教师，准备参加全市小学教师基本功大赛。在这期间，我们本着全员参与重点指导相结合的方式，请有经验的专家来作全员讲座和活动，教研员紧紧依靠教研活动广泛开展学科教师基本功活动，以此为契机促进全体教师基本功的提高。

四、存在的问题及努力方向

1. 进一步加强教研队伍建设

针对课程改革中普遍存在的问题，在今后一段时期内，要建立科学、务实、有效的教研员专业培训机制；要继续做好教研员思想认识的转变、教育理念的更新、课程标准的理解、教材教法的把握；要把教研员的教育新理念变成新模式，新思想产生新行动，把三维课程目标真正落实在我们的教学工作中；要引导全体教研员在反思中学习，在学习中提高，不断转变观念，开阔视野，走内涵发展的路子；要让教研室进一步适应课改的需要。

2. 努力构建适应新课程的教学评价体系

教学评价是课改工作中的一个极为重要的环节，评价是否全面、科学是关系着课改工作能否顺利进行的大事。门头沟区的评价工作就当前的课改而言，相对滞后，制约着课改工作的进程，因此构建适应新课程的教育评价体系是当务之急。

3. 进一步推进课堂教学改革，构建高效课堂

伴随着基础教育的深化改革，重新审视我们的课堂教学，仍然存在着不令人满意的现状，还有一定的改进空间。如何通过构建高效课堂，把课堂真正还给学生，促进学生主动、全面发展，让课堂焕发出生命活力，这是我们一直思考的问题。今后，我们将深入学校调研，了解情况，诊断问题，通过改革实现课堂教学的整体优化，不断开展教学

研究，把握课堂，引领方向，让学生在课堂学习中得到最大限度的发展。

4. 进一步增强教研实效性，努力涵养教研文化

进一步结合区情创新教研方式，通过集中与分散结合、跟踪调研、下放命题权、教研员上示范课、挖掘各种优势现象、撰写视导报告等方式，增强教研工作的实效性。进一步落实教研室的功能定位，在认真落实教委和主管部门的精神基础上，建设和涵养教研文化。

（王占井 谢国平 撰稿）

专题三
信息技术与学科教学整合研究

发挥信息技术的优势，稳步推进课程改革

北京市密云县教育研究中心

北京市密云县位于北京市东北部，县域面积2229平方公里，80%以上是山区。全县18个乡镇，其中10个为山区乡镇。全县54所小学、21所初中校，80%以上分布在农村山区乡镇。近几年，在市教委及有关部门的支持下，密云教育得到了较快发展，办学水平不断提高，城乡学校办学条件、师资水平的差距逐步在缩小，教育资源得到了优化配置，基本形成了农村、平原、城镇教育同步发展的局面。

一、制定政策，加快教育信息化建设

多年来，县政府重视发展教育，始终把教育工作列为重要议事日程，坚持实行为教育办实事和各级领导干部联系学校制度，先后制定了《关于进一步完善基础教育管理体制的意见》、《进一步明确乡镇政府管理教育职责的意见》等一系列文件，明确了以县为主，县、乡（镇）两级管理教育的职责，并投资1.25亿元，实施教育信息化建设。

自2001年开始，我们按照“一个目标，两个原则”大规模推进教育信息化建设。一个目标为全面推进“校校通”工程，促进农村基础教育跨越式发展，以教育信息化带动教育现代化；两个原则即统一规划、分步实施、山区优先的原则和合理配置、注重效益、以应用促建设的原则。历经三个主要阶段，教育信息化取得了初步建设成效。

第一步是为所有中小学建成计算机教室和教师电子备课室，建成县信息技术传播中心，满足了学校开设信息技术必修课和教师电子备课的需要。第二步是全面完成光纤接入的“校校通”建设，建成县教育网络管理中心，构建起密云教育城域网，并为市县级骨干教师、高中专任教师、教研中心教研员每人配备一台笔记本电脑。第三步是完成教育远程视频系统建设，搭建起城乡学校同步互动教学、教科研、教师培训平台。制定“班班通”配备标准，基本完成了长期保留学校的“班班通”建设任务。

在加强硬件建设的同时，逐步完善教育资源库建设，为广大教师提供更多、更好的优质教育资源。目前，市县级学科带头人、骨干教师均建立了个人网页，所有任课教师都会熟练使用课件、熟练使用上网查询工具，现代信息技术在学校管理和教育教学工作中得到越来越广泛的应用。

二、开展多种形式的培训活动

抓好教学干部的信息技术与学科教学整合应用、指导的培训，是提高教研实效、提升教学质量的有效保证。教研中心对全县中小学教学干部情况进行了调查，按学科分组，对中心校副校长、完小负责人、各校教研员就信息技术与学科教学整合、新理念如何转化为教学行为进行培训，同时从网上下发讲座辅导、自学提纲、指导书目的相关资料，使得培训学习不是浅尝辄止、昙花一现，而是形成系列，为学校服务。组织了教学干部的理论考核及备课评比。有力地促进了各校教学干部指导教学的实效性。

组织形式多样的教研活动，不失时机地提供机会，搭设舞台，培养学科带头人、骨干教师，引导他们理论与实践相结合，学科教学与信息技术相整合。教研员在培训过程中，针对某一具体内容中涉及的信息技术与学科教学的整合，进行探究式的互动研讨活动。信息技术教师在培训中，还结合教师自制课件的评比活动，讲解注意事项，以达到最佳的整合效果。比如语文学科在组织参加市里评优课时，学科带头人、骨干教师等参与评课研究活动，使得一人参赛，多人受益，有效地促进了他们水平的提升。

三、以课堂研讨的形式，促进信息技术与学科教学的整合

1. 进行跨区县的网络课堂研究

为了充分发挥网络技术优势，深化“信息技术与学科教学整合”的研究工作，2003年11月，在密云县教委信息中心及爱微网络技术公司的技术支持下，密云县穆家峪中心小学和朝阳区劲松三小依托“电信通网络视频服务系统”，共同成功承办了北京市小学科学学科“基于网络环境下的远程合作的互动教学研讨会”。会议由北京市基教研中心中小学科学教研室主任黎小抗，特级教师苏效民分别在两地共同主持。北京电教馆馆长潘克明，清华大学教授张建伟博士，人民教育出版社殷志杰、蔡矛等众多信息技术、学科教学专家参加了研讨会。

会上首先用播放光盘的形式，展现北京市朝阳区和密云县两地学生在教师的精心指导下，围绕保水、用水、节水这一系列话题，以小组为单位确定研究主题，设计并逐渐修正研究方案，在充分利用网络资源的基础上，分工合作，利用实地考察、参观访问、模拟实验等多种方式收集和整理信息，将 FTP、电子邮件、演示文稿、文档录入、网页

制作等一系列信息技术灵活运用到探究过程中的情况。然后，两地学生现场进行了远程互动的视频交流活动，按保水、用水、节水的顺序互相介绍研究的成果，畅谈研究的感想和收获，倡议更多的学生通过在此次活动中逐渐形成的网站来关注北京的水资源。两地学生的远程视频交流活动结束后，与会的领导和专家就此次活动展开了充分的讨论。

专家们认为，“基于网络环境下的远程合作的互动教学研讨会”开得很成功，在我国课程改革的大背景下，探索出了信息技术与学科教学整合的新思路、新方法、新途径。这项研究以“共同关心的问题，共享的学习资源，共用的交互平台”作为交互学习的基础，通过对学习资源的分析、共享和利用进行研究性学习、协作学习和自主学习。从“北京的水资源”这一具体研究主题来说，远程合作的互动教学形式具有不可替代性。

2. 开展教师信息技术综合素质展示活动

语文、数学、英语学科组织了全县中青年教师参加的“信息技术与学科教学综合素质展示活动”。活动项目分为理论考核、现场备课、现场说课、现场课堂教学，同时，融现代信息技术运用于其中，综合考查，全面展示，现场打分。要求基层学校采取层层上课、层层推荐的形式，推举出参加县“综合素质展示活动”的教师，并写出活动总结。活动中积极邀请骨干教师和学科带头人参与研究活动，将骨干教师培养提高与教研活动有机结合，为一线教师创造展示自己才能的机会。

3. 参加北京市信息技术与学科教学整合研讨活动

2004 年年底，密云县参与了北京教科院基教研中心组织的“信息技术与学科教学整合”研讨活动，并在大会上交流研究成果《运用信息技术手段，改善学生的学习方式的研究》，播放了密云县青年学科带头人和骨干教师郝合军和密云二小李雅君、赵东燕、郑亚丽、张云侠的课堂教学案例片段，收到良好效果。

4. 举办同一内容不同教法研讨会

为了把学科的教研工作推向深入，密云县教研中心组织了同一内容不同教法研讨会。具体内容为《动物说话》，共录制课例 5 节，专题培训光盘 2 张。活动中以讲座和课例穿插进行，利用信息技术与学科教学进行有效整合，不仅为教师提供理论和方法，同时还指明活动具体方式。此活动受到市基教研中心沈一民老师和市里各区县参加一级课改培训教师的高度评价，对传统的教研活动形式进行了有效的创新和探索。

5. 进行信息技术与学科教学的展示课活动

每学期，教研中心小学教研室都组织语、数、科任各精选一节体现“信息技术与学科教学整合”的课，进行全县展示，推动“信息技术与学科教学整合”的应用与研究。

6. 制定统一的评课、考核标准

教研中心的每个学科教研员，均把信息技术与学科教学整合情况作为每次评课、研讨时的一项重点内容予以推进。每年的骨干教师考核和过关教师考核，都把信息技术与学科整合的应用情况作为专项进行考核，这有效地促进了教师专业水平的提升。

四、积极探索教研新路，努力提高信息技术应用的水平

教研工作的生命在课堂，教研工作的价值是教师的成长和教育教学质量的提高。离

开课堂，离开教师，脱离实际，做表面文章的研究是毫无意义的。教研员进课堂听课，与老师交流沟通是必需的，也是重要的，但不是唯一的教研方式。随着教育现代化的发展，密云县还在探索新的教研路子。

1. 密云县教研网的维护

为给一线教师提供更多的教学参考资料进行教学技能辅导，教研中心充分利用自己的网站，制定了“入选资源的基本标准”，每周对资源进行上传和更新，将最新的教研资料和教研信息通过网络传给一线教师，增加了教研的实施途径。截止到2006年7月初，教研中心网共上传资料2333份，共有16058人次对教研中心网上传的资料进行了访问，日均访问量为59人次，起到了信息的及时传递、交流的作用。此外，还进行了优秀多媒体课件的征集评选活动，共收集课件909件，有536件作品获奖，其中一等奖176件，二等奖218件，三等奖142件。以各学科组为单位，将近年来的录像示范课、评优课、研究课等教学资源按章节系统编出了详细目录。截止到2006年6月底，中小学教研室各学科共收集课件资源3758件（其中有录像带资源987盘），已上传2131件，较好地实现了教学资源的上传、更新。

2. 建设中小学资源库

2008年，密云县与东北师范大学合作建设密云中小学教育资源库，教研中心中小学教研员积极投身到学科资源库的建设中。一是全员参加资源库使用方法的培训，学科教研员全部申请账号，学科的资源筹建。二是规定每周一为教研员固定上传、审核资源等的时间，教研员对各校教师上传的学科资源进行审核、评优、上传工作。三是积极与东北师范大学进行小学语文和中考五学科的动画资源制作项目合作。全县小学语文骨干教师、学科教研员，中学中考五学科教研员、骨干教师，参加了脚本制作培训。经过脚本制作，第一阶段资源开发任务已经完成，现处于修改之中。

3. 加强对山区校集体视导，把信息技术的应用作为评价的重要依据

根据教委提出的充分发挥骨干教师的作用，加大山区教师的培养力度，尽快提高山区教师教学水平的工作思路，教研中心加大了对山区校的指导力度。中小学教研室全年16次集体视导，多数安排在山区校，并将信息技术的应用作为评价课堂教学的一个重要内容。视导后收集各科视导信息，责成专人撰写该校的视导报告，并通过网络将意见反馈给各校，起到了指导和服务的作用，受到各校欢迎。

五、取得的成绩

（1）大多数教师积极利用多种教学手段（信息技术、直观教具、角色表演、激情评语等）为学生创设宽松、和谐、安全的学习氛围，激发学生的学习兴趣，使学生学得轻松愉悦、趣味盎然。教学民主带来了可喜的收获：我们看见孩子因为“成功”而发自内心的笑容，听到孩子因为关爱而流露的质朴心语。

（2）在北京市现场评优课中，来自密云县深山区高岭中心小学的王颖老师的《它们怎样睡觉》，由于信息技术与学科教学的有效整合，获得北京市评优课一等奖；巨各庄中心小学刘小敏、太师屯中心小学胡玉娥老师参加了中央教科所的多种媒体在教学中的应用全国录像课评选，均获一等奖。

（3）密云一小成功举办了北京市信息技术年会，教研中心共指导课20余节，为大会的顺利召开作出了贡献。

（4）经过几年的教学实践，教师们对多媒体有了较为客观的认识，不论它在教学中的地位怎样变化，它的本质只是一种手段而已，绝非教学的目的。但多媒体信息容量大、不受时空限制的优点，确实可以为我们的教学提供不少便利，创造一个个精彩。

六、存在的问题

教学实践中我们看到，在信息技术与学科教学的整合中还存在很多问题，有待于在今后的工作中改进。一是信息资源缺乏，应加强信息资源建设，提倡合作共享。二是硬件设施与教学应用之间的矛盾，在教学过程中自觉地使用现代信息技术的比例低。三是根据新时期教研工作的需要，在开发课程资源和指导校本教研方面还有差距，表现在各校的教研活动开展得不平衡，教研组活动的数量和质量还有很大提升空间。

教学中如何恰当应用信息技术，还需要进一步研究。在教学实践中，经常可以看到多媒体技术在课堂中的应用，但一节好课，关键不在于是否使用了多媒体，而在于是否有效地利用信息技术实现与学科教学的整合，从而构建新型的教学结构，实现素质教育的目标。信息技术的运用不是板书的搬家，不是锦上添花的摆设，不是单纯的制作技术的精彩展示，而是围绕教学目标，实现教学效果所必须采用的教学手段，它是既能辅助教师教学，又能辅助学生学习的工具。

七、信息技术应用中的反思

1. 要有课程改革的大视野

信息技术与学科教学的整合必须有课程改革的大视野，必须以实现课程改革目标为目的。也就是说，整合是在课改的大前提和大背景下进行的，不是拘泥于一个知识点、一堂课，或者一个课件，而是要形成新的教学观。

推进信息技术在教学过程中的普遍应用，逐步实现教学内容的呈现方式、学生的学习方式、教师的教学方式和师生互动方式的变革，充分发挥信息技术的优势，为学生学习和发展提供丰富多彩的教育环境和有力的学习工具，这是我们追求的教育理想。

2. 要有全体教师的高素养

要真正实现与学科教学的整合，很大程度上取决于教师的信息素养。有人讲，教师培训问题已成了计算机整合于教学的瓶颈，这是不无道理的。因此，要从教师培训机制、人员经费投入等方面为信息技术与学科课程的整合提供保障。

加强教师培训，不仅包括学会运用技术，更重要的是教学理论和教学设计，使教师学会在先进的教学理论指导下合理地设计教学，传递教学内容，继续组织相关活动，推进课题研究进程向纵深发展。

3. 要有智能便捷的新平台

新环境下对教师有新的要求，随着课程改革发展的需要，教师必将要学习新的技能和方法，如收集、筛选和处理信息的能力；整合信息的能力、信息技术与教学有机结合的能力，有效整合教学要素、指导学生开展研究性学习和合作学习的能力，等等。因此教师要树立终身学习的意识，不断提高自己的科研能力。

总之，随着教学改革的发展，教学技术、方式、方法也应及时做出相应的改善，用先进的教学技术造就优秀的新世纪人才，是刻不容缓的事。网络教学、网页式课件作为一种新生事物，目前正处于发展壮大之中。随着计算机的日益普及，以及多媒体技术的不断发展，校园网将实现跨省市乃至全国的联网，这给信息技术与学科整合提供了共享的平台。这对我们每一位教师来说是一种机遇，更是一种挑战，只有不断奋进，努力进取，才能跟上时代潮流，为教育事业腾飞作出应有的贡献。

（项启江 撰稿，卜月海 审阅）

专题四 德育实效性研究

学科教学中德育资源开发与利用的实践研究

北京教育学院丰台分院

中共中央2005年8号文件再一次强调了德育的重要性和必要性，又一次推动了我们对中小学学科教学中德育的研究与实施。北京市丰台区教委组织中小学开展了题为“新课改背景下学校德育资源的开发和利用”的项目研究，北京教育学院丰台分院中、小教研室承担了“学科教学中德育资源的开发和利用”的研究。

一、课题的提出

课程改革给德育工作带来了契机和挑战。在新课程改革的背景下探索学科德育研究的方法和实践的途径，在课堂教学中加强德育的实效性，是我们思考和研究的重点。我们根据各学科的自身特点，紧密结合课程内容，充分开发和利用各学科教学中的德育因素，使德育与学科教学紧密结合，使学生在教学过程中逐步形成符合社会规范的情感、态度和价值观。

学校教育是学生受教育的主要渠道。学校德育有多种途径和方式，包括各学科和各门课程教学、各种实践活动等。学生在校的大部分时间是参加各学科的学习活动，教师应通过各学科的教学，将思想观点、政治准则和道德规范有效地渗透到学生的头脑之中。无论从学生生活的时间和空间，还是从德育所取得的实际效果，学科教学中的德育都应视为学校德育的重要渠道。

二、课题的界定

我们认为“学科教学中德育资源的开发和利用”的研究，即教师依据中小学课程标准的三维目标，挖掘教学中的德育因素，结合基础知识和基本技能的培养和形成，有目的、有计划、分学科、分阶段在政治教育、思想教育、品德教育、心理教育和养成教育五个方面对学生施加影响，使学生的政治、思想、品德、心理、良好行为习惯诸方面的素质得到提高。

国家课程和地方课程的德育资源，是指国家课程和地方课程在实施的过程中有利于实现学校德育目标的各种因素。例如：教材资源、环境资源、活动资源、教师资源、学生资源，等等。

三、课题的研究过程

对这项课题的研究，我们采用的是行动研究法，研究分为三个阶段。

准备阶段（2005 年 9 月至 10 月）：我们首先组织教研员认真学习了中共中央 2005 年 8 号文件，进一步明确了德育的重要性和必要性，明确了中小学学科教学中的德育实效性研究的紧迫性。在此基础上，制订了项目研究方案。然后，确定研究学校、选择优秀教师参与课题的研究，并对研究人员进行培训，指导研究学校制订方案，做好研究的前期准备。

实施阶段（2005 年 10 月至 2007 年 3 月）：各学科教研员树立“大德育观”的理念，从学科特点出发，有效利用显性德育内容，合理开发隐性的德育因素和内涵，努力探索学科德育的研究途径和方法，达到科学发掘、分析、筛选蕴藏在自然形态和社会人文之中的有形与无形的育人素材，适当加工、提炼、整合，使之成为学生可视、可听、可体验、可吸纳的丰富、生动的德育内容，切实发挥德育资源的育人功能。

通过一年的研究，初步形成学科德育资源库，很好地为教学服务，使学科德育有效地落实在各门课程的学习之中。小学教研室各学科开展专题研讨和观摩交流活动累计 52 节次，积累课例光盘 65 张、教学设计 63 篇。中学教研室各学科组织教师学习本学科的学科德育建设指导意见，并利用研讨课，在评课的环节强调德育目标的落实和评价，引导教师关注学科德育在课堂教学上的实施。在与丰台教育学会共同举办的以“学科德育”为主题的教学设计评选中，教师踊跃参加，共收到参评稿件 207 件。14 个学科共评出一等奖 31 篇、二等奖 51 篇、三等奖 109 篇、表扬奖 16 篇。

为了进一步促进丰台区学校德育资源开发与利用，引导教师有计划、有意识地将学科德育目标落实到教学过程中，提高课堂德育的实效性，中学教研室和教委中教科联合在 2006 年 3 月利用四个半天召开“丰台区中学学科德育研讨会”。会议分初、高中，文、理科四个分会场，分别在北京十二中、北京十中、丰台实验学校和大成学校召开。4 所承办会议的学校既是丰台区德育研究项目的实验校，又是北京市示范高中校。这些学校的负责人向参会干部和教师汇报了学校德育工作的开展情况，特别是学校在“学科德育”的校本化研究方面的情况。

总结推广阶段（2007 年 3 月至 12 月）：在深入研究的基础上，我们撰写了研究报告，筛选并推广研究成果，出版了《学科德育资源的开发与利用》一书，形成了各学科德育资源库。

四、课题研究形成的初步成果

1. 引导教师树立全员育人的教育理念

(1) 教师应承担起教书育人的职责

首先，要引导教师认识到德育不仅仅是德育工作人员的责任，也不可能仅仅通过几场专项教育就能起到作用，德育也是每个教师个体必须肩负的职责。教师的教育责任感就在于要充分挖掘教学中每一个潜在的教育契机对学生实施恰当的教育，促进学生全面发展。其次，教师自身的品德是学生学习和模仿的榜样，教师的敬业态度、责任感，特别是课堂上的一言一行，都将对学生良好品格的培养起到潜移默化的作用。要加强对学生的道德品质教育，必须从"我"做起，从教师做起。

(2) 教师应确立正确的学生观

教师的学生观即教师对学生的看法。教师的学生观直接决定了他在课堂中对待学生的态度和行为方式，也就决定了课堂情境的德育价值。确立正确的学生观首先意味着教师将学生看做"人"，就意味着学生具有人的尊严，需要得到应有的尊重。学生是人，是有血有肉有灵魂，独立于教师主观意识之外的客观个体。"敬人者，人恒敬之。"学生在感受尊重的同时也将学会尊重他人。

正确的学生观的形成需要和谐的人文教学环境，这种环境应遵循以下几个原则：一是理解学生，避免讽刺、为难学生或者任何其他伤害学生尊严或自尊的行为；二是尊重学生，努力做到行为公正、爱无差别及有教无类；三是关爱学生，帮助他们解决学习中的实际困难；四是重视表扬的作用，尽可能对学生多肯定少否定，即使纠正学生的错误认识或言行，也应转换看问题的角度，采用易被学生接纳的方式；五是民主、平等地对待学生，通过讨论学生的思想和意见的形式重视学生的观点。

2. 充分挖掘、利用学科中蕴涵的丰富的德育资源

在课堂教学中贯彻德育是新课标学科教学中"情感、态度、价值观"目标的总体要求，有着其他德育方式不可比拟的优越性。这种优越性首先表现在学生在校的绝大部分时间是在课堂上学习文化知识中度过的，因此学科德育在时间上有充裕的保证，抓住了课堂德育就是抓住了德育的主阵地。其次，德育脱离不了知识和技能的形成过程，深厚的情感往往都是建立在深刻的认知基础上的。学科教学内容提供了无限广阔的教育资源，只要教师具有一定的学科德育意识，在充分学习和领会各学科贯彻德育目标的指导意见的前提下，就能充分挖掘教育资源"寓德于知"，贯通知识和德育。再次，德育离不开情理的沟通，在学科教学中教师很容易利用已有的知识背景构建德育的情境，寓情于理，对学生进行潜移默化的教育，使德育效果事半功倍。从课堂中的具体实践来看，我们认为学科课堂教育渗透应该关注以下几个方面的问题。

(1) 充分挖掘课程资源，明确德育目标

在德育目标的选择上，各学科教材中都拥有丰富多样的德育因素可用于多方面的思想教育，但这些德育因素往往都蕴涵在具体的学科知识中，需要我们充分发掘。例如，

历史学科的专题探究课《走进都江堰》的备课，在对教材进行了比较深入的挖掘的基础上，我们把德育目标定得更为具体，把重点放在使学生理解都江堰的价值，即几千年过去了它仍在发挥作用、造福人类上。古堰千年常青原因就在于它既不破坏和试图超越自然，又能让自然为人类的经济繁荣与社会进步服务。我国古代人民就懂得顺应自然，遵循自然发展规律，讲究科学，这是一笔超越时代的宝贵的精神财富。这样对学生进行人与自然和谐发展的科学发展观的教育，学生就会对古代人民的杰出智慧产生由衷佩服，民族自豪感也油然而生。这样的德育目标避免了生搬硬套、泛泛而谈，使德育真正触碰到了学生的内心。

（2）选择恰当教学内容，实现德育目标

学科教学的目标是三维的，缺一不可，三者的关系应当是围绕学科基础知识和基本技能来设计教学过程，培养学科的思想方法，在教学过程的适当环节寓学科德育于其中。因此，学科德育不可泛化，应充分利用学科的特点，选择适当的教学内容来呈现学科德育，实现德育目标。例如，在高中数学《实数与向量的积》一课的教学中，教师引导学生概括定理，小结向量分解的探究思路，一方面将不共线的向量转化为共线来研究，另一方面通过平面向量与实数对建立一一对应的关系，这样就把几何问题转化为代数问题，使学生体会到“事物相互联系，在一定条件下又可以相互转化”的辩证观点。引导学生回顾向量分解的探究过程，是先从熟知的物理实例说明向量分解的必要性，由物理问题引入，体验对向量进行分解的必要性，说明问题来源于实践；再从分解的存在性和唯一性探究得到平面向量基本定理，然后通过例题去体验定理的具体作用，说明向量定理又为我们解决问题提供了理论依据，使学生既获得了实践的观点教育，还体会到了“实践—认识—再实践—再认识”的认识规律。这样，通过对平面向量基本定理的探究学习，培养学生严谨认真的科学态度与积极探索的良好学习品质。

（3）在课堂教学中采用多种形式实现德育目标

根据不同的教学内容，要运用不同的教学方法去启发学生的情感，才能收到成效。无论选择什么样的方式和手段，都要遵循一个原则，就是在德育过程中强调学生的积极参与，采用灵活多样的“主体参与”式的教学策略，“激活”学生的内心世界，形成价值判断。下面举几例说明。

例1：探究性学习方式主要指学生在课堂中主动探索问题。在地理学科的《城市交通运输》教学中，教师利用网络媒体信息容量大的优势，以网页的形式呈现丰富的教学资料，尤其是充分利用学生课前调查获得的乡土资料，专为本课教学拍摄的照片、录像和制作的Flash动画等，突出学习资源就在身边。通过研究课题、任务的选定和完成过程，促使学生了解生活环境，热爱家乡。同时利用网络媒体信息呈现的优势，突破教学难点。如“环行道路在城市道路网中的作用”这一难点的教学，用Flash动画完成这样一个过程的演示：将只有放射状道路的城市道路网的交通状况与建设环行道路后的道路网的交通状况用动画呈现出来。高度概括的道路网，简单的几辆小汽车运动演示，使学生一目了然，领悟其中的道理，感受到信息社会科学技术的迅猛发展给学习带来的便利。

例2：合作学习方式可以让学生体会到团队精神的重要，将课堂变成资源共享的团队工作空间，领悟到合作是走向成功的重要因素之一。在高一地理《气候资源》的教学中，学生分为若干小组，分别完成一个学习活动——“给农作物安家”。学生可以在教学网站中打开相应课件，用鼠标拖动所给农作物的图标，将其放置于适宜该作物生长的地区。学生自然会提出问题——作物适合生长在哪里呢？教师的适时指导后，通过小组成员互相协作，查询网站中的相关参考资料（包括有关中国气候条件、作物生理特点的图像、文字），并不断地交流讨论，最终解决他们自己提出的问题，在适宜的地区“给农作物安家”，完成活动。实现了学生的自主学习、合作学习。

例3：体验式学习方式是师生之间真诚交流，在情感色彩强烈的气氛中产生共鸣。在研究的过程中我们避免简单的说教，而强调师生之间和生生之间的真诚交流，晓之以理，动之以情。一要安全坦露，师生真诚交流，无论对错，都能大胆面对，有安全感；二要善意交锋，师生能站在讨论问题的角度进行交流，对事不对人，不相互指责，目的是使问题更明朗，提高认识；三要感知内化，当遇到问题，学生自身一时又难以理解或需要强化某一认识时，引入一些事例体会其中的道理，达成共识；四要留有余地，主张有明确的结论，但要留有余地，因为任何事情都不是一成不变的，人的认识也会逐步深入，留有余地并不完全是遇到焦点问题解决不了时才这样，而是一种意识的渗透。

丰台一小黄海英老师做的“‘三八’妇女节”一课。最初教师设计的是用一个学生准备在“三八”节这天送给妈妈的花为例，引入妇女节，然后引导学生亲自动手做花，课后送给自己的妈妈。我们经过研究认为本节课虽然是活动课，但是不能为活动而活动，要找准德育的提升点。送花的主要目的是增进情感的体验和沟通，所以应在情上做文章。于是教师确定了这样的思路：“感受爱”——观察妈妈为自己的付出；感受（女）教师对自己的关爱。学会“表达爱”——用自己的方式感谢那些给了我们爱的人们。通过听、说爱的故事，学生们充分感到了自己在爱的氛围中成长，感谢之情溢于言表。学生们这次的做花较以前投入更多的是“情”。活动中教师还安排了给学校女厨师和女清洁工送花的活动，学生们亲历了阿姨们辛勤劳动的场面备受感动；阿姨们热情的话语温暖了一颗颗幼小的心灵，阿姨们动容的表情和溢于言表的喜悦留在了同学们的记忆中。这是一次情感的交流，情在学生的成长中将成为无形的财富。

例4：运用现代信息技术可以促进教学内容的呈现方式、学生的学习方式、教师的教学方式和师生互动方式的变革，为学生的多样化学习创造条件，使信息技术真正成为学生认知的工具、探究和解决问题的工具，培养学生的信息素养及利用信息技术进行自主学习的能力和探索问题的能力，提高学生学习的层次和效率，也可以为学科德育的有效性提供帮助。例如，在音乐学科的高一音乐欣赏课“川江号子”的处理上，教师从使学生养成健康的审美情趣出发，将本节课的目标设定为了解我国的民族音乐，我国悠久灿烂的文化。“川江号子”是一种音乐形式，它来自民间、来自生产劳动，是民族文化之林中一枝艳丽的花朵。

“川江号子”产生的年代在20世纪50年代以前，距离现在比较遥远，时过境迁，社会早已发生了翻天覆地的变化。如果没有相关资源支撑，学生对该曲目的理解是无论如何也完不成的，就更谈不上“欣赏”或培养他们的音乐素养了。为此教师设计学生在多媒体网络环境中展开本课的学习，最大的特点是：创设情境，激发学生的强烈学习动机。

课上，教师运用四川方言朗读歌词、播放主题音乐，同时展示音乐产生的时代背景和人文背景的图片等资源，新颖、生动的情境强烈地激发了学生的求知欲，学生们通过观察、感知、联系、想象，乃至理解、判断等一系列思维活动较好地完成了（主体）对教学内容（客体）的一种特殊体验。这种体验较强烈地震撼了生活在首都的孩子们。在网上讨论中，他们不仅表示了强烈的求知情感，更谈出了他们内心的感受："都能唱得那么好听吗?""他们怎么发明的这种歌曲?""现在不拉船他们靠什么生活啊?""现在还有人唱川江船夫号子吗?""开始的时候我们听这首号子，感觉非常陌生、奇怪，但通过刚刚我们的仔细欣赏，感觉到了另一种滋味。"等等。

根据课堂录像统计，在此情境中观看和听讲行为明显的学生在95%以上。根据网络存储的讨论资料统计，有151人次发帖，平均每人发帖3.7次之多。说明主体参与学习的态度积极、踊跃，是传统教学活动所无法比拟的。

（4）学科德育在课外的延伸和课外的综合实践活动

例如，生物教师在讲授生物多样性以及生物种类时，为充分发挥学生学习的主观能动性，教师让学生们对周边的环境进行观察，自己画出观察路线图，并调查校园中有哪些植物和动物并做记录。教师还要求学生在记录中重点记录每种生物的特点、生活习性、生活环境，带回课堂上让学生自己讲解。学生们非常喜欢这样的学习方式，上课时积极配合，踊跃发言。事实证明，这种让学生自己动手的学习方式最受学生欢迎，是教学效果最好的方式之一。

在学习唐代历史知识的时候，历史老师发动学生通过不同方式收集、整理唐代与周边国家和少数民族关系的资料，并将收集的资料在课外进行展示，既使学生了解到唐朝是当时世界上最发达最强盛的国家，唐都城长安是当时世界的经济文化中心，还使他们了解到各民族、国家与唐朝友好交流的史实，极大地增进了学生的民族自豪感。更可贵的是，通过这些社会实践活动，学生初步掌握了通过运用历史资料去研究历史的学科学习方法。

3. 运用多元评价方法检评德育效果

如何知道教学效果及学生的认识是否正确？这就需要对学生进行德育检测和评估。采用的具体方式多种多样。如活动过程评价，教师设计评价表，对学习过程中学生的学习情况，参与学习活动的态度、广度、深度，是否能够倾听、协作、分享进行检测。例如地理学科设计的学科综合实践活动测评表。通过检测，可以帮助学生更加有效地学习，确保德育目标的实现。

教师根据德育目标设计调查问卷，对学生进行检测。由于学生个体的差异，问卷中设计的问题以开放性问题为主，通过对问卷的分析可以对德育效果有一个比较客观的分析。学生以口头或文字的形式谈自己的收获并对其他同学的表现进行评价。通过检评，教师既获得在教育影响下学生品德发展水平的了解，也获得了教育效果的信息。经过检测评估，教师可以及时调整德育过程，对学生不正确的认识和行为进行校正。学生通过检评和自我评价，道德评价能力和道德水平不断提高。

五、课题阶段性成果的应用价值及局限性

通过本课题的研究过程，我们积累了大量的教学设计方案、教学案例、课例光盘，对各学科德育的实效性具有积极的借鉴作用。帮助广大教师在教学过程中通过一定的心理活动过程，通过知、情、意、行等心理要素的综合作用，逐步形成“获得概念—产生情感—解决内心矛盾—形成支配行为的意识和动机—外在行为表现”的育人机制。

学科教学的主要任务是解决知与不知、懂与不懂、会与不会、能与不能的矛盾，而德育的主要任务是解决是与非、善与恶、利与害、信与不信、愿与不愿、行与不行等矛盾。学科教学与德育联系最紧密的心理要素是认知和情感。利用学科教学过程，结合学科教学内容，可以培养科学的世界观、人生观和价值观，可以激发对学习和生活的兴趣，可以增强对家乡、祖国、社会、环境的热爱，可以养成良好的习惯、方法和作风。但是学科教学有时间和地点的局限，课堂与现实社会也有一定的隔离，所以学科教学对于道德意志的坚定和道德行为的巩固只能起一定的作用，而不是主要作用。学科教学中的德育应以道德认知和道德情感的培养为重点，不能把学科教学中的德育功能无限扩大。同时我们强调了学科德育是以学科教学为主渠道的、以知识内容为载体的，潜移默化的，而且是一个动态过程。这些成果虽然具有借鉴作用，但切不可照搬或照猫画虎。

（支梅 陈忠骧 林跃进 撰稿，郭刚山 审阅）

德育途径方法体系的深化研究与推广实验结题报告

北京市平谷区教育科研中心

一、课题立项的基本情况

北京市平谷区地处北京远郊，平谷区教育科研中心从“九五”开始承担了中央教科所德育研究中心“整体构建学校德育体系的研究与实验”子课题“学校德育途径方法体系的研究”的实验工作，“十五”期间又继续承担了“整体构建学校德育体系的深化研究与推广实验”子课题“学校德育途径方法体系的深化研究”工作。主要出于以下思考。

第一，随着社会多元化脚步的加快，知识经济已初见端倪，各类竞争日益加剧，家长们的价值观也趋于多元化。在这种背景下，学校教育中高、大、空、远的传统德育途径和方法显得苍白无力，教师只重灌输，方法简单，使学生感到压抑甚至反感。这样的教育效果必然很差。因此，传统的德育工作方法已不能适应学校教育和现代社会发展的需求。在素质教育背景下，我们需要新的人才培养标准，这迫使我们必须重新审视德育工作，积极探索符合学校特点和学生心理需求的新的德育工作模式和方法。

第二，中小学《德育大纲》是学校德育工作的依据，也是家庭教育、社会教育的指导性文件。但不同学段的德育大纲都是针对自身的情况分别制定的，具有相对的系统性、独立性和特殊性，对于大、中、小学的德育衔接教育没有给予充分的考虑。这致使学生学业的转折期成为德育的“失控期”，缺乏有组织、有计划的德育活动。学生在进入新学校前得不到必要的指导，对即将开始的学习生活缺乏了解，心理准备不充分，会直接影响从低年级到高年级的平稳过渡。因此，整体构建分年级段的横行衔接、纵向贯通的德育工作实施细则已迫在眉睫。

第三，在“九五”的实验研究中，我们已经构建出整体的大、中、小学德育工作框架，形成了以《德育》读本为载体的德育活动课模式。但在实践推广层面还缺乏进一步的研究与升华，在向幼儿学段拓展、《成长册》的使用以及学校与家庭、社会相结合方面还需要进一步的完善与提高。

本课题研究的目的旨在拓宽德育工作的途径和方法，提高德育工作的实效性，促进未成年人良好思想道德的形成，以创建优秀教师集体为载体，以学习力、研究力和反思力为支撑点，全力打造一支研究型的教师队伍，分析现有德育途径和方法的不足，寻求更多更科学的德育途径与方法，探索出适合地方特点的德育工作模式。本课题研究的预期成果是：在中小学及幼儿学段德育体系的构建、家长学校的建立、德育的组织机构、德育课程的设置、学科德育的渗透、心理健康教育课的设置、各学段德育衔接等方面取得研究成果，为全区德育工作水平的整体提升提供理论依据和实践参照。

“十五”期间，北京市平谷实验区共有43所学校参与了该项实验，其中幼儿园4所，小学25所，中学13所，中职学校1所；参与班级共626个，教师1052人，学生44921人。本课题的研究从2002年4月起，到2006年10月结束，共四年半时间。

二、课题研究的理论依据

1.《中共中央国务院关于进一步加强和改进未成年人思想道德建设的若干意见》（简称《若干意见》）

《若干意见》中提出：要加快中小学思想品德、思想政治课的改进和建设，充分利用和整合各种德育资源，深入研究中小学生思想品德形成的规律和特点，把爱国主义教育、革命传统教育、中华传统美德教育和民主法制教育有机统一于教材之中，并保证占有适当分量，努力构建适应21世纪发展需要的中小学德育课程体系。

2.《教育部关于整体规划大中小学德育体系的意见》（简称《意见》）

《意见》提出：挖掘各类课程的德育资源，把德育渗透到学生学习的各个环节。我们要求各实验校、各学段德育目标、内容、途径、方法、管理、评价、体系的构建主要依据此文件展开，把德育落实到教学、管理、服务的各个方面。各类课程教师都要提高师德和业务水平，爱岗敬业，教书育人，为人师表，以良好的思想政治素质和道德风尚影响和教育学生。学校管理和服务人员要在严格管理和优质服务中体现育人导向，使学生从中受到感染和教育。

3.《整体构建德育体系总论》《整体构建德育体系分论》

整体构建德育体系就是在深入研究和认识德育途径之间的联系，以及德育内容与德育途径的整体联系的基础上，将各条德育途径横向贯通，纵向衔接，使其形成教育合力，增强育人效果。詹万生同志主编的“九五”实验成果《整体构建德育体系总论》（以下简称《总论》）和《整体构建德育体系分论》（以下简称《分论》），对学校德育途径、方法进行了科学的分类和深入的阐述，《总论》把德育途径分为学校、家庭、社会三大基本途径，把学校经常运用的途径分各课程、实践、组织、环境、管理、咨询、传媒七类近20个小项，把德育方法分为语言说理类、榜样示范类、修养指导类、实践锻炼类、行为训练类、规范制约类、评价激励类七项。《总论》指出，德育途径是德育内容、德育方法、德育过程的承载体；在德育体系中，各途径发挥独特功能的同时，又分工合作，形成合力，以建立全员育人、全过程育人的德育工作格局。因此，《总论》和《分论》是我们德育途径方法体系实验研究的指导性文件，是我们进行课题研究的理论依据。

4. 詹万生教授“十五”深化研究的开题报告，历届年会的阶段性报告及其他德育工作的政策性文件和纲要

三、课题研究的内容、原则和方法

1. 课题研究的内容

承担了“德育途径方法体系的深化研究与推广实验”课题后，我们组织了各实验校针对自己学校的实际围绕子课题进行了三级课题的申报。为使课题研究更有序，我们

把申报的课题分为七大类：一是德育活动课实效性的深化研究；二是班主任工作的深化研究；三是“三结合”教育的深化研究；四是小学法治教育的深化研究；五是德育手段现代化的深化研究；六是班级德育评价的深化研究；七是环境德育的深化研究。几年来，各实验校均围绕自己的子课题进行了扎实的实验，取得了较好的效果。

2. 课题研究的总体原则

课题研究的原则是根据课题研究的理论和子课题研究内容，确定研究理念，对研究过程进行理性认识。在“十五”课题研究中，平谷实验区主要坚持以下原则。

课题性原则。各实验校子课题的研究内容均是在总课题组整体构建德育体系思想指导下，紧紧围绕德育的途径方法体系的构建以及《德育》读本、《成长册》、《当代家长》、《好孩子 好习惯》等内容展开。

整体性原则。整体构建德育体系，既要研究各个学段德育途径的横向组合使用的问题，又要研究各个学段之间德育途径方法的组合使用问题，这是提高德育实效所必需的。我们要求各实验校在德育工作中横向上要全面使用各种德育途径，纵向上每一阶段德育的内容要做到由低到高，由浅到深，螺旋式上升，而不在低水平上不断重复。

科学性原则。各个实验校在课题实验研究中均严格按照《总论》和詹万生教授开题报告提出的观点、原则、方法进行，确保课题研究的科学性。

创新性原则。创新性是指在事物原有的基础上，遵循事物的发展规律，采用科学的方法和手段，创造不同于原事物的具有新特点的事物。平谷区各实验校在课题研究中均针对本地区、本校德育体系提出了切实、合理的新思路、新对策、新模式，在观点、角度或运用材料方面有新意，对德育工作具有启示和促进意义。

可操作性原则。在课题研究中，我们坚持课题实验方案容易操作，课题研究成果易于推广，构建的学校德育途径方法体系及实施细则对今后学校德育工作有规范作用和指导作用，真正做到了全程、全员可操作。

实效性原则。我们的研究成果对提高学校德育工作科学化水平，提高教师教书育人能力和学生思想品德及整体素质，提高家庭教育水平等方面要有积极的推动作用，具有借鉴推广价值，要对本区德育工作及学生整体素质的提升起到促进作用。

3. 课题研究的过程和方法

（1）建立“三结合”的科研体制，为德育实验提供动力与组织保证

我们成立了由教委副主任担任组长、教育科研中心主任任副组长、德育教科室主任任学术秘书的平谷实验区课题指导小组，负责对实验进行全程指导。经验告诉我们，行政领导需要科研人员提供理论、经验与信息，科研人员需要行政领导的配合与支持，这样，才能更好地发挥作用。在具体实验中，我们要求各校组织精兵强将，成立由校长亲自担任组长的课题领导小组，在组织落实、人员落实、任务落实、责任落实、措施落实、奖励落实的基础上设立实验专项档案，为实验顺利开展打下了坚实基础。

（2）制订科学的研究方案，保证实验有序、高效进行

在多次调研的基础上，通过反复论证，在“研究、实践、创新、发展”总的思路下提出了“一、二、三、四、五、六”德育工作体系方案。即一个核心：学校工作以德育为核心；二个落实：落实人员责任和落实实验方案；三个结合：教科研人员指导与

实验校运作结合、校长负责制与具体课题负责人责任制结合、校长负责制与党支部核心作用结合；四个评价方案：教师主导与学生主体作用评价方案、德育实效与德育模式评价方案、经费投入与奖励办法评价方案、发展创新与实验成果评价方案；五个突破：校长对德育工作要有突破性认识，教师的观念要有突破性转变、德育实验与教学改革要有突破性举措，学校师风、学风、道德行为要有突破性变化，德育途径与方法，管理与评价有突破性经验；六个机制：行政领导、教科人员、基层骨干三结合的德育科研机制，教师学习、研究、合作与竞争机制，学校、家庭、社会三结合教育机制，校长负责制与党支部政治核心作用相结合的领导体制，政策引领—实践导航—总结升华—成果推广科研工作模式，在科研中培养名师、在科研中锻造专家为核心的激励机制。

（3）召开专题会议，保证实验工作扎实开展

为了使德育工作更具针对性和实效性，同时也为平谷区德育工作向纵深方向发展，形成符合平谷区实际的德育工作新模式，我们在“十五”课题立项后马上召开了由行政领导、教科研人员和实验教师共同参加的德育实验开题会。原教委副主任、课题组组长田华同志，教育科研中心主任耿连发同志、副主任段宝明及各实验校的负责同志参加了此次会议。在会上，我们客观地总结了前一段研究的经验教训，认真学习了詹万生主任的总结报告和各学段实施方案，明确了下一阶段研究的指导思想、主要内容、基本原理、实验步骤和方法。

为使德育实验高效有序地开展，研讨会后，我们积极组织了课题的重新整编互助工作。我们把全区的二级课题分为八个研究组，即德育活动课实效性的深化研究组、班主任工作的深化研究组、“三结合”教育的深化研究组、小学法治教育的深化研究组、德育手段现代化的深化研究组、班级德育评价的深化研究组、环境德育的深化研究组。每一小组由一个优秀实验校为龙头，定期召集、组织交流、研讨、观摩活动，以达到相互学习、共同提高的目的。四年多来，我们组织了不同规模的交流研讨会20余次，促进了全区德育科研水平的提高。

（4）抓重点，带全盘，促全区德育实验水平的整体提升

德育工作的途径方法有多条，“九五”研究中，我们已经总结出10条德育途径和18种德育工作方法。如何使这些途径、方法在学校中充分整合，更有实效地促进我们“十五”研究，我们通过认真论证，把德育课程改革作为突破口，把《德育》读本与《成长册》、《当代家长》相结合，把整体提升“德育课”水平作为研究“十五”的重点，开展了扎实的实验，促进了德育实验向实效化方向发展。

第一，通过形象的活动演绎《德育》读本的精髓。《德育》读本的出台，为学校德育课的开展提供了新的途径和思路。在读本的使用上，“九五”实验研究已为我们提供了方法保证。但如何发挥它的桥梁和纽带作用，促进德育工作序列化、规范化、经常化，使学校、家庭和社会共振，仍需要进一步研究与探讨。在实验过程中，我们努力将《德育》读本与《成长册》、《当代家长》相结合，逐渐形成了学校的网络化管理模式，收到了良好的教育效果。

抓住《德育》读本的针对性、层次性，使学校德育活动课向计划性、科学性转化。在实验中根据具体年级和班级学生的实际，认真选择《德育》读本中的相关内容，针

对当前存在的学生被动听教师说教的“客体化”现象，特别注意在教育中发挥学生的主体作用，将落脚点放在培养学生的自主性、能动性、创造性上来。我们在研究中以此为指导，在德育活动课上注重为学生提供积极参与的机会，结合《德育》读本内容指导学生找准位置，设计活动，扮演角色，给每个学生提供参与的内容。尽管内容的编排不可能让每个学生都有表演的机会，但必须做到设计的内容在表演时让“观众”接受，包括叙述的语言能引发“观众”的思考，表演角色使“观众”产生共鸣。尤其是活动课上设计的讨论内容，既要抓住主要问题，又必须面向全班学生，使每个学生都有参与的机会和可能，达到在认知和情感上的认同，继而为导行提供前提。

改变教育的一时性为教育的阶段性、梯度性、延伸性，体现教育永恒的生命力。德育活动课对学生道德品质的培养具有直接的促进作用，有目的、有步骤地设计好活动课的延伸并做好反馈，才能提高德育活动课的生命力。在《德育》读本实验过程中，我们把重点放在过程性教育方面，强化教育效果的考核、监督，改变教育的一时性为教育的阶段性，使学生在教育过程中形成“知、情、意”向“行”的转化。

第二，改革德育活动课模式，使德育课更加贴近学生生活，贴近学生心灵。为推广“九五”德育改革成果——《德育》读本，带动平谷区德育工作的整体提高，从2002年起，平谷区把听起来感觉生硬的“德育课”更名为贴近生活、贴近学生实际的“班主任社会生活指导课”，并把该课作为区本课程在全区推广。各中小学由此开展了“班主任社会生活指导课”的探索和实践活动。我们把每两周一课时的“班主任社会生活指导课”纳入课程表，纳入班主任的工作量，使之成为班主任必须完成的工作任务。授课内容为中央教育科学研究所的《德育》读本，班主任可以根据实际需要来确定教学内容、授课顺序，灵活地对学生进行教育渗透。同时，教委专门发出通知规定：“班主任社会生活指导课”在实施中，中小教科、中小教研、德育教科室及各学校要共同参与研究探索和实践活动，形成行政领导—教科研人员——线教师相结合的育德之路。由于措施得力，落实到位，经过一年的探索和实践，我们看到了学校及学生可喜的进步。

一是学生通过生生互动、师生互动的课堂讨论，提高了明辨是非的能力。他们在讨论中思考、感悟，达到了德育内化的目的，解决了对正确的德育观点信不信、行不行的问题，进而付诸了实际行动。同时，他们的精神面貌和自育能力得到改变，主体意识得到充分发挥，基础道德水平不断提高。

二是教师通过上课实践，充分体现了“双主体论——教师和学生同为课程的主体”“三中心论——以学生为中心、以活动为中心、以情境为中心”“四环节说——知、情、意、行的有机统一”。在课堂教学的实践中，学生的讨论发言启发了教师，使教师重新认识了学生。课堂上的互相交流拉近了师生之间的距离，密切了师生关系，缩短了师生之间的情感代沟。“班主任社会生活指导课”在平谷区产生了广泛的社会影响，并受到了中央教科所及北京市教委领导的认可与好评。学生家长反映，这样的教育切合学生实际，学生懂事了，文明礼貌加强了，学习成绩进步了，教育效果真好。很多家长还积极要求亲自参与教育活动。可见，“班主任社会生活指导课”开辟了平谷区思想道德建设的一条新路，现已成为平谷区德育课程改革中一枝怒放的花朵。

第三，通过科学的评价激发了学生向上的动力。进行科学有效的德育工作评价历来是每所学校、每一位德育工作者的重点和难点。《成长册》的出台为德育评价提供了有效的参考。但如何发挥它在学校评价中的作用，使其更完善、更科学、更有实效，还需要我们深入研究。因此，《成长册》的深化研究是“十五”实验研究的又一重点内容。

首先要科学使用《成长册》，做到“三结合”。在“成长册”的使用上，我们力求做到与以《德育》读本为载体的“德育活动课”相结合；与家庭教育相结合；与少先队活动相结合。各实验校均构建了《校本德育实施细则》，在每学期初，把分年级段的德育内容和体系随《成长册》一起下发，做到每位学生人手一份，并要求与家长一同学习各项评价指标，领会评价指标的含义。这种可操作性强、涵盖道德方方面面要素的指标体系，为学生制定本学期奋斗目标指引了方向，因为他们能够通过学习评价指标，知道自己在哪方面存在差距，从而明确努力的方向。学校和班级根据各年级段的具体目标，通过“班主任社会生活指导课”和相应的少先队活动，让学生在活动实践中感悟道理，增强教育的实效性。在活动实践中，我们引导学生自定成长目标、自析成长环境、自寻成长动力、自开成长渠道、自研成长方法、自评成长效果。在《成长册》的填写过程中，同学、家长、教师均依据指标体系，对学生进行互评、助评、导评。

其次要创新《成长册》内容，做到精、细、实。詹万生教授在“十五”开题报告中曾指出：“各级各类学校要依据不同年龄阶段学生的身心特点和品德形成发展规律，把‘20字基本道德规范’具体化为若干德目，遵循分层递进、螺旋上升的原则，分布到各个年级，并列出可操作、可量化的具体评价指标。评价指标应包括认知、情感、行为三个层次。”在实验进行中，我们的具体做法是：把“20字基本道德规范”分化结合到《成长册》的相应篇章中。以小学五年级《成长册》为例：

20字规范	德目	《成长册》的相应篇章
爱国	思想教育	“成长环境篇”中的“校园——我成长的摇篮”“青青世界”
守法	法纪教育	“成长过程篇”中“学会做人”一章的“没有规矩，不成方圆”
明礼	道德教育	“成长过程篇”中“学会做人”一章的“从‘关爱’开始”
诚信	道德教育	对所有篇章的如实填写
团结	思想教育	“成长交流篇”中的“好朋友悄悄话”
友善	思想教育	“成长交流篇”中的“手拉手，心连心”
勤俭	思想教育	“成长过程篇”中“学会劳动”一章的“汗水写人生”，“学会求知”一章的“积极思维”
自强	心理教育	“成长过程篇”中的“学会健心”“学会健身”和“学会求知”等章节
敬业	思想教育	“成长过程篇”中的“学会求知”
奉献	思想教育	“成长过程篇”中“学会劳动”一章的“劳动——幸福之源”，“学会做人”一章的“从‘关爱’开始”

另外，我们以《成长册》为载体，以《纲要》为指导，分层落实“20字规范”。依据学生的年龄特点，遵循分层递进原则，结合《小学生日常行为规范》，制定出可操

作、可量化的具体评价指标，取得了实验的一些成效。

第一，《成长册》的编排，注重了发展性原则，给学生提供了发展空间，激发了学生自觉创新的意识，为其指明了发展的目标。

第二，《成长册》的使用，促使学校、教师、家长、学生转变重智而轻德、体、美、劳、心等素质的错误观念，规范了学校的常规工作，促进了学生的全面健康成长。

第三，《成长册》的设计，使学校、教师对学生的全面评价有了有效的载体，结束了"评语定德、分数定智"的不良局面，培养了学生全面发展的信心。

第四，《成长册》成为落实《公民道德建设实施纲要》的有效载体。

四、研究成果和结论

在教委领导的大力支持和教科研人员与一线实验教师的共同努力下，平谷区的实验研究取得了可喜的成果。

1. 荣誉称号丰硕

平谷区连续四年被评为全国级先进实验区；平谷中学、北师大平谷附中、城关五小、城关六小等30余所学校被评为国家级先进实验校；孟红、耿连发、韩立艳等40余名研究者被评为实验先进工作者和先进实验教师。另外，平谷四中被提名为"全国百所德育科研实验校"，平谷中学的"德育工作读本"被提名为全国百项科研成果，丁晓辉老师获全国百名德育科研专家提名奖，李俊福、武玉荣、邱海霞三名老师获全国百名德育科研名师提名，崔茂军等三名家长获百名德育实验好家长提名，平谷四中吴倩同学被提名为全国级百名优秀学生提名。

2. 理论成果丰厚

平谷中学、平谷四中、城关四小、峪口二区等16所实验校编写了德育实验成果集，400百余篇论文、实验报告获得了国家级一、二、三等奖。参与实验的所有实验校均构建出自己的校本德育实施细则。

3. 德育队伍的思想素质和科研水平进一步提高

德育实验对改变平谷区德育工作的局面，提高干部教师的整体素质和科研意识，对学生积极主动地发展已经产生了积极的影响。它不仅给平谷区各实验校带来了巨大变化，而且对平谷区科研体系的建立、主体德育模式的形成以及研究、创新、发展思路的形成起到了直接的推动作用。随着实验研究的深入开展，平谷区德育改革规章体系得到了进一步完善，以"班主任社会生活指导课"为载体的《德育》读本实验研究取得了实质性的进展，德育制度建设及校本课程开发开始显示出巨大功能。

4. 学生的思想道德水平不断提高，德育效果显著

通过几年的实验对比我们发现，实验校的学生勤奋学习、主动探索、文明礼貌、尊师敬长，良好习惯蔚然成风。他们热心公益、关心他人、尊老爱幼、助人为乐，好人好事层出不穷。平谷四中的刘丽茹同学曾获"胡楚南优秀学生奖"，她把600元奖金捐给学校，用以资助家庭困难同学。平谷四中的吴倩同学获百名德育科研优秀学生提名奖，她说："德育科研实验帮助我设计了梦想，帮助我把梦想变成现实，帮助我一步步走向成功。"平谷中学自发组织成立了"爱心基金会"，扶助困难学生。在几年里，全区师

生为贫困地区和残疾人捐款600多万元，这充分体现出同学们的高度社会责任感和助人为乐的优秀品质。

5. 课题研究发挥了家庭、社会的德育功能

几年来，平谷区坚持“当代家长”实验，以家长学校为载体，努力构建学校、家庭、社会大教育格局。通过家长委员会，指导年级、班级家长委员会工作，积极开展家校德育活动，形成德育合力。通过家长学校，引导家长走出家庭教育误区，端正家庭教育态度，掌握家庭教育方法，提高家庭教育的效果。学校制定了《家长学校章程》，深入开展了家长学校活动，提高了家长的教育素质，对家庭教育产生了很好的推进作用。实验研究使学校与社区增进了联系与沟通，社区的德育资源得到了开发与利用，学校、家庭、社会大教育格式基本形成。

总之，随着教育形势的发展和德育改革的深入，学校德育会不断面临新问题，全面地考虑德育工作，尤其是开展前瞻性问题的研究，才能与时俱进地适应新形势的需要。在以往的工作中，我们虽然在初高中德育衔接教育研究、德育课程改革研究、自我教育的研究、学科教学德育渗透及评价等研究中取得了一定成绩，但重新审视过去的德育工作和研究成果，还有很多不足，对德育内容的内部结构、相互联系以及各自功能还需要更深刻的理解，对合理把握德育途径以及网络德育技术的应用，还缺乏系统安排。尤其是在教育评价中，我们对“科学的个体评价的研究”还很薄弱。我们相信，既然共同的目标把我们连在了一起，平谷区全体实验人员就一定会精诚团结、同心同德、深化研究、开拓前进，为整体构建学校德育体系的大厦贡献瓦砾。

（丁小辉 撰稿，段宝明 审阅）

学科德育实效性研究

北京市顺义区教育研究考试中心

北京市顺义区教委在对学校德育工作进行全方位深入调研的基础上，确定把“课程改革与德育实效性研究”作为今后几年全区中小学德育工作的重点课题，并获得批准，成为市教委委托研究项目。

一、研究的思考

一是《中共中央国务院关于进一步加强和改进未成年人思想道德建设的若干意见》的颁布和基础教育课程改革的全面推进，为学科教学中德育研究提供了新的契机。《基础教育课程改革纲要》明确了课程改革的核心目标是改变课程过于注重知识传授的倾向，强调形成积极主动的学习态度，使获得基础知识与基本技能的过程，同时成为学会学习和形成正确价值观的过程，这一课程功能充分体现了学科的德育价值。

二是课程改革为实现德育工作实效性提供了新的载体。新一轮基础教育课程改革对现行课程结构的重大调整和课程内容的重大改变，赋予了学科教学对学生发展的独特价值。课程内容与学生生活、现代社会和科技发展相联系，课程内容呈现方式适应学生积极主动富有个性的发展，这些都为学生整体素质的提高提供了基础。

三是课程改革为形成全员和全过程德育提供了环境和条件。通过学科实施德育是教书育人的本质体现，“教学永远具有教育性”是教学活动的一条基本规律。新一轮课程改革将学校的整体教育与学生的全面发展统一在整个教学过程之中，从这一点来说，学校德育工作应该完全融入课程改革的全过程，融入教师教学活动的全过程。

四是课程改革为提升广大教师职业道德水平和促进教师的专业化发展提供了可能。新课程要求教师树立既“教书”又“育人”的教育观念，要求教师转变自己在教学过程中的角色，真正成为学生学习的促进者，教育教学的研究者，课程的建设者和开发者，从知识技能的传递者变成学生人生的引路人。

由于对“课程改革与德育实效性研究”项目实施意义有充分认识，让我们对此项目研究有了极大的热情、责任和信心。我们认为此项目研究应该是顺义区推动课程改革和推进素质教育的一个有力抓手，也是提高中小学德育实效性的有效途径。为了保证研究科学、规范、有序地进行，我们在行政、教研部门进行多次研讨之后，还邀请了市教委德育处、北京教科院基教研中心领导为我们把关。在充分论证的基础上，我们把研究重点定位在提高中小学教师开发利用课程德育资源能力上，抓住了推进项目进行的关键因素——教师。在研究内容上我们确定了三个主要方面：一是教师开发利用课程德育资源能力的研究；二是教师对生成性德育资源把握与运用能力的研究；三是师表形象对学生道德影响的研究。

在项目启动大会上，我们部署了项目研究推进的策略和具体安排，广大实验教师对项目研究的意义和任务有了明确的认识和领会，拉开了在全区开展“课程改革与德育实效性研究”的序幕。

二、研究的推进策略

1. 建立支撑和保障体系，为研究项目的推进提供组织、人力和机制保障

一是建立行政推进的支持系统。成立了由教委主管主任牵头、中小教科科长和教研中心主要领导组成的项目领导小组，全面负责项目的实施与监控，统筹行政、教研、科研、师训等部门力量协同推进项目研究。

二是建立以教研部门为实施主体的研究体系。依学科划分成立了 16 个项目小组，分学科、分专题全方位、多角度进行实践探索。各项目小组建立了依托教研活动的研究制度，把项目研究纳入日常的工作之中。

三是建立学校内部教学与德育的整合、协同工作制度。改变过去学校教学、德育两股道的状况，德育领导与教学领导一起走进课堂，共同指导教学活动，把落实德育目标作为课堂教学质量评价的重要组成部分。

2. 实施协同推进策略，形成群研共进合力

项目研究伊始，我们把“课程改革与德育实效性研究”项目作为全区德育工作的龙头课题进行推进，教育行政、科研、教研、基层学校多方合作，形成了群体攻关的局面。

一是科研先导。科研先导是我们开展项目研究的一个长期策略，在项目研究过程中，科研室一直发挥其引领作用，引领认识、引领方法、引领成果。科研员走进学校开展专题理论讲座，提升教师对本项目研究的认识；引导教师以科学的态度、科研的方式开展研究活动；指导教师用撰写研究日志的方法记录教学中的成功和不足，反思实践中的得与失；帮助教师在不断实践、反思、改进的过程中理性开展研究活动；指导教师提炼研究成果，推广成功经验。科研引领实现了学科德育实效性和教师研究能力的共同提高，为实践的进一步深入提供了后劲。

二是教研实施。各研究项目小组坚持把教研活动与项目研究有机整合。在各学科的教研活动中，教研员都把项目研究作为必修内容，中心组的集体备课，全区范围的学科研究课等活动，都把学科如何实施德育作为评价标准，使研究落实到每个教师的意识中和行动上。在日常教学视导中，教研员把课堂教学实施德育作为课堂教学指导的重要内容，使得指导直接面向一线教师，直接作用于课堂，保证了研究朝着务实、有效的方向发展。

三是学校参与。学校干部教师是落实学科德育的主力军，把德育干部的工作重点引向课堂，使课堂真正成为德育工作的主阵地。在学校形成了德育干部与教学干部共同听课和评课的新现象，在评课中把学科落实德育作为一项重要的评价要素，真正对教师的教学行为发挥了导向作用。

3. 实施活动推进策略，逐步引领研究向纵深发展

活动推进策略就是以课程改革目标为统领，以各项研究性活动为依托，不断提高研究者的认识，提升研究者的能力，为项目研究的深入开展搭设平台。

一是专题研讨，认识先行。为了在全区范围内营造研究氛围，2005 年 9 月，教委下发了开展“学科德育”大讨论的通知，要求各单位围绕“课改与德育”内涵的理解、教师如何在课堂上实施、校级干部如何在学校内推进、教科研人员如何在项目推进过程中发挥引领作用等 10 个专题开展学习、研讨活动。在大讨论过程中，广大干部教师通过资料查询和座谈交流等活动，提高了对学科德育的认识，明确了研究的意义，为后续的实践探索扫清了认识障碍。

二是典型带动，示范引领。借中小学德育工作会议的契机，举办了“学科德育”专题论坛。来自一线和教研部门的同志从自己的认识和实践出发，站在学科的角度阐述了自己在研究过程中的成功做法和对学科德育功能的再认识。专家站在理论的高度对我们的研究从方向的把握、方法的使用等方面进行了点拨，在教研员和学校干部教师之间引起很大反响，澄清了教师的一些模糊认识，改变了有些教师对学科德育因素理解狭隘的状况，纠正了一些教师研究简单化的做法，使教师的认识和实践上了一个新的台阶。

三是交流借鉴，互相促进。在顺义区中小学德育网站上建立了“课改与德育”研究专区，发挥了网络快捷、方便的优势。各项目小组的研究方案、研究进程、阶段成果能够及时上传，为教师提供了学习、交流的平台，实现了资源共享、成果共享，大大增强了研究的效益和效率。另外，“专区”的建立，为领导小组对研究进程的监控与指导提供了技术支持，为研究有序、持续的发展提供了保障。

四是评价激励，总结提升。在各项目小组开展研究实践的基础上，领导小组开始对教师积累的案例和经验进行征集，开展了阶段研究成果评优活动。在征集活动中，教师自觉梳理研究过程，反思研究中的得失，提升已有的经验，形成了对项目研究的再认识。从教师的案例、课例和论文情况看，教师在教学过程中落实德育目标的意识和自觉行为有了明显加强，评优活动进一步调动了教师的积极性。第一阶段的实践成果和教师的热情为今后的深入研究奠定了良好的基础。

三、研究的内容及做法

以教师教育教学能力同步成长为着眼点，以课堂为阵地，在教学过程中育人。

1. 用评价引导教师全面落实教学目标

育人是教师职业的本质，是教师的最高价值追求。发挥课堂教学评价的导向功能，在评价内容的制定上，我们以北京基教研中心课堂教学评价指标体系为基础，依据新课程中的三维目标要求，对课堂教学评价指标进行了重新制定，把“教学内容体现德育、教学方法体现德育、师表形象体现德育、师生关系体现德育、课堂管理体现德育”诸因素细化成评价指标纳入教学评价要素中来，引导广大任课教师在关注学生知识学习的同时关注学生非智力因素的发展。在评价操作上，我们首先是建立任课教师自评制度，引导其在教学中自觉落实新的评价指标，上课前对照评价指标制定相应的教学策略和选择教学方式，上课后对照指标进行自我反思、总结经验、找出不足，在不断改进中强化教师德育意识和转变教学行为。另外，在区校两级教学视导、评优等教研活动中，使用新的评价指标引导教师全面落实教学目标，矫正教师注重知识传授的片面做法，强化教师的教育行为，使课堂教学的教育性日益凸显。

2. 让教育贯穿课堂教学全过程

课堂教学的教育性存在于教学全过程以及教学过程的各个方面，教学内容本身蕴涵着教育价值。良好的教学方式、方法，课堂人际氛围、教学过程中预设之外的事件，都可能对学生产生显性的或隐性的价值影响。

（1）以学生主体人格的最大限度发挥为原则组织教学活动

新课程标准明确了课程改革的核心目标是改变课程过于注重知识传授的倾向，强调形成积极主动的学习态度，使获得基础知识与基本技能的过程，同时成为学会学习和形成正确价值观的过程。在落实新课标中，我们在各学科教学中推广以“自主学习、探究实践”为特征的“学案导学 自主探究”的新的教学模式，尝试以“学案”为载体，从学习出发，先学后教；从问题出发，引导探究的教学方式，通过建立“自主预习生成学案—自主探究实施学案—引导共议完善学案—总结提升延伸学案”的自主、互助式学习流程，实现学生独立思考、自主创新、群体互助的课堂文化氛围。“学案”式学习，不仅仅是学生学习方式的改变，重要的是学生在主体参与中能动地发展自我，在主体参与中健全了主体性人格。

（2）让道德营养随着知识的传递浸润学生心田

教学内容具有教育性，即便是价值中立的自然科学知识在转换成课程知识的过程中也将被赋予一定的教育价值，无论是显性的或者隐性的，关键是教师能否充分发现和发挥其教育价值。在落实“课程德育”的过程中，我们首先是以挖掘教材德育内容为主题进行了集体攻关。在教研部门进行备课环节的改革，通过改变教案撰写模式增强教师对教材教育性的挖掘，建立文本与教育价值的内在联系。截至 2006 年年底，顺义区中小学编辑出版了“顺义区中小学课程德育资源分析汇编”“顺义区中小学课程德育优秀教学设计选编”等五本研究成果。这五本文集的形成过程也是我们一线教师树立正确的教育观、学生观的过程。这些研究成果将指导和带动更多的教师参与到研究中来，从而形成全员参与研究的局面。

（3）以关爱、尊重为基础建立平等的师生关系

新课标要求教师树立新的学生观，充分尊重学生的主体人格，建立新型的师生关系，用良好形象给学生积极、健康的情感陶冶。在调研和访谈中我们了解到，造成师生矛盾的主要问题是：教师不能一视同仁（教师心目中以学习成绩为依据把学生分成三六九等）；师生是管理者和被管理者的关系（学生就要听教师的）；缺少沟通（对学生的心理需要和情绪、情感缺乏关注）。学生最不满意的教师行为就是谈话方式，多于 80% 的学生认为教师在很少的与学生的谈话中多是批评和劝诫。基于此，我们确立了以“关爱、尊重”为基础，以变“谈话”为“谈心”为内容的研究实践，旨在通过行为强化逐渐转变教师的学生观。顺义区教委把“教师的谈话艺术”作为师德建设的重要载体进行研究，号召全体教师加强与学生的沟通。在谈话内容上我们要求教师做到：把命令式语言转化成商量式语言；把生硬的语言转变成有情感的语言；把批评式语言转变成鼓励式语言。在谈话方式上我们要求教师做到：由多面向集体转变成多面向个别；由居高临下转变成弯腰平视；由教师讲话学生听转变成师生讲话互相听。教师教育行为的转变确实引发了师生关系的改变。

平等、和谐师生关系的建立，让教师有了与学生的真情交流，与纯真童心的碰撞，在这种交流和碰撞中，教师的学生观在不断转变，师德素养逐步提高。

（4）改革学业评价，保障学生均衡、全面发展

传统的以知识、技能掌握为教学目标的评价考核一直是以测验考核为主要方式，学生的学习态度、情感、价值观的发展一直没有有效的方式去加强。在课程改革的过程中我们尝试学生学业评价的多元化。一是“双优制”作业评价。对学生的作业评价实行双重标准，即知识、技能掌握标准和学生通过作业反映出来的学习态度标准，双重标准的实施不仅调动了学生的学习积极性，更在端正学生学习态度、建立自信心上起到了促进作用。二是“评语式评价”。多年来一直沿袭的等级式评价操作简单、一目了然，但多少让人感觉到冷冰冰，缺少了人情味，为了更有效地发挥评价的激励功能，更好地激发学生的学习动机，我们尝试使用评语式评价，让评价不仅具有人情味，更全面而具体；不仅有诊断功能，更具发展功能。学生学业评价方式的改革对引导学生的全面发展将会持久地发挥作用。

3. 拓展德育时空，在实践中育人

中共中央 8 号文件强调：改革课程设置，加强未成年人思想道德建设要遵循知行统一的原则。既要重视课堂教育，更要注重实践教育、体验教育、养成教育，要按照实践育人的要求，以体验教育为基本途径，组织开展内容鲜活、形式新颖、吸引力强的道德实践活动。顺义区在有效利用地区资源优势、落实实践育人目标方面进行了探索。

（1）开发校本德育课程，发挥乡土资源优势发展学生的生活道德

新课程改革三级课程体系的实施为学校校本德育课程设置提供了可能。顺义区中小学以学生的生活和学校的资源为基础，以学生的需要和参与体验为原则大力开发校本德育课程。发挥和利用乡土资源、拓展德育时空已经被广大德育工作者逐渐认识和践行。《礼仪》课程、《小种植》课程、《顺义，我可爱的家乡》课程、《国学》课程等校本德育课正在让我们的德育向充满自主性、创新性、发展性的方向上不断前行，让我们的学生在自己生活的土壤中培养道德之根。

（2）开发社会实践课程，让学生在实践中丰富道德体验

北京 2008 年奥运水上运动项目比赛场馆坐落于顺义区潮白河畔，人们开始关注水，爱惜水。水寄托着顺义人民的希望，水承载着顺义人民的爱国热情。借此契机，顺义区教委开始在水上大做文章，把水作为教育载体，以“以水为媒 培养学生公民道德”为主题组织学生开展社会实践活动。区教委在充分调研了全区水资源分布、水资源现状之后，对教育目标、教育内容和活动实施进行了周密部署，各校基于自身的实际情况开始了创造性的实施。

几年来，顺义区教委遵循“教学永远具有教育性”的基本规律，以课程改革为抓手，以突出建设、提高认识、转变行为为研究思路，积极开展“课程德育”研究，推进了顺义区教育全员育人、全过程育人、全方位育人有效落实，促进了顺义区教育的优质发展和中小学生的健康成长。

（李永跃 撰稿，吴凤英 张海 审阅）

专题五
考试与评价改革研究

考试与评价改革的方法与策略

北京市东城区教师研修中心

随着基础教育课程改革的深入，基础教育在观念、目标、方法、评价等多方面都获得了长足的进展。在这样的发展进程中，评价一直是人们关注和亟待解决的问题。评价观念与评价方式的改革也越来越成为人们关注的焦点。《基础教育课程改革纲要（试行）》中提出的基本理念之一就是“改变课程评价过分强调甄别与选拔的功能，发挥评价促进学生发展、教师提高和改进教学实践的功能”。在这一基本理念的指导下，北京市东城区认真分析了课程评价的现状，研究了各科课程与教学评价中存在的问题，理解新课程提出的评价理念，努力研究适应新课程评价理念的评价方法和实施策略。

考试是评价过程的一个组织部分和重要环节，考试方法和考试内容直接影响着课程改革的实施与落实。为了更好地推进课程改革，近年来，东城区坚持不懈地积极探索，大胆实践，各学科、各学段努力践行考试与评价改革工作，并获得了可贵的经验。这方面的工作总结如下。

一、树立正确的评价观

传统的考试评价工作的主要目的在于甄别与选拔，使课程与教学处于考试的支配下，教与学失去了原来的目的，人们关注的是最终考试的结果，而忽视了学习过程本身。随着课程改革的深入与理念认识的深入，我们对评价目的发生了转变，强调以学生为本，评价本身成为促进学生发展的过程，通过评价促进学生的和谐发展，突出考试的诊断、发展功能。评价的主要目的是为了全面了解学生的学习历程，激励学生的学习，改进教师的教学，促进学生成长、教师进步、教学改进、学校发展，促进全区教学质量的提升与均衡发展。

二、改革考试与评价方法

1. 规范考试与评价的要求，调整命题内容

由于对评价目标认识的转变，我们对考试与评价的内容也进行了相应的调整，体现新的人才观、教育观，由单一注重基础知识和基本技能的评价转向知识与能力、过程与方法评价的结合；注重关注学生综合素质的考察，不仅关注学生的学业成绩，更注意关注学生的创新意识和实践能力；注重培养学生积极的情感体验和良好的学习习惯，使学生形成积极的学习态度、情感和价值观，帮助学生认识自我，树立信心。力求突出以下几点。

第一，基础性。基础知识是学生继续学习的基础，也是学生进行实践应用的前提，了解学生基础知识的掌握程度，是考试与评价的重要目标之一。

第二，过程性。考试作为一项限时解答问题的专门活动，同课堂教学一样，也要充分重视了解学生解决问题的思维过程，力求以不同问题为载体，比较全面地了解学生解决问题的思维过程、方法与能力，落实过程性目标。

第三，开放性。试题为学生提供了观察、尝试、寻找规律或模式的思考空间，需要学生去探索。由于某些题目的条件、要求或结论不确定，因此更具开放性，有助于激发学生的思维。

第四，应用性。试题注意加强学科知识与社会生活实际和学生生活实际的联系，将试题置于情境，使之充满趣味，通过解决实际生活中的问题，提升学生发现问题、提出问题、思考问题、理解问题、解决问题的能力。

第五，融合性。一些综合性题目注意了与学生以前所学知识的联系，体现了知识的内在联系。

2. 改革考试形式

为了改变应试教育下忽视学生发展、只追求分数的做法，近几年来，我们探索研究改善传统的评价方式，注重学生的思维过程、解题策略、动手能力、情感态度等，以形成正确的预期。比如：

笔试与操作结合。小学数学高年级通过拼摆、测量、制作、设计等综合性、实践性题目，让学生用一个月左右的时间去完成，以了解学生综合解决实际问题的能力。英语学科改革语言实践能力的测试方法，采用口试、听力、笔试结合的检测方式，对二、四、五年级进行现场口试检测。其中二年级和四年级采取一对一口试方式，五年级采用上机操作方式，由教研员命制三套试题，学生上机自行完成 15 分钟的测试。音乐学科关注学生实践能力的监控，增加演唱能力测试，对部分学校小学五年级学生从音准、节奏、表现力三个方面进行评价。体育学科增加实践与技能测试，对部分学校小学六年级学生进行 1′30″跳绳、后滚翻、双手胸前传接球（次数与技术）的技能测试。以上学科的操作、实践测试与笔试结合，给予一定的等级和分数，纳入学生的学业成绩。

单项测试与综合测试结合。为了全方位了解学生的学习情况，我们还采用单项测试与综合测试结合的方式，依据课标理念，对课标新增内容、学科重点内容、学生易混易错内容，选择不同的测试点进行单项测试，及时诊断教育教学的问题，加强针对性，落

实实效性。

3. 调整试卷结构

为了全面了解教与学的状况，我们重新调整了试卷结构，并且将“卷面书写”纳入评价项目。

语文学科：

<table>
<tr><td colspan="3">内容结构</td><td colspan="3">识字写字</td><td colspan="3">积累</td><td colspan="3">阅读</td><td colspan="3">表达</td></tr>
<tr><td colspan="3">能力结构</td><td colspan="4">识记</td><td colspan="4">理解</td><td colspan="4">运用</td></tr>
</table>

数学学科：

<table>
<tr><td colspan="3">内容结构</td><td colspan="3">数与代数</td><td colspan="3">空间与图形</td><td colspan="3">统计与概率</td><td colspan="3">实践与综合</td></tr>
<tr><td colspan="3">能力结构</td><td colspan="4">知识技能</td><td colspan="4">数学思考</td><td colspan="4">解决问题</td></tr>
</table>

英语学科：

<table>
<tr><td>内容结构</td><td>词汇</td><td>语法</td><td>功能</td><td>听力理解</td><td>阅读理解</td><td>书面表达</td></tr>
<tr><td>能力结构</td><td colspan="2">识记</td><td colspan="2">理解</td><td colspan="2">运用</td></tr>
</table>

4. 改革评价方式

为使评价更公平、公正、合理，近年来，小学一直坚持采用等级制的评价方式。对于等级的划分，前几年一般划分为四个等级：

优	良	及格	不及格
90—100 分	76—89 分	60—75 分	60 分以下

自 2008 年以来，调整为根据每次监控被测试全体学生的整体情况与优秀、良好的比例合理调整评定等级标准，实现学生成绩等级评定中“临界点浮动”的变革。

三、实践与收获

在近几年的教研与教学工作中，在“过程监控—问题诊断—变量评价—有效培训”评价思想（如下图所示）的指导下，东城区注重为学科发展和师生发展提供发展性评价，开展了富于实效性的系统工作。

1. 每学年教学视导与随堂听课

<table>
<tr><td>全员视导</td><td colspan="2">集中视导</td><td>专项视导</td><td>学科视导</td><td>随堂听课</td></tr>
<tr><td rowspan="3">2 校次</td><td>高中</td><td>4 校次</td><td rowspan="2">3 校次</td><td rowspan="2">按学科进行</td><td rowspan="2">约 4000 节</td></tr>
<tr><td>初中</td><td>4 校次</td></tr>
<tr><td>小学</td><td>5 校次</td><td>18 校次</td><td>20 校次</td><td>约 4000 节</td></tr>
</table>

全员视导。全体中小学教研室研修员每听一位教师的课，都要作详细的听课记录，

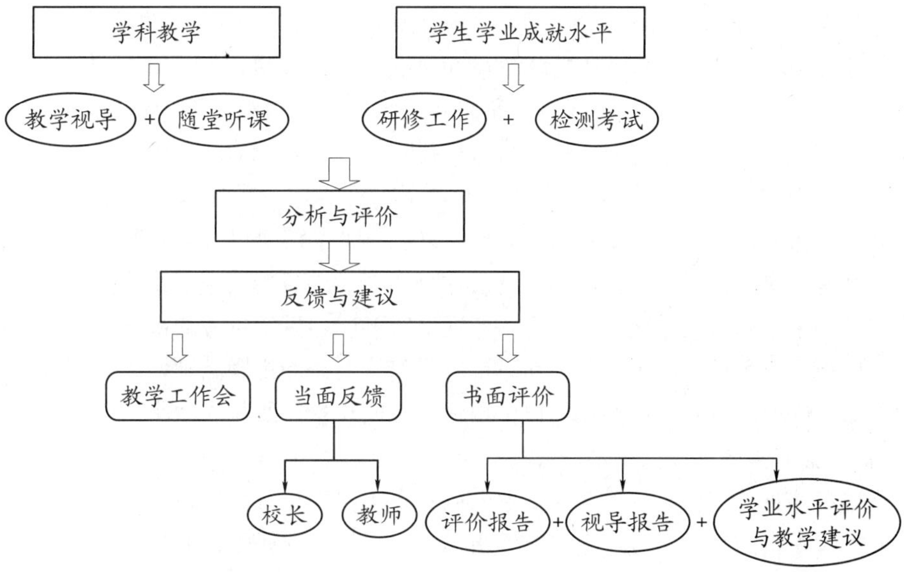

“过程监控—问题诊断—变量评价—有效培训”评价过程

认真分析，找准问题。

全员反馈。在视导学校教研组范围内和教师座谈，对每一位被听课教师进行反馈，开展集体研讨。在视导后的第二周，学校教学校长亲自带队来到教师研修中心，听取研修员对学校教师的整体评价和反馈。

全员评价。研修员经过全组讨论，对所听教师作出全面评价和客观分析，给出等级，并针对教师、学科、学校的情况完成书面视导报告，总结成绩与特色，诊断问题，剖析原因，提出改进建议。

2. 加强教研

几年来，在全体研修员的努力下，试题质量逐步提高，各项大型考试的试题质量得到全区教师和领导的肯定。教研室在工作中做到有思路、有计划、有要求。每次都有时间表、具体方案，统筹考虑，有所侧重。构建符合东城区教学实际质量监控与评价实验工作体系和流程，注重“过程监控—问题诊断—变量评价—有效培训”，使质量监控与评价工作逐步进入科学化、规范化的轨道。

第一，科学备考。一是注重对教师进行专题培训，中学聘请考试院专家分析高考，小学聘请北京市教科院的评价专家进行专题培训。二是通过网络课堂加强对学生的指导。三是注重以课程标准为依据全面规划命题，以实践运用为导向，探索创新评价工具。各学科均以“整体把握—落实基础—注重能力—力求创新”为命题思路，从命题蓝图的规划设计入手，到评价工具的创新，采用个人规划与集体研讨相结合的方式，在研修员个人设计的基础上，组织学科集中时间集体对本学科各年级试卷进行全方位打磨，交流研讨，保证命题质量。

第二，以推进网评为保证，发挥评价数据的作用。自 2007 年起，对小学三、五、六年级的语文、数学和英语学科期末全员检测采用网评的方法进行阅卷，统计快捷、程序安全，提高了阅卷的效率，保证了数据统计提取的质量。同时分类整理网评数据，一方面将总体数据提供给学科教研员，整体分析学科教学质量，另一方面将区校对比数据提供给教学干部，诊断学校质量的优劣得失，充分发挥评价数学的诊断分析作用。

第三，将考试评价与教学、教研、科研有机结合，发挥整体能动作用。将考试评价与促进学校发展、教师专业发展与学生成长有机结合，发挥激励导向作用。以考试评价研究为纽带，将区级教研、学区教研、校本教研有机整合，发挥辐射、带动作用。

第四，注重交流。各学段加强与外省市、外区县的交流研讨，力求通过交流，开阔视野，学习经验，提升自身的考验能力。比如中学部郑克强主任、张凤玲主任带领14位教研员为延庆初中、高中三年级的教师作了考试说明解读和科学备考的讲座，受到好评。郑主任为延庆教研员和校长作了《实行科学的教学管理，全面提高教师素质》报告。小学部参加北京市基教所的区县质量监控与评价课题，定期与参与课题的其他区县进行研讨。

3. 质量监控与评价

质量监控与评价工作是东城区长抓不懈的一项重要工作。面对新课程我们的评价观念和目标发生了重大的转变，将过去以评价指标为依据的达标评价，逐步向以促进学生和教师发展、帮助师生寻找问题的发展性评价过渡，为此我们进行了以下的监控与评价工作。

（1）依据新理念编拟质量检测试题

科学命题是对全区教学质量做出客观检验和评估的前提。为此我们提出了明确的命题要求、命题思想与命题路径。

命题要求：认真考虑学科知识体系、能力结构、题型创新因素，正确引导教学方向。试卷规范、科学，难度适当，区分度好。

命题思想：要考虑到学科知识体系、能力结构、题型创新因素，还要考虑到全区目前的实际情况，引导教学的正确方向。

第一，给学生创设一次检验学习效果，全面提高自身素质的机会；

第二，全面了解全区教师教学和学生学习的基本情况；

第三，探索中小学各学段的教学规律，研究命题规律，提高东城区教研员和骨干教师的命题水平。

命题路径：遵循“把握《课程标准》要求—落实教材教学任务—研读市级框架标准—确定知识能力细目—整体设计命题蓝图—形成试题及评价标准”的命题路径。在设计命题蓝图时，对每份试卷从总体架构到小题安排均进行细致规划。包括测试卷整体情况：测试卷的总题量、主客观题分布、难度比例、预计平均分等；测试卷维度情况：内容领域分布、能力领域分布、预计难度分布；测试卷题目情况：各题知识点、题型题号、预计得分等。此外各学科还注重进行纵向沟通，关注同一检测点的年段梯度。

每学年，小学单元形成性自测试题264份，期中试题16份，期末试题32份，单项检测试题12份。中学研修员为了更好地指导、服务一线教学，切实提高试题和教学资料编写的质量，每学年约完成1400万字的编写任务。形成期末试题88套，模拟试题和毕业试题44套，单元练习104套，会考前练习9套，初一入学测试题3套，复习用书14套。

（2）做好平时的质量监控工作

在第一学期，小学语文、数学、英语等学科进行单项检测工作，由教研员命题，组织兼职教研员换校监考进行统计分析。

小学语文、数学、英语教研员完成单元形成性检测试卷的命题、打印和下发工作。在单元教学结束前下发给各校，指导学校把好单元教学质量关。

中学开学后的第一周，我们在中教科的带领下，对初一年级入学的新学生进行语文、数学、英语统一考试、统一阅卷工作。对卷面成绩细化到每一小分点，以便能够及时了解学生的水平，做好质量监控工作。

期中考试，各校组织好命题、考务、试卷分析等工作，加强考试过程的组织管理，命题中不能出现科学性错误，要考虑到学科内容比例、典型试题、能力考查、考核内容、题型创新及难度系数等因素。

（3）做好期末考试与评价工作

小学研修室，在不断实践探索的基础上，对期末检测的学科进行了全面规划。

在学科方面，由主要学科扩展到科任学科，实行“3＋1”的学科监控模式，即语文、数学、英语三个学科每学期固定进行监控，另外，每学期均有一门科任学科轮换参加监控，使监控学科更加全面。

从样本选择上，采用大小样本结合的形式，第一学期为六年级语文、数学、英语全样本抽测，二、三、四、五年级语文、数学、英语及科任学科为小样本监控，每学科抽调11所学校，每个学校一个教学班，四个学科覆盖全区所有小学。第二学期为三、五年级语文、数学、英语全样本抽测，二、四年级及科任学科为小样本监控，六年级进行毕业自命题考试。

从阅卷方式上，全员抽测的学科和年级进行全区集中网评评阅试卷。小样本抽测组织骨干教师统一阅卷分析。

中学各校要参加全区统一组织的命题、考试、阅卷、试卷分析等工作。尤其是初三、高三期末要进行全区统一命题、统一阅卷，以加强全区考试过程的组织管理工作。在阅卷当天，各学科研修员向教师进行试卷讲评，卷面成绩由信息中心统一输分。

4. 反馈与建议

（1）召开教学质量年报工作会

每学期开学初，在东城区质量监控与评价实验工作小组统筹下，在教委主管主任直接部署下，中小教科、教研室组织筹划，召开由教委领导、研修中心领导、中小教科、中小教研、督学室、全区中小学校长及教学干部参加的“东城区教学质量年报大会”，将监控过程中获得的大量第一手资料和数据进行分析，得出对全区和每个具体学科、学段教学质量的评价，并针对分析的结论提出教学建议。教研室主任以提升干部教师对教学质量与监控工作的认识、实施水平及指导力等问题作专题报告；教委领导针对全区质量监控与评价工作提出指导性意见与工作思路。通过现场会共商质量监控与评价的工作重点，总结经验，解决疑难和困惑，创新思路，更理性地推动教学工作。

（2）质量监控与评价的专题研修活动

每学期，各学科、各年级教研员在区级研修活动中，均针对上一学期质量监控与评价的优势与问题进行全面、细致、深入的解读分析与重点指导，在充分肯定成绩的同时，对出现的主要问题进行归因分析，并为教师提出可操作性的改进教学、提高教学质量的建议。

（3）抽测学校反馈交流会

在召开教学质量年报会的同时，教研员有重点地集中组织部分学校的质量反馈会，针对这些学校在质量监控与评价中的共性内容进行诊断性分析、交流研讨，指导帮助学校找到解决困难与问题的实施策略。同时在每次监控之后，都召开各学科部分教学干部会，听取学校对测量工具的意见和建议，从而提升教研员命制试卷的水平。

（4）教学质量监控与评价下校反馈指导

根据每学期监控与评价中各校的具体情况，教研室以学科为单位针对监控中反映出的主要问题进行追踪调研，提高教研的指导实效。各位教研员在梳理分析的基础上，也有重点、有计划地深入到教学比较薄弱的学校，与校长、教学干部面对面地进行研讨分析，并就学校质量监控与评价中出现的个性问题进行指导帮助，重点解决突出的问题。

（5）下发学校质量监控与评价反馈数据光盘

每一次质量监控与评价工作结束后，对于进行网评阅卷的学科和年级，教研室均通过网评公司将学校质量监控与评价的结果制作成光盘，下发给各学校。光盘的内容涵盖本学校及各个班级的数据信息，还提供了全区的整体情况信息，以帮助学校进行比较分析，总结经验，诊断问题，明确改进方向。

（6）下发东城区研修部学期工作年报

经过对评价结果的处理与分析，每学期各学科研修员撰写学科及年级质量分析报告，依据命题蓝图就学生达到《课程标准》的程度进行分析与诊断，并对教师的教学行为进行剖析，在微观层面为学校教学干部和教师提出针对性建议，汇集到《小学教研部学期工作年报》和《东城区学生水平评价与教学建议（初、高中）》中。其中小学部分涉及语文、数学、英语、品德与生活、品德与社会、科学、音乐、体育、美术、劳动技术、写字、综合实践等23份学科总结报告。初中部分涉及初一语文、数学、英语、历史、地理、生物；初中美术、音乐、体育、劳技；初二语文、数学、英语、历史、政治、物理、生物；初三语文、数学、英语、历史、政治、物理、化学24份年度考生水平评价与教学建议。高中部分涉及高一语文、数学、英语、历史、地理、政治、物理、化学；高中美术、音乐、体育；高二语文、数学、英语、历史、物理、化学、生物；高三语文、数学、英语、历史、地理、政治、物理、化学、生物27份年度考生水平评价与教学建议。我们将这些总结报告下发给各学校，作为干部与教师的学习培训材料。同时，要求各校根据教研室质量年报，利用家长会、开放课等形式分别向家长和学生进行有针对性的反馈，使教学质量监控与评价落到实处，有利于监控与评价对象自我把握、自我调控、自我发展。

诚然，考试与评价要取得良好的效果，涉及多层次、多方面、多因素，因此必须对具体情况进行客观的分析和比较，采取实事求是的科学态度，充分发挥研修部门的指导引领作用与名校名师的示范辐射作用，使考试与评价工作逐渐步入科学化、规范化、制度化的轨道，切实促进东城区教育教学质量的均衡发展。

（丁雁玲 撰稿，张毅 审阅）

实施学生综合素质评价的实践与探索

北京市海淀区教师进修学校

2002 年 5 月，北京市海淀区被教育部批准为国家级基础教育课程改革实验区，在全区范围内全面启动了新课程改革实验。为了适应新课程标准对学生评价的新要求，建立以促进学生发展为目标的评价体系，探索符合学生发展规律和评价原则、体现海淀区学生综合素质评价特色的新方式和新途径，海淀区在学生综合素质评价研究与改革实践上进行了积极探索，得到了广大学生、教师、家长及社会各界的积极认同，受到了教育部、北京市教委和海淀区政府的充分肯定，为进一步深化课程改革提供了有益经验。现将海淀区实施学生综合素质评价的实践与探索的工作总结如下。

一、以促进学生全面发展为核心，明确评价的指导思想和原则

根据《教育部关于积极推进中小学评价与考试制度改革的通知》和北京市教委关于中小学评价与考试制度改革的文件精神，制定了《北京市海淀区 2006 年初中毕业考试与高级中等学校招生制度改革实施意见》《海淀区小学教学质量“五级监控”实施细则》等文件，结合具体区情，确立海淀区学生进行综合素质评价总的指导思想是：以全面衡量学生素质发展和反映学生个体差异为出发点，注重学生的情感、态度、价值观以及多方面潜能的发展，注重学生创新精神和实践能力的培养，促进学校和社会关注学生个性的全面发展。充分发挥评价的导向功能，促进课程改革深入开展，促进素质教育的全面实施。

在具体评价工作中，主要依据四条基本原则。

第一，坚持评价内容多样化原则。既重视学生的学习成绩，也重视学生的情感、态度、价值观以及多方面潜能的发展，更注重学生创新精神和实践能力的培养。

第二，坚持形成性评价与终结性评价相结合原则。对综合素质的评价不仅注重学生发展的结果，更注重学生发展和变化的过程。

第三，坚持多元主体评价原则。教师、学生、家长共同参与评价，使评价活动成为评价者与被评价者共同建构的过程。

第四，坚持公开、公平、公正原则。建立和完善科学的评价指标体系、评价标准和程序，加强公示和监督，确保综合素质评价的积极导向作用。

二、以全面提高综合素质为根本，确立评价内容与指标

初中毕业生综合素质评价内容，采用 6 个项目、20 个要素、60 个关键表现三级指标体系，突出评价的基础性、科学性、针对性。一级指标分为道德品质、公民素养、学习能力、交流与合作、运动与健康、审美与表现 6 个项目；二级指标细化为 20 个评价

要素；三级指标分列了60个关键表现。

小学在原有的《小学生评价手册》的基础上，根据新课程标准的学段要求，结合学生不同阶段发展的特点，研究制定了《海淀区小学生综合素质评价手册》，按低、中、高学段编制出三个不同的版本，全套三册。《海淀区小学生综合素质评价手册》的主要内容分八个版块：第一版块是北京市新修订的《小学生守则》和《小学生日常行为规范》；第二版块是学生的“自我介绍”栏，介绍学生兴趣爱好、个性特长等基本情况，形式生动活泼；第三版块是学生“思想道德”评价栏，评价学生的道德水平和行为习惯养成情况；第四版块是“学业”评价栏，包括语文、数学、英语、科学、品德与生活（品德与社会）、音乐、美术、综合实践活动共八个学科；第五版块是“身心健康”评价栏，包含学生身体发育、体育成绩和心理健康等评价内容；第六版块是“北京市海淀区小学生综合素质发展水平报告书”，全面反映学生一学期的学业成绩和素质发展状况；第七版块是“我的荣誉”，由学生记录下本学期所获成绩及荣誉；第八版块是“我和大家的话”，包括“我想说的话”“班主任评语”和“家长建议”，从自我评价、教师评价及家长评价等不同侧面反映学生一学期各方面的表现，促使学生正确评价自我，健康成长。

学生综合素质评价内容与指标的确定，力求体现素质教育和课程标准的要求，力求结合海淀区教育和学生发展的实际，力求使学生评价全面、科学、有效，主要有以下特点。

1. 体现新课程标准的要求

学生综合素质评价内容与指标最明显的特点是进一步突出综合素质评价，增加了能力评价要素。例如，《海淀区小学生综合素质评价手册》根据新课程标准各学科、各学段的目标要求，相应调整了评价内容和评价要点，设置了“评价提示”，使评价目标更具体，可操作性更强，使教师评价更有章可循，使学生和家长更充分了解评价要求，突出评价促进学生全面发展的导向性。

2. 体现学生素质发展水平

学生综合素质评价内容与指标全面、客观地反映学生的思想道德、学业水平、身体素质、心理素质、个性特长和综合素质等方面的发展水平，便于全面了解每位学生素质的发展轨迹。

3. 体现评价多元化

从评价内容上，不仅反映了各学科在“知识与技能”方面的评价情况，而且更加突出了对学生“情感与态度（价值观）”的评价；不仅全面反映了学生的学业成绩，也体现了学生思想道德、身心健康、特长发展的状况，而且更加注重对学生基本能力的考查。从评价方法上，注重以学生为主体，丰富了学生自我评价的内容和形式，使学生自评、互评、教师导评和家长参评有机结合，体现评价主体多元化。

4. 体现评价方式的多样性

将形成性评价与终结性评价相结合，注重形成性评价，强调评价的过程性；将定性评价与定量评价相结合，通过“评价提示”和描述性评价强化定性评价，突出了学习兴趣、态度、方法、能力、水平的评价，进一步体现发展性评价理念。

5. 体现“激励为主”的原则

如《海淀区小学生综合素质评价手册》中“我的荣誉”集中反映了学生一学期中各方面取得的成绩，给每位学生展示优势和特长以空间；“自我介绍”栏由学生结合亲身体验自己填写，促使学生自我认识、自我设计、自我激励；“我和大家的话”通过学生自我反思和教师、家长富有针对性、教育性和激励性的语言，发现和挖掘学生潜能，帮助学生树立自信心，促进学生积极主动发展。

6. 体现评价的个性化和开放性

在学生综合素质评价手册中，设计了学生自填项目或体现个性的栏目，有利于发掘学生的个性特长和潜能，突出学生自主评价，促进学生主动、全面、协调发展。

三、以深化改革为宗旨，加强评价的组织与管理

学生综合素质评价工作涉及广大人民群众的切身利益，为进一步积极稳妥、扎实有效地做好评价工作，我们进一步强化了评价工作的组织与管理。

1. 深入调研和论证

由行政、教研、科研、信息技术等单位组成的综合素质评价工作研究组，对综合素质评价进行了充分的调研与研究，对评价方案、工具、软件系统及实施过程中发现的问题进行认真研究和讨论，多次外出考察，召开评价工作座谈会、研究会，进一步借鉴和吸收外地好的经验和做法，不断提出改进和完善的意见和建议。

2. 完善和优化评价组织体系

初中毕业生确立了综合素质评价三级组织体系。一是区教委初中毕业生综合素质评价工作领导小组，由教育行政部门、政府督导部门、纪检监察部门、教科研部门等组成，负责制订综合素质评价方案。二是学校初中毕业生综合素质评价工作委员会，由校长、德育副校长、教师代表、家长代表、学籍管理干部和网络技术人员组成，分设实施和评价两个小组，负责制定评价工作的实施细则与具体程序，对校内各班级评价工作进行指导。三是班级综合素质评价工作小组，负责班级综合素质评价工作的实施。

小学确立了区级监控、中心检控、学校调控、教研组互控和教师自控的“五级监控”机制，明确职责，形成合力。遵循发展性、导向性、实效性和可行性的原则，健全全面、科学、可行的评价制度和机制，有效开展教学质量监控与评价工作。

3. 出台文件严格要求

在充分调研和广泛征求各方面意见建议的基础上，经过认真修改，修订出中考改革及综合素质评价系列文件及海淀区小学教学质量“五级监控”实施细则（试行）等方案，要求各学校要以人为本，坚持科学发展观，以对人民负责、对学生负责、对教育事业负责的强烈责任感和使命感，切实加强对学生综合素质评价工作的领导，高度重视、严格管理、规范操作、落实责任，切实为学生的终身学习与全面发展奠定基础。

4. 进一步加强分级培训和指导

为了克服麻痹思想，采取区、学校、年级三级整体培训和分项专题培训，要求做到全面培训、全员培训、深入培训，先培训后上岗，重点人员强化培训。学校、年级分别对班主任、评价教师、全体学生和家长进行培训。分项专题培训包括树立正确评价观、

学生素质展示技巧、硬件维护、网络操作等方面。以扎实的培训保障整个评价工作的深入、高效推进。

5. 强化制度保障和严格督察

为防止弄虚作假和走过场等形式主义倾向，根据海淀区的具体区情，突出坚持好四项重要制度。

一是坚持好公示制度。通过家长会及网络、报刊、电视、广播、政务公告栏等媒体，把学生综合素质评价的内容、方法、程序及评价结果的使用等，向学校教师、学生及其家长、社会各界公布，并做出明确的说明和解释。

二是坚持好诚信制度。参与组织实施初中毕业生综合素质评价的人员，要在信誉好的教师、干部中推选，由学校初中毕业生综合素质评价工作委员会审定，签订诚信协议，公布无异议后才能上岗。要求其以高度的责任心和良好的诚信意识来评价每一位学生的素质发展情况，保证综合素质评价客观、真实、公平、公正。对弄虚作假者进行警告、通报，取消其终身的评价资格，并在信用记录中记载。

三是坚持好举报、监察和申诉制度。学生、家长、教师及其他社会人士，对于评价过程中可能危害评价结果公平、公正的现象和行为，或者对评价结果存在异议，可向学校初中毕业生综合素质评价工作委员会和区初中毕业生综合素质评价工作领导小组提出举报或申诉。按照分工，对所有的异议要在查处之后及时回复，并公布处理结果。

四是坚持好评价质量监控制度。在评价工作进行中及评价工作结束后，各学校应组织对评价质量进行监控和评估，充分了解评价工作的有关信息，及时纠正评价工作中存在的问题并提出改进建议。

四、以科学发展观为统领，总结和提升评价成效

海淀区对学生实施综合素质评价，坚持科学发展观，认真执行《中华人民共和国义务教育法（最新修订)》，全面贯彻教育方针，全面实施素质教育，确保适龄儿童、少年在品德、智力、体质等方面全面发展。突出评价过程的教育功效和人文人本品质，在建立和完善义务教育质量监控评价体系的过程中，整体提升全区教育教学质量和学校质量管理水平，促进区域义务教育优质均衡发展等方面取得了积极成果。综合分析，主要有四点经验。

一是多元深度参与，多个主体多个维度评价结果客观平行呈现，让学生、家长、原培养学校、招生学校及社会各界和领导，全面多维反思分析评判，强化评价的检测、监控和质量分析等综合功效。

二是贴近评价者实际生活和经验，开发学生同伴、家长、教师具体评价项目问卷，使评价入心做实。

三是依托现代信息技术，自主开发评价系统软件，提高效率，保障评价结果准确公正。

四是把学生综合素质展示做成“精品”，做出“生命”，让师生在震撼中提升。

自海淀区实行学生综合素质评价以来，评价本身及参与者带来的独特变化和优势，促进了评价结果的使用，提高了教育质量，取得了一定成效。

1. 开展学生综合素质评价促进了教师观念的转变

通过开展学生综合素质评价研究，教师认识到：开展学生评价的根本目的是为了促进学生的全面发展，而不是为评价而评价；“以人为本、以发展为本”是构建学生发展性评价体系的基本理念；教师要以发展的眼光看待学生，而不是用一把固定的尺子对学生进行分类；评价要在科学客观的基础上进行，让学生感受到教师的关爱和鼓励，是一种师生情感的交流；保护学生的自尊心、自信心，体现尊重与爱护，关注个体的处境与需要，注重发展与变化的过程，是发展性评价与传统教育评价的最大区别。在评价中教师成为评价协调者、指导者、促进者、信息使用者。学生在诚实、关爱、相互尊重的评价氛围中，乐于接受评价，乐于自我反思、自我教育，由此获得快乐、自信，并在其中健康成长。

2. 开展学生综合素质评价促进了教学改进

在现代教育理念的指导下，教师们树立了科学的质量观、学生观，不再把学生的学习成绩作为自己教学工作绩效的唯一反馈依据，因而能心平气和与学生共同分析学习与教学的得失，并以此深入反思自身的教学工作，促进教学改进。教师真正理解“最好”和“最差”只是相对区分，学生处在一个不断发展变化的动态过程之中。不断争取更好，才是教育质量评价的永恒追求。通过开展学生综合素质评价探索，把教师引导到提高教学质量正确的轨道上。

3. 开展学生综合素质评价促使学校评价工作和教学质量管理科学化

实施有效的学生评价和质量监控之后，提高了校长、干部和教师的评价认识和质量意识，许多学校积极探索管理规律，寻求提高管理效能的新途径，实施“目标—监控—评价”三环节管理。改革学生评价和教学质量管理，努力变滞后管理为超前管理，变静态管理为动态管理。各校积极进行学校管理模式改革，以评价改革促办学特色的形成。

4. 开展学生综合素质评价促进了学生全面发展，推进了素质教育的全面实施

我们一直把开展学生综合素质评价和教育教学改革紧密结合起来，围绕“促进学生发展”这一核心思想，从努力为学生发展创造相对宽松的环境着眼，不断更新观念，不断完善评价设计，不断深化对教育教学活动本质特征的认识，不断学习先进的教育理论、教育方法。实践证明：实施学生综合素质评价确实起到了激励、促进学生全面发展的作用，促使学生全面、生动、主动地发展。

但也应该看到，海淀区实施学生综合素质评价工作还处于研究和探索阶段，综合素质评价作为一项常规工作，还需要在制度建设、机制建设、体系完善、提高效度等方面进一步作出努力。

（董继光 撰稿，陈宝民 审阅）

专题六

校本教研与教师队伍建设工作

在探索中实践校本教研

北京教育学院宣武分院二部

一、问题的提出

随着教育改革的不断深入，“科研兴校”的观念越来越广泛地被人们所接受。学校干部教师的科研意识不断增强，开展教育教学研究的积极性空前高涨，培养造就了一批具有现代教育观念、努力探索有利于学生身心发展的教育教学模式的优秀教育工作者，极大地促进了学校的改革与发展，取得了可喜的成绩。

在充分肯定成绩的同时，也应清醒地认识到，要使教学研究更为有效地为教育改革服务，为学生、教师、学校的发展服务，仍有一些现实问题需要解决，主要表现在以下方面。

1. 研究与实践脱节

学校研究的宗旨是促进学生的和谐发展，促进教师的专业发展，促进学校的可持续发展，因此研究应源于学生的学习实际，源于教师的工作实际，源于学校存在的实际，这样的研究才是有用的、有效的。但是目前学校的研究存在着与学生发展需求脱节，与教师实际能力脱节，与学校现实基础脱节的现象，造成理念与行为之间存在较大落差，研究成果无法运用于教学实践的尴尬局面。

2. 学校、教师没有真正成为研究的主体

课程改革对教师角色、教学行为、教学策略、工作方式、教学技能等都提出了新的要求，教师应该在研究与实践中逐步完善自我，更加多样化和个性化。然而，原本自上而下的教研工作机制，因其方式的单一，信息传输的单向，致使教师处于被动接受地位，没有成为教学研究的主体。从学校开展课题研究的情况看，研究主题的确定，研究方案的制订，研究行为的推动，乃至研究成果的总结，都存在“等、靠、要”的现象，存在过分依赖专家的现象。学校研究需要专家引领，但不能过分依赖专家，没有教师的主动参与，就无法很好地将研究成果运用于改进教学实践，学校的发展也将缺乏强大的持久动力。

3. 研究未能体现学校的差异与特色

不少学校对教育研究的价值认识还存在偏差，未能把研究工作的开展与学校特色的创建联系起来，对学校历史、内外环境、教师、学生及发展定位等问题缺乏理性分析，故而研究中的一哄而上、赶潮流的现象并不鲜见，造成研究千篇一律、大同小异。应该承认，不同学校是存在着差异的，正是这些差异构成了学校特色，各种特色的整合又塑造了一个个鲜明的学校形象。

新课程倡导建立民主、开放、平等、对话的校本教学研究机制，将教学研究的重心下移到学校，把日常教学工作与教学研究工作融为一体，形成新的教研文化和教师职业生活方式。校本教研的提出为我们提供了解决以上问题的新思路，然而，在大力倡导校本教研的同时，我们不仅要澄清认识上的模糊，还要解决操作上的茫然，不仅要回答“是什么”，还要回答“做什么”和“怎样做”的问题。

2002 年 7 月，北京市宣武区进入国家基础教育课程改革实验。面对新课程提出的教师教学行为改变、学生学习方式转变、学校管理制度创新等诸多理念，区教育行政领导、教研员和学校的干部教师清醒地认识到，实现理念向行为的转变，靠的是踏踏实实的实践与研究。2003 年 10 月，在经历了一年课改实践的基础上，认真总结课改一年来的得与失，学习研究有关校本教研的相关资料，分析宣武区的实际现状，确定了以“校本教研”的方法研究“校本教研”的思路，以此深入推进以校为本的研究与实践。自此，教育行政领导、教研员、学校干部教师三方协同开始了基于实践、在实际的操作中搞清楚“校本教研”做什么，弄明白“校本教研”怎样做的实践研究之路。

二、实践价值

1. 提升对校本教研理论问题的认识

建立校本教研的工作机制，是新一轮基础教育课程改革的一个基本取向。校本教研的开展有利于充分发挥教师在教研工作中的主体地位，激发其专业发展的自觉性和主动性，有利于构建科学、民主、高效的教研机制，使教师在实践研究中提升对校本教研理论问题的认识。

2. 加快教师的专业发展

随着社会的发展，对教师职业的要求越来越高。教学内容的不断更新，使学生的学习方式发生悄然的变化。学校教育在时空上的延伸，使教师的职责由教会学生知识转向不但要教会学生知识，更重要的要教会学生学习，培养学生的创新精神和实践能力，教学生如何做人。上述的一切告诉我们一个新的理念——教师即研究者，校本教研的开展有利于促进教师的专业化发展。

3. 促进教研工作方式的转变

建立适应课程改革需要的教研工作方式，对课改实验的成败起着很重要的作用。校本教研的开展，将会促进教科研部门研究校本教研的实施策略，构建参与互动的教研工作方式，真正发挥研究、指导、服务的作用。

4. 实现理论与实践的结合

校本教研并不是新的研究形式，而是一线教师参与教研的机会与权利的回归。因此校本教研的过程是教师对教育教学行为探索、反思的过程。这种探索与反思以教师亲身经历为背景，它强调理论指导下的实践性研究，既注重解决实际问题，又注重经验的总结、理论的提升、规律的探索，实现理论与实践结合，是保证新课程实验向纵深发展的有效推进策略。

三、实践探索

校本是指以学校为本，即为了学校，在学校中和基于学校。校本教研是指学校根据自身发展的实际需要，以学校为基地，以校长、教师为主体，以需要解决的实际问题为出发点和归宿，以提高教学质量、促进学生的全面发展、促进教师的专业发展、推动学校的可持续发展为目的，选择可行的研究方法，有目的、有计划地自主进行的教学研究活动。实施策略是指建立在一定理论基础之上、为实现某种目的而制订的总体方案，包括合理选择和组织各种方法、材料，确定行为程序等内容。为此宣武区重点开展了以下四个方面的研究探索。

1. 校本教研的内涵研究

从教育科学研究的理论及校本教研的本质特征出发，研究校本教研的内涵、原则及主要活动形式。

2. 校本教研的实施策略研究

重点对专题研讨型校本教研活动实施过程的主要环节加以概括，总结提炼各环节的操作方法与实施策略。

3. 校本教研评价研究

以发展性评价理论为基础，研究校本教研评价的指导思想、目的、原则，初步建立促进校本教研良性发展的评价体系。

4. 校本教研资源建设研究

对校本教研活动过程中资源种类及其开发与利用的主要方式和途径进行归纳总结。

整个研究以宣武区 33 所小学为实践基地，由教研部门牵头，全区各小学校长、教学干部、骨干教师等百余人参与。研究经历了文献研究—交流研讨—制订、实施（方案）—观摩、评价（校本教研活动）—总结提炼（形成策略）等基本过程。在此过程中，我们始终坚持在实践中发现与研究问题，在研究中提炼与深化认识。在强调个体学习的同时，注重教师间、校际间的协作与分享，营造平等对话的氛围，提供参与互动的空间，追求形成共同分享经验，建设共同研究问题的校本教研文化，在开展校本教研的同时加强团队建设，开发校本教研资源。在研究中主要运用文献研究法——通过对有关校本教研文献的收集与整理，了解校本教研理论研究的发展脉络，从而确定校本教研内涵、原则的正确基点。个案研究法——对本区内校本教研开展得比较成功的学校进行深入追踪式调查，通过多个个案分析，研究校本教研的实施过程及方式。行动研究法——研究中借助专家引领，教研人员与基层学校干部教师共同开展基于“确定问题—制订计划—采取行动—反思改进”过程的行动研究，逐步提高对校本教研的认识，逐步形成共识，将形成的阶段成果在实践中多次应用验证以不断改进并最终明确校本教研操作的基本环节和应注意的问题。经验总结法——在认真反思以往校本教研工作的基础上，发掘成功经验，找出存在的问题，总结、提炼校本教研实施策略。

四、实践提炼

1. 形成了对校本教研内涵、原则及主要实施形式的基本认识

（1）校本教研的内涵

校本教研应具有校本性、问题性、自主性、实践性、发展性和协作性六个特点。

第一，校本性。学校是真正发生教育的地方，是教学研究的基地，教师是研究的主体，教学研究只有基于学校真实的教学问题才有直接的意义。

第二，问题性。校本教研的开展源于问题，从学校教育教学实践中归纳和汇集的真实问题是校本教研的出发点，问题的解决是校本教研的归宿。

第三，自主性。校本教研的开展绝非自上而下的强力推行，而是学校自主组织和管理，教师根据实际需要，有目的、有计划地自主进行教学研究活动。

第四，实践性。校本教研以改进学校实践、解决学校自身面临的问题为目标。教师在学习中研究，在研究中实践，在实践中领悟，在领悟中升华。

第五，发展性。校本教研的最终目标在于促进学校特色建设与可持续发展、教师专业成长、学生主动发展，三者均不可或缺。

第六，协作性。校本教研中要形成群策群力、合作互动的研究团队，教师集体的同伴互助是校本教研的标志。另外，“校本”不等同于“本校”，教师与专家、学者的协作，也构成了校本教研向纵深可持续发展的重要支柱。

（2）实施校本教研的基本原则

校本教研虽然是发生在学校，鼓励学校的创新实践，由学校自主实施的教学研究活动，但有些基本的原则是应该共同遵循的。这里要强调“四性”。

一是全员性。全员性强调促进学校学习和研究共同体的形成，校本教研发生在学校、基于学校、为了学校，解决学校中的实际问题，满足学校工作的需要和教师自身发展的需求，参与校本教研活动，既是教师的权利也是义务，应全员参与。

二是互动性。互动性强调教师在校本教研活动中，应平等对话交流，阐述对问题的认识，并以开放的心态倾听他人的意见，在伙伴式的互助中，共同切磋，彼此支持，分享经验，共同提高。

三是实效性。实效性强调校本教研的过程体验和有效结果。要从学校工作的实际需

要出发，确定研究的主题，发现问题的症结所在，寻求解决问题的突破口，设计可行的研究计划，有步骤、有组织地开展研究，力求扎实、有效。

四是持续性。持续性强调研究活动的连续和不断推进。有些问题不是一次教研活动就可以解决的，它需要在一个较长的时间段内分层逐步深入。此外，在实际过程中也会不断产生新的研究焦点，需要在后续活动中加以解决。

（3）校本教研的主要活动形式

校本教研的问题性、过程性、现实性决定了其呈现的活动形式灵活多样，做法也在不断创新，较为常见的主要有以下七种。

第一种，学科式。学科式主要依托于学校的学科教研组开展活动，解决教师在学科教学中遇到的具体问题。目的在于分享教学经验，解决教学困惑，提升学科专业技能。

第二种，跨学科式。这种形式是将不同学科的教师组合成研究群体，共同探讨教育理念、课程建设、教学规律、资源开发等具有共性的、需要学科间合作研究的问题，以开阔思路，促进各学科之间的有机融合。

第三种，专题讲座式。这是一种相对集中的活动形式，侧重解决一些具有共性、全局性、前瞻性和系统性的热点难点问题。

第四种，分层式。这是根据学校教师的实际情况进行因人施研、因需组研的活动。

第五种，课题式。把研究问题课题化是校本教研的主要形式之一。这种方式可以促进课题研究的参与者以自己的工作和教学为基础，在课题的选择、设计、研究和结题的一系列活动过程中，将理论与实践紧密结合，把实践经验提升为有价值的、具有一定普遍适用性的理论认识，从而不断提高教师的科研能力。

第六种，自修式。这是指教师根据学校要求和自身教育教学实际制订各自的学习目标和成长计划，用相应的教育理论和相关知识武装自己，在自修和实践中不断反思，不断调整，从而实现自我改进、自我提高、自我发展。

第七种，开放式。校本教研不仅要挖掘内部资源，还要积极引进外“源”，加强校际交流，实现资源共享。校际间的听课观摩、经验介绍等都是很有效的校本教研活动形式。

2. 初步确定了校本教研的实施过程，总结提炼了校本教研实施策略及操作方法

校本教研实施的四个主要环节是：需求调查、主题确定、方案设计、活动实施等。

需求调查。需求调查是校本教研前期准备工作中必不可少的关键环节，它对于提高校本教研的实效性起着重要的作用。需求调查有助于校本教研主题的确定，有助于校本教研活动形式的选择，有助于调动教师参与校本教研的积极性。

主题确定。主题是校本教研活动的核心内容，反映需要解决的问题的本质内容，表明参与者借以共同遵循的研究方向。主题来源于对需求调查的归纳和提炼。确定主题应注意考虑现实性、针对性和探究性。现实性应是在对需求调查进行分析提炼的基础上形成的。针对性要求不能盲目求新、求异、求大，要因校制宜、因师制宜、因生制宜，从小处着眼、实处着手，选择那些通过研究需要解决的问题。探究性需要研究的主题在有意义、有价值的基础上，具有一定的前瞻性和导向性。

方案设计。校本教研方案指的是在正式进行研究实践活动之前，根据活动的主题、目的等要求，事先对活动过程、活动方法等进行的预设，以对活动的实施具有指导、调控作用。设计方案时应注意四点：一要主题鲜明、小而实；二要目标简而明，过程具体；三要有教师自主活动的时间和空间；四要多种方式、方法相结合。

活动实施。活动实施是校本教研活动的实际操作环节。在活动实施过程中，参与人员通过自我反思、伙伴互助、思维碰撞，产生认识的变化，达成共识，把预想的设计思路转变为能够解决实际问题的行动策略。主要策略是：资源支持策略、适时调控策略、主体参与策略、信息收集策略。

3. 初步建立了促进校本教研良性发展的评价体系

（1）校本教研活动评价的基本原则

一是客观性原则。评价者对校本教研的评价应当实事求是，客观公正。

二是多元性原则。校本教研评价的主体是多元化的，包括专家评价、教师自评与互评、学生评价、家长评价等。

三是发展性原则。评价要充分发挥其促进发展的功能。

四是多样性原则。对一次校本教研活动，可以进行多样的评价，让活动的组织者、参与者、观摩者从不同角度有所侧重地进行评价。

（2）校本教研活动评价的基本要素

校本教研活动的评价，可以从方案设计、实施过程、实施效果三个方面进行，评价要素具体内容如下表所示。

校本教研评价表

<table>
<tr><th colspan="2" rowspan="2">评价项目</th><th rowspan="2">评价要素</th><th colspan="3">评定等级</th></tr>
<tr><th>A</th><th>B</th><th>C</th></tr>
<tr><td colspan="2" rowspan="3">实施方案</td><td>主题鲜明且有针对性。</td><td rowspan="3"></td><td rowspan="3"></td><td rowspan="3"></td></tr>
<tr><td>目标明确切实可行。</td></tr>
<tr><td>实施方案翔实、规范，具有可操作性。</td></tr>
<tr><td rowspan="8">实施过程</td><td rowspan="5">教师参与</td><td>能够积极主动地参与活动的全过程。</td><td rowspan="5"></td><td rowspan="5"></td><td rowspan="5"></td></tr>
<tr><td>能够多角度地探索问题，在活动中大胆发表自己的见解。</td></tr>
<tr><td>能够认真倾听他人意见，分享他人经验。</td></tr>
<tr><td>能把研究活动与理论学习有机结合。</td></tr>
<tr><td>能够依据研究成果主动进行教学实践。</td></tr>
<tr><td rowspan="3">过程管理</td><td>校本教研活动过程管理到位，人员落实，各负其责，保证校本教研活动顺利进行。</td><td rowspan="3"></td><td rowspan="3"></td><td rowspan="3"></td></tr>
<tr><td>活动组织者适时调控，保证参与的广度。</td></tr>
<tr><td>校本活动的负责人思路清楚，能够集中归纳各方意见，能起到提升引领作用。</td></tr>
</table>

续表

校本教研评价表					
评价项目		评价要素	评定等级		
			A	B	C
实施效果	学校	通过校本教研活动使学校的实际问题得到解决。 通过校本教研活动使学校教育教学工作得到改进。			
	教师	提高教师的教育、教学水平，对教师专业化发展有积极的作用。			
	学生	校本教研活动对学生的发展有积极的促进作用。			

五、实践成效

1. 务实的研究内容与过程解决了教学实践中的真问题

通过大量的调研我们发现，多数学校开展校本教研的主题和内容体现了对自身问题解决的关注，主要表现在研究活动主题的确定上，都是学校采取问卷调查、课堂教学观察、日常教学反馈等多种形式，从而将来源于教师教学一线的问题、困惑进行归纳与提炼的结果。研究过程的展开充分利用学校特有资源，与学校的日常教学管理有机融合。与教师的日常教学活动有机融合。研究的成果多数可以直接应用于教学行为的改进或教学难题的解决，实效性很强。

2. 一支积极参与研究与实践的团队正在形成

随着校本教研的逐步深入，宣武区校际间、教师间研讨交流的氛围初步形成，参与教学研究的热情空前。教师的工作方式发生了变化，不仅以终身学习的理念和态度不断学习和完善自我，而且还走出教室、走出学校，与不同学科、不同学校的教师合作，在研讨与交流中，在同伴互助中发挥集体的智慧，提高理性思考的水平和教学研究的能力。教学干部通过活动设计与实施提高了管理指导能力，意识到了自己工作的责任与压力，努力学习不断提高自身水平，不但与教师一起面对难题，共同商讨解决问题的办法，还和教师一起走进课堂进行教学实践，在活动中展现出身先士卒的工作作风，敏锐地捕捉教学问题的研究意识，多视角解决问题的研究能力和适时引导调控研究活动的管理水平，受到了教师们的赞赏，密切了干群之间的关系，提高了教学管理的威信和专业化水平。

我们欣喜地看到，一支适应新课程要求的研究与实践的团队正在形成。应该说这既是开展校本教研的收获，也是实施新课程给我们提出的要求的体现。因为新课程要求引导教师对教学实践进行反思，要求学校间、教师间在更大的空间里，以更加平等的方式进行合作，以期我们充分发挥集体的智慧，借助团队的力量来推动课程改革的进程。

3. 发掘了教研工作新的生长点

区教研室以校本教研为契机，思考新课程背景下教研工作职能的再定位，积极探索教研工作方式的转变，建立教研工作新的生长点。一方面，建立学科教研员联系学校制度，加强教研部门与学校的沟通与联系，及时了解教师的需求。教研人员深入学校，不仅主动为学校、教师服务的意识不断增强，而且提高了研究、指导、服务的针对性与实效性。另一方面，教研室在教委领导的支持下，在专家的指导下，设计、组织并开展了系列校本教研培训活动。在这个过程中，满足了新课程建立校本教研的要求。教研室在组织实施校本教研培训过程中，培训了教学干部、骨干教师，也带动了教研员组织教研活动方式的变化。教研员自觉地由评判者向与教师共同学习和研究的角色转变，创设了与教师平等共建的氛围。教研活动方式由主讲式向参与合作式转变，构建了参与互动的教研，教研员与学校干部教师共同研究课堂教学改革的问题，共同探索课堂教学改革的途径，共同分享课堂教学改革的成果，为学校课程改革提供了专业支持与服务。

六、实践思考

通过近三年的研究使我们充分地感受到，校本教研是教师专业成长的有效途径，是教师学习的有效方式，是校本培训的有效载体。同时，我们也清醒地认识到，在大力推进课程改革向纵深发展的新形势下，为了构建民主开放、科学规范、持续发展的校本教研机制，还有很多问题有待深入研究。比如，如何搭建区级教研和校本教研的有机联系；如何在校本教研的基础上寻找共通性，实现校际间的互联与资源共享；如何根据研究群体类型特点和研究问题的需要，细化校本教研的实施方式与有效策略；如何建立与利用区域内校本教研资源库；如何将校本教研与教师在职培训相结合，使之成为教师的一种职业生活方式，使之成为构建学习型、研究型学校组织的重要途径等。今后，我们将把已证明切实可行的研究成果在更大范围内推广验证，也将对面临的新问题开始深入探索。

（王俊芳 董静 刘天华 撰稿）

引入“阳光理念”，创新校本教研推进策略

北京市朝阳区教育研究中心

北京市朝阳区地域广阔，人员结构多元，是首都的经济强区和发展中的教育大区。“十五”期间，全区经济总量持续高速增长，年均递增23.3%。随着城市功能区的建设进程，人民对教育的要求越来越高，关注程度前所未有。多年来，区教委结合区情实际，坚持在教育发展中走特色之路，把满足区内人民的多元教育需求作为重要任务。但是，与首都率先基本实现教育现代化的目标、与人民群众的期望、与科学发展观的要求相比，区域基础教育学校仍存在数量多与不均衡、发展快与底子薄并存的现象。全区1.1万名教师中骨干群体规模偏小，35岁以下青年教师超过60%。这些教师教学研究能力相对较弱，迫切需要得到专业指导和提升。解决这些突出矛盾有许多工作要做，其中教师队伍建设是最核心的。区域教研工作若按以往自上而下的统一指导，已远不能满足不同层次学校和教师共同发展的强烈需求。因此，必须创新教研工作模式，建设适应朝阳教育发展的高素质教师队伍，走出一条教育内涵发展的新路。

2004年9月开始，我们在北京市基教研中心的引领和区教委的支持下，依托全国校本教研基地建设项目，从制度建设入手，设计出整体推进区域校本教研的三种操作模式，形成组织管理网络，适应了区域教师和学校多方面的发展需求。

一、引入“阳光理念”，制定推进策略

“以学校为基地，以教师为主体，以师生发展为目的”的教研，是新课程得以茁壮成长的土壤，也是新课程推进成败的关键。校本犹如一缕阳光，在我国基础教育领域带起一分“日日新”的光和热，以其“日省其身，日新其力，日馨其德”的反思性、指导性和推动性而被一些教育专家誉为“阳光理念”。朝阳区教育研究中心（简称教研中心）把校本教研作为推进课程改革的首选策略，充分发挥教育部首批“创建以校为本教研制度建设基地”项目的引领作用，举全力推进校本教研，不断开拓课程改革的新天地。

我们思考新时期教研工作的新思路、新任务和新方法，围绕如何转变工作方式，发挥好研究、指导、服务的职能，促进校本教研活动有效开展问题，进行了不断的探索。积极将“校本教研”的“阳光理念”引入到区域教研活动中，确定了行政推进、典型引路、制度保障、全面推进校本教研的工作思路和实施方案。

1. 行政支持，推进校本教研

2004年9月，朝阳区中小学新一年级全面进入课程改革实验。我们从区情实际出发，进行了深入开展校本教研制度建设的实践与探索。

第一，召开专题会议。在校本教研样本基地校初步取得成效的基础上，召开全区中小学校长及教研人员参加校本教研启动大会。由区教委主任进行总动员，教研中心主任

宣布全面推进朝阳区校本教研的实验方案。

第二，出台三个文件。出台“关于推进以校为本教研制度建设工作的指导意见”“朝阳区校本教研学科基地建设方案”及“新课程下教研组长工作条例”三个文件并下发到学校，区教委投入30多万元的资金予以支持。

第三，树立典型引路。给校本教研基地校挂牌，坚持定期汇报和交流工作的制度，及时研究解决校本教研工作中出现的问题。召开全区校本教研现场展示会，推出基地校有特色、有研究实效的经验，以点带面促进相互学习与共同研究。

第四，搭建两个平台——宣传平台和互动平台。宣传平台是在《朝阳课改》专刊开设校本教研栏目，互动平台是利用校园信息网开辟校本教研基地专栏，以促进沟通信息、专业引领、网上互动，逐步推介校本教研的成功经验。

第五，推出两个层次的交流活动。推出基地样本校和学科基地教研组或备课组两个层次的交流活动，及时总结和推广队伍建设、骨干培养、课改专题研究的可行经验，使其成为校本教研的特色和成果，在课程改革工作中发挥辐射带头作用。

2. 模式创新，推进校本教研

在制定了科学的校本教研战略的前提下，教研中心根据全区12个基地实验校开展制度建设的经验，创造性地提出了以学科为本，以教师研究为主体，以解决教学具体问题为着力点的三种并存的校本教研模式，即自主模式、联片模式和支撑模式。

自主模式适用于教育资源比较丰富的市、区级示范校，利于学校自身的校本研究和自主办学、发展建设，扩大优质教学资源辐射范围。

联片模式适用于小学学区和教师相对人数少、在一个学校中不便于开展活动的小学科，利于教师跨校集体备课、交流反思、深入研讨和资源共享。

支撑模式适用于农村和教育资源相对薄弱的学校或学科，利于形成自身的造血机能，依靠自己培养的骨干解决身边的教学问题，增强校本教研的有效性。

这三种模式稳步推向所有学校和学科，通过不断创新教研工作机制，建立和完善自下而上的学科教研和全员参与、开放有效、区域辐射的教研制度，形成区域稳步推进新课程的鲜明特色。

二、践行“阳光理念”，推出校本典范

构建以校为本的教研制度，开展以校为本的教研活动，是对我国现行教研制度的发展和创新。教研中心践行校本教研的“阳光理念”，围绕一个“变”字创新教研机制，依靠学校、教师，营造人人参与、积极探索的教研氛围，有效地解决了新课程实施中遇到的问题，促进了教师的专业成长。

1. 转变角色，开拓教研工作新局面

教研队伍是实施校本教研专业引领的一支重要力量。在校本教研工作的研究和落实中，教研员、科研员不仅走在教师的前面，走在教师和学校的中间，同时还要由共性化课程的规范者转变为个性化课程的推动者。

我们将教研重心下移到学校，针对全区的教学现状与问题，提供具体的学科教研指导和服务。从角色定位入手，要求教学研究人员创新职业角色，由领路人转变为教师职

业发展的同路人，尽快成为课改探索的组织者、合作者、研究者和指导者。在进一步健全视导制度的同时，强调教研室与学校、教研员与教师平等、民主的对话和交流，把讲座变成互动参与，把课例示范转变为教学研讨。这些转变，活跃了全区的教研氛围，调动了教师的积极性，开发了教学干部指导教学的创造性潜能。

全区完善了“区、学区或片组、学校”三级教研指导网络建设，建立了教学干部和教师培养的梯队机制。通过开展“手拉手”和“强强联手”的校本教研，提升示范校的作用，促进了学科教研的优势互补。

2. 卓显实效，辐射校本典范作用

三大校本模式的构建，使朝阳区的校本教研有了提纲挈领的指导体系。教研中心坚持典型引路，通过积极搭建“两个平台”、推出“两个层次”的交流，保证了各实验基地定期汇报和阶段总结制度的落实。

（1）自主模式的研究，提升了示范学校的功能

在建设校本教研基地、促进教师发展的研究中，校本的自主模式提升了示范校的功能。八十中学基于学校内部教研资源创建了“自主支撑，联片互动”的校本模式，初步形成了有特色的教学、课程、评价和管理的学科校本教研新体系，有力推动了教研组建设和教师的专业化发展。

陈经纶中学构建以师生和谐发展为中心，以教研组、年级组和督学为核心的教学改革、质量监控的“一个中心三个平台”的教学管理系统，加强对新课程背景下的学校教师专业发展需求的调研，保证了教研组和学科的建设。

日坛中学采取“从群众中来，到群众中去”的教学问题征集和解决方式，组织备课组和教研组长研究教学过程专题、归纳解决问题的基本方法，形成对起始课、试卷讲评课和专题教案的“四有”要求，提高了教师日常教学的规范、求效意识。

朝阳实验小学在实践中不断研习马芯兰数学教改思想，构建了专家带领下的教学、教研、进修三位一体的教师专业研修体系，通过课题带动校本研究，形成梯次递进的骨干教师群体。

朝师附小建立了语文教学专家王秀云引领的专业指导组，把推门听课的重点放在为教师提供课改信息支撑和促进教师关注自主发展上，使教师群体拥有了研究的氛围和同伴互助的平台。

（2）联片模式的教研，带出了教学骨干队伍

管庄学区13所小学中有7所农村校，在师资、办学条件等方面存在很大差距。学区以“特长范例引领”的方式和培育优质学科教研组工程，调动干部教师自主选择、互相观摩学习的积极性，学校各有特色范例，校际差距逐渐缩小。

幸福村学区组织10所小学教学干部本着边实践、边完善、边发展的原则，构建了三类上下衔接、互为促进的联片教研的制度，提高了干部对校本教研的管理水平，促进了以语数学科教研为先导的教师梯队建设。

酒仙桥学区提出一个中心、两个转变、三个提高、四个结合的联片教研思路，用学区教研大组引路的方法，开展了书香工程、育才工程、骨干教师送教下校和科研年会等活动，落实了富有特色的校本教研行动计划。

垂杨柳学区以学习方式变革为重点，促进教师的专业成长。学区加大资金投入，为优秀教研组提供活动经费保障。开展“杨柳杯”教学擂台赛，促进教师间的交流与研讨，激发了各学科教研组的积极性。

中学音乐学科教师的数量相对较少，队伍整体年轻化，独立开展校本研究存在诸多困难。教研员以市级立项课题“学校合唱课程教学资源开发与利用的实践研究”为载体，发挥学科基地教师和学科兼职教研员的骨干作用推进联片教研，帮助青年教师走上了追求职业幸福感的发展道路。其中一位青年教师的合唱课《可爱的家》入选北京市百节优秀课例，在全国、全市基础课程改革研讨会上展播了20多次，他的成长历程成为鞭策更多青年教师争取进步的力量。

联片教研已成为朝阳区学校教学管理干部和骨干教师共同成长的校本研究培训新基地，同伴互助的“种子”被带回学校和课堂，不断向基地反馈试验信息，发挥了辐射作用。

（3）支撑模式的开展 转变了薄弱校的面貌

王四营中心小学曾经是一所农村基础薄弱校，教研中心通过支撑模式，推动学校走出教研、科研、培训“三位一体”之路。教研员坚持每周深入学校备课组引导教师的科学互动，研讨解决教学中的问题，帮助构建适宜的教研模式，使学校青年教师迅速成长，逐渐形成校级骨干梯队。

美术学科教研员组织开展“借鉴多元智能理论，开发学生美术潜能的教学实践研究”，扶持农村中小学开发了版画等校本课程，在支撑农村学校建队伍、带骨干的过程中，培育了办学特色的形成。

三、播撒“阳光理念”，促进学校发展

近年来，整体推进的校本教研已经覆盖全区所有学校和学科。这种着眼于全体教师教学能力发展、全区学校均衡发展、教学资源有机共享的整体实验，在很大层面上突破了原有教研方式的局限，培养了一批骨干教师，扩大了优质教研基地和骨干教师的辐射范围，带动了薄弱学校和学科的迅速发展。

1. 区域教研思路创新较为显著

我们将解放思想作为推进研究的基点，根据十七大提出的鼓励区域创新的改革精神，提出了切实可行、有一定推广价值的整体设想，通过以点带面的持续推进、案例反思的研究方式和制度建设的措施保障，调动广大教师积极主动参与教学专题研究，用区教科研专业支撑促进了不同层次的学校、教师的均衡发展，为学生发展创造了良好的环境。在第四届全国校本教研大会上，朝阳区现场展示的自主、联片、支撑模式下的校本教研活动与成功经验，得到教育部课程中心有关领导、专家和代表的充分肯定。

2. 区域教研形式多样较为灵活

我们将提高实效作为教学研究的重点，使教研视导方式由原来自上而下的检查评价，变为自下而上的调研对话；由单向下校听课、评课，转向与学校教师平等、民主的交流。教师培训方法由单一专题讲座变为基于教学问题的集体研磨、观察反馈和实践改

进。教研活动形式由传统做法发展到传统教研与网络教研优势互补、资源共建共享，极大地活跃了全区的教研氛围，初步破解了以往区级教研不够灵活、没有很好结合基层学校和学科实际发展的难题。

三种模式并存，区域整体推进的研究策略，提高了教学研究的实效性，使广大学科教师得到有针对性的指导，缓解了全区教研不平衡和供求紧张的矛盾，有效提高了教师的整体素质。在促进不同层次教师的教学设计和教学反思能力提高的同时，促进了区域优质教学资源的均衡发展。

3. 区域典型经验较为实用

我们将解决课改的新问题作为突破点，提出了符合校本教研实际的指导意见，开通了宽松、多元、有针对性的支持渠道，使样本基地积累了更具体、更有实用性的教改经验。如呼家楼学区以“优化课堂教学中教师的引导作用”为专题，摸索出适合自己的校本教研操作模式：学区组织全员培训—学科教师集体备课交流—骨干教师上课说课—集体评课交流—集体与专家研讨改进。随着各校课程改革的深入，教师的专业素质得到提高，其中6人在学区承办的北京市“校本教研促进小学语文课程改革”研讨会上展示了精彩的语文课。

在全国校本教研大会上，朝阳区汇报的“四新”经验，即实现了区域校本教研管理的新突破、形成了校本教研工作的新机制、构建了教研指导工作的新方式、搭建了教师专业发展的新平台，得到与会者的高度认可。

4. 区域教师专业发展较为主动

我们将骨干教师培养作为队伍建设的重要标志，构建了层级分布、梯队衔接的骨干培养机制，育苗子、出点子、分担子、搭台子，有力地推进了教师队伍的发展。校长把让教师真正想研究、懂研究、能研究当做学校教师共同发展的愿景；教师们改变了把教科研当成一种负担的观念，主动参与校本教研和跨片交流，增强了同伴互助。

聚焦教学真问题的校本专题研究，让校长、教师体验到教研促进学校发展的效益。这种研究方式已变成学校和教师的一种研究习惯，形成了常态的研讨氛围。与三年前相比，全区教师的教学科研能力不断提高，市级学科带头人由18人增加到39人，市级骨干教师由184人增加到210人，均占到全市的10%，向满足朝阳人民对优质教育需求的目标前进了一大步。

5. 区域农村学校提升较为明显

我们将农村校和薄弱校作为区域教科研支撑的重点，用“提高教研组活动实效性”课题研究带动学校和教师共同发展，为农村校培养了区级学科带头人5名，区级骨干教师64名，缩小了城乡校际间的差距。2008年小学教学质量监控抽测数据统计显示，农村学校与城市学校的平均分差距由2004年的20分缩小至6分，60%的农村小学已经跳出后进校行列，甚至远远超过了部分城市普通校。农村中、小学教师在基本功比赛方面的获奖比例分别提高了10%和15%，小学农村骨干教师与城市相比，也由原来的1∶4提升至2∶3。如王四营中心小学持续践行“确定主题、同伴研讨、课堂实践、集体会诊、专业支撑、总结提炼”的农村小学校本模式。学校的教学质量监测成绩逐年攀升，教师的教学研究能力得到较快发展，近年来在区级以上的获奖论文由5篇提升到321

篇，其中28篇公开发表，骨干教师梯队从无到有，目前已发展到21名。

6. 区域科研成果较为喜人

我们将教育科研作为促进教师教育观念转变、教学效率提高和培育名师的重要途径，利用专家引领优势，与学校共同举办了系列层次高、有影响的研讨活动，提炼并推广了一线教师和区域的教学研究实践经验，物化了一批教学研究成果。主办国家级和市级校本教学研究现场会9场，承办针对新课程推进问题的市级主题教研活动17场，推出优质研究课国家级3节、市级54节、区级188节，推介学科典型教研经验17个，编辑出版了《以制度建设促校本教研的发展——朝阳篇》（华夏出版社出版）等丰富的研究成果。其中，有10篇学术论文分别被收录和发表在《基础教育课程》等杂志上，整体推进的实验研究的经验和案例分别被《中国教师报》等多家媒体宣传报道。制作了朝阳区“以校为本教研制度建设”的探索历程专题片和教学资源等光盘62张，编撰了《朝阳区义务教育新课程成果丛书》11册、《朝阳区教育教学成果获奖项目集萃》5本。

实践表明，我们创建的整体推进的教研模式适用于青年教师和骨干教师，对重点学校有益，对薄弱学校也实用，成为全区校长改变学校面貌、推动校本发展的共识和行动。

近几年来，教研中心紧密结合课改和学校教研的迫切需求，以三种模式并存，分三个阶段推进。稳中有变，变中有进的整体实验研究工作，推动了朝阳区优质教学资源的辐射，提升了普通校和教师的发展空间。当然，发展中仍有一些突出问题：在教师提高教学质量的同时，面临新课程、新教材，需要不断了解学生的学习需求，不断思考课堂教学改进的对策和办法，教师的负担明显过重。如何探索更有效的教学研究，让教研真正成为教师专业发展的助推力而不是负担，还需继续深入探索和研究。

为让朝阳区中小学干部教师们沐浴着新课程的阳光，实践教育的理想，我们将进一步解放思想，用更灵活、开放的机制鼓励学校开展校本研究，引导教师把为研究而研究的心态转变成通过研究改善教学工作质量和效果的方式，探索教师教学评价、教学低效影响因素分析等问题，通过区校结合，进一步改变专职教研员的教研模式和思路，拓展有效途径和方法，更好地促进教师自主发展，促进区域教育可持续的均衡发展。

（梁建新 王岚 周慧 撰稿）

关注教师专业成长，提升教师课程执行力

北京教育学院石景山分院

首钢的整体搬迁，使北京市石景山区迎来了新的历史发展机遇，特别是随着后奥运发展阶段的来临，北京建设世界城市的定位，对石景山区经济社会的调整转型，有着极强的现实意义和指导价值。石景山区的社会经济发展必须站在北京建设世界城市的高度，按照"人文北京、科技北京、绿色北京"规划要求，审视和推进全区的调整转型，大幅度提高科学发展的水平、规划建设的档次和服务管理的水准。打造北京 CRD（首都文化娱乐休闲中心区），按照世界城市标准建设首都新城区，是石景山区整体发展的目标。面对这样的形势和挑战，按照建设世界城市的定位和要求，石景山区教育改革坚持高端、高效、高标准的发展方向，以教育的超前、跨越发展服务石景山区经济社会发展。

石景山区坚持课堂教学质量优先的理念，系统思考，聚焦课堂，关注学生的自主学习，逐步推进课程改革。近年来在推进课程改革中探索内涵式发展，提高教师专业化水平方面做了诸多有益尝试，为加强教师队伍建设，强化教师基本功，全面提升教师教育教学能力与水平提供了保障。

一、整合教研机构，强化研修功能

为进一步完善教师研修的内容与机制，促进教师专业成长，提高教研实效，我们打通中小学分段教研的传统模式，整合教研部门的研修功能，组建了基础教育研修中心，强化大学科概念，组建贯穿 1—12 年的大学科教研室，打破小学、初中、高中各学段的课程壁垒，初步形成基础教育整体贯通的教研格局。研修中心在持续推进课程改革的同时，关注课堂教学中出现的问题，重视课堂导入、新课展开、课堂活动、课堂反馈和检测、课堂小结等教学常规过程。研修中心要求教师在教学过程中指导学生对所学知识进行小结，归纳和整理相关知识，加深对这些知识间内在联系和本质区别的理解，研究学习方法，并对自己的学习过程、思维方法和思维品质进行评价、整理，从而使知识得到提升。可以说，研修中心的成立，为课程改革的进一步推进奠定了必要的基础。

研修中心的成立，促进了各学段教研员、教师之间的沟通与交流，为教师的可持续发展提供了机制上的保障。成立研修中心之后，我们对各学段的教学要求有总体的考虑，对学生的学习方法指导有系统的安排，对每个学段之间的差异进行必要的沟通，力争在学生的学习中实现"无缝对接"。同时，我们稳步推进作业配餐制度，学校学科组对作业质量和数量进行监控，年级组对学生的作业量进行总体协调，分层作业，在作业的质和量上符合学生的实际情况，提高作业的效率，减轻学生的负担。我们重视在过程中提升质量，区教育行政部门、教育分院基础教育研修中心、各学校质量监控中心形成了课堂质量监控的立体架构，全面关注课堂教学，努力提高课堂教学的实效性。我们重

视教学常规的每一个环节，严把质量关，及时发现课堂教学的问题，通过优化每一个环节的设计，提高整堂课的教学质量。

二、加强教研员队伍建设，提升教研质量

要提高教师的专业水平，首先要有一支高素质的教研员队伍，这是我们的重要工作。

1. 创设学习共享环境，建设高素质教研员队伍

通过任务驱动带动个人读书学习，专题研讨促进交流对话，项目推进提升整体水平。基础教育研修中心开设了教研员课堂，围绕“小学课堂教学技术的内涵与外延”“初中学生学业综合评价”“信息技术与学科教学整合”和“提高毕业年级教研指导效率”等专题展开交流与研讨。这样的集中研讨活动，不仅使项目整体推进有了明确的思路，同时使教研员在互动交流中取长补短，实现智慧与资源共享。

积极创造条件，支持教研员必要的外出学习。多次组织教研员外出参加全国大型的比赛及教学观摩活动，形成学习体会与收获的共享制度。教研员在交流研讨中提升，为教研质量的提升注入了新的活力。

2. 注重评价反馈，激励教研员专业成长

教研工作头绪繁多，独立性强。为促进教研员立足本职工作，提高工作成效，评价工作显得尤为重要。教研员的工作主要是指导和服务于教师，所以教师对教研工作的满意程度是评价教研工作的根本要素。我们对每学年教研工作效果在全区教师中进行全面调研，以问卷的形式通过学校进行。问卷包括教研员的职业道德、专业水平、命题水平、教研活动实效性、学科教师队伍建设、下校指导情况、政策水平等十个评价要素。多年来教师对教研员的评价一直有着很高的满意度，这说明我们的工作得到了广大教师的认同和高度评价。

三、开展教学设计与实践大赛，提升教师课程执行力

教学作为一项系统工程，预先的设计自然是必不可少的。随着新课程理念的逐步深入人心，大家对教学设计的认识越来越深，对教学设计的要求越来越高。在教学实践中我们认识到：精心做好教学设计，有利于教学理论与教学实践的结合，有利于科学思维习惯和能力的培养，提高教师发现问题、解决问题的能力，有利于因材施教，有利于教学过程最优化。最近几年来，石景山区教育行政部门和教育分院联手推进中小学教学设计的持续改进，不断提高教学质量，取得了令人满意的成果。

自2003年开始至今，石景山区已连续开展了八届以“促进学生自主学习能力”为主题的系列教学设计与课堂实践大赛。通过不同侧重点的历次大赛，我们持续关注了青年教师、骨干教师及全体授课教师的课堂教学。这些规模较大的系列教学比赛交流活动，不仅给参赛教师提供了学习贯彻新课标精神、展示先进的教育思想和教学方法以及自身的教学技能的平台，而且提供了激励广大教师进一步完善教育教学理念、提升综合素质的平台，同时大赛的开展也锻炼了队伍，展现了各校学科教研组的整体水平。八届大赛，参赛教师约四千余人次，促进了广大教师深入研究课程标准和教学教法，提高了

教师聚焦课堂、关注质量的意识，教学竞赛的经验成果逐步深入学校的教学管理，内化为教师的常态教学行为。竞赛为教师搭建了展示教学成果的舞台，也将石景山区课堂教学改革不断引向深入，有效提升了教师的课程执行力。

八届教学设计与课堂实践大赛的侧重点

序号	年份	侧　重　点
1	2003	教学设计与课堂实践
2	2004	信息技术与学科教学的整合
3	2005	教学设计与课堂实践
4	2006	骨干教师、自主学习
5	2007	教学设计与课堂实践
6	2008	青年教师、自主学习
7	2009	全体教师、自主学习
8	2010	教学设计与说课竞赛

四、加强基本功培训，关注教师专业成长

北京市教委自 2006 年起，相继组织了初中、小学教师基本功培训与展示活动，2011 年即将开展高中教师基本功培训与展示活动。这是市教委在推进课程改革中探索内涵式发展，提高教师专业化水平以及教育教学质量的有益尝试，也为石景山区加强教师队伍建设，强化教师基本功，全面提升教师教育教学能力与水平提供了思路。根据市教委的工作要求，石景山区在加强教师基本功培训方面进行了以下几方面的探索。

1. 制定《石景山区基础教育学科质量评估指标》

学科建设是学校实施素质教育，加强教师队伍建设，提升教研水平，提高学校教学质量的重要环节，学科建设的整体水平是一所学校综合实力的核心。依据国家教育法规和学科课程标准的总体要求，在认真总结实践经验的基础上，结合石景山区教育改革发展和学科建设情况，2008 年 9 月，石景山区教育行政部门、教学研究部门制定了《石景山区基础教育学科质量评估指标》。

评估指标的制定，旨在科学发展观的引领下，以评价引导和规范学校学科组建设，引导和规范教学常规管理，优化过程管理，实现自主发展。

各学科评估指标体系包括 4 项一级指标和 10 项二级指标。一级指标内容包括教学管理、教学保障、教学过程和教学效果四个领域。二级指标内容包括教学管理——教学理念、教学计划、档案管理；教学保障——教学人员、教学条件；教学过程——教学常规、教学研究、教学评价；教学效果——学业水平、充分发展。二级指标项目依据学科特点设有 35—38 个评价要素，每个要素被赋予 1—5 分的分值，总分值 100 分。评估结论为优秀、合格、不合格三个等级。

评估指标力求涵盖从学科教学管理到学科教学要求的各个方面，涵盖从学校管理制度到学科教研组研究机制以及对教师个人常规教学的具体要求。以“教学过程中的教学

常规”为例，对“备课、教学设计、课堂教学、作业与辅导、检测与评价”五个要素进行具体描述，体现了以科学评价引导学科教研组规范建设的理念，对引导教师规范常规教学行为有着重要的指导作用。

2. 强化全体教师的学科学习体验和实际操作能力演练

为了加大教师自身学习实践的力度，提升教师的业务素质和专业水平，各学科都组织全区学科教师开展了专业能力的交流活动。英语学科与专业部门（剑桥大学）联手对全区英语教师进行“教师专业素质考核”，语文学科组织全体教师“现场作文大赛”，数学从数与代数、空间与图形、统计与概率三个领域对石景山区数学教师进行培训，音乐学科从“琴、歌、舞、笔”四方面对音乐教师进行培训，坚持教研活动前教师的合唱训练，坚持每学期一种民族舞的学习，每个学期末进行钢琴伴奏的交流。这一系列教师基本功的演练交流活动促进了课堂教学质量的提高。

3. 强化教师的“教学目标”意识

石景山区以“目标教学”，提高课堂教学效率，提升教师的教学设计与实施水平。除了全员理论辅导培训外，各学科加强了“案例”研究，每做一节研究课都从教师教学设计入手，教研员亲自指导、评议、示范。下校听课时教研员还要查看教师教学设计方案，根据课堂实施情况提出修改意见或建议。

4. 开展校本教研与联片教研，使研究成为教师的工作常态

为了加强校本教研，关注学校自身的主动发展，为基层学校提供服务与指导，我们教研员经常深入学校，参加学校的教研活动，与教师共同研究教育教学中出现的具体问题，探索校本教研工作的开展途径、方法与策略，形成校本教研的新思路。

为促进义务教育阶段中小学教学理念、方法及内容的衔接，2006 年我们在原有小学联片教研基础上，按照学校所在区域成立了以教学校长为主要成员的中小学教研协作区，组织中小学区域“教学片”开展经常性的教学交流研讨活动，促进了区域资源共享与教育发展。

5. 整体设计教研活动，专题研究解决教学问题

为加强教研活动实效性，各学科都加强了对教研活动内容的系统思考与整体设计，根据教师需求制定教研活动专题，有重点地解决教学问题。如小学语文结合汉语拼音、识字写字、习作指导、古诗教学、古文教学、说明文教学、散文教学等多个专题，开展了教学讲座、现场研究课、观看录像课、交流研讨等多种形式的活动，提升了教师专项教学能力。

五、建立层级培养体系，促进教师专业发展

教师职业生涯是一个持续成长的过程。我们根据教师的专业化程度和所处的职业生涯周期、专业发展需求，有针对性地开展层级培训，更新教师知识，拓展教师视野，活跃教师思维，促进教师专业化发展。教师职业生涯发展可以划分为入职、初任、进阶、调整、成熟、资深六个阶段。因此，石景山区在可持续发展视野下为教师专业发展设定了以下层级培养体系。

1. 入职阶段培训

入职阶段即新任教师上岗阶段。这一阶段教师具备了一定的课程专业知识、未经实

践的组织教学知识，也有可能掌握一些引导学生社会化的知识、管理知识和获取新知识的知识，但一般不会有条理、系统化地思考。通过培训，使他们树立职业理想，初步构建教师教育价值体系，初步掌握科学的教育方法和有效的教学技能。

2. 初任阶段培训

初任阶段即教师职业生涯的前期。这一阶段教师组织教学的知识接受了实践的检验，开始有所调整，但还未形成系统化的技能，教师的各类知识也逐渐与本人经验结合起来形成一定的合力。通过培训，使教师对自己的职业生涯有整体的思考，注重科学素养、人文素养的积淀和学科素养的培养，具备教学设计能力和教学组织实施能力。

3. 进阶阶段培训

进阶阶段即教师职业生涯中期，课程专业知识、组织教学、引导学生社会化的知识比较成熟，能够了解和掌握学生学习及其发展的主要知识，并能在教学组织实施过程中对方案进行调整和反思。通过培训，使教师构建教师教育价值体系，熟练掌握课程与教学知识，把握学科动态，逐步形成教学风格。

4. 调整阶段培训

调整阶段即职业生涯周期理论所提出的“职业调整期”。这一阶段教师职业情绪比较低落，具有一定的教学经验，但观念固化，思维定式，需要突破高原现象，进一步转变教育观念，实现新的发展。通过培训，使教师教育观念持续更新，注重学生学习策略指导，学科教学策略与方法研究，在行动研究中，提升理论运用水平。

5. 成熟阶段培训

成熟阶段即教师职业生涯成熟稳定阶段，多已成长为骨干教师。这一阶段教师各方面知识都已成体系，既具备了对常规问题的快速反应能力，也具备了有效解决非常规问题的技能。通过培训，使教师高站位来履行教育责任，立足教学实践，培养学生自主发展、自主创新能力；有明确的研究方向与课题，在任务驱动中，实现骨干教师能力的提升。

6. 资深阶段培训

资深阶段即教师专业发展的较高阶段。这一阶段教师的专业发展，主要体现为知识的“外溢”和经验的总结、交流与传授。通过论坛、考察、交流等多种培训方式，使教师有明确的研究方向与课题，并对专业发展进行总结、提升，形成自己的教学风格与教学思想。

学校层面制订了可持续发展视野下的教师专业能力培养计划、目标和措施；教师个体层面明确可持续发展视野下对教师专业能力的要求，有自我发展的目标和实施计划与措施；教研层面有对教师分层级的培养计划。

六、与北师大合作，共建“绿色教育项目”实验区

2010 年 1 月 21 日，北京市石景山区教委与北师大教育学部签订协议，共建国内首个“绿色教育发展实验区”，该实验区将大学的学术资源和区域教育发展的实践资源相结合，旨在回应绿色社会的需要。

“绿色教育”是指关爱、尊重学生的生命和价值，构建生动、活泼、民主的教育环境，培育具有人文素养与科学精神并敢于创新、肯于实践的一代新人。“绿色教育”的理论渊源是马克思主义关于人的全面发展的科学理论，其核心指导思想是科学发展观。

绿色课堂体现了对学生的关爱与尊重。这其中包含了对每一个学生的关爱，对每一个学生的生命和价值的尊重。我们关注每一个学生的学习过程，使学生获得对学习的积极体验与情感。而积极的体验建立在民主和谐的学习氛围之上，建立在学生感受到知识的力量之上，建立在不断的成功与进步之上。因此提倡在教学过程中，教师应该允许和理解学生的错误，应该尊重和保护学生的创造性。“绿色教育”特别强调教师对学生在学习过程中成功与进步的评价，促进学生获得对学科积极体验的重要性和引导作用。我们努力转变以奖励和惩罚为目的的评价为促进学生全面发展为目的的发展性评价，通过绿色课堂积极构建生动、活泼、民主的教育环境，从细微之处入手，尊重学生，促进学生的个性发展，凸显其人生价值。我们倡导教师从知识的输出者转变为设计者和促进者，倡导学生由被动的信息接受者转变为一个具有创造性的学习者。促进学生养成可持续发展的生活、学习和工作的习惯，培养学生对人类和人类可持续发展的责任心，给学生构建一个和谐宽松的活动空间。

绿色课堂倡导民主、平等、宽松、宽容，注重培育学生的人文素养与科学精神，注重培养学生的创新精神和实践能力。这需要教师和学生进一步改进教学方式与学习方式，在课堂教学中加大实验探究的力度，培养学生的动手制作能力、实验操作能力，掌握科学探究的方法。

总之，“绿色教育”的最终实施需要教师在实践中具体践行，教师对“绿色教育”理念的深刻理解、全面掌握、真正认同是基本要求。一方面，石景山区依托北师大教育学部强大的师资力量为石景山区教研部门和教师提供智力支持与专业引领；另一方面，北师大教育学部专门设计了符合“绿色教育”理念的课程，将通过课题研究和校本培训的形式对石景山区师生传授“绿色教育”理念。

我们将在体验中培训、在实践中探索，发挥教育工作者的智慧与创造力，努力造就一支高素质的教师队伍，为学生的终身健康、持续发展奠基。

（李文 孙淑萍 撰稿，赵士雪 审阅）

创新区域教研工作，促进教学方式转变

北京市延庆县教育科学研究中心

《基础教育课程改革纲要（试行）》明确提出基础教育课程改革的具体目标：改变课程实施过于强调接受学习、死记硬背、机械训练的现状，倡导学生主动参与、乐于探究、勤于动手，培养学生收集和处理信息的能力、获取新知识的能力、分析和解决问题的能力以及交流与合作的能力等。基于此，北京市延庆县教育科学研究中心作为区域教育的业务支撑机构，面临着如何创新教研方式、如何组织和引领学科教师逐步从以知识论为支撑的课堂教学方式向以主体论为支撑的课堂教学方式转变的挑战，这也是课改的核心问题。

北京市延庆县作为北京市最先进入课改实验的区县之一，几年来，在市教委委派的梁威、李延林、杨朝辉、刘晓玫等专家的指导下，以校本教研基地建设为课题，就如何创新适应课改需要的区域教研工作形式和内容进行了有益的探索。

一、从区域实际出发，构建三级联动的教研工作格局

1. 联片教研的形成

延庆县在本轮基础教育课程改革之初，作为校本教研国家级实验基地，在首都师范大学、北京师范大学、市基教中心等的支持下，本着专家引领、同伴互助、教师反思的思路，开始进行校本教研的研究探索，进而以校本教研为基础，开展了建立城乡联合、以城区学校带动川区和山区学校的“联片”教研的实践，探索了一条架构城区与农村教师之间、学校之间的教研之路，实现了教育资源共享，城区名校带动川区和山区学校的共同发展。区域基础教育均衡发展的理念也在实践中不断从理想走向现实。

联片意为在区域范围内组建片区，以大校带小校，以城区学校带动川区和山区学校。延庆县的 30 所中学按地理位置就近划为五个片，37 所中心小学按城、川、山划分为五个片。这样，就形成了“联片”的概念。

联片教研是在县、校二级教研基础上，增设片区内的教研活动，使区域内的教研活动呈现出新的局面，以学校及教师个体探索为基础，以片区交流研讨为重点，以县总结推广为引领，带动区域整体教研工作。

在形成联片教研的思路后，专家协助县教研部门采取各种形式引领片区和学校教研的开展，研究人员不仅提供他们擅长的理论上的培训和支持，而且深入基层亲自参与片区教研的课题研究、听评课等活动。来自专家的支持使教师们从研究问题的发现到研究方法的确定以及研究的过程有了全方位的了解，这些对于加强教师们的研究意识和能力起到了积极的作用。

2. 联片教研的实施

（1）建立组织保证机构

为保证联片教研顺利有效的开展，每个片区内建立了以牵头校主管业务校长或主任

为组长，相关学校主管业务校长或主任为组员的联片教研领导小组。其主要工作是确立校本教研的工作方向，对实际工作提出指导性的意见，对外联系专业人士指导工作，开发共享资源，定期召开校长联席会议，研究工作，分头布置。具体教研活动的实施以牵头校相关学科组组长为联片学科教研组组长，教研员分工合作，实行包片制。教研组组长的主要任务是组织片区内的教师分析研究在教育教学工作中遇到的共同问题，交流教育教学经验，组织专家指导活动，集体备课、听课、评议等。为促进和监督联片教研的实施，对联片教研的评价实行捆绑式学校评价。

（2）教师成为联片教研的主体

开展教研的目的不仅仅是解决教学中遇到的问题，同时也是提升教师素养和水平的有效途径，是教师专业发展的必由之路。因而，教师一定要成为教研的主体。教师成为教研主体需要三个基本条件：一是主体意识，集中表现为教师的教研动机，即研究的对象或结果对教师的实际生活意义；二是一定的主体研究能力，这决定了教师真正参与的程度；三是促使教师主体直接作用于研究对象。教师教研的主体性实现是一个由被动参加到主动投入的过程，是一个由利益和任务驱动到自我实现的过程。教研活动主要采用给定任务、帮助完成、提供展示机会的办法，切实使绝大多数教师真正成为研究的现实主体。

在联片教研中，川区和山区的小校、弱校的教师不是旁观者和跟随者，他们在教研中与大校、名校的教师一起研讨，大家的共同角色是平等的参与者，真正实现了联片内的教师教研共同体的建立。

二、使理念回归实践，促进教学方式转变

课程改革初期，普遍存在着课改理念和教学实际操作相脱节的现象。在相关专家指导下，我们对各学科的教学设计进行了抽样调研，发现存在着目标空泛、教学环节无序、教学方式和方法选择不恰当、信息技术使用牵强、追求形式等种种弊端。为了使课改理念真正回归教学实践，我们把构成课堂教学活动的基本因素作为联片教研的主要内容。

1. 对课程内容和教材的研究

对课程内容的正确而深入的理解，对教材的分析和把握是教师进行教学设计的第一个环节。它影响着每一节课的教学目标的设定，同时教学内容的特点和内在逻辑结构影响和制约着教学的方式方法、教学手段的选择。教师和学生的思维主体性不是任意的。任何一个具体的知识与同学科相关知识或跨学科相关知识的联系以及在具体生活情境中的运用都有很大的空间，因此教学内容或教材的研究是教研活动的主题之一，也是“联片”教研的核心议题之一。

在联片教研的具体实施过程中，负责每个片区的教研员和联片学科组组长根据教学进度分配任务，以章节或单元为单位，在承担具体任务的教师进行梳理的基础上，组织片区学科教师交流研讨，明确教材知识以及能力的生成点，整体把握教材内容的核心，为进一步进行教学设计做准备。

在教学内容的研究过程中，我们强调三个明确：一是教的是什么，二是怎样生成的，三是有什么价值。如平行四边形的教学，要明确是概念教学，要明确各种四边形中

的邻近概念的本质区别，进而明确平行四边形定义的形成过程，同时还要明确平行四边形在生产生活实际中的使用价值。

2. 教学设计构成基本因素的研究

教学设计是介于理论和实践之间的一种准教学状态，其基本构成因素的类别是不变的，但在具体情况下对基本因素的具体操作又是变化着的。强化教学设计研究的目的是使一线教师理解基本因素的作用和基本要求，明确备课的基本内容，使教师的教学设计规范化。

（1）教学设计通识层面的研究

这个层面的研究包括三维教学目标的制定与融通表述，教学重点和难点的确定，教学环节的设置，教学组织方式、学生的学习方式的确定，教和学的方法、工具的选用，学习结果的评价与动机培养，作业训练设计等。教学方式的转变不是抽象的，是诸多因素的有机组合。

（2）理论层面的研究

借助区域内外优秀师资开展系列培训活动，使教师明确构成教学活动基本因素的内涵，并编辑出版了《教学设计研究》一书，就上述专题撰写了专门文章，以期统一教师的基本认识。

（3）操作层面的研究

将这些基本因素作为备课的思考点，按照片区教研员和片区学科组长统一组织、片区内教师分别承担任务的程序，在个体备课基础上，对原生态教学设计进行片区学科组内的交流、研讨和修改、完善，如“通过教师讲解，掌握余弦定理，培养数学思维”，讨论后修改为“会用符号说明余弦定理的条件、结论、应用背景；会借助直角坐标系推导出这一定理；会在复杂背景下解决已知两边与一角或已知三边的三角形问题”。这样的变化说明片区内教师们通过研究思考，对教学目标进行了重新的审视，对课程的理念和目标要求有了更深刻的认识，新的目标阐述抓住了学习数学定理的本质，强调了学生要经历过程，并且能够加以应用，关注了余弦定理的来龙去脉，做到“不仅知其然，还要知其所以然”，体现了数学新课程的目标要求。这个层面的教学设计研究，对提高教师的素养是非常重要的，对促进教学实施的有效性也是必要的。

（4）教学设计的深化研究

由片区教研员和片区教研组组长组织一线教师进行学科常用专题课型划分研讨，确定各学科专题课型类别，如数学课划分为概念课、推理证明课、解题课、专题复习课、试卷讲评课等。组织片区内的教师选择某一专题课型进行教学设计研究，定期开展片区内专题课型教学设计的交流研讨活动。如以下呈现的延庆县四中片区开展的关于教学设计的一次教研活动。

【备课】

抽取正在进行的数学、物理、语文和化学课各一节（“二次函数”概念课、“并联电路电流规律”实验证明课、“唐雎不辱使命”古文阅读课、“化学质量守恒定律”实验证明课），四名片区教师备课。

【说课】

教学内容：教什么、如何生成、作用和价值、学生原有生活和科学经验。

教学目标：了解识记、理解阐释层面；模仿、迁移、综合运用层面。

教学环节：名称、任务、时间。

教学过程：方式、方法、工具、反馈。

目标达成：检测工具、达成度。

【研讨】

对上述说课的内容进行讨论、修改，形成一致的看法，或记录有争议的问题，留待进一步研讨。

3. 课堂教学实施研究

课堂教学是教学设计的实施、调整和完善。一线教师观看优秀教师的教学录像，到名校听课或同伴间相互观摩，几乎每周都有听课、评课活动。如何使听课评课这种基本的教研活动形式不至流于空泛，使之成为一种真正的有价值的教研活动，是我们课堂教学实施研究的出发点。我们把课堂教学中方式、方法、工具、评价反馈方式等的具体操作是否流畅自然、严谨到位，教学目标的达成度作为听课评课基本点，目的是使课堂教学活动真正成为有计划的活动，避免计划与实施脱节，减少盲目性。

操作上主要有两种形式，一是组织片区内的学科教师随机进课堂开展听课、评课活动；二是组织片区内学科教师随机抽取同一教学内容，开展共同备课、上比较研究课等活动。

4. 命题及试卷的分析研究

试卷命制及试卷分析是教师的一项基本功，是教师学科综合素养的集中体现。没有有效的质量监测就没有教学。针对一线教师疏于命制试卷等问题，在期中、期末监测之前，联片教研活动组织片区内的学科教师共同研究命制期中、期末试卷，以命题为教研内容开展片区内的交流研讨活动，在形成期中、期末练习试卷的同时，提升了教师对教学内容的认识以及对评价的作用和导向的理解。通过组织片区内学生学业成绩的比较分析找出教学中的原因，成为教学设计研究活动的新主题。

几年的实践与探索表明，结合延庆区域特点和实际情况提出的联片教研，对于区域的教研工作和教师整体素养的提高、促进区域内教育的均衡发展有很大的实用价值。在这个过程中，大学及相关专业机构的引领作用是推动区域均衡发展不可或缺的重要因素。随着课程改革的不断深入，联片教研的活动内容、活动方式、运作机制等需要做进一步探索和实践，尤其是继续发挥区域与大学及相关专业机构合作的优势，并不断开创更多的促进区域均衡发展的有效途径。

（刘晓玫 刘进 撰稿）

探索"三位一体"机制，提升教研工作品位

北京市房山区燕山教研中心

《国务院关于基础教育改革与发展的决定》和《基础教育课程改革纲要（试行）》颁布以来，北京市燕山教育委员会在教研中心适时地设置了继续教育办公室，补充了科研室的力量，丰富了教研中心的工作职能和工作范围，工作延伸到基础教育的教研、科研和教师培训等方面。面对新的职能定位，燕山教研中心以推进课程改革工作为中心，以为教委、学校和教师服务为重点，不断探索，逐步摸索出了一条集教学研究、教育科研、教师培训一体化的工作思路，简称"三位一体"的工作机制。在这种机制下，教研中心以提高教育教学质量为出发点，以教研员群体作为运行机制的主体，从教研、科研、培训三个不同的维度，努力实现着教学研究、教育科研、教师培训等工作向重质量、重特色、重实践和重整合的转变，逐步形成了研修一体化的"以研带培，以研促改"的教研工作方式。

一、创新组织管理方式，深化"三位一体"工作机制

教研中心的组织结构决定了"三位一体"的工作机制。结合燕山教育的特点，充分发挥好"三位一体"的工作机制是推进和提升各项工作的重点，教研中心通过组织建设和队伍建设等手段，进一步深化和创新工作机制。

首先，在人事安排上逐步稳妥调整，不断加强科研室和继续教育办公室的组织建设，解决好"一条腿长，两条腿短"的问题，使三个部门协调发展，以达到"三位"都要硬，"一体"突出的组织形式，并逐步形成融通教研室的组织格局。

其次，加强教研中心的软硬件建设，尤其是基础设施的建设。建设了用于教师培训、教研、科研等的多媒体教室、微格实验室、图书资料室、音美教室、报告厅等专用教室，使之能适应现代教研、科研和教师培训工作的总体要求。

接着，不断加强主体教研员的队伍建设，改善教研员的年龄结构和知识结构；逐步完善岗位聘任制和落实岗位责任，形成流动的用人机制；不断完善和丰富教研室的工作职能，拓宽工作领域；不断完善教研员的选拔、培养、使用和培训的机制。为促进对教研员群体的管理和评价，针对教研员工作的性质，教研室出台了以考核教研员工作业绩为主的量化表，印发了《教研活动记录本》《听课评课记录本》，每位教研员每周填写《教研室周工作量化表》；构建了推进"三位一体"工作和谐发展共同促进的制度和奖惩、考核、评价措施。与此同时，鼓励教研员到学校兼课，聘请优秀一线教师任兼职教研员，建立准教研员制度和兼职教研员制度。扎实落实专业学习和技术培训计划，其中包括脱产学习，参加课改培训，参加教育专题培训班、研修班，参加国内外考察等。在教委的支持下，教研中心与北京市教委、各大学基础教育机构、北京教育学院等培训机构建立联系，为教研员提供培训，不断提升教研员的专业素质。

目前，教研中心正在积极构建学术研究型教研组织，努力营造适合每位员工发展的教育环境，形成积极向上的文化管理境界。总之，几年来教研中心不断地加强教研项目管理建设，不断发展与完善“三位一体”工作机制，全新的管理方式提升了教研工作的品位。

二、优化教研工作职能，增强“三位一体”工作合力

全员参与是教研中心工作方式创新的具体写照。各个职能科室共同参与大型活动，从三个方面进行设计，三力合一，涉及教学研究、教育科研及教师培训。通过“三位一体”工作机制的实施，实现教研中心工作职能的转型。

1. 以创新教学方式改革为主流的科研工作

教研中心提出“三位一体”的工作思路，同时还确定了“课题引领、项目推进、全员参与”的工作方式。“十一五”期间，科研室共开发了40个课题，结合7个项目推进课改深入进行，研究的共同目标是提高课堂教学质量。广大教研员积极参与课题研究，以研促教、以研促改。

（1）参与中央教科所国家级重点课题“整体构建学校德育教学体系的深化研究与推广实验”

结合“读本”“成长册”的使用，燕山在德育活动课上进行了广泛的研究与实验，在突出德育针对性、实效性和主动性上积极实践新德育“三中心”（即“以学生为中心，以活动为中心，以情境为中心”）的理念，开展了大量丰富多彩的、贴近生活的、贴近学校学生实际的德育实践活动。在实验中，燕山获先进实验区称号，若干教师和学校获优秀教师和先进校称号，有大批教师的论文获奖。

（2）开展学科德育研讨周活动

针对课堂教学德育实效性不高的问题，小学组织开展了《北京市教育委员会关于进一步加强中小学各学科中德育的指导意见》学科德育研讨周活动。在教委的统一部署下，教研员与广大教师一起研究、分析本学科渗透德育的方法。教学实践中涌现出了许多符合课改新理念的德育渗透优秀课例。为了给教师的成长、课程改革的发展留下轨迹，教研中心将这些优秀课例的教案、随笔、教学反思编辑成册，并下发给学校，使之成为教师学习、交流的宝贵材料，同时也实现了教育资源的共享。

（3）开发课堂教学实效性研究专题

以提高课堂教学质量为切入点，进一步发挥科研成果在教学改革方式中的先导性作用，以期通过课题推进，推动课堂教学优化精化，使教师的课堂教学方式向满足学生的多元化需求发展。几年来，房山区广大干部教师积极投入到教学研究中来，先后开展了“四环节”教学模式、任务型教学、情境教学、活动教学等研究专题。这些有效研究极大地丰富了教师的课堂教学方法，吸引了学生的注意力，激活了学生思维，充分发挥了学生的主动性，使更多的学生爱学、会学、乐学，并且学会、学活。

（4）因地制宜，开展“中小衔接课题”研究

燕山地区自从1991年进入“五四”学制改革以来，小学五年级与初中一年级过渡的问题一直是教师们关注和争论的重点。衔接过渡的成功与失败，对新课程改革试验影

响很大，因此，从理论和实践两方面对中小学衔接教育进行研究探索，了解情况，摸清规律，提高认识，探出新路，使小学生进入初中后少走弯路，是燕山地区能否顺利开展课程改革试验的关键，也是实施九年义务教育、提高燕山地区教育教学质量的要求。“五四”学制中小衔接课题已被北京市教育科学规划领导小组确立为北京市青年专项课题，自2006年3月起开始研究。为促使中小学的“教与学、师与生”尽早尽快地相互适应，协调运转，使房山区课改工作顺利进行，我们先后开展了教研员座谈交流研讨会，中小学语文、数学、英语课例交流研讨现场会，以及时向中学初一教师及初一学生进行文件调研等活动，这样，从了解初一学生对初中教育的适应性及行为表现入手，了解学生的心理年龄特点及各项发展规律，分析中小衔接中存在的问题，找出中小学在日常教学中存在的差异和衔接点。针对衔接点对中小学校组织系统连贯的教学活动，采取恰当的教学方法做好衔接与过渡，在具体的教学实践中验证方法的实效性，并加以调整和推广。

2. 以创新教研方式为主线的教学研究工作

几年来，燕山教研中心在燕山教委的领导下，以促进教师专业化发展为教研工作的生长点，以探索适合学生的学习方式、提高教育教学质量为落脚点，积极探索新的教研方式，为教育教学服务。

（1）以教学方式的改革为重点，积极构建百花齐放的教学课堂

课堂教学方式的转变要以促进学生全面发展、提高课堂教学质量为原则，以培养学生的实践能力和创新精神为根本。为此，教研中心坚持以开展课题研究及专题研究的形式来促进教学方式的改革，积极进行教学方式的研究与实践，把“每位教师上好每一节课”的战略目标分解成若干个研究专题，采用行动研究的方法，积极探索和研究，努力提高教学质量。几年来，我们坚持对探究性学习、合作学习、体验学习、研究性学习、信息技术与学科整合、小班化教学等教学方式进行研究和实践。经过教师们的努力，课堂教学方式逐渐向满足学生的多元化需求发展，如英语学科探究出“任务型教学”“情境教学”；语文学科探究出“体验教学”“实践教学”；物理学科探究出“实验设计教学”；社会学科根据学生的学习差异探究出“信息反馈法”“导读质疑法”等教学方式；科学课打破了“师讲生听、传授灌输”为主要方式的学习方式。课内外结合，学生学得主动，培养了发现、实践、合作、研究等能力，促进了教师教学方式的转变，丰富了教师的课堂教学的同时，吸引了学生的注意力，使更多的学生会学、乐学。

（2）以教研方式的探索为契机，努力促进教师专业化成长

为提升教师专业素质，使课改工作稳步推进，我们开展了一系列专项教研活动，如专项教学视导、学科专题的研究、外请专家指导、城区联合演练、教研员与教师的零点交流与探讨、针对学校特点的分校教研、优秀教研组的教研方式展示等。语文学科先后在星城小学等四所小学召开了课堂教学实效性研究的现场会；科学学科组成了跨片联合教研的学科组，教师们联合集体备课，在学科的构建以及教师学科素养的培养方面做了大量工作；数学学科围绕如何提高课堂教学实效性展开讨论，并就如何创设有效的教学情境，如何有效进行小组学习，如何进行有效的课堂调控等方面进行了专题研究；英语学科组织学生英语学习专项汇报成果；社会学科的学生社会实践与课改同步；音乐学科

与实践相联系的儿歌自谱曲、自唱活动广泛开展；政治学科与社会实践相结合，积极探索活动课教学模式；历史学科与现实联系，“零距离走进历史”活动进行得有声有色。

3. 以提高教师专业化发展为主要目的的教师培训工作

课程教材改革成功与否，教师是关键。因此，加强师资队伍培训，历来是房山区推动课改试验工作重中之重的任务。房山区参加实验的所有学科，都能积极争取名额，让教师参加市级的课程教材培训工作。在市级培训的基础上，我们又积极开展区级培训。“三位一体”的工作机制，使继续教育与教研工作充分结合起来，共同创设了新的培训方式和促进教师专业化发展的教研方式。以往，每位教师必须分别参加继续教育和教研活动，负担较重。将二者结合起来，可以减轻教师的负担，同时，继续教育的学分制和强制性，为教研活动提供了制度保证，而教研活动则保证了继续教育内容的即时和丰富，达到了双赢的效果。

如在北京市教委全面启动中小学教师新课程教学基本功培训和展示活动后，燕山教委高度重视此项工作，成立了由教委主任任组长，教委主管主任任副组长的工作领导小组，同时成立了由教研中心业务领导为主的工作执行小组和由学科教研人员组成的学科培训考核指导组。行政、业务部门的相关人员一起研究、讨论并制定了《燕山教育委员会关于开展中小学教师新课程教学基本功培训和展示活动的方案》，明确了指导思想、活动原则，分别召开学校校长、教研员会，使得行政、业务、学校三个部门形成了统一观念。教委主管李云江主任强调此次教师基本功培训与展示活动目的是为了促进房山区的教育均衡，落实北京市教委文件精神，活动绝不仅仅追求取得展示活动的奖项，而要追求全体教师教学基本功能够得到较大幅度的提高。因此，房山区所有参赛选手始终不脱离一线教学工作和班主任工作，把参加市级展示活动作为提高常规工作的“助推器”。活动方案原则之一就是“三全”，即全员、全学科、全过程，力求通过三年的新课程教学基本功的锤炼，切实使燕山地区每位教师的教学技能都有提高，扎扎实实推进燕山地区教师教学基本功达标工程。

三、完善监控评价手段，丰富“三位一体”工作内涵

1. 研制“三位一体”的《燕山地区教学质量监控与评价方案》

2006 年 9 月，教研中心以党和国家的方针政策、教育法规、教育部《关于积极推进中小学评价与考试制度改革的通知》和《北京市九年义务教育阶段教学质量监控与评价方案》为依据，以发展性、导向性、实效性和可行性为基本原则，研制出“三位一体”的《燕山地区教学质量监控与评价方案》和实施手册。方案中明确规定教研、科研、继续教育三位一体，采用问卷调查、实地调查、文献分析、学生学业成就水平测试和个案研究等方法对学科教学过程、校本教研、学生学业水平和影响教学质量的因素进行监控、分析与评价。

2. 实践“三位一体”的《燕山地区教学质量监控与评价方案》

进行监控与评价的目的在于全面、科学、客观地监控燕山地区不同学段在常态下的教育教学质量，充分发挥评价工作所具有的诊断、反馈和促进发展的功能，为燕山教委实施高标准、高质量的教育改革和发展决策与管理提供符合实际的依据。三年来，我们

根据“三位一体”的《燕山地区教学质量监控与评价方案》对燕山地区所有小学、初中、高中各年段进行了分批质量监控与评价。

策略一：实地调研制度化

针对评价与监控显示的学校教学存在的主要问题，我们转变了工作“关注”，使实地调研这种监控与评价方式制度化。一方面，采取定期联合视导方式，每学期走进课堂，走近教师，走近学生，了解学校、教师、学生的发展需求，用科研的方法对学校教学质量进行客观的研究与分析。另一方面，采用每周进校听课方式，进行教学个案研究，有针对性地帮助教师解决教学过程中的问题。

我们的实地调研内容由单纯的解决课堂问题的听课、评课、反馈，发展成为以深化课程教学改革、推进中小学素质教育的实施、促进燕山地区教学质量稳步提高、加快教师专业化深度发展为目的的教学专题研究、案例研究。在实地调研内容和行动模式的规范、指导下，我们的工作得到了办事处主管主任、燕山教委主任、教委主管领导和中心领导的高度重视，得到了各校领导和广大一线教师的赞同与大力支持，取得了良好的效果。主要体现在：

第一，教学工作使学校中心工作的地位得到确立，学校形成了浓郁的教学氛围。从中小学的校园文化、课堂教学中，我们感受到学校领导工作务实，具有较高的管理水平，具有较先进的教育教学理念，都把教学工作放在学校工作的中心位置。一是在办学思想上，突出了教学工作在学校发展中的作用和地位，普遍以抓教学改革和课程改革来实现办学目标和促进学校的发展；二是教学工作聚焦课堂，集中抓教师队伍建设，领导进课堂了解教学情况和学生的要求，分析问题，研究改进教学对策，教师们潜心研究教材和学生，研究教学策略，探索教法，努力提高教学效益。为了保证学校的教学工作能高效开展，学校加强了对教学常规的管理，制定了比较完整的教学常规管理制度，使教学工作有章可循，有法可依。通过视导，我们看到学校教学秩序井然，课堂教学质量稳定提高。

第二，以新理念指导的课堂教学改革全面开展，课堂教学正在发生可喜的变化。燕山地区在教学工作中聚焦课堂，全面开展了以课改理念为指导的课堂教学改革实践，出现了许多新的气象，涌现出了一批较有特色的教师，从他们身上折射出课堂教学所发生的变化：课堂教学从教师搬运教材开始向构建课程的方向转变；教学目标开始从注重知识技能的一个维度转向重视知识与技能、过程与方法、态度情感价值观的三个维度；课堂开始从“教堂”变成“学堂”，变成师生共同探索知识的场所；课堂学习方式开始从单一接受式向接受、探究式等多元化方向发展；课堂教学手段从一元化转向多元化；等等。

第三，教师队伍建设取得成绩。各学校都努力把建设一支具有较高专业化发展水平的教师队伍作为该校教育可持续发展的动力源，制定和采取了一系列加强师资队伍建设的政策和措施，如加强师德教育，发挥学科带头人和骨干教师的示范辐射作用，为青年教师的提高与发展搭建舞台，有组织、有计划地开展校本培训和校本教研。部分学校积极引进有潜质的青年教师，优化教师队伍结构。

策略二：常规工作多元化

直面教研存在的共性问题，立足教研创新，使常规工作多元化。一方面，从多元教研“关注”教师发展中的人，用多元教研形式，使教师成为教研的主体。另一方面，不断丰富教研内容，使教学研究成为教师发展的动力，取得了良好的效果，主要体现在：

第一，采用教师发展性评价，促教师群体合作发展。减轻教师个体的教学负担，培养学科团队的合作意识的问题。对教师评价和激励的最终目的在于促进教师的专业发展，而不是鼓励教师之间的竞争。教研和培训应该成为教师群体合作研究的场地，学习的资源，发展的空间，但以往许多教师非常害怕同伴走进自己的课堂听课，或者是不愿意自己的独门经验被别人学去，或者是担心自己的教学不够出色招来笑话。课堂的封闭，关闭了教师真实交流与合作的大门。开放课堂，既是一种开放与合作的姿态，又是合作需要跨越的一道门槛。意味着教师敢于抛弃自私和狭隘的自尊来面对不同的声音，从中汲取有益的建议拓宽自己的思维，形成彼此的尊重和真诚的帮助。因此，需要教研员通过跟踪教学、合作实验、语言交流等方式，了解教师必备的教育机智、教学交往、教学组织与管理、教学内容的处理、语言表达、运用教学方法与手段、教学科研能力的水平状况、目前的职业心理状态及职业需求，进而对症下药，采用教师发展性评价对教师职业前程与专业发展进行规划，对教师专业发展过程进行“愿景”激励与引导。此过程中，教研员一是要强调成功的教师不只是个人从同伴中胜出，更多的是为同事提供挑战自我和在专业上达到新的水平所需的支持和鼓励。二是在实践中要引导教师重新认识教师之间的差异，提高每位成员的主体参与度，在真实有效的群体合作中建立职业认同感，成员在团体的活动中都可以坦诚交流自己的教学理念和实践经验，共同解析新课程背景下教师、学生的角色定位，感知自己的专业声音与观点，唤醒专业意识。只有教师群体建立起合作成员相互的社会认同和经验的关系，才有可能减轻教师个体的教学负担。能激发教学群体的共同的职业自豪感，从而有效地提升教师群体的专业能力。

第二，深化学科校本教研，推动学科教研组发展。主要解决科任学科弱化流动性大、教研没保障等负面影响，增强校内教研的合作力度的问题。学科教研组是开展校本教研的实体，也是教师专业化发展的依托。从某种意义上说，教师专业化发展的速度水平，教师之间专业化发展水平的差距能否缩小，都取决于教研组教研活动质量的高低。可以认为，深化学科校本教研，推动学科教研组发展，是推动学科专业化发展的一个有效抓手。我们提出：教研员要充分利用学校教研组这个小团体行动灵活、方便、快捷的优势，深化学科校本教研的研究。在教研组建设与发展的研究中，明确提出学校师资队伍建设的目标，并取得学校的支持、扶持与配合，尽量在不影响学校正常工作的基础上减小学科教师的流动性，从而确保教研的质量。为了使每个教师都能以“品牌教师”作为专业化发展的追求目标，教研员还要采用重点亮相与群体培养相结合的方式，倡导组和组之间竞争，团体与团体之间的竞争。我们认为，教研组建设与发展，从根本上说是为了提升教研组在专业化发展上的号召力、凝聚力和辐射力。倡导全体教研员研究教研组建设与发展的策略，要不断总结教研组建设的成功经验，供各教研组在自主决策发展的过程中选择，从而提高教研组建设与发展的整体水平。

第三，实施学科反思性教学，促学科教师个体发展。主要解决提高教师个体的教学研究意识的问题，培养具有个性教学风格的教师梯队。教师是实现专业化的最佳资源，必须发展自我反思和行动研究的能力。我们把教师看做发展中的人，极大地激发了教师的发展动机，改善了教师间关系，促进了教师间的合作。在这样的和谐环境中，实施教学前、教学中、教学后的反思性教学，通过教学个体、教研组、学科群体三个维度的交互内省活动，可以促年轻教师在同伴互助中得到成长，促进成熟型教师从中汲取新鲜的发展营养，在更高层次上提高自己的水平。这种教师梯队的四个层次的内省互动，可以提高师资整体水平，使学科发展呈现良性循环。

策略三：聚焦弱势学科

音体美等学科艺术类学科因为师资匮乏、专业性不强等原因，存在着较为明显的学科教学质量问题。聚焦学科教研个体存在的主要问题，采用案例研究的方式提高弱势学科的教研教学质量。

具体实施与质性成效如下：

第一，实施学科发展规划，建构“梯型”师资队伍。针对艺术学科的问题，房山区采用案例研究的方式对其进行了学科教研发展规划：一是教师分层教学基本功达标。二是根据师资实际水平分梯队培训，对不同层次、不同风格、不同发展阶段的教师提供针对性强的支持，探索出教师根植于自身教学实践进行专业发展的机制和策略，完成教师个人专业发展规划书的制定。三是跟踪听课，规范课堂教学和教师的教学行为，在此基础上，促进教研、科研、培训一体化工作机制对教师专业化发展的引领作用。四是把同行教师之间的互助支援与专业人员的专业引领结合起来，面向全体教师，建立有梯度的教研培训模式。五是有计划地引进一批新生力量，有计划地培养实施人才强教计划，合理完善教师结构，有计划地培养一批专业人才。六是加大学科带头人和骨干教师培养力度。融通使用各校优秀师资，建立学科骨干教师流动人才库，对优质教师资源进行系统的培训、利用、开发，扎扎实实地做好优质教师资源的共享与服务。

第二，引进优势教育资源，拓宽教研的视野。先后聘请市、区教育60余位专家到房山区来讲学，引进大学教师、北京市各个培训机构的人力资源，丰富拓展地区的教育研究视野。使得广大的教师足不出燕山就享受到高水平、前沿性强的专业化知识。专家的学科面授对提高学科教研的针对性，提高课堂教学效率，发挥了指导作用，使教师能够依据《学科课程标准》和学生实际情况进行授课，使课堂教学真正成为课程改革的主阵地。

几年来，我们以促进教师专业化发展为教研工作的生长点，以探索适合学生的学习方式，提高教育教学质量为落脚点，以教育教学监控与评价为向导，全面、科学、客观地监控燕山地区不同学段在常态下的教育教学质量，充分发挥评价工作所具有的诊断、反馈和促进发展的功能，为燕山教委实施高标准、高质量的教育改革发展决策与管理提供了符合实际的依据。探索出了一条集教学研究、教育科研、教师培训一体化的工作思路，有力地推动了地区教育、尤其是基础教育事业的发展。

“广阔天空任驰骋，教研创新促发展”，随着课程改革的深入开展，“三位一体”的教研工作机制的进一步完善，研究、指导、服务的内涵正在得到不断的充实和深化，燕山教研中心已蓄积了迎接机遇与挑战的动力，相信我们一定会取得可喜的成绩。

（李云江 潘淑英 撰稿）

专题七
教研创新研究

开展区域网络研修，建立教师学习共同体

北京市西城区教育研修学院

一、研究背景与意义

北京市西城区是首都中心城区，是北京的先进教育区，有着一支优秀的基础教育教师队伍和教学研究队伍。多年来，西城教研部门建立了覆盖全区各学校、学科、业务领域的教学研究网络。学科教研员每周组织全区教师开展半天的集体教研活动，内容丰富、形式多样，是促进区域教师专业发展的有效教研方式。2004 年，西城区小学 1—4 年级，初中 1 年级整体进入新课程改革。教师在新课程改革中面临许多问题，需要及时交流与解答，传统教研活动方式已经无法满足课程改革和教师发展的需求。

西城区 2004 年开通了促进教师专业发展的教育教学信息和教学研究的平台——“西城教育研修网”（以下简称研修网）。“非典”时期西城“学府网”和“教研中心网”的网上教学和教研实践经验使我们深刻认识到，“建网绝不仅仅是建资源库”，网上研修也不能仅仅停留在资源的共建共享和信息交流上，而必须关注研修的主体——教师，关注如何更好地利用现代信息技术，开展教师群体之间及与教育专家之间的互动交流，支持教师专业发展的需求。因此，建立教师网上学习共同体，支持教师的网上研修与学习便成为研究的重点。我们面临着一系列亟待解决的问题：教师网上学习共同体如

何组织与分工？如何开展教师网上学习共同体的活动？有哪些行之有效的活动策略？教师网上学习共同体如何管理及制度建设？等等。

几年来，西城区教育研修学院不仅很好地解决了上述问题，而且创新了教师教研和培训方式。对于我国区域教师研修的组织和实施，发达地区对边远地区的教育支持具有很强的借鉴价值，对于促进教师专业发展、提高教育教学质量，促进区域教育均衡发展具有重要意义。研究取得的多项成果有助于丰富教师研修和教师教育理论。

二、研究与实践过程

研修网从“资源发布站”到“网络互动研修平台”，从资源的提供到活动的引领，目前已发展成为拥有注册用户 15986 个，其中西城区用户 10000 多个，西城区一线教师几乎全部注册并使用的研修网成为北京市乃至全国都产生广泛影响的教育专题网站。回顾研修网的建设与发展，主要经历了五个阶段。

第一阶段：组织队伍，发布资源。针对课程改革所需的教学资源匮乏，采取任务驱动，聚合区域内的优质教学资源，互助共享。问题：资源库模式下资源有限，少数人忙，多数人看。

第二阶段：建设平台，支持研修。建设集教研、科研、培训于一体的网络研修平台，为教师提供自主研修、合作学习、专业引领的空间，并通过培训在全区推广使用。问题：网上研修停留在教师经验分享层面，深度学习不够。

第三阶段：专业引领，深度参与。行政推动，纳入工作职责；课题引领，转变教研员思想观念、工作方式。充分发挥研修员的专业引领和辐射作用，带动教师全员参与、平等参与、深度参与。问题：教研与培训、网上与网下还需要进一步融合。

第四阶段：研修一体，混合学习。教研与培训深度整合，网上与网下优势互补、紧密结合。提供满足教师发展需求的研修活动，提倡网上网下结合的混合学习模式，逐步形成相对稳定的教师学习共同体。发展方向：研修一体课程化。

第五阶段：远程支教，跨区域研修。开展远程跨区域教师合作研修，共享优质教育资源。

三、研究成果的主要内容

1. 创建了集教科研、培训于一体的专业网络研修平台

建网之初，我们想的是如何利用专业网络平台为教师提供新课程教学的同步资源。经过一个学期的试用，我们深刻体会到“建网绝不仅仅是建资源库”，应该通过网络改变教师个体研究探索的单一研修过程，形成群体合作的研修文化。研究所面临的问题是：教师个体的自主研修与同伴互助研修环境及研修员的专业引领在网络上如何实现？其组织形式是什么？于是，2005 年经改版，我们创建了“个人工作室 + 协作组”的教师网上研修的组织方式。

首先，为每位上网学习的教师创建个人工作室，教师可以在个人工作室中管理资源、撰写日志。它既是教师自我展示的舞台，也是教师自我反思和个人知识管理的

空间。

其次，为教师群体在研修网上创建协作组。协作组是几个人甚至上百人共同组成的一个资源共享及合作交流的空间，立足于同伴互助，是研修网上体现教师群体合作的重要组织形式，是网络平台上富有特色的教师学习共同体。教师可以自主选择合作学习伙伴，加入一到多个协作组，既以学科分组，也以学校、年级、主题、课题、兴趣分组。协作组采取组长负责制，负责小组资源栏目的系统规划与设计，不断抛出研究计划与问题，创设互动研讨氛围，促进组员的有效交流。其中，学科协作组是最具特色的，它由中小学同一学科年级的任课教师与负责该学科年级的区研修员共同组成，既有先进校也有薄弱校，既有研修员、骨干教师也有普通教师，大家可以就共同感兴趣的教育教学问题进行深入的研讨交流、互助合作。学科协作组的基本情况如下表所示。

学科协作组主要活动及特点

功能区	活动形式	具体内容	基本特点
小组资源区	资源共建共享	课标解读 教材分析 课件 案例 论文等	与学科教学同步 共建共享 系统规划与设计
专题讨论区	开展网上研修活动	备课研课 主题研讨 观课评课 案例研讨 网上答疑等	与学科教学同步 研修员引领 网上与网下结合 全员参与 平等互动

以个人“工作室 + 协作组”的方式建立网上研修组织，将教师个人自主研修、同行互助合作学习和专家的专业引领三者有效结合起来。同时，网上协作组由于有现实教研机构的实体组织作为基础，为网上研修的有效开展提供了组织保障。

2. 开展了形式多样的网上研修活动，建立了稳定的教师学习共同体

网络研修平台建立和网上组织形式确立之后，我们面临着更大的问题：网上研修如何组织开展？研修员的工作模式应做哪些相应的调整？传统面对面研修与网络研修的关系如何处理？通过几年的研究、探索和实践，我们较好地解决了这些问题。

（1）开展了内容丰富、形式多样的网上研修活动

随着课程改革的深化，教师们有很多心得和困惑，需要与同行交流，得到专家指导。为此，相当一部分学科协作组开展了内容丰富、形式多样的网上研修活动。一是利用网上讨论区开展的以异步交流为主的网上研修活动，包括备课研课、主题研讨、观课评课、案例研讨、网上答疑等。二是利用多媒体视频会议和即时通讯工具开展的以同步交流为主的网上研修活动。三是基于课堂教学视频案例的网上研修

活动。

网上研修活动的开展，满足了教师的交流需求，解决了教师的问题和困惑，更重要的是促进了教师的个人反思。在与同伴的交流碰撞中，大量蕴涵于教师头脑中的教学经验等隐性知识得以显性化，达到了智慧共享。

（2）形成了教研员引领策略，促进了教师深度参与网上研修

在西城教育研修网从单纯发布资源到成为学习共同体的同时，我们面临最大的问题就是：研修员如何组织教师开展基于学科视野的深度对话？如何在帮助教师分享同伴经验的同时促进教师群体的合作探究学习的发生？为此，我们提出“开展有引领的网络研修活动”，并通过合作行动研究探索了多种引领教师深度参与的策略，包括：精心设计话题，聚焦教学真问题；提供及时恰当的反馈，维持教师的参与动机；引入评价机制，激励教师深入参与等。

在研究的过程中，研修员也从过去的资源提供者变为教师群体合作的专业发展中学习活动的主持者、凝聚团队的组织者、平等对话的参与者、专业发展的引领者、网上研修的激励者。研修员在完成常规研修活动的同时，还要把每次研修活动的资料、研究课的教案、培训活动材料、教学课件等及时上传到研修网；策划系列网上研修活动，不断地抛出研究探讨的学术问题，参与讨论；积极回复教师的意见和问题，指导教师的教学实践；充分肯定教师的自主参与，激励教师的研究积极性，促进教师间的合作从“资源共享”“经验分享”逐渐向“探究学习”转变。

（3）常规与网络研修有机结合，创建了教师混合学习模式

网上研修突破了传统面对面研修时空的局限性，又以其开放性、自主性、交互性等特点受到青睐，甚至有成为主流的趋势。但是，网络研修绝不是要取代面对面研修，只有将这二者结合起来，优势互补，才能获得最佳的学习效果。我们探索了多种面对面与网络混合式研修模式。如，小学数学提出三种结合模式：互动延伸式、主题研讨式和资源内化式。实践中，网上与网下结合的研修模式有效提升了研修效果。小学美术学科通过在协作组中开辟“教学诊室”栏目，并将其与专题讨论区结合，成功探索了网上与网下相结合的促进教师反思教学的研修模式。小学语文利用研修网进行高年段“语文综合性学习”的专题研究，通过规范网络研修流程，逐渐形成广泛研修的规模，从而整体推进语文“综合性学习”课程的实施。

3. 网络开展跨区域教师研修合作，开创了混合支教新方式

2005 年，内蒙古阿荣旗教育局与北京西城教委签订对口支援协议，在双方的深化合作中，传统面对面支教的局限性日渐凸显出来。当地教师感到这种支教方式非常解渴，希望能够持续，但受人员、经费等的限制，这种支教形式无法满足更多教师的长期需求。因此，探索一条现代信息技术环境下的成本低、受益面广的支教新模式成为我们关注的问题。

西城教育研修网 2007 年 11 月向阿荣旗教师免费开通，阿荣旗 3000 多名教师注册研修网，共享优质教育资源，参与网上研修活动。网络开通后，为使阿荣旗教师不仅会用，而且用好研修网，我们采取面对面培训形式，以骨干先行、分层培训的策略，逐步培育教师的网络研修能力。阿荣旗教育局也积极组织研修网应用培训，推动了全旗范围

内研修网的有效使用，逐步形成了阿荣旗利用研修网开展教学研究的多种有效做法。

4. 建立了基本管理制度，保证研修网的健康运行和发展

我们将研修网工作纳入研修员和区学科带头人工作职责。研修网工作领导小组每学期制订研修网工作计划，使研修网建设与应用有序推进；每年召开若干次研修网工作经验交流研讨会、培训会、专项调研会，使研修网工作的研究与实践不断深入；制定了工作职责制度、经费使用制度、培训制度、评价奖励制度等，形成了不断完善的激励机制。

四、研究的实践效果

网上研修促进了教师学习方式的转变，教师学习的自主性、选择性水平普遍提高，平等参与、互助合作意识普遍增强。教师学习方式的转变又促进了教师教学方式的转变，进而作用于课堂教学，师生关系、课堂氛围明显改善，学生差异、学生兴趣普遍得到关注。

1. 促进了教师素质的全面提升

围绕新课改的各种网上研修活动，促进了教师对新课程改革理念的认识和内化，提高了教师践行新课程的能力。西城小学用三年时间高质量完成了义务教育阶段课程改革的任务。教师素质全面提高，这些在近年来的教师基本功和教师的教育教学研究方面得到了充分体现。

2008 年，在北京市第二届初中教师教学基本功大赛中，西城 35 个参赛选手中，一等奖获奖选手 23 个，占 66%，在北京市各区县名列第一。

2008 年第五届教育科研成果评选中，西城区有 27 项成果获奖，占北京市 18 个区县优秀成果总数的 26.47%，其中一等奖占区县成果总数的 38%。2009 年，北京市政府组织的第三届基础教育教学成果评选中，西城区有 20 项成果获奖，占北京市 18 个区县获奖成果总数的 16.13%，其中一等奖占区县总数的 20%。

2. 促进了教学质量的整体提高

网上研修与面对面研修结合的混合式研修模式，促进了教师的专业成长，进而提高了教学质量。课改后，西城基础教育整体教学质量始终保持在较高水平，稳中有升，在全市的各种测评中始终名列前茅，其中 2009 年高考文理科考生总平均分均高出全市近 70 分。在近几年市教研中心组织的中小学 5—8 年级质量监控中，西城区成绩优异。

3. 促进了教师研修一体化

2005 年，原西城教研中心与教师培训机构合并成立西城区教育研修学院。师训和教研岗位合并，由学科研修员统一承担。网上研修活动的开展促进了教师继续教育课程与教师日常教学紧密结合，提高了继续教育课程的针对性和实效性，同时也促进了日常教研活动的系列化和课程化，促进了教师研修一体化，减轻了教师学习负担。

4. 促进了区域教育均衡化发展

在研修员组织下，骨干教师积极参与研修网活动，扩大了骨干教师的辐射作用，促进了优质教育资源的全区共享。薄弱校教师通过与全区骨干教师网上互动交流，受益最大。比如西四中学、214 中学等在近几年中考成绩稳中有升，青年教师成长迅速，承担

着学校教育教学质量全面提高的重任，部分教师还成为区兼职研修员。

继 2007 年研修网向内蒙古阿荣旗开通后，又先后向贵州毕节、内蒙古呼伦贝尔市及新疆沙依巴克区开通。研修网向边远地区的开通，以较低的成本投入，促进了优质教育资源在更大范围内共享，缩小了发达地区与贫困边远地区教育的差距，促进了贫困边远地区整个教育质量的提高。以阿荣旗为例，教学质量从 2004 年在呼伦贝尔市 13 个旗县中排名靠后，到 2009 年排名第四，有了一个质的飞跃。

五、成果特色与创新

经过 7 年探索，西城教育研修网将研究与实践紧密结合，创新了传统教研方式，开创了网络研修新局面。将面对面与网络研修优势互补，走出了研修一体化之路，并成功探索了面对面与网络混合支教新模式。创新之处主要体现在以下几方面。

第一，个人工作室与协作组结合的网上研修组织形式，将个人自主研修、同伴互助合作与专家专业引领三者结合起来，有效地解决了教师隐性知识的外化以及显性知识的共享和内化。

第二，以学科协作组为主要形式创建的学习共同体，沟通了传统教研与网络教研，把传统学习方式与 E-Learning（即数字化或网络化学习）的优势结合起来，建立了区域教师混合学习的新模式。

第三，开展的有引领的网上研修活动，解决了以资源共享、经验分享为主要形式的教师研修学习停留在浅层的问题，促进了教师研修中的深度参与和学习的形成。

第四，网上与面对面混合支教模式，加大了支持力度，提高了效益，以较低的成本投入促进了优质教育资源在更大范围的共享，促进了贫困边远地区教育质量的提高以及区域教育均衡化发展。

（齐渝华 李耀民 陈斯琴 彭波 曾凡丽 关晓明 撰稿）

且行且思的“课题教研”

北京市大兴区教师进修学校

一、“课题教研”理念的提出

基于教师专业化发展和教研员专业化发展的需求，2006年年初，我们提出了“教研文化构建与专业发展”的教研工作主线。历经实践，反复斟酌，不断调整，2007年年初，我们通过聚焦现实教研问题，又审慎地提出“以课题研究为抓手，引领全区教学研究走‘课题教研’之路”的工作总思路，试图通过实施“以科研促教研、以教研促教学”的教研工作规划，追求真正的教科研一体化，进而在改进学科教学的课题研究基础上，实现“教研文化构建与专业发展”的目标。

当时提出这一观点，主要基于以下两点认识。

1. 教师专业成长的阵地是课堂

随着课程改革的不断深入，教师队伍建设重要的战略地位日益凸显。反观新课改初期的教师培训经历，在“先培训后上岗，不培训不上岗”的工作精神指导下，全国各级各类教育机构组织了大量的、多种形式的课改理念培训、课改实施策略培训等，很多教师在参与多轮大密度的轰炸式培训之后，回到课堂却仍然是茫然无措，培训效果很不明显。冷静思考其症结我们发现，教师的学习也是需要遵循成人学习规律的，培训设计者如果忽略这一规律，误以为“教师的教学观念可以靠几次集训、靠几次密集的头脑轰炸实现转变”，势必导致事倍功半甚至劳民伤财的效果。事实上，针对具有一定教学实践体验的教师群体、针对立足课堂一线的课改实践者，真正的有效培训应该为边学边做、边做边悟的实践研修过程。教师基于自身课堂教学，遭遇问题后诉求理论与实践经验的学习，再回到课堂检验自己的学习所悟；发现新的教学问题就开始新一轮的再学习、再实践、再思考，这样一种持续改进自身教学的研修过程，即是教师们共享学习成果、共享实践收获、共同面对问题的过程。每一位课堂实践者在个体和群体的实践改进中，课改理念得以落实，专业素养得到适时地提升。因此，我们提出教师成长的阵地在课堂，教师成长的途径在于研究改进自己的课堂教学。

2. 教育科研是促进教师专业成长的重要途径

随着课改的持续推进，“科研兴校”口号日益响亮，但其中不乏一些急功近利的做法或形式主义的幌子。其具体表现是：重立项、轻实施，重结果、轻过程，重包装、轻实效；过程做得少、成果讲得多，研究做得浅、理论拔得高。“假、大、空”的科研“浮云遮日”，使得一线教师不仅“惧怕”科研，甚至有些人“厌烦”课题研究了。

一位著名特级教师针对“教师研究”说过这样一句话：“教师做科研，就是围绕一个主攻方向，持续不断地探索、积累、总结，不断改进教学的过程。”事实也是如此。在教育教学改革的路上，如果一味满足于课堂教学技能技巧的提高，最终也只会做一辈子的教书匠。而只有“走上研究的幸福道路”，才可能成为令同行尊敬、学生喜爱的研究型教师，才可能成为当之无愧的实践教育家。基于此我们认为，教育科研是促进教师专业成长的重要途径，立足课堂的“课题教研”对教师改进教学、提升自身专业素养最具直接的影响力。

二、“课题教研”的理念解读

“课题教研”即采用科研的选题方法，运用教研的组织形式，以一线教师为研究主体，立足改进教学实践，解决教学现实问题的、小专题跟进式的教学研究活动。其基本要求是“立足解决学科教学中的微观、具体问题”，基本方法是将“教育科学研究与教学计划实施统筹安排”，工作思路是“以科研促教研，以教研促教学，最终追求真正意义的教科研一体化”，终极目标是“通过一线实践者体验研究的过程，构建教研员与教师的研修共同体，实现教研文化构建与专业发展的目标，践行可持续发展的先进教育理念”。在实施“课题教研”的过程中，要注意以下几方面的问题。

1.“课题教研”需要大问题统摄，小专题落实

“课题教研”中的所谓“大问题”，应该是整体引领教研方向的统摄性课题，一般需要较长时段才可能完成，如2006年大兴区小学教研室在中国教育学会的立项课题“课改背景下学科教学中的问题、成因及解决策略研究”。所谓“小专题”则是指在统领性大问题中分解出来的、体现为具体学科的子项目专题。例如，教研员在教研室课题下分解出的二级子课题“小学品德与社会教师教学素质研究”“通过美术作品展提高教师教学能力的研究”“小学生母语经典诵读兴趣的培养研究”等。再如，各实验校结合自身实际分解的校本子课题“综合多种识字方法，促进识字教学的研究”“小学语文阅读教学中培养良好语感的有效教学策略研究”等。在具体的课题研究推进中，各个子课题还需要分阶段，明确阶段性的小专题目标。落实“小专题”目标的过程也就是不断改进教学、统筹解决“大问题”的过程。

开展“课题教研”有利于帮助教师研究者将理论学习集中于题目核心，有利于研究过程的所有细节都围绕解决问题而展开，其研究结果往往具有比较高的实践借鉴价值，也就是说，“课题教研”的成果不仅使自己受益，更可供同伴分享，具有主观为自己（解决具体微观问题）、客观为他人（普遍指导价值）的现实意义。

对于统摄性课题和具体分解出的小课题之间的关系，北京市教科院耿申主任有个形象的比喻——“大锅与小锅”。总课题就像一口大锅，众多子课题就是大锅内的小锅。身处“大锅”中的“小锅”既可以同享“大锅”的资源与机会（总课题组的方向引领、资源平台、成果途径等），又可以煮自己的饭（特色研究角度或内容）。而包含着“小锅”的“大锅”则因这些独具特色的“小锅饭”而显得很丰富、不单调。小课题成果的丰富多彩，可以使大课题成果丰实、具体和生动。

近年来，我们在“课改背景下学科教学中的问题、成因及解决策略研究”的统领下，带领全区教研员和24所实验学校的200多名课题组教师，立足学科课堂教学改进和学科教师专业发展，不懈探索，取得了很多喜人的成绩：有六项子课题阶段研究成果在全国范围的教学研讨活动中分享；有六所课题校接待来自全国各地的中小学校长、教

研组组长及骨干教师培训班学员的实地考察；有五项子课题研究的经验报告多次应邀在全国范围教研活动中作专题报告或会议交流；正式出版了五册体现学科教学和教师专业发展方面的专、编著成果。“课题教研”实实在在令教师体验着成功、体验了成长，树立起了研究自信。

2. 实施“课题教研”要“治其末”“揣其本”

以往，教研更注重实践的研究，而实施“课题教研”需要教师研究者在立足课堂教学改进的研究中，既要重视“治其末”的“事实性经验积累”，也要重视将实践体验与相关的教育理论和学科教学论适时对接。在理论与实践的对接过程中，教师可以通过有目的的理论学习，不断吸纳、体悟和再创造。

2006 年以来，大兴区教研室以立项课题为抓手，做了大量的实践调研，逐渐聚焦分析出困扰学科课堂教学的症结——教师队伍学科教学基本功十分薄弱，教师队伍整体的学科素养亟待提高。基于这一分析，我们有针对性地提出“分层次开展教师基本功达标培训工程”的实践解决策略。首先，教研室组织学科骨干和教研员共同研制《学科教师基本功达标细则》，以“教研课程”形式落实学科区本研训和校本培训。继而，又结合本区教师队伍专业素养现状，采取聘请专家、教研员和一线骨干教师共同参与的形式，组织集中面培和网络远程培训相互补充、教师全员全程参加的学科教学技能和学科专业技能培训与达标活动。分层次的培训取得了有层次的效果：区级骨干团队参加北京市小学教师新课程教学基本功培训与展示活动，有 11 人获得一等奖、23 人获得二等奖。作为远郊县，大兴区的总体参赛成绩比较令人满意。教师队伍通过培训和达标考核的过程，也整体有了提高，每位教师都感觉眼界、思路得以拓展，教学能力得到提升。

3. “课题教研”的成果表达要解放思想，实事求是

“课题教研”的成果区别于传统的科研成果，它应该首先表现为教学工作的改进，而后才是文字的表述。基于这种认识，“课题教研”的成果可以表现为体现点滴经验或感想的随笔、杂文、案例；可以体现为有一定累积的经验总结、教育故事；可以表现为经过提炼加工而成的研究论文、研究报告。另外，各种体现课题鲜活过程的研究计划、实施方案、活动纪实、交流活动视频及文本资料，体现学生进步的学生作品、师生获奖等，都可以认定为“课题教研”成果，供同行分享。

需要说明的是，“课题教研”区别于以往的“经验式”“补救式”“漫灌式”教研活动，其研究课题必须从实践中来、到实践中去；其研究过程必须是引导教师正确面对课堂问题，共同尝试解决，并在解决问题的实践中学以致用的过程。也就是说，作为科研指导下的教研，“课题教研”的实施过程应该是教师聚焦自身教学存在的问题，在将其逐步明确表述的过程中分析其症结，并提出改进假设，继而开展研究活动并在验证假设中调试、改进教学现状的过程。这是一种“做中学”“教中研”的创新教研实践。

三、“课题教研”的实施策略

“课题教研”理念的实施，需要依托同伴研修实践活动开展。在教研课题确立的同时，课题核心成员、专家顾问团队、实验学校干部教师等多层面人员构成的研究团队初步建立，这个体现多元结构的团队一般应该有共同认可的研究愿景——课题目标。“课

题教研”在推进过程中，研修团队成员作为有着共同愿景的合作伙伴，需要有各自的分工、需要有根植于实践的探索，更需要有总课题负责人策划下的、有既定目的的阶段交流和体验成功的分享。“课题教研”的各阶段成果，都将成为下一步研究和今后同类型研究的重要资源。

1. “课题教研”的实施步骤

第一，需求分析定方向。立足调研，对课堂教学存在的问题进行归纳、提炼，分析选择有价值的热点问题作为研究的课题。

第二，组建团队明目标。围绕课题的主旨，组织多层面人员参与、共建的体验式培训，组建志同道合的课题组，在彼此沟通中逐步明确研究目标，形成共同愿景。

第三，开展研究求落实。在课题组统领下，研究团队成员要立足学科、学段特点，分解各阶段的个人研究专题，并围绕专题进行课堂教学设计的研磨、课堂教学实施的观察和教学效果反思评价等团队研修活动，在课堂阵地上体现阶段小专题目标的落实。

第四，资源积累重分享。在总课题统领下的小专题研究活动，需要总课题组适时搭建平台，组织多元互动的研修资源共建活动，既体现研究成果的即时分享，又体现总课题对子课题项目新研究起点或方向的统领性指导。

2. 四级“课题教研”体系

经过几年实践探索，我们系统归纳指向课堂的“课题教研”活动，提出“课题教研”四级体系的设想。

一级课题为区本统摄型教学研究课题。教研室在认真总结研究体验、梳理研究成果和细致分析存在问题的基础上，提出新的研究课题，继续以统摄型课题为引领，构建区本、校本，教研、教师研究主体交织的“课题教研”四级研究体系。

教研室为体现教研职能特色确定“解析关键教学事件，提高教学实效性的研究”作为统摄型课题，由过去直接关注教师基本功的培养，调整为直接关注全学科课堂教学的实施。这一研究将通过关注课堂实施中的教学心理，间接促进教师教学认识和教学驾驭能力的提高，研究课题更加符合教师成长规律，更符合当前课堂教学改进的实际需要。

二级课题为区本学科教研课题。“解析关键教学事件，提高教学实效性的研究”势必需要实实在在走进学科、走进个性化的课堂教学。因此，需要分解出符合本区学科、学段特点的子课题项目，这些区本学科教研课题也就是学科角度的全区统领型课题。

三级课题为校本学科教研课题。理论上说，学科子课题的确立也是在实际调研基础上确定的，在一定程度上有着很大的共性研究价值。然而事实上，作为全区层面的统摄型课题，仍不一定适合所有学校的现实情况。因此，参与学科课题研究的实验学校负责人，还需要结合本校教学实际情况，分解出更具有针对性的校本学科课题。

四级课题为教师个人课题或专题。“课题教研”的终端是课堂，“课题教研”的出发点和归宿都在课堂。也就是说，“课题教研”的评价指标只能是课堂教学质量提高与否。因此，“解析关键教学事件，提高教学实效性的研究”还必须引领一线学科教师关注自己的课堂，学会根据专题获取关键教学事件，学习对影响教学实效的教学环节进行剖析。这样的研究，将通过“实践获取”和“理性解析”积累大量有价值的个案资源。

这些个案的会聚，可以促进研究者发现教学中带有规律性的东西。也就是说，关键教学事件的获取、解析经历，会促进教师体验的积累、认识的提升，从而促进教师教学的改善和教学质量的逐步攀升。

3. 三种“课题教研”模式

经过多年的提倡、践行与推动，大兴区的“课题教研”基本形成以下三种成熟的模式。

一是“独立承担”模式。这种模式是指教研员在具有资质的区级及以上机构独立申请立项的课题研究。目前大兴区小学教研室教研员独立承担的区级及以上科研课题共计13个，其中“课改背景下学科教学中的问题、成因及解决策略研究”即将结题，已经出版《多元互动同伴研修——以普通教师经验为研修资源》《同伴研修实践策略初探》和《行在课前——学科优秀教学设计专辑》等研究成果；“小学生母语经典诵读兴趣培养的研究”课题已经结题，推出研究成果《小学生母语经典诵课》，供全区近20所实验校的3000多名学生使用。

二是“上挂实验”模式。教研室除了独立承担符合自身需求的教研课题以外，还注意选择上级机构开展的适合本区实际的各级课题实验研究，如教育部的“小学生数学能力评价”参与研究、北京市课程改革项目“教学策略分析”和“学习者分析”研究、北京市科学“做中学”实验、北京市“小学音乐听觉思维训练”、北师大“攀登英语项目”实验等。

三是“下沉参与”模式。作为中国教育学会的第一个课题实验区，大兴区教研室承担了区内24所小学实验校、45个子课题的管理职能与研究指导工作。为提高研究的实效性，促进课题研究的规范开展，教研室成立课题管理组，建立了每月一次的实验校课题交流月报制度，创建了实验区课题资源分享平台——网上公共邮箱。完善的课题管理机制使各实验校研究过程中的问题、体会、设想，得以随时上传、即时交流分享。结合各学校的课题方向，教研室还安排学科教研员深入学校做捆绑式课题指导，全程参与并介入学校课题研究活动的设计、实施与评价活动，及时发现成功经验，适时提供学科专业引领。

当然，“课题教研”的三种教研模式虽各不相同，但实施过程中却不会孤立推进，而努力实现三个畅通：多层面的课题交流平台畅通、多层面的课题资源互享通道畅通、多角度课题成果加工途径畅通。实践中，我们始终坚持两个目标：一是改进课堂教学，二是促进教师发展。经过四年多的“课题教研”实践，我们“立足学科专题研究，提供学科定向指导”的职能日益凸显，在此基础上，面向基层的教研服务品位也得到了提升。

四、“课题教研”的前景展望

回顾“课题教研”工作的发展历程，2005年我们提出“教研文化”理念，开始倡导“合作、共享、多赢”的教研文化构建。2006年，又提出“教研文化与专业成长”的设想，明确指出“教研文化”的本质是适于教研员和教师专业发展的环境和积极健康的工作氛围。2007年，提出了“课题教研”思想，进一步明确了“教研文化”的内涵，提升了教研文化的品位。2008 年至今，一系列的“课题教研”实践表明，“课题教研”的确可以成为改进教学、发展教师、提升教研文化品位的有效途径。

未来的五年，教研室将继续通过开展立项课题的研究，引领学科教研员和学校教师做主课题统摄下的小课题研究，促“课题教研”进一步深入人心，促“课题教研”成果质量不断提升。我们力求逐步实现以“围绕课题、突出主题”为原则的常规教研活动设计，体现工作即研究的现代教研理念，体现科教研有机融合的教学发展需求，使“课题教研”推进过程能够等同于“常规教研高质量落实”的过程。

（刘芳 撰稿，王宪福 审阅）

附　录

课题组大事记

1. 2006 年 1—12 月，课题组筹备选题申报事宜，并向全国教育科学规划领导小组办公室提出课题立项申请。

2. 2007 年 4 月 19 日，课题组赴天津教研室进行调研。课题组与天津教研室现任主任曹全路、前任主任张健昌等领导同志就天津市教研室的发展历史、教研工作的特点等问题进行了深入沟通。

3. 2007 年 4 月 26 日，课题组与上海市教委教研室主任王厥轩就上海教研室的发展历程、特点以及新时期教学研究工作等问题进行了深入交流。

4. 2007 年 5 月 15 日，课题组就“我国基础教育教学研究制度及教研员专业发展研究”课题意义、课题开展以及预期成果等与董宝华、宗福恒、靳爱香、刘东等北京市教研室的老领导、老教研员等进行座谈。

5. 2007 年 5 月 16 日，课题组成员就北京市教研发展的现状、取得的成绩及存在的问题等几方面与北京市 19 个区（县）的教研室负责人进行了研讨。

6. 2007 年 10 月 26 日，经全国教育科学规划领导小组办公室批准，课题获准立项为 2007 年度教育部重点课题。课题批准号为：DHA070156。

7. 2007 年 11 月 1—3 日，课题组成员赴哈尔滨，与黑龙江省教育学院副院长张晓明、黑龙江教育学院老领导、主抓教研的各科室负责人交流了课题进展情况，并了解了黑龙江省教研体系的整体情况以及新中国成立前后东北地区教研发展的状况。

8. 2007 年 11 月 25 日，课题组就前期的调研成果、子课题的确定、预期成果的设想、存在的主要问题等召集了部分资深研究员、教研员、中小学校长进行了深入研讨。

9. 2007 年 12 月 6—7 日，课题组成员赴上海教研室进行了深入调研，与上海教研室主任王厥轩、上海市教研室资深教研员、老领导交流了课题进展情况，并了解了上海市教研体系的整体情况以及新中国成立前后上海市教研发展情况。

10. 2008 年 1 月 24 日，课题成员在北京师范大学主楼 A 区 414 会议室召开“全国教育科学‘十一五’规划 2007 年度教育部重点课题：我国基础教育教学研究制度变革及教研员专业发展研究开题论证会”，参加会议的专家组成员有全国教育科学规划办秘书邓友超博士，原中央教科所所长卓晴君，原北京市教委副主任李观政，北京师范大学教育学院教授刘淑兰，西城区教师研修学院院长、特级教师齐渝华，参加会议的课题组成员有北京市教委基教处处长李奕，北京师范大学首都基础教育研究院执行副院长乔树平，天津市教研室主任曹全路，黑龙江省教育学院副院长张晓明，海南省教育研究培训院院长陈夫义，黑龙江省教育学院初中教研室主任汪海，甘肃省教育科学研究院理论教研室主任秦志功，北京教科院基教研中心秘书张静，以及现代教育报的媒体记者，会议讨论了我国基础教育教学研究制度变革及教研员专业发展研究课题的意义以及实施规划。课题组与专家组成员共同顺利完成开题会。

11. 2008 年 4 月 11 日，课题组成员专程拜访了熟悉北京市教研发展历史的老领导邵绪朱先生，就北京市教研发展的历史进行了了解，并获赠邵老 20 世纪 80 年代撰写的教研著作一本。

12. 2008 年 8 月 23 日，课题组成员到山东济南，与山东省教育厅基础教育处李嘉庆处长，山东省教科院高洪德副主任进行了深入交流，进一步了解了山东省教研发展历史及概况。

13. 2008 年 8 月 26 日，课题组根据前期调研基础上形成的中国教研发展六阶段划分观点专程召开了专家咨询会，原教育部师范司司长马立、原北京市教科院副院长文喆、原天津市教研室主任张健昌、原北京市教研室老教研员刘东、原北京市教委基教处处长乔树平等专家参加了会议。会议就课题组梳理的中国教研发展历程进行了研讨。

14. 2008 年 8 月 29 日，课题组成员赴山西太原，与山西省教育厅厅长张卓玉，山西省教育厅基础教育处处长徐建和等进行了深入交流，进一步了解了山西教研制度的发展历史和概况。

15. 2008 年 10 月 18 日，课题组成员赴安徽合肥，与安徽省教科院部分领导和教研员进行了交流，初步了解了安徽省教研发展的历史和概况。

16. 2008 年 10 月 25 日，课题组成员赴河北省石家庄，与河北省教科院部分领导和教研员进行了交流，初步了解了河北省教研发展的历史和概况。

17. 2008 年 11 月 12 日，课题组成员召开研讨会，邀请北京市基础教育教学研究中心的老教研员和现任教研员就课题前一阶段工作和后期工作提出建议。

18. 2009 年 2 月 10 日，课题组就撰写《中国基础教育教学研究制度 60 年回顾与展望》一书进行了深入研讨，并对下一步的实地调研工作进行了详细规划。

19. 2009 年 3 月 16 日，课题组来到江苏省中小学教研室，与教研室主任鞠文灿、董洪亮等进行了深入交流，了解了江苏省教研室的发展历史以及教研员队伍建设和专业发展情况。

20. 2009 年 3 月 18 日，课题组一行到安徽教科院，与安徽教科院教研室的历任领导、老教研员和现任领导等进行了深入座谈，调研了安徽省教研室的发展历史以及教研员队伍建设和专业发展情况。

21. 2009 年 3 月 19—20 日，课题组专程赴上海拜访了上海市教育科学研究院副院长顾泠沅先生及素有中国教育活化石之称的吕型伟先生，作为上海教研室第三任主任，吕老高度评价了课题的价值，并兴致勃勃地与课题组成员回顾了上海教研室的发展历史，并对课题提出了许多宝贵的建议。

22. 2009 年 3 月 30 日，课题组成员赴河南省教育教学教研室进行了深入调研，与河南省教研室的现任领导和老同志等进行了座谈，调研了河南省教研室的发展历史以及教研员队伍建设和专业发展情况。河南省原教研室副主任张泰山、现任主任邵水潮等领导对课题提出了宝贵的建议。

23. 2009 年 4 月 1 日，课题组成员来到湖北省教研室，与湖北省教研室的历任领导进行座谈，调研湖北省教研室的历史发展，了解湖北省教研制度建设的历史变革以及发展中存在的问题。原湖北省教育学院副院长、湖北省教学研究室主任彭慧敏，原湖北省教学研究室主任彭咏松，湖北省第二师范学院组织部副部长、原湖北省教学研究室主任胡明，原湖北省教科所所长李祖超，现任湖北省教学教研室主任张祖春，湖北省教学研究室副主任方晓波、杨国金、丁萍，湖北省教学研究室办公室主任张书灵等参加了会议。

24. 2009 年 4 月 2 日，课题组成员来到湖南省教研室，与湖南省教研室的历任领导进行座谈，调研湖南省教研室的历史发展，了解湖南省教研制度建设的历史变革以及教研员专业发展情况。原湖南省原教育厅副厅长李钺、原湖南省教科所所长曾仲珊、刘先悍、孟湘砥，及现在职所长徐远征等领导参加了会议。

25. 2009 年 4 月 3 日，课题组来到江西省教研室，与江西省教研室的历任领导进行座谈，调研江西省教研室的历史发展，了解江西省教研制度建设的历史变革以及教研员队伍发展状况。江西省教研室主任黄建国对课题的价值给予了高度评价。

26. 2009 年 5 月 5 日，课题组就中国教研六阶段划分的具体框架进行了深入研讨，初步确定每一阶段内容分为：教育大背景、教研主要特征、评述、大事记等几个部分。

27. 2009 年 8 月 4 日，课题组召开研讨会，就各省教研资料的收集情况以及课题结题的成果形式等进行了深入研讨。

28. 2009 年 8 月 17 日，课题组成员赴宁夏银川，与宁夏教科所的部分领导和教研员进行了交流，初步了解了宁夏教研发展的情况。

29. 2009 年 8 月 19 日，课题组成员赴青海西宁，与青海省教研室的部分领导和教研员进行了交流，初步了解了青海教研发展的历史。

30. 2009 年 8 月 21 日，课题组成员赴甘肃兰州，与甘肃教科院课题负责人秦志功主任进行了交流，进一步收集了甘肃教研发展的资料。

31. 2009 年 8 月 22 日，课题组成员赴重庆，与重庆市教科院院长李波等领导进行了深入交流，进一步了解了重庆教研发展的状况。

32. 2009 年 8 月 24 日，课题组召集北京市教研室的老教研员、特级教师郭立昌、孟雁君、李春旺、孙荻芬等专家就北京教研发展的亮点、全国教研会的重要议题等进行了深入研讨。

33. 2009 年 2—10 月，课题组通过传真、电话、e-mail、信函等方式向全国 31 个省市教研室发出了三轮撰稿征集通知，收到十余个省市的报告。还有一些省市正在修改和撰写中。

34. 2009 年 9 月，课题组先后 4 次深入北京师范大学附属实验中学就其成立之后学校教研组的发展情况进行了调研和资料查阅。

35. 2009 年 10 月 13 日，课题组在北京师范大学召开专家咨询会，卓晴君、文喆、陈宏伯、刘意竹、张铁道、乔树平等专家参加了会议，会议就前一阶段课题的进展情况向专家了作了汇报，并就后一阶段的工作和《中国教研发展 60 年历程》一文听取了专家的意见。

36. 2009年10月16日，课题组先后到北京市和平街一中高中部和初中部就学校教研组发展问题进行了访谈。

37. 2009年10月21日，课题组在北京师范大学召开区县教研专家咨询会，19位北京市各区县主管教研的领导参加了会议，会议就课题组前一阶段的工作进行了汇报，并听取了专家的意见。各区县教研领导对课题工作给予了充分肯定，并安排专人撰写相应区县的教研发展史。

38. 2009年11月6日，课题组在北京师范大学召开区县教研发展史撰稿人会议，来自19个区县的教研发展史撰稿人对课题进展给予了充分肯定，并就如何撰写、体例等进行了深入讨论。

39. 2009年12月10日，课题组召开教研书稿撰写会议，会议就书稿的体例达成了共识——分为序、前言、综述篇、历史篇、文献篇、附件等几大部分。

40. 2010年1月22—24日，课题组在北京青蓝大厦召开教研书稿撰写研讨会，会议首先就前一阶段的研究工作进行了总结，然后就每一个阶段要写的重点内容进行讨论，最终确定了在每一阶段分为三个章节来写，即，1. 社会背景、基础教育特点；2. 教研部门成立或者是变化情况；3. 教研部门在这一时期所做的主要工作。

41. 2010年2月21日，课题组在北京青蓝大厦召开会议，会议就北京教研史的撰写工作以及各省资料收集等情况进行了研讨。

42. 2010年3月，课题组又向四川、西藏、新疆等几个省份发出了教研历史撰稿第五轮通知，并逐一对各省市进行了电话联系。

43. 2010年4月9日，课题组邀请教育科学出版社的资深编辑杨晓琳，针对课题组撰写的初稿从出版的角度对课题组成员进行了撰稿体例及注意事项培训，并针对书稿撰写中存在的问题提出了富有建设性的修改建议。

44. 2010年4月27日，课题组在北京师范大学英东楼311会议室举行教研课题研讨会，对31个省地区以及新疆生产建设兵团的教研材料进行整理。

45. 2010年7月1—2日，课题组在北京青蓝大厦会议室讨论教研各个阶段的内容和字数，对各省市的材料进行了整合。

46. 2010年8月11日，课题组在北京师范大学主楼A314会议室讨论了个省市地区的收集情况以及北京市各区县的教研材料的编纂。

47. 2010年8月27日，课题组在北京师范大学主楼A314会议室对最后的定稿进行了讨论，并商定截稿的日期。

48. 2010年8月30日至9月1日，课题组专程赴上海对应俊峰（华东师范大学教育部中学校长培训中心教授，曾任全国省级教研室主任研修班专职教师、班主任）进行了深入访谈，就三期省级教研室主任培训班情况进行了沟通。

49. 2010年9月7日，课题组主要成员与教育学部、课程教学研究院有关领导和负责人就召开“中国特色教研制度变革及创新”会议一事进行了商讨，进一步明确了召开教研研讨会的重大意义。

50. 2010年9月9日，课题组在北京师范大学英东楼853会议室召开教研会议，参与会议的有教育科学出版社的资深编辑杨晓琳，以及北京教育科学研究院基础教育研究中心黄冬芳老师，会议讨论了教研书稿的最终定稿时间。

51. 2010 年 9 月 13 日，课题组将修订好的《中国特色基础教育教研制度 60 年回顾与前瞻》一文送交《教育研究》杂志社。

52. 2010 年 9 月 14 日，课题组召开北京市区县教研稿件审阅会，鉴于各省市教研室稿件对历史发展都作了详细深入的叙述，会议决定将北京市区县教研稿件定位于突出目前教研专题和特色。

53. 2010 年 9 月 20 日，课题组邀请著名教育家文喆研究员对教研书稿进行了通审。

54. 2010 年 9 月 20 日，课题组召开稿件定稿会，根据文喆研究员的意见对稿件进行了修订，并邀请既了解教研又在文字编辑方面富有经验的孙荻芬、张素贞老师对稿件进行了校对。

55. 2010 年 9 月 21 日，课题组将部分定稿打印并递交教育科学出版社。

56. 2010 年 9 月 29 日，课题组在北京师范大学主楼 A414 会议室召开了北京教研发展史一稿征求意见会，曹福海、刘东、董宝华、宗福恒、靳爱香、朱丽蓉等北京教科院基础教育教学研究中心各阶段的老领导、老专家参加了会议。

57. 2010 年 10 月 6 日，课题组召开研讨会，确定项目结题的时间和内容，初步确定结题时间定在 2011 年 3 月中旬，届时将完成一书（著作）、一报（在《中国教育报》或《光明日报》发表一篇文章）、一刊（在《教育研究》上发表文章）的任务。

58. 2010 年 10 月 11 日，课题组根据中国教育政策研究院执行副院长庞丽娟教授的要求，就“如何加强中小学教研员队伍建设”议题提交了相关的政策建议。

59. 2010 年 10 月 18 日，课题组负责人梁威研究员参加了北京师范大学董奇副校长主持的联合国教科文组织农村教育研究中心会议，就中国特色教研制度的发展及其对第三世界国家和地区的借鉴经验和价值作了简要汇报。

60. 2010 年 10 月 21 日，课题组主要成员与教育科学出版社资深编辑杨晓琳就稿件审阅中发现的一些情况进行了讨论，初步确定本书出版时间。

61. 2010 年 10 月 27 日，课题组召开工作会，就教研稿件中的插图、图表等部分内容的修订一事进行了研讨，实行专人负责制。

62. 2010 年 10 月 29 日，课题组召开工作会，就教研结题的准备工作进行了讨论，确定在 2011 年 3 月份结题。

63. 2010 年 11 月 16 日，课题组召开工作会，就教研书稿的修订和补充工作进行了研讨，根据有关专家的意见，课题组对书稿内容进行了修订和补充。

64. 2010 年 12 月，题为《中国特色基础教育科学研究制度的发展》一文发表在《教育研究》2010 年第 12 期。

65. 2011 年 3 月 1 日，课题组向全国教育科学规划办提交结题材料。

66. 2011 年 4 月 15 日，《中国教育报》第 3 版刊发了课题研究成果《教研：撬动基础教育未来的支点》一文。

67. 2011 年 4 月 28 日，课题组通过全国教育科学规划办领导小组办公室的审核，顺利结题，结题证书号为：1823。

后 记

本书是全国教育科学“十一五”规划2007年度教育部重点课题“我国基础教育教学研究制度变革及教研员专业发展研究”（课题批准号为DHA070156）的研究成果。课题历经多年的研究，积累了丰富的一手资料。但在这有限的篇幅里，要想把我国基础教育教学研究制度60年的发展历程展示给大家，并提炼出基本成就、特色与经验，这几乎是不可能的事。明知任务艰巨，我们还是迎难而上，尽力而为。因为中国特色的基础教育教学研究制度60年的变迁、成就与得失总得要有记录和展示，哪怕挂一漏万也是有价值的。

在课题研究过程中，我们发现60年的教研发展史的梳理和总结是十分紧迫的，一方面由于各种原因各省（自治区、直辖市）教研发展史的资料保存下来的很少，另一方面很多地区熟悉教研发展的老领导、老专家都年事已高，从他们口中请教教研历史工作迫在眉睫，因此，我们将研究重点放在我国教研制度发展史的研究上。

回顾本课题从立项、研究到结集成果的几年，课题组感觉在收获的同时，也为能承担中国教研制度的研究工作感到自豪和欣慰。教研制度是具有中国特色的教学研究管理制度，60年的历史证明：教研制度在推进中国基础教育的发展，提升基础教育质量方面，起到了不可替代的重要作用。然而，对其研究的重视程度与其发挥的作用相比是远远不够的。

在4年的课题研究中，我们遇到了未曾预料的困难和问题。困难一，历史资源“大海捞针”。在丰富的教育史资料中，“鲜见”关于教研的记录或报道，尤其是在20世纪90年代前的史料中，我们深切地感觉到教研被“隐藏”在基础教育成果的背后，对其作用的认识程度可见一斑。因此，缺少丰富的文字资料的支持，课题组只好通过人物访谈等方式进行补充，对其准确性难免有所影响。困难二，收集齐32个省级教研机构（含新疆生产建设兵团教研室）材料费时费力。本课题的首要任务是全面、清晰、准确地了解全国省级教研机构的设置、人员、工作机制等情况，为此通过发放问卷、电话联络、实地调研、征集报告等途径进行广泛的材料收集。原计划用1年时间完成的调研工作，由于种种原因，用了两年半才基本完成。即便如此，一些基本信息仍存在缺失、不准确等问题，如个别省级教研机构的专职教研员的人数、机构设置、网址和教研刊物名称等仍不确定。困难三，对教研制度关键词的认识和理解不统一。教研制度虽然是具有中国特色的基础教育教学研究制度，但一直处在从无到有、不断规范的过程，正式的国家级专门文件仅颁布屈指可数的几份，各地教研机构设置不统一且处于不断变化中，教研工作定位不清，没有教研员的专业职称和评定，很多有关教研的名词不统一，更谈不上有明确的界定。因此，本课题组在概念界定方面结合了教育大辞典和实践经验进行了